Internationales Verwaltungsrecht

Von

Dr. Karl Neumeyer
Professor des internationalen Privatrechts
an der Universität München

Dritter Band
Zweite Abteilung

Innere Verwaltung. III.

1930.
München, Berlin und Leipzig.
J. Schweitzer Verlag (Arthur Sellier).

ISBN 3 8059 0365 0
Unveränderter Nachdruck
der Ausgabe von 1930

Vorwort.

Als ich bei Ausgabe der ersten Abteilung dieses Bandes für den Rest eine Frist von zwei Jahren in Aussicht nahm, glaubte ich reichlich gerechnet zu haben. Das Kapitel Währung hat die schwärzesten Erwartungen hinter sich gelassen: aus den zwei Jahren sind beinahe fünf geworden, und diese zweite Abteilung sieht einem neuen Band ähnlich, wie ein Markstück dem andern.

Der Besondere Teil der Arbeit ist damit zu Ende geführt, und es kann jetzt unternommen werden, die Leitgedanken des Werkes zu gestalten, deren Gefüge als ein Wunschbild den Verfasser durch die Jahrzehnte begleitet hat. Es wird Zeit.

Labers, den 1. April 1930.

Karl Neumeyer.

Inhalt.

Innere Verwaltung. III.

13. Kapitel.

Verkehrseinrichtungen.

14. Kapitel.

Die Währung.

1. Abschnitt.

Inländische und ausländische Währung.

I. Das Geldsystem.

2. Abschnitt.

Besondere Rechtslagen.

3. Abschnitt.

Der Gebrauch einer fremden Währung und sein Recht.

Abkürzungen.

Journal	=	Journal du droit international (privé).
Revue	=	Revue de droit international privé.
Zeitschrift	=	Zeitschrift für internationales Recht (für internationales Privat- und Strafrecht, für internationales Privat- und öffentliches Recht).
Martens	=	G. F. Martens, Nouveau recueil général de traités (Martens² = 2ᵉ série).

---

13. Kapitel.

Verkehrseinrichtungen.

§ 88.

Post.

1. Post und Benützer. — 2. Die zuständige Verwaltung. — 3. Post und dritte Personen. — 4. Postdienst im Ausland. Bahnpost. — 5. Seepost. — 6. Andere Gebiete mit besonderer Rechtslage. — 7. Fortsetzung. Gebiete mit Konsulargerichtsbarkeit. — 8. Zusammenschluß der Verwaltungen.

Post und Benützer.

1. In allen Kulturstaaten ist zum mindesten die Beförderung der Briefpost als Angelegenheit der staatlichen Verwaltung erklärt. Häufig erstreckt sich die Tätigkeit der staatlichen Postverwaltung auf die Beförderung von Paketen, auf Finanzgeschäfte verschiedener Art, auf Hilfsgeschäfte des Zeitungsverlags, und man sieht sie in partikularen Ausläufern mit den mannigfachsten sonstigen Tätigkeiten betraut[1]. Der Staat setzt seine Hoheit ein, um einen Teil dieser Betätigungen zugunsten der Postverwaltung zu monopolisieren. Auch dafür, um Dritten unter Umständen Hilfspflichten im Interesse der Beförderung aufzuerlegen. Und er wird in dem staatlichen Postbetrieb selbst tätig. Den Benützern gegenüber verkehrt freilich die staatliche Postverwaltung zumeist auf dem Boden des Privatrechts[2]. Man hat dies für Deutschland, Österreich, Frankreich, Italien bezweifelt — ich konnte mich von der Richtigkeit solcher Ansichten nicht überzeugen. Aber auch wenn diese Rechtsbeziehungen dem Privatrecht angehören, sie reichen unter den verschiedensten Gesichtspunkten in das Verwaltungsrecht herein; der eine Staat unterwirft Streitigkeiten zwischen Post und Publikum, ja sogar zwischen konzessionierten Privatunternehmern und Publikum, dem Verwaltungsverfahren, ein anderer gewährt den Forderungen der Postverwaltung die administrative Vollstreckung, und jede Rechtsbeziehung zwischen Anstalt und Benützer kann vermutlich in jedem Staat unter dem Gesichts-

[1] Zur Rechtsvergleichung O. Sieblist, Die Post im Auslande[4] 1909.

[2] Anders natürlich, wo sie vertretungsweise sonstige Geschäfte der Verwaltung besorgt; wenn sie (in Deutschland) Quittungsmarken der Invalidenversicherung abgibt oder (in Belgien) Fischkarten ausstellt.

punkt der Aufsichtsbeschwerde zu administrativer Behandlung gebracht werden — während die Abwicklung des Dienstes selbst sich schlechthin nach administrativen Normen vollzieht, insbesondere auch das Zusammenwirken mehrerer Postverwaltungen ausschließlich auf diesem Boden verbleibt. So muß die Gesamtheit dieser Beziehungen in die gegenwärtige Darstellung aufgenommen werden.

Wiederum handelt es sich darum, die räumlichen Grenzen solcher staatlicher Betätigung festzustellen. Und gerade für die Beziehungen zwischen Post und Benützern macht eine verwaltungsrechtliche und privatrechtliche Auffassung dabei keinen Unterschied. Denn wo dem Privaten, der sich der Post bedient, eine administrative Anstaltsnutzung gewährt wird, da ist es selbstverständlich das für die Anstalt geltende Recht, dem der Benützer unterworfen wird. Aber auch für privatrechtliche Beziehungen, die sich dabei knüpfen, ist das Ergebnis das gleiche. Die Post schließt in solchem Fall gleichförmige Massenverträge, die notwendig für die Verpflichtungen beider Parteien am Sitz des Unternehmens ihren Schwerpunkt haben und dessen Recht unterliegen müssen. Der Basler Kaufmann, der in Deutschland ein Postscheckkonto unterhält, untersteht auch für die Verbindlichkeiten, die ihm aus dieser Beziehung erwachsen, dem deutschen Recht.

Reicheren Inhalt gewinnen diese Fragen, wo an der Durchführung eines der Post erteilten Auftrags die Verwaltungen mehrerer Staaten beteiligt sind. Die Grundlage dieser Zusammenarbeit bilden heute die Verträge des Weltpostvereins[3]. Indessen hat solche Beteiligung mehrerer Postverwaltungen überhaupt eine unmittelbare rechtliche Bedeutung für den Auftraggeber (für den „Absender“, um das Folgende zunächst auf die Versendung von Briefen und Paketen zu beschränken)? Es ist zuweilen angenommen worden[4]; die Aufgabeverwaltung handle

---

[3] Hauptvertrag und 6 Nebenverträge, letzte Fassung vom 28. VIII. 1924 RGBl. 1925 II 517. Die Vollzugsordnungen im Weltposthandbuch 1925. Das Recht der Weltpostverträge reicht nur in Teilen in den Bereich des internationalen Verwaltungsrechts. Wesentliche Seiten des Vertragswerks, vor allem die Vereinheitlichung des Postrechts, die es für die einzelnen Staaten bringt, entziehen sich dem gegenwärtigen Zusammenhang. Die Einreihung freilich, die man bei König, Jahrbuch für den internationalen Rechtsverkehr (1912) 243 liest: es gehöre das Recht dieser Verträge, soweit es die Beziehungen der einzelnen Verwaltungen zueinander behandle, dem Völkerrecht an, soweit es das Rechtsverhältnis der Verwaltungen zum Publikum behandle, dem internationalen Privatrecht, ist von einigen Einzelpunkten abgesehen, in ihrem ersten Teil so unrichtig wie in der zweiten Behauptung. Die große Mehrzahl der Bestimmungen bedeutet, auch gegenüber den Postverwaltungen, völkerrechtlich gebundenes materielles Verwaltungsrecht und Privatrecht der einzelnen Vertragsstaaten.

[4] So vor allem H. Nawiasky, Deutsches und österreichisches Postrecht (1909) 68, 69f, auch T. C. Giannini, Trattato di diritto postale[2] (1913) 369f. Anders Neugebauer, Archiv für Post und Telegraphie 1912, 433; Scholz bei Ehrenberg, Handbuch des Handelsrechts 5 II 626 und öfter (doch ist die Berufung auf

zugleich im eigenen Namen und als Vertreter der an der Bestellung mitwirkenden Auslandsverwaltungen. Die Analogie zu der gleichartigen Regelung des Berner Eisenbahnfrachtabkommens liegt auf der Hand. Und doch versteht sich ein solches Vertretungsverhältnis nicht von selbst. Schon im Frachtverkehr zu Land findet man neben dem Typ der Verträge, bei denen der erste Frachtführer zugleich für die Nachfolger in der Beförderung abschließt, den anderen Typus, bei dem der Absender die Beförderung lediglich mit der Gegenpartei vereinbart und es dieser überläßt, durch Beiziehung von Unterfrachtführern ihre Verpflichtung zu erfüllen. Im Seeverkehr bildet diese zweite Form die Regel. Für den Postbetrieb von Staat zu Staat fehlt jeder Anhaltspunkt, ein solches Vertretungsverhältnis anzunehmen, und umgekehrt, in dem Satz, daß der Absender auch wegen einer Regelwidrigkeit im Ausland Ersatz nur von der Aufgabeverwaltung begehren kann, liegt ein Hinweis, daß die Weltpostverträge Rechtsbeziehungen des Absenders zu den in die Beförderung eintretenden Verwaltungen nicht voraussetzen.

Somit, wo die Post die Beförderung von Gegenständen übernimmt, da bleibt dem Absender jede andere Postverwaltung als diejenige des Aufgabelands rechtlich unbekannt. Dasselbe dürfte bei den Zeitungsgeschäften der Post zutreffen[5], während allerdings bei den Geldgeschäften der Post (der Einziehung von Geld mit ihren Nebengeschäften, der Ausbezahlung, den Geschäften des Postscheckverkehrs), vermittelt durch die Aufgabeverwaltung, rechtliche Beziehungen des Benützers auch zu der Postverwaltung des Bestimmungslands geknüpft werden[6].

Steht der Auftraggeber bei solchen Geldgeschäften somit in rechtlichen Beziehungen zu mehreren Postverwaltungen, so gilt für jede

Giannini dabei unzutreffend; die angezogene Stelle dieses Buchs behandelt die ganz andere Frage, ob der Absender in Rechtsbeziehungen zu Eisenbahn und Schiffahrtsunternehmer als Unterfrachtführern der Postverwaltung tritt); neuerdings auch das Reichsgericht 27. XI. 1925, Entscheidungen in Zivilsachen 112, 144; ihm folgend M. Aschenborn, Das Gesetz über das Postwesen des Deutschen Reiches[2] (1928) 213.

[5] Von vornherein im Fall des Art. 9 des Zeitungsabkommens, bei dem der Besteller in unmittelbaren rechtlichen Beziehungen zu dem Verleger steht und der Postverwaltung seines Landes gegenüber nur die Stellung eines Empfängers hat. Aber auch bei der regelmäßigen Gestaltung des Verhältnisses, bei dem der Besteller mit einer fremden Verwaltung nirgends in Berührung kommt.

[6] Postauftragsabkommen[5]: „Die einzulösenden Wertpapiere sind in einem ... Brief einzuliefern, den der Absender unmittelbar an die mit der Einziehung betraute Postanstalt zu richten hat.“ Dazu Art. 10, nach dem die eingezogene Summe von der fremden Verwaltung durch Postanweisung unmittelbar an den Auftraggeber übersandt wird. Der letztere Grund wird nach Hauptvertrag[58] auch für eine Einziehung durch Nachnahme in Betracht kommen, während freilich das Reichsgericht (oben Anm. 4) die Nachnahme insoweit der Beförderung ohne weiteres gleichstellt. Im Postanweisungsverkehr (Abkommen[23]) ist zu beachten, daß dem Auftraggeber die Verwaltung des Bestimmungslands dafür haftet, daß der Betrag dem richtigen Empfänger ausbezahlt wird. Auch im Überweisungsverkehr (Ab-

derselben das Recht des Staats, dem die beteiligte Verwaltung angehört. Bei der Beförderung von Briefen und Paketen ist das anders. Verbinden den Absender rechtliche Beziehungen hier nur mit der Aufgabeverwaltung, so ist auch deren Recht für diese Beziehungen maßgebend. Der Anspruch des Absenders auf Vornahme der Leistung, soweit ein solcher besteht, der Ersatzanspruch wegen mangelhafter Leistung gründet sich unter solchen Umständen stets auf das Recht der Aufgabeverwaltung, auch dann, wenn der Anspruch aus einem Vorgang im Ausland hergeleitet wird[7]. Wird ein Entschädigungsanspruch aus einer Beraubung im Ausland hergeleitet und es frägt sich, ob der Anspruch verjährt ist, so entscheidet darüber dem Absender gegenüber das Recht der Aufgabeverwaltung[8].

Aber freilich, damit ist nicht gesagt, daß nicht auch bei der Beförderung von Briefen und Paketen für das Verhältnis zwischen Absender und Aufgabeverwaltung Bestimmungen einer fremden Rechtsordnung dennoch wesentlich werden könnten. Die Aufgabeverwaltung kann nicht Bestellung an Sonntagen zusagen, wenn im Bestimmungsland Briefe des Sonntags nicht zugestellt werden: häufig kann es für die Aufgabeverwaltung unmöglich sein, eine Leistung, an der andere Verwaltungen mitbeteiligt sind, so zu bewirken, wie es ihren eigenen Vorschriften entspricht[9]. Aber bedeutet das nun, daß für das Rechtsverhältnis zwischen Absender und Aufgabeverwaltung die Vorschriften des Absendestaats schlechthin maßgebend bleiben, auch für Vorgänge, die sich im Bereich einer fremden Verwaltung abspielen, und daß durch die vorbe-

---

kommen[10, 13]) kann der Auftraggeber eine Haftung der Bestimmungsverwaltung von sich aus in Gang bringen, wenn er den Empfänger der Sendung ermächtigt, sich mit dieser Verwaltung auseinanderzusetzen. Und es verdient auch Beachtung, daß im Postscheckverkehr scheckrechtliche Handlungen unter Umständen nur auf Seiten der Bestimmungsverwaltung vorgenommen werden; so wenn (zwar nicht nach dem Weltpostvertrag, aber nach anderen Vereinbarungen) die Aufgabeverwaltung Barzahlungen auf ein ausländisches Postscheckkonto vermittelt. Dagegen bleiben Beförderungsgeschäfte, die sich mit solchen Geldgeschäften verbinden, unter der für sie maßgebenden Regelung.

[7] Somit, es entscheidet das Recht am Sitz der Aufgabeverwaltung (vgl. oben S. 2). Über den Widersinn, zu dem hier eine Abstellung auf das Recht des Erfüllungsorts führen würde, Neugebauer 431 ff. Wenn freilich Neugebauer 435 annimmt, jene Regel werde für das deutsche Recht „durchbrochen“ durch § 6 des Postgesetzes (keine Haftung für Schäden, die sich auf einer auswärtigen Beförderungsanstalt ereignet haben), so ist das mißverständlich. Eine Geltendmachung der Vorschrift — soweit sie noch möglich ist — wäre selbst Anwendung deutschen Rechts.

[8] So auch Scholz 662[47a].

[9] Appellhof Mailand 8. III. 1910 Foro italiano 1910, 907: ein Wertbrief ist von Como nach London geschickt worden und dort in unrechte Hände gekommen; die Aushändigung stand im Widerspruch zu den italienischen, aber nicht zu den englischen Vorschriften. Die Klage auf Schadenersatz gegen die italienische Postverwaltung wird abgewiesen.

zeichneten Unmöglichkeiten diese Rechtslage nur insoweit verschoben wird, als solche Unmöglichkeit dazu zwingt? Oder handelt es sich hier um eine grundsätzliche Überwirkung jener fremden Vorschriften? Die einzige Lösung einer derartigen Frage, die, wenn ich recht sehe, in den Weltpostverträgen enthalten ist, scheint für die erstere Annahme zu sprechen: wenn die Aufgabeverwaltung die Haftung für höhere Gewalt übernommen hat, so haftet sie auch dann, wenn in dem Staat, in dem die Sendung zu Schaden kommt, eine solche Haftung nicht besteht[10]. Indessen hier liegt ein besonderer Fall vor. Die gesteigerte Haftung ist das Gegenstück der besonderen Gebühr, welche die Aufgabeverwaltung für die Übernahme solcher Haftung erheben kann. Der Gedanke der Versicherung verdrängt den Gedanken der Bestellung der Sendung, und von hier aus gesehen ist es nur folgerichtig, wenn das Recht der versichernden Verwaltung entscheidet[11]. Vielmehr besitzt die Überwirkung fremder Vorschriften unter solchen Umständen in der Tat grundsätzliche Bedeutung. Im Innenverhältnis der beteiligten Verwaltungen, das wird alsbald festzustellen sein, entscheiden (mangels besonderer Regelung) stets die Vorschriften derjenigen Verwaltung, die eine Verrichtung vorzunehmen hat. Diese Regelung des Innenverhältnisses aber ist präjudiziell für die Beziehungen zwischen Aufgabeverwaltung und Absender. Es wäre sinnwidrig, wenn die Aufgabeverwaltung dem Absender Zustellung in einem fremden Staat nach den Zustellungsvorschriften des Absendestaats versprechen wollte, sofern deren Anwendung das dortige Recht nur nicht entgegenstehe. Sie kann von vornherein die Leistungen einer fremden Verwaltung nur nach Maßgabe der Vorschriften in Aussicht stellen, die für die fremde Verwaltung gelten, und damit mögen allerdings — als Antwort auf eine Vorfrage — auch ausländische Vorschriften für das Rechtsverhältnis zwischen Absender und Aufgabeverwaltung Bedeutung gewinnen[12].

Dagegen tritt auch der Absender von Briefen und Paketen in unmittelbare Rechtsbeziehungen zu den Behörden des Durchgangs- oder Bestimmungslands, wenn er dort einen Anspruch erhebt, der nicht auf den Vertragsschluß mit der Aufgabeverwaltung gegründet ist. Behauptet

---

[10] Vgl. Hauptvertrag[51, 48]; Wertbriefabkommen[17, 3]; Paketabkommen[37, 33]; Auftragsabkommen[16].

[11] Darum muß dem Absender gegenüber in einem solchen Fall auch der Begriff der höheren Gewalt dem Recht des Aufgabelands entnommen werden (und das auch dann, wenn die fremde Verwaltung gleichfalls für höhere Gewalt haften würde). So schon König (zit. oben Anm. 3) 251 und darnach Scholz 662[47]; aber freilich die Begründung: „da“ dem Absender nur die Aufgabeverwaltung haftet, ist nicht schlüssig.

[12] Doch ist es mißverständlich, wenn ein unten Anm. 19 genanntes Urteil annimmt, der Absender „unterwerfe sich“ unter solchen Umständen den Vorschriften des Bestimmungslands. Diese Vorschriften werden durch Verweisung rechtserheblich; ihre unmittelbare Geltung kommt nicht in Frage.

er, daß die Sendung im Durchgangsland beraubt worden ist, so mag er dort eine Klage aus unerlaubter Handlung erheben, und das dort geltende Recht entscheidet, ob ein Anspruch gegen den einzelnen Beamten, der mit der Sendung befaßt war, begründet ist, ob der Staat für die Handlungen seiner Beamten haftet usw.[13].

Die zuständige Verwaltung.

2. Jeder Staat regelt die Tätigkeit seiner Postverwaltung, bestimmt, ob aus ihren Verwaltungsakten und Rechtsgeschäften des Privatrechts Forderungen oder Verbindlichkeiten für die Verwaltung erwachsen. Das gilt auch, wo an der Ausführung einer Leistung die Postverwaltungen mehrerer Staaten beteiligt sind. Der Zusammenschluß der Verwaltungen im Weltpostverein aber führt zu einer geordneten Aufteilung der Funktionen bei solcher Tätigkeit. Von hier aus gesehen, wird die eine oder die andere Verwaltung zur Vornahme einer Tätigkeit als zuständig erklärt, und das bedeutet rückwirkend eine Aufteilung der Zuständigkeiten auch für die Staaten, unter deren Regelung die Postverwaltungen tätig werden. So kann es zu der Fragestellung kommen, welches Recht von mehreren auf einen Vorgang bei der Ausführung eines Auftrags Anwendung findet. Gerade die Weltpostverträge machen freilich solche Fragen zum großen Teil gegenstandslos. Denn ein wesentliches Stück ihrer Aufgabe besteht darin, Rechtsgleichheit in den Vertragsstaaten herzustellen. Immerhin verbleibt dem Landesrecht daneben nicht unbeträchtliche Wirksamkeit; zum Teil kraft ausdrücklicher oder stillschweigender Verweisung der Verträge selbst; zum Teil für Angelegenheiten, in die die Verträge nicht eingegriffen haben[14].

Die Einlieferung der Sendungen und die Entgegennahme anderer Aufträge zu regeln, ist offensichtlich der Staat der Aufgabeverwaltung berufen[15]. Über die Aushändigung und die sonstige Erledigung des Auftrags entscheidet der Staat der Bestimmungsverwaltung[16]. Er ver-

---

[13] Art. 9 des Wertbriefabkommens überweist die betrügerische Angabe eines höheren als des wirklichen Werts der Sendung gerichtlicher Verfolgung „nach der Gesetzgebung des Aufgabelandes". Schwerlich sollte dadurch eine Verfolgung etwa im Bestimmungsland ausgeschlossen werden, wenn ein Tatort im Sinn des Strafrechts dort besteht.

[14] Der Buntheit und Zusammenhangslosigkeit der dem Landesrecht vorbehaltenen Angelegenheiten entspricht die Auswahl der Fragen, die im Folgenden zu behandeln sind.

[15] Scholz 648[9]. Entsprechend für den Abschlußzwang Neugebauer 437 f.

[16] Vgl. etwa G. Eger-K. Gordan, Post-, Telegraphen- und Telephonrecht (1909) 144. Anders ist die Rechtslage, wo eine Sonderleistung der Bestimmungsverwaltung schon im Staat der Aufgabe Vorkehrungen erforderlich macht, vgl. unten S. 11. Doch gibt es auch dabei Übergänge, wie die Behandlung der Eilbestellung zeigt.

fügt, ob der Brief Sonntags ausgetragen, ob die Postanweisung im Haus ausbezahlt wird, er bezeichnet die Personen, denen die Sendung ausgehändigt werden darf[17], die Ausweise, die für die Entgegennahme der Sendung erforderlich sind[18]. Dagegen kann die Frage, was im Bestimmungsland auszuhändigen ist, zu Schwierigkeiten führen — bei den Briefmarken, mit denen die Sendung oder die den Auftrag begleitende Urkunde beklebt ist[19]. Den sachlichen Ausgangspunkt bildet offenbar der Satz, daß die Bestimmungsverwaltung dasjenige ausliefern muß, was die Aufgabeverwaltung zur Bestellung übernommen hat, und das wird im Ergebnis wohl allerwärts dazu führen, daß mit dem Brief auch die aufgeklebte Marke ausgehändigt wird. Bei freigemachten Begleiturkunden dagegen greifen postdienstliche Rücksichten ein; das Bestimmungsland mag der Urkunde zusamt den Zeitangaben des Poststempels als Ausweis über die vollzogene Leistung bedürfen (das liegt bei Postanweisungen auf der Hand, kann aber auch bei Paketkarten zutreffen), und die Aufgabeverwaltung kann die Begleiturkunde demgemäß nur so übernehmen, wie sie nach den Vorschriften des Bestimmungslands zu behandeln ist[20]. — Wiederum entscheiden alsdann die Vorschriften des Bestimmungslands über Lagerfrist und Zusatzgebühren[21]. Dieser Staat bestimmt, ob zollpflichtige Gegenstände im Briefverkehr eingehen dürfen, und wenn dies zugelassen wird, wie solche Sendungen

---

[17] Giannini 555 f. Dazu die Entscheidung des Appellhofs Mailand oben Anm. 9.

[18] Das vormalige Abkommen über internationale Ausweishefte ermächtigte den Inhaber eines solchen Hefts zur Entgegennahme „ordentlicher Sendungen". Dazu Art. 7: „Die Vorschriften des Bestimmungslandes bezeichnen die Postsendungen, die als ordentliche Sendungen anzusehen sind".

[19] Dazu Reichsgericht 22. IX. 1914, Juristische Wochenschrift 1041 (Paketsendung aus Tunis nach Deutschland, nach dem in Tunis eingeführten Formular werden die Marken auf den für den Empfänger bestimmten Abschnitt der Begleitadresse geklebt); Aschenborn[2] 214; Frankfurter Zeitung 15. und 19. VIII. 1925.

[20] Für Sendungen im zwischenstaatlichen Verkehr die Frage des privatrechtlichen Eigentums an der Marke hereinzuziehen, kann nur zu Verwirrungen führen. § 14 der deutschen Postordnung RGBl. 1929 I 33 sagt freilich: „Die Paketkarte geht mit den Freimarken bei der Einlieferung in das Eigentum der Post über." Aber es ist klar, daß bei Sendungen in das Ausland nicht die Reichspost Eigentümer der Karte samt den Marken wird, und es kann aus der Bestimmung auch nicht entnommen werden, daß sie das Eigentum vertretungsweise für eine fremde Verwaltung erwirbt; zumal es ausländische Verwaltungen gibt, die die Marken solchenfalls dem Empfänger überlassen, und überdies auch schuldrechtlich die Aufgabeverwaltung nicht in Vertretung der anderen an der Ausführung beteiligten Verwaltungen tätig wird. Immerhin ergibt die Vorschrift, daß bei Sendungen aus dem Ausland nach dem Reich die deutsche Postverwaltung Karte und Marke behält.

[21] Hauptvertrag[46] Aufbewahrungsfrist für postlagernde Sendungen. [39] Zuschlaggebühren für postlagernde und für zollpflichtige Sendungen. [40] Desgleichen für Eilsendungen, die außerhalb des Bezirks bestellt werden müssen.

zu behandeln sind[22]. Seine Einrichtungen sind maßgebend, ob im Weg des Postauftrags Zins- und Dividendenscheine eingelöst werden können[23], seine Regeln als diejenigen der schuldnerischen Verwaltung entscheiden, ob Postanweisungen durch Indossament umlauffähig gemacht werden dürfen[24]. Und vollends gilt hier örtliches Recht für Vorschriften, die, anderen Zusammenhängen angehörig, nur bei Gelegenheit der Bestellung anwendbar werden; auch ein Zeitungsstempel wird bei einem Postbezug aus dem Ausland nach den Vorschriften des Bestimmungslands geschuldet[25].

Andere Vorschriften hingegen betreffen eine Mehrheit oder auch sämtliche Verwaltungen, die an der Ausführung eines Auftrags beteiligt sind. Jede Verwaltung zunächst verfährt nach den Vorschriften ihres Staats, im inneren Dienst und bei einem Verfahren mit dem Benützer[26]; sie verwendet, ob Aufgabe- oder Bestimmungsland, ihre Briefmarken, und der die Gebühr erhebende Staat entscheidet, mit Wirkung auch für andere Staaten, ob etwa die aus der Postkarte ausgeschnittene Marke auf den Brief giltig aufgeklebt werden kann[27]. Die Währungsvorschriften, die in dem beteiligten Staat gelten, kommen bei Einzahlung und Auszahlung zur Anwendung[28]. Die Verwaltung, unter deren Obhut die Sendung befördert wird, steht auch unter den Vorschriften, die ihr Staat über das Postgeheimnis aufgestellt hat[29], während freilich

---

22 Hauptvertrag[34].

23 Auftragsabkommen[2]. Dazu auch unten Z. 8.

24 Anweisungsabkommen[17]. Die Lösung folgt schon aus der Fassung, daß solches gelte für „Postanweisungen, die aus einem andern Staat herrühren". Sie folgt aber auch sinngemäß aus dem Satz des internationalen Privatrechts, daß die Art der Verpflichtung aus einem schuldrechtlichen Wertpapier durch das Recht des Schuldners bestimmt wird.

25 Zeitungsabkommen[4].

26 Vgl. etwa Nawiasky 70 (im übrigen freilich ist das gebrauchte Beispiel anfechtbar). — Demgemäß verfährt ein jeder Staat auch bei der Ausstellung der internationalen Ausweiskarten (Vollzugsordnung zum Hauptvertrag[68]) nach den Vorschriften seines Rechts; beispielsweise bei der Kraftloserklärung solcher Urkunden.

27 Herzog, Internationale Vorschriften über Postwertzeichen, Archiv für Post und Telegraphie 1906, 753 ff, hier 754 (in Großbritannien zulässig). Entsprechend bestimmt nach der Vollzugsordnung des Hauptvertrags[5] die ausgebende Verwaltung, unter welchen Bedingungen die Wertzeichen eingelochte Unterscheidungszeichen tragen dürfen. Nur kommt in beiden Fällen aus tatsächlichen Gründen lediglich die Verwaltung des Aufgabelands in Betracht.

28 Anweisungsabkommen[2, 20] für Papiergeld, das sich in gesetzlichem Umlauf befindet.

29 Die verwaltungsrechtlichen und verfassungsrechtlichen Vorschriften des Inlands über den Schutz des Postgeheimnisses reichen so weit als die Tätigkeit der inländischen Postverwaltung, erstrecken sich also (dazu unten Z. 4 ff) unter Umständen in das Ausland. Für die entsprechende Erstreckung des Strafschutzes müssen Bestimmungen nach Art des § 4[1] des Reichsstrafgesetzbuchs sorgen (Bestra-

die gesetzlichen Bestimmungen über die Durchbrechung des Postgeheimnisses, aus Rücksichten erwachsen, die dem Postdienst fremd sind, sich nach territorialen Gesichtspunkten orientieren und in ihrer Durchführbarkeit beschränkt sind auf Sendungen, die sich im Inland in der Hand der inländischen Verwaltung befinden[30]. Die Frage, ob — im Ver-

fung von Verbrechen eines inländischen Beamten im Ausland). Die verwaltungsrechtlichen und verfassungsrechtlichen Vorschriften des Inlands gelten dagegen nicht für die Betätigung einer ausländischen Verwaltung im Inland. Und auch der Strafschutz, den die Strafgesetzbücher gegen einen Geheimnisbruch durch die Angestellten der Post gewähren (für Deutschland § 354 StGB.) beschränkt sich auf die Beamten des Inlands. Für Staaten, die solche Handlungen als Amtsverbrechen bestrafen — Übersicht über die wichtigeren Gesetzgebungen bei Kitzinger in Vergleichende Darstellung des deutschen und ausländischen Strafrechts, Besonderer Teil 9, 490 — ergibt sich das schon aus dem Inhalt der Strafdrohung; denn nur die Verwaltung des Inlands genießt im Zweifel den Strafschutz. Aber auch wo die Kriminalisierung unter anderen Gesichtspunkten erfolgt, wie in Italien, gilt im Ergebnis dasselbe; denn das Völkerrecht verbietet die gerichtliche Untersuchung von Amtshandlungen des fremden Staats. Und eben darum bleiben auch sonstige Bestimmungen des Strafrechts, über Verletzung des Briefgeheimnisses (für Deutschland § 299 StGB.), über Diebstahl und Unterschlagung im Dienst, auf sie unanwendbar.

[30] Es handelt sich dabei um Eingriffe zur Durchführung eines Strafverfahrens, eines Konkursverfahrens und dergleichen. Sie erfolgen durch Beschlagnahme, ergreifen also die Sendungen im Gebiet und nur diese. Somit keine Möglichkeit, deutscherseits eine Sendung im deutschen Bahnpostwagen anzuhalten, der auf dem Bahnhof in Kufstein (der österreichischen Wechselstation) steht. Auf der andern Seite freilich kann selbst im Inland eine Beschlagnahme nicht durchgeführt werden, solange die Sendung in der Obhut einer fremden Verwaltung sich befindet; wiederum wäre das ein Eindringen in fremden Staatsdienst, das völkerrechtlich unstatthaft ist. Die so entstandene Lücke kann nur etwa durch Zustimmung des andern Staats (Einwilligung des fremden Staats in die örtliche Beschlagnahme oder Einwilligung des örtlichen Staats in eine Beschlagnahme durch fremde Behörden) ausgefüllt werden. — A. Wolcke, Postrecht (1909) 67f scheint dem Durchgangsland mit Rücksicht auf die vertraglich gewährleistete Durchgangsfreiheit jede Einwirkung auf die Sendungen absprechen zu wollen, auch dann, wenn sie von der Postverwaltung des Durchgangslands befördert werden. Doch das wird der positivrechtlichen Begründung entbehren. Für die Anwendung des örtlichen Rechts auch L. Rolland, De la correspondance postale et télégraphique dans les relations internationales (1901) 287f. Ein Schiedsspruch von 1877, auf den sich Wolcke beruft (genauer bei Rolland 286[2]), verbietet dem Bestimmungsland, die Sendung an der Grenze aufzuhalten und von der Zollbehörde untersuchen zu lassen, das Postgeheimnis müsse zwar „vor den Notwendigkeiten der öffentlichen Ordnung, aber niemals vor rein fiskalischen Rücksichten" zurückstehen. Wenn jedoch das örtliche Recht gegenüber den im Inland aufgegebenen Briefen eine Öffnung aus fiskalischen Rücksichten gestattet, können durchgehende Briefe keine bessere Behandlung beanspruchen (das war in jenem Streitfall anders, denn Inlandsbriefe werden nicht zollamtlich behandelt). Und es bleibt nur von Belang, ob das örtliche Recht bei den im Inland aufgegebenen Briefen Festhaltung während des Laufs der Beförderung gestattet. Im übrigen handelt es sich bei alledem nicht um eine etwaige Unzuständigkeit des Durchgangslands oder Bestimmungslands, sondern um ihre Ausscheidung aus materiellrechtlichen Gründen.

hältnis der beteiligten Verwaltungen zu der Aufgabeverwaltung — Zurückziehung einer abgeschickten Sendung, Rücknahme eines erteilten Auftrags statthaft ist, bemißt sich zunächst gleichfalls nach den Vorschriften der Verwaltung, die gerade mit der Ausführung der Leistung befaßt ist[31]; es handelt sich darum, ob die Rücksicht auf den Benützer die Störung des Dienstes, die durch ein solches Ersuchen bewirkt wird, rechtfertigen soll. Indessen hat die Hereintragung privatrechtlicher Gesichtspunkte: Abstellung auf das Eigentum des Empfängers, bei Briefen und Paketen zu Unklarheiten geführt[32], und man kommt von hier aus zu dem sehr unzweckmäßigen Ergebnis, daß die Rückziehung unzulässig ist, wenn auch nur eine der dazwischen liegenden Verwaltungen — es muß nicht diejenige des Bestimmungslands sein — an der Sendung für den Empfänger Eigentum erworben hat. Des weiteren, und als Sanktion für vielerlei Vorschriften wichtig, auch die Haftung steht grundsätzlich unter den Gesetzen des Staats, dessen Verwaltung für ihre Tätigkeit verantwortlich gemacht wird[33], und wenn diese Vorschriften weitgehend vereinheitlicht sind, so ist partikularer Regelung die Haftung für höhere Gewalt offen geblieben. Deshalb zunächst die negative Lösung, daß die verantwortlich gemachte Verwaltung nicht haftet, wenn ihr Recht eine solche Haftung nicht kennt. Nach der positiven Seite hin ist allerdings solche Haftung sachlich eingeschränkt worden: da sie nicht zur Bereicherung, sondern zur Deckung der Aufgabeverwaltung dienen soll, die ihrerseits dem Absender verantwortlich ist, so greift die Haftung nur Platz, wenn auch die Aufgabeverwaltung nach ihrem Recht dem Absender haftet[34]. Der Begriff der höheren Gewalt bestimmt sich hiebei für die verantwortliche Verwaltung und für die Aufgabeverwaltung je nach der eigenen Gesetzgebung.

---

[31] Entsprechend Überweisungsabkommen [9]: „Die Zurückziehungsanträge werden von jeder Verwaltung wie diejenigen ihres inneren Verkehrs behandelt."

[32] Über diese privatrechtliche Gesichtspunkte Wolcke 104; C. J. Beelenkamp, Les lois postales universelles 58. Wie weit sich die abweichenden Ausführungen bei Giannini 245ff auch auf das geltende Weltpostrecht beziehen, ist nicht ersichtlich. — Ausgangspunkt Hauptvertrag [45] und Schlußprotokoll [I]; Wertbriefabkommen [12]; Paketabkommen [16]. Rechtszustand in den einzelnen Staaten: Revue de droit international 1882, 616f.

[33] Auch die materiellrechtlichen Sätze, daß die Haftung zunächst der schuldigen Verwaltung obliegt, daß Vermutungen für das Verschulden aufgestellt werden, daß mangels jeden Nachweises der Schaden geteilt wird, erlangen nur dadurch Wirksamkeit, daß die entsprechenden Vorschriften der Verträge von jedem Staat für seine Verwaltung rezipiert worden sind.

[34] Hauptvertrag [55]. Wertbriefabkommen [21]. Paketabkommen [41]. Auftragsabkommen [16]. Wenn freilich der Versicherungsgedanke, von dem oben S. 5 die Rede war, folgerichtig durchgeführt würde, so würde das (materiellrechtlich) eine Haftung für auswärts aufgegebene Sendungen zunächst überhaupt ausschließen, und erst die weitere Erwägung, daß Haftungen ohne Entgelt im Verhältnis der beteiligten Staaten sich ausgleichen, führt (wiederum materiellrechtlich) zu dem bestehenden Rechtszustand.

Der Satz, daß jede Verwaltung ihren Vorschriften untersteht, kann aber auch dazu führen, daß bei einer Sendung gleichzeitig einer Mehrheit von Rechten Rechnung getragen werden muß. So ist beispielsweise vorgesehen [35], daß lebende Tiere als Paket versendet werden können, wenn „die Gesetzgebung der beteiligten Staaten" solches gestattet. Es wird aber ganz allgemein zutreffen, daß eine Sendung nur dann weitergeleitet werden kann, wenn in keinem der beteiligten Staaten der Weiterleitung ein Verbot entgegensteht [36]. Dagegen berührt die Einrichtung von Sonderdiensten nur die annehmende und die Endverwaltung, wenn die Durchgangsländer lediglich mit den Einrichtungen des allgemeinen Dienstes beteiligt sind. So die Zulassung einer Eilbestellung [37], da die Durchgangsländer eine solche Sendung als gewöhnlichen Brief befördern können; die Zulassung von Wertbriefen, für welche die Durchgangsländer, die dem Sonderdienst nicht angeschlossen sind, als Einschreibesendungen haften [38]; Postanweisung, Überweisung, Postauftrag, mit deren Urkunden die Durchgangsländer nur als Gegenständen der Briefpost befaßt sind.

In anderen Fällen werden zwar alle oder mehrere an der Ausführung beteiligte Verwaltungen von einem Vorgang berührt; aber sie haben um der Erleichterung des Verkehrs willen darauf verzichtet, die

---

[35] Paketabkommen [14].

[36] In diesem Sinn besonders G i a n n i n i 201 f mit weiteren Verweisungen; vgl. auch B e e l e n k a m p 457 f. In Art. 41 § 3 des Hauptvertrags wurde bei der Neufassung 1924 ausdrücklich vorgesehen, daß auch das Durchgangsland Postkarten, Drucksachen, Warenproben, Geschäftspapiere zurückweisen kann, die den „Vorschriften über die Bedingungen ihrer Veröffentlichung oder Verbreitung nicht genügen". (Eine verwandte Bestimmung für Briefschaften wurde 1924 gestrichen.) Demgemäß sind auch „die Verwaltungen", die sich nach Art. 14 des Paketabkommens über die Zulassung von Streichhölzern oder Betäubungsmitteln verständigen können, die sämtlichen von einer solchen Sendung berührten Verwaltungen. Schwierigkeiten bereitet Art. 41 § 1 g) des Hauptvertrags, der die Versendung von Gegenständen verbietet, „deren Einfuhr oder Umlauf im Aufgabe- oder im Bestimmungsland verboten ist". In den Fassungen vor 1920 war hier nur von den Vorschriften des Bestimmungslands die Rede, die Hinzufügung des Aufgabelands, die damals erfolgte, war schwerlich im Sinn eines Ausschlusses der Durchgangsländer gemeint; das könnte die Vorschrift unter Umständen schon in Widerspruch zu dem oben erwähnten § 3 des Artikels bringen.

[37] Von dem Hauptvertrag [40] und entsprechend dem Wertbriefabkommen [8], dem Postanweisungsabkommen [9] zugelassen, wenn „im wechselseitigen Verkehr" eingeführt. Dasselbe hatte zunächst für den Paketverkehr gegolten; seit 1920 — jetzt 1924 [13] — begnügt man sich hier sogar mit der bloßen Zulassung durch das Bestimmungsland (ein dahin gehender Antrag wurde ohne Diskussion angenommen; Union postale universelle, Documents du congrès de Madrid 1, 308 ff; 2, 550). Und in jedem Fall mag die Regelung von Einzelheiten, welche die Einrichtung selbst nicht berühren, der Bestimmungsverwaltung überlassen bleiben. So wenn nach dem Wertbriefabkommen [8] dieser Verwaltung vorbehalten ist, statt der Sendung die Meldung über deren Eingang durch Eilboten zu bestellen.

[38] Wertbriefabkommen [30].

Befolgung der sämtlichen Vorschriften nebeneinander zu verlangen, zumeist zu Gunsten der Vorschriften der Aufgabeverwaltung. Es ist jedoch keine echte Zuständigkeitsregel, die hier zu dem Recht des Aufgabelands führt; es handelt sich nur um die Rückwirkung des Umstands, daß andere gleichfalls zuständige Verwaltungen mit ihren Vorschriften ausgeschieden sind. Dahin gehört der Satz, daß über die äußere Form der Sendung die Vorschriften des Aufgabelands entscheiden[39]; oder auch die Vorschrift, daß über den Höchstbetrag für Postanweisungen zu bestimmen, dem Land der Aufgabeverwaltung überlassen bleibt[40]. Sämtliche mit der Bestellung eines Briefs befaßte Verwaltungen haben in älterer Zeit Vergütung für die einzelne Sendung nach ihren Normen verlangt, so daß die Aufgabeverwaltung von dem Absender die Summe dieser Gebühren einzuheben hatte — mit dem (sachlichen) Wegfall einer besonderen Vergütung an Durchgangs- und Bestimmungsland ist auch hier das Aufgabeland allein „zuständig" geworden, und die Rückwirkung dieser Rechtslage ist, daß nun auch über die Gebührenbemessung lediglich die Normen des Aufgabelands entscheiden[41].

Post und dritte Personen.

3. Fast in allen Staaten[42] wird, zum wenigsten für die Beförderung von Briefen, die Ausschließlichkeit des staatlichen Betriebs durch besondere Normen sichergestellt, durch Verbote des Mitbewerbs privater Unternehmungen[43] oder auch nur gelegentlicher Vermittler, vielleicht

[39] A. Niggl, Das Postrecht (1913) 179. Für die Verpackung von Wertbriefen Eger-Gordan 145.

[40] Anweisungsabkommen[4]. Entsprechend für die durch Postanweisung zu übermittelnden Nachnahmebeträge Hauptvertrag[58]; Wertbriefabkommen[23]; Paketabkommen[25]; Auftragsabkommen[6]. — Vgl. auch einige Verträge aus der Zeit vor dem Weltpostverein. Norddeutscher Bund-Vereinigte Staaten 1867[8], BundesGBl. 1868, 27: Drucksachen und Warenproben sollen den Reglements der absendenden Verwaltung unterliegen; Frankreich-Vereinigte Staaten 1874[3] de Clercq, Recueil de traités 11, 191: das Höchstgewicht für Briefe bestimmt sich nach dem Recht des Absendestaats.

[41] Hauptvertrag Art. 34 § 2. Eine weitere Fortbildung desselben Gedankens führt dazu, auch die Entscheidung, ob die Voraussetzungen für eine Gebührenbegünstigung vorliegen, dem Aufgabeland zu überlassen; so Weltposthandbuch 1925, 59[3] für die Begriffsbestimmung der Ansichtskarte, im Anschluß an eine Erörterung Union postale universelle, Documents du congrès de Stockholm (1924) 2, 284.

[42] Nach der Darstellung von Sieblist (Stand von 1909) mangeln derartige Ausschließlichkeitsrechte lediglich in Serbien, Kolumbien, Paraguay, Uruguay. Auf die anfechtbare Scheidung von „Postregal" und „Postzwang" braucht hier nicht eingegangen werden; ihr Geltungsbereich ist notwendig der gleiche.

[43] Der Mitbewerb ausländischer Postverwaltungen wird schon durch die völkerrechtlich gewährleistete Gebietshoheit ausgeschlossen. Ist einer fremden Verwaltung die Tätigkeit im Inland ausnahmsweise gestattet (darüber unten Z. 4 und folgende), so stehen ihr Postmonopol oder Postzwang nicht weiter entgegen. — Die

noch ergänzt durch ein Verbot an die Beteiligten, sich anderer als der staatlichen Einrichtungen zu bedienen[44]. Alle solchen Beschränkungen aber gelten im Staatsgebiet, durch den Lauf der Grenze umschrieben[45], unabhängig von der Erreichbarkeit staatlicher Postämter. Denn im ganzen Staatsgebiet hat der Staat die Möglichkeit eigenen Postbetriebs, und ebensoweit muß sinngemäß der Schutz seiner Vorrechte reichen. Der Satz ist mit besonderer Schärfe in der französischen Rechtsprechung zur Durchführung gekommen[46]. Immerhin sind es nahe-

---

Tätigkeit, die ein Unternehmer (Eisenbahn-, Schiffahrts-, Luftfahrtunternehmer) als Frachtführer für eine fremde Postverwaltung im Inland vornimmt, wird innerhalb des Weltpostvereins gleichfalls als Tätigkeit der beauftragenden Postverwaltung angesehen (Beweis Art. 70 IV des Hauptvertrags über Durchgangsrecht und Durchgangskosten, vgl. unten Anm. 81; anders die älteren Eisenbahnverträge unten Anm. 45, die deshalb auch den Frachtführer dem örtlichen Postzwang unterwerfen). Doch macht die Durchgangsfreiheit, die Art. 25 des Hauptvertrags festsetzt, die Einholung einer Erlaubnis für die Durchbeförderung entbehrlich.

[44] Ausgenommen vom Postzwang ist der Verkehr, den ein fremder Staat mit seinen Beamten unterhält, die sich mit Erlaubnis des Aufenthaltsstaats dienstlich in dessen Gebiet befinden. Das Gegenteil wäre eine völkerrechtlich unstatthafte Einmischung in dienstliche Angelegenheiten eines andern Staats. Es kommt deshalb auch nicht darauf an, ob der Beamte für seine Person Exterritorialität zu beanspruchen hat. Unrichtig (für die Unverletzlichkeit solcher Sendungen) Rolland 296 ff. Einen Anwendungsfall bildet die Entsendung diplomatischer Kuriere. Dabei fallen jedoch solche Beförderungsweisen häufig schon unter positivrechtliche Beschränkungen des Postzwangs in einzelnen Staaten, z. B. nach § 2 des deutschen Postgesetzes, der die Absendung „expresser Boten" freigibt.

[45] Gelegentlich anerkannt in älteren Staatsverträgen, die einem andern Staat den Eisenbahnbetrieb im Inland gestatten. So Württemberg-Baden 1850[15], Badisches Regierungsblatt 1851, 519; Baden-Schweiz 1852[19], ebenda 1853, 159; unter Verzicht auf einen Postzwang für Gelder und Pakete (nicht für Briefe) Preußen-Braunschweig 1866[12], Preußische Gesetzsammlung 147. In dem ältesten aller bekannten Eisenbahnverträge, Braunschweig-Hannover 1837 Separatartikel 4 Martens, Nouveau recueil 14, 403 erscheint sogar die Zulassung der Personenbeförderung durch die braunschweigische Staatsbahn in Hannover als Einräumung einer Beschränkung des hannöverschen Postregals (das im übrigen für Briefe, Zeitungen, Pakete, Gelder auch dem braunschweigischen Bahnbetrieb gegenüber anerkannt bleibt). Den gleichen Sinn hat vermutlich eine Vereinbarung Hannover-Preußen 1845[6], Preußische Gesetzsammlung 1846, 83, die auf einer Grenzstrecke hannöverschen Staatsbahnbetrieb in Preußen gestattet, und zwar mit der materiellrechtlichen Verweisung, daß „hinsichtlich des Postzwangs" die Bestimmungen angewendet werden sollen, die für die Eisenbahnen in Hannover gelten.

[46] Entscheidungen des Kassationshofs von 1824, 1828, 1830 — Dalloz, Répertoire méthodique (1856) 36, 21 v° postes n. 64 — bestrafen den Überbringer von Briefen, der die Grenze überschritten, aber den ersten französischen Postort noch nicht erreicht hatte; es habe in diesen Fällen eine geordnete Postverbindung vom Ausland her bestanden, und es sei der Staat um die Gebühr von der Landesgrenze bis zum ersten Postort geschädigt worden. In der Folge scheint eine mildere Rechtsprechung einzusetzen; 1836 spricht der Kassationshof in einem derartigen Fall den Inhaber von Briefen frei, die, nach einer andern Stadt des Inlands gerichtet, am ersten Postort aufgegeben werden sollten (Dalloz n. 65; vgl. auch

liegende Gründe der Billigkeit, die manche Gesetzgebungen veranlassen, wie im Innern des Landes, so auch bei dem Verkehr über die Grenzen Milderungen des Postzwangs eintreten zu lassen. So gestattet Deutschland die private Beförderung in das Ausland, wenn am inländischen Absendeort und am ausländischen Bestimmungsort keine Postanstalt vorhanden ist, und in umgekehrter Richtung ist die Beförderung von der Grenze bis zum ersten Postort des Inlands schlechthin freigegeben[47]. Insbesondere auch für Ankünfte zur See ist eine solche Rücksicht veranlaßt und öfter vorgesehen[48]. Doch handelt es sich bei allen solchen Milderungen um materiellrechtliche Beschränkungen des Postzwangs; die Zuständigkeit, Abwehrmaßnahmen zu treffen, wird von ihnen nicht berührt. Postpflichtig aber macht die Anwesenheit des zu befördernden Gegenstands im Inland, nicht die Anwesenheit der an der Beförderung interessierten Person. Verboten ist der Vorgang der Beförderung außerhalb der amtlichen Einrichtungen, nicht die bloße Absendung zu solcher Beförderung. Und darum können auch Ausländer im Ausland

---

n. 66). Hingegen erfolgt 1857 wiederum eine Verurteilung, als abermals unter denselben Umständen Briefe zwischen Landesgrenze und erstem Postort mitgeführt wurden, die bereits die französische Frankierung trugen (Dalloz périodique 1857 I 231; das Urteil verlangt Aufgabe im Ausland, weil darin für das Stück Landesgrenze—Inlandspostamt eine Vergütung enthalten war). Dieser Rechtsprechung gegenüber weist allerdings eine Bemerkung im älteren Répertoire von Dalloz n. 64 darauf hin, sie gründe sich auf die damals geltende Art der Portoberechnung; mit der Einführung des Einheitsportos für das Land sei ihre Berechtigung weggefallen. Trotzdem verweist das neuere Répertoire pratique von Dalloz (1922) 9, 139 v° postes n. 169 auf jene älteren Urteile ohne Einschränkung; und dasselbe geschieht in den Pandectes françaises (1903) 45, 267 v° postes n. 78, 83.

[47] Postgesetz 28. X. 1871 § 1. In der Richtung aus dem Ausland in das Inland ist der Verkehr bis zum ersten Postort des Inlands frei. Aber es ist gegen den Sinn der Bestimmung, wird auch vom Wortlaut des Gesetzes nicht gefordert, alsdann auch die Bestellung in diesem Ort freizugeben; abweichend die ältere Auslegung: O. Dambach, Das Gesetz über das Postwesen des Deutschen Reiches[6] (1901) 32f; Nawiasky 99[70]; Niggl 11; wie im Text Schneidewin in Stengleins Kommentar zu den strafrechtlichen Nebengesetzen des Deutschen Reiches[5] (1928) 1, 303; Aschenborn[2] 103 (anders kraft Sonderrechts für Zeitungen). Dasselbe wird aber auch für § 13 des österreichischen Postgesetzes vom 5. XI. 1837 zu gelten haben; anders wiederum Nawiasky a. a. O. Zur Begründung seiner Ansicht bemerkt Nawiasky: „Das Regal kann die ausländische Beförderungsstrecke nicht in den Bereich seiner Geltung ziehen.“ Aber die Verteilung von Briefschaften im Inland ist doch eine Angelegenheit der inländischen Postverwaltung?

[48] Für Deutschland folgt das aus der Vorschrift des Postgesetzes, die den Postzwang auf Sendungen beschränkt, die nach dem Inland bestimmt sind oder durch Deutschland „transitieren sollen“. Noch zweifelloser im selben Sinn § 13 des österreichischen Postgesetzes: dem Postzwang sind Ankommende für ihre Sendungen nur unterworfen, „wenn sie deren Weiterbeförderung innerhalb des Staatsgebietes wünschen“. Über Art. 3 des belgischen Postgesetzes unten Anm. 78. — Über einen Postzwang zur See selbst, im Luftraum, in staatenlosem Gebiet, im Bereich der Konsulargerichtsbarkeit unten Z. 5—7.

dem Postzwang des Inlands unterworfen, bei einer Zuwiderhandlung der Repression des Inlands ausgesetzt sein[49].

Räumlich begrenzt sind auch die Leistungen, die im Interesse des Postbetriebs von dritten Personen gefordert werden. In erster Reihe handelt es sich dabei um die Begründung von Beförderungspflichten. Zuweilen schon für Pferdefuhrwerke vorgesehen, sind solche Verpflichtungen vor allem dem Eisenbahnverkehr auferlegt worden, und sie gelten dem Verkehr, der auf inländischem Gebiet sich abwickelt[50]; auch dann, wenn ein fremder Staat solche Eisenbahnen im Inland betreibt[51]; und auch dann noch geht die Verpflichtung von der örtlichen Staatsgewalt aus, wenn der Postbetrieb im Inland einem fremden Staat zustehen sollte[51a]. Doch findet sich unter solchen Umständen vertragsmäßig zuweilen vereinbart, daß der Staat, der im andern Gebiet die Post betreibt, insoweit auch die Leistungen bestimmt, die von den Eisenbahnen dort zu gewähren sind[52].

Schwierigere Fragen entstehen, wo eine solche Beförderungspflicht Seeschiffen auferlegt wird. Für Frankreich besteht eine Verordnung vom 19. Germinal des Jahres X[53], daß „ein jeder Schiffskapitän", der einen Hafen der Republik verläßt, der Postbehörde seine Ausreise mitzuteilen habe, daß „einem jeden" solchen Kapitän die Ausreise in eine französische oder fremde Kolonie oder einen Staat über See verwehrt sein solle, wenn er nicht ein Zeugnis der Postbehörde vorlegt, daß er die Post dorthin übernommen oder eine solche nicht vorhanden sei, und er hat alsdann im Bestimmungshafen die Post der dortigen Postbehörde oder einer andern Amtsperson zu übergeben; ebenso in umgekehrter

---

[49] So im Ergebnis auch Aschenborn[2] 294. Aber es ist nicht angängig, die Straflosigkeit einer privaten Beförderung im Ausland gleichzustellen mit anderen dort genannten Fällen: wenn jemand (§ 29 des Postgesetzes) bei einer die Grenze überschreitenden Fahrt die Reichspost auf der außerdeutschen Strecke durch Schwarzfahren schädigt oder (§ 27), wiederum außerhalb der Grenzen, einem deutschen Bahnpostbeamten Briefe zur Mitnahme übergibt. Einen Postzwang für Beförderung außerhalb der Reichsgrenzen gibt es nicht; private Beförderung ist unter solchen Umständen für Deutschland nicht rechtswidrig. Dagegen können die anderen genannten Handlungen auch bei einer Begehung außer Landes nach deutschem Recht verboten sein, und es sind lediglich Gründe des internationalen Strafrechts, die regelmäßig dazu nötigen werden, die Handlungen straflos zu lassen.

[50] Vgl. etwa den Vertrag Preußen-Kurhessen-Weimar-Coburg 1841 [10], Preußische Gesetzsammlung 1844, 438.

[51] Preußen-Braunschweig 1841 [7], Preußische Gesetzsammlung 1842, 51.

[51a] Preußen Anhalt 1839 [7], Preußische Gesetzsammlung 1857, 725. Preußen-Dänemark-Schwerin-Lübeck-Hamburg 1841[23], Preußische Gesetzsammlung 1845, 195.

[52] Preußen-Sachsen 1843 [13], Preußische Gesetzsammlung 403 und besonders bezeichnend Preußen-Bayern 1865 [14], ebenda 1866, 142: wird der Postbetrieb auf den Grenzstrecken von Bayern geübt, so bestimmen sich die Verpflichtungen der (privaten) Eisenbahnverwaltung nach den bayerischen Vorschriften, wenn von Preußen, nach den preußischen Normen.

[53] Dalloz, Répertoire méthodique 36, 11. Die Verordnung ist noch in Geltung.

Richtung: „ein jeder Schiffskapitän“, der aus einer Kolonie oder einem fremden Staat über See nach Frankreich reist, hat die dortige Postbehörde oder eine sonstige Amtsperson von seiner Abreise zu benachrichtigen, darf ohne Übernahme der Post nicht ausreisen, hat sie bei seiner Ankunft in der Republik abzuliefern. Für wen sind solche Vorschriften verbindlich? Gewiß ist, daß auch Schiffe fremder Flagge kraft ihres Aufenthalts in französischem Gebiet Verpflichtungen im Interesse des öffentlichen Dienstes unterworfen werden können; aber eine solche Verpflichtung endigt mit dem Verlassen der französischen Hoheitsgewässer, und man wird diesen etwas tumultuarischen Bestimmungen doch wohl am ehesten gerecht, wenn man sie — auch ihre Entstehungsgeschichte weist darauf hin — auf Schiffe französischer Flagge beschränkt[54]. Ziemlich sicher wird diese Lösung für eine ähnliche Vorschrift im Recht Italiens zutreffen. Hier bestimmen die Artikel 6—8 des Postgesetzes, Fassung vom 24. Dezember 1899, daß „die“ Kapitäne oder Eigentümer von Handelsschiffen verpflichtet sein sollen, die ihnen von den Beamten der Postverwaltung oder von den italienischen Konsuln im Ausland übergebenen Postsendungen entgegenzunehmen. Es ist, wie die beigesetzte Strafdrohung beweist[55], eine unmittelbare Verpflichtung des Kapitäns oder Eigentümers, die hier in Frage kommt, nicht bloß eine Auflage bei Gestattung der Ausfahrt oder Bedingung für die Zulassung des ankommenden Schiffs[56]. Aber schon die Beiziehung des Konsuls gibt einen Anhaltspunkt, daß als Träger der Verpflichtung nur inländische Schiffe gedacht sind. Ob man diese Einschränkung auch an eine Vorschrift im kolonialen Recht Deutschlands heranbringen durfte? Der Landeshauptmann der Marshallinseln hat verordnet: „Der Führer eines jeden Schiffes ist verpflichtet, Postsendungen an jedem von ihm innerhalb des Schutzgebiets angelaufenen Platz in Empfang zu nehmen und nach jedem von ihm berührten Platz zu be-

[54] Die Verordnung ist die Fortbildung einer Ordonnanz vom 1. III. 1773, die die entsprechenden Bestimmungen für den Verkehr zwischen Frankreich und seinen Kolonien gegeben hatte; vgl. darüber H. Grout, Les services maritimes postaux en France (1908) 7 ff. — Auch in Beschränkung auf französische Schiffe bleiben freilich Unebenheiten. Unmöglich kann insbesondere Frankreich seinen Schiffen die Ausfahrt aus einem ausländischen Hafen verwehren. In der mir erreichbaren französischen Literatur habe ich über den Gegenstand nichts gefunden.

[55] Und bestraft wird nach Art. 8 nicht bloß, wer die Post (im Inland) nicht entgegennimmt, sondern auch, wer sie (im Ausland) nicht aushändigt.

[56] Dies Tatbestände, die der inländischen Regelung unterliegen und allenfalls mit Auflagen über ein Verhalten im Ausland belastet werden könnten — wenn nicht sonstige Rechtssätze dem entgegenstehen. Auf der andern Seite ist es aber auch nicht zutreffend, wenn Giannini 353 die Verpflichtung zur Mitnahme als eine „öffentlichrechtliche Last von dinglicher Natur“ erklärt, die im Hinblick auf eine Sache zur Leistung verpflichte. Nicht das Schiff wird requiriert, sondern die Dienstleistung des Kapitäns oder Eigentümers. Und darum auch die Möglichkeit, italienische Schiffe im Ausland zu verpflichten.

fördern“[57]. Das hat nach den tatsächlichen Verhältnissen doch wohl Schiffe jeder Flagge verpflichten wollen (und wiederum als unmittelbare Verpflichtung; auch hier folgt eine Strafdrohung gegen Zuwiderhandlung). Aber vielleicht läßt sich die Bestimmung noch einigermaßen retten[58], wenn man sie auf eine Beförderung innerhalb des Schutzgebiets bezieht.

Die jüngste Entwicklung hat Fragen gleicher Art auch für den Luftverkehr wichtig werden lassen. So bestimmt beispielsweise § 11 des deutschen Gesetzes vom 1. August 1922, daß Luftfahrtunternehmen mit einem flugplanmäßigen öffentlichen Betrieb auf Verlangen der Postverwaltung mit jeder flugplanmäßigen Luftfahrt Postsendungen gegen Vergütung befördern müssen. Das bezieht sich sicherlich auf Fahrzeuge jeder Herkunft — und stößt hier auf ähnliche Schwierigkeiten wie im Seeverkehr. Doch ermöglicht die im Luftrecht weit verbreitete Konzessionspflicht für öffentliche Unternehmungen, im Weg der Konzessionsbedingung solchen Schwierigkeiten die Spitze abzubrechen.

Postdienst im Ausland. Bahnpost.

4. In älteren Zeiten haben die Postkuriere, auch staatliche Kuriere, vielfach ihren Weg durch fremde Länder genommen, zuweilen gesichert durch Staatsvertrag, viel öfter ohne solche Grundlage. Und häufig wurden Postkurse durch fremde Gebiete gelegt, die manchmal auf Zwischenstationen, regelmäßig am Endpunkt des Kurses die Errichtung eines Postbureaus nötig machten. Die erstarkende Landeshoheit verdrängt solche Einrichtungen. Der Kampf geht vornehmlich im 17. Jahrhundert, im Lauf des 18. Jahrhunderts hat sich die örtliche Staatsgewalt in der Hauptsache durchgesetzt. Doch haben sich kraft Einräumung oder Anerkennung Postrechte fremder Staaten an einigen Orten zäh erhalten, vor allem in den Hansestädten, deren dänische und schwedische Postämter (Ämter mit vollem Außenbetrieb) erst 1868 und 1869 aufgehoben wurden[59]. Heute kommt dergleichen nur mehr ausnahmsweise vor[60],

[57] Verordnung 25. VI. 1902 § 2, Deutsche Kolonialgesetzgebung 6, 481. Andere Bestimmungen der Verordnung befassen sich zweifellos auch mit der Postbeförderung aus dem Schutzgebiet in das Ausland; doch gestatten sie keinen sicheren Rückschluß auf § 2.

[58] Einigermaßen! Denn auch zwischen den Inseln des Schutzgebiets liegt die hohe See.

[59] Reiches Material über diesen Kampf der Landeshoheit in dem trefflichen Buch von H. Stephan, Geschichte der preußischen Post 1859. Dazu etwa Rolland 60ff. Für die Hansestädte im besonderen B. E. Crole, Geschichte der Deutschen Post (1889) 293ff; die aufhebenden Verträge des Norddeutschen Bundes mit Dänemark und Schweden (Aufhebung gegen Barabfindung!) BundesGBl. 1868, 157 und 1869, 73. Dagegen bestimmt jetzt bereits der Nachbarschaftsvertrag zwischen Großbritannien und Afghanistan 1921[10], Martens[3] 12, 587, daß es keinem der Vertragsteile gestattet sein soll, Postämter im Gebiet des andern zu errichten.

[60] Während des Kriegs hat Frankreich der vertriebenen belgischen Postver-

zumal auch in der Form vor, daß einige Kleinstaaten die gesamte Verwaltung ihrer Post dem angrenzenden Nachbarland übertragen haben[61].

Dennoch wird ein Postdienst außer Landes auch gegenwärtig noch in erheblichstem Umfang ausgeübt, wenngleich unter besonderen örtlichen Voraussetzungen und beschränkt auf den Innendienst. Die Postkutsche pflegte bis zum ersten Ort jenseits der Grenze zu fahren[62]. Die Eisenbahnen sahen sich vor ähnlichen Notwendigkeiten. Und es ergab sich von selbst, daß mit ihnen auch die Bahnpostwagen die Fahrt bis zur nächsten Wechselstation mitmachten, daß in ihnen die Postbeamten dieses Staats ihren Dienst verrichteten. Schon die ältesten Eisenbahnverträge enthalten solche Klauseln[63]. Und man wird es auch ohne die

---

waltung den Schalter eines französischen Postamts zur Verfügung gestellt; dazu gleich unten Anm. 61. Über britisch-indische Postanstalten in Französisch-Indien und in Arabien das Briefpostbuch der Reichspostverwaltung 1926 S. 1. Der Briefposttarif 1922 (nicht mehr das Briefpostbuch 1926) kannte auch italienische Postämter in Albanien. — Italien hat 1867 seine Konsuln beauftragt, den Geldverkehr der im Ausland lebenden Italiener mit der Heimat zu vermitteln; Andersch (zit. unten Anm. 106) 32[71]. Das ist zwar kein Postdienst, aber dennoch eine amtliche Betätigung im Ausland, die, außerhalb der üblichen Aufgaben des Konsuls stehend, der Zustimmung des Aufenthaltsstaats bedarf.

61 Der Weltposthauptvertrag[9] nennt Liechtenstein als von der Postverwaltung der Schweiz, Andorra von Spanien, Monaco von Frankreich abhängig. Vgl. des Näheren für Liechtenstein den Vertrag mit der Schweiz 10. XI. 1920, Sammlung der Schweizerischen Bundesgesetze[2] 37, 105: die Postverwaltung wird vertretungsweise und auf Rechnung des Fürstentums von der Schweiz besorgt, unter den Normen und Behörden der Eidgenossenschaft. Das Fürstentum hat beschränkte Mitwirkungsrechte bei Einrichtung der Ämter und Ernennung der Beamten; eigene Freimarken, örtliche Hoheitszeichen. Der Postdienst in Andorra wird von einem spanischen und einem französischen Briefträger je in Verbindung mit den Einrichtungen ihres Landes besorgt; Archiv für Post und Telegraphie 1909, 558f. Für Monaco ist der Vertrag mit Frankreich 10. IV. 1912[14] Martens[3] 10, 180 maßgebend. Danach hat Monaco eine eigene Postverwaltung, die nach französischen Normen geführt und von einem „gemischten“ Personal besorgt wird, das seine Weisungen für den „allgemeinen Dienst“ von der französischen Verwaltung, für den „inneren Dienst“ von den Behörden des Fürstentums empfängt; eigene Wertzeichen. Auch die Postverwaltung von San Marino hat nach dem Vertrag mit Italien vom 2. III. 1877 (Trattati fra il Regno d'Italia ed i governi esteri 6, 141) die italienischen Vorschriften übernommen, ist im übrigen jedoch völlig selbstständig und verwendet daher auch eigene Wertzeichen. Über die vormalige preußische Post in anderen deutschen Ländern Stephan 507—516, 518; Staedler, Zeitschrift 21, 593. — Wo immer ein fremder Postdienst im Inland zugelassen wird, gilt die Zulassung dem Postdienst, bleibt im übrigen die örtliche Hoheit ungemindert. Als an dem in Anm. 60 erwähnten belgischen Postschalter ein Brief aufgegeben wurde, dessen Absendung strafbaren Verkehr mit dem Feind bedeutete, war die Strafgewalt Frankreichs territorial zuständig. Vgl. dazu Travers, Droit pénal international 2, 351.

62 Vgl. etwa Stephan 78.

63 Braunschweig-Hannover 1837 Separatartikel 4 (oben Anm. 45): Braunschweig betreibt eine Teilstrecke in Hannover, Postsendungen und Bedienstete werden, soweit erforderlich, in eigenen Wagen kostenlos befördert. Ähnlich Preußen-

Grundlage einer Vereinbarung als im Zweifel geltendes Recht ansehen dürfen, daß die Zulassung fremden Eisenbahnbetriebs in das Inland auch eine Zulassung des Bahnpostbetriebs dieses Staats in sich schließt. Das mag bis zur ersten Station diesseits der Grenze, vielleicht auch noch tiefer in das Land und sogar durch das ganze Gebiet hindurchführen. Es kommt aber auch vor, daß der örtliche Eisenbahnbetrieb den Bahnpostdienst eines fremden Staats in sich aufnimmt[64].

Eine solche Zulassung beschränkt sich regelmäßig auf den Innendienst. Öfter wird ausdrücklich vereinbart, daß den fremden Bahnpostbeamten der dienstliche Verkehr mit dem Publikum untersagt ist, daß die Briefeinwürfe des Bahnpostwagens im andern Gebiet verschlossen gehalten werden sollen[65], und wenn die Notwendigkeiten des Dienstes dazu führen — im Einverständnis mit dem Aufenthaltsstaat — am Endpunkt der Linie eine feste Postagentur zu errichten, so ist auch sie regelmäßig auf den Innendienst beschränkt[66]. Dieser Dienst aber vollzieht sich unter den Gesetzen des Staats, von dem er den Ausgang nimmt; seine Vorschriften über das Postgeheimnis oder über den Um-

Dänemark-Schwerin-Lübeck-Hamburg 1841 [23], Preußische Gesetzsammlung 1845, 195. Preußen-Kurhessen-Weimar-Coburg 1841 [10], Preußische Gesetzsammlung 1844, 438 usw. — Wo die Bahnpostwagen durchlaufen — die Möglichkeit wird schon in Verträgen Österreichs mit Sachsen 1850[65] und Bayern 1851[76], Österreichisches Reichsgesetzblatt 1851, 251 und 1852, 103 vorgesehen — bringt der Wechselbahnhof für das Personal regelmäßig die Zäsur. Für den Eisenbahnfährverkehr zwischen Deutschland und Schweden — auch hier laufen die Bahnpostwagen von Berlin bis Stockholm durch — bestimmt eine Vereinbarung der Postverwaltungen von 1909[11] Martens[3] 5, 544, daß die Bahnpost vom Einschiffungshafen an auf der Fahrt nach Schweden als schwedisch, auf der Fahrt nach Deutschland als deutsch gelten solle. Ebenso insoweit bei der Eisenbahnfähre Warnemünde-Gjedser zwischen Deutschland und Dänemark nach Herzog, Archiv für Post und Telegraphie 1906, 757 f. Dazu unten Anm. 81.

[64] Deutschland-Belgien, Bestimmungen 6. XI. 1922 VI. Kapitel RGBl. 1924 II 1.

[65] Vereinbarungen des Reichs, Bayerns, Württembergs mit der Schweiz 1900[3] (Abkommen der Postverwaltungen; für Bahnpost und Fahrpost) Martens[2] 29, 538; Österreichs mit der Schweiz 1900[3], ebenda 555. Frankreich-Schweiz 1914[8] Martens[2] 10, 871. Deutschland-Polen 1922[50] RGBl. 1923 II 456. Deutschland-Polen-Danzig 1927[21] RGBl. II 328. Ausnahme Schweiz-Italien 1906[10], Sammlung der Bundesgesetze[2] 22, 179: die schweizerische Bundesbahn bedient mehrere italienische Stationen bis zu dem tiefer im Land liegenden Wechselbahnhof, und ähnlich ein schweizerischer Fahrpostkurs; die Briefeinwürfe bleiben auf italienischem Gebiet geöffnet (Aushändigung von Briefen ist verboten), und es sind für die Freimachung italienische Briefmarken zu verwenden. Also stellvertretende Tätigkeit für die örtliche Postverwaltung.

[66] Verträge Österreichs mit Sachsen 1850[66], mit Bayern 1851[77]; Baden-Schweiz 1852[19], Badisches Regierungsblatt 1853, 159. Über neuere Fälle dieser Art Andersch 31 f („Zweigstellen deutscher Bahnpostämter"). Vormalige Agenturen am Ende der Seepostlinie Stralsund-Ystadt (Schweden): Stephan 503, 575, 582. Hieher wohl auch die britischen Postagenturen an der Landenge von Panama nach Sieblist 88. — Anders verhält es sich mit der polnischen Post in Danzig, s. unten Anm. 105.

fang der Haftung entscheiden. Und ebenso vollzieht sich dieser Dienst unter Leitung der Behörden jenes Staats. Die ausführenden Organe aber sind auch außer Landes bei ihrem Dienst lediglich jenen Vorschriften und Anordnungen unterworfen, lediglich der heimischen Behörde disziplinarisch verantwortlich. Einige Verträge heben das besonders hervor[67], doch folgt der Satz schon aus der bloßen Zulassung des fremden Dienstes. Für ihr außerdienstliches Verhalten unterstehen sie der örtlichen Staatsgewalt.

Im übrigen kommen, wo der fremde Postdienst über die erste Inlandsstation hinausreicht, auch Zwischenbildungen vor, etwa die Mitsendung örtlichen Personals[68]; nach dem deutsch-polnischen Abkommen für den Durchgang durch Deutsch-Oberschlesien so, daß im polnischen Bahnpostwagen ein deutscher Beamter mitfährt mit der doppelten Aufgabe, die deutsche Post im deutschen Dienst zu erledigen und den Verkehr der polnischen Beamten mit den deutschen Behörden zu vermitteln, die Einhaltung des den polnischen Beamten auferlegten Verkehrsverbots gegenüber Publikum und Behörden zu überwachen[69].

Seepost.

5. Kriegsschiffe gelten für den Postbetrieb als Inseln unter der Hoheit des Mutterlands. Deshalb bestimmt Art. 77 des Weltposthauptvertrags, der die Vermittlung fremder Verwaltungen für den Verkehr zwischen Kriegsschiff und Mutterland oder auch zwischen solchen Schiffen zur Verfügung stellt, daß die Gebühren und Versendungsbedingungen sich solchenfalls nach den Vorschriften der Flagge regeln, wie auch deren Briefmarken zur Verwendung kommen[70]. Das alles entspricht der räumlichen Exterritorialität, die sie nach Völkerrecht zu beanspruchen haben.

Eine Anzahl von Staatsverträgen hat die gleiche Rechtslage auch für Postdampfer begründet. Zunächst für Fahrzeuge im Eigentum des Staats[71], in der Folge ausgedehnt auf Schiffe in Privateigentum, welche

---

[67] Schweiz-Italien 1906[18]; Schweiz-Frankreich 1914[12], in Übernahme der typischen Klausel für Eisenbahndienst außer Landes.

[68] Schweiz-Italien 1906[9] für Bedienung der italienischen Zwischenstationen, in das Ermessen Italiens gestellt.

[69] Vertrag[48, 50, 52]. Die entsprechende Vorschrift in dem Abkommen von 1927[21] für die Durchführung deutscher Bahnpostwagen durch den polnischen Korridor und Danziger Gebiet. — Auch der umgekehrte Fall kommt vor, daß ein fremder Beamter den örtlichen Bahnpostwagen begleitet. So war in dem Vertrag des Norddeutschen Bunds mit Großbritannien 1870[19] (Abkommen der Postverwaltungen) BundesGBl. 565[19] vorgesehen, daß die indische Post während ihrer Durchfuhr durch das Bundesgebiet von einem Beamten der britischen Postverwaltung begleitet und unter dessen besondere Aufsicht genommen werden konnte.

[70] Herzog (zit. oben Anm. 63) 758.

[71] Verträge Großbritanniens mit Frankreich 1833[5], mit Belgien 1834[9], Hertslet, Collection of treaties 5, 36; 7, 81. Verträge Frankreichs mit dem Kirchen-

die Postverwaltung „befrachtet“[72], bis Mitte des vorigen Jahrhunderts auch die Fahrzeuge subventionierter Gesellschaften, die (in der Hand der Gesellschaftsorgane) den Postdienst versehen, ihnen gleichgestellt wurden[73]. Bei Postschiffen im Staatseigentum hat man es zu Zeiten anscheinend für selbstverständlich gehalten, daß sie zur staatlichen Marine gehörten, und diese dann wieder den Kriegsschiffen gleichgestellt[74]; die Erstreckung der Vorrechte auf Schiffe subventionierter Linien geht von Frankreich aus und hängt offenbar mit der Auffassung des französischen Rechts zusammen, daß auch solche Fahrzeuge einen „öffentlichen Dienst“ ausüben, wie sie ja auch für dessen Durchführung eine staatliche Konzession erhalten[75]. Indessen wie schon oben Bd. 3 I 171 ausgeführt, Schiffe, die der inneren Verwaltung eines Staats dienstbar sind,

---

staat 1838[5], mit Portugal 1844[7] de Clercq 4, 424; 5, 181. Zum Teil an die Voraussetzung geknüpft, daß das Fahrzeug nicht auch Waren befördert.

[72] Den Übergang bildet ein Vertrag Frankreich-Beide Sizilien 1842[1] de Clercq 4, 620, der Privatschiffe, die für den besonderen Dienst der Post bestimmt sind, gleichstellt, wenn sie von Offizieren der Kriegsmarine befehligt werden. Alsdann mit der Formel des Textes die Vereinbarungen Großbritanniens mit Frankreich; 3. IV. 1843[7], mit Belgien 1844[7] und noch 1876[6], Hertslet 6, 349; 7, 86; 14, 168; Vereinbarungen Frankreichs mit Sardinien 1850[6] und Toskana 1851[5], de Clercq 6, 40 und 82. Dabei soll die Wendung *freighted, frété* doch wohl die Unterstellung des ganzen Schiffs unter die Leitung der Postverwaltung bedeuten (in dem gleich zu nennenden Vertrag Großbritannien-Frankreich 1856[5] Hertslet 10, 108 ist *freighted* durch *chartered* ersetzt). Ähnlich Großbritannien-Dänemark 1846[3] Hertslet 5, 148[3], unter der auch sonst begegnenden Beschränkung, daß das Schiff keine Waren befördern dürfe. Eine privatrechtliche Vereinbarung der griechischen Postverwaltung mit dem Österreichischen Lloyd in Triest 15./27. IV. 1843[5] Martens[1] 5, 270 sichert den Schiffen der Gesellschaft, die für den Postdienst verwendet werden, schlechthin die Behandlung als Kriegsschiff in Griechenland zu.

[73] So die Verträge Frankreichs mit den Beiden Sizilien 1852[5], mit dem Kirchenstaat 1853[5] (hier wird hinsichtlich der subventionierten Schiffe noch einmal vorgängige Verständigung der beiden Regierungen verlangt), mit Großbritannien 1856[5], mit Sardinien 1860[6], mit Italien 1869[6], de Clercq 6, 262 und 332; 8, 85; 10, 262. Als einziger noch gegenwärtig geltender Vertrag das Abkommen mit San Domingo 1882[21] Journal 14, 766. Der Staatsbetrieb der Postdampferlinien ist heute aus wirtschaftlichen Gründen zumeist in Wegfall gekommen. Im übrigen sind derartige Vereinbarungen auch aus äußerem Anlaß außer Gebrauch gekommen: der Weltpostverein hat den Abschluß partikularer Postverträge regelmäßig entbehrlich gemacht, und es hat offenbar nicht als lohnend erschienen, wegen jener Klauseln eigene Vereinbarungen zu treffen.

[74] Der Vertrag Großbritannien-Belgien 1834 stellt die beiderlei Schiffe gleich, *being Government vessels* (die gleiche Begründung schon im Vertrag Großbritannien-Niederlande 1818[11] Hertslet 7, 820, der nur im übrigen weniger deutlich ist). Frankreich-Portugal 1844: haben gleiche Vorrechte *comme tous les autres bâtiments de guerre.* Hinzu kam, daß die Postschiffe des französischen Staats von Offizieren der Kriegsmarine befehligt wurden; Grout 24.

[75] Grout 122ff. Die Subventionierung deutscher Schiffahrtslinien vollzieht sich in der Form privatrechtlicher Verträge.

haben zwar ebenso wie die Kriegsschiffe Anspruch auf eine Reihe von Vorrechten, aber gerade der Punkt, auf den es hier ankommt, unterscheidet sie von jenen; sie haben, wenn er ihnen nicht vertragsmäßig zugebilligt ist[76], keinen Anspruch auf räumliche Exterritorialität, denn sie besitzen nicht repräsentativen Charakter. Demzufolge sind solche Schiffe postrechtlich nicht anders zu behandeln als andere Fahrzeuge, welche die Flagge dieses Staats führen.

Damit aber stehen die Postverhältnisse zur See nunmehr in ihrem vollen Umfang zur Erörterung. Es wird erforderlich sein, dabei mehrere Gruppen auseinander zu halten.

a) Fischerfahrzeuge, Frachtdampfer und ähnliche Fahrzeuge können mit dem Postrecht nur insofern in Berührung kommen, als sie Briefe, die an Bord geschrieben oder von Land her mitgebracht sind, mit sich führen. Dabei handelt es sich zunächst, ohne Unterschied der Flagge, um ihre Rechtsstellung gegenüber dem Staat, in dessen Gewässern sie sich befinden. Die Verbringung der Briefschaften vom Land auf das Schiff und anderseits die Verbringung von dem ankommenden Schiff an das Ufer kann selbstverständlich gegen den Postzwang des Uferstaats verstoßen. Doch das betrifft den Postzwang, wie er für das Festland besteht. Für das Schiff selbst könnte etwa der Postzwang des Uferstaats wirksam werden, wenn dieser die Ablieferung von Sendungen fordert, die sich auf einem in seinem Bereich ankernden[77] Fahrzeug befinden; indessen ist eine solche Auslegung im Zweifel sicherlich nicht zu vermuten, es könnten Sendungen sein, die in entgegengesetzter Richtung befördert werden müssen[78]. Für Schiffe auf Fahrt hat der Staat der Flagge die völkerrechtliche Möglichkeit, einen Postzwang zu begründen; aber wiederum, es wäre widersinnig solches anzunehmen, würden doch für Schiffe auf der Ausreise die Sendungen einer fremden Verwaltung zugeführt werden müssen, und der Postzwang schützt die Verwaltung

---

[76] Und es sei daran erinnert, daß andere Staatsverträge derselben Zeit die Postschiffe den Kriegsschiffen nicht gleichstellen, z. B. Großbritannien-Hamburg 1814 und 1841 Hertslet 7, 713. Verträge Preußens mit Dänemark und Rußland 1843 vgl. Stephan, Geschichte der Preußischen Post 587, 571. Verträge des Norddeutschen Bunds mit Norwegen, Dänemark, Schweden 1868 und 1869 BundesGBl. 1868, 117 157; 1869, 73. Österreich-Griechenland 1878, Österreichisches RGBl. 1879, 337. Auch die britische Mailships Act von 1891 s. 4—6 betrachtet solches als den Regelfall.

[77] Daß der Postzwang keinesfalls auf Schiffe in Fahrt ausgedehnt werden könnte, ergibt die Analogie des gleich zu erwähnenden Art. 42 des Weltposthauptvertrags. Unrichtig Aschenborn[2] 294.

[78] Doch kennt Art. 3 des belgischen Postgesetzes vom 30. V. 1879 in der Tat einen beschränkten Ablieferungszwang gegen den ankommenden Schiffsführer. Ausgenommen werden *des envois adressés à un bureau de poste étranger* (Sendungen in privater Hand, welche die Aufschrift tragen, nicht etwa Sendungen, welche für eine fremde Postverwaltung befördert werden, vgl. Art. 3 mit 2) *et qui devraient être transportés vers leur déstination par le même navire.*

des Inlands. So ist im Endergebnis die Mitführung von Briefschaften, mag sie der einzelne Mann bei sich behalten oder der Schiffer sie einsammeln, ein postrechtlich gleichgiltiger Vorgang[79]; er gewinnt rechtliche Bedeutung erst dadurch, daß in einem Uferstaat (der Postzwang verletzt oder) Verbindung mit einer Postverwaltung hergestellt wird, und deren Gebühren kommen für eine Weiterbeförderung zur Anwendung, deren Briefmarken sind hiebei zu verwenden. An solchem Ergebnis ändert auch Art. 42 Abs. 3 des Weltposthauptvertrags nichts. Denn es ist irreführend, wenn die deutsche Übersetzung hier von Schiffen schlechtweg spricht; die Stelle bezieht sich, wie der Urtext zeigt, auf *paquebots*, also auf Postschiffe, und wie der Zusammenhang ergibt, auch auf solche nur, wenn sie einen Außendienst unterhalten.

b) Wenn ein Fahrzeug als Frachtführer für eine Postverwaltung Sendungen befördert, so steht es unter den Weisungen der Verwaltung, in deren Auftrag die Ladung befördert wird; wenn das Schiff mit postrechtlicher Konzession fährt oder etwa kraft Requisition seiner Dienste, auf verwaltungsrechtlicher, sonst auf privatrechtlicher Grundlage. Und es bleibt nur die Möglichkeit vorbehalten, daß auch ein Uferstaat über die Ablieferung seinerseits Vorschriften aufstellt.

Wo es sich um regelmäßige Postverbindungen von größerer Bedeutung handelt, pflegt die Postverwaltung ihre Sendungen von eigenem Personal begleiten zu lassen, das auch während der Fahrt dienstliche Tätigkeit verrichtet[80]. Es ist selbstverständlich, daß solche Tätigkeit sich unter den Vorschriften des Staats abwickelt, der die Einrichtung unterhält, und daß die Beamten dienstrechtlich ihnen unterstellt bleiben. Nur bedarf es dabei der Klarstellung, welches die auftraggebende Verwaltung ist; denn sie fällt keineswegs immer zusammen mit der Verwaltung des Staats, dessen Flagge das Schiff führt[81], und es bedarf der

---

[79] Diese Rechtslage hat es auch möglich gemacht, daß eine norwegische Schiffahrtsgesellschaft für den Verkehr zwischen dem damals staatenlosen Spitzbergen und Norwegen Privatmarken eingeführt hat, die weder von Norwegen noch von dem Weltpostverein anerkannt waren. Vgl. darüber Waultrin, Revue générale de droit international public 15, 107[4].

[80] Dazu etwa Grout 144, 148ff für Frankreich. Über die deutsch-amerikanische Seepost, bei der Beamte beider Staaten unter Leitung der zuständigen Verwaltung zusammenarbeiten, Archiv für Post und Telegraphie 1891, 299ff; die Einrichtung ist seit 1924 wieder in Gang, Frankfurter Zeitung 3. III. 1925.

[81] Auf der Fahrt zwischen Hamburg-Bremen und New-York gilt der Betrieb in der Richtung nach den Vereinigten Staaten als deutsche Seepost, in der umgekehrten Richtung als Seepost der Vereinigten Staaten, vgl. Archiv a. a. O. Ähnlich bei den deutschen Verbindungen nach Südamerika; Wolcke 140[1]. Und auch für den Verkehr zwischen den Niederlanden und Niederländisch-Indien besteht nach Beelenkamp 54 eine solche Teilung. Gleichartige Vereinbarungen für die Bahnpost auf den Dampffähren zwischen Deutschland und Dänemark, Deutschland und Schweden (oben Anm. 63); nur daß hier über die Einreihung nicht die Ausreise, sondern die Einreise entscheidet. Im Verkehr zwischen Deutschland und

Zustimmung des Staats der Flagge, wenn eine fremde Verwaltung auf seinen Schiffen ein Amt einsetzen will[82].

An der Postfreiheit von Briefschaften, die an Bord anfallen oder vom Land her mitgebracht sind, ändert die Mitführung von Postsendungen als Schiffsfracht zunächst nichts[83], nur mögen wiederum Verbote des Uferstaats eingreifen, die verwehren, Briefschaften vom Festland auf ein solches Schiff zu verbringen[84]. Für das Schiff selbst statuieren die Subventionsverträge, welche die Reichspostverwaltung mit deutschen Schiffahrtsunternehmungen geschlossen hat, einen Postzwang; er beruht auf privatrechtlichem Vertrag, gilt für mitgebrachte Sendungen und verlangt Beachtung auch für Fahrten, die nur zwischen Häfen des Auslands erfolgen[85]; für dritte Personen freilich kann eine

---

den Vereinigten Staaten, der (Anm. 80) von gemischtem Personal besorgt wird, wird die Post kurz vor der Ankunft, also in den Hoheitsgewässern des Uferstaats, dem leitenden Beamten des andern Staats übergeben. In allen diesen Fällen aber müssen Flagge und Schiffspost in ihrer staatlichen Zugehörigkeit zu irgendeinem Zeitpunkt auseinanderfallen. — Art. 70 IV des Weltposthauptvertrags rechnet die Fahrt postrechtlich dem Staat zu, von dem „das Schiff abhängt". Das wird zunächst (ebenso wie in Art. 42 III) den Staat bezeichnen, zu dem das Schiff in einem Vertragsverhältnis steht, wird hier in Ermangelung einer solchen Beziehung aber auch den Staat bedeuten, dessen Flagge das Schiff führt. (Jedenfalls — vgl. oben Anm. 43 — gilt die Beförderung als ein postrechtlich wesentlicher Vorgang, auch wenn der Staat, von dem das Schiff abhängt, eine amtliche Tätigkeit auf dem Schiff nicht entfaltet.) Dabei stellt der Text ab auf das Land, von dem das Schiff abhängt, nicht auf das Land, von dem der Dienst abhängt. Doch bleibt abweichende Vereinbarung (unter den Verwaltungen) vorbehalten und damit auch die Möglichkeit, daß Schiffe von Beamten fremder Verwaltungen begleitet werden. Die „Abhängigkeit" eines Schiffs, an die der Vertrag anknüpft, ist zunächst nur eine Rechtsbeziehung zwischen Staat und Schiffahrtsunternehmer; es scheint jedoch, daß der Vertrag ihr auch Wirkung gegen dritte Staaten zuschreibt, die dem Schiff Sendungen übergeben wollen. Jedenfalls hat diesen Standpunkt Frankreich gegenüber südamerikanischen Staaten mehrfach vertreten und die Fahrt subventionierter Schiffe für die Hin- und Rückreise als Fahrt im französischen Postdienst erklärt. Vgl. darüber (wenig ergiebig) Union postale universelle, Documents du Congrès de Lisbonne 1885 p. 62f, 68, 111, 129f, 136, 372ff; Documents du Congrès de Vienne 1891, 693ff.

[82] Vgl. die Parallele oben Bd. 3 I 293.

[83] Vgl. etwa die Note Dalloz 1870 I 91[1].

[84] So Art. 8 der oben Anm. 53 genannten französischen Verordnung vom Jahr X. Vgl. auch ältere Postverträge, die der Schiffsmannschaft die Beobachtung des Postzwangs im Uferstaat einschärfen: Verträge des Norddeutschen Bunds mit Norwegen 1868[27], mit Dänemark 1868[30], mit Schweden 1869[27]; Österreich-Griechenland 1879[11] (Fundort der Verträge oben Anm. 76).

[85] Beispiele: Vereinbarung mit dem Norddeutschen Lloyd 1885[14], Zentralblatt für das Deutsche Reich 276; mit der Deutsch-Ostafrikalinie 1890[11], Zentralblatt 122; mit der Jaluitgesellschaft 1901[7], Deutsches Handelsarchiv 1902 I 152. Die zweite dieser Vereinbarungen befreit die im Ausland befindlichen Agenten des Unternehmers im Verkehr mit diesem und in ihrem gegenseitigen Verkehr vom Postzwang, beansprucht einen solchen ohne diese Befreiung also auch für Fahrten unter deutscher Flagge, welche das Mutterland nicht berühren.

Bindung an diesen Postzwang nur aus den zu c) erörterten Gesichtspunkten erwachsen. Noch weiter geht hier die britische Mail ships Act von 1891: besteht auf Grund Staatsvertrags eine geordnete Postverbindung mit einem andern Staat, so soll der Briefverkehr zwischen den beiden Ländern, den die Postschiffe vermitteln, unter einem strafrechtlich gesicherten Postzwang stehen; für Schiffe der fremden Flagge, die Briefe nach oder von England bringen (was schon durch den Postzwang des Festlands gedeckt ist); aber auch für britische Schiffe, die Briefe nach oder von dem andern Vertragsstaat befördern (was ungewöhnlicherweise einen Postzwang zu Gunsten einer fremden Verwaltung in sich schließt)[86].

c) Verwaltungen, welche ihre Sendungen von eigenen Beamten begleiten lassen, unterhalten neben dem Innendienst ganz regelmäßig auch einen Außendienst für die Schiffsinsassen, und es mag sein, daß (zum mindesten hilfsweise) auch der Führer des Schiffs von der Postverwaltung mit solchen Aufgaben betraut wird. In derlei Fällen wird, wenn es sich um Schiffe derselben Flagge handelt, im Zweifel ein Postzwang im Sinn der Gesetze liegen[87]. Die Sendungen selbst aber, die an Bord aufgeliefert werden, stehen folgerichtig unter den Vorschriften des Staats, dessen Verwaltung sie anvertraut sind. Das muß auch dann gelten, wenn diese Verwaltung auf einem Schiff fremder Flagge tätig wird. Die Weltpostverträge freilich schaffen hier Unklarheiten. Denn nach Art. 42^{III} des Hauptvertrags sollen in solchem Fall wahlweise die Gebühren des Staats gelten und die Marken des Staats verwendet werden, „dem das Schiff angehört oder zu dem es in einem Vertragsverhältnis steht“. Jedenfalls aber bezieht sich diese Abweichung nur auf Gebühren und Marken, nicht beispielsweise auf sonstige Auflieferungsvorschriften. Und sie wird in ihrer Tragweite eingeschränkt durch den Vorbehalt, daß die beteiligten Verwaltungen sich — mit Wirkung gegen Dritte — über eine abweichende Regelung verständigen können[88]. Im Verkehr Deutschland-Vereinigte Staaten sind die Marken der betriebführenden Verwaltung zu verwenden. Ebenso während des Fährverkehrs Deutschland-Dänemark. Im Fährverkehr zwischen Deutschland und Schweden freilich[89] soll seltsamerweise die deutsche Bahn- und Seepost schwedische, die schwedische deutsche Marken verwenden.

---

[86] 54 & 55 Vict. c. 31. s. 2. Gilt nach s. 1 für *mail ships, that is to say, ships engaged in any postal service of (the) State.* Dazu auch unten Z. 8.

[87] In einem Urteil von 1870 hat der Pariser Kassationshof (Dalloz 1870 I 91) offen gelassen, ob der Postzwang unter solchen Umständen schon auf hoher See wirksam werde; jedenfalls komme er mit der Einfahrt in die französischen Gewässer zur Geltung.

[88] Jenes Wahlrecht ist 1891 eingeführt worden, der Vorbehalt abweichender Verständigung 1920 hinzugekommen. Über die Vorgeschichte der Bestimmung Herzog, Archiv 756f.

[89] Vertrag 1909 § 9.

Während eines Aufenthalts in den Gewässern dritter Staaten pflegt die Seepost ihre Tätigkeit einzustellen[90]. Doch bleibt zuweilen nach Vereinbarung mit der örtlichen Postverwaltung der Schiffsbriefkasten geöffnet[91]. Und für solche Fälle wird Art. 42 des Weltposthauptvertrags von Belang, wenn er vorsieht, daß bei einer Auflieferung an Bord, die während des Aufenthalts des Fahrzeugs geschieht[92], die Freimachung mit den Wertzeichen und nach dem Tarif des Lands geschieht, in dessen Gewässern sich das Schiff befindet. Die fremde Verwaltung wird hier in Vertretung derjenigen des Uferstaats tätig und ermöglicht damit, daß Briefschaften ohne Verletzung des örtlichen Postzwangs auf das segelfertige Schiff verbracht werden können.

Andere Gebiete mit besonderer Rechtslage.

6. Landseen sind Hoheitsgewässer. Liegen sie an der Grenze mehrerer Staaten, so stehen sie regelmäßig, territorial aufgeteilt, unter der Hoheit der Uferstaaten, damit auch unter ihrer Posthoheit, und dies gilt auch für den Bodensee[93]. Doch nötigen naheliegende Rücksichten des Verkehrs hier zu Erleichterungen. Für Schiffe am Landungsplatz ist der Ausgangspunkt festgehalten[94]: Gebühren und Marken des Uferstaats kommen zur Anwendung. Für Sendungen, die während der Fahrt anfallen, wird hinsichtlich der Gebührenbemessung das Recht des Abgangshafens zum Ausgang genommen, mit weitgehenden Erleichterungen nach einem verwickelten System, während bei der Verwendung der Wertzeichen die Uferstaaten fast völlig gleichgestellt sind[95].

---

[90] Französische Dienstanweisung bei Grout 150. Über Schließung der Briefkästen Archiv für Post und Telegraphie 1891, 232; Herzog 758; die französische Dienstvorschrift (Grout 150) scheint hier allerdings das Gegenteil vorzuschreiben.

[91] Herzog a. a. O.

[92] Der Uferstaat hätte Rechte über das Fahrzeug, solang es sich in seinen Eigengewässern befindet (anders Rolland 322). Doch fordert es die nächstliegende Zweckmäßigkeit, solche Rechte auf die Zeit des Stilliegens zu beschränken. Der Gegensatz einer Aufgabe *pendant le stationnement* und einer solchen *en pleine mer,* den Art. 42 aufstellt, ist allerdings nicht erschöpfend; indessen soll dabei offenbar jeder Meeresteil, den das Schiff während der Fahrt berührt, der hohen See zugeteilt sein.

[93] Dazu oben Band 2, 111 ff.

[94] Über Erleichterungen, die auch unter solchen Umständen eingreifen, unten Z. 8.

[95] Im Einzelnen: es können Wertzeichen aller fünf Uferstaaten verwendet werden, doch nicht Wertzeichen mehrerer Staaten auf einer Sendung. Für die Gebühr — wenn ich recht verstehe — entscheidet der Ort, den das Schiff vor Einlieferung der Sendung angelaufen hat, wenn jedoch nach einem Ort gerichtet, der in der Fahrtrichtung liegt, die an diesem Ort giltige Gebühr; sind Wertzeichen eines andern Staats verwendet als desjenigen, dessen Recht die Gebühr bestimmt, so folgt zugunsten des Absenders die Gebühr der Marke. — Rechtsquellen sind die oben Anm. 65 angeführten Verträge der (damaligen) drei deutschen Postverwal-

Hoheitsgebiet ist auch der Luftraum über staatlichem Boden. Das bewirkt, daß das befördernde Fahrzeug sich postrechtlich auflöst in den Staatsraum, der es umgibt. Aber freilich, der Widersinn, zu dem diese Lösung führt, ist so handgreiflich, daß Auslegung und Vertragsschlüsse sich bemühen, sie abzubiegen zugunsten eines Rechtszustands ähnlich jenem zur See, wie er oben Z. 5 erörtert wurde[96]. Der Bodenstaat ist vermöge seiner Lufthoheit in der Lage, Postzwang auf Sendungen in privater Hand zu üben: doch wird es nicht im Sinn der Gesetze liegen, die Ablieferung von Sendungen dieser Art bei einer Landdung zu verlangen, noch weniger, insoweit den Postzwang während der Fahrt zu beanspruchen. Wichtiger ist das Verhältnis des Bodenstaats zu Sendungen, die der Fahrtunternehmer selbst für eine fremde Postverwaltung mit sich führt. Es mag sich dabei um ein staatliches Postfahrzeug handeln (darüber oben Bd. 3 I, 266) oder um ein privates Fahrzeug, das die Post im Auftrag befördert. Geht man von der neueren Entwicklung aus, welche die Tätigkeit des Frachtführers der Postverwaltung zurechnet, in deren Auftrag die Beförderung erfolgt (oben Anm. 43), so bedeutet eine Beförderung durch den Luftraum des Inlands auch unter solchen Umständen einen Eingriff in das inländische Postmonopol, der nur auf Grund rechtsverbindlicher Einräumung statthaft sein kann[97]. Eine weitgehende Klärung und Verbesserung des Rechtszustands jedoch haben hier die jüngsten Vertragsschlüsse gebracht, die beiden Abkommen vom 10. September 1927 über die Beförderung von Briefen und Paketen im Luftpostverkehr[98]. Freiheit des

---

tungen, sowie Österreichs mit der Schweiz, und eine diesen Verträgen um einige Monate vorausgehende Verständigung der fünf Uferstaaten über Gebühren und Marken, abgedruckt bei Weber, Gesetz- und Verordnungensammlung für Bayern 29, 547. Der deutsch-schweizerische Vertrag bestimmt auch, daß der Verkehr Bayern-Schweiz und Württemberg-Schweiz von den beteiligten Verwaltungen „auf jeder Strecke zur Hälfte" besorgt werden soll, und das bedeutet natürlich, von den Sonderbestimmungen über Gebühren und Wertzeichen abgesehen, Maßgeblichkeit der Vorschriften dieser Verwaltung. — Sonderbestimmungen haben bis 1914 auch für den Genfersee gegolten; vgl. die Mitteilungen bei Beelenkamp 73f. Auch dieser See ist territorial aufgeteilt zwischen den Uferstaaten. Für Schiffe am Landungsplatz galten gleichfalls Gebühren und Marken des Uferstaats. Die Aufgabe von Sendungen während der Fahrt wurde zunächst als ein postrechtlich gleichgiltiger Vorgang behandelt, und erst der nächste Landungsplatz entschied über Gebühr und Marke. Der Seepostverkehr wurde bei Kriegsausbruch eingestellt und ist seither nicht wieder aufgenommen worden.

[96] Unrichtig freilich wäre es, mit Aschenborn² 100, 294 das Luftfahrzeug einfach dem Seeschiff gleichzustellen.

[97] Aschenborn² 103 glaubt für das deutsche Recht vertreten zu können, es sei ein Durchflug durch das Reich ohne Aufenthalt kein „Transitieren" im Sinn des Postgesetzes, und es sei bei Sendungen für das Inland erst die planmäßige Landung auf einem Flugplatz, die nach § 1 II des Gesetzes postpflichtig mache.

[98] Société des Nations, Recueil des traités 75, 7 und 39, von 21 Teilnehmern, auch von Deutschland, angenommen, hier freilich nicht mit Gesetzeskraft bekleidet,

Durchgangs nach Art. 2 der beiden Abkommen [99], und man wird daraus zu folgern haben, daß im Fall des bloßen Durchflugs der Bodenstaat auf die Anwendung seines Postrechts schlechthin verzichtet. Ja selbst bei einer Landung wird der Postzwang nur in Anspruch genommen, wenn es sich um Umladung in eine andere Linie (nicht: in einen andern Teilbetrieb derselben Linie) handelt [100]. Die rechtliche Ausschaltung des Bodenstaats während des Flugs wird auch wesentlich, wenn eine künftige Entwicklung die Mitgabe von Postpersonal für den Innendienst oder auch einen Außendienst während der Fahrt bringen sollte. Auf der andern Seite aber mögen, wie im Seeverkehr, auch hier Schwierigkeiten aus der Frage erwachsen, welcher Verwaltung ein Flug postrechtlich zuzurechnen ist. Es wird nicht immer die Verwaltung des Staats sein, dem das Fahrzeug selbst angehört. Doch scheint es verfrüht, diese Fragen jetzt schon weiter zu verfolgen.

Im staatenlosen Gebiet steht die hoheitliche Betätigung einem jeden Staat frei und selbstverständlich nach eigenen Normen. Das gilt auch für die Einrichtung eines Postdienstes. Die Begründung eines Postzwangs wäre völkerrechtlich möglich gegenüber den Personen, die dort der Herrschaft des verordnenden Staats unterliegen (also, wenn es sich um geschlossene Verbände handelt, die von solchem Staat ausgehen, gegenüber deren Mitgliedern, sonst gegenüber den Angehörigen dieses Staats) — aber es versteht sich nach innerstaatlichem Recht nicht von selbst. Über eine Anwendung dieser Sätze auf die hohe See und auf staatenlosen Luftraum oben. Sie galten auch für Spitzbergen, solange dies staatenloses Gebiet war. Hier hat Norwegen 1897 ein Sommerpostamt errichtet; der Vertragsentwurf von 1912 wollte den Dienst der in Aussicht genommenen Drei-Mächte-Kommission unterstellen; nunmehr sind weitere Schwierigkeiten durch die Einverleibung der Inseln in Norwegen gegenstandslos geworden [101].

Vielfältig sind aus der Verdrängung einer Staatsgewalt und aus der Mitherrschaft anderer Staaten postrechtlich besondere Lagen erwachsen [102]. So war dem Papst durch Art. 12 des italienischen Garantie-

sodaß sie nicht in der Lage sind, den nach dem Postgesetz bestehenden Rechtszustand abzuändern!

[99] Art. 7 des Paketabkommens stellt auch noch klar, daß der Bodenstaat auf Grund des bloßen Durchflugs keinen Anspruch auf Gebühren hat. Daß auch für die Durchbeförderung von Briefschaften keine Durchgangskosten erwachsen, ergibt sich aus Art. 11 § 1 des Briefabkommens.

[100] Briefabkommen Art. 11 § 8; Paketabkommen Art. 19.

[101] Vgl. dazu Archiv für Post und Telegraphie 1909, 560. Art. 13 des Entwurfs von 1912 in Jahrbuch des Völkerrechts 1, 142. Vgl. auch oben Anm. 79.

[102] Das bis zum Versailler Vertrag zwischen Preußen und Belgien streitige Gebiet von Moresnet (das solange als Kondominium verwaltet wurde) hatte kein eigenes Postamt; der Verkehr wurde von den beiden Nachbarverwaltungen mitbesorgt, das Gebiet von jeder derselben als Inland behandelt. Die Errichtung eines

gesetzes die Errichtung eines Postamts mit eigenen Beamten freigegeben, das nach eigenen Vorschriften tätig wurde; doch beschränkte sich die Wirksamkeit dieses Amts auf den dienstlichen Verkehr des Vatikans, und da der Heilige Stuhl nicht Mitglied des Weltpostvereins war, so konnte er mit dritten Staaten, sofern ihm nicht von dort aus entsprechende Einräumungen gemacht waren[103], nur unter Benützung der italienischen Einrichtungen verkehren. Nunmehr besitzt der Heilige Stuhl in der souverän gewordenen Vatikanstadt volle Posthoheit. — Im Saargebiet wird mit anderen Hoheitsrechten Deutschlands auch die Posthoheit von den im Völkerbund vereinigten Staaten, vertreten durch die Regierungskommission des Gebiets, auf Zeit ausgeübt[104]. — Die freie Stadt Danzig hat als selbständiges Staatswesen jetzt ihre eigene Post. Doch sind Polen vertragsmäßige Rechte auf einen Innen- und Außendienst „im Hafen von Danzig" mit eigenem Personal und nach eigenen Vorschriften zugebilligt worden, deren Umfang neuerdings der Völkerbund festgelegt hat[105].

Privatpostamts ist dem berechtigten Einspruch Belgiens verfallen. Vgl. dazu F. Schröder, Das grenzstreitige Gebiet von Moresnet (1902) 29; Archiv für Post und Telegraphie 1909, 559 f. — Das gemeinsame Protektorat, das bis 1846 Preußen-Österreich-Rußland über die freie Stadt Krakau übten, hatte der Stadt zwar die eigene Posthoheit belassen, aber jedem der drei Schützerstaaten die Errichtung eines eigenen Postamts vorbehalten; Stephan, Geschichte der Preußischen Post 506.

[103] Italien stellte den unmittelbaren Verkehr mit fremden Verwaltungen oder die Benützung des italienischen Dienstes zur Wahl.

[104] Über die selbstständige Mitgliedschaft des Saargebiets im Weltpostverein die deutsche Verwahrung, Weißbuch über das Saargebiet (s. a. 1921) 101 ff. Dazu Rühland, Zeitschrift 30, 240 f (doch kann ich nicht durchweg zustimmen).

[105] Verträge vom 9. XI. 1920 Art. 29 und vom 24. X. 1921 Art. 149 ff (Pohl-Sartorius, Modernes Völkerrecht 453, 503). Gutachten des Internationalen Justizhofs, Zeitschrift 34, 311. Entscheidung des Völkerbundrats Société des Nations, Journal officiel 1925, 1371. Dazu nunmehr eingehend F. Skibowski, Die polnische Post im Hafen von Danzig (Diss.) 1928. Soweit die entstandenen Streitfragen den Umfang der Polen eingeräumten Befugnisse betreffen, nach seiten des Orts, der Personen, der Art der Betätigung, sind sie hier ohne Interesse. Im übrigen läßt sich an Hand des Buches, wenn auch keineswegs immer im Einklang mit ihm, das Folgende feststellen: Das polnische Postamt in Danzig ist eine öffentliche Behörde Polens, seine Urkunden sind öffentliche Urkunden, seine Beamten öffentliche Beamte Polens und als solche auch von Danzig anzuerkennen. Den Danziger Strafschutz genießen sie im Umfang vertraglicher Einräumung, dasselbe gilt für eine Gleichstellung in den Vorrechten, die der Danziger Post zukommen. Der innere Betrieb steht unter polnischer Regelung, und auch den Benützern gegenüber wickeln sich die Geschäfte nach polnischem Postrecht ab. Die Beamten sind der dienstlichen Leitung und der Dienstzucht Polens unterstellt. Dagegen kann Polen keinerlei Staatsgewalt gegen Dritte in Anspruch nehmen, kann keinen Postzwang üben (außer etwa durch Dienstbefehl), keine gerichtliche Zustellung bewirken, Gebühren nicht mit Verwaltungszwang eintreiben. Und es sind der Staat, die Beamten, die Geschäfte außerhalb des zugestandenen Betriebs der Hoheit Danzigs unterworfen. Der Staat kann für diesen Betrieb keine Exterri-

Gebiete mit Konsulargerichtsbarkeit.

7. Die bemerkenswerteste unter diesen Sonderbildungen indessen ist in dem Postdienst gegeben, den die abendländischen Staaten im Bereich der Konsulargerichtsbarkeit üben oder doch geübt haben[106]. Was zunächst die völkerrechtliche Zulässigkeit der Einrichtung betrifft, so handelt es sich dabei um die Errichtung einer staatlichen Behörde, um die Vornahme staatlicher Tätigkeit in fremdem Staatsgebiet[107]. Dergleichen ist im Bereich der Konsulargerichtsbarkeit nicht ausgeschlossen. Wo aber die fremde Staatstätigkeit in die örtlichen Interessen eingreift, bedarf sie eines besondern Rechtsgrunds, und das trifft auch bei der Einrichtung eines fremden Postdienstes zu[108]. Die Zustimmung

---

torialität beanspruchen (vgl. dazu oben Band 3 I 30 f), wenn auch der leitende Beamte kraft besonderer Einräumung persönliche Exterritorialität besitzt. Unverletzlich nach Vertrag sind weiterhin die Diensträume und das dem Dienst gewidmete Eigentum Polens, und es sind auch die Postsendungen nach Vertrag von Zensur, Untersuchung, Beschlagnahme ausgenommen. Nach dem Grundsatz, daß ein Staat keine Gerichtsbarkeit über öffentlichrechtliche Angelegenheiten eines andern Staats besitzt, wird der polnische Beamte gegen eine Deliktsklage und gegen eine Strafverfolgung von seiten Danzigs geschützt sein, wenn es sich um eine dienstliche Verrichtung gegenüber dem Benützer oder im inneren Verkehr handelt. Vielleicht entfallen aus gleichartigen Erwägungen auch örtliche Vorschriften über Arbeiterschutz (nicht über Arbeiterversicherung) gegenüber Angestellten, die für dienstliche Verrichtungen durch Privatvertrag bestellt sind. Soweit der Dienstbetrieb jedoch nach außen wirkt, steht er unter örtlicher Hoheit. Es kann im Betrieb keine Erfindung verwendet werden, die Danzig zugunsten eines anderen schützt. Für Verkehrsunfälle, welche ein Postfahrzeug auf der Straße herbeiführt, besteht privatrechtliche und strafrechtliche Verantwortlichkeit nach Danziger Recht und vor Danziger Gerichten (soweit nicht in Einzelheiten vertragliche Vorbehalte eingreifen), wie das Fahrzeug auch der Verkehrspolizei unterworfen ist. Die Angestellten selbst haben ein Recht auf Aufenthalt im Gebiet ohne Rücksicht auf fremdenpolizeiliche Vorschriften. Aber sie sind für ihr außerdienstliches Verhalten der örtlichen Staatsgewalt unterworfen; auch einer Steuerpflicht, soweit nicht vertragliche Ausnahmen bestehen. Und endlich führt das Nebeneinander eines örtlichen und eines fremden Postbetriebs noch zu der Frage, wie die Zuständigkeit zwischen ihnen sich abgrenzt. Man wird (Skibowski 34 ff) auf die Wahl des Benutzers abzustellen haben. Eine Pflicht zur Zusammenarbeit zwischen den beiden Verwaltungen besteht nur, soweit vertraglich vorgesehen.

[106] Die ältere Literatur wird entbehrlich gemacht durch die inhaltreiche Dissertation von M. Andersch, Die Rechtsstellung der fremden, insbesondere der deutschen Postanstalten in der Türkei, in China und in Marokko 1912; hier auch weitere Anführungen. — Städler, Zeitschrift 21, 595 f bemüht sich um den Nachweis, daß der Gegenstand dem „internationalen Verwaltungsrecht" angehöre. Es ist dabei allerdings nicht ganz ohne Mißverständnisse abgegangen.

[107] Österreich, Rußland, Frankreich haben den Dienst zum Teil Schiffahrtsgesellschaften übertragen, vgl. Andersch 49, 51, 52. Doch versehen die Gesellschaften insoweit ein öffentliches Amt, und ihre Tätigkeit unterliegt damit den gleichen Beschränkungen, denen staatliche Beamte unterworfen sind.

[108] Man kann nicht einwenden, daß der Dienst um der Fremden willen eingerichtet sei, und daß es nur der Eigenart der Posteinrichtungen entspringe, wenn

des Aufenthaltsstaats mag auf Vertrag beruhen; dann gehört ein solcher Vertrag, wenn er keine Kündigungsklausel vorsieht, zu der Gruppe der „bis auf weiteres“ abgeschlossenen Vereinbarungen und ist damit unter Berücksichtigung von Treu und Glauben kündbar. Es kann sich der fremde Staat auch selbstherrlich in den Besitz einer auf den Postbetrieb gerichteten Mitherrschaft gesetzt haben; dann ist sie rechtmäßig, wenn der örtliche Staat solche Mitherrschaft anerkannt hat, und schon die Unterlassung eines Widerspruchs schließt die Anerkennung in sich[109]. Nur kann als Inhalt der Anerkennung dabei eine Zulassung bis auf weiteres und eine dauernde Mitherrschaft in postrechtlichen Angelegenheiten in Betracht kommen, und man wird im Zweifel der Zulassung wohl den ersteren Inhalt geben müssen.

Die Länder, für die eine solche Einrichtung in neuerer Zeit vornehmlich in Betracht gekommen ist, sind die Türkei, China und Marokko[110]. Für die Türkei konnten sich die fremden Anstalten zu einem bescheidenen Teil auf Vertrag, im übrigen auf Besitzergreifung stützen. Doch hat die Türkei, zwar nicht bei ihrem Eintritt in die völkerrechtliche Gemeinschaft, wohl aber in der Folge und mit wachsendem Nachdruck Widerstand geleistet und den fremden Postbetrieb als rechtswidrig betrachtet[111]. Noch im Frieden von Sèvres sollte der Errichtung eine vertragsmäßige Grundlage gegeben werden. Aber im Vertrag von Lausanne ist es der Türkei gelungen, die Last abzuschütteln; und ebenso ist die Einrichtung in den vormals türkischen Mandatsgebieten aufgehoben[112]. Für China[113] kam als Rechtsgrundlage gleichfalls Ver-

auch die örtliche Bevölkerung von ihnen Gebrauch machen könne. Ist der Dienst solcher Art unteilbar, so folgt daraus Unzulässigkeit, nicht Zulässigkeit ohne die Zustimmung der örtlichen Staatsgewalt. — Besonders empfindlich ist der Eingriff in die örtlichen Interessen bei einem Postsparkassendienst der fremden Anstalten. Vgl. darüber oben Band 2, 370.

109 Doch besteht eine Pflicht, Widerspruch zu erheben, wenn der Tatbestand nicht als anerkannt gelten soll, nur für Staaten der völkerrechtlichen Gemeinschaft. Tritt ein Staat, der mit Konsulargerichtsbarkeit belastet ist, erst später in die völkerrechtliche Gemeinschaft ein, so kann ihm die vorher unterbliebene Verwahrung nicht schaden.

110 Fremde Postanstalten hat es vormals auch in Ägypten und Japan gegeben, vgl. darüber Andersch 37, 38; das Briefpostbuch 1926 nennt noch gegenwärtig zwei französische Postämter in Ägypten. Über angloindische Postanstalten in Persien Briefposttarif 1922, 40 (sie haben nach Städler, Zeitschrift 21, 594[4] auf einem kündbaren Vertrag beruht, doch stimmt die angegebene Quelle nicht); nicht mehr nach dem Briefpostbuch 1926.

111 Vgl. dazu Andersch 44—91.

112 Vertrag von Sèvres Art. 262, Martens[3] 12, 664; Vertrag von Lausanne Art. 113 American Journal of international Law 1924 Supplement 1. Die Mandate für Palästina 1922 Art. 8 und für Syrien 1922 Art. 5 (American Journal 1923 Supplement 164, 177) heben „die Privilegien und Immunitäten der Fremden“ auf und entsprechend der Beschluß des Völkerbundsrats 27. IX. 1924 (Annuaire

trag und Besitzergreifung in Betracht, deren Wirksamkeit von seiten Chinas anerkannt wurde. In einer Entschließung vom 1. Februar 1922 verpflichten sich die beteiligten Mächte unter näher bezeichneten Voraussetzungen zur Zurückziehung ihrer Postämter, und es scheint das im wesentlichen heute durchgeführt zu sein[114]. In Marokko war der Rechtstitel für die Tätigkeit der fremden Postämter lediglich die anerkannte Besitzergreifung[115]. Die Begründung eines Protektorats hatte zunächst zu Meinungsverschiedenheiten über die Statthaftigkeit fremder Posteinrichtungen geführt[116]; doch wird man der Schutzmacht bei Einführung eines geordneten Dienstes die Befugnis kaum absprechen können, die fremden Einrichtungen aufzuheben. Gegenwärtig bestehen in der französischen und in der spanischen Zone noch britische, in Tanger französisch-marokkanische, britische und spanische Postanstalten[117].

Wo immer nun aber fremde Postämter im Bereich der Konsulargerichtsbarkeit tätig sind, da arbeiten sie unter Leitung der Behörden des Absendestaats und mit Beamten oder Beauftragten, die nach seiten des Dienstes und der Dienstzucht nur von diesem abhängen[118]. Und

---

de l'Institut de droit international 34, 96) für den Irak. Nach dem deutschen Briefpostbuch stimmen die jetzt bestehenden Postverhältnisse damit überein.

[113] Dazu Andersch 92—120.

[114] Die Entschließung von 1922 (sie sollte spätestens am 1. I. 1923 in Wirksamkeit treten) American Journal 1922 Supplement 77. Nach den Nachträgen zum deutschen Briefposttarif von 1922 waren lediglich die britischen Postämter zurückgezogen worden, das Briefpostbuch 1926 kennt nur mehr japanische Ämter in dem Pachtgebiet Kwantung und der Mandschurei. Die deutschen Einrichtungen waren durch den Krieg aufgehoben worden und sind beim Friedensschluß (er erwähnt nur die Aufhebung der Konsulargerichtsbarkeit) stillschweigend beseitigt geblieben.

[115] Dazu Andersch 120—126.

[116] Basdevant, Jahrbuch des Völkerrechts 1, 772 ff; Andersch 126.

[117] Spanien und Frankreich haben in einem Abkommen von 1915 ihre Postanstalten im Schutzgebiet des andern Teils zurückgezogen, Enciclopedia juridica española, Apendice 1915, 254. Vgl. im übrigen für die französische und für die spanische Zone das deutsche Briefpostbuch. Für Tanger gilt jetzt das Statut vom 18. XII. 1923 (P. L. Rivière, Traités, codes et lois du Maroc 1925 1, 144), und es werden in Art. 14 die Posteinrichtungen der Teilnehmer des Algecirasvertrags ausdrücklich vorbehalten. Dabei hat allerdings der Ausgangspunkt für die Mitherrschaft der fremden Mächte in Tanger seither gewechselt; sie üben nicht mehr Konsulargerichtsbarkeit, aber sie sind, soweit sie zu den Algecirasmächten gehören, an dem Kontrollausschuß beteiligt, der ein Organ der Landesregierung bildet. Deutschland hat seine Einrichtungen in Französisch-Marokko durch den Krieg und den Versailler Vertrag verloren; aber auch das Tangerstatut beruft sich auf das Ausscheiden Deutschlands aus den Algecirasmächten nach Art. 141 des Versailler Vertrags. Einer Wiederherstellung der deutschen Einrichtungen in Spanisch-Marokko steht meines Wissens kein rechtliches Hindernis entgegen.

[118] Vgl. dazu Andersch 150 ff. Über den Bereich der Amtsverbrechen hinaus unterstehen sie mit Rücksicht auf die Konsulargerichtsbarkeit auch dem gemeinen Strafrecht und dem bürgerlichen Recht des Absendestaats.

ebenso vollzieht sich solche Tätigkeit nach den Normen des beauftragenden Staats[119], womit freilich nicht gesagt ist, daß die Normen, welche er für den Postdienst im Mutterland aufstellt, die gleichen sein sollen, nach denen er den Dienst im Bereich der Konsulargerichtsbarkeit regelt[120]. Zumal ein Postzwang wird unter solchen Umständen wohl nirgends in Betracht kommen.

Dem Aufenthaltsstaat gegenüber hat der fremde Dienst, wenn er zu Recht geübt wird, Anspruch auf Anerkennung und freie Betätigung[121]. Ob auch auf Zusammenarbeit mit der örtlichen Postverwaltung, hängt von dem Willen des Aufenthaltsstaats ab; jedenfalls ist ein solches Zusammenwirken gewährleistet, wenn dieser Staat dem Weltpostverein angeschlossen ist[122]. Ein Punkt bereitet für das Verhältnis des

---

[119] Selbstverständlich auch mit seinen Wertzeichen. Der von der Türkei wiederholt erhobene Einwand (Andersch 65, 73), daß nach den Bestimmungen des Weltpostvertrags die Wertzeichen des Ursprungslands zu verwenden seien, geht fehl. Denn Ursprungsland der Sendung ist der Staat, bei dessen Post die Sendung aufgegeben wird. Ebenso entscheidet dieser Staat über die Höhe der Gebühren und bestimmt nach eigenem Ermessen, ob er für den Verkehr mit dem Mutterland Inlandsporto erheben will (dazu Andersch 138, 143). Wenn Deutschland für Sendungen aus der Türkei anders verfahren ist, so geschah das nicht aus Rechtsgründen, sondern aus Gründen politischer Klugheit. Auch die Weltpostverträge stehen nicht entgegen. Zwar haben sie für den Verkehr zwischen Außenamt und Mutterland Geltung, wenn die Dienste einer dritten dem Verein angeschlossenen Verwaltung dabei in Anspruch genommen werden; allein die „engeren Vereine" nach Art. 5 des Hauptvertrags, um die es sich hier handelt, können nicht bloß von völkerrechtlicher, sondern auch von staatsrechtlicher Art sein.

[120] Deutschland hatte die gesetzlichen Vorschriften verwaltungsrechtlichen Inhalts auf den Postdienst im Bereich der Konsulargerichtsbarkeit nicht übertragen und damit die ganze Abwicklung behördlichem Ermessen unterstellt. Einzelheiten bei Andersch 132ff; Scholz in Ehrenberg, Handbuch des Handelsrechts 5 II 586f. Für Österreich Köstler, Zeitschrift für vergleichende Rechtswissenschaft 34, 327ff.

[121] Damit war vereinbar, wenn die Türkei in ihrem Postgesetz von 1882 (Young, Corps de droit ottoman 1906 4, 258) das Postmonopol eingeführt hatte; denn das Monopol bezieht sich auf das Verhältnis zu privaten Unternehmungen, nicht zu fremden Staaten, vgl. oben Anm. 43. Die Türkei war auch berechtigt, ihren Behörden (Andersch 64), ihren Staatsangehörigen (Andersch 69) die Benützung der fremden Posten zu verbieten.

[122] Über die vormalige Mitwirkung türkischer Bahnposten Andersch 66, 145. Wenn die Türkei wiederholt inländischen Eisenbahnen zur Konzessionsbedingung gemacht hat, sie dürfe Sendungen der fremden Postanstalten nicht befördern (Andersch 66, 70), so war das an sich nicht rechtswidrig. Wenn aber auf solchen Strecken türkische Bahnposten liefen, so waren — die Rechtmäßigkeit des fremden Postbetriebs vorausgesetzt — diese verpflichtet, die Sendungen mitzunehmen. Eine im Jahr 1901 erfolgte Weigerung (Andersch 70ff) war Kampfmaßnahme. Und nur als solche ließ sich auch eine Verordnung bei Young 4, 262³ rechtfertigen, nach der Briefe, die fremde Marken trugen und (an einem Ort, an dem ein ottomanisches Postamt bestand) bei einem fremden Postamt aufgegeben waren, bei ihrem Übergang auf die ottomanische Post als nicht freigemacht gelten und dem-

örtlichen Staats zu dem fremden Dienst Schwierigkeiten: die Geltendmachung rechtlicher Interessen, die außerhalb des Postdienstes liegen, also die Beschlagnahme von Postsendungen mit Rücksicht auf einen Strafprozeß, ein Konkursverfahren, auf Bedürfnisse der Sicherheitspolizei und ähnliche Erwägungen. Soweit es sich nun um Angelegenheiten der Justiz und um Angehörige des Staats handelt, der den Postdienst betreibt, ist die Rechtslage einfach, weil vermöge der Konsulargerichtsbarkeit die Staatsgewalt, die zu solchem Eingriff berufen ist, zusammenfällt mit derjenigen, die den Postdienst betreibt. Aber es könnte sich auch um Eingriffe handeln aus Rücksichten, deren Wahrnehmung dem Aufenthaltsstaat zukommt, und insbesondere der Benützer, gegen den die Maßregel ergriffen werden soll, kann Angehöriger des Aufenthaltsstaats sein. Die unmittelbare Geltendmachung der Staatsgewalt aber wäre auch hier mit der Freiheit des Dienstes unvereinbar, die dem fremden Staat zukommt[123]. Doch wird aus solcher Rechtslage für jenen allerdings die Pflicht erwachsen, Rechtshilfe zu gewähren, die in den Normen, welche der ersuchte Staat selbst für Beschlagnahmen aufstellt, ihr Höchstmaß findet[124].

Zusammenschluß der Verwaltungen.

8. Das Mindestmaß rechtlicher Beachtung, das ein Staat fremdem Postdienst schuldet, ist Anerkennung für dessen Bereich, und das mag auch zur Anwendung fremden Postrechts auf Vorgänge im Ausland führen; so wenn nach Art. 36 des Weltposthauptvertrags das Bestimmungsland prüft, ob die Sendung nach den Vorschriften des Aufgabelands freigemacht ist. Zu einer Unterstützung des fremden Dienstes dagegen bedarf das Inland stets eines besondern Rechtsgrunds. Darum kein Schutz, insbesondere auch kein Strafschutz der fremden Postverwaltung, wenn nicht Abweichendes vorgesehen ist. Weder eine Verletzung des Postzwangs zum Schaden einer fremden Verwaltung, noch ein Amtsvergehen zum Schaden einer solchen sind im Inland strafbar[125]. Hinsichtlich der Wertzeichen allerdings verlangt der Weltpost-

gemäß doppelte Taxe bezahlen sollten. Noch weitergehend hat auch China einmal die Weiterbeförderung von Sendungen mit der örtlichen Post verweigert, wenn die Sendungen bei einem fremden Postamt aufgegeben und mit dessen Wertzeichen freigemacht waren (Andersch 107); doch war China damals noch nicht Mitglied des Weltpostvereins.

[123] Dazu etwa die türkischen Präzedenzfälle bei Andersch 68, 70ff; auch (mehrfach anfechtbar) G. Pellisié du Rausas, Le régime des capitulations dans l'empire ottoman (1910) 1, 417[1].

[124] Die gleiche Frage kann auch auftauchen, wenn als Benützer der Postanstalt die Angehörigen eines dritten Staats in Betracht kommen, der gleichfalls im Aufenthaltsstaat Konsulargerichtsbarkeit übt. Auch hier kann die Schwierigkeit nur durch Rechtshilfe gelöst werden. Jedoch besteht eine Pflicht, sie zu gewähren, mangels besonderen Rechtsgrundes nicht.

[125] Z. B. Aschenborn[2] 295 für Gebührenhinterziehung. Ausnahmen: Nach

verein in Art. 79 des Hauptvertrags den Strafschutz zugunsten aller Vertragsstaaten; die Rechtslage in Deutschland dürfte — auf sehr schwankender Grundlage — dem jetzt entsprechen[126]. Und wo mit Zustimmung des Aufenthaltsstaats ein fremder Postbetrieb im Inland stattfindet, da hat er selbstverständlich Anspruch auf den allgemeinen Strafschutz des Inlands[127].

Weiter reicht die rechtliche Überwirkung eines Postbetriebs im Ausland, wo Vorgänge im Bereich der fremden Verwaltung den entsprechenden Vorgängen im Inland als gleichwertig gelten und sie der inländischen Verwaltung gegenüber zu ersetzen vermögen. So anerkennen die Staaten des Weltpostvereins die Postausweiskarten, die eine der Verwaltungen ausgestellt hat[128], und es kommt sogar vor, daß die Gebührenzahlung an einen andern Staat, kenntlich gemacht durch die Verwendung von dessen Briefmarken, eine Zahlung an das Inland, eine Verwendung einheimischer Briefmarken vertritt. So kann im Weltpostverkehr die Rückantwortkarte, die aus dem Ursprungsland einer Post

---

Art. 23 des Vertrags zwischen dem Norddeutschen Bund und den Niederlanden vom 1. IX. 1868 BundesGBl. 1870, 547 soll die Beobachtung des Postregals auch zugunsten des andern Vertragsteils überwacht, und sollen Übertretungen zur Kenntnis des andern Teils gebracht werden. Über den britischen Postzwang zu Gunsten eines Staats, mit dem eine vertragsmäßige Seepostverbindung besteht, oben S. 25; da der fremde Staat seinen Postzwang aber auch selbst schützt, wurde notwendig, beizufügen, daß eine Bestrafung des Täters in Großbritannien nicht erfolgen solle wegen einer Handlung, „wegen deren er nach dem Gesetz des fremden Staats bestraft worden ist“.

[126] Die §§ 275, 276 des Reichsstrafgesetzbuchs können auf den Schutz fremder Postwertzeichen nicht bezogen werden, denn es handelt sich bei ihnen um den Schutz von Verwaltungseinrichtungen und damit von solchen des Inlands. So überwiegend auch die Literatur (Übersicht bei Frank, Strafgesetzbuch[15] § 275[1]), während freilich das Reichsgericht, Entscheidungen in Strafsachen 6, 387 und 55, 81 der Strafdrohung auch fremde Wertzeichen unterstellt. Die Begründung bei Nawiasky 243f: man müsse annehmen, daß Deutschland seinen Verpflichtungen aus dem Weltpostvertrag nachkommen wollte, greift nicht durch, denn der Vertrag ist jünger als das Strafgesetzbuch. Hingegen hat das Reich unter dem 23. XI. 1921 ein Ausführungsgesetz zu den Weltpostverträgen erlassen, das entsprechend einer neuen Forderung des Vertrags Freistempeln strafrechtlichen Schutz gewährt und zwar, wie der Zusammenhang des Gesetzes ergibt, einen Strafschutz im Sinn des Vertrags, also ausgedehnt auf Stempel der anderen Vertragsstaaten; und damit könnte rückwirkend festgelegt sein, daß dasselbe auch für die sonstigen Wertzeichen gelten soll, denen der Vertrag die Freistempel gleichstellt. Einwandfrei §§ 197, 198 des Strafgesetzentwurfs 1925. — Für Österreich stellt Nawiasky 246 fest, daß der Forderung des Vertrags dort noch nicht entsprochen worden ist.

[127] Ausdrücklich hervorgehoben im Vertrag der Schweiz mit Italien 1906[17], Sammlung der Bundesgesetze[2] 22, 179 und mit Frankreich 1914[11] Martens[3] 10, 871. Dazu aber auch die Einschränkungen oben Anm. 29.

[128] Weltposthauptvertrag Art. 32. Früher Gegenstand eines besonderen Abkommens; seit der Aufnahme in den Hauptvertrag (1920) auch von Deutschland anerkannt. Vor der Anerkennung nach Weltpostrecht zahlreiche Einzelvereinbarungen Deutschlands über die Gleichstellung.

karte mitgeschickt wurde, mit den Wertzeichen dieses Ursprungslands benützt werden[129], und es sind auch für den Schiffsverkehr, auf dem Bodensee, vormals auf dem Genfersee, für die Fährverbindung Saßnitz-Trelleborg ähnliche Erleichterungen vorgesehen worden[130]. Ein anderes System hatte der Norddeutsche Bund im Verkehr mit den ihm nächststehenden Postverwaltungen vorgesehen: Sendungen, welche Marken des Bestimmungslands tragen, werden als unfrankiert behandelt, aber der Wert der verwendeten Marken wird dem Zahlungspflichtigen gutgerechnet[131].

Im Mittelpunkt solcher Überwirkung fremden Postbetriebs steht indessen ein anderes: die Rechtspflicht zur Mitwirkung bei einem Auftrag, den eine Postverwaltung übernommen hat, für jede der Verwaltungen getragen von der Verpflichtung ihres Staats, seine Verwaltung zu solchem Verhalten zu veranlassen. Seitdem die Landeshoheit im Bereich des Postwesens sich durchzusetzen begonnen hat, bürgert sich der Brauch ein, die Postfelleisen der örtlichen Verwaltung zur Weiterbeförderung zu übergeben. Zahllose Vereinbarungen haben solche Zusammenarbeit gesichert[132], sie bildet das Kernstück des deutschösterreichischen Postvereins von 1850 und nunmehr des Weltpostvereins.

---

[129] Hauptvertrag[12]. Einzelheiten Vollzugsordnung[11] (doch dürfte auch eine Freimachung mit Marken des Aufgabelands der Rückantwort den Anforderungen des Art. 35 genügen). Anders ist die Rechtsgrundlage der internationalen Antwortscheine für Briefe. Das Aufgabeland der ersten Sendung empfängt die Zahlung hier nur vertretungsweise und hat den Betrag dem Aufgabeland der Antwort zu vergüten. Vgl. unten S. 40.

[130] Wenn auf dem Bodensee für Sendungen, die während der Fahrt in den Briefkasten eingelegt werden, Wertzeichen der sämtlichen Uferstaaten verwendet werden dürfen, so könnte das auf der irrigen Voraussetzung beruhen, daß der innere See im Kondominium der Uferstaaten stehe. Aber auch während des Aufenthalts an der Anlegestelle können „ausnahmsweise“ Wertzeichen eines andern Uferstaats verwendet werden, wenn kein gewohnheitsmäßiger Mißbrauch vorliegt. Ganz ähnlich die frühere Regelung für den Genfer See. Vgl. im übrigen für die beiden Seen oben Anm. 95. Und ebenso werden während der Überfahrt zwischen Sassnitz und Trelleborg (dazu Anm. 81), wiederum „ausnahmsweise“, Marken des Staats zugelassen, der die Seepost nicht besorgt.

[131] Verträge des Norddeutschen Bundes mit Bayern, Württemberg, Baden, dieser vier Verwaltungen mit Österreich, des Norddeutschen Bundes mit Luxemburg, sämtlich vom 23. XI. 1867 in Art. 14, BundesGBl. 1868, 41 69 101. Nach der Reichsgründung ist die Bestimmung gegenüber Österreich und Luxemburg weggefallen (Verträge 1872 mit Österreich-Ungarn[10], mit Luxemburg[9] RGBl. 1873, 1; 1872, 338). Im Verkehr mit den süddeutschen Staaten ist die Bestimmung noch in § 6 des Übereinkommens vom 25. V. 1889 Weber 19, 607 übernommen und erst mit der Vereinheitlichung der Reichspost gegenstandslos geworden.

[132] Beispiele aus dem 17. Jahrhundert bei Stephan, Geschichte der Preußischen Post 20, 22, 32; L'Union postale universelle 1895, 146. Vgl. überhaupt Rolland 61 ff. G. F. Martens, Einleitung in das positive europäische Völkerrecht (1796) 130 bezeichnet einen solchen Rechtszustand auf grund der Verträge als allgemein bestehend.

Die Verpflichtung besteht gegenwärtig auf grund des Hauptvertrags zwischen sämtlichen Mitgliedern des Weltpostvereins für die Weiterleitung und Bestellung von Briefen mit Einschluß des Nachnahmeverkehrs; zwischen denjenigen, die sich den Nebenabkommen angeschlossen haben, für die Beförderung von Paketen und von Wertsendungen, für die Geschäfte des Zeitungsbezugs, für die Übermittlung von Postanweisungen[133], die Besorgung von Postaufträgen, die Überweisung im Postscheckverkehr[134]. Selbst dann, wenn ein Land gewisse Zweige des Dienstes privaten Unternehmern überläßt (wie Frankreich den Paketdienst), erfolgt die Vermittlung durch die staatlichen Postverwaltungen[135], und man findet eine Mitwirkung zu Leistungen anderer Verwaltungen, die dem inländischen Dienst selbst unbekannt sind[136]. Für den Briefverkehr hatte sich schon vor der Mitte des vorigen Jahrhunderts die Übergabe in geschlossenen Säcken durchgesetzt[137], hat zuerst der deutschösterreichische Postverein und alsdann der Weltpostverein den großen Grundsatz der kostenlosen Weiterbeförderung aufgenommen[138].

---

[133] Über den Postanweisungsverkehr mit Staaten, die sich dem Weltpostabkommen nicht angeschlossen haben, E. L. Semmelroth, Untersuchungen über die Grundlagen und über die Organisation des internationalen Zahlungsverkehrs der Post (Diss. 1910) 140.

[134] Der Postscheckverkehr von Land zu Land hat zunächst sich außerhalb des Weltpostvereins ausgebildet. Vgl. über die ältere Entwicklung J. Mez, Der internationale Postscheckverkehr 1910. Erste Verständigung zwischen Österreich und Ungarn 1896. Vereinbarungen der deutschen Postverwaltungen und derjenigen Österreich, Ungarns, der Schweiz 1909. Deutsch-polnischer Vertrag 1922 für den Verkehr zwischen Deutschland und Polnisch-Oberschlesien RGBl. II 541 (1923 von Polen gekündigt) unter Einbeziehung von Einzahlungen auf Postscheckkonto und Auszahlungen aus solchem. Zur Zeit (Frankfurter Zeitung 11. VIII. 1928) steht Deutschland im Postscheckverkehr mit Danzig, Österreich, der Tschechoslowakei, Ungarn, der Schweiz, den Niederlanden, Dänemark, Schweden, Belgien, Luxemburg, Frankreich, Lettland.

[135] Paketabkommen, Schlußprotokoll I. Anweisungsabkommen 31.

[136] Art. 2 II des Auftragsabkommens dürfte in diesem Sinn zu verstehen sein, wie der Gegensatz zu den Fällen des Art. 3 annehmen läßt, bei denen es einer besondern Vereinbarung bedarf. Jedenfalls trifft das nach Art. 14 einer Vereinbarung der deutschen Postverwaltungen mit jener der Schweiz vom 12. VIII. 1900 zu (Martens[2] 29, 538): die Schweiz erledigt im Weg des Postauftrags die Einleitung eines gerichtlichen Verfahrens für Schuldforderungen; die Leistung ist in das Abkommen aufgenommen worden, also auch von den deutschen Verwaltungen zu vermitteln, obwohl das deutsche Postrecht sie nicht kennt. — Über Eilbestellung von Paketen, wenn der Dienst im Aufgabeland unbekannt ist, oben Anm. 37.

[137] Vgl. etwa Renault, Nouvelle revue historique de droit français et étranger (1877) 1, 106.

[138] Deutschösterreichischer Postverein, Vertrag 6. IV. 1850 11, 12, Österreichisches RGBl. 1037. Die wesentlichen Bestimmungen des Weltpostrechts enthalten der Hauptvertrag 69, 70; Wertbriefabkommen 28; Überweisungsabkommen 15; Auftragsabkommen 20; Zeitungsabkommen 13. Andrerseits aber auch Paketabkommen 43; Anweisungsabkommen 26. Einzelheiten bei Semmelroth (zit. oben Anm. 133) 98 ff. Noch auf grund eines Abkommens zwischen Österreich und Kanada von 1883, Öster-

Und in zahlreichen Sonderverträgen ist die Art der Übergabe beförderter Gegenstände näher geregelt worden[139]. Ergänzend fügt das Weltpostrecht die Verpflichtung hinzu[140], die Verbindungen einer Verwaltung mit dritten, dem Verein nicht angehörenden Ländern zur Verfügung zu stellen. Und mit der Einführung übereinstimmenden Rechts ist ein System der Vorteils- und der Lastenverteilung unter den Verwaltungen möglich geworden, dessen Durchführung gleichfalls zu aktivem Zusammenwirken zwischen ihnen veranlaßt.

Das Weltpostrecht führt über solche Zusammenarbeit indessen noch hinaus. Die angeschlossenen Staaten bilden einen völkerrechtlichen Verein[141], zwar nicht mit der Eigenschaft als Rechtssubjekt des Völkerrechts, aber im Besitz einer Vereinsgewalt, die durch Mehrheitsbeschluß Normen für die Tätigkeit der Mitglieder setzen kann[142]. Sein großes Vorbild war der deutschösterreichische Postverein von 1850, der die Mehrzahl der Lösungen des Weltposthauptvertrags für 36 deutsche Staaten bereits verwirklicht hatte[143]. Wenn freilich Art. 1 des Weltposthauptvertrags besagt: „*Les pays entre lesquels est conclue la présente convention forment . . un seul territoire postal pour l'échange réciproque des correspondances*", so ist das rechtlich schief. Denn die

---

reichisches RGBl. 378 konnten Postanweisungen bei der Aufgabe in Österreich nicht einmal weiter als bis Basel freigemacht werden.

139 In den mitteleuropäischen Verträgen wird hier regelmäßig der Grundsatz der Pferdepost festgehalten, daß die befördernde Verwaltung die Sendung bis zum ersten Postort jenseits der Grenze verbringt. So etwa Österreich-Italien 1867[3], Österreichisches RGBl. 277 und die Verträge, die im selben Jahr der Norddeutsche Bund mit den süddeutschen Verwaltungen, Österreich, Luxemburg geschlossen hat, samt ihren späteren Erneuerungen, sowie die Verträge des Bundes und Österreichs mit der Schweiz von 1868. Dazu oben S. 19, aber auch 23 f. Neuere Vereinbarungen bringen Einzelheiten: Übergabe an der Tür des Bahnpostwagens, der Schiffsanlegestelle der befördernden Verwaltung, Verträge der deutschen Verwaltungen und Österreichs mit der Schweiz 1900 Art. 7 (6) Martens[2] 29, 538 555; Rumäniens mit Serbien 1913[4], Griechenland 1913[4], Bulgarien 1914[4] Martens[3] 10, 307 310 317. Übergabe durch das Personal der befördernden Verwaltung, Vereinbarungen der Schweiz mit Italien 1906[4], Sammlung der Bundesgesetze[2] 22, 179, mit Frankreich 1914[4] Martens[3] 10, 871[4] (Pakete nach diesem Abkommen im Dienstraum der empfangenden Verwaltung).

140 Hauptvertrag[7]. Vollzugsordnung[83].

141 Ich muß früher geäußerte Meinungen insoweit modifizieren.

142 Hauptvertrag[20].

143 Die Vereinsgewalt hat der deutschösterreichische Postverein erst durch den revidierten Vertrag von 1851 erhalten. — Die Vorgeschichte des Postvereins reicht zurück in das 17. Jahrhundert und nimmt ihren Ausgangspunkt in der gemeinsamen Verteidigung des landesherrlichen Postregals gegenüber dem Reich. 1692 und wieder 1767 schlägt Preußen Sachsen vor, im deutschen Norden ein einheitliches Postwesen herzustellen, 1775 erhält der Postvertrag Preußens mit Holland einen Geheimartikel ähnlichen Inhalts. Vgl. darüber Stephan, Geschichte der preußischen Post 48 f, 101 f, 230 f, 238 f und über den deutschösterreichischen Postverein selbst 533 ff.

Gebietshoheit der Vereinsstaaten ist auch in postrechtlichen Dingen nicht verschmolzen worden, fremde Postverwaltungen können eine Tätigkeit im Inland nach wie vor nur mit Genehmigung der örtlichen Staatsgewalt vornehmen[144]. Im übrigen aber besitzt der Verein in seinen Kongressen und Konferenzen Organe zur Vorbereitung der Rechtsbildung, er kennt ein (nichtständiges) Vereinsschiedsgericht für Streitigkeiten. Und er besitzt als dauerndes Organ eine gemeinschaftliche Verwaltungsstelle in dem Internationalen Bureau des Weltpostvereins, das unter der Oberaufsicht der Schweiz in Bern tätig ist[145]. Es ist seiner Aufgabe nach[146] (von einer vorbereitenden Mitwirkung zu Gesetzgebung und Rechtsprechung abgesehen) zunächst eine Nachrichtenstelle, sammelt und veröffentlicht Angaben, die für den zwischenstaatlichen Postdienst von Bedeutung sind, führt, um Einzelheiten zu erwähnen, Statistiken, gibt ein Nachschlagebuch über die Postämter der Welt heraus, veröffentlicht Sammlungen der Vorschriften für gewisse Dienstzweige, ist Herausgeber der Zeitschrift L'Union postale universelle. Eine vermittelnde Tätigkeit kommt ihm zu mit der Entgegennahme und Weitergabe von Festsetzungen der einzelnen Verwaltungen, die für den Vollzug der Verträge Belang haben[147]. In den innern Dienst der einzelnen Verwaltungen überzugreifen, ist dem Bureau im Allgemeinen versagt. Doch reicht seine Zuständigkeit an einer Stelle wesentlich weiter: es ist den Vereinsverwaltungen freigestellt, sich des Bureaus als Abrechnungsstelle für Zahlungen aus dem Postverkehr zu bedienen[148], und es ist von solcher Möglichkeit vornehmlich von den

---

[144] Neumeyer, Revue de droit international (Genf) 1924, 344. Die Wendung ist aus Art. 10 des deutschösterreichischen Vereinsvertrags übernommen und sollte dort augenscheinlich zum Ausdruck bringen, daß in den Vereinsländern übereinstimmende Gebührensätze erhoben werden und im Vereinsverkehr nur das Aufgabeland, nicht auch die anderen an der Beförderung beteiligten Staaten Porto berechnen dürfen (vgl. die Überschrift und Absatz 2 des Artikels, auch Stephan 531, 545). Die Deutungen bei Nawiasky 69 und bei Giannini 29 gehen an dieser Entstehungsgeschichte vorüber und bieten auch sonst Anlaß zu Einwendungen.

[145] Über den Inhalt dieser Oberaufsicht und die rechtliche Stellung der Beamten des Bureaus Neumeyer a. a. O. 348, 351 f. Vgl. auch 356 ff über die Rechtslage des Vereins und seines Bureaus im Privatrecht und Verwaltungsrecht. — Über die Vorgeschichte der Einrichtung ebenda 33 f.

[146] Hauptvertrag Art. 23; Vollzugsordnung Art. 72 ff. Über die Beiträge der Vereinsmitglieder zu den Kosten Hauptvertrag [24].

[147] Vollzugsordnung zum Hauptvertrag [77, 82]; zum Wertbriefabkommen [16], Paketabkommen [48], Anweisungsabkommen [17], Auftragsabkommen [16], Zeitungsabkommen [14]. Für den Luftpostverkehr jetzt auch Art. 14 des Briefabkommens, Art. 21 des Paketabkommens.

[148] Vollzugsordnung Art. 65. In Betracht kommen bei diesem Ausgleich Zahlungen für Gebühren, Durchgangsvergütungen, für den Postanweisungs- und den Postscheckverkehr. Angeschlossen waren 1910 13 Verwaltungen, doch nicht alle für sämtliche Arten von Zahlungen. Näheres bei Semmelroth 122 ff. Nach

wirtschaftlich wichtigen Verwaltungen Europas, aber freilich im ganzen genommen dennoch nur in beschränktem Umfang Gebrauch gemacht worden. Dazu dann noch einige Hilfstätigkeiten für den innern Dienst[149]: das Bureau liefert den einzelnen Verwaltungen die internationalen Ausweiskarten, und für die Antwortscheine ist ihm nicht bloß die Zuteilung an die Verwaltungen, sondern auch die Abrechnung (sie erfolgt für jedes Stück) überwiesen.

Die Staaten der panamerikanischen Union bilden mit Hinzutritt Spaniens einen Sonderverein innerhalb des Weltpostvereins und haben zur Förderung ihrer gemeinschaftlichen Interessen ein internationales Bureau in Montevideo begründet, das unter der Aufsicht der Postverwaltung von Uruguay für seinen Bereich ähnliche Aufgaben verfolgt, wie sie dem Berner Bureau für den Gesamtverein zukommen[150].

§ 89.

Telegraphie.

1. Staatliche Zurechnung. — 2. Drahtverbindung zu Land. — 3. Seekabel. — 4. Drahtlose Verbindung. — 5. Fortsetzung. Funkstellen der Seeschiffe. — 6. Fortsetzung. Andere bewegliche Funkstellen. — 7. Der Nachrichtenverkehr. — 8. Tätigkeiten im Ausland. Gebiete mit besonderer Rechtslage. — 9. Zusammenarbeit.

Staatliche Zurechnung.

1. Anders als bei der Post spielen im Telegraphenverkehr private Betriebe eine beträchtliche Rolle. Es gibt Länder, in denen dieser Dienstzweig überhaupt nicht verstaatlicht ist. Die Seekabel sind auch in Ländern staatlichen Telegraphenbetriebs vielfach in privater Hand, und vollends der Funkverkehr wird in festen und beweglichen Anlagen vorzugsweise von privater Seite betrieben. Damit aber erwächst die Frage, welchem Staat ein solcher privater Betrieb zuzurechnen ist. Die Frage mag schon vom Standpunkt eines Landesrechts aufzuwerfen sein, das irgendwelche Vorschriften für „inländische“ Privatbetriebe gibt. Ihre Beantwortung wird unentbehrlich für die großen Weltverträge[1]. Denn private Veranstaltungen können nur über ihren Staat an dem Me-

---

dem ursprünglichen Plan sollte das Bureau nicht bloß als Abrechnungsstelle, sondern auch als Zentralkasse tätig werden. Die derzeit bestehende Einrichtung ist 1891 eingeführt worden.

[149] Vollzugsordnung zum Hauptvertrag[68, 67, 77].

[150] Vertrag 15. IX. 1921 Société des Nations, Recueil des traités 30, 141 Art. 13; Ausführungsverordnung Art. 5, 6.

[1] Welttelegraphenvertrag 22. VII. 1875 mit Vollzugsordnung 29. X. 1925, Société des Nations, Recueil des traités 57, 201. Weltfunkvertrag mit Vollzugsordnungen (die erste derselben wird hier schlechtweg als Vollzugsordnung angeführt) vom 25 XI. 1927 RGBl. 1929 II 266.

chanismus der Verträge teilhaben[2]. Es bedarf eines Staats, der sie den Bestimmungen der Verträge unterwirft[3], der, wo dem Landesrecht Freiheit gelassen ist, die Vorschriften zur Durchführung der Verträge gibt[4], der die Aufsicht über sie ausübt[5]. Insbesondere aber muß die aktive Tätigkeit solcher Betriebe einem Staat zugerechnet werden. Zahlreich sind die Vorschriften der Verträge, die für das Absendeland oder das Bestimmungsland einer Nachricht irgendwelche Anordnungen treffen — es ist unerläßlich für die Handhabung der Verträge, daß eine jede Nachricht, die ihnen unterfällt, mit einem Staat und nur mit einem derart verbunden ist[6], und eben das muß für die Gebührenberechnung und für die Abrechnung zwischen den Vertragsstaaten gelten[7].

Wie nun aber bestimmt sich die staatliche Zugehörigkeit einer Betriebsstelle? Art. 91 § 1 der Vollzugsordnung zum Welttelegraphenvertrag rechnet *„les exploitations privées, qui fonctionnent dans les limites d'un Etat contractant“* zu dem Netz dieses Staats, ohne die Art solcher Verbindung näher zu bezeichnen. Doch zeigen gelegentliche Äusserungen, daß dabei — soweit überhaupt — an den Staat gedacht ist, von dem die Stelle eine (landesrechtlich geforderte) Betriebsermächtigung herleitet. Die Ermächtigung wird überwiegend als *concession,* somit als die Beteiligung des Privaten an einem öffentlichen Dienst bezeichnet, doch begegnen daneben in unsicherem Sprachgebrauch auch andere Wendungen[8].

Für ortsfeste Anlagen ist damit eine ausreichende Grundlage geschaffen, und es bedarf nur der Beachtung, daß es sich hier um die staatliche Zurechnung der Betriebsstelle, nicht etwa des betreibenden Unternehmens handelt. Eine Kabelgesellschaft kann handelsrechtlich nur einem Staat angehören, dem Staat, in dem sie ihren Sitz hat. Wenn sie aber Betriebsstellen in den Ländern unterhält, in denen das Kabel landet,

---

[2] Vollzugsordnung des Welttelegraphenvertrags Art. 91 § 1. Dazu etwa Documents de la Conférence de St. Pétersbourg 558f, 562f.

[3] Weltfunkvertrag Art. 2 § 2.

[4] Genehmigung des Tarifs der Kabelgesellschaften: Vollzugsordnung des Welttelegraphenvertrags Art. 91 § 4.

[5] Meldungen über Verstöße: Vollzugsordnung des Weltfunkvertrags Art. 12.

[6] Für einen Sonderfall ausdrücklich vorgesehen in der Vollzugsordnung des Welttelegraphenvertrags Art. 21 § 10: enthält das Telegramm sprachwidrige Wortbildungen in einer andern Sprache als derjenigen des Ursprungslands, so kann der Gebührenausfall im Bestimmungsland nachgefordert werden; *pour l'application du présent article, un navire est considéré comme faisant partie du territoire du gouvernement duquel il relève.*

[7] Vgl. Vollzugsordnung des Welttelegraphenvertrags Art. 64 §§ 4, 5. Ebenda § 16, und seither erweitert Vollzugsordnung des Weltfunkvertrags Art. 32.

[8] Vgl. die §§ 2, 3, 4 des genannten Artikels. Schon Art. 61 des Welttelegraphenvertrags 17. V. 1865 sprach von der Verbindlichmachung des Abkommens für „konzessionsberechtigte Gesellschaften“.

so gehört eine jede dieser Stellen dem Netz des Landes an, in dem sich die einzelne Anstalt befindet.

Die besonderen Schwierigkeiten, welche der Gegenstand bietet, liegen im Bereich des Funkbetriebs. Seitdem Fahrzeuge der verschiedensten Art mit Funkgeräten ausgestattet werden, greifen Funkstellen in den Verkehr ein, die der Ortsveränderung fähig sind, und auch sie, sie erst recht, bedürfen der Einreihung in das Netz eines bestimmten Staates. Die älteren Weltfunkverträge hatten sich dieser Aufgabe für Seeschiffe unterzogen, das Vertragswerk von 1927 hat eine Regelung für die Gesamtheit der beweglichen Funkstellen getroffen. Freilich nicht unmittelbar. Aber Art. 2 der Vollzugsordnung zum Weltfunkvertrag stellt den Grundsatz auf: „*Aucune station radioélectrique émettrice ne pourra être établie ou exploitée par un particulier ou par une entreprise privée sans licence spéciale délivrée par le gouvernement du pays dont relève la station en question.*" Wenn hier von vertragswegen eine besondere Zulassung der Sendestelle gefordert wird, so geschieht das augenscheinlich, um der staatlichen Einordnung der Stelle eine feste Grundlage zu geben. Die „Lizenz", die dabei als Anknüpfung benützt wird, dürfte aus dem englischen Recht übernommen sein und wird dort als Polizeierlaubnis aufgefaßt werden müssen[9]. Damit aber ist die entscheidende Frage dahin gestellt: welcher Staat hat die Lizenz zu gewähren? Der Vertrag weicht der Antwort aus, wenn er auf den Staat verweist, „von dem die Stelle abhängt". Und so wird unten Z. 4 ff, wo die räumlichen Grenzen der Gesetze zu suchen sind, die ihrerseits eine Zulassung fordern, mit deren Feststellung auch die staatliche Zugehörigkeit der beweglichen Funkstellen verschiedener Art gleichzeitig zu bestimmen sein.

Wo Landesgesetze an die staatliche Zugehörigkeit einer Funkstelle Rechtsfolgen knüpfen, wird mangels besonderer Anhaltspunkte gleichfalls die Zulassung durch den Staat als entscheidendes Merkmal in Betracht kommen, und es wird das um so mehr anzunehmen sein, wenn es sich um einen Staat handelt, der dem Weltfunkvertrag angeschlossen ist. Nur mag es vorkommen, daß die vorausgesetzte Zulassung dabei

[9] Spricht der französische Urtext von „*licence*", so verwendet er damit einen Ausdruck, der als Allgemeinbegriff dem französischen Recht nicht bekannt ist. Er kommt hier (neben einem so benannten Verwaltungsakt der Unterrichtsverwaltung) wohl nur für steuerpolizeiliche Erlaubnis und bei der Patentlizenz vor. Vorbild für den Funkvertrag erster Fassung von 1906 dürfte die Forderung einer „*licence*" in der Wireless Telegraph Act von 1904 gewesen sein, die ihrerseits damit eine dem englischen Recht geläufige Wendung gebraucht. Sie umfaßt dort Erlaubnisse jeder Art, die zu einer sonst verbotenen Handlung ermächtigen, sicherheitspolizeiliche Erlaubnis (Herstellung von Sprengstoffen), kirchenpolizeiliche Erlaubnis (Eheschließung), steuerpolizeiliche Erlaubnis (Schankstätten), Erlaubnis eines privatrechtlich Berechtigten (des Vermieters zur Untervermietung, des Patentinhabers zur Benützung). Und so wird auch die Zulassung der Funkstelle im englischen Recht als telegraphenpolizeiliche Erlaubnis aufzufassen sein.

rechtlich anders gestaltet ist, als nach diesem Vertrag. Insbesondere hat das deutsche Fernmeldegesetz, Fassung vom 14. Januar 1928, eine solche Zulassung jetzt einheitlich als „Verleihung", also nicht als Polizeierlaubnis, sondern wiederum als die Beteiligung an einem öffentlichen Dienst durchgeführt.

Drahtverbindung zu Land.

Im Folgenden ist die räumliche Geltung staatlicher Vorschriften zunächst für Anlagen und technischen Betrieb des Fernmeldeverkehrs festzustellen, geschieden nach der Art der Verbindung.

Wie die Eisenbahn braucht auch die Drahttelegraphie eine feste Anlage. Sie ist wie jene von Grenze zu Grenze der Hoheit des örtlichen Staats unterstellt[10]. Insoweit entscheidet das örtliche Recht über die Pflicht des Grundeigentümers, die Errichtung der Leitung zu dulden, über die Maßnahmen, die dem Unternehmer oder Dritten obliegen, um eine gegenseitige Störung elektrischer Leitungen zu verhindern. Insoweit bedarf der private Unternehmer, der die Anlage herstellt, wenn Landesrecht solches vorschreibt, einer Genehmigung; entsprechend ist die Begrenzung, wo der Staat selbst baut. Es kommt allerdings vor, daß mit der Eisenbahn auch die Telegraphenleitung von seiten des einen Staats bis zur Wechselstation im andern Gebiet gebaut wird[11]; zumal in der Frühzeit der Telegraphie, wo Leitung und Apparate noch nicht zusammenstimmten. Für solchen Fall werden etwa die Klauseln der Eisenbahnverträge übernommen, nach denen die Landeshoheit von einer derartigen Einräumung unberührt bleiben, das örtliche Bahnpolizeirecht auch für diese Anlage gelten soll[12]. Und es bemißt sich die Pflicht des Eisenbahnunternehmers, die Führung der Leitung neben dem Damm zu dulden, auch unter solchen Umständen nach örtlichem Recht[13]. In

---

[10] Dem örtlichen Netz gehören auch die Leitungen an, die dem ausschließlichen telegraphischen oder telephonischen Verkehr fremder Staaten vorbehalten sind. Beweis die regelmäßig vorgesehene Vergütung für solche Überlassung. So Deutschland-Schweiz-Italien 1912 Martens[3] 9, 528; Deutschland-Danzig-Polen 1921 [62ff] RGBl. II 1069; Deutschland-Polen 1922[56] RGBl. 1923 II 456; vgl. auch die Verträge von St. Germain[327] und Trianon[310].

[11] Beispiele in den Verträgen Württemberg-Baden 1850[25], Badisches Regierungsblatt 1851, 519; Preußen-Belgien 1850[3], v. Rohrscheidt, Preußens Staatsverträge 720 usw.

[12] Preußen-Braunschweig 1866[16], Preußische Gesetzsammlung 147 (auch die örtliche Strafgewalt und Gerichtsbarkeit für Entschädigungsansprüche bleibt vorbehalten). — Preußen-Belgien 1850[9]: die belgischen Bahnwärter überwachen die preußische Leitung auf belgischem Gebiet.

[13] Preußen-Österreich 1849, Martens[1] 14, 591: Preußen baut das Teilstück der Leitung bis zur österreichischen Wechselstation; Österreich verpflichtet sich, die Zustimmung der Bahngesellschaft zu beschaffen. Sehr vorsichtig Preußen-Coburg 1863[12], Preußische Gesetzsammlung 1866, 472: Coburg ist „damit ein-

anderen Fällen allerdings baut der Staat, auch wenn die Wechselstation jenseits liegt, die Leitung nur bis an die Grenze[14], und es bedarf, wo immer die Drähte an der Grenze zusammengefügt werden sollen, einer Verständigung über den Punkt des Anschlusses[15].

Wie der Bau, so steht auch der technische Betrieb von Grenze zu Grenze unter der Hoheit des örtlichen Staats. Wo ein privater Unternehmer den Betrieb führt, bedarf er, wenn das Landesrecht dies vorschreibt, einer Verleihung oder Polizeierlaubnis in solchem Umfang. Insbesondere gilt das auch für die Zulassung, welche die Weltverträge voraussetzen oder verlangen. Und es werden damit gleichzeitig die sachlichen Regelungen anwendbar, welche für die im Staat zugelassenen Betriebe gelten oder im Weg der Zulassungsbedingung ihnen auferlegt sind. Eine solche Begrenzung zeigt sich auch in Sondervorschriften. So etwa wenn ein fremder Unternehmer, auch ein fremder Staat, der seinen Eisenbahnbetrieb bis zur inländischen Wechselstation erstreckt, einer Überwachung von seiten der örtlichen Verwaltung unterstehen soll, daß der Bahntelegraph nicht über den erlaubten Umfang hinaus für den öffentlichen Verkehr verwendet wird[16].

In den ersten Jahren telegraphischer Verbindungen ließ sich diese Begrenzung freilich noch nicht durchführen. Die Unvollkommenheiten und Verschiedenheiten des Betriebs nötigten dazu, wie im Eisenbahnverkehr, nahe der Grenze eine Wechselstation einzurichten (sie pflegte mit der Wechselstation für den Eisenbahnverkehr verbunden zu werden), in der jede der Verwaltungen ihren Dienstraum mit eigenen Beamten besaß, und es mußten die Telegramme dabei zwischen den Verwaltungen von Hand zu Hand übergeben werden. Notwendig ist der Betrieb dabei auch für das Auslandsstück unter der heimischen Ordnung verblieben, waren die Beamten dem heimischen Dienst eingegliedert, und es begegnen deshalb auch in den älteren Verträgen, dies sicherzustellen, gleichartige Klauseln, wie sie hiefür in Eisenbahnverträgen gebräuchlich sind[17]. Mit der Vereinheitlichung der Systeme und dem so ermög-

---

verstanden, daß die Gesellschaft verpflichtet sein soll", die Anlage der preußischen Leitung entlang der Bahn auf coburgischem Gebiet zuzulassen.

[14] Z. B. Österreich-Sachsen 1850[70], Österreichisches RGBl. 1851, 251.

[15] Beispiele Bayern-Frankreich 1853[1] de Clercq, Recueil de traités 6, 364. Belgien-Portugal (Kolonien) 1912[1] Martens[3] 9, 525.

[16] So ausdrücklich die Verträge Frankreich-Italien 1879[21] de Clercq 12, 376; Österreich-Italien 1879[16] Martens[2] 6, 356; Serbien-Bulgarien 1887[37] Martens[2] 16, 564.

[17] So Preußen-Österreich 1849[3]: „gemeinschaftliche Grenzstation" in Österreich, jeder Teil erhält ein Geschäftslokal mit eigenen Apparaten und Beamten, die preußischen Beamten sind „rücksichtlich der Disziplin des Dienstes" der preußischen Telegraphenverwaltung, im übrigen den österreichischen Behörden und Gerichten unterworfen. Ähnlich Preußen-Belgien 1850[2,4]; Frankreich-Baden 1852 und 1855, Frankreich-Schweiz 1852 de Clercq 6 S. 213, 489, 256. Vgl. auch Sachsen-Österreich 1850[69]; Frankreich-Bayern 1853, de Clercq 6, 364; und die zahl-

lichten Durchgang der Telegramme ist diese ganze Schwierigkeit weggefallen. Und wenn sich die Tatsachenlage für die Bedienung der Bahntelegraphen erhalten hat, die eine Grenzstrecke in das Ausland begleiten, so ist das ein Stück des Eisenbahndienstes, das heute einheitlich mit diesem geregelt ist und eine besondere Hervorhebung nicht mehr empfängt[18].

Seekabel.

3. Gelten die vorstehenden Ausführungen auch für Seekabel, so bedarf es hier doch noch ergänzender Feststellungen.

Die Kabelunternehmung als ein Gebilde des bürgerlichen Rechts steht einheitlich unter den Gesetzen, die an ihrem Sitz gelten, ohne Unterschied, wo sie den Betrieb ausübt. Hienach bestimmt sich auch ihre Verfassung. Aber freilich telegraphenrechtlich stehen die einzelnen Betriebsstellen unter dem Recht des Lands, wo sie errichtet sind, und das mag rückwirkend veranlassen, daß mehrere Staaten auf die Verfassung eines solchen Unternehmens Einfluß beanspruchen. So ist für das deutsch-niederländische Kolonialkabel vereinbart worden — die betreibende Gesellschaft hat den Sitz in Köln — daß der deutsche Direktor von Deutschland, der niederländische von den Niederlanden bestätigt werden müsse, und daß beide Länder sich in der Gesellschaft durch Staatskommissare vertreten lassen[19].

Die Festlandsstrecke eines Seekabels teilt die Rechtslage der Landverbindungen. Wo ein Kabel staatlich betrieben wird, bildet dieser Betrieb einen Teil des örtlichen Dienstes[20]. Wo der Betrieb oder doch die Erstellung des Kabels einem Privatunternehmer überlassen ist, da geschieht dies unter örtlicher Aufsicht[21], und vor allem, die Landung

reichen Verträge der Zeit, die Übergabe von Hand zu Hand ohne nähere Bestimmung vorsehen. Ungewöhnlich Frankreich-Sardinien 1853, de Clercq 6, 298 und 322, wonach die Bedienung des französischen Apparats auf der sardinischen Wechselstation zu Lasten der sardinischen Verwaltung geschehen sollte.

[18] Man findet sie noch in dem bayerisch-österreichischen Vertrag 1851[79], Österreichisches RGBl. 1852, 103.

[19] Archiv für Post und Telegraphie 1907, 580.

[20] Vertrag Deutschland-Niederlande 1901[1] Martens[3] 7, 272 (Privatkabel): Jeder Staat behält die Gebietshoheit über die Landungsstrecke und kann deshalb Bedienung der Apparate durch seine eigenen Beamten fordern; dazu Archiv für Post und Telegraphie 1907, 579. Frankreich-Niederlande 1904, Martens[2] 33, 516: sollte das Kabel durch den französischen Staat erstellt und betrieben werden, so fällt den Niederlanden auch das Eigentum an ihrer Grenzstrecke zu. Nach dem frühesten aller Kabelverträge, 1863 zwischen Frankreich und Spanien geschlossen (de Clercq 8, 629), erfolgt die Bedienung des spanischen Endes durch spanische Angestellte; doch sollen sie den Maßregeln entsprechen, welche die französische Verwaltung für die Erhaltung des Kabels notwendig findet, und es soll auf Wunsch Spaniens die französische Verwaltung an dem Landungspunkt einen Vertreter zur Überwachung und Ausbesserung des Kabels bestellen.

[21] Vertrag Frankreich-Brasilien-Haiti-Italien-Portugal 1864[11] de Clercq 9, 22. Deutschland-Niederlande 1901[2].

kann nur mit Zulassung des Uferstaats geschehen[22]. Solche Zulassung (Erlaubnis oder Verleihung) erteilt jeder der von einem Kabel berührten Uferstaaten für seinen Bereich, und es bleibt dem Unternehmer überlassen, sie beizubringen und mit dem gegenseitig vereinbarlichen Inhalt zu beschaffen[23], wenn nicht ein Staatsvertrag die erforderliche Genehmigung selbst vorsieht[24] oder eine künftige Verständigung über sie in Aussicht nimmt[25]. Stets aber können Erlaubnis und Verleihung nur dasjenige Stück zum Gegenstand nehmen, das im Hoheitsgebiet des ermächtigenden Staats belegen ist[26].

Bedingungen, die an die Erlaubnis zur Landung geknüpft werden, mögen allerdings mittelbar auch das Verhalten des Unternehmers außerhalb des Gebiets, mögen auch sein Verhalten auf hoher See beeinflussen[27]. Eine unmittelbare Herrschaft auf hoher See kann kein Staat ausüben, denn die hohe See ist staatenlos. Man hat freilich gerade für Kabel zuweilen anderes behauptet, nach der Lehre vom „Kabelterritorium“, das dem Uferstaat zugehören, und wenn der Draht zwei Staaten verbindet, im Kondominium dieser Mächte stehen soll[28]. Indessen die Meinung erscheint nicht haltbar: Staatsgebiet ist der Raum staatlicher Herrschaft, es kann nicht vermutet werden, daß ein Staat Herrschaft üben wolle in dem zylindrischen Hohlraum, der menschlichem Zugang verschlossen ist; und wenn ein Staat den Willen der Einverleibung hätte, ein feststehender Satz des Völkerrechts anerkennt Gebietserwerb nur dann, wenn dauernde Beherrschung solchen Gebiets gesichert ist. Überdies aber geht auch die wichtigste Quelle des Kabelrechts auf hoher See, der Kabelschutzvertrag vom 14. März 1884[29],

---

[22] Vgl. z. B. das Kabelgesetz der Vereinigten Staaten 27. V. 1921. Ein entsprechender Rechtszustand wird in sämtlichen Kabelverträgen vorausgesetzt.

[23] So bei Verlegung des deutsch-atlantischen Kabels, Pfitzner, Archiv für Post und Telegraphie 1900, 706.

[24] Deutschland-Niederlande 1901 [3].

[25] Großbritannien-Norwegen 1905 Martens[2] 33, 480.

[26] Wenn die Mitteilungen Archiv für Post und Telegraphie 1900, 706 und 1907, 579 genau sind, dann wäre bei dem deutsch-atlantischen Kabel die Genehmigung korrekt „zur Anlandung eines zwischen Deutschland, den Azoren und Nordamerika zu legenden Kabels auf deutschem Gebiet“ erteilt worden. Dagegen hätten bei dem deutsch-niederländischen Kolonialkabel die Unternehmer Erlaubnis erhalten „zur Auslegung und zum Betrieb der Kabel Menado (Niederlande)-Yap (Deutschland) und Yap-Guam (Vereinigte Staaten), Yap-Schanghai, sowie das Landungsrecht in Menado und auf Yap“.

[27] In Art. 3 des gleich zu erwähnenden Kabelschutzvertrags werden die Vertragsmächte verpflichtet, bei Gelegenheit der Landungserlaubnis derartige Bedingungen für Lage und Beschaffenheit des Kabels aufzustellen.

[28] Begründet von F. Scholz, Krieg und Seekabel (1904) 39ff; derselbe, Zeitschrift für Völkerrecht (1911) 5, 182ff. Die Meinung ist mehrfach übernommen worden; auch von Liszt, Völkerrecht[12] 142.

[29] Martens[2] 11, 281. Ebenda 104 die Protokolle. Martens[2] 11, 290

von der Staatenlosigkeit der hohen See aus. Denn wäre der Kabelraum von den Uferstaaten beherrscht, so wären Verletzungen unter dem Gesichtspunkt des schädlichen Erfolgs im Gebiet dieser Staaten begangen und von ihnen strafrechtlich zu ahnden; allein der Vertrag weist den Strafschutz dem Heimatstaat des Schiffs zu, das den Täter trägt, wie das auch sonst für strafbare Handlungen auf hoher See rechtens ist.

Staatenlosigkeit eines Gebiets bedeutet nicht Rechtlosigkeit der Tatbestände, die ihm angehören, und die sonst auf Grund einer räumlichen Anknüpfung von einer Rechtsordnung erfaßt werden; sondern es schiebt sich solchenfalls vor die räumliche Anknüpfung, die dem Inhalt des Rechtsverhältnisses entspricht, eine weitere Anknüpfung, die einen der anerkannten Staaten zur Geltendmachung räumlicher Herrschaft gerade für diesen Fall als den Nächstberechtigten bezeichnet. Auf Seekabel angewendet, führt das zur Auseinanderhaltung von zwei Gruppen rechtlicher Regelung: von Vorschriften, welche die Rechtslage des Kabels als Sache bestimmen, und von solchen, welche Handlungen Dritter in Bezug auf Kabel normieren. Zunächst die sachenrechtliche Ordnung für Hochseekabel. Hier stehen zwei Anknüpfungen zur Wahl, die Staatsangehörigkeit des Unternehmers und die Verbindung des Kabels mit einem Gebiet. Nun hat der Uferstaat sicherlich ein unmittelbares Interesse an dem Verkehr, den ihm die Leitung ermöglicht, und dies Interesse wird ihm die Aktivlegitimation geben, für das Kabel im internationalen Verkehr einzutreten. Aber das Bedürfnis, das eine Regelung des Eigentums, des Pfandrechts an dem Hochseestück fordert, ist verschieden von dem Verkehrsinteresse des Uferstaats, und es wird hier (schon um überhaupt zu einer einheitlichen Anknüpfung zu gelangen) nur übrig bleiben, den Heimatstaat des Unternehmers für zuständig zur Regelung zu erklären[30]. Für das Verwaltungsrecht ist das von Belang, wo ein Kabel mit Rücksicht auf seine Widmung für den öffentlichen Dienst als öffentliches Eigentum behandelt wird. Dagegen können Verhaltensvorschriften für Dritte nur von dem Staat ausgehen, der auf hoher See Herrschaft über diese Personen besitzt; denn deren Handlungsfreiheit soll beschränkt werden. Hier greift vor allem der oben erwähnte Kabelschutzvertrag von 1884 ein. Er bringt verwaltungsrechtliche Vorschriften in der Anordnung, daß Fahrzeuge und Fischergeräte in bestimmtem Abstand von Kabelschiffen und Kabelbojen sich

und 15, 71 fünfzehn Ausführungsgesetze angeschlossener Staaten. Die Sonderschriften über den Vertrag gewähren für die hier zu erörternden Fragen kaum Förderung.

[30] Die Frage besitzt für Deutschland Bedeutung im Hinblick auf das neue Kabelpfandgesetz vom 31. III. 1925. Natürlich unterliegt das Festlandsstück auf deutschem Boden ohne weiters der deutschen Ordnung. Dagegen vermeiden es Gesetz und Begründung (Verhandlungen des Reichstags 1924 Nr. 607) mit ängstlicher Vorsicht, sich darüber auszusprechen, wie weit ein Pfandrecht auf grund des Gesetzes seewärts reicht!

halten müssen; auch in der Bestimmung, daß das einer Zuwiderhandlung verdächtige Fahrzeug über seine Staatsangehörigkeit sich ausweisen muß. Solche Vorschriften kann für die hohe See nur der Staat des Schiffes erlassen, das die in ihrer Tätigkeit zu beschränkenden Personen in die See bringt. Und ebenso steht der Strafschutz der Kabel, die Sanktion gegen Verletzung verwaltungsrechtlicher Vorschriften und der unmittelbare Schutz des Strafrechts, dem gleichen Staat zu. Der Vertrag hat diese Folgerung für den Strafschutz in Art. 8 denn auch ausdrücklich gezogen[31]. Nur daß hilfsweise — so, wenn der Täter sich in seinem Heimatstaat befindet und nicht ausgeliefert werden kann — der Staat des Täters selbst den Strafschutz üben soll[32]. Doch gilt dies letztere nur für Personen, welche die Handlung von dem Schiff eines der Vertragsstaaten aus vorgenommen haben. Das folgt schon aus der Ökonomie des Vertrags. Und für Strafdrohungen, welche die verwaltungsrechtlichen Vorschriften durchsetzen sollen, würde es gegenüber Schiffen vertragsfremder Staaten schon an der Verbindlichkeit der verwaltungsrechtlichen Anordnung, also bei einer Zuwiderhandlung an der Rechtswidrigkeit des Verhaltens mangeln[33].

---

[31] „Zur Entscheidung über die Zuwiderhandlungen wider den gegenwärtigen Vertrag sind die Gerichte desjenigen Landes zuständig, welchem das Fahrzeug angehört, an dessen Bord die Zuwiderhandlung begangen worden ist." Die meisten der landesrechtlichen Ausführungsgesetze zu dem Abkommen, auch das Reichsgesetz vom 21. XI. 1887, bringen ihre Strafdrohungen ohne Angabe des Geltungsbereichs, sind aber in gleichem Sinn auszulegen; bei einigen unter ihnen folgt das schon aus der Regelung der örtlichen Zuständigkeit für das verfolgende Gericht. Österreich § 10 und Ungarn §§ 10, 11 heben noch eigens hervor, daß die Strafbarkeit ohne Rücksicht auf die Staatsangehörigkeit des Täters und auf den Ort der Handlung begründet sein solle, und daß eine wegen derselben Handlung im Ausland verbüßte Strafe anzurechnen sei; die letztere Bestimmung besagt somit, daß eine Verfolgung im Heimatstaat des Schiffs unter allen Umständen (unter denen es prozessual möglich ist) erfolgen müsse. — Höpfner in Vergleichende Darstellung des deutschen und ausländischen Strafrechts, Besonderer Teil 2, 488ff glaubt eine Lücke des deutschen Strafschutzes feststellen zu können für den Taucher, der auf dem Meeresgrund ein Kabel beschädigt. Indessen die Strafgewalt der Flagge gilt nicht für den räumlichen Umfang des Schiffs, sondern für die Personen der Schiffsgemeinschaft, und der Taucher, der notwendig auf das Schiff zurückkehren muß, hört nicht auf, dieser Gemeinschaft anzugehören. Übrigens würde ihn für das deutsche Recht schon § 77 des Konsulargerichtsbarkeitsgesetzes der heimischen Strafgewalt unterwerfen.

[32] Vgl. dazu Renault, Revue de droit international 15, 36ff. Die Übung dieser Strafgewalt hängt von dem internationalen Strafrecht des einschreitenden Staats ab, verlangt nach deutschem Recht also, daß die Handlung auch nach den Gesetzen des Tatorts mit Strafe bedroht ist. Wird die Handlung auf dem Schiff des andern Vertragsstaats begangen, so ist diesem Erfordernis genügt, wiewohl die Strafdrohung jenes Staats wiederum nicht für den Umkreis des Schiffs, sondern für die Personen der Schiffsgemeinschaft erlassen ist.

[33] Auch privatrechtlich steht die Verantwortlichkeit für unerlaubte Handlungen nach Art. 2, die Erfolgshaftung nach Art. 4, die Geschäftsführung ohne

Auch in Küstengewässern hat das Kabel zunächst die gleiche Rechtslage wie in hoher See[34]. Der Betrieb der Leitung schafft keine Beziehungen nach außen, die eine Zulassung des Uferstaats notwendig machen, und es kann dieser Betrieb auch nicht als eine Beeinträchtigung seines Telegraphenmonopols von dem Uferstaat untersagt werden; die Rechtslage ist insoweit die gleiche wie für ein durchfahrendes Schiff, von dem Beziehungen nach außen während der Fahrt nicht geknüpft werden[35]. Dagegen ist es allerdings Aufgabe des Uferstaats, die äußere Ordnung in den Küstengewässern mit Wirkung gegen jedermann aufrechtzuerhalten. Und dahin gehört auch der Kabelschutz gegenüber Eingriffen dritter Personen. Das internationale Abkommen hat für Küstengewässer keine Geltung. Aber die Mehrzahl der Ausführungsgesetze hat seine Bestimmungen auf die Küstengewässer übertragen. Sehr korrekt das deutsche Ausführungsgesetz, das die verwaltungsrechtlichen (und privatrechtliche) Vorschriften des Abkommens in seine Gewässer übernimmt und dann Zuwiderhandlungen für beide Bereiche mit Strafe belegt; verkürzt eine Reihe anderer Landesgesetze[36], die einfach ihre Strafdrohungen auch auf die Küstengewässer für anwendbar erklären; überall jedoch in entscheidender Abweichung so, daß auch Schiffe fremder Flagge der Hoheit des Uferstaats unterworfen werden. Aber freilich, wenn derart dem Uferstaat der Schutz aller Kabel in diesen Gewässern zukommt, so wird der Rückschluß kaum zu vermeiden sein, daß dem Uferstaat die Gewährung solchen Schutzes für Kabel, die ohne

Auftrag nach Art. 6 des Vertrags unter der Hoheit des Staats, unter dessen Flagge die handelnde Person sich befindet. Wo dagegen ein Ersatzanspruch nicht auf das unerlaubte Verhalten des Täters, sondern auf das Eigentum des Geschädigten gestützt würde, hätten (vgl. oben S. 48) Recht und Gericht des Staats zu entscheiden, dem der geschädigte Unternehmer angehört. Als örtlich zuständiges Gericht käme für Deutschland solchenfalls das Gericht in Betracht, bei dem das Kabelbuch geführt wird.

[34] In erster Reihe wiederum von Belang für Eigentum und Pfandrecht. Es braucht bei der Verlegung durch Küstengewässer auch kein Einfuhrzoll bezahlt werden; nicht, wie Scholz Zeitschrift für Völkerrecht 5, 185 annimmt, weil die Leitung im „Kabelterritorium" verbleibt, sondern weil die Zollgrenze nur Festland und Eigengewässer einschließt.

[35] Eben darum werden Ausschließlichkeitsrechte, die der Uferstaat einem Privaten für seinen Bereich verleiht, von der Durchführung eines fremden Kabels durch die Küstengewässer nicht berührt. Anders das Privy Council 1877 in Sachen Direct U. S. Cable Co. v. Anglo-American Telegraph Co., Law Times Reports 36, 265: Klägerin hatte ihr Kabel außerhalb der Dreimeilengrenze durch die Conception Bay (Neufundland) geführt; das der Beklagten eingeräumte Monopol sei dadurch verletzt worden, denn die Bucht, wiewohl 15 Seemeilen breit, gehöre nach geschichtlicher Entwicklung zu den britischen Gewässern. Das Urteil wäre nur zutreffend, wenn die Bucht zu den britischen Eigengewässern gehört.

[36] Frankreich[11]; Griechenland[10]; Italien[9]; Argentinien[10]; Brasilien[9]. Wie die Bestimmungen über die Zuständigkeit der Gerichte ergeben, auch Spanien[11]; Vereinigte Staaten[13]; Guatemala[5]. Keine Ausdehnung in Großbritannien; Norwegen.

seine Zustimmung verlegt wurden, nicht einfach aufgenötigt werden kann; und damit gelangt man allerdings zu dem Erfordernis, daß — unter diesem Gesichtspunkt — eine Zulassung auch für Kabel, die nicht landen, eingeholt werden muß.

Drahtlose Verbindung.

4. Auch der Funkverkehr benötigt Einrichtungen für Sendung und Empfang der Nachrichten. Auch sie stehen — zum mindesten, wo es sich um ortsfeste Anlagen handelt — nach seiten der Errichtung und der Benützung unter der Hoheit des Staats, in dem sie sich befinden. Ob die Sendestelle ihre Nachrichten lediglich für das Ausland bestimmt oder der Empfänger ausschließlich Mitteilungen aus dem Ausland empfangen will, ist dafür gleichgiltig, es ist stets die Verwaltungshoheit des Inlands, die von Bestand und Betrieb der Anlage berührt wird. Das ist für „Mehrfachtelegramme" jetzt auch in Art. 69 der Vollzugsordnung zum Welttelegraphenvertrag anerkannt: die Telegraphenverwaltung, der die empfangende Stelle angehört, bestimmt, ob sie den Empfang solcher Nachrichten gestatten will, und sie kann für die Zulassung der Anlage Gebühren erheben[37].

Welches aber ist die Rechtslage der Wellen, die Träger der Nachrichten sind? Es ist von angesehener Seite behauptet worden, das Durchgangsland sei nicht berechtigt und dürfe nicht ermächtigt werden, dem Durchzug der Wellen entgegenzutreten[38]. Das erscheint mir unrichtig nach Völkerrecht und internationalem Verwaltungsrecht und verträgt auch durchaus keine Abänderung. Die Durchsendung elektrischer Wellen, die von fremdem Gebiet ausgeht, bedeutet eine Veränderung des physikalischen Zustands der Atmosphäre, die im Durchgangsland

---

[37] Dazu E. Neugebauer, Fernmelderecht (1929) 85, 690 ff, 736 f. Im einzelnen bestimmt Art. 69, daß der Unternehmer der Telegraphenverwaltung seines Staats die Anschrift des Empfängers mitzuteilen hat, die sie nebst sonstigen Angaben an die Verwaltung des Empfangslands weitergibt. Wenn die Übereinkunft als zulässige Sprachen diejenige des Aufgabe- und des Bestimmungslands erklärt, auch beiden Verwaltungen eine Überwachung des Verkehrs in geheimer Sprache einräumt, so ist das eine Auswirkung des Umstands, daß solchenfalls in beiden Staaten ein Telegrammverkehr stattfindet. Daß die Gebühren des Unternehmers vom Sendestaat festgesetzt und bezogen werden, muß als Vereinfachung aus praktischen Gründen angesehen werden. Wenn dagegen der Empfänger außer der Gebühr für die Anlage auch noch Telegrammgebühren schuldet, die das Empfangsland festsetzt und bezieht, so liegt darin (s. unten) die Anerkennung, daß sich die Nutzung unter der Hoheit des Empfangsstaats vollzieht. Ebendamit begründet sich auch die Bestimmung, die eine jede Verwaltung verpflichtet, nach Möglichkeit vorzusorgen, daß nur ermächtigte Stellen von solchen Telegrammen Gebrauch machen.

[38] So Cavaglieri und auf grund seines Berichts das Institut de droit international 1927, Annuaire de l'Institut 33 I 157 ff und III 290. Von Cavaglieri mehrfach wiederholt, zuletzt Revue juridique de la radioélectricité 4, 239 ff.

Störungen herbeiführen kann. Der beeinträchtigte Staat ist völkerrechtlich so wenig verpflichtet, eine ihm schädliche Änderung zu dulden, als er etwa eine willkürliche ihm schädliche Steigerung der Wasserzufuhr aus fremdem Gebiet hinnehmen muß. Er ist vielmehr berechtigt, von dem andern Staat Unterlassung zu verlangen, im Weg der Selbsthilfe tatsächliche Abwehrmaßnahmen zu treffen. Und vollends gilt dasselbe, wo nicht die Wellenbewegung selbst, sondern der Inhalt der von ihr getragenen Nachricht den Durchgangsstaat verletzt[39]. Die neueren Verträge haben an dieser Rechtslage nichts geändert.

Aber auch nach innerstaatlichem Recht ist eine Herrschaft über den Durchgang der Wellen nicht zu entbehren. Wo ein selbständiges Rechtsverhältnis zwischen dem Teilnehmer am Linien- oder Rundfunkverkehr und dem Sendeunternehmer in Ausbildung begriffen oder schon rechtens ist, handelt es sich um die Nutzung von Mitteilungen, die an die Wellen im Gebiet gebunden sind, bei Teilnahme an den Darbietungen einer ausländischen Sendestelle an die Wellen, die im Inland sich befinden: das Rechtsverhältnis steht unter inländischem Recht, wie auch die Haftung für unbefugten Gebrauch, etwa unter dem Gesichtspunkt einer ungerechtfertigten Bereicherung, sich nach den hier geltenden Vorschriften bestimmt. Es ist denn auch ein Ausfluß solcher Anschauung, wenn die Verträge gestatten, den inländischen Teilnehmer einer ausländischen Veranstaltung nicht bloß mit einer Abgabe für die Anlage, sondern auch mit Gebühren für den Bezug der Nachrichten zu gunsten des örtlichen Staats zu belasten. Und es mag auch der fremde Unternehmer selbst, soweit nicht die Verträge entgegenstehen, auf grund seiner Leistungen zu Abgaben, etwa in Gestalt einer Umsatzsteuer, von seiten des Inlands herangezogen werden. — Die eigenmächtige Verbindung einer auswärtigen Funkstelle mit dem Inland kann, je nach Lage des positiven Rechts (nicht in Deutschland), einen Eingriff in das inländische Telegraphenmonopol bedeuten; ist auf Zuwiderhandlung Strafe gesetzt, so handelt es sich um die Bestrafung einer im Inland begangenen Handlung. Eine unzweifelhafte Anerkennung aber hat diese Rechtslage gefunden, wo ausländischen Kriegsschiffen, die sich in Gewässern des Inlands befinden, von Inlands wegen Vorschriften über die Benutzung von Funkanlagen gegeben werden[40]. Denn das fremde Kriegsschiff ist

[39] Zwischenfälle aus neuerer Zeit: Rußland-Rumänien 1926, St. Davis, The law of radio communication (1927) 182[3]. Polen-Deutschland, Frankfurter Zeitung 11. XII. 1927. — Mexiko und Guatemala haben sich in Art. 9 eines Abkommens von 1926 (Revue de la radioélectricité 3, 205) verpflichtet, daß ihre Verwaltungen nicht mit dem Publikum des andern Gebiets in unmittelbaren Verkehr treten.

[40] So schon in der britischen Verordnung 20. VI. 1908 Chitty[6] 14, 586; in der Bekanntmachung des Reichskanzlers 12. XII. 1909 RGBl. 977. Besonders eingehend die französische Verordnung 31. VII. 1925 Revue de la radioélectricité 3, 137. Dazu Neugebauer 161 ff mit Angabe der Vorschriften weiterer Länder. Auch

im Umfang seiner Planken ausländisches Staatsgebiet. Und wenn das Inland berechtigt sein soll, auf den Funkverkehr des Schiffs einzuwirken, so kann das nicht auf einer Herrschaft über Vorgänge beruhen, die sich an Bord des fremden Schiffs abwickeln, sondern nur auf dem Umstand, daß die entsandten Wellen das Inland durchziehen.

Im übrigen aber ist es die Rechtslage beweglicher Funkstellen, die hier zu Erörterungen Anlaß gibt.

Fortsetzung. Funkstellen der Seeschiffe.

5. Am frühesten hat sich ein Funkverkehr solcher Art auf Seeschiffen entwickelt. Für sie, das sei vorweg behandelt, kann eine Rechtspflicht zur Mitführung von Funkgerät gegeben sein; aus Gründen selbstverständlich, die außerhalb des Telegraphenrechts liegen, um der Sicherheit ihrer Fahrt willen. Der Funkverkehr der Seeschiffe kam zu einer Zeit in Aufnahme, als man begann, Vorschriften über die Sicherheit der Seefahrt ohne Unterschied der Flagge aufzuerlegen, und so haben auch die älteren Landesgesetze eine solche Verpflichtung in gleichem Ausmaß geschaffen[41]. Die Weltfunkkonferenz von 1912 hat sich mit dem Wunsch begnügt, daß ein derartiger Zwang begründet werden möge. In dem Titanic-Abkommen von 1914 (vgl. oben Bd. 3 I 105[64]) — seine Erneuerung steht bevor — ist der Wunsch verwirklicht worden und so, daß jeder Staat seinen Schiffen die entsprechende Verpflichtung auferlegen sollte. Das bedeutete zunächst eine Erstreckung, da die Verpflichtung auch heimische Schiffe in fremden Gewässern traf, zugleich aber auch — wenn sich zahlreiche Staaten dem Vertrag anschlossen, konnte das Bedenken in den Hintergrund treten — eine Rückbildung, insofern die Verpflichtung nur inländischen Schiffen auferlegt wurde. Eine Anzahl neuerer Gesetze hat diese Anwendung auf die heimischen Schiffe übernommen[42]; auch Großbritannien, freilich so, daß gleichzeitig auch fremde Schiffe, die in einem britischen Hafen ein- und auslaufen, unter die Vorschrift gezogen wurden[43]. Trifft die Verpflichtung

---

nach Cavaglieri soll übrigens den Anordnungen des Uferstaats „jedes“ fremde Schiff innerhalb der Hoheitsgewässer unterworfen sein.

[41] Vereinigte Staaten, Gesetz 24. VI. 1910 für jedes Schiff, das einen amerikanischen Hafen verläßt. Uruguay, Verordnung März 1912, Journal 40, 74 für den Verkehr zwischen Häfen des In- und Auslands. Australischer Bund, Schiffahrtsakte 18. XII. 1912 s. 231 für in- und ausländische Schiffe, die von Australien ausreisen.

[42] Belgien, Verordnung 8. XI. 1920 Art. 64 Moniteur belge p. 9979. Wohl auch Italien, Verordnung 5. XII. 1920 Le Leggi 1152. In Deutschland bildet die Verpflichtung, Funkgerät mitzuführen, einen Teil der Unfallverhütungsvorschriften, welche die Seeberufsgenossenschaft aufgestellt hat (Journal 40, 75[1]) und gilt von hier aus für die deutschen Schiffe ohne Unterschied des Orts; vgl. dazu oben Bd. 3 I 111[83].

[43] 4 & 5 Geo. 5 c. 50 s. 15, 23. Dazu oben Bd. 3 I 108.

aber ein Schiff fremder Flagge, so greift das doch nicht der Frage vor, welchem Staat die rechtliche Hoheit über die Anlage zukommt; auch durch Anlagen, die ihre Zulassung von einem fremden Staat herleiten, kann der Pflicht zur Mitführung genügt werden.

Führt ein Seeschiff Funkgerät — ob auf grund einer rechtlichen Verpflichtung oder nicht, ist für das folgende unerheblich — so bedarf dies nach zahlreichen Landesgesetzen und ebenso nach dem Weltfunkvertrag einer besonderen Zulassung. Ihr Zweck wird nicht immer klar erfaßt, und die Einrichtung beruht offenbar auf verschiedenerlei Erwägungen. Zunächst, es handelt sich hier um die Zulassung von Anlagen, die am Sendebetrieb beteiligt sind, nicht um die Genehmigung bloßer Empfangsanlagen. Eine solche Zulassung gilt in erster Reihe der Funkstelle, der Anlage als dem Stützpunkt eines künftigen Betriebs. Sie besagt insoweit, daß die Errichtung einer privaten Verkehrsstelle dem zuständigen Staat telegraphenrechtlich genehm ist, mit der Folge, daß die Zulassung negativ als Erlaubnis Befreiung von einem sonst bestehenden Verbot, oder auch positiv als Verleihung Beteiligung an einem staatlichen Dienst gewährt, und es ist in Z. 1 näher ausgeführt worden, daß eine solche Genehmheißung ihrerseits dazu dienen muß, vielleicht eigens deswegen gefordert wird, um mit der Zulassung auch die staatliche Zugehörigkeit zum zulassenden Land zu begründen. Daneben aber mag die Zulassung der Anlage sich auf das Gerät als solches beziehen; denn nur sachgemäßes Gerät verbürgt die Sicherheit der Fahrt, der die Einrichtung dienen soll, und bewahrt vor einer Störung des sonstigen Funkverkehrs[44]. Die Rücksicht auf das Gerät aber, um damit zu beginnen, veranlaßt, die Prüfung dem Heimatstaat des Schiffs zuzuweisen, wie die Ausrüstung des Schiffs auch sonst dessen Aufsicht in erster Reihe unterstellt ist (oben Bd. 3 I 103ff). Die gleiche Lösung erweist sich aber auch wünschenswert, um der Einrichtung der Funkstelle selbst eine bleibende Grundlage zu schaffen, und sie ist unentbehrlich für Fahrten auf hoher See. Dementsprechend hat sie die britische Wireless Telegraphy Act von 1904[45] aufgenommen, und sie ist wie in anderen Ländern[46] auch in Deutschland rechtens, zuerst nach der Novelle zum Telegraphengesetz von 1908, jetzt nach § 4 des Fernmeldegesetzes von 1928. Insbesondere aber ist das auch die Lösung des Weltfunkvertrags[47]. Ist diese Befugnis des Heimatstaats, eine Anlage zuzulassen, aber als

---

[44] Sogar die *„licence"* des Weltfunkvertrags will eine solche Genehmigung des Geräts mit einbeziehen. Vgl. etwa Documents de la Conférence radiotélégraphique de Washington 1927 2, 249f.

[45] 4 Edw. 7 c. 24 s. 1, 3.

[46] Angaben bei Neugebauer 151.

[47] Die Verträge von 1906 und 1912 hatten dies in Art. 1 ausdrücklich bestimmt. Daß die gleiche Zuweisung auch der Fassung von 1927 zugrunde liegt, zeigt beispielsweise Art. 15 § 1 („Heimathafen") oder Art. 20 § 2 („Staatsangehörigkeit" einer Bordfunkstelle) der Vollzugsordnung.

ausschließliche Zuständigkeit gemeint? Wenn die Anlage im Heimatstaat eingebaut worden ist, zweifellos. Landesrechte gestatten allenfalls, von fremden Schiffen die Vorweisung der Genehmigung zu verlangen[48], und die Rechtslage ist nach dieser Richtung insbesondere auch von dem Weltfunkvertrag ausgestaltet worden. Der Uferstaat kann Vorlegung der Urkunde fordern; wird sie nicht vorgelegt oder werden offenkundige Unregelmäßigkeiten festgestellt, so kann eine Nachprüfung der Einrichtung erfolgen[49]. Für den Fall allerdings, daß die Anlage auf einem fremden Schiff im Uferstaat eingebaut wird, schreiben einige Landesrechte Einholung einer örtlichen Genehmigung vor[50]. Das mag etwa für bloße Empfangsanlagen wirksam werden, die von dem Weltfunkvertrag nicht berührt werden. Eine Lizenz im Sinn des Vertrags kann eine derartige Bewilligung nicht sein. Sie begründet keine staatliche Zugehörigkeit der Funkstelle, befreit nicht von der Notwendigkeit, wenn die Funkstelle an dem internationalen Verkehr teilnehmen will, die Zulassung des Heimatstaats einzuholen, wäre als Forderung einer Lizenz für Angelegenheiten des Vertrags[51] unzulässig.

Neben der Anlage bedarf nach Landesrecht manchmal auch der Funker besonderer Zulassung. Eine innere Angelegenheit des Fahrzeugs, kommt ihre Erteilung wiederum dem Staat zu, dem das Schiff angehört, und es ist das auch die Lösung, die der Weltfunkvertrag ausdrücklich vorsieht[52].

Die wesentlichen Schwierigkeiten indessen, welche die Begrenzung der Zuständigkeiten gegenüber Funkstellen der Seeschiffe bietet, gehören der Regelung ihres Betriebs an. Bei ortsfesten Telegraphenanlagen hatten schon ältere Telegraphenordnungen manchmal eine Zulassung (Erlaubnis, Verleihung) sowohl für die Anlage, als auch für den Betrieb gefordert. Das britische Gesetz von 1904 hat das für die drahtlose Telegraphie aufgenommen, es auch auf Seeschiffe angewendet. Eben das ist wie in anderen Ländern für Deutschland rechtens[53]. Und es ist

---

[48] Belgien 1920 (oben Anm. 42) Art. 65.

[49] Vollzugsordnung Art. 15 §§ 2, 3. Hienach auch Mitteilung des Uferstaats über die Nachprüfung und nötigenfalls Beschwerde an den Heimatstaat.

[50] So Schweden Gesetz 16. V. 1924 § 2. Nach Neugebauer 160 auch deutscher Rechtszustand. Jedoch beschränkt § 5 des Fernmeldegesetzes die Zuständigkeit des Reichs gegenüber fremden Schiffen auf Anordnungen über den „Betrieb".

[51] Die weitergreifende grundsätzliche Beschränkung, die Art. 15 § 4 der Vollzugsordnung aufstellt, gilt nur für Funkstellen, die eine Lizenz des Heimatstaats bereits besitzen.

[52] Vollzugsordnung Art. 7. Vgl. auch Art. 20 § 2: der Heimatstaat bestimmt die notwendige Zahl der Funker und ihre Dienstdauer. Über die Verwendung anderwärts zugelassener Funker in Notfällen unten Z. 9.

[53] Fernmeldegesetz § 4: „Auf deutschen Fahrzeugen für Seefahrt, Binnenschiffahrt oder Luftfahrt dürfen Fernmeldeanlagen, welche nicht ausschließlich zum Verkehr innerhalb des Fahrzeugs bestimmt sind, nicht ohne Verleihung (§ 2)

insbesondere, schon in der ersten Fassung[54], die Lösung des Weltfunkvertrags geworden.

Das bedeutete eine scharf wirksame Verlagerung des Schwerpunkts zu Lasten des Uferstaats, in dessen Gewässern sich das fremde Schiff befindet. Mit dem Erfordernis einer Zulassung regelt der Heimatstaat die Möglichkeit, im Weg der Zulassungsbedingungen Einfluß auf den Betrieb in fremden Gewässern zu nehmen[55]. Es werden Rechtssätze anwendbar, die positive Vorschrift mit der Zulassung in Verbindung bringt (der Weltfunkvertrag macht davon mehrfach Gebrauch: der Staat, der die Lizenz verliehen hat, verpflichtet zur Wahrung des Funkgeheimnisses[56], er ordnet die Dienstzeit der Funkstelle[57], hat den Gebührentarif zu genehmigen[58], an ihn sind die Meldungen über Verstöße zu richten[59]). Und es wird mit der staatlichen Einordnung, welche die Zulassung bewirkt, die Gesamtheit der Rechtssätze wirksam, die von einem Staat für den Betrieb aufgestellt sind, wenn nicht besondere Gegengründe ihrer Geltung in fremden Gewässern entgegenstehen. Die Bestimmungen des Weltfunkvertrags selbst, die die beteiligten Staaten für ihre Schiffe verbindlich erklären, z. B. die Bindung an den Meridian von Greenwich bei Zeitangaben. Aber auch für die Landesrechte der Vertragsstaaten wirkt diese staatliche Einordnung in gleicher Weise.

Eine solche Regelung ist unentbehrlich für die Fahrt des heimischen Schiffs auf der staatenlosen hohen See[60]. In fremden Gewässern stößt sie auf das Interesse des Uferstaats, seinerseits die ihm gut scheinenden Bestimmungen vorzusehen.

---

errichtet werden." § 2: „Die Befugnis zur Errichtung und zum Betrieb einzelner Fernmeldeanlagen kann verliehen werden."

54 Ausführungsbestimmungen Art. VI.

55 Und das mag wieder zu einer Aufsicht über deren Einhaltung führen, wie nach § 6 des deutschen Gesetzes.

56 Näheres unten Z. 7.

57 Vollzugsordnung Art. 12.

58 So ausdrücklich Art. 10 des Weltfunkvertrags 1912. Der wesentliche Inhalt jenes Artikels, doch ohne die hier einschlagende Bestimmung, ist seither in Art. 64 der Vollzugsordnung zum Welttelegraphenvertrag übergegangen, und das hat vermutlich veranlaßt, daß der Weltfunkvertrag 1927 den Gegenstand überhaupt nicht mehr behandelt. Daß solche Genehmigung auch heute dem Staat des Schiffes zukommt, folgt schon aus der sogleich zu behandelnden grundsätzlichen Unterstellung unter dessen Recht.

59 Vollzugsordnung Art. 12.

60 Immerhin hatte das britische Gesetz von 1904 eine solche Ausdehnung zunächst noch besonderer königlicher Verordnung vorbehalten; sie ist unter dem 29. II. 1908 (C h i t t y [6] 14, 585) ergangen. Auch in Deutschland war man unsicher, ob das Telegraphengesetz von selbst für deutsche Schiffe auf See gelte. Den Zweifel zu beheben, war einer der Zwecke der Novelle von 1908 gewesen; vgl. die Begründung Verhandlungen des Reichstags 244 Nr. 560 S. 6 f.

Die einzelnen Landesrechte sind hier verschieden. Das britische Gesetz hat die Geltung heimischer Vorschriften nur für die hohe See vorgeschrieben. Schwedisches Recht folgt den schwedischen Schiffen in fremde Gewässer, aber nicht mehr, wenn sie dort vor Anker liegen[61]. Mancherlei Landesrechte, mit ihnen § 4 des deutschen Gesetzes, stellen ihre Vorschriften für heimische Seeschiffe schlechthin auf und lassen damit zweifelhaft, für welche Gewässer dies gelten soll[62]. Muß man solche Gesetze buchstäblich nehmen, so bedeutet das Verbindlichkeit ihrer Vorschriften über den Betrieb auch während der Fahrt durch fremde Küstengewässer, auch während des Aufenthalts in fremden Häfen — die Kosten eines Widerspruchs trägt der Reeder. Vielleicht indessen kann man einem solchen sinnwidrigen Ergebnis durch die Auslegung vorbeugen, daß Vorschriften des Heimatstaats nach dessen eigenem Willen vor einer abweichenden Regelung des Uferstaats da zurücktreten wollen, wo er als Uferstaat gegenüber fremden Schiffen den Vorrang für seine Vorschriften fordert[63].

Jedenfalls beanspruchen zahlreiche Landesgesetze eine Zuständigkeit über den Funkbetrieb fremder Seeschiffe[64]. Zuweilen, unter bestimmten Voraussetzungen, wird in ihnen ein völliges Verbot der Benützung ausgesprochen, regelmäßig sind für die Benützung sachliche Beschränkungen aufgestellt, Großbritannien, Deutschland fordern für Handelsschiffe im Hafen schriftliche Erlaubnis. Der Uferstaat ist nach Völkerrecht in der Lage, solche Vorschriften für Schiffe aufzustellen, die seine Küstengewässer durchfahren, wenn der Funkverkehr über das Schiff hinausreicht. Schiffe im Hafen sind seiner Regelung schlechthin unterstellt[65]. Die Regelung ergreift, wie schon oben S. 51 bemerkt, auch

[61] Gesetz 1924 §§ 3 und 10.

[62] Nach der Begründung der deutschen Novelle von 1908 S. 9 sollte das Gesetz anwendbar sein, „einerlei wo sich die Schiffe befinden“. Von A. Wolcke, Telegraphenrecht (1911) 1, 100 ist das ohne weiters auf einen Aufenthalt in fremden Gewässern bezogen worden. Ebenso für das jetzt geltende Recht Neugebauer 151 f.

[63] Bei Zulassung deutscher Bordfunkstellen wird in Z. 21 der Verleihungsbedingungen (Neugebauer 938) sogar zur Auflage gemacht: „Bei einem Aufenthalt in den Hoheitsgewässern fremder Staaten sind die daselbst giltigen Bestimmungen über den Funkdienst zu befolgen.“

[64] So Großbritannien, Bestimmungen des Generalpostmeisters 20. VI. 1908 Chitty[6] 14, 586, auf grund der s. 3 des Gesetzes von 1904 erlassen. Deutschland, Bekanntmachung des Reichskanzlers 12. XII. 1909 RGBl. 977, auf grund der Novelle von 1908 erlassen, jetzt nach § 5 des Fernmeldegesetzes giltig. §§ 2, 9 des schwedischen Gesetzes 1924. Italien, Verordnung 10. VII. 1924 Art. 14 Le Leggi 1623. Die besonders eingehende französische Verordnung 1925 oben Anm. 40. Ungarn, Verordnung 5. IV. 1927, Archiv für Funkrecht 1, 547.

[65] Wenn dennoch auch solchenfalls der Funkverkehr innerhalb des Schiffs nach deutschem Recht freibleibt, so geschieht das nicht (so Neugebauer 160), weil ein solcher Verkehr „als ausschließlich im fremden Heimatstaat sich abspielend

Kriegsschiffe des Auslands[66]; nur daß ihre Eigenschaft, Staatsgebiet zu sein, und die Exterritorialität der Besatzung zu Besonderheiten der Rechtslage zu führen.

Der Weltfunkverkehr hat in diese Rechtslage eingegriffen, soweit es sich um den internationalen Dienst handelt, ohne doch völlige Klarheit zu schaffen. Nach der jetzt geltenden Fassung[67] kann auch die Betriebslizenz nur vom Heimatstaat des Schiffs ausgehen, mit allen daran geknüpften Folgen, wie sie oben ausgeführt wurden. Zu einem Teil sind Schwierigkeiten beseitigt durch die übereinstimmende Regelung, die der Vertrag für alle Teilnehmerstaaten bringt. Keinesfalls soll der Uferstaat strengere Anforderungen stellen dürfen, als sie die Vereinbarung selbst vorsieht, in diesen Grenzen aber *„les conditions techniques et d'exploitation"* selbst regeln dürfen. Die oben erwähnten Betriebsbeschränkungen, die der Uferstaat nach manchen Rechten dem Schiff vorschreibt, werden damit wohl gedeckt sein[68]. Vielleicht auch die besondere Betriebserlaubnis, die Deutschland und England für Schiffe im Hafen fordern. Sie will nicht der Funkstelle einen allgemeinen Status geben, sondern nur die Benutzung der Anlage unter besonderen örtlichen Verhältnissen regeln[69]. Dazu treten dann noch einige Sondervorbehalte, die der Vertrag zugunsten des Uferstaats macht[70], Zuständigkeit, die ihm der Vertrag zum Schutz des menschlichen Lebens auf See zuweist, die Befugnis für entfernter liegende Gebiete, bei Zeitangaben die Benutzung der Ortszeit zu gestatten. Und jedenfalls steht der Vertrag nicht entgegen, wenn der Uferstaat Zulassung zu Sonderleistungen wie dem Rundfunk verlangt; es ist Sache zweckmäßiger Gestaltung seines innerstaatlichen Rechts, zu entscheiden, ob solche Genehmigung schon von vorübergehend anwesenden Schiffen gefordert werden will.

---

zu gelten hat", sondern weil er nach dem zuständigen deutschen Recht sachlich (in entsprechender Anwendung des § 4) Beschränkungen nicht unterstellt ist.

[66] Über die Verschiedenheit der Rechtslage bei Kriegsschiffen und bei anderen Staatsschiffen des Auslands oben Bd. 3 I 169 ff.

[67] Vollzugsordnung Art. 2 und Art. 15 § 4. Der Vertrag von 1912 Ausführungsbestimmungen Art. IX hatte den Uferstaat an die heimatliche Lizenz für die Anlage gebunden, den Betrieb seiner Regelung freigelassen.

[68] Wäre es freilich richtig, wie Neugebauer 160 annimmt, daß es sich bei den deutschen Vorschriften für fremde Schiffe um „Verleihung" handle, so könnten sie gegenüber der heimatlichen Lizenz im Rahmen des Vertrags nicht mehr bestehen. Aber nichts nötigt zu solcher Auffassung. Und man kann auch nicht etwa darauf verweisen, daß die positive Verleihung (vgl. oben Z. 1) ein aliud sei gegenüber der negativen Lizenz des Weltfunkvertrags. Die eine soll offenbar die Aufgabe der andern erfüllen.

[69] Man mag auch darauf verweisen, daß die englischen Quellen diese Erlaubnis nicht als *licence,* sondern als *permission* bezeichnen. Aber freilich, wie oben Anm. 44 bemerkt, die Lizenz des Vertrags will sich in der Gewährung eines Status nicht erschöpfen. Die Unklarheit des Begriffs, mit dem der Vertrag arbeitet, führt immer wieder zu Schwierigkeiten.

[70] Vollzugsordnung Art. 15 § 4, Art. 25 § 2.

Fortsetzung. Andere bewegliche Funkstellen.

6. Auch bei der Binnenschiffahrt[71] muß zwischen der Anlage und deren Gebrauch unterschieden werden. Eine Verpflichtung, Funkgerät mitzuführen, mag hier im Weg der Konzessionsbedingung vorkommen, und sie verpflichtet die Fahrzeuge, die für ihren Schiffahrtsbetrieb einer Konzession von seiten des Inlands bedürfen (dazu oben Bd. 3 I, 223f); selbständige Rechtssätze dieses Inhalts sind mir nicht bekannt. Für eine Zulassung der Funkanlage gilt landesrechtlich, was in Ermangelung einer besondern Regelung auch sonst für Binnenschiffe rechtens ist (oben Bd. 3 I 203ff): Anforderungen an die Ausrüstung zu stellen, ist ein Staat nur zuständig, wenn das Fahrzeug in seinem Bereich einen Betriebsmittelpunkt besitzt. Ja, man wird darüber hinaus es als wünschenswert ansehen können, wenn im Weg der Verständigung nur ein Staat berufen wird, den Gegenstand mit Wirkung für alle zu regeln. Insoweit nähert sich die Lage des Binnenschiffs derjenigen des Seeschiffs. Um so nachdrücklicher unterscheiden sie sich für den Gebrauch der Anlage. Das Seeschiff muß auch auf der staatenlosen hohen See einer Regelung unterstellt bleiben, das Binnenschiff fährt ganz regelmäßig von einem Hoheitsgebiet in ein andres. Für Vorgänge, die nach außen wirken, tritt das Binnenschiff damit schon nach seiten des Schiffahrtsrechts unter die Ordnung des Staats, in dem es sich befindet, und eben das muß in Ermangelung abweichender Bestimmungen auch für die Ordnung des Funkbetriebs gelten. Eine ausdrückliche Regelung hat hier zuerst die deutsche Telegraphennovelle von 1908 gebracht, jetzt §§ 4, 5 des Fernmeldegesetzes, und sie ist von äußerster Unzweckmäßigkeit: die völlige Gleichstellung des Binnenschiffs mit dem Seeschiff[72]. Somit, nicht nur die Anlage, sondern auch der Betrieb der Anlage bedarf für deutsche Schiffe einer Verleihung von seiten des Reichs, und es können an die Verleihung Bedingungen über den Betrieb geknüpft werden, die schlechthin verbinden; auf der andern Seite aber die sachentsprechende Regelung, daß auch fremde Binnenschiffe inländischen Vorschriften über den Betrieb unterworfen sind[73] — will man den Schiffahrtsunternehmer

[71] Über die Abgrenzung der für die Seeschiffahrt und für die Binnenschiffahrt maßgebenden Rechtssätze oben Bd. 3 I 186ff.

[72] Dazu die Begründung der Novelle S. 10: es bedürfe einer Erstreckung des Gesetzes auf deutsche Binnenschiffe außer Landes, denn „es könnte auch hier das Regal in Zweifel gezogen werden, wenn die deutschen Fahrzeuge — wie z. B. bei der Bodensee-, Rhein- und Elbschiffahrt — ihre Fahrten nach fremden Hoheitsgewässern ausdehnen. Die deutschen Binnenfahrzeuge müssen aber gleich den Seefahrzeugen innerhalb und außerhalb der deutschen Gewässer dem Telegraphenregal unterliegen." Und doch ist es völlig ausgeschlossen, daß das Telegraphenregal, also die Geltendmachung staatlicher Ausschließlichkeitsrechte, in fremdem Staatsgebiet sollte wirksam sein können.

[73] Niederländische Rheinschiffe, die eine Rundfunkgenehmigung ihres Heimat-

nicht unleidlichen Konflikten aussetzen, so wird man von der oben angestellten Überlegung nachdrücklichen Gebrauch machen müssen, daß inländische Vorschriften im Zweifel auf eine Auslandsgeltung verzichten, insoweit das Inlandsrecht für ausländische Fahrzeuge Geltung beansprucht.

Seither hat die Tschechoslowakei in § 3 ihres Telegraphengesetzes vom 23. März 1923, Österreich in § 5 des Telegraphengesetzes vom 18. Juli 1924 die deutsche Regelung im wesentlichen übernommen[74]. Insbesondere aber hat neuestens der Weltfunkvertrag hier eingegriffen. Die Fassung von 1927 gibt ihre Vorschriften für die Gesamtheit der beweglichen Funkstellen, zu denen unzweifelhaft auch Anlagen der Binnenschiffe gehören. Auch hier gilt nunmehr der Satz, daß es für Anlage und Betrieb einer Lizenz bedarf[75], die ein Staat mit Wirkung für alle Vertragsstaaten zu gewähren hat — *le gouvernement du pays dont relève la station en question*, sagt dunkel Art. 2 der Vollzugsordnung[76]. Das kann auch hier nicht bedeuten, daß der Vertrag die Zugehörigkeit der Funkstelle einer Bestimmung durch die Landesrechte überlassen wollte. Denn solche Verweisung könnte zu doppelter und mangelnder Zuständigkeit führen, mit der Folge, daß ein Telegramm, das die Funkstelle sendet, vielleicht zwei oder auch gar keinen Absendestaat hätte, auf den die Bestimmungen der Verträge über den Absendestaat anzuwenden wären. So muß sich mit der Wendung also ein eindeutig bestimmter Sinn auch bei Binnenschiffen verbinden lassen. Und da eine Anknüpfung an den Aufenthaltsort des Schiffs, an den Ort, an dem ein Teilbetrieb der Schiffahrt seinen Mittelpunkt hat, zu einer Mehrheit von Staaten führen kann, wird man (wie nach deutschem Recht) die Verbindung des Schiffs mit einer festen Rechtsordnung an dem Ort, an dem das Fahrzeug in das Binnenschiffsregister eingetragen ist, hilfsweise an dem Ort seines Heimathafens suchen müssen[77]. Die Bedenken freilich, die der Lösung des deutschen Rechts entgegenstehen, kehren hier verstärkt wieder. Denn wenn nach deutschem Recht die Eintragung regelmäßig wenigstens da erfolgt, wo das Schiff den Mittelpunkt seiner Tätigkeit hat (vgl. dazu oben Bd. 3 I 196 ff), macht sich in anderen Ländern die

staats haben, sind bei Fahrten im deutschen Gebiet von der Einholung einer deutschen Genehmigung befreit; Neugebauer 157.

[74] Auch Österreich fordert Zulassung für Anlage und Betrieb der Funkstellen seiner Schiffe. Das tschechoslowakische Gesetz ist vielleicht einer beschränkteren Auslegung fähig.

[75] Die Verkoppelung der beiderlei Zulassungen ist auch hier der letzte Grund der Übel.

[76] Die Wendung stammt aus den früheren Fassungen, die sich lediglich auf Funkstellen der Seeschiffe bezogen, und bedeutete dort einfach den Staat der Flagge, s. oben Z. 5.

[77] Ohne daß auch damit eine völlige Gewähr gegen Häufung der Anknüpfungen geboten wäre.

Strömung geltend, die Eintragung in den Heimatstaat des Eigentümers zu verlegen, ohne Rücksicht auf das Gebiet, in dem der Betrieb erfolgt — eine für die Funkzulassung schwer erträgliche Rechtslage. Auf der andern Seite gibt der Vertrag eine Normierung von seiten des Aufenthaltsstaats, bei der es sich nicht um die Lizenz für Gerät und Betrieb handelt, in dem Ausmaß frei, in dem er Vorschriften für den Funkverkehr fremder Seeschiffe zuläßt[78].

Im Luftverkehr[79] wird eine Pflicht zur Mitführung von Funkgerät zunächst im Pariser Luftfahrtabkommen von 1919 begründet, ohne jedoch zu der Frage, ob als Verpflichtung gegenüber dem Heimatstaat oder dem Aufenthaltsstaat, Stellung zu nehmen[80]. Die wenigen Landesgesetze, die solches vorsehen, scheinen ihre Zuständigkeit überwiegend für in- und ausländische Fahrzeuge zu beanspruchen[81], und jedenfalls trifft das für eine Anzahl neuerer Abkommen zu, die dem Bodenstaat vorbehalten, die Verpflichtung auch Fahrzeugen des andern Teils auferlegen[82].

Die Verhältnisse der Luftschiffahrt ähneln denen der Seefahrt, insofern hier und dort die Reise durch staatenloses Gebiet führen kann, und das hat auch für die Luftfahrt zur Folge, daß die Gesamtheit der funkrechtlichen Ordnung so lange unter dem heimatlichen Recht des heimatlichen Fahrzeugs verbleibt. Aber freilich Fahrten durch staatenloses Gebiet sind für das Luftfahrzeug, seitdem der Raum über dem Bodenstaat dessen Hoheit unterworfen wurde, sehr viel weniger wesentlich als für das Seeschiff, und es drängen eine Reihe von Erwägungen dazu, den Funkverkehr des Luftfahrzeugs in viel weiterem Ausmaße der Herrschaft des Bodenstaats zu unterwerfen als den Funkverkehr fremder

---

[78] Warum aber der Vertrag entfernteren Ländern nicht die Benützung der Ortszeit bei Zeitangaben ebenso freigegeben hat wie für Seeschiffe (oben S. 58), da doch für Binnenschiffe in aller Regel von vornherein nur ein Lokalverkehr in Betracht kommt?

[79] An luftrechtlichen Quellen sind für das folgende die oben Bd. 3 I 234[1] genannten Landesrechte und Verträge benützt. Dazu seither die Verordnungen von Chile 17. X. 1925 und Estland 20. V. 1926, Nachrichten für Luftfahrer 1926, 109 461; von Portugal und Spanien 27. IV. und 12. VIII. 1927 ebenda 1927, 321 669 — die Verträge Deutschlands mit Frankreich und Belgien 1926, mit der Tschechoslowakei, Italien, Großbritannien, Spanien 1927, mit Norwegen 1929 RGBl. 1926 II 741, 747; 1927 II 434, 940, 948; 1928 II 304; 1929 II 395 und das deutsch-niederländische Zusatzprotokoll 1928 ebenda 393 — die Verträge zwischen Österreich-Ungarn 1924, Niederlande-Norwegen, Schweden-Polen, Niederlande-Polen 1925, Nachrichten für Luftfahrer 1926 S. 361, 293, 485, 49; Niederlande-Dänemark und das lateinamerikanische Abkommen 1926, ebenda 1928, 358 482.

[80] Dasselbe gilt auch für das lateinamerikanische Abkommen[14].

[81] So wohl Belgien[32], Frankreich[34], Chile[24]. Ob auch die Schweiz[13], ist mir zweifelhaft.

[82] So die Verträge Deutschlands mit Frankreich[6], Belgien[6], der Tschechoslowakei[8], Italien[6], Spanien[8], Großbritannien[6], Norwegen[8]. Art. 15 der nordischen Verträge.

Seeschiffe in inländischen Gewässern: die gesteigerte Möglichkeit einer Störung des örtlichen Funkbetriebs, die Verwendung des Geräts, um die Ergebnisse unbefugter Auskundung in das Ausland gelangen zu lassen, seine Verwendung zu einem unbeaufsichtigten Nachrichtenaustausch mit Personen des Bodenstaats selbst. Im Zusammenhang mit dieser veränderten Tatsachenlage steht auch, daß neben einer Einwirkung auf die Errichtung und auf die Benützung der Funkstelle ein weiterer Vorgang besonderer Regelung unterstellt wird, der bei Schiffen rechtlich unerheblich ist, nämlich die Mitführung einer (wenn auch rechtmäßig errichteten) Funkanlage.

Mit der Errichtung einer Anlage auf Luftfahrzeugen befassen sich vorwiegend telegraphenrechtliche Quellen. Die Gesetze der Tschechoslowakei, Österreichs[83], neuestens auch § 4 des deutschen Fernmeldegesetzes, fordern demgemäß eine Zulassung der Anlage für Fahrzeuge inländischer Staatsangehörigkeit; aber auch die Luftverkehrsordnung der Schweiz dürfte in diesem Sinn auszulegen sein[84]. Dabei aber verlangen die Tschechoslowakei und Österreich die gleiche Zulassung auch für die Funkstellen fremder Luftfahrzeuge, wenn nicht Staatsverträge entgegenstehen[85]. Nun besteht freilich das Bedürfnis, daß die Anlage einheitlichen Normen unterworfen bleibt, aus technischen Gründen, aus Gründen der Verkehrserleichterung. Und so hat der Weltvertrag in seiner jüngsten Fassung die Ordnung des Seerechts auch auf den Luftverkehr übertragen, die Anlage bedarf einer Lizenz des Staats, in dem das Fahrzeug eingetragen ist, und nur dieser; andere Staaten können nur Vorweisung der Urkunde verlangen und bei offenkundigen Unregelmäßigkeiten die Anlage nachprüfen. — Ergänzend wird alsdann auch bei der Luftfahrt ein besonderer Befähigungsnachweis für das Funkpersonal gefordert. Nach dem Vorgang des Pariser Luftfahrtabkommens wird dessen Ausstellung in zahlreichen Verträgen, zuweilen auch in Landesgesetzen, übereinstimmend dem Heimatstaat des Fahrzeugs überwiesen[86], und es hat diese Regelung jetzt auch der Weltfunkvertrag[87] aufgenommen.

Vorschriften über Mitführung des Funkgeräts finden sich nur in luftrechtlichen Quellen, hier in großer Anzahl. Doch enthalten sie Un-

[83] Tschechoslowakisches Gesetz 23. III. 1923 § 3. Österreichisches Gesetz 18. VII. 1924 § 5. Vgl. auch die ungarische Verordnung 5. IV. 1927.

[84] Schwerlich Art. 34 des französischen Luftverkehrsgesetzes, das den Gegenstand unter dem Gesichtspunkt der *police de circulation* behandelt, also wohl räumlich gilt.

[85] Daß das nicht auch der Standpunkt des deutschen Gesetzes ist, oben Anm. 50 und 68. Für das französische Recht Anm. 84.

[86] Wenn in einigen Abkommen von dem Heimatstaat des Funkers gesprochen wird (so die Verträge Deutschlands mit Frankreich, Belgien, der Tschechoslowakei, Italien, Spanien, Norwegen), so ist das wohl nur eine Ungenauigkeit der Fassung. Jedenfalls wäre eine solche Regelung mit dem Weltfunkvertrag nicht mehr vereinbar.

[87] Vollzugsordnung Art. 7.

klarheiten. Das vorbildlich gewordene Pariser Abkommen von 1919 betrachtet die Erlaubnis zur Mitführung offenbar als gleichbedeutend mit einer Erlaubnis zur Einrichtung der Funkanlage und verlangt demgemäß in Art. 14 unter wörtlicher Übernahme der Bestimmungen des Weltfunkvertrags eine „Lizenz“ des Heimatstaats für die Mitführung. Das lateinamerikanische und zahlreiche Einzelabkommen[88], auch landesrechtliche Vorschriften[89] sind ihm darin gefolgt. Die genannten Staatsverträge, unter den landesrechtlichen Bestimmungen die italienische Verordnung, betrachten eine solche Zuständigkeit des Heimatstaats als ausschließlich. Aber freilich, wenn die Benützung des Funkgeräts, wie gleich zu zeigen, unter örtliches Recht tritt, dann liegt es nahe, dessen Herrschaft dadurch zu sichern, daß schon die Mitführung der Anlage unter örtliche Aufsicht gestellt wird, die Mitführung ohne Rücksicht darauf, ob die Anlage selbst anderwärts genehmigungspflichtig ist und die Genehmigung erhalten hat. In diesem Sinn wird eine Zulassung des Geräts auch auf fremden Fahrzeugen öfter landesrechtlich gefordert[90], und eine Reihe von Abkommen verlangen für die Mitführung des Geräts zugleich eine Erlaubnis des Heimatstaats und des beflogenen Staats[91]. Der Weltfunkvertrag neuester Fassung läßt für die Forderung einer solchen Erlaubnis zur Mitführung keinen Raum mehr.

Auch für die Benützung des Funkgeräts verlangen telegraphenrechtliche[92] und luftrechtliche Quellen[93] eine Zulassung von seiten des Heimatstaats; das bestimmt jetzt auch § 4 des deutschen Fernmeldegesetzes. Auf der andern Seite aber wird eine solche Zulassung auch von seiten des Bodenstaats in Anspruch genommen[94], mit der Möglichkeit, an die Zulassung Bedingungen zu knüpfen, und es wird eine materiellrechtliche Ordnung für die Flugzeuge im Gebiet insbesondere auch

---

[88] Verträge der Schweiz mit Großbritannien[7], Frankreich[7], Belgien[8]. Verträge der nordischen Staaten unter sich[15] und mit Großbritannien[6]. Belgien-Niederlande[5]. Argentinien-Uruguay[8]. Vgl. insbesondere auch die Verträge unten Anm. 91 und 97.

[89] Italien[14]. Schweden[29] und Verordnung 8. XII. 1922[34], Norwegen[30] und Verordnung 1924, vgl. auch Dänemark[29, 41].

[90] Schweden[29], Dänemark[29], Norwegen[30], soweit nicht Staatsverträge abweichendes verlangen. Der Sache nach wohl auch Belgien[44], Chile[23], Estland[5], Portugal[10].

[91] Verträge Deutschlands mit Dänemark[6], den Niederlanden[8], Frankreich[6], Belgien[6], Tschechoslowakei[8], Italien[6]. Dänemarks mit Belgien[7] und Polen[7]. Schweden-Polen[7]. Eine Erlaubnis des beflogenen Staats allein dürfte hier auch vor dessen Behörden nicht genügen.

[92] Tschechoslowakei[3], Österreich[5].

[93] Schweden[29], Dänemark[29], Norwegen[30]. Noch weiter erstreckt die Zuständigkeit des Heimatstaats der Vertrag Argentinien-Uruguay[8]; doch können hier wenigstens keine Konflikte entstehen, weil die Zuständigkeit des beflogenen Staats insoweit wegfällt.

[94] So im österreichischen Telegraphengesetz. Unter den luftrechtlichen Vorschriften in der span. Verordnung 17. IV. 1920[5], den angeführten Bestimmungen von Schweden, Dänemark, Norwegen.

im neuen deutschen Recht § 5 beansprucht[95]. Unter den Verträgen hat man sich vielfach begnügt, das örtliche Interesse durch die Bestimmung zu wahren, daß die Mitführung des Funkgeräts auch an die Zustimmung des beflogenen Staats geknüpft sei[96]. In den letzten Jahren aber hat sich, anscheinend unter Führung der Niederlande, ein neuer Vertragstyp von augenscheinlicher Billigkeit durchgesetzt: für die Mitführung des Funkgeräts bedarf es einer Erlaubnis des Heimatstaats, für die Benützung sind die Bestimmungen des beflogenen Staats maßgebend[97]. Wo solcher Ausgleich nicht besteht, droht auch hier die Gefahr, daß Heimatstaat und Bodenstaat widersprechende Anordnungen treffen; soweit nicht wiederum — die Lösung könnte für verschiedene Staaten verschieden lauten — bei Anordnungen des Heimatstaats die beschränkende Auslegung möglich ist, sie sollen nicht gelten, soweit dieser Staat über den Funkverkehr fremder Fahrzeuge räumliche Zuständigkeit beansprucht. Indessen sind solche Schwierigkeiten jetzt zum größten Teil gegenstandslos geworden, seitdem die neueste Fassung des Weltfunkvertrags auch den Funkverkehr der Luftfahrzeuge in ihre Regelung einbezieht. Auch hier ist die Ausstellung der Betriebslizenz dem Heimatstaat des Fahrzeugs übertragen, zusamt den Regelungen, die der Vertrag unmittelbar und mittelbar dem Staat zuweist, der die Lizenz gewährt hat; eine keineswegs unbedenkliche Regelung, die den Bodenstaat als den nächstbeteiligten Staat in weitem Ausmaß ausschaltet, und sie wird noch verschärft durch die auch bei der Luftfahrt auftretenden Bestrebungen, als Heimatstaat den Staat zu bestimmen, dem der Eigentümer des Fahrzeugs angehört, ohne Rücksicht auf das Land, in dem der Betrieb erfolgt (vgl. dazu oben Bd. 3 I 237ff). Dem Bodenstaat bleibt die Möglichkeit örtlicher Einwirkung auch hier nur in dem Ausmaß offen, in dem eine solche Regelung gegenüber fremden Seeschiffen statthaft ist.

Im Zeitalter der Zugtelephonie mag es sich in naher Zukunft verwirklichen, daß durchlaufende Eisenbahnwagen auf ihrer Fahrt durch mehrere Länder am Sprechverkehr teilnehmen. Automobile, die mit Funkgerät ausgestattet sind, mögen in die Lage kommen, die Grenze zu überschreiten. Hier überall ist unzweifelhaft der Aufenthaltsort des Fahrzeugs befugt, die Gesamtheit der Rechtsbeziehungen zu ordnen, die aus der Einrichtung, der Mitführung, der Benutzung des

[95] Vgl. ferner Spanien 1927[2], Ungarn 1927[3].

[96] Dazu auch Neugebauer 158. — Mitführung und Benützung in den Verträgen Deutschlands mit Österreich[9], Großbritannien[6]. Vgl. auch schon Österreich-Ungarn 1924[10].

[97] So die Verträge der Niederlande mit Frankreich[5] (2. VII. 1923), Großbritannien[6], Norwegen[8], Polen[8], Dänemark[8], Deutschland gegenüber durch das Zusatzprotokoll 1928 in diesem Sinn eigens abgeändert. Deutschland-Spanien 1927[8], Deutschland-Norwegen[8].

Geräts sich ergeben[98]. Aber freilich mit gefährlichen Verallgemeinerungen hat der Weltfunkvertrag auch in dies werdende Recht eingegriffen. Nach der kategorischen Erklärung in Art. 1 der Vollzugsordnung ist deren Vorschriften *une station mobile quelconque* unterworfen: das wird alsdann auch für die Regelung der Lizenzen gelten müssen, die die Vollzugsordnung trifft, und man wird diese Regelung nicht wohl anders verstehen können, als daß auch Funkstellen der Eisenbahnwagen und Automobile ein Ursprungsland haben müssen, nur ein Ursprungsland haben können, und daß dem Aufenthaltsstaat eine Einwirkung nur in dem Umfang zusteht, in dem der Uferstaat die Funkstellen fremder Seeschiffe seinen Vorschriften unterwerfen kann[99]. Nun haben freilich Eisenbahnwagen und Automobile noch niemals eine „Staatsangehörigkeit" besessen wie etwa Seeschiffe, an die man bei Verleihung der Lizenz anknüpfen könnte, und man wird, wenn wirklich der Vertrag in dem erwähnten Sinn verstanden werden muß, bei Eisenbahnwagen auf den Sitz der Verwaltung sehen müssen, der der Wagen gehört, bei Automobilen auf den Staat, der dem Wagen den internationalen Fahrausweis gewährt hat.

Der Nachrichtenverkehr.

7. Die Beziehungen zwischen Benützer und Telegraphenverwaltung stehen unter dem Recht des Staats, dessen Verwaltung die Nachricht befördert. Er bestimmt, ob diese Beziehungen von öffentlichrechtlicher oder privatrechtlicher Art sein sollen, regelt die Gewährung[100] und die Bedingungen der Benützung.

Die Rechtslage verwickelt sich, wenn bei der Übermittlung einer Nachricht die Telegraphenverwaltungen mehrerer Staaten zusammenarbeiten müssen. Der Absender freilich hat es nach der Ordnung, wie sie den Weltverträgen zugrunde liegt, auch hier lediglich mit der Aufgabeverwaltung zu tun; die Beziehungen, die durch die Weiterbeförderung der Nachricht zwischen dieser und den mitwirkenden Verwal-

[98] Vgl. für das deutsche Recht etwa Neugebauer 152.

[99] Man könnte versucht sein, jenen Art. 2 dahin auszulegen, daß eine Funkstelle jeweils im Zeitpunkt ihres Gebrauchs ein einheitliches Ursprungsland haben müsse, daß deren staatliche Zugehörigkeit aber mit dem Ort des Betriebs wechseln könne. Indessen wird eine solche Auffassung ebensowohl dadurch unmöglich gemacht, daß die Lizenz nicht bloß dem Betrieb, sondern auch der Errichtung der Anlage gilt, wie andrerseits damit, daß die Beschränkungen, die Art. 15 § 4 einer Regelung durch den Aufenthaltsort zieht, mangels einer Ausnahme auch hier zu recht bestehen.

[100] Als Art. 197 des Versailler Vertrags den drahtlosen Verkehr aus Deutschland beschränkte, haben amerikanische Berichterstatter Verkehrsfreiheit in Anspruch genommen, weil der Vertrag die Vereinigten Staaten nicht binde. Jedoch zu deutschem Landesrecht geworden, waren diese Beschränkungen für jedermann verpflichtend. Dazu Städler, Blätter für vergleichende Rechtswissenschaft 15, 287.

tungen entstehen, sind eine innere Angelegenheit, die den Absender nicht berührt[101]. Jedoch kann die Aufgabeverwaltung Weiterbeförderung und Zustellung nur so zusagen, wie sie ihr von den fremden Verwaltungen selbst gewährt werden. Und damit erlangt die Verteilung der Zuständigkeiten unter den Verwaltungen, erlangt das für deren Tätigkeit maßgebende Recht mittelbar Einfluß auch auf die Beziehungen zwischen Absender und Aufgabeverwaltung.

Im Verhältnis der an der Weitergabe einer Nachricht beteiligten Verwaltungen entfallen Zuständigkeitsfragen zu einem erheblichen Teil dadurch, daß der Welttelegraphenvertrag und der Weltfunkvertrag mit ihren Vollzugsordnungen übereinstimmendes Recht für alle angeschlossenen Staaten begründen. Manches ist jedoch auch hier dem Landesrecht, zum mindesten den örtlichen Dienstanweisungen zur Regelung verblieben[102]. Vorschriften über Absendung und über Zustellung nun müssen notwendig dem Recht der Verwaltung entnommen werden, die eine solche Tätigkeit durchführt[103]. Der Verkehr zwischen privaten Versuchsfunkstellen verschiedener Länder ist unzulässig, wenn eine der „beteiligten“ Verwaltungen sich dagegen erklärt[104]: das schafft Einspruchsrechte für Aussendestaat und Empfangsstaat, aber schwerlich für die Durchgangsländer. Andere Angelegenheiten berühren die sämtlichen an der Beförderung beteiligten Verwaltungen. Eine jede von ihnen vollzieht den Dienst nach ihren inneren Vorschriften, für eine jede von ihnen gelten die örtlichen Vorschriften über das Telegraphengeheimnis[105] und über die Statthaftigkeit seiner Durchbrechung. Das ört-

---

[101] Anhaltspunkt Art. 75 § 6 der Vollzugsordnung zum Welttelegraphenvertrag: *„L'expéditeur qui ne réside pas dans le pays où il a déposé son télégramme, peut faire présenter sa réclamation à l'Office d'origine par l'intermédiaire d'un autre Office.“* Im Übrigen kann auf die gleichartige Behandlung der Postsendungen (oben S. 2f) verwiesen werden. Ebenso (ohne Begründung) Wolcke, Telegraphenrecht 2, 89; Scholz bei Ehrenberg, Handbuch des Handelsrechts 5 II 774; Neugebauer 543, 546.

[102] Die Regelungen gehören hieher, soweit sie für einen Staatsbetrieb gelten oder von Staatswegen für einen Privatbetrieb aufgestellt sind. Dagegen nicht selbstgesetzte Vorschriften einer privaten Verwaltung.

[103] Vertrag des deutschösterreichischen Telegraphenvereins mit Belgien und Frankreich 1858 (Kletke, Staatsverträge Bayerns 1091), Instruktion Z. 16 für die Bestellung und das Verfahren bei unbestellbaren Depeschen. Vgl. auch Art. 11 § 1 der Vollzugsordnung zum Welttelegraphenvertrag, allerdings auf Brauch, nicht auf Recht bezüglich: die Urschrift des Telegramms muß in Schriftzeichen geschrieben sein, die im Aufgabeland üblich sind.

[104] Vollzugsordnung des Funkvertrags Art. 6.

[105] § 11 des deutschen Gesetzes verbietet die Mitteilung unbefugt aufgefangener Nachrichten und bestraft in § 18 eine Zuwiderhandlung. Wenn man mit Neugebauer 238 annehmen muß, daß dies Verbot nur inländische Sender schützt, so bedeutet das eine inhaltliche (fremdenrechtliche) Beschränkung der Vorschrift. Der Weltfunkvertrag freilich fordert die unterschiedslose Bestrafung solcher Handlungen, und wenn nach deutschem Recht (§ 15) vielleicht zugelassene

liche Recht bestimmt, ob der Telegraphenbeamte für eine Dienstpflichtverletzung in Person haftet. Die Telegrammgebühr setzt sich zusammen aus der Summe der Teilgebühren, die im Rahmen der vertragsmäßigen Bindungen für jede der beteiligten Verwaltungen festgesetzt sind[106]. Insbesondere bestimmt im Rahmen des vertragsmäßig zugelassenen jeder Staat über die Durchgangsfreiheit in seinem Gebiet. Das gilt für die Verkehrssperre nach Art. 8 des Welttelegraphenvertrags, und sie erfaßt (soweit nicht materiellrechtlich ausgeschlossen) auch die Drahtverbindungen, die ohne Einschaltung örtlicher Stationen das Inland durchziehen[107]. Es gilt vor allem für die Bestimmung des Art. 7, nach der die Beförderung eines Telegramms verhindert werden kann, das für die Sicherheit des Staats gefährlich erscheint oder gegen die Landesgesetze, die öffentliche Ordnung oder gegen die guten Sitten verstößt[108].

Art. 6 läßt Privattelegramme in geheimer Sprache nur dann zu, wenn Aufgabe- und Bestimmungsland solches gestatten, auch das eine Anwendung des gleichen Gedankens; wenn hiebei jedoch ein Verbot des Durchgangslands nicht beachtet werden soll, so führt das zu einer andern Gruppe von Bestimmungen (wir nannten sie oben S. 12 unechte Zuständigkeitsvorschriften), die zwar jeden an der Weiterleitung beteiligten Staat angehen, bei denen aber im Interesse der Geschäftsvereinfachung einer von ihnen zur Normierung oder Vornahme

---

Inhaber einer Empfangsstelle solchenfalls wegen Verletzung der Verleihungsbedingungen haftbar gemacht werden können, so bleibt eine Lücke für Schwarzhörer.

[106] So Preußen-Österreich 1849[9] Martens[1] 14, 591; Großbritannien-Mexiko 1910[16] Martens[3] 7, 288 und zahlreiche andere Verträge. Der Kabelvertrag, den Frankreich 1864 mit mehreren Staaten abgeschlossen hatte (oben Anm. 21), sieht eine gemeinsam zu bestimmende Höchstgrenze vor, der deutsch-niederländische Kabelvertrag von 1901 (oben Anm. 20) Genehmigung des Tarifs durch beide Staaten. Hingegen kennt ein Vertrag Kolumbien-Ecuador 1906[2] Martens[3] 6, 628 die fortschrittliche Lösung, daß lediglich die Gebühr des Aufgabelands zu bezahlen ist.

[107] Ausdrücklich vorbehalten in dem oben Anm. 10 erwähnten Abkommen zwischen Deutschland, der Schweiz und Italien. Dasselbe wird auch für die dort genannten polnischen Verträge zutreffen. In den Verträgen von St. Germain und Trianon ist dem örtlichen Staat die Sperre versagt. — Daß auch im Funkverkehr der Durchgang der Nachrichten unter der Hoheit des Bodenstaats sich vollzieht, ist oben Z. 4 ausgeführt worden. Doch kann eine Verkehrssperre (sie ist hier nach Art. 4 des Weltfunkvertrags in weitergehendem Ausmaß möglich) nur in Betracht kommen, wenn eine inländische Station an der Beförderung beteiligt ist.

[108] So schon das Abkommen des deutschösterreichischen Telegraphenvereins von 1850[19] bei Rohrscheidt, Preußens Staatsverträge 245 für „Annahme und Weiterbeförderung", das Abkommen des Vereins mit Belgien und Frankreich 1852[14] de Clercq 6, 224 für die Ämter „am Absendungs- und Bestimmungsort". Daß die Vorschrift des Welttelegraphenvertrags auch zu gunsten der Durchgangsstaaten anwendbar ist, hebt Wolcke 1, 120 hervor. — Für eine Durchbeförderung auf direktem Draht kommt Art. 7 anders als Art. 8 aus tatsächlichen Gründen nicht in Betracht. Ebensowenig wiederum für den Funkverkehr, in den nicht eine vermittelnde Station des Inlands eingeschaltet ist.

eines Verwaltungsakts mit Wirkung für alle durch Vertrag berufen wird. In ein Telegramm in offener Sprache dürfen nur verkehrs- oder handelsübliche Abkürzungen aufgenommen werden: das Aufgabeland soll über Zulassung entscheiden[109]. Oder es wird die Wortzählung des Aufgabelands[110], bei Telephongesprächen die Festsetzung der Gesprächsdauer in diesem Staat[111] gegenüber allen Beteiligten für maßgebend erklärt.

Einer Ergänzung bedürfen diese Festlegungen noch — im Funkverkehr — für bewegliche Telegraphenstationen. Es wurde früher ausgeführt, daß da, wo die Verträge in ihrem Wortlaut oder Sinn von Aufgabeland oder Durchgangsland oder Bestimmungsland sprechen, als solches Land der Heimatstaat des Fahrzeugs anzusehen ist, dessen Funkstelle die Nachricht abschickt, weitergibt, aufnimmt. Das bedeutet also beispielsweise, daß die Gebühren einer Funkmeldung, die das fremde Luftfahrzeug im Gebiet abgibt, unter dem Tarif des Heimatstaats, nicht des Bodenstaats stehen; daß die Verkehrsüblichkeit einer Abkürzung, von der das Telegramm eines fremden Schiffs im Hafen Gebrauch macht, nach den Anschauungen der Flagge, nicht des Uferstaats zu beurteilen ist. Eine auffällige Wirkung solcher Zuteilung ist der Umstand, daß die Verkehrssperre nach Art. 8 des Welttelegraphenvertrags, ein Beförderungsverbot nach Art. 7 das fremde Schiff im Hafen nicht ergreift. Indessen können daraus keine wirklichen Mißstände entspringen. Denn wenn nicht auf grund des Vertrags, so kann der Uferstaat auf grund seines (von den Verträgen anerkannten) Landesrechts alle die Vorkehrungen treffen, die ihm in solchen Fällen geboten erscheinen.

Daß auch die Inlandsvorschriften über das Telegraphengeheimnis die Funkstellen verpflichten, die der inländischen Verwaltung eingegliedert sind, steht jedenfalls im Rahmen des Weltfunkvertrags außer Zweifel[112], wird aber auch vielfach schon nach Landesrecht, auch nach deutschem Recht, zutreffen. Das bedeutet Geltung der deutschen Vorschriften für das deutsche Schiff in fremden Gewässern, auch in

---

109 Welttelegraphenvertrag Vollzugsordnung Art. 8 § 2.

110 Vollzugsordnung zum Welttelegraphenvertrag Art. 21 § 9. Entsprechend schon Frankreich-Sardinien 1853[5] de Clercq 6, 298. Doch wird bei sprachwidrigen Zusammenziehungen, die auf die Wortzählung Einfluß haben, der Bestimmungsanstalt eine ergänzende Festsetzung eingeräumt, wenn es sich um eine andere Sprache als diejenige des Aufgabelands handelt. Sprachenrechtlich enthält diese letztere Bestimmung gegenüber der Sprache des Aufgabelands eine echte Zuständigkeitsvorschrift zu gunsten dieses Staats, aber telegraphenrechtlich hätten mangels besonderer Regelung die Feststellung alle an den Gebühren beteiligten Verwaltungen zu treffen. Entsprechendes gilt für die Vorschrift in Art. 8 § 3, derzufolge der Absendestaat unter den Sprachen seines Gebiets diejenigen bezeichnet, die für einen Verkehr in offener Sprache zugelassen werden.

111 Gleiche Vollzugsordnung Art. 71 O § 9.

112 Nach Art. 5 mit Art. 2 § 2 des Weltfunkvertrags und nach Art. 2 § 2 der Vollzugsordnung ist die Schweigepflicht an die Lizenz geknüpft.

Gewässern eines Staats, der dem Vertrag nicht angeschlossen ist und in seinem Recht das Funkgeheimnis nicht schützt. Und es bedeutet die Freiheit ausländischer Schiffe von den telegraphenrechtlichen[113] Vorschriften, die das Inland zum Schutz des Funkgeheimnisses aufstellt[114].

Dagegen richtet sich eine Durchbrechung des Funkgeheimnisses aus Gründen, die außerhalb des Telegraphenrechts liegen, nach der Rechtsordnung, die für einen solchen Eingriff maßgebend ist. Nach § 14 des deutschen Fernmeldegesetzes kann „der Führer eines deutschen Fahrzeugs für Seefahrt und Luftfahrt" mit Rücksicht auf die Führung des Fahrzeugs von dem Bordfunker Aufnahme und Mitteilung von Nachrichten fordern, die nicht für die Anlage bestimmt sind, und er kann zur Abwendung von Gefahren, die einem Fahrzeug oder Menschenleben drohen, Nachrichten seiner Anlage Dritten mitteilen. Die Abgrenzung des Eingriffs stimmt hier mit dem Geltungsbereich der Schweigepflicht selbst überein und entspricht den für solche Maßregeln sonst anerkannten Grenzen. Bei einer Sicherung der Fahrt handelt es sich um innere Angelegenheiten des Schiffs, deren Regelung ohne weiters dem Heimatstaat zusteht; aber auch Hilfeleistung in Seenot hat die neuere Entwicklung (oben Bd. 3 I 141f) in der gleichen Begrenzung ausgebildet[115]. — Anders verhält es sich bei den mannigfachen Eingriffen, die im Dienst der Rechtspflege und anderer staatlichen Interessen vorkommen, z. B. bei einer Beschlagnahme im Strafverfahren. Nicht Tele-

[113] Aber auch von den verfassungsrechtlichen Verpflichtungen, die das Inland hierüber besitzt. Zwar gelten verfassungsrechtliche Bestimmungen für jeden Fall, der mit dem Rechtsschutz des Inlands in Berührung kommt, doch ist ein verfassungsrechtlicher Schutz des Telegraphengeheimnisses nach seinem Inhalt nur gegen die Verwaltung des Inlands gerichtet.

[114] Der Strafschutz des Telegraphengeheimnisses freilich hat mit dieser Erstreckung in das Ausland nach deutschem Recht nicht Schritt gehalten. Die Mitteilung unbefugt aufgefangener Nachrichten (§ 18 des Fernmeldegesetzes) ist bei einer Begehung im Ausland abhängig von einer Strafbarkeit nach den Gesetzen des Tatorts, und es gilt das insbesondere auch für die Vergehen nach § 355 StGB, wenn sie bei einer privaten Funkanlage verübt werden (§ 4[1] StGB. versagt hier). Für den umgekehrten Fall — Verletzung des Telegraphengeheimnisses bei einer fremden Funkstelle im deutschen Hoheitsgebiet — kommt eine Strafbarkeit nach § 355 StGB. nicht in Betracht, weil die Vorschrift nur dem Schutz der deutschen Verwaltung dienen soll. Ob aber im übrigen Handlungen bei fremden Funkstellen der deutschen Strafgewalt unterliegen, hängt von der gleich zu besprechenden Frage ab, ob solche Stellen nicht bloß telegraphenrechtlich, sondern auch amtsrechtlich der Verwaltung des Staats zugerechnet werden müssen, der ihnen die Lizenz gewährt hat. Vgl. zu diesen Fragen auch oben S. 9.

[115] Neugebauer 280 rät dem deutschen Schiff in fremdem Hafen, das von solchen Rechten Gebrauch macht, „Vorsicht", um nicht in Schwierigkeiten zu kommen, und erstreckt die deutsche Vorschrift — wie ich glaube, ohne Rechtsgrundlage — auf fremde Fahrzeuge im deutschen Hoheitsgebiet. — Die Abgrenzung nach der Staatsangehörigkeit wird für solche Maßregeln die im Zweifel geltende sein, doch ist nicht ausgeschlossen, daß auch ein Uferstaat derlei Ermächtigungen kraft positiven Rechts erteilen mag.

graphenrecht, sondern Strafrechtspflege ist hier in Frage, innerhalb ihrer ein Hoheitsakt, der als Zugriff auf einen Gegenstand nur Telegramme im Gebiet erfassen kann. Er wird auf der andern Seite auf alle Telegramme im Inland gerichtet sein — soweit nicht ausländische Verwaltungshoheit dem entgegensteht; denn in den öffentlichen Dienst eines fremden Staats kann inländische Gerichtsbarkeit nicht eingreifen. Und damit ist die Frage gestellt, inwieweit private Funkstellen der Verwaltung ihres Staats zuzurechnen sind. Man wird unterscheiden müssen. Die Lizenz allein macht die Betätigung ihres Empfängers noch nicht zu staatlicher Verwaltung; auch nicht, wenn partikuläre Rechtsbildung sie zur „Verleihung“ als einer Übertragung öffentlichen Dienstes steigert. Aber diejenigen privaten Funkstellen, die in Zusammenarbeit mit der staatlichen Verwaltung dem öffentlichen Verkehr dienen, stehen innerhalb des Funkgeheimnisses dieser Verwaltung selbst[116], und die Undurchdringlichkeit fremder Amtstätigkeit, die einen staatlichen Funkbetrieb des Auslands gegen Beschlagnahme schützt, wird insoweit auch den genannten privaten Stellen zugute kommen[117]. Wenn § 13 des deutschen Gesetzes die Bestimmungen über Beschlagnahme bei der Post ausdehnt auf „Telegramme im Gewahrsam einer nicht der deutschen Reichspost gehörenden deutschen Telegraphenanstalt, die mit der deutschen Reichspost über beförderte Telegramme abrechnet“, so ist das für Beschlagnahmen im Reichsgebiet selbstverständlich sachgemäß und überläßt daneben nichtdeutsche Anstalten in dem engen Umfang, den Völkerrecht freigibt, wohl dem allgemeinen Beschlagnahmerecht; bei deutschen Anstalten im Ausland ist Beschlagnahme von deutscher Seite als Hoheitsakt in fremdem Staatsgebiet ausgeschlossen[118].

Tätigkeiten im Ausland. Gebiete mit besonderer Rechtslage.

8. Daß in den Frühzeiten der Telegraphie der Betrieb bis zur Wechselstation im Nachbargebiet fortgesetzt werden mußte, ist schon

---

[116] Vgl. dazu die Begründung des deutschen Gesetzes bei Neugebauer 272.

[117] Bleiben sie unter solchen Umständen von Beschlagnahme frei, so ist es nicht Mangel einer Zuständigkeit des örtlichen Staats, der zu diesem Ergebnis führt, sondern eine aus dem Völkerrecht überwirkende inhaltliche Beschränkung in der Zulässigkeit der Maßnahme. Es wird die Zuständigkeit des örtlichen Staats aber auch davon nicht berührt, ob er Absende- oder Bestimmungsland der Nachricht selbst ist. Die Zuständigkeit zur Beschlagnahme richtet sich nach strafprozessualen, nicht nach telegraphenrechtlichen Merkmalen.

[118] Falls es sich nicht zufällig um ein Gebiet mit deutscher Konsulargerichtsbarkeit handelt. Neugebauer 275 scheint gegenüber fremden Schiffen in deutschen Gewässern eine Beschlagnahme schlechthin für statthaft zu halten, sieht es aber als zweifelhaft an, ob deutsche Schiffe in fremden Gewässern einer Beschlagnahme von seiten des Uferstaats ausgesetzt seien; es werde „auf die Lage des einzelnen Falles ankommen“.

oben S. 44 erörtert worden. Heute sind das technische und juristische Antiquitäten. Zuweilen hatte und hat ein Staat den Betrieb vertragsmäßig auch in anderen Gebieten übernommen, sei es die Durchführung einzelner Linien, sei es den Gesamtdienst in einem andern Staat. So hatte Preußen schon seit 1848 Linien durch Nachbarstaaten gelegt, und zur Zeit der Reichsgründung stand der Telegraphendienst in ganz Norddeutschland unter preußischer Verwaltung[119]. Gegenwärtig findet man eine solche Übernahme des Dienstes in kleinen Staaten wie Liechtenstein und (der Sache nach) Monaco[120].

Unter den Gebieten mit besonderer Rechtslage sind See und Luft schon im Vorausgehenden behandelt. Für staatenloses Landgebiet hatte Spitzbergen ein Beispiel geboten. Hier wurde von Norwegen 1911 eine Funkstation errichtet[121], der Vertragsentwurf von 1912 sollte den Telegraphendienst wie den Postdienst (oben S. 28) regeln, dann hat die Einverleibung der Inseln in Norwegen weiteren Schwierigkeiten ein Ende gemacht. — Manchmal führt die Mitherrschaft fremder Staaten zu einer Hereinnahme fremden Telegraphendienstes. Für die Rechte Polens in Danzig, für die Rechtslage des Saargebiets gilt hier wiederum das gleiche, was oben S. 29 für die Post ausgeführt wurde[122]. Im Bereich der Konsulargerichtsbarkeit haben sich die fremden Mächte Rechte von wechselndem Umfang erworben. Zumal für China ist das ein Gegenstand öfterer Erörterungen geworden, doch hat es China in wachsendem Umfang vermocht, hiebei seine Landeshoheit geltend zu machen[123]. — Auf der andern Seite hatte trotz des Verlusts seines Ge-

---

[119] Vgl. darüber Wolcke 1, 10ff.

[120] Die Rechtslage ist die gleiche wie für das Postrecht. Vgl. darüber oben § 88[61]. — In diesen Zusammenhang gehört auch Art. 6 eines deutsch-französischen Abkommens von 1911 RGBl. 1912, 206: eine Telegraphenlinie in dem von Frankreich an Deutschland abgetretenen Neukamerun bleibt auf ihrem Verlauf durch deutsches Gebiet französisch; Deutschland regelt das Recht der Mitbenützung. Über Funkstationen der Vereinigten Staaten in Panama Davis 181 f.

[121] Frankfurter Zeitung 4. V. 1911.

[122] Ergänzende Einzelheiten über die Rechte Polens in Danzig in dem Vertrag 1921 Art. 155 (Benützung des Ortstelephons durch die Teilnehmer der polnischen Zentrale), 157ff (Benützung der Danziger Linie zur Führung von polnischen Leitungen), 162 (Gleichstellung der polnischen mit der Danziger Verwaltung in Rechten und Pflichten). Die Benützung Danziger Linien durch Polen gibt dann ihrerseits Anlaß zu einer Ausscheidung der Zuständigkeiten: Die polnischen Leitungen werden auf Kosten Polens von der Danziger Verwaltung nach den Danziger Vorschriften hergestellt. Störungen beseitigt Polen. Die Baustoffe, soweit für das Danziger System verwertbar, darf Polen liefern. Der Kostenanschlag wird von Danzig aufgestellt, von Polen genehmigt. Bevollmächtigte Polens dürfen sich über den Fortschritt der Arbeit unterrichten; ihren Wünschen ist nach Sachlage und im Rahmen der Danziger Vorschriften Rechnung zu tragen. — Für das Saargebiet vgl. das früher angeführte Weißbuch 104ff.

[123] Vertrag Japan-China 1908 Martens[3] 6, 817: das chinesische Ende des Kabels zwischen beiden Ländern wird von China verwaltet, jedoch einen Teil des

biets der Papst die Möglichkeit selbständigen telegraphischen Verkehrs sich bewahrt, entsprechend dem, was oben S. 28f für den Postdienst ausgeführt wurde. Die Begründung der unabhängigen Vatikanstadt hat auch hier eine normale Rechtslage geschaffen. — Im besetzten Rheinland ist nicht nur den Besatzungstruppen die Einrichtung militärischer Nachrichtenanlagen vorbehalten worden; die Errichtung von Funkstellen der Behörden und Privaten, die an sich unter deutschem Recht verblieb, wurde einer ergänzenden Genehmigung der fremden Militärbehörde unterworfen und eine Aufsicht und Strafgerichtsbarkeit der fremden Mächte daran geknüpft[124]. — Bei Gebietsveränderungen schließlich kann der Weiterbestand von Konzessionen Schwierigkeiten bereiten. Auch hier hat der neue Herr (unter Vorbehalt von Beschränkungen auf grund seines innerstaatlichen Rechts) die Freiheit, über früher begründete Konzessionen nach seinem Gutbefinden zu verfügen[125]. Im Zweifel wird man die vor dem Herrschaftswechsel verliehenen Konzessionen als fortdauernd verbindlich anzusehen haben. Aber auch für die Lasten, die der Vorgänger hiebei übernommen hatte, muß dasselbe gelten. Eine sehr bedenkliche neuere Entscheidung in den Vereinigten Staaten hat sich darüber hinweggesetzt[126].

Tags dem japanischen Postamt dortselbst zur Verfügung gestellt; Drähte in der Mandschurei werden Japan zur ausschließlichen Verfügung gestellt, sie werden von japanischen Beamten innerhalb der chinesischen Telegraphenämter bedient. — Das deutsch-niederländische Kabel ist in Schanghai mit Genehmigung der chinesischen Regierung in das deutsche Postamt eingeführt worden; Archiv für Post und Telegraphie 35, 579. — Einschreiten Chinas gegen eine private englische Funkstation: Zeitschrift für Völkerrecht 4, 126. — In einem von 9 Staaten gezeichneten Protokoll vom 1. II. 1922 (American Journal of international law 1922 Supplement 79) wird festgestellt, daß Funkstationen der fremden Gesandtschaften in China nur für Staatsdepeschen benützt werden dürfen, sonstige Einrichtungen fremder Regierungen und Privatpersonen nur in dem zugelassenen Umfang, der Betrieb ungenehmigter Einrichtungen von der chinesischen Regierung übernommen werden kann; bezüglich gewisser Stationen in Pachtgebieten und fremden Konzessionen sollen weitere Verhandlungen stattfinden und in jedem Fall eine Verständigung mit der chinesischen Regierung über die zu verwendende Wellenlänge erfolgen. Dazu auch Fauchille 1 II 648ff.

[124] Rheinlandabkommen 28. VI. 1919 Art. 11. Verordnung der Interalliierten Rheinlandkommission 17. XI. 1925 Art. 38ff (Neugebauer 934). Dazu auch Neugebauer 100.

[125] Nach Pfitzner, Archiv für Post und Telegraphie 28, 701 hat Preußen nach der Einverleibung Hannovers eine von diesem Staat verliehene Kabelkonzession „mit einigen durch die neuen Verhältnisse bedingten Änderungen" anerkannt. Näheres darüber ist mir nicht bekannt geworden.

[126] Eastern Extension, Australasia and China Telegraph Co. v. U.S., Court of claims 1912 bei L. B. Evans, Leading cases on international law (1917) 169. Eine Gesellschaft hatte unter spanischer Herrschaft eine Kabelverbindung und Landlinien auf den Philippinen eingerichtet gegen Bezahlung einer jährlichen Subvention; nach Übernahme der Herrschaft haben die Vereinigten Staaten wohl die Konzession weiterbestehen lassen, die fernere Bezahlung der Subvention jedoch

Zusammenarbeit.

9. Es kommt vor, daß landesrechtlich eine Zulassung zum Rundfunk, die einer beweglichen Funkstelle im Ausland gewährt wurde, auch bei einer Benützung im Inland als ausreichend gilt[127]. In Notfällen kann der Funker, der das Zeugnis eines andern als des zuständigen Vertragsstaats besitzt, Dienste tun[128]. Die Tätigkeit fremder Verwaltungen wird für das Land nutzbar gemacht, wenn (vgl. oben S. 67) die Wortzählung einer nach dem Inland gesandten Nachricht, die Gesprächsdauer eines dahingerichteten Gesprächs nach der Festsetzung der Aufgabeanstalt anerkannt wird. Art. 7 des Kabelschutzvertrags gewährt dem Schiffer, der den Anker oder ein Netz geopfert hat, um dadurch ein Kabel zu schonen, Schadenersatz unter der Voraussetzung, daß er den Vorgang bei der Behörde des ersten Hafens, den das Schiff nach dem Vorfall anläuft, anzeigt; auch hier gilt die Anzeige bei einer ausländischen Behörde als gleichwertig[129].

Wichtiger ist für das Telegraphenwesen die tätige Zusammenarbeit der Staaten und der Telegraphenverwaltungen[130]. Manchmal erfolgt eine grundsätzliche Verständigung über den Zusammenschluß der beiderseitigen Netze[131]. Für jede grenzüberschreitende Linie muß (s. oben Anm. 15) der Verbindungspunkt im gemeinsamen Einverständnis festgelegt werden. Privatunternehmungen, die mehrere Staaten verbinden,

---

verweigert. Das Gericht weist den Einspruch der Gesellschaft ab, weil es sich um eine „persönliche Verpflichtung" der spanischen Regierung gehandelt habe, unter Berufung auf Hall, International Law s. 28. Aber gerade hier wird der Übergang von *local obligations* vorbehalten, und das sind nicht, wie die Entscheidung anzunehmen scheint, solche, deren Schuldner das abgetretene Gebiet ist, sondern Staatsschulden, die für die Verwaltung des abgetretenen Gebiets eingegangen wurden. In der Tat geht bei einer Gebietsveränderung die Verwaltung mit ihren Rechten und Pflichten auf den Erwerber über, und es war jene Verpflichtung offensichtlich im Interesse des örtlichen Verkehrs übernommen worden. Oder hätte Spanien die Subvention nach Verlust der Inseln weiter entrichten sollen? Vgl. dazu den ähnlichen Fall oben Bd. 3 I 68.

127 S. oben Anm. 73. Dagegen handelt es sich bei der Anerkennung der allgemeinen Lizenz, die der fremde Heimatstaat nach dem Weltfunkvertrag ausgestellt hat, nicht um Gleichwertigkeit der ausländischen mit einer Gewährung des Inlands; das Inland ist in solchem Fall gar nicht zuständig, eine Lizenz auszustellen, der die fremde gleichwertig sein könnte. Unzureichende Unterscheidung bei Neugebauer 157.

128 Vollzugsordnung des Weltfunkvertrags Art. 7.

129 Über die Gleichwertigkeit der Protokolle, welche ein fremdes Kriegsschiff bei Ausübung des Kabelschutzes aufnimmt, gleich unten.

130 Die letztere wiederum hieher gehörig, wo es sich um Staatsbetrieb handelt.

131 Beispiele Frankreich-China 1888 Martens² 33, 557; Rußland-China 1892 Martens² 27, 176; Frankreich-Portugal 1908 Martens³ 4, 831. Verständigung über die „elektrischen Bedingungen" eines Kabels und andere Einzelheiten des Betriebs: Mexiko-Guatemala 1926³ Revue juridique de la radioéléctricité 3, 205.

bedürfen zumeist einer Konzession; auch das häufig ein Gegenstand der Verständigung unter den beteiligten Staaten (oben Anm. 25). Zuweilen gewährt ein Staat dem andern bei der Herstellung der Leitung seine Unterstützung[132].

Im Mittelpunkt aller Zusammenarbeit steht die Verpflichtung, empfangene Nachrichten weiterzubefördern. Der Welttelegraphenvertrag betrachtet diese Verpflichtung als derart selbstverständlich, daß er sie gar nicht mehr eigens formuliert[133]; nur Durchbrechungen des Grundsatzes, die allgemeine Verkehrssperre nach Art. 8, die Aufhaltung von Depeschen, deren Inhalt beanstandet wird, nach Art. 7 haben in den Vertrag Aufnahme gefunden. Dagegen war eine solche Auflage für die Funkentelegraphie allerdings dringlich geworden. Die schweren Mißstände, die durch eine Ablehnung des Verkehrs aus Konkurrenzgründen entstanden waren, hat der Vertrag von 1912 zunächst für den Seeverkehr beseitigt, und es ist jetzt in Art. 3 des Weltfunkvertrags eine allgemeine Verkehrspflicht begründet für die festen Funkstellen, die dem öffentlichen Verkehr dienen, und, im Rahmen ihrer gewöhnlichen Verwendung, für die Gesamtheit der beweglichen Funkstellen[134].

Die zusammenarbeitenden Verwaltungen bedürfen einer Kenntnis der Linien und etwaiger Störungen, der Ämter, der Tarife der anderen Verwaltungen, sie haben ein Interesse, die Dienstvorschriften, die technischen Fortschritte der anderen Verwaltungen zu kennen; das alles wird ihnen, zumeist durch Vermittlung des Internationalen Bureaus, zugänglich gemacht[135]. Den Rundfunkanschluß von Teilnehmern anderer Staaten durchzuführen, ist neuerdings (s. oben Anm. 37) Gegenstand besonderer Verständigung geworden[136]. — Unter den Trägern des Nach-

---

[132] So besonders in der Frühzeit des Telegraphenwesens. Verträge Österreichs mit Modena und mit Parma 1851 Österreichisches RGBl. 637, 639: Österreich stellt dem andern Teil Ingenieure und Materialien zur Verfügung. Großbritannien-Persien 1901 Martens[2] 30, 593: die Herstellung des persischen Anteils erfolgt durch britisches Personal. Vgl. auch den Vertrag Österreichs mit der Schweiz 1852, Sammlung der Bundesgesetze 3, 466: Österreich übernimmt auf Wunsch die Ausbildung schweizerischer Telegraphisten.

[133] Vgl. eine solche Festlegung in dem Vertrag des deutschösterreichischen Telegraphenvereins 1850[4].

[134] Dabei die besondere Vorsorge, daß eine Verschiedenheit des Systems von dem Verkehrszwang nicht entbindet, in Art. 4 und Art. 3 § 2. — Vorbehalt einer Einstellung des Dienstes in Art. 15.

[135] Vollzügsordnung zum Welttelegraphenvertrag Art. 85. Der Funkvertrag Art. 8 sieht wechselseitige Mitteilungen über die Funkstellen und ihren Dienst vor, Art. 21 Mitteilung der Gesetzgebung der Vertragsstaaten. — Einen Nachrichtenaustausch über Linien und Ämter und über technische Fortschritte hatte schon der revidierte Vertrag des deutschösterreichischen Telegraphenvereins von 1857 in Art. 4 gefordert (bei Kletke, Staatsverträge Bayerns 1074).

[136] Über einen Schutz des Rundfunks gegen unlauteren Wettbewerb am Ort des ausländischen Empfangs Cereti, Rivista di diritto internazionale 18, 18.

richtenverkehrs brauchen die Seekabel Schutz auch von seiten fremder Staaten. Ihn gewährt das früher besprochene Kabelübereinkommen mit seinen landesrechtlichen Ausführungsgesetzen. Es ist in erster Reihe, wenn auch nicht ausschließlich, ein Strafschutz, um den es sich hier handelt. Und wenn er auf hoher See zunächst nur gegenüber Beeinträchtigungen durch Schiffe eigener Flagge geübt werden könnte, so geht der Vertrag in der Zusammenarbeit noch einmal weiter, indem er an der Aufsicht gegen Zuwiderhandlungen ohne Rücksicht auf die Zugehörigkeit des verletzenden Fahrzeugs die Kriegsschiffe aller Vertragsstaaten beteiligt [137]. Neuerdings hat übrigens auch der Weltfunkvertrag (Art. 6) eine wechselseitige Unterstützung bei der Untersuchung und der Verfolgung von Zuwiderhandlungen vorgesehen [138]. — Eine wesentliche Form der Zusammenarbeit ist alsdann in der Gebührenerhebung gegeben, welche die Aufgabeverwaltung für alle mitbeteiligten Verwaltungen vornimmt. Und das führt wieder zu einer Abrechnung unter ihnen, die jetzt (unter dem Vorbehalt mannigfacher Einzelbestimmungen) so erfolgt, daß die Verwaltung des Bestimmungslands die ihr vorausgehende Verwaltung mit ihrem Anteil belastet und es dieser überläßt, mit dem gleichen Betrag

---

Doch handelt es sich dabei nicht um einen Schutz des Telegraphenverkehrs, sondern der Darbietungen nach seiten ihres Inhalts.

[137] Nach Art. 10 des Abkommens sind (entsprechend dem Vorbild des Nordseefischereivertrags) die Kriegsschiffe aller Vertragsstaaten befugt, die Staatsangehörigkeit des verdächtigen Fahrzeugs festzustellen, sowie ein Protokoll über Zuwiderhandlungen in den Formen ihres Rechts aufzunehmen. Das Protokoll kann in dem zur Aburteilung berufenen Staat nach Maßgabe des dortigen Rechts als Beweismittel verwendet werden (nach dem Entwurf war eine verpflichtende Gleichstellung vorgesehen, vgl. Renault, Revue de droit international 15, 624). Unter den Ausführungsgesetzen haben Frankreich, Großbritannien, Griechenland, Argentinien, Brasilien, Rumänien die Gleichstellung vorgenommen, während Italien gegenüber einer Feststellung inländischer Kriegsschiffe nur den Nachweis der Fälschung, gegenüber einer Beurkundung ausländischer Kriegsschiffe den Gegenbeweis gestattet. Ergänzend kommt dann die Gleichstellung der fremden Kriegsschiffe auch darin zum Ausdruck, daß ihnen landesrechtlich (in den Ausführungsgesetzen von Deutschland, Frankreich, Großbritannien, Österreich, Ungarn, den Vereinigten Staaten, Rumänien) der gleiche Schutz gegen Widerstand gewährt wird, wie ihn das Inlandsrecht bei einem Widerstand gegen die eigene Staatsgewalt vorsieht. — Nach einem englischen Vorschlag zu dem Vertragsentwurf sollten sich die Rechte der Kriegsschiffe auch auf eine Durchsuchung der angehaltenen Fahrzeuge erstrecken. Und noch weiter wäre ein früherer amerikanischer Vorschlag gegangen, gegen den Täter als Piraten einzuschreiten. Darüber Renault a. a. O. 15, 622ff und 12, 258ff.

[138] Die beschränkte Auslegung, die Neugebauer 542 der Bestimmung gibt (Verpflichtung nur von Telegraphenverwaltung zu Telegraphenverwaltung), möchte ich nicht für zutreffend halten. Unterstützung wird versprochen *dans l'instruction de la contravention*, also für das Strafverfahren selbst, und es werden nicht die Verwaltungen, sondern die „Regierungen“ verpflichtet, sie zu gewähren. — Über die hier nicht weiter zu verfolgende Rechtshilfe bei Beschlagnahme von Telegrammen Neugebauer 255.

zusamt dem eigenen Gebührenanteil wiederum den Vorgänger in der Beförderung zu belasten[139]. — Und endlich eine sehr wunderliche Sache aus Italien. Hier werden Ausländer zum Rundfunk zugelassen, wenn sie ein Leumundszeugnis ihres Konsuls beibringen. Das aber muß ausgestellt sein *sotto la personale responsabilità del console*[140]!

Einen wesentlichen Schritt weiter führt die Zusammenarbeit, wo sie sich zu gemeinschaftlicher Tätigkeit der beteiligten Staaten verdichtet. So sind zuweilen einzelne Linien gemeinschaftlich betrieben worden. Für den Drahtverkehr zu Land bot ein solches Beispiel der Main-Neckar-Telegraph, der in den Staaten Baden, Gh. Hessen und Frankfurt betrieben wurde[141]. In neuerer Zeit findet man bisweilen gemeinsame Staatskabel, zwischen Deutschland und Norwegen, zwischen Großbritannien und Norwegen. Sie stehen im Miteigentum der beiden Teile, Einnahmen und Ausgaben werden geteilt, der Tarif ist im Vertrag selbst festgesetzt. Der Betrieb vollzieht sich an jedem der Landungspunkte unter der ausschließlichen Hoheit des Uferstaats, während allerdings die Sorge für die Hochseestrecke einer weiteren Verständigung bedurfte[142].

Vor allem aber, die Großzahl der Staaten hat sich zur Förderung des Telegraphenbetriebs schlechthin zur Gemeinschaft zusammengeschlossen. Ob freilich die dem Welttelegraphenvertrag beigetretenen Staaten einen Verein bilden[143], ist nicht unzweifelhaft, und jedenfalls

---

[139] Welttelegraphenvertrag Art. 12, Vollzugsordnung Art. 78ff.

[140] So die Ausführungsverordnung zur Funkordnung 1923 vom 10. VII. 1924 Art. 27, Le Leggi 1623. Somit die Haftbarmachung eines ausländischen Beamten für eine Handlung, die er im Dienst eines auswärtigen Staats vorgenommen hat. Cereti (oben Anm. 136) 19[1] nennt das mit Grund eine „wirkliche Neuerung in den Annalen des internationalen Rechts".

[141] Wolcke 1, 12. Über den gemeinschaftlichen Betrieb der Main-Neckar-Bahn oben Bd. 3 I 76.

[142] Die Verträge von 1906 und 1910 bei Martens[3] 7, 275 und 847. Der englische Vertrag trifft Vorsorge für die Unterhaltung der Hochseestrecke (Übertragung auf eine Privatgesellschaft, hilfsweise auf Kabelschiffe der britischen Regierung, wenn auch Norwegen solche einstellt, unter Teilung gemäß künftiger Verständigung); im deutschen Vertrag mangelt eine derartige Bestimmung. Nach Wolcke 1, 30 soll in solchen Fällen „jeder Staat über die ihm zunächstliegende Hälfte die Hoheitsrechte ausüben". Das hätte eine besondere Vereinbarung zwischen den Vertragsstaaten zur Voraussetzung und könnte keinesfalls dritte Staaten beschränken.

[143] Der deutschösterreichische Telegraphenverein hatte diesen Charakter mit Grund in Anspruch genommen. In Art. 1 des revidierten Vertrags von 1857 heißt es: „Deutsche Staaten können dem deutschösterreichischen Telegraphenverein nur als wirkliche Mitglieder beitreten. Außerdeutsche Staaten können mit dem deutschösterreichischen Telegraphenverein ferner nur in ein Vertragsverhältnis treten." Der Verein konnte einen Teil seiner Angelegenheiten durch Mehrheitsbeschluß erledigen (Zusatz 1861 Österreichisches RGBl. 1862, 6). Er besaß ein Zentralorgan für Abrechnungen.

wäre die Bindung, die aus solchem Zusammenschluß erwächst, von völkerrechtlicher und nicht von verwaltungsrechtlicher Art. Wohl aber üben die angeschlossenen Staaten gemeinsame Verwaltung durch das Internationale Telegraphenbureau, das auf grund des Vertrags in Bern errichtet wurde[144]. Das Bureau dient den Verwaltungen als Nachrichtenstelle, es sammelt den einschlagenden Stoff (die Verwaltungen sind zu Mitteilungen verpflichtet) und gibt ihnen auf Verlangen Auskunft, gibt insbesondere eine Anzahl von Veröffentlichungen heraus: eine Zeitschrift, Statistiken, Jahresberichte, ein Ämterverzeichnis, eine Karte der bestehenden Verbindungen, Kabelverzeichnis, ein Wörterbuch für Verkehr in vereinbarter Sprache. Das Bureau ist aber auch in den Dienst selbst eingeschaltet, insofern es die Tarife zusammenstellt und veröffentlicht, den angeschlossenen Verwaltungen Mitteilung macht über Veränderungen in dem Bestand der Ämter und Linien für den internationalen Verkehr, über Unterbrechung und Wiederherstellung von Verbindungen. Mit der Regelung des Funkverkehrs hat das Bureau eine weitere Abteilung bekommen, die dessen Zwecken gewidmet ist[145], wiederum als Nachrichtenstelle und vor allem betraut mit der Herausgabe eines Verzeichnisses der Funkstellen mit allen technischen und administrativen Einzelheiten, deren Kenntnis für den Dienst erforderlich ist, im besonderen beauftragt, die Verwendung gleicher Rufzeichen für verschiedene Stellen zu verhindern. Auch hier haben die beteiligten Verwaltungen für Einsendung der notwendigen Angaben zu sorgen[146].

§ 90.

Maß und Gewicht. Die Ordnung der Zeiten.

1. Das Meßgerät. — 2. Die einzelne Messung. — 3. Systemzwang. — 4. Das System als Voraussetzung. — 5. Vergleichung.

Das Meßgerät.

1. Zahllos sind die Vorgänge des Verkehrs, bei denen eine Menge gezählt, eine Ausdehnung gemessen, eine Kraft bestimmt wird. Sie sind zunächst der Verfügung der Beteiligten überlassen. Doch mannigfach greift in solche Vorgänge der Staat oder auch ein anderer Verband des öffentlichen Rechts ein, zur Förderung des Verkehrs, zur Abschnei-

---

[144] Welttelegraphenvertrag Art. 14; Vollzugsordnung Art. 83 ff. Vgl. über das Bureau Neumeyer, Revue de droit international (Genf) 1924, 30 ff. 348 ff und öfter. O. Kunz, Die internationalen Telegraphenunionen (1924) 74 ff.

[145] Weltfunkvertrag Art. 16; Vollzugsordnung Art. 13, 14, 34. Vollzugsordnung zum Welttelegraphenvertrag Art. 83, 86.

[146] Neben dem Bureau sind neuerdings beratende Ausschüsse für technische Fragen begründet worden: Vollzugsordnung zum Telegraphenvertrag Art. 87; Funkvertrag Art. 17 und Vollzugsordnung Art. 33.

dung von Mißbräuchen. Eine erste Form der Fürsorge, die hier begegnet, ist die Sorge für das Meßgerät. Es wird Gelegenheit zur Vornahme einer Messung gewährt, werden die Maße dem Verkehr zugänglich gemacht[1], vielleicht auch eigene Behörden eingesetzt, denen die Sorge für das Meßgerät übertragen wird[2]. Insbesondere haben es die Staaten übernommen, die Vorbilder herzustellen, nach denen im Verkehr Ausdehnung und Masse bestimmt werden, und es greift das an einer wichtigen Stelle in das internationale Verwaltungsrecht über, durch den Zusammenschluß einer Vielzahl von Staaten, eine solche Aufgabe gemeinsam durchzuführen[3]: der Vertrag vom 20. Mai 1875[4], von 29 Staaten abgeschlossen, hat hier eine umfassende Organisation begründet, in deren Mittelpunkt das Internationale Bureau für Maß und Gewicht in Paris steht. Es ist ihm die Aufgabe gesetzt, die Urmaße des Meters und des Kilogramms herzustellen, zu verwahren, anderes Meßgerät mit ihnen zu vergleichen; und neuerdings hat ein Zusatzabkommen vom 6. Oktober 1921 seine Zuständigkeit auf die Urmaße der elektrischen Einheiten ausgedehnt. Grundlage der Organisation sind die Generalkonferenz der Vertragsstaaten und der von ihr bestellte Internationale Ausschuß für Maß und Gewicht. Und es verdient Beachtung, daß die Generalkonferenz zwar nicht in administrativen, aber in wissenschaftlichen Angelegenheiten, der Ausschuß nach beiden Richtungen hin Mehrheitsbeschlüsse zu fassen berechtigt ist. Das Bureau aber ist eigentümlicherweise als eine juristische Person des französischen öffentlichen Rechts ausgestaltet[5]. Wie unmittelbar hier die gemeinschaft-

---

[1] Eine eigentümliche Form des Zusammenwirkens in dem Freundschaftsvertrag des Deutschen Zollvereins mit China 1861 Art. 28, Preußische Gesetzsammlung 1863, 265: Exemplare der bei dem chinesischen Zollamt gebräuchlichen Maße und Gewichte sind beim Konsul zu hinterlegen. Auch nach der Verordnung für Kiautschou 18. IX. 1905 (die Vorschriften der deutschen Schutzgebiete über Maß und Gewicht bei Ph. Zorn, Deutsche Kolonialgesetzgebung[2] 1913 742ff) sollte ein Satz chinesischer Maße und Gewichte beim deutschen Gouvernement aufbewahrt werden.

[2] Deutsche Maß- und Gewichtsordnung 30. V. 1908 § 18: gemeinschaftliche Eichbehörden mehrerer Staaten. Dazu Plato, Die Maß- und Gewichtsordnung (1912) 89.

[3] Es bestehen noch einige andere Gemeinschaftsorganisationen, die sich mit der Herstellung von Urmaßen und Feststellung von Messungsmethoden befassen, doch entbehren sie des staatlichen Charakters. Das gilt für das Bureau international des étalons physico-chimiques, das 1921 von der Union de la Chimie errichtet wurde; diese Union ermangelt staatlichen Charakters. Vgl. Société des Nations, Répertoire des organisations internationales[3] (1925) 76, 165. Ebenda 94 über einige weitere gemeinschaftliche Veranstaltungen privater Art. Vgl. auch unten Anm. 16.

[4] Martens[2] 1, 663. Wieder in Geltung nach dem Versailler Vertrag Art. 282. Das Ergänzungsabkommen Martens[3] 13, 286.

[5] Vgl. über die Verfassung Neumeyer, Revue de droit international (Genf) 2, 349 f 356 ff. Art. 3 des Reglements zum Vertrag sieht vor, daß Frankreich dem Bureau auf Ersuchen die Rechte eines *établissement d'utilité publique* verleihen

liche Tätigkeit der Vertragsstaaten auf das einzelstaatliche Verwaltungsrecht einwirkt, zeigt etwa die deutsche Maß- und Gewichtsordnung § 2: „Als deutsches Urmaß gilt derjenige mit dem Prototyp verglichene Maßstab.. welcher durch die Internationale Generalkonferenz für Maß und Gewicht dem Deutschen Reich als nationales Prototyp überwiesen worden ist“, und ähnlich § 4 für das Urgewicht.

Im täglichen Verkehr tritt eine andere Form administrativer Betätigung in den Vordergrund, die staatliche Prüfung privaten Meßgeräts und die Beurkundung dieser Prüfung. Die Verwaltung schafft zunächst die Möglichkeit einer solchen Prüfung und Beglaubigung; die Begrenzung ihrer Wirksamkeit ergibt sich dabei von selbst: aus der Befassung einer inländischen Behörde mit dem Ersuchen um Prüfung. Aber es übt der Staat hier auch polizeilichen Zwang. Er erläßt ein Verkehrsverbot für ungeprüfte Meßgeräte oder begründet die Verpflichtung, sich bei einer Messung geprüften Geräts zu bedienen. Einen derartigen Verkehrszwang kennt das deutsche Recht für Fieberthermometer[6]. Die Pflicht, Prüfung zu erwirken, trifft nach dem Zusammenhang des Gesetzes den Hersteller. Sie besteht demgemäß auch bei einer Herstellung zum Zweck der Ausfuhr, und es ist für solchen Fall (eine sachliche Beschränkung) nur die Beglaubigung der Prüfung nachgelassen[7]. Die Einführung ungeprüfter Fieberthermometer ist frei, und erst die Einbringung in den Verkehr des Inlands macht sie prüfungspflichtig.

In weiterem Umfang begegnet der Zwang, geprüftes Gerät bei der einzelnen Messung zu verwenden. So § 6 der deutschen Maß- und Gewichtsordnung: „Zum Messen und Wägen im öffentlichen Verkehr, sofern dadurch der Umfang von Leistungen bestimmt werden soll, dürfen nur geeichte Maße, Gewichte und Waagen.. angewendet werden“, oder ähnlich Art. XI des österreichischen Gesetzes vom 23. Juli 1871. Das gilt für Messungen, die im Inland stattfinden[8]. Dabei stellt das deutsche

---

wird; es ist geschehen durch Dekret 28. X. 1875 Journal officiel p. 7745. Die eigentümliche Folge ist, daß das Bureau, eine bloße Einrichtung des Staatenverbands, zur selbständigen juristischen Person und damit zum Eigentümer der von ihm verwalteten Werte unabhängig von den beitragleistenden Staaten geworden ist — wohl auch zur Überraschung der Vertragsteilnehmer selbst, wie man aus Art. 13 des Vertrags entnehmen kann.

[6] Das einschlagende Reichsgesetz, Fassung vom 10. IX. 1924 bestimmt: „Jedes Fieberthermometer, das verkauft oder sonstwie in Verkehr gebracht werden soll, muß amtlich geprüft und für den Vertrieb im Inlande außerdem durch amtlichen Stempel als den Prüfungsbedingungen genügend beglaubigt sein.“

[7] Dazu die Begründung des ursprünglichen Gesetzes von 1921, Verhandlungen des Reichstags 364, 527.

[8] Vgl. etwa W. Bazille und H. Meuth, Das Maß- und Gewichtsrecht des Deutschen Reiches (1913) 24. Wenn hier angenommen wird, daß die deutschen Vorschriften nicht anwendbar sind auf den Verkauf in das Ausland, bei dem nur eine vorbereitende Messung im Inland, die den Kaufpreis bestimmende außer Landes erfolgt, so beruht das auf den sachlichen Einschränkungen des Gesetzes. — Der

Recht vorsorglich schon das Bereithalten der Maße, Gewichte, Waagen unter den Eichzwang[9], und Art. 4 des französischen Gesetzes vom 4. Juli 1837 legt von vornherein dies Merkmal zugrunde. Danach fällt allerdings jedes Maß usw., das für gewerbliche Zwecke im Inland bereit gehalten wird, unter die Zuständigkeit des Gesetzes. Aber man wird doch wohl die weitere — sachliche — Beschränkung hinzufügen müssen, daß nur solche Maße dem Eichzwang unterliegen, die für eine Messung im Inland bestimmt sind[10]. In § 9 hat die deutsche Maß- und Gewichtsordnung die Vorschrift gegeben, daß bei faßweisem Verkauf die „Überlieferung" von Wein, Obstwein und Bier nur in geeichten Fässern erfolgen dürfe. Das bedeutet für solchen Verkehr zunächst einen Vermessungszwang der in Z. 2 zu behandelnden Art, gehört aber in den gegenwärtigen Zusammenhang, soweit dabei die Verwendung geeichten Geräts gefordert wird. Anders als in den vorher erörterten Fällen wird hier die Verwendung beglaubigten Geräts nicht nur für einen einzelnen Vorgang (eine Vermessung), sondern für die ganze Dauer der Versendung gefordert. Dem Inland aber muß nach dem Gesetz die „Überlieferung" angehören. Es scheint, daß man als deren Ort den Ort des Empfängers hat ansehen wollen[11]. Meines Erachtens muß es hier auf den Ort ankommen, von dem aus die Ware auf Geheiß des Verkäufers abgesandt wird. Polizeiliche Vorschriften wenden sich im Zweifel an den handelnden Teil, der in seiner Freiheit beschränkt werden soll, und überdies ergibt das Gesetz selbst, daß die Einfuhr in ungeeichten Fässern frei bleiben sollte[12], was widerspruchsvoll wäre, wenn es auf den Ort der Ablieferung anzukommen hätte.

In Ausnahmefällen ist die Eichung eines fremden Staats für gleichwertig erklärt worden[13], und eine solche Gleichwertigkeit liegt be-

---

Begrenzung des Reichsgesetzes entspricht diejenige einer preußischen Verordnung vom 13. V. 1840, die für Nichtgewerbetreibende in Geltung geblieben ist. Die Verordnung verlangt Anwendung, wenn die „Überlieferung" im Inland geschieht. Von der Auslegung wird das auf eine „Benützung" der Maße oder Gewichte im Inland bezogen; Groschuff-Eichhorn-Delius, Die preußischen Strafgesetze (1894) 39.

[9] Vgl. außer § 6 der Maß- und Gewichtsordnung auch die ähnliche Vorschrift in § 4 des Reichsgesetzes über die Bezeichnung des Raumgehalts der Schankgefäße 20. VII. 1881.

[10] So auch der französische Kassationshof 1. VI. 1899 Dalloz 1901 I 531.

[11] Der Regierungskommissär hat bei Beratung des Gesetzes (Stenographische Berichte des Reichstags 1881 1, 1055) ausgeführt, daß die Überlieferung im Inland erfolge, wenn die Sendung zwar an eine Person im Ausland gerichtet sei, aber einer zur Empfangnahme ermächtigten Mittelsperson im Inland ausgehändigt werde. Ebenso Bazille-Meuth 181.

[12] § 9 gestattet den „Weiterverkauf" eingeführten Weins, Obstweins, Biers in Originalgebinden, geht also davon aus, daß für die Einfuhr, die dem Weiterverkauf vorausgeht, eine solche Erlaubnis nicht erforderlich ist.

[13] Nach dem Bundesgesetz vom 10. III. 1870 zwischen den Staaten des Nord-

sonders nahe, wo zwar, wie in den deutschen Ländern, die Eichung Landessache ist, aber von Reichs wegen ihre Regelung empfangen hat. In der Tat ist diese Freizügigkeit alsbald durchgeführt worden, aber freilich nicht gegenüber Bayern (dessen vorgeschrittene Regelung Schwierigkeiten in der Gebührenbemessung bereitete[14]); erst die Erneuerung des Gesetzes von 1908 hat hier die volle Freizügigkeit gebracht. Bis dahin waren auch Schwierigkeiten daraus erwachsen, daß Elsaß-Lothringen anders als beispielsweise Preußen eine periodische Nacheichung forderte, dennoch aber die beiderseits geeichten Geräte Freizügigkeit banspruchen konnten. Es handelte sich bei dieser Verschiedenheit nicht darum, daß die Länder ohne Nacheichung der ersten Stempelung eine erhöhte Wirksamkeit verliehen hätten, die eine spätere Nachprüfung entbehrlich machte; beide Teile sind von der Notwendigkeit einer dauernden Überwachung ausgegangen, nur erfolgte sie in Preußen repressiv durch Polizei und Strafrichter, in Elsaß-Lothringen präventiv durch das Gebot wiederholter Eichung. Demgemäß hatte es für die Notwendigkeit einer Nacheichung nicht auf die Herkunft des Meßgeräts, sondern auf seinen Ort bei Ablauf der Frist für die Nacheichung anzukommen[15]. Die Einführung der Nacheichung für das ganze Reichsgebiet hat auch diesen Schwierigkeiten ein Ende gemacht.

Die einzelne Messung.

2. Auch die Vornahme der einzelnen Messung mag der Verwaltung Anlaß zur Betätigung geben. Daß dabei ein Systemzwang und ein Eichzwang wirksam sein können, soll hier bei Seite bleiben. Doch wird die Verwaltung eine solche Vermessung unter Umständen selbst ausführen, vielleicht Zwang gegen Private ausüben, eine Vermessung vorzunehmen,

---

deutschen Bundes und solchen Staaten außerhalb desselben, deren Maß- und Gewichtswesen in Übereinstimmung mit demjenigen des Bundes geordnet war.

[14] Vgl. etwa v. Riedel, Erläuterungen zum Polizeistrafgesetzbuch für Bayern[6] (1903) 394; Zeulmann, Blätter für administrative Praxis (1899) 49, 370 ff. Dagegen war die Freizügigkeit der geeichten Fässer auch bei einem Weiterverkauf im andern Gebiet als „Originalgebinde“ zugelassen (also nicht unter dem Gesichtspunkt einer Gleichwertigkeit staatlicher Prüfung, sondern der Befreiung von einer solchen, s. oben Anm. 12, zwischen Bayern, Württemberg, Hessen auch durch Vereinbarung sichergestellt. Vgl. darüber M. v. Seydel, Bayerisches Staatsrecht[2] 3, 339[32]; Zeulmann a. a. O. 361 f, 378; noch weitergehend Bälz, Jahrbuch der Württembergischen Rechtspflege (1894) 6, 127 ff.

[15] So im Ergebnis auch Bälz a. a. O. 131[2] für preußische Maße im Elsaß. Dagegen sei es berechtigt gewesen (so S. 132), Gerät aus einem Land mit verpflichtender Nacheichung in Ländern, die dies System nicht haben, dennoch einer Wiedereichung zu unterstellen; immerhin sei die Reichsregierung für solchen Fall von dem Grundsatz ausgegangen, „daß die Erfüllung der inländischen Formvorschriften genüge“, und es werden dafür einige sehr unglückliche Analogien aus Prozeßrecht und Privatrecht beigebracht.

oder auch die Mitteilung einer vorgenommenen Vermessung schützen oder wiederum erzwingen.

Eine staatliche Vornahme von Messungen kommt in verschiedenen Lebensbereichen vor, fakultativ und obligatorisch. Vorweg mag das internationale Verwaltungsrecht auch hier auf Messungen hinweisen, für die eine Mehrheit von Staaten gemeinsam tätig wird. Solche Zusammenarbeit ist für die Landesvermessung vorgesehen worden und hat in der Association géodésique internationale einen bedeutenden Ausdruck gefunden. Ihre Arbeit war über eine Vermessung von Mitteleuropa und dann von Gesamteuropa hinausgewachsen und hatte sich die Form der Erdoberfläche zu berechnen als Ziel gesetzt. Die Organisation beruhte auf der Generalkonferenz, ergänzt durch Tätigkeiten des Präsidiums und eines ständigen Ausschusses; ausführendes Organ war das Geodätische Institut Preußens in Potsdam. Der Verband hat de jure den Krieg überdauert, ist aber durch den Widerstand der vormaligen Kriegsgegner Deutschlands in seiner Wirksamkeit lahmgelegt. An seiner Stelle arbeitet seither eine private Gründung der Nachkriegszeit unter Ausschluß Deutschlands [16]. Daneben ist seit kurzem für räumlich begrenztes Gebiet die Kommission der Ostseestaaten tätig, die auf grund des Baltischen geodätischen Abkommens von 1925 eingesetzt worden ist [17].

Innerhalb des Verwaltungsbereichs der einzelnen Staaten kommen fakultative Messungen öffentlicher Stellen für mannigfache Bedürfnisse vor; für ihre Umgrenzung gilt, was oben S. 78 bemerkt wurde. Einen Vermessungszwang kennt das Verwaltungsrecht zuweilen darum, weil das Maß die Grundlage irgend einer andern verwaltungsrechtlich geforderten Einrichtung bildet. Das gilt vor allem für die Vermessung

[16] Der Verband ist 1864 als wissenschaftliche Vereinigung begründet, 1886 zum Staatenverband umgeformt worden. Seine endgiltige Verfassung erhielt er 1895. Der Kriegsausbruch hat ihn zwischen den Kriegsgegnern aufgelöst, aber auch nur zwischen diesen, wie die Neutralen die gemeinsame Arbeit während des Kriegs auch tatsächlich fortgesetzt haben. Die Friedensschlüsse zählen den Vertrag unter den wieder erneuerten Vereinbarungen nicht auf. Vgl. über die Association géodésique Helmert, Internationale Monatsschrift für Wissenschaft 1913, 397 ff; A. van de Sande Bakhuyzen, L'Association géodésique internationale 1912 (mir nicht zugänglich). Dazu Neumeyer (zit. oben Anm. 5) 17 f, 140 f, 317, 349 f. Der Vertrag vom 30. X. 1886 war mir nicht erreichbar; der Vertrag 11. X. 1895 Annuaire de la Vie internationale I, 389. Das vom Völkerbund herausgegebene Répertoire des organisations internationales schweigt über die Vereinigung! Über die private Union géodésique et géophysique internationale ebenda 162. — Einen Staatenverband sollte nach den Vertragsentwürfen von 1912 und 1913 auch das Pariser Bureau international de l'heure zur Grundlage erhalten. Es war dem Bureau die Aufgabe zugedacht, für Wissenschaft und Verkehr Zeitsignale zu geben. Seither (1920) ist es von der privaten Union astronomique internationale begründet worden. Vgl. dazu Répertoire 72, 160.

[17] Vertrag 31. XII. 1925 RGBl. 1928 II 51. Teilnehmer sind die 7 Ostseestaaten außer Rußland.

der Seeschiffe und der Binnenschiffe, von der oben Bd. 3 I 100 ff, 202 f gehandelt wurde. Und nach dem Bedürfnis, dem solche Vermessung dient, richtet sich demgemäß auch der Geltungsbereich der Auflage. Ist die Vermessung Voraussetzung für den Eintrag in das Schiffsregister, so trifft sie die Seeschiffe inländischer Flagge, die Binnenschiffe, die den Heimatort im Inland haben (deren Eigentümer die inländische Staatsangehörigkeit besitzt); ist sie die Voraussetzung für die Erhebung von Schiffahrtsabgaben, so übt den Zwang der Staat, der die Abgabe fordert, wobei nur auswärtige Vermessungen vielfach als gleichwertig gelten[18]. In anderen Fällen dagegen wird eine Messung um ihrer selbst willen gefordert, vornehmlich im Dienst der Gewerbepolizei. Dahin gehört die Bestimmung des Feingehalts von Gold- und Silberwaren. Zuweilen dem freien Verkehr überlassen, können solche Waren anderwärts auf Antrag staatlich geprüft und gestempelt werden; in manchen Gebieten besteht nach dem Vorgang Frankreichs ein staatlicher Prüfungs- und Stempelungszwang; Deutschland übt einen Zwang zu privater Bezeichnung, insofern die Anbringung vorbehaltener Zeichen nur bei Erreichung eines bestimmten Feingehalts gestattet wird[19]. Alle diese Gesetze gelten zunächst für eine Herstellung im Inland, verpflichten deshalb, auch wenn die Ware ausgeführt wird; ein Fall, für den allerdings öfter sachliche Erleichterungen vorgesehen sind[20]. Bei Waren ausländischer Herkunft fordern Deutschland, Großbritannien, die Schweiz die Befolgung des eigenen Rechts erst dann, wenn die Ware im Inland feilgehalten werden soll[21], während nach den Gesetzen Frankreichs und Österreichs schon die Einfuhr über die Grenze stempelungspflichtig macht[22]. Wenn dabei Waren ausländischer Herkunft zu-

---

[18] Zuweilen auch dann, wenn die ausländische Vermessung nach einem andern Maßsystem vorgenommen worden ist, oben Bd. 3 I 102[54].

[19] Zur Rechtsvergleichung Handwörterbuch der Staatswissenschaften[3] (1909) 3, 53 f (nicht mehr in der 4. Auflage).

[20] Deutschland Gesetz 16. VII. 1884; dazu etwa Schneidewin bei Stenglein, Strafrechtliche Nebengesetze[5] 1, 666. Frankreich Gesetz 19 brumaire an VI Art. 1; Gesetz 25. I. 1884; dazu Dalloz Répertoire pratique (1920) 8, 102 ff. Österreich Gesetz 19. VIII. 1865 §§ 1, 19. Schweiz Gesetz 23. XII. 1880; Vollzugsordnung 15. XI. 1892 Art. 50 ff und Bundesratsbeschluß 8. VI. 1896 bei Wolf Bundesgesetzgebung[2] 1, 475, 484. Für Großbritannien und Portugal Handwörterbuch der Staatswissenschaften a. a. O. Die sachlichen Erleichterungen der Ausfuhr gehen in Frankreich und Österreich so weit, die Ware von der staatlichen Stempelung völlig zu befreien. Die Schweiz hat vorgeschrieben, daß bei einer Ausfuhr nach Deutschland, England, Rußland — eine Forderung des schweizerischen Rechts — die Prüfung nach den im Bestimmungsland geltenden Vorschriften über den Feingehalt erfolgen solle.

[21] Reichsgesetz § 6. 5 & 6 Vict. c. 47 s. 59; vgl. auch 4 Edw. 7 c. 6. Schweiz Gesetz 1880 Art. 1.

[22] Für Frankreich das Gesetz des Jahres VI Art. 8, 23 und ein solches 11. 1. 1892 (dazu Dalloz n. 112 ff). Für Österreich §§ 1, 13, 30 ff, 62 des Ge-

weilen mit einem besondern Stempel bezeichnet werden, so ist das eine Maßregel fremdenrechtlicher Art. Und auch das ist nur eine Regelung innerhalb der Zuständigkeit des Inlandsrechts, wenn nach manchen Handelsverträgen die eingeführten Muster der Geschäftsreisenden für begrenzte Zeit von dem örtlichen Stempelungszwang freibleiben[23]. In sehr beschränktem Ausmaß kommt für solche Waren eine Gleichwertigkeit des Stempels auswärtiger Staaten vor[24].

Um einen Vermessungszwang handelt es sich auch, wenn das deutsche Recht die Überlieferung von Wein, Obstwein, Bier in geeichten Fässern vorschreibt. Es ist schon oben S. 79 ausgeführt worden, daß die Vorschrift sich auf eine Absendung aus dem Inland bezieht. Daß Gefäße, die zur Verabreichung solcher Getränke in Wirtschaften dienen, mit einer Bezeichnung des Sollinhalts versehen sein müssen, bestimmt ein Reichsgesetz von 1881; die Anordnung macht der Begrenzung von vornherein keine Schwierigkeiten[25]. Andere Vorschriften verpflichten, das Ergebnis einer Vermessung mitzuteilen. So besagt eine Verordnung von 1927, daß näher bezeichnete Lebensmittel, die in Verpackung an den Verbraucher abgegeben werden, eine Angabe über den Inhalt nach deutschem Maße oder Gewicht enthalten müssen; sie verpflichtet denjenigen, der die Ware „in Verkehr bringt", und gilt nach dem Zusammenhang ihrer Bestimmungen für eine Abgabe im Inland, auch wenn die Ware dem Verbraucher in das Ausland zugeschickt wird, dagegen nicht für die Einfuhr, solange nicht die eingeführte Ware im Inland in Verkehr gebracht worden ist[26]. Eine ähnliche Bestimmung für Süßstoff ist

setzes von 1865. Auch anerkannt in dem Handelsvertrag Österreich-Ungarns mit Italien 1906[13], Österreichisches RGBl. 367.

[23] Beispielsweise nach den Verträgen Deutschlands mit Österreich (Wirtschaftsabkommen) 1920[6] RGBl. 2295; Südslawien 1921[11] RGBl. 1922 II 113; Litauen 1923[6] RGBl. 1924 II 208; Rußland (Wirtschaftsabkommen) 1925[35] RGBl. 1926 II 1; Schweden 1926[7] ebenda 383; Schweiz 1926[14] ebenda 675.

[24] Österreich § 13 für Gold- und Silberwaren. Für die Schweiz — eine Stempelpflicht besteht dort nur für Uhrgehäuse bestimmter Beschaffenheit — hatte das Gesetz von 1880 in Art. 1 solche Gleichwertigkeit in Aussicht genommen; nach einer Instruktion von 1881 (Wolf 472) hatten die Verhandlungen bis dahin zu keinem Ergebnis geführt; die Vollziehungsverordnung von 1892 erklärt in Art. 65 die Anerkennung ausländischer Stempel für ausgeschlossen.

[25] Über die Abgabe von Bierflaschen mit Angabe des Inhalts Wettbewerbsgesetz § 11 II. Die nachfolgenden Bemerkungen zu diesem § 11 gelten auch hieher.

[26] Lebensmittelgesetz 5. VII. 1927 § 5 und Verordnung 29. IX. 1927 RGBl. I 318. Dafür, daß ein „in Verkehr bringen" hier als persönliche Tätigkeit dessen gemeint ist, der die Ware in den Verkehr einführt und die von ihm veranlaßte Versendung räumlich nicht einbezieht, sprechen mehrfache Anhaltspunkte: die Gleichstellung mit Feilhalten und Verkaufen in § 1 II, mit Herstellung in § 1 III und § 2 I der Verordnung; die Überwachungsvorschriften, die eine Tätigkeit im Inland voraussetzen, in §§ 7, 9 des Gesetzes. — Die Vorschrift nimmt über zwei dazwischen liegende Verordnungen von 1922 und 1923 Anschluß an eine ältere oben Bd. 2, 158 besprochene Anordnung.

zunächst gleichfalls auf „Abgabe“ im Inland beschränkt gewesen, unbeschadet einer Genehmigungspflicht für die Einfuhr; neuerdings ist auch ein — durch Handlungen im Inland betätigtes — „Beziehen“ unter die gleiche Auflage gestellt worden[27]. Wieder andere Bestimmungen verlangen, daß gewisse Erzeugnisse nur in vorgeschriebenen Einheiten der Zahl, des Maßes und Gewichts „verkauft oder feilgehalten“ werden, und daß diese Mengen wiederum auf der Verpackung angegeben sein sollen. So nach deutschem Recht bei dem Kleinhandel mit Garn und mit Kerzen. Die Gleichstellung des Verkaufs mit dem Feilhalten — dies letztere notwendig eine Tätigkeit des Verkäufers — aber auch der Inhalt der Vorschrift, die eine vorgängige Messung fordert, die von dem Verkäufer oder für ihn vorgenommen wurde, gibt auch derartigen Beschränkungen als Bindungen des Verkäufers Geltung für eine Versendung in das Ausland, aber nicht für eine solche aus demselben[28]. Systematisch gehören die in dieser Ziffer behandelten Vorschriften in den Zusammenhang der einzelnen gewerberechtlichen, verkehrsrechtlichen Bestimmungen, für welche die Vornahme der Messung Mittel zum Zweck ist.

Systemzwang.

3. Wo immer eine Größe durch Vergleichung mit einer Einheit bestimmt wird, muß ein System zugrunde liegen, das diese Einheit als Vergleichsmaßstab aufstellt. Zahlreich machen von Systemen solcher Art die Naturwissenschaften Gebrauch, zuweilen die Künste, häufig der Verkehr. Man zählt eine Menge von Gegenständen, zunächst in Vergleich mit der Zahl eins, im Verkehr aber auch nach bestimmten Vielheiten (ein „Schock“, ein „Groß“). Man mißt Länge, Fläche, Raumgehalt eines Körpers, bestimmt sein Gewicht (vielleicht wiederum nach Verpackungen, die eine bestimmte Vielheit enthalten), zählt die Schwin-

---

[27] Einfuhrerlaubnis nach dem Gesetz 4. VIII. 1926 § 1. Beschränkungen der Abgabe im Einzelhandel nach §§ 2, 3 der Verordnung 4. VIII. 1926 RGBl. I 467. Die Verordnung 6. VII. 1928 RGBl. I 409 hat die Auflage für die verkehrsübliche Form des Süßstoffs auf den Zwischenhandel erstreckt und auf ein Beziehen ausgedehnt, mit der sachlichen Einschränkung, daß die Ware für den Verbrauch im Inland bestimmt ist. Wenn die Verordnung von 1926 nunmehr auf die „Abgabe“ von Süßstoff abstellt, so ist das eine Neuerung gegenüber dem Bd. 2, 156[18] erwähnten früheren Süßstoffgesetz, und es mag immerhin darauf hingewiesen werden, daß das scharfe Verkehrsverbot des älteren Rechts in der neuen Gesetzgebung wesentlich gelockert wurde. Kennt auch die gegenwärtige deutsche Regelung Einfuhrbeschränkungen, so nehmen diese doch zu dem Verbot einer Abgabe ohne vorgeschriebene Bezeichnung keine Beziehung. Wer somit Süßstoff ohne die vorgeschriebene Bezeichnung aus dem Ausland nach dem Inland verschickt, mag sich wegen einer Verletzung der Einfuhrvorschriften strafbar machen, aber er hat nicht den Vorschriften über die Abgabe zuwidergehandelt.

[28] Bekanntmachungen 20. XI. 1900 RGBl. 1014 und 4. XII. 1901 RGBl. 494 auf grund des § 11 des Wettbewerbsgesetzes. Die abweichende Stellungnahme oben Bd. 2, 157 trägt den besonderen Verhältnissen der Vorschriften nicht Rechnung.

gungen eines Tons, mißt den Widerstand des elektrischen Stroms, und vieles andere mehr. Der Maßstab einer solchen Vergleichung ist für gewöhnlich allerorten verwendbar. Bei der Messung der Zeit freilich handelt es sich zum Teil um örtlich veränderliche Größen. Die Ortszeit wird durch die mittägliche Höhe der Sonne am jeweiligen Standort des Beobachters bestimmt (soweit nicht innerhalb begrenzter Gürtel eine Vereinheitlichung stattgefunden hat), und dasselbe hätte für die West-Ost-Grenze als die Grundlage des Datums zu gelten — 180° westlich, 180° östlich des Beurteilers — wenn nicht nach Übereinkunft in neuerer Zeit ein einheitlicher Meridian als Ausgangspunkt hiefür gewählt worden wäre.

Die Benützung derartiger Maßstäbe ist zunächst in das freie Belieben der Beteiligten gestellt. Wo sie den Verkehr angehen, wird ihnen vielfach rechtliche Bedeutung zuerkannt. Zum Teil stillschweigend. Der gregorianische Kalender ist niemals im Deutschen Reich eingeführt worden, und dennoch kommt seinen Angaben die Kraft eines Gewohnheitsrechtssatzes zu. Manchmal geschieht die Bestimmung des Systems durch Gesetz. Einziger Inhalt eines Reichsgesetzes vom 12. März 1893 ist der Satz: „Die gesetzliche Zeit in Deutschland ist die mittlere Sonnenzeit des 15. Längengrades von Greenwich“. Auch eine Rechtsvorschrift, die lediglich eine solche Begriffsbestimmung enthält, will die Messung nach diesem System „einführen“ (so auch die Überschrift des genannten Gesetzes) und damit einem Bedürfnis der Verwaltung genügen. Aber verwaltungsrechtlich handelt es sich dabei um eine Vorschrift, die der administrativen Sanktion entbehrt. Solche selbständige Begriffsbestimmungen haben rechtstechnisch nur die Aufgabe, als begriffsentwickelnde Rechtssätze zur Auslegung zu dienen, wo im Zusammenhang anderer rechtlicher Festlegungen eine Messung vorausgesetzt wird[29]. Es wird darauf unter Z. 4 weiter einzugehen sein. Es kann die Befolgung des Systems aber auch unmittelbar mit rechtlichem Zwang ausgestattet sein (wer mißt, soll verpflichtet sein, nach vorgeschriebenem Maß zu messen). Vielleicht auf grund einer privatrechtlich wirksamen Vereinbarung[30], öfter auf grund einer Einführung in

[29] Es ist jedoch mißverständlich, solche Vorschriften, wie das auf die Autorität Labands hin (Staatsrecht des Deutschen Reiches[5] 3, 194) in und außer Deutschland öfter geschieht, als jus dispositivum zu erklären. Die Regelung des Systems ist zwingendes Recht. Freigeblieben ist den Parteien — wenn überhaupt — ob sie auf das System Bezug nehmen wollen. Bei nachgiebigem Recht wird den Beteiligten anheim gestellt, ob sie eine Rechtsfolge eintreten lassen wollen oder nicht. Hier handelt es sich um die Freiheit in der Verweisung auf das System. Und wo die Verweisung auf eine gesetzliche Begriffsbestimmung rechtlich wirksam wird, da beruht auch dies nicht auf dem Willen des Rechtssatzes, der die Begriffsbestimmung gibt, sondern auf dem Willen einer andern Erklärung (Rechtssatz, Rechtsgeschäft), die die Verweisung als maßgeblich anerkennt.

[30] So im Verein deutscher Eisenbahnverwaltungen die Einführung eines ein-

den behördlichen Dienst durch Verwaltungsverordnung[31]. Es kann die Verwendung des Systems aber auch mit polizeilichem Zwang bei einer Messung zur Pflicht gemacht sein, und ein solcher Zwang bindet für die Messungen, die im Gebiet vorgenommen werden. Hauptsächlich kommt Zwang dieser Art bei den Messungen des täglichen Verkehrs vor, und wenn sich dabei der Ausschluß abweichender Systeme zunächst gegen abgeschaffte Maße desselben Gebiets zu wenden pflegt, so werden doch auch die Maße fremder Gebiete manchmal von ihm betroffen[32]. Das gilt beispielsweise für Art. V der österreichischen Maß- und Gewichtsordnung, der die „Anwendung" der gesetzlichen Einheiten „im öffentlichen Verkehr" vorschreibt. In Deutschland wird das gleiche Ergebnis auf dem Umweg über den Eichzwang (oben Z. 1) erreicht; denn nur die nach deutschem System geeichten Maße, Gewichte, Waagen dürfen „zum Messen und Wägen im öffentlichen Verkehr, sofern dadurch der Umfang von Leistungen bestimmt werden soll, angewendet werden." Aber auch um die Vergütung bei der gewerbsmäßigen Abgabe elektrischer Arbeit zu bestimmen, ist nach dem Reichsgesetz vom 1. Juni 1898 die Verwendung solcher Meßwerkzeuge geboten, deren Angaben auf den gesetzlichen Einheiten beruhen. Ähnlich bei der

---

heitlichen Gewichts und einer einheitlichen Zeit, vgl. darüber Festschrift über die Tätigkeit des Vereins deutscher Eisenbahnverwaltungen (1896) 349 ff, 355 ff.

[31] Art. 10 des Vertrags über Bildung des deutschösterreichischen Telegraphenvereins von 1850, Art. 6 des Vertrags dieses Vereins mit Belgien und Frankreich 1858 verpflichten die teilnehmenden Länder je für ihren Bereich, eine Einheitszeit durch Verwaltungsverordnung einzuführen. — Zum Teil gehören auch die Beschlüsse der internationalen Stimmtonkonferenz 1885 hieher, die sich mit der Herstellung einer Normalstimmgabel befassen (Martens[3] 11, 245). In Art. 282 des Versailler Vertrags und den anderen Friedensverträgen werden sie als Staatsvertrag behandelt, soviel ich sehe zu Unrecht. Eingeführt wurden die Festsetzungen beispielsweise in Österreich auf dem Dienstweg in den staatlichen Schulen und im Weg der Auflage in staatlich subventionierten Musikschulen und Musikvereinen (Mayrhofer 4, 1262); in den deutschen Einzelstaaten zum Teil wohl in völliger Freiwilligkeit, aber auch über den Bereich der Konferenzteilnehmer von 1885 hinaus (vgl. etwa Zentralblatt für das Deutsche Reich 1888, 959 und für Bayern Weber 19, 363).

[32] Daß auch Fremde sich des örtlichen Maßes zu bedienen haben, ist schon sehr früh geltendes Recht geworden. So für Italien Vertrag Asti-Alba 1193 Regestum Comunis Albe (1903) 1, 54; weiteres bei Neumeyer, Gemeinrechtliche Entwickelung des internationalen Privatrechts 2, 26[4]. Für Deutschland etwa Schultze, Historische Zeitschrift (1908) 101, 500. — Wo für verschiedenerlei Personenkreise verschiedenes Recht am selben Ort gilt, versagt freilich die Anknüpfung an den Ort der Messung. Alte Verträge der Venezianer mit Akkon, mit Euböa haben hier das System des Verkäufers zu grund gelegt (Neumeyer a. a. O.). Das Problem wiederholt sich in kolonialen Verhältnissen, wo für die farbige Bevölkerung andere Maße gelten als für die Weißen. Eine Verordnung für Kamerun 6. IV. 1894 hat hier zwischen Weißen und für Mischbeziehungen das System der herrschenden Schicht vorgeschrieben.

Bestimmung und Messung von Temperaturen und Wärmemengen im geschäftlichen Verkehr nach einem Reichsgesetz vom 7. August 1924. Hier überall entscheidet die Messung im Inland, und wenn beispielsweise die elektrische Zentrale im einen Gebiet sich befindet, der Stromzähler (am Ort des Beziehers) im andern Gebiet, so hat es auf den Ort des Zählers anzukommen[33].

Für besondere örtliche Verhältnisse ist neuerdings ein Systemzwang und ist die räumliche Begrenzung eines solchen rechtens geworden durch den Weltfunkvertrag von 1927. Der Vertrag bindet die Zeitangaben der Funktelegramme beweglicher Sendestellen an die Zeit von Greenwich, und das bedeutet Verbindlichkeit der Vorschrift für die Funkstellen, die einem Vertragsstaat angehören, ohne Unterschied des Orts, an dem das sie tragende Fahrzeug sich befindet; zugleich aber ist den Uferstaaten, deren Ortszeit von der Zeit von Greenwich stärker abweicht, freigelassen, Schiffen in ihren Küstengewässern die Verwendung der Ortszeit zu gestatten[34].

Eine Ausweitung des Systemzwangs könnte platzgreifen, wo eine Gesetzgebung die Angabe einer geschehenen Messung auf der Verpackung bestimmter Waren vorschreibt oder sogar eine Ausbildung der Umhüllung selbst als Meßgerät fordert; denn solche Waren können bei einer Versendung mit der Rechtsordnung mehrerer Staaten in Berührung kommen. Es ist oben S. 83 für eine Reihe derartiger Vorschriften festgestellt worden, daß sie nur verpflichten, wenn die Absendung der Ware aus dem Inland erfolgt; und das ist auch dann nicht anders, wenn in ihnen eigens noch Verpackung, Bezeichnung nach inländischem System gefordert wird. Sehr viel weiter indessen kann ein Systemzwang reichen, wo er zum Rechnungszwang ausgebildet ist: es wird verboten, andere als die gesetzlichen Einheiten des Inlands der Aufsuchung und Feststellung irgend einer Mengenberechnung zu grunde zu legen oder doch in rechtlich verbindlichen Willenserklärungen des Staats[35] oder eines Privaten auf andere Einheiten sich zu beziehen. Einen Zwang solchen Umfangs wird nun allerdings nicht leicht eine Gesetzgebung üben. Immerhin verbietet ein belgisches Gesetz vom 1. Oktober 1855 den Gebrauch anderer als der gesetzlichen Maße und Gewichte in öffentlichen Urkunden (der Privaten), Anschlägen, Anzeigen und in allen privaten Schriftstücken, die bei Gericht vorgelegt werden; eine sachliche Beschränkung freilich

[33] Wo Vorschriften ein „Bereithalten" von Meßgeräten andern als inländischen Systems verbieten, da wollen sie doch nur Geräte erfassen, die für systempflichtige Messungen im Gebiet bereitgehalten werden. Vgl. darüber unter dem Gesichtspunkt des Eichzwangs oben Z. 1.

[34] So Art. 25 der Vollzugsordnung. Vgl. oben S. 55, 57, 60[78].

[35] § 1540 des vormaligen russischen BGB. hatte vorgeschrieben, daß Abmachungen zwischen Staat und Privatpersonen nur in russischem Maß und Gewicht erfolgen dürfen.

macht die Vorschrift gegenüber Systemen des Auslands praktisch gegenstandslos, denn sie soll nicht gelten für Verschiffungen und Versendungen in das Ausland und allgemein, wo es sich um Geschäftstätigkeit und Grundstücke im Ausland handelt[36]. Wo die Beschränkung platzgreift, da dient ihr als Anknüpfung die Aufnahme der öffentlichen Urkunde, der Anschlag, die Veröffentlichung im Inland, bei privaten Schriftstücken ihr Gebrauch vor einem inländischen Gericht. Und sie kommt unter solchen Umständen zur Geltung ohne Rücksicht auf die Gesetzgebung, die das Rechtsgeschäft privatrechtlich beherrscht; der administrative Zwang ist in seinem Bereich schlechthin wirksam. Auf der andern Seite aber muß beachtet werden, daß trotz einer Erlaubnis, nach fremdem System zu rechnen, eine Messung im Inland, die diese Angaben nachprüfen soll, unter den hier geltenden Systemzwang fallen kann[37].

Daß eine Ordnung des Maßwesens den Staat selbst in seiner Verwaltung bindet, liegt auf der Hand, und das gilt auch für Amtsstellen, die er im Ausland unterhält. Die deutschen Konsulate im Osten Europas amtieren nach dem gregorianischen Kalender. Ob eine solche Ordnung Privaten gegenüber für Außenbereiche der Staatsgewalt gilt, kann nur für jeden dieser Bereiche gesondert entschieden werden[38]. Für die heimische

---

[36] Vorbild des belgischen war das französische Gesetz vom 8. VII. 1837, das indessen die Ausnahme nicht kennt und seiner Entstehungsgeschichte entsprechend von vornherein nur auf einen Ausschluß der früheren Systeme des Inlands zu beziehen sein wird; insbesondere nötigt zu dieser Auslegung die Gleichstellung von Maß, Gewicht und Währung, da ein Verbot, Urkunden in fremder Währung zu errichten, nicht wohl in dem Sinn der Bestimmung liegen kann (vgl. dazu unten § 94 Z. 4). Immerhin begegnet die Annahme, es seien hier auch Maße, Gewichte, Zeitangaben nach ausländischem System verboten. Vgl. etwa E. Garsonnet, Traité de procédure civile[3] (1912) 2, 150. Und man sieht sich dann wieder genötigt, für Auslandsbeziehungen sachliche Einschränkungen zu machen, nach einer Entscheidung von 1832 (ein beschränkter Rechnungszwang galt schon vor dem Gesetz von 1837) bei Verträgen *qui doivent avoir leur exécution en pays étranger ou qui sont stipulées en valeurs étrangères* (so formuliert der ältere Dalloz, Répertoire méthodique 35, 1028; der neue Dalloz, Répertoire pratique 9, 81 und das Répertoire général alphabétique du droit français 30, 761 fassen zusammen: *s'il s'agit de valeurs on de biens étrangers,* was nicht völlig das gleiche ist). — Ein ähnlicher Zweifel ergibt sich für das österreichische Gesetz vom 26. I. 1918 § 3: „Im öffentlichen Verkehr ist die Anwendung der Bezeichnung Karat für andere als die metrischen Karatgewichte nicht gestattet." Hier legt schon die Ausführungsverordnung vom 7. XII. 1928 RGBl. 151 nahe, daß dabei nur an Bezeichnungen gedacht ist, die ein Zuwägen im inländischen Verkehr zur Folge haben. — Einen Rechnungszwang nach deutschem Maß und Gewicht hatten auch vormalige Verordnungen für Kamerun und Togo vorgesehen. Doch hat sich dieser Zwang gegen den Gebrauch der Eingeborenenmaße gewendet, gehört also nicht in den gegenwärtigen Zusammenhang.

[37] So ausdrücklich die preußische Verordnung von 1840 (oben Anm. 8).

[38] Hier mag auch auf Art. 8 des deutsch-französischen Abkommens 13. IV. 1925

Seeschiffahrt wird eine solche Erstreckung im Zweifel anzunehmen sein, und es bleibt nur zu beachten (dies gilt auch für die vorerwähnten staatlichen Stellen im Ausland), daß es variable Systeme gibt wie die Stundenrechnung, die nach ihrem eigenen Inhalt von Ort zu Ort verschieden ist[39]. Einer Einführung der Systeme in die Kolonien kann möglicherweise der Umstand entgegenstehen, daß die Kolonie Teil eines größeren Wirtschaftsgebiets ist, das nach anderen Maßen rechnet[40]. Der letzte Krieg hat auch die Einführung der Stundenrechnung des Okkupanten, wo eine Verschiedenheit bestand, auch seines Kalenders in besetzte Gebiete gebracht[41]. Lassen sich Gründe der Zweckmäßigkeit für eine solche Maßregel vorbringen, so ist es doch offensichtlich die Betonung des Herrenstandpunkts gewesen, die hier den Ausschlag gegeben hat — in schwer zu vereinbarendem Widerspruch zu Art. 43 der Landkriegsordnung, nach dem die besetzende Macht, soweit kein zwingendes Hindernis besteht, unter Beachtung der Landesgesetze das öffentliche Leben wiederherzustellen hat[42].

Wo bei einer Messung im Inland der Systemzwang aus sachlichen Gründen nicht platzgreift, z. B. weil sie nicht zur Bestimmung von Leistungen vorgenommen wird oder nicht mit einem Meßgerät im Sinn des Gesetzes[43], da mag auch im Inland nach fremden Maßen gemessen

---

RGBl. 1927 II 469 über die Grenzbahnhöfe hingewiesen sein: „Gesetzliche Zeit ist die Zeit des Landes, auf dessen Gebiet der Grenzbahnhof liegt."

39 Preußische Polizeiverordnung betr. die Führung des Schiffstagebuchs § 2 vom 6. II. 1904 Grotefend 57: „Bei der Eintragung von Geburten oder Sterbefällen sind die Zeitangaben nach der bürgerlichen mittleren Zeit des Orts zu machen, in welchem das Schiff zur Zeit der Geburt oder des Sterbefalls sich befand." Wie die übrigen Vorschriften der Verordnung gilt auch diese für deutsche Schiffe preußischer Herkunft ohne Unterschied ihres Aufenthaltsorts. — Dagegen wird die Einführung der „Sommerzeit" im Zweifel nur für das mutterländische Gebiet gelten wollen. Ein Rundschreiben des französischen Marineministers 11. VI. 1916 Dalloz 1916 IV 204 macht den Gedanken für die Kriegsmarine in der Weise nutzbar, daß die Schiffe in Fahrt (außerhalb der Tropen) die um eine Stunde vorgerückte Ortszeit haben sollen. Geltungsgrund der Vorschrift ist nicht das französische Gesetz über die Sommerzeit, sondern Verwaltungsverordnung.

40 In die deutschen Schutzgebiete (in denen es aus staatsrechtlichen Gründen stets einer besondern Einführung bedurfte) sind Maß und Gewicht des Mutterlands nur schrittweise übernommen worden, zum Teil unter Schonung der Maße der Eingeborenen; in Kiautschou wurde ein Zwang niemals geübt.

41 Cybichowski, Zeitschrift 26, 435 (die Russen in Galizien). Verordnungsblatt für das Generalgouvernement Warschau 1. XII. 1915 (die Deutschen in Polen). Behrend, Blätter für vergleichende Rechtswissenschaft 12, 123 (die Deutschen in Frankreich). Münchener Neueste Nachrichten 18. IV. 1917 (Rumänien).

42 Auch in den besetzten Rheinlanden wurde 1920 die westeuropäische Zeit auf den Bahnen eingeführt und ist erst 1925 die mitteleuropäische Zeit wieder zugelassen worden; W. Vogels, Die Verträge über Besetzung des Rheinlands (1925) 312[1]. Hier standen der Maßregel gesteigerte Bedenken entgegen.

43 In Deutschland beruht der Systemzwang auf dem Eichzwang, entfällt also

werden[44]; überdies gibt das deutsche Gesetz für bestimmte Waren und Betriebe mit Auslandverkehr selbst bei verbindlichen Messungen im Inland das System frei[45]. Wo ein Rechnungszwang nicht entgegensteht, da können einem Rechtsgeschäft im Inland fremde Maße zu grunde gelegt werden. Ja sogar der Staat selbst mag in die Lage kommen, nach fremden Einheiten zu rechnen[46] oder sogar Messungen nach fremdem System vorzunehmen[47].

Für Rechnungen und Messungen, die unter der Hoheit eines fremden Staats vorgenommen werden, muß dessen System anerkannt werden[48]. Wo abweichend von der Ortszeit eine mittlere Zeit oder eine Sommerzeit eingeführt ist, wo das Datum abweichend von der sonst rezipierten Ost-West-Grenze landesrechtlich bestimmt wird, da kann dies — unter dem Vorbehalt einer Umrechnung bei Vergleichungen — auch in anderen Staaten Anerkennung beanspruchen. Die Sätze des Inlandsrechts über die Ortszeit oder die Datumsgrenze gelten nur für Zeitnahmen, die unter der Hoheit des Inlands erfolgen[49]. Dagegen ist ein System*zwang*, den ein fremder Staat übt, für das Inland rechtlich unerheblich. Selbst wenn ein Rechtsgeschäft des Privatrechts, das gegen den Rechnungszwang eines fremden Staats verstößt, nach dessen Vorschrift nichtig wäre, so hätte das für das Inland keine rechtliche Bedeutung, denn nach gegenwärtig geltendem Rechtszustand gewährt der Staat Verwaltungseinrichtungen eines andern Staats nur auf grund besonderer Rechtstitel aktive Förderung (vgl. dazu unten § 93 Z. 1).

---

bei einer Messung mit Geräten, die dem Eichzwang nicht unterworfen sind, z. B. eine Haspel für Garnmessung.

[44] Dazu die Ministerialerlasse mehrerer deutscher Länder von 1887 und 1888 bei *Reger*, Entscheidungen der Gerichte und Verwaltungsbehörden 8, 460.

[45] Maß- und Gewichtsordnung § 6 V; Bekanntmachungen 8. XII. 1911 RGBl. 1063; 20. VI. 1913 RGBl. 372; 23. XII. 1922 RGBl. 983. Bei Webstoffen, Drahtgespinsten, Apothekerwaren, Holz, Sämereien werden die Messungen im Verkehr nach dem Ausland freigegeben, bei Webstoffen und Holz auch für den Verkehr aus dem Ausland; in der Mehrzahl der Fälle nur zu gunsten des englischen Systems.

[46] Beispiel: in einem deutsch-russischen Eisenbahnvertrag von 1904 RGBl. 1905, 21 wird die Spurweite der russischen Strecke nach deutschem und englischem Maß bestimmt.

[47] So bei der Vermessung von Seeschiffen, vgl. oben Bd. 3 I 102 f. Für Fieberthermometer Z. 4 der Verordnung 27. I. 1925 RGBl. I 7. Über die Prüfung des Feingehalts von Uhrgehäusen in der Schweiz oben Anm. 20.

[48] Beispiel: im Vollziehungsprotokoll des deutsch-türkischen Handelsvertrags von 1907 RGBl. 371 werden die Dienststunden der türkischen Zollämter nach türkischer Zeit festgesetzt.

[49] Die Anerkennung der Zeitrechnung anderer Gebiete kann freilich zu überraschenden Ergebnissen führen. Eine Depesche, die in Moskau vormittags 10 Uhr aufgegeben wird, kommt in Paris vormittags 8 Uhr desselben Tags an. Das Telegramm, das jemand am Vormittag des 12. Januar in Japan abschickt, läuft in Kalifornien am Nachmittag des 11. Januar ein. Doch können daraus keine rechtlichen Schwierigkeiten erwachsen. Denn wo Stunde und Tag der beiden Bereiche

Das System als Voraussetzung.

4. In den vorstehend erörterten Rechtssätzen bilden die Maße den Gegenstand rechtlicher Regelung. Zahllos aber sind die Aussagen und Willenserklärungen, in denen der Staat und die Privaten auf ein Maßsystem Bezug nehmen; nicht in dem Sinn, daß bei solcher Aussage oder Erklärung das System mitbestimmt würde, sondern so, daß das System dabei als geregelt vorausgesetzt wird. Es muß auf diese Fragen, soweit es sich um rechtserhebliche Verweisungen handelt, hier schon des Gegensatzes halber eingegangen werden, und ohne daß geschieden werden könnte, in welchem Rechtszweig die Bezugnahme vorkommt. Dabei können solche rechtserhebliche Verweisungen sich ebensowohl auf eine Meßweise beziehen, die lediglich verkehrsüblich ist („Sack Zucker"), wie auf eine solche, die durch gesetzliche Begriffsbestimmung festgelegt wurde. Welchen Sinn aber jemand mit einer Maßbezeichnung verbinden will, darüber kann nur derjenige entscheiden, der die Bezeichnung verwendet; handelt es sich um die Bezugnahme in einem Rechtssatz oder bei einer rechtserheblichen Tätigkeit der Verwaltung, so entscheidet die Absicht dieses Staats; wenn um die rechtserhebliche Tätigkeit eines Privaten, so dessen Absicht. Zuweilen mag auf die Freiheit der Entschließung ein staatlicher Zwang einwirken, sich bei der Verwendung der Bezeichnungen eines bestimmten Systems zu bedienen; darüber oben Z. 3. Im Übrigen aber steht die Wahl des Systems im Ermessen der Beteiligten.

Ist die Bezugnahme auf ein System zweifelsfrei ausgedrückt, so erübrigen sich weitere Schwierigkeiten. Bestehen hier Unklarheiten, so bedarf es einer Feststellung der Absicht des Erklärenden. Es wird dabei notwendig auf die Umstände des einzelnen Falls abgestellt werden müssen. Immerhin, für Verweisungen, die sich in Gesetzen und bei Handlungen der staatlichen Verwaltung finden, kann mit einer Wahrscheinlichkeit, die an Gewißheit grenzt, angenommen werden, daß eine Bezugnahme auf das Maßsystem dieses Staats gemeint war[50]. Bei

---

zueinander in Beziehung gebracht werden, bedarf es der Umrechnung auf die eine der beiden Bestimmungen, vgl. darüber unter Z. 5.

[50] Auch dann, wenn es sich um Angelegenheiten der auswärtigen Verwaltung handelt. So wenn die Kriegspartei den feindlichen Handelsschiffen eine Frist setzt, die Häfen ihres Gebiets zu verlassen, für die Berechnung dieses Zeitraums. Zeitangaben über den Beginn einer Blockade werden im Zweifel auf Ortszeit zu beziehen sein; doch bedeutet das nicht die Wahl einer andern Rechnungsart, als sie die blockierende Macht hat; die Beweglichkeit der Ortszeit ist selbst ein Stück ihres Rechnungssystems. — Um eine Frage der Auslegung handelt es sich in gleicher Weise, wo auf völkerrechtlichem Boden ein Rechtsgeschäft von einer Maßbezeichnung Gebrauch macht. Liegt ein einseitiges Rechtsgeschäft vor wie eine Kriegserklärung, so wird regelmäßig das System, hier die Zeitrechnung der erklärenden Macht als gewollt gelten müssen (anders z. B. für die zeitliche Festlegung einer Ratifikation, die an vereinbartem Ort im Ausland zu erklären ist). Und ebenso

Verweisungen in Rechtsgeschäften Privater ist das anders[51]. Doch bestehen auch für solche — immer unter der Voraussetzung, daß nicht die Betrachtung des einzelnen Falls bereits die Lösung ergibt — Wahrscheinlichkeiten, die auf einer Durchschnittserfahrung beruhen, und man hat in diesem Sinn schon auf die Ordnung der Maße am Ort der Vornahme des Rechtsgeschäfts, am Erfüllungsort, am Ort des Gegenstands verwiesen; ich würde im Zweifel zunächst auf das System des Orts abstellen, an dem die verbindliche Messung geschehen soll[52]. Über den Sinn einer solchen Abstellung auf den Vertragsort, Erfüllungsort oder eine andere örtliche Beziehung begegnen freilich seltsame Mißverständnisse. Sie bedeutet, daß die Maße dieses Orts sachlich den Inhalt einer Leistung bestimmen sollen, aber sie verweist nicht auf das Recht dieses Orts. Es ist nicht so, daß das Rechtsgeschäft selbst nunmehr insoweit

muß die Absicht der Vertragsteile bei Staatsverträgen entscheiden. Wo beispielsweise der Staatsvertrag eine Bindung der Staatsgewalt in ihrer Betätigung gegen Private zum Inhalt hat, wird es auf die Maße dieses Staats anzukommen haben (vgl. etwa den deutsch-japanischen Handelsvertrag 1869 RGBl. 1870, 1 Best. 8). Oder es mag bei Leistungen von Staat zu Staat der Satz eingreifen, daß die Übernahme einer Belastung nur soweit reicht, als sie bei Zugrundelegung beider Ordnungen zu recht besteht usw. Fälle, in denen die objektiv geltenden Sätze des Völkerrechts (unabhängig von der Grundlage eines Staatsvertrags) von Maßbezeichnungen Gebrauch machen, sind selten, mangeln aber nicht völlig. Und da die völkerrechtliche Gemeinschaft keine eigenen Maße hat und haben kann, muß es sich auch dabei notwendig um Verweisung auf das System irgend eines Einzelstaats handeln. Welches System das ist, kann nur im Zusammenhang der auszulegenden Vorschrift festgestellt werden. Für die Dreiseemeilengrenze z. B. wird es, wo die verschiedene Bemessung der Seemeile in verschiedenen Staaten rechtserheblich wird, wahrscheinlich auf das englische Maß anzukommen haben. — Mancherlei nützliches Material bei Deak, Computation of time in international law, American Journal of international law 1926, 502ff. Über gleichartige Fragen hinsichtlich der Währung unten § 92 Z. 2.

[51] Die Maßbezeichnung in einem solchen Rechtsgeschäft wird meist dazu dienen, die Menge einer Leistung zu bestimmen. Sie kann aber auch deren Gliederung zum Gegenstand haben, und es müssen keineswegs die beiden Festsetzungen demselben System angehören. Ein lehrreiches Beispiel aus dem Bereich zeitlicher Verschiedenheiten in einer Amsterdamer Entscheidung von 1877, Revue de droit international 13, 417: an der Amsterdamer Börse werden 8500 Sack österreichischer Zucker verkauft zu einer Zeit, als die österreichischen Fabriken dazu übergegangen waren, nicht mehr in Säcken zu 112 kg, sondern zu 100 kg zu liefern, dies aber in Amsterdam noch nicht bekannt war. Es wird entschieden, daß in Säcken zu 100 kg geliefert werden könne, jedoch eine Menge zu liefern sei, die einem Sackinhalt von 112 kg entspricht.

[52] Übersicht über die Dogmengeschichte bei Ch. Laurent, Le droit civil international (1881) 8, 217ff. Vgl. auch J. Story, Commentaries on the conflict of laws[6] (1865) 354f. Der Ort der verbindlichen Messung wird häufig, aber nicht immer mit dem Erfüllungsort zusammenfallen; bei einer Verweisung auf den Ort des Gegenstands bleibt der Zeitpunkt ungewiß, an dem sich die Sache an dem Ort befunden haben muß. Wenn Laurent a. a. O. und Diena, Diritto commerciale internazionale 2, 54ff feststellen, daß die Auslegung der Parteiabsicht ein

(etwa bezüglich seiner Erfüllung oder dergleichen) unter die Gesetze des Abschlußorts treten würde. Kann doch die Verweisung auf ein System sich beziehen, das der rechtlichen Regelung überhaupt ermangelt (Sack Zucker). Und wenn das angezogene System rechtlich geregelt ist: nicht der Wille des Staats macht das System im gegebenen Fall anwendbar, dessen Maße benützt werden sollen, sondern der Wille des Teils, der auf das System Bezug nimmt. Bei der Auslegung einer zweifelhaften Verweisung aber handelt es sich um die Ausdeutung eines psychologischen Tatbestands, um Feststellung einer Erkenntnis also, überhaupt nicht um eine Willenserklärung[53]. In einen andern gedanklichen Zusammenhang dagegen gehört die Frage, ob nicht, wenn Parteiwille auf ein ausländisches Maß verweist, das Maß in der Beschaffenheit gemeint ist, wie es von dem Recht jenes Staats geregelt wird. Die Frage wird meist zu bejahen sein, und die Folge davon ist, daß die Sätze des ausländischen Verwaltungsrechts, die das Maßsystem begründen, auch im Inland zur Anwendung gebracht werden müssen.

Um bei Rechtsgeschäften des Privatrechts die Unsicherheiten einer zweifelhaften Verweisung abzuschneiden, haben freilich die Gesetzgebungen zuweilen selbst Auslegungsregeln aufgestellt. So § 361 des deutschen Handelsgesetzbuchs: „Maß, Gewicht, Währung, Zeitrechnung und Entfernungen, die an dem Orte gelten, wo der Vertrag erfüllt werden soll, sind im Zweifel als die vertragsmäßigen zu betrachten“[54]. Bei derartigen Sätzen handelt es sich in der Tat um einen Rechtswillen. Ihr Sinn ist, daß dort, wo die Feststellung des Inhalts einer Parteiverweisung unsicher bleibt, der Inhalt der Verweisung nicht mehr durch den Parteiwillen, sondern durch das Gesetz bestimmt werden soll. Also eine materiellrechtliche Änderung im Inhalt des Rechtsgeschäfts. Und es ist klar, daß zu solcher Änderung nur die Rechtsordnung zuständig ist, welche die Schicksale des Rechtsgeschäfts auch sonst bestimmt[55].

---

anderes System ergeben könne als dasjenige des Orts, an dem die Messung wirklich vorgenommen wird, so ist das zutreffend. Aber es hindert nicht, die Parteiabsicht selbst im Zweifel auf das System des Messungsorts zu beziehen.

[53] Eine scharfe Scheidung zwischen Auslegung einer Willenserklärung und maßgebendem Recht zuerst bei Savigny, System des heutigen römischen Rechts 8, 262ff und seitdem mehrfach. Dennoch ist die Verwirrung der beiden Gesichtspunkte auch jetzt noch sehr häufig anzutreffen.

[54] Ebenso Art. 336 des früheren und in Österreich geltenden Handelsgesetzbuchs. Vgl. schon das Bayerische Landrecht von 1756 IV 14 § 10 Z. 5 (Ort des Vertragsschlusses); das Preußische Landrecht von 1791/94 I 5 § 256 (Ort der Übergabe); Österreich a. BGB. § 905 (ursprünglich Ort der Übergabe, jetzt Erfüllungsort); Ungarn HGB. § 326 (Erfüllungsort); Argentinien HGB. Art. 220 („Gewicht oder Maß, welche bei Verträgen gleicher Art üblich sind“).

[55] Bei der Berechnung der Lade- und Löschzeit hat das deutsche Seerecht die Eigentümlichkeit (HGB. §§ 568, 573, 575, 595, 597, 599), die Auslegungsregeln nur zum kleineren Teil selbst zu geben, im übrigen aber auf die örtlichen Verordnungen, hilfsweise auf den Ortsgebrauch des Abladungs- und Löschungshafens weiterzuver-

Aber auch in solchem Fall hat die Verweisung, welche das Gesetz aufstellt, nichts weiter zu tun mit der Gesetzgebung, welche am Ort des zu verwendenden Maßsystems für das Rechtsgeschäft gelten würde. Wenn ein italienisches Gericht über die Lieferung eines Motors zu entscheiden hat, die in Österreich vereinbart wurde, Erfüllungsort bei der englischen Fabrik, so wird das Gericht den Vertrag nach österreichischem Recht beurteilen und in Anwendung des österreichischen Schuldrechts (Art. 336 HGB.) alsdann die Stärke der vereinbarten Pferdekräfte nach englischem Handelsbrauch, nicht nach der Begriffsbestimmung des österreichischen Gesetzes bemessen[56].

Vergleichung.

5. Steht für einen Tatbestand das ihm zukommende Maß nach System und Durchführung fest, so können immer noch Schwierigkeiten nach anderer Richtung zu beheben sein: wo eine Vergleichung zweier Messungen erforderlich wird. Eine solche Vergleichung kommt vornehmlich für die Zeitmessung in Betracht, und es handelt sich dabei um die Berechnung einer Gleichzeitigkeit und einer Nachzeitigkeit von Ereignissen. Niemand bezweifelt, daß die Vergleichung zweier Entfernungen, die nach Meter und nach Fuß gemessen sind, nur geschehen kann, wenn die eine der Messungen auf den Maßstab der andern umgewandelt wird. Bei der Vergleichung von Zeitangaben ist das nicht anders[57]. Der Vater ist in Berlin um 12 Uhr mitteleuropäischer Zeit ge-

---

weisen. Auch diese Regelung gilt nur, wo deutsches Recht für den Frachtvertrag maßgebend ist. Aus eigener Kraft mag eine örtliche Verordnung die Berechnung der Lade- und Löschzeit etwa für verkehrspolizeiliche oder für abgabenrechtliche Zwecke regeln, frachtrechtlich schöpft sie (wie von vornherein der Ortsgebrauch) ihre Wirksamkeit aus der lex causae. — Aus der lex causae sind natürlich auch solche Auslegungsregeln zu schöpfen, die nicht Zweifel über das anzuwendende Maßsystem, sondern über die zu messende Menge beheben. Dahin gehören vornehmlich Auslegungsregeln über Fristen und Termine, die Frage, ob eine Frist nach „natürlicher“ oder „bürgerlicher“ Rechnung zu bemessen, ob der Anfangs- oder der Endtag mitzuzählen ist, und dergleichen.

[56] Welche Verwirrungen hier vorkommen, zeigt ein Zwischenspiel bei Vorbereitung des neuen deutschen Handelsgesetzbuchs (Düringer und Hachenburg, Handelsgesetzbuch[2] 2, 535): der frühere Art. 336, der auf das Maß des Erfüllungsorts verweist, sollte nicht übernommen werden, weil in „Widerspruch“ mit der geplanten Vorschrift des internationalen Privatrechts, daß Schuldverhältnisse nach dem Gesetz des Vertragsorts zu beurteilen seien; erst als die geplante Kollisionsnorm aus dem Entwurf des BGB. wieder ausgeschieden war, hat man den jetzigen § 361 HGB. neuerdings aufgenommen!

[57] Wird es sich bei solcher Vergleichung zumeist um die Beziehung zweier selbständiger, jeweils landesrechtlich geordneter Rechnungssysteme handeln, so können — wenigstens für Stunde und Datum — vermöge der Veränderlichkeit der Rechnungsgrundlage gleichartige Fragen auch innerhalb desselben Systems auftauchen z. B. für Fristen, die zwischen Schiffsinsassen während der Fahrt laufen.

storben, der Sohn am gleichen Tag um $1/2$12 Uhr westeuropäischer Zeit in London; wer hat den andern Teil beerbt? Es wurde oben S. 90 festgestellt, daß wir die Zeitrechnung eines fremden Gebiets nach dortiger Ordnung anerkennen. Aber die Entscheidung der Frage ist nicht gefördert, wenn man das Datum der Ereignisse kennt. Ihr gegenseitiges zeitliches Verhältnis zu wissen, ist von nöten, und das ist nur zu erreichen durch Umrechnung der einen Rechnungsweise auf die andre: der Sohn ist Erbe des Vaters geworden. Ein Gleichzeitigkeitsproblem ist auch in dem Geltungsbeginn der Gesetze gegeben. Es ist einmal angenommen worden, daß das BGB. am 1. Januar 1900 mitteleuropäischer Zeit in Geltung getreten sei, auch für die Ereignisse, die sich im Ausland zugetragen haben[58]. Die Annahme ist richtig. Denn der Gesetzesbefehl, als der sich das Inkrafttreten einer Vorschrift darstellt, ist eine Äußerung der Staatsgewalt und damit lokalisiert am Sitz dieser Staatsgewalt. Aber nun erst bedarf es der Vergleichung mit den Tatbeständen, deren Unterwerfung unter das Gesetz behauptet wird, und das kann wiederum nur auf dem Weg der zeitlichen Umrechnung geschehen. Ein anderer Fall solcher Art hat einmal das Reichsgericht beschäftigt. Deutsche Konsuln können Zeugen mit richterlicher Gewalt vernehmen, wenn sie dazu vom Reichskanzler ermächtigt werden; ein Konsul in Kanada hat eine solche Vernehmung am selben Tag durchgeführt, an dem in Berlin die Genehmigung vollzogen wurde. Das Reichsgericht (das der Ermächtigung des Konsuls von der Unterzeichnung an Wirksamkeit zuschreibt) erklärt das Verhör als richterliche Vernehmung: „mit Rücksicht auf den großen Unterschied der Ortszeiten in Winnipeg und in Deutschland muß ohne weiters angenommen werden, daß die Ermächtigung vor der Vernehmung erging“[59]. Wiederum also Umrechnung. Den festen Punkt aber, in dessen Zeitrechnung der andere Vorgang eingestellt werden muß, bildet die Zeit desjenigen Ereignisses, das die Grundlage des erhobenen Anspruchs bildet.

Eine Umrechnung entsprechender Art erweist sich aber auch da notwendig, wo zwei Zeitpunkte mit Rücksicht auf einen zwischen ihnen liegenden Zeitraum zu einander in Beziehung gebracht werden. Denn jeder solche Zeitraum wird nach Bedürfnissen berechnet, die einen bestimmten Zeitablauf vom Ausgangsereignis an als angemessen er-

---

Es besteht kein Anlaß, im folgenden zwischen den beiden Möglichkeiten zu unterscheiden. Die einen und die andern gehören dem Bereich des materiellen Rechts an.

[58] So H. Habicht, Die Einwirkung des Bürgerlichen Gesetzbuchs auf zuvor entstandene Rechtsverhältnisse[3] (1901) 35 ff mit sehr verworrener Begründung: solche Ereignisse außer Landes würden „im wesentlichen“ in der Person von Deutschen eintreten, und es entspreche der Richtung des Gesetzes, Deutsche allerwärts an ihr „Recht“ zu binden.

[59] Urteil 16. V. 1914 Entscheidungen in Strafsachen 49, 349.

scheinen lassen. Dem Zweck entspricht also nur diejenige Bemessung, die vom Ausgangsereignis an läuft, und wenn der Endpunkt Beziehungen zu einem andern System der Berechnung aufweist, so müssen die beiden Angaben auf dasselbe System gebracht werden. Es ist vornehmlich die Kalenderverschiedenheit zwischen dem Osten und dem übrigen Europa, die öfter zu solchen Erörterungen Anlaß gegeben hat. Wer in Rußland unter dem julianischen Kalender geboren ist, dessen Volljährigkeit kann nur nach dem hienach festgestellten Tag berechnet werden, auch wenn er zur Zeit der Erreichung der Volljährigkeit sich im Westen befindet[60]. Der deutsch-russische Urheberrechtsvertrag von 1913[61] hatte einen Übersetzungsschutz von 10 Jahren vereinbart; er wurde gemäß ausdrücklicher Bestimmung nach dem Kalender des Orts berechnet, an dem die Veröffentlichung erfolgt war. Insbesondere hat der Wechselverkehr solche Schwierigkeiten aufgeworfen. Hier begegnet zunächst eine Auslegungsfrage der früher erörterten Art: auf welchen Kalender die Zeitangaben des Wechsels, insbesondere sein Verfalltag, im Zweifel zu beziehen seien[62]. Handelt es sich aber um Wechsel, bei denen der Verfalltag in eine zeitliche Verbindung mit dem Ausstellungstag gebracht ist („zahlbar drei Monate a dato"), so müssen Verfalltag und Ausstellungstag nach dem gleichen Kalender berechnet werden[63].

---

[60] A. v. Tuhr, Der Allgemeine Teil des deutschen bürgerlichen Rechts (1918) 2 II 503[44].

[61] RGBl. 301 Art. 3.

[62] Häufig durch gesetzliche Auslegungsregeln näher bestimmt. Übersicht bei Felix Meyer, Das Weltwechselrecht (1909) 1, 87 f. Die Gesetzgebungen Deutschlands, Österreichs, Ungarns, der Schweiz, der nordischen Staaten, Rußlands, Finnlands, Serbiens verweisen auf den Kalender des Ausstellungsorts, Großbritannien auf denjenigen des Zahlungsorts. Auch dabei aber handelt es sich um die Auslegung des Parteiwillens und um ergänzende Regeln, welche die für die Wechselerklärung maßgebende Rechtsordnung aufstellt. Welches Maß von Unklarheit hier zuweilen begegnet, dafür ist ein Urteil des Oberlandesgerichts Nürnberg Zeitschrift 1, 687 bezeichnend: ein Wechsel ist von Deutschland nach Rußland gezogen, sein Verfalltag bestimme sich nach dem deutschen Kalender; zwar die Modalitäten der Zahlung „richten sich nach den Gesetzen des Zahlungsorts", aber gerade nach russischem Recht sei in solchen Fällen der Kalender des Ausstellungsorts maßgebend. Also sogar eine solenne Rückverweisung! Der erste Irrtum ist dabei wiederum der Glaube, daß die Gesetze des Zahlungsorts von sich aus darüber entscheiden könnten, an welchem Tag ein solcher Wechsel fällig wird.

[63] So ausdrücklich Art. 34 der deutschen Wechselordnung für Wechsel, die in Ländern alten Stils ausgestellt sind; Art. 36 der Haager Weltwechselordnung. In einem Urteil des Reichsoberhandelsgerichts Entscheidungen 15, 242 findet sich der gefährliche Satz: als maßgebende Zeitrechnung erscheint für den Ausstellungstag die am Ausstellungsort geltende Zeitrechnung, für den Verfalltag die Zeitrechnung des Erfüllungsorts (doch hat das im gegebenen Fall keinen Schaden getan, da Ausstellungsort und Zahlungsort im Gebiet derselben Zeitrechnung lagen). — Bei Wechseln, die auf eine bestimmte Zeit nach Sicht ausgestellt sind, können sich insoweit keine Schwierigkeiten ergeben, da die Vorweisung zur Zahlung und die Zahlung notwendig demselben Gebiet angehören müssen.

Daß dieselbe Umrechnung statthaben muß, wo eine Frist nach Stunden bemessen wird, leuchtet ein. Aber auch für einen nach Tagen bemessenen Zeitraum wird die Umrechnung nach Stunden erforderlich werden, soweit die Tageszählung von der Stundenrechnung oder von der unlöslich mit ihr verknüpften Ansetzung der Datumsgrenze abhängig ist. Auch hier gewinnt der Fristenlauf seinen Sinn aus dem Ausgangsereignis und muß auf dieses bezogen werden. Und es wären bei andrem Vorgehen sehr kurze Fristen unbenützbar oder doch stark entwertet. Ein Deutscher ist am 30. Juni 1925 mittags 12 Uhr in Japan gestorben, seine Witwe bringt am 28. April 1926 3 Uhr nachmittags in Kalifornien ein Kind zur Welt. Wäre das kalifornische Datum entscheidend, so wäre das Kind am 302. Tag nach Auflösung der Ehe geboren, also noch ehelich; jedoch es kommt auf die Zeitrechnung des Ausgangspunkts an, in Japan ist um die angegebene Zeit der 29. April morgens 8 Uhr, und das Kind kann somit dem verstorbenen Ehemann nicht mehr zugerechnet werden. Die biologische Notwendigkeit einer solchen Rückbeziehung des Fristendes liegt auf der Hand. Und nicht anders ist es bei Berechnung der Volljährigkeit. Der Deutsche, der am 15. Mai 1910 in Kalifornien geboren ist und am 15. Mai 1931 um 10 Uhr vormittags in Japan ein Rechtsgeschäft vornimmt, hat (trotz BGB. § 187 II) unverbindlich gehandelt; denn nach kalifornischer Zeit ist das Geschäft am 14. Mai nachmittags 5 Uhr vorgenommen worden[64]. Nur für Fragen, die außerhalb der Beziehung des Fristendes auf den Anfang der Frist liegen, kann die weitere Erwägung platzgreifen, daß die Bemessung einer Frist nach Tagen den Verzicht auf eine Berechnung von Stunde zu Stunde in sich schließt[65]; ob in dem angeführten Beispiel die Geburt am Vormittag oder am Nachmittag des 15. Mai stattgefunden hat, ist unerheblich. —

Wo immer nun aber Anfang und Ende eines Zeitraums auf dieselbe Rechnung gebracht werden müssen, da ist es das Ende, dessen Zeit der Angleichung bedarf; denn das Anfangsereignis bildet den festen Punkt, von dem aus die Frist läuft. Nun bedeutet es ja freilich praktisch gesehen keinen Unterschied, ob man Meter in Fuß oder Fuß in Meter umrechnet, und gerade so bleibt eine Gleichzeitigkeit dieselbe, ob mitteleuropäische Zeit in westeuropäische verwandelt wird oder umgekehrt. Denn das Verhältnis der Systemeinheiten zueinander ist unveränderlich. Bei einer Kalenderverschiedenheit kann das anders sein. Die Frage

[64] Wir anerkennen freilich, wie oben S. 90 ausgeführt, für Vorgänge in Japan das japanische **Datum**. Aber die Frage ist nicht, wie der Kalendertag benannt ist, an dem der Vorgang sich ereignet hat, sondern wieviel Zeit verstrichen ist zwischen Anfang und Ende des rechtswesentlichen Zeitraums.

[65] Anders in den Ländern des gemeinen römischen Rechts, die die Volljährigkeit vom Augenblick der Geburt an berechnen. Über die für die Berechnung maßgebende Rechtsordnung oben Anm. 55.

ist im Wechselverkehr wiederholt bemerkt worden. Denn man kann hier zu besonders empfindlichen Verschiedenheiten kommen, je nachdem man den Ausstellungstag des Wechsels auf den Kalender des Zahlungsorts oder den Verfalltag auf den Kalender des Ausstellungsorts (oder Wohnort des Ausstellers) umrechnet: ist ein Wechsel am 28. Februar in Bukarest ausgestellt, zahlbar in Berlin drei Monate a dato, so wird der Wechsel bei Umrechnung des Ausstellungstags am 13., bei Umrechnung des Verfalltags am 10. Juni fällig. Nun haben einige Wechselordnungen, insonderheit die deutsche, freilich ausdrücklich vorgeschrieben, daß in einem derartigen Fall schon der Ausstellungstag umzurechnen und als der Kalender des Verfalltags derjenige des Zahlungsorts anzusehen sei[66]. In Ermangelung solcher Bindung wird die gegenteilige Lösung platzgreifen müssen. Dabei aber bedürfen Regelungen dieser Art selbst einer Abgrenzung im Raum. Sie haben eine Sonderfrage des Wechselrechts zum Inhalt, ihr Sinn ist die Auslegung einer Parteierklärung, und es ist unzweifelhaft die wechselrechtlich maßgebende Rechtsordnung, genauer das Recht des Ausstellers, das über solche Berechnung zu entscheiden hat.

Ein Bedürfnis zur Regelung hat in diesen Fällen nicht die Veränderlichkeit des Maßsystems (des Kalenders), sondern die Veränderlichkeit der gemessenen Zeitspanne (des Monats) geschaffen. Es kommen bei dem Kalender aber auch Schwankungen der Maßeinheit selbst vor, die bei einer notwendig werdenden Vergleichung in Erscheinung treten. Wenn eine Frist am 1. Januar 1900 im Lauf war, so betrug bei Beginn des Fristenlaufs der Zeitunterschied zwischen den beiden Systemen 12 Tage, bei seinem Abschluß 13 Tage. Besondere Rechtssätze, die eine Abweichung verlangen, werden für Schwierigkeiten dieser Art nicht leicht vorkommen, und es verbleibt alsdann bei dem Satz, daß das Datum des Anfangsereignisses bestimmend ist.

Aber freilich, damit ist noch nicht das Letzte entschieden. Denn kein Ereignis gehört als solches einem Kalender an. Ein Datum im Rechts-

[66] Deutsche Wechselordnung (auch in Österreich giltig) Art. 34 und gleichlautend Ungarn § 34, Schweiz Obligationenrecht Art. 753; übereinstimmend auch Polen Art. 36 und Art. 39 des früheren russischen Gesetzes. Die deutsche Wechselordnung gibt ihre Vorschrift dem Wortlaut nach nur für Wechsel, die im Ausland ausgestellt, im Inland zahlbar sind, läßt die Frage also formell offen bei Wechseln, die vom Inland auf das Ausland oder von einem Auslandsstaat auf einen andern gezogen werden. In der Literatur findet man für solche Fälle in der Tat sowohl die eine wie die andre Art der Umrechnung (vgl. darüber Meyer, Weltwechselrecht a. a. O.). Doch muß der dem Artikel zugrunde liegende Gedanke wohl gleichmäßig auf alle entsprechenden Fälle angewendet werden. So jedenfalls in Polen und vormals in Rußland. Der Entwurf der Weltwechselordnung von 1910 hatte die zutreffende Lösung aufgenommen, sie jedoch 1912 mit Rücksicht auf einen verbreiteten Handelsbrauch, der das Datum des Ausstellungstag umrechne, wieder aufgegeben; Deuxième conférence pour l'unification du droit en matière de lettre de change, rapport p. 16. Vgl auch F. Meyer, Weltscheckrecht (1913) 211 f.

sinn kann das Ereignis erst besitzen, wenn ein Rechtssatz seine Datierung fordert. Welches ist dieser Rechtssatz? Es wäre denkbar, daß eine Rechtsordnung die Vorschrift enthielte: jedes Ereignis, das sich irgendwo in der Welt verwirklicht, muß nach dem inländischen Kalender datiert werden, und es hätte eine solche Bestimmung vielleicht schlechtweg für den Rechtsschutz dieses Lands, vielleicht als eine maßpolizeiliche Vorschrift für die im Inland vorgenommenen Zeitberechnungen zu gelten. Für die vorgenannten wechselrechtlichen Bestimmungen kann dergleichen freilich nicht rechtens sein; wenn es nach jenen Vorschriften auf den Kalender am Ort des Ausstellers oder des Bezogenen ankommen soll, kann für die Datierung nicht einfach Inlandsrecht oder Inlandsrecht auf grund anderer Anknüpfungen maßgebend sein. Der Satz besteht aber auch sonst nicht zu Recht. Weder das deutsche Recht, noch eine andere mir bekannte Gesetzgebung kennt einen Zwang zur ausschließlichen Benützung des heimischen Kalenders. Und so muß über die Datierung diejenige Rechtsordnung entscheiden, die sie für erforderlich erklärt, die „lex causae". Bei jenen wechselrechtlichen Vorschriften kommt es vor, daß die lex causae unter Umständen auf einen andern als ihren eigenen Kalender verweist (das Recht des Ausstellers auf den Kalender des Zahlungsorts). Von solchen sehr seltenen Fällen abgesehen aber muß die Verweisung auf den eigenen Kalender bezogen werden[67]. Es ist einmal die Frage aufgeworfen worden, wann eine Person, die in Rußland am 2./14. Februar 1890 geboren wurde, für den deutschen Rechtsschutz volljährig sei: handelte es sich um einen Russen, so ging die Verweisung auf den russischen Kalender, und die Volljährigkeit war auf den 2./15. Februar anzusetzen, wenn um einen Deutschen, gemäß dem deutschen Kalender auf den 14. Februar[68].

§ 91.
Feiertage.[1]

1. Einleitung. — 2. Die zuständige Ordnung. — 3. Besondere Fälle.

Einleitung.

1. Die Feiertage gliedern den Ablauf des täglichen Lebens, und es gehört ihre Regelung zu der Ordnung der Zeiten, wie sie im Voraus-

[67] Es sei dazu auf die gleichartigen Erwägungen über die Vergleichung des Werts zweier Währungen unten § 99 Z. 2 verwiesen.

[68] So schon v. Tuhr a. a. O. (wenn auch ohne Begründung) und ihm folgend K. Friedrichs, Der Allgemeine Teil des Rechts (1927) 213. — Wo eine Frist rechtserheblich ist, ist es ihr Ablauf, der rechtliche Wirkungen erzeugt, und wenn ein Statutenwechsel in die Frist fällt, bestimmt das bei Fristablauf geltende Recht den Kalender und bestimmt ihn auch nach rückwärts für die Berechnung des Ausgangsereignisses. Wurde eine Sache vor 1900 in Rußland besessen und seither nach Deutschland verbracht, so steht ihre Ersitzung unter deutschem Recht, und schon der Tag des Besitzerwerbs war nach deutschem Kalender zu berechnen.

[1] Vgl. schon Neumeyer, Zeitschrift 17, 280ff. Dazu oben Bd. 2, 307ff.

gehenden behandelt wurde. Auch bei ihrer Ansetzung handelt es sich um ein Gegenstück zu den „Systemen" des Messens, die dort erörtert wurden, und es wiederholt sich bei der Ordnung der Feiertage eine Erscheinung, die auch sonst für Bestimmungen über das Zeitmaß bezeichnend ist: daß die administrative Tätigkeit des Verbands, der die Ordnung aufstellt, sich in der Bereithaltung dieser Ordnung erschöpft; daß aber in Ermangelung eines unmittelbaren Systemzwangs solche Ordnung erst dadurch zu rechtlicher Wirksamkeit gelangt, daß andere Rechtssätze auf sie verweisen. Irgend ein Verhalten privatrechtlichen oder öffentlichrechtlichen Inhalts wird verboten, erlaubt, gefordert, wenn es an einem Feiertag geschieht, und es wird in Bestimmungen dieser Art regelmäßig nicht selbst bezeichnet, was als Feiertag gelten soll, sondern es ist das Bestehen einer solchen Regelung dabei vorausgesetzt. Und wie die Verwendung eines — heimischen oder fremden — Maßsystems die Vorschriften anwendbar macht, nach denen das System sich aufbaut, so bedeutet eine Verwendung des Merkmals Feiertag die Einbeziehung der Ordnung, nach der die zuständige Gemeinschaft ihre Feiertage regelt; wenn es eine Gemeinschaft öffentlichen Rechts ist, die Anwendung ihres darüber bestimmenden Verwaltungsrechts.

Wenn der Gegenstand hier dennoch zu besonderer Behandlung ausgeschieden ist, so beruht das auf einer geschichtlichen Entwicklung, die vornehmlich für Mitteleuropa von Belang ist: das gesamte Feiertagsrecht war einstens den Bekenntnissen zu eigener Regelung überlassen gewesen. Während aber die Feiertags*ruhe*, soweit sie für das staatliche Recht erheblich ist, und die sonstigen Auswirkungen der Feiertage heute ziemlich allerwärts vonseiten des Staats normiert sind, ist ihre *Bezeichnung* in weitem Umfang Sache der Bekenntnisse geblieben, sind es, veranlaßt durch Bekenntnisverschiedenheiten, Länder und Kantone, Bezirke und Orte, die ihren eigenen Feiertagskalender besitzen, und damit erwächst für die einheitlich im Staat geltende Regelung dessen, was an Feiertagen rechtens sein soll, die eigentümliche Vorfrage, welchem von mehreren Feiertagskalendern zu entnehmen sei, ob ein Festtag im Sinn des Gesetzes gegeben ist.

Als mögliche Quelle der Feiertagsbestimmung kommen demgemäß für den Staat in Betracht die Bekenntnisse. So befreit das Strafgesetzbuch von New-York s. 264 von der Verpflichtung Sonntagsruhe zu halten, wenn jemand „einen andern Tag der Woche gleichförmig als heilige Zeit beobachtet und an diesem Tag keine Arbeit tut"[2]. § 104

---

[2] Übereinstimmend (Journal 12, 566) die Statuten von Arkansas s. 1617. Über weitere Bestimmungen dieser Art in den Vereinigten Staaten etwa Cyclopedia of law and procedure (1911) 37, 542 (jedoch nicht hieher gehörig, wo der Staat von sich aus für die beteiligten Bekenntnisse den Ruhetag benennt). Über gleichartige Vorschriften Österreichs für Galizien unten Anm. 17. Entsprechend jetzt auch Art. 11 der Abkommen über den Minderheitenschutz z. B. mit Polen 28. VI. 1919;

der serbischen Wechselordnung bestimmt: „Die Bekenner eines andern (als des griechisch-orthodoxen) Glaubens müssen einen Wechsel, der an einem ihrer Feiertage fällig wird, bereits am vorhergehenden Tag bezahlen.“ In Österreich, in einigen Kantonen der Schweiz gelten die polizeilichen Vorschriften über Festtagsheiligung nur für die Angehörigen des feiernden Bekenntnisses[3]. Hier überall bleibt es dem Bekenntnis als Gesamtverband überlassen, mit Wirkung für den Staat von sich aus den Feiertag zu bezeichnen.

Es kommt auch vor, daß sich innerhalb des Bekenntnisses die Feiertage noch einmal nach Riten spalten (so für den lateinischen, den griechischen Ritus der katholischen Kirche). Vielfach begegnen innerhalb eines Bekenntnisses, räumlich geschieden, verschiedenerlei Feiertage; in der katholischen Kirche steht solche Anordnung heute vornehmlich der Zentralgewalt zu, doch kann in beschränktem Umfang auch der Bischof Feiertage in seiner Diözese zu eigenem Recht einführen[4]. Eine sehr eigentümliche Bildung aber ist in dem „katholischen“, dem „protestantischen“, dem „konfessionell gemischten Ort“ gegeben, wie ihn insbesondere das bayerische Staatskirchenrecht entwickelt hat[5]: dar-

auch in Art. 71 des deutsch-polnischen Oberschlesienabkommens. Unter Ausdehnung auf die jüdischen Feiertage war eine ähnliche Bestimmung in dem deutschen Entwurf über Sonntagsruhe im Handelsgewerbe von 1913 vorgeschlagen, Verhandlungen des Reichstags 303, 2358; vgl. auch die rechtsvergleichenden Angaben in der Begründung hiezu 2365. Dänische Verordnung 18. V. 1825 (Borchardt, Wechselgesetze 2, 84) giltig für das vormals dänische Westindien: einem Bezogenen jüdischen Bekenntnisses kann der Wechsel an einem jüdischen Feiertag nicht zur Annahme vorgelegt werden. Und ganz allgemein bestimmt Art. 23 des britischen Palästinamandats (American Journal of international law 1923, Supplement 164): „Die Verwaltung von Palästina soll die Feiertage der betreffenden Gemeinschaften in Palästina für die Angehörigen dieser Gemeinschaften als gesetzliche Feiertage anerkennen.“ Eine Berücksichtigung chinesischer Feiertage für chinesische Arbeiter in der Verordnung des Gouverneurs von Samoa 6. I. 1912 Kolonialblatt 246; doch wurden diese Feiertage von Staatswegen bekannt gegeben.

[3] Österreich, Interkonfessionelles Gesetz 25. V. 1868 Art. 13. Aargau, Gesetz 7. XII. 1861 § 11: „Bezüglich der Festtage findet dieses Gesetz mit Ausnahme der §§ 2 und 4 (Verbot geräuschvoller Lustbarkeiten; Marktverbot) nur auf die Glieder derjenigen Konfession und der Gemeinde Anwendung, welche das Fest feiert.“ F. Meyer, Weltwechselrecht 1, 81 nennt 11 Kantone mit konfessionell verschiedener Feiertagsordnung (doch konnte ich nicht feststellen, ob die Feiertage dort von den Bekenntnissen oder vom Staat bezeichnet werden). Die gleichartige Vorschrift in § 82 des bayerischen Religionsedikts ist außer Geltung getreten; für Orte, an denen keines der Bekenntnisse dreiviertel der Einwohner stellt, ist die Trennung hinsichtlich der Feiertagsheiligung auch für Bayern verbindlich geblieben (s. gleich unten).

[4] Codex juris canonici c. 1244. Für die frühere Zeit P. Hinschius, Das Kirchenrecht der Katholiken und Protestanten in Deutschland (1888) 4, 286f.

[5] Verordnung 21. V. 1897, Fassung vom 14. III. 1924 Gesetz- und Verordnungsblatt 1897, 197 und 1924, 76. Zur Auslegung des Rechtszustands bis zur Novelle etwa Chr. Roth, Sonntagsfeier und Sonntagsruhe in Bayern (1899) 30ff.

nach gelten die Feiertage an Orten, deren Bevölkerung zu mindestens dreiviertel einem Bekenntnis angehören, hinsichtlich der polizeilichen Vorschriften über die Feiertagsheiligung auch für die Angehörigen der anderen Bekenntnisse. Die Verbindlichkeit des Feiertags für Bekenntnisfremde verfügt hier der Staat; der Feiertag selbst wird entsprechend der staatlichen Verweisung auch dann von dem Bekenntnis bezeichnet[6].

Vielfach wird in den deutschen Ländern die Berücksichtigung der konfessionellen Bedürfnisse dadurch herbeigeführt, daß der Staat von sich aus, nach Bekenntnissen oder Orten geschieden, bestimmt, welche Tage als Feiertage berücksichtigt werden sollen[7]. Das schafft persönliche oder räumliche Verschiedenheiten innerhalb des Staats nach Art des Fremdenrechts: sie gehen auf den Willen derselben Staatsgewalt zurück, und die Frage, welche dieser Regelungen auf den einzelnen Fall Anwendung findet, ist deshalb keine echte Frage des internationalen Verwaltungsrechts; doch mögen solche Rechtslagen, solange sich aus ihnen keine abweichende Art der Abgrenzung ergibt, für das Folgende autonomen Verschiedenheiten des Festtagskalenders gleichgestellt sein.

Noch sollen zur Entlastung der nachfolgenden Darstellung zwei Bemerkungen Platz finden. Verweist der Staat für die Bezeichnung der Feiertage auf die Regelung der Bekenntnisse, so wird es sich dabei (vornehmlich in Mitteleuropa) um Bekenntnisse handeln, die in das öffentliche Recht rezipiert sind, und die Abgrenzung zwischen ihnen ist internationales Verwaltungsrecht der gewöhnlichen Art. Indessen der Staat kann zur Regelung rechtlicher Bedürfnisse auf Normenkomplexe irgendwelcher, auch außerrechtlicher Art verweisen, auf die guten Sitten oder Anschauungen über standesmäßige Lebensführung oder einen Handelsbrauch; auch da mag die Frage auftauchen, welcher dieser Lebenskreise zuständig ist, dem Staat die gewünschte Regelung zu gewähren. Wenn

---

[6] Ich hatte Zeitschrift 17, 284 geglaubt, in dem „Ort“ selbst als einem staatsrechtlichen Gebilde sui generis den Träger des Feiertagskalenders sehen zu müssen. Aber es handelt sich dabei nicht um ein autonomes örtliches Gewohnheitsrecht über die Feiertage der Gemeinde. Den Zwang für Bekenntnisfremde übt hier der Staat, wenn auch nach seinem Willen geschieden für die verschiedenen Orte innerhalb des Staatsgebiets. Die Erscheinung ist, um einen Schritt weniger weit geführt, die gleiche wie in den häufigen Fällen, in denen der Staat, nach Gemeinden oder Bezirken geschieden, gleichartigen Zwang gegen Bekenntnisfremde übt und dabei (im Anschluß an die kirchlichen Vorschriften der Bekenntnismehrheit) die Feiertage von sich aus bezeichnet; vgl. dazu gleich unten.

[7] In Sachsen Verordnung 28. III. 1892 §§ 59, 61 GBl. 28; Württemberg, Verordnung 27. V. 1895 RegierungsBl. 165; Baden, Verordnung 18. VI. 1892 GBl. 287; für den Karfreitag das preußische Gesetz 2. IX. 1899. Auch in Bayern für die Feiertage, an denen öffentliche Tanzmusik nicht stattfinden darf; die als Feiertage im Sinn der Gewerbeordnung gelten: Verordnung 18. VI. 1862 Weber 5, 764; Bekanntmachung 30. IV. 1895 Weber 23, 197. Entsprechend z. B. Bern, Verordnung 17. IV. 1907 Gesetze des Kantons Bern 91.

in den Vereinigten Staaten für die Bezeichnung der Feiertage auf das Bekenntnis verwiesen wird, so handelt es sich um einen Tatbestand von solcher Art.

Endlich, wenn in neueren Zeiten der Staat für die Bezeichnung der Feiertage auf das Bekenntnis verweist, so beschränkt sich solche Verweisung doch regelmäßig auf die Benennung des Feiertags. Die Bekenntnisse selbst freilich treffen auch Bestimmungen darüber, was an Feiertagen geschehen oder nicht geschehen soll. Und wenn Bekenntnisse wie das katholische einen nach Personenkreisen oder Bezirken verschiedenen Festtagskalender haben, so muß auch vom Standpunkt der kirchlichen Ordnung aus die Frage erwachsen, welche dieser Regelungen besagt, ob ein Tag als Feiertag zu gelten hat[8]. Für den Staat sind solche Lösungen gleichgültig, außer er würde ausnahmsweise auch sie in seine Verweisung einbeziehen.

Die zuständige Ordnung.

2. Der Staat, der einen Feiertag zur Voraussetzung einer Rechtswirkung macht, bestimmt auch, von welchen Feiertagen diese Rechtswirkung abhängen soll. Wo die Feiertagsordnung innerhalb desselben Staats nach Personen oder Orten verschieden ist, da bedarf die Rechtswirkung einer Verbindung mit der Gruppe, mit dem Ort innerhalb des Staats, die den Festtag bezeichnen. Die Art dieser Lokalisierung aber ist selbstverständlich verschieden je nach der Wirkung, die an den Festtag geknüpft wird.

Wo der Fortbildungsunterricht der Jugendlichen in Feiertagsschulen erfolgt, da handelt es sich zumeist um einen Ausfluß der allgemeinen Schulpflicht, und der regelmäßige Aufenthaltsort des Jugendlichen bestimmt nicht nur, ob eine solche Verpflichtung besteht, sondern auch, an welchen Tagen; bei der Fortbildungsschulpflicht gewerb-

[8] Über die Verschiedenheit der Riten oben Bd. 1, 533. Unter den örtlichen Verschiedenheiten hat zunächst die Beobachtung der (hier nur vergleichsweise in Betracht kommenden) Fasttage die Aufmerksamkeit auf sich gezogen; s. ebendort. In der Folge behandelt man die verwandte Frage, welcher Ort die Gerichtsferien bestimme (zuerst bei Innozenz IV., vgl. Neumeyer, Gemeinrechtliche Entwickelung des internationalen Privatrechts 2, 144). Die Frage verschwindet später aus der Erörterung. Dafür aber wird seither neben dem Geltungsbereich der Fasttage auch derjenige der Festtage mit Rücksicht auf die Verpflichtung der Messe beizuwohnen und, was für das weltliche Recht eine unmittelbare Parallele gibt, mit Rücksicht auf die Enthaltung von knechtischen Arbeiten eingehend erörtert. Vgl. besonders Franc. Suarez, de religione (zuerst 1609) lib. 2 c. 13 *an obligentur peregrini ad festa patriae servanda;* c. 14 *an obligentur peregrini ad observanda festa loci in quo versantur,* ed Lugd. 1630 1, 194 ff. Jetzt entscheiden hier c. 14, 1245 des Codex juris canonici. — Die Fragestellung ist derjenigen des weltlichen internationalen Verwaltungsrechts gleichartig, wo die Verschiedenheit der Feiertage auf autonomer Regelung beruht (dazu auch oben S. 101).

licher Arbeiter ist eine Auswirkung des Arbeitsverhältnisses in Frage, und der Ort der Arbeitsleistung entscheidet nach beiden Richtungen[9]. Den Feiertagen am Ort der Schule kommt dabei keine Bedeutung zu, außer etwa der Schulbesuch würde unmöglich, weil am Ort der Schule Werktag ist und Unterricht nicht stattfindet. — Die meisten der deutschen Landesgesetze über den Feld- und Forstdiebstahl erklären die Begehung an Feiertagen als einen Strafschärfungsgrund. Der Vorschrift liegt regelmäßig der Gedanke zugrunde, daß der Wald an Feiertagen des Schutzes der Beamten und Arbeiter entbehrt[10]. Demgemäß entscheidet der Tatort, ob die Handlung an einem Feiertag begangen ist, nicht der Wohnort des Täters oder sein Heimatstaat. — Bis vor kurzem galt nach § 182 der Reichsversicherungsordnung, daß bei Erkrankung des Versicherten für jeden „Arbeitstag" Krankengeld zu gewähren war. Also nicht für Feiertage, und es bestimmte sich der Arbeitstag dementsprechend nach dem Recht des Orts, an dem der Versicherte zuletzt gearbeitet hatte; jedoch nicht nach dem „Beschäftigungsort" im Sinn der §§ 153ff der Reichsversicherungsordnung; noch weniger nach dem Recht am Ort der Krankenkasse[11]. — Andere Feiertagsvorschriften gehören den Rechtsbeziehungen zwischen Arbeiter und Arbeitgeber an. Der Dienstherr ist verpflichtet, dem Angestellten den Besuch des Gottesdienstes an Feiertagen zu ermöglichen oder sogar ihn dazu anzuhalten[12]; er hat ihm für Sonntagsarbeit eine erhöhte Vergütung zu bezahlen[13]. Beide Vorschriften gehören dem Bereich des Arbeiterschutzes an, und es gilt für sie, was unten über die Feiertagsruhe auszuführen sein wird.

Die sedes materiae liegt für die hier zu behandelnden Fragen bei den Vorschriften über Sonntagsheiligung und über Sonntagsruhe. Polizeiliche Anordnungen über die Sonntagsheiligung werden ganz regelmäßig dazu bestimmt sein, das religiöse Gefühl der andern zu schützen, und damit ist auch ihr Geltungsbereich bestimmt, sie gelten für Handlungen, die im Gebiet vorgenommen werden. Die religiöse Erziehung des Täters selbst mit Mitteln der Polizei bewirken zu wollen (ein solcher Zweck

[9] Dazu oben Bd. 1, 219ff; Bd. 2, 286ff.

[10] Vgl. etwa F. Graner, Forstgesetzgebung (1892) 87. Zweifellos für Preußen und die ihm folgenden Gesetzgebungen, in denen Begehung an Feiertagen und zur Nachtzeit gleichgestellt wird; W. A. Günther, Das preußische Gesetz betr. den Forstdiebstahl (1878) 19f; W. Coermann, Die Strafgesetze Elsaß-Lothringens (1897) 14 usw. In Bayern hat man die Strafschärfung zunächst in gleicher Weise, außerdem aber auch noch mit dem Mißbrauch des Feiertags von Seiten des Täters begründen wollen; vgl. darüber Roth a. a. O. 94[1]. Die beiden Beweggründe könnten zu verschiedenen Lösungen führen (dazu gleich unten); doch wird man auch hier auf die gemeinrechtliche Begründung abstellen dürfen.

[11] Vgl. schon, wenn auch mit wesentlich anderen Ergebnissen, Weyl, Archiv für öffentliches Recht (1895) 10, 372ff.

[12] Vgl. oben Bd. 2, 307[2].

[13] Landarbeitsordnung 24. I. 1919 § 12 RGBl. 111. Über entsprechende Vorschriften des Seerechts unten.

würde etwa auf den Wohnort als Anknüpfung verweisen), wird heute der Staat kaum mehr als seine Aufgabe betrachten, und wo solche Erwägungen bei Vorschriften über die Feiertagsheiligung mitbeteiligt sein sollten, wird man sie gegenüber ihrer Aufgabe, die äußere Ordnung zu sichern, zurücktreten lassen dürfen[14]. Ein gewerblicher Transport zwischen zwei protestantischen Orten führt an einem katholischen Feiertag durch einen katholischen Ort; das Oberlandesgericht München[15] hat den Vorgang mit Grund für rechtswidrig erklärt. Die Länder der Vereinigten Staaten verbieten vielfach in ihrem öffentlichen Recht die Vornahme von Rechtsgeschäften an einem Feiertag; über die Statthaftigkeit der Handlung (die Statthaftigkeit der Handlung, nicht die Giltigkeit des privatrechtlichen Ergebnisses) entscheidet wiederum das Recht des Gebiets, in dem die Tätigkeit vorgenommen wurde. Und es entscheidet dieselbe Rechtsordnung nicht nur darüber, ob an einem Tag Feiertag sein soll, sondern auch, ob ein Feiertag, der zur Sonntagsheiligung verpflichtet (bei politischen Feiertagen von Belang).

Wo die Sonntagsruhe dem Arbeiterschutz dient, da wird der Unternehmer in das Rechtsverhältnis einbezogen; ihm wird möglicherweise die Auflage gemacht, an Feiertagen den Arbeiter nicht zu beschäftigen. Dennoch ist es auch hier die Person des Arbeiters, dessen Tätigkeit geregelt werden soll, und wo sich die Sonntagsruhe nach dem Bekenntnis, nach dem Ritus richtet, da haben Bekenntnis und Ritus des Arbeiters zu entscheiden[16]. Für die eigene Mitarbeit des Unternehmers natürlich entscheidet sein Bekenntnis, und so kommen beschränkende Lösungen zustande wie die, daß in einem Ort Bayerns, in dem kein Religionsteil dreiviertel der Bevölkerung ausmacht, an einem katholischen Feiertag die Läden nur dann geöffnet sein können, wenn weder der Unternehmer noch der Gehilfe dem katholischen Bekenntnis angehört[17]. In der Regel aber erhebt sich die Frage, ob Feiertag, auch in diesem Zusammenhang auf räumlicher Grundlage, und entsprechend den Aus-

---

[14] Dazu auch oben Anm. 10.

[15] Blätter für Rechtsanwendung 61, 411.

[16] Nur kann es sein, daß, wo der Ritus bestimmend ist, der Arbeiter unter Umständen nach den Geboten seines eigenen Ritus auch oder nur die Feiertage des andern Teils zu beobachten hat. Vgl. darüber Hergenröther, Archiv für katholisches Kirchenrecht (1862) 7, 189; Hinschius, Kirchenrecht 4, 432[2]; Roth, Theologisch-praktische Quartalsschrift (1911) 64, 357 ff.

[17] Entsprechend für Sachsen eine Ministerialverordnung 29. VII. 1893 Reger, Entscheidungen 14, 350. — In einem andern Sinn wird die Bekenntnisgleichheit von Unternehmer und Angestellten zuweilen gefordert, um den Unternehmer selbst von der örtlichen Verbindlichkeit der Feiertage eines andern Bekenntnisses zu befreien. So in einem österreichischen Gesetz 16. I. 1895 § 1 Art. VIII, das die Behörden in Galizien und der Bukowina ermächtigte, Sonntagsarbeit zu gestatten, wenn der Gewerbeinhaber und sämtliche Hilfsarbeiter nach ihrem Bekenntnis an einem andern Tag der Woche eine 24stündige Arbeitsruhe einhalten. Ähnlich auch der oben Anm. 2 erwähnte deutsche Entwurf von 1913.

führungen oben Bd. 2, 286ff und 310ff hat es auch dann, und wiederum auch dem Arbeitgeber gegenüber, auf den Ort anzukommen, an dem der Arbeiter tatsächlich beschäftigt wird. Wenn bei jenen Ausführungen für den vorübergehenden Aufenthalt von Dienstboten, von Schiffsleuten eines Binnenschiffs ein Vorbehalt gemacht wurde[18], so wird das auch hieher zutreffen; nur bleiben daneben Vorschriften über die Feiertagsheiligung, die am jeweiligen Aufenthaltsort gelten, zusamt den hiefür bestimmten Tagen schlechthin verbindlich.

Die Feiertagsruhe der Behörden bestimmen vornehmlich Dienstanweisung und dienstliches Herkommen. Die Regelung hat einschneidende Wirkung für die Parteien, die mit der Behörde in Berührung kommen. Sind die Amtsräume geschlossen, so kann weder eine Geburt angemeldet, noch eine Steuererklärung abgegeben werden. Indessen ist kein Zweifel, daß hier nur die Regelung, wie sie für die Behörde getroffen ist, maßgebend sein kann.

In anderen Fällen, so in der deutschen Zivilprozeßordnung, ist die an Feiertagen zugelassene Tätigkeit der Behörden Gegenstand einer besondern sachlichen Regelung[19]. Insbesondere bestimmt in diesem Sinn § 216 ZPO., daß Termine nur in Notfällen auf allgemeine Feiertage anberaumt werden sollen. Wenn man bedenkt, daß eine Rücksichtnahme auf die Feiertage der beteiligten Privaten zur Folge hätte, daß die Festtage, die für den Antragsteller, für seinen Gegner, in einem Beweistermin diejenigen, die für sämtliche Zeugen und Sachverständige gelten, festgestellt werden müßten, so wird man es wohl als die Absicht des Gesetzes ansehen dürfen, daß hier nur die Feiertage der Behörden zählen sollen[20].

---

[18] Für Dienstboten Bd. 2, 311; für die Besatzung von Binnenschiffen Bd. 2, 316 und 3 I 214. Über die Besatzung von Seeschiffen unten.

[19] Auch auf privatrechtlichem Boden kommen Sondervorschriften über eine Betätigung an Feiertagen vor. So in §§ 28, 42, 47 des deutschen Binnenschiffahrtsgesetzes, in §§ 48, 63, 79 der Eisenbahnverkehrsordnung (Übernahme und Auslieferung der Güter, Anzeige der Lösch- und Ladebereitschaft). Nach dem Zweck dieser Vorschriften kann kaum zweifelhaft sein, daß dabei nur die Feiertage am Ort des Fahrzeugs, der Eisenbahnstation zählen; auch in den seltenen Fällen, bei denen die andere Partei sich nicht am selben Ort befindet.

[20] Andere Fälle solcher Art finden sich in §§ 188, 761 ZPO.: Beschränkungen der Zustellung, der Zwangsvollstreckung an allgemeinen Feiertagen. Zwar muß der Ort der behördlichen Handlung hier von vornherein mit dem Ort zusammenfallen, der als Ort der Partei gilt, gegen welche sich die Handlung richtet. Trotzdem könnte auch bei diesen Vorschriften die Frage aufgeworfen werden, ob die Rücksicht auf den Beamten oder die Rücksicht auf die Partei entscheidet; denn je nach dem Landesrecht kann für die Partei mit Rücksicht auf ihr Bekenntnis eine andere Feiertagsordnung gelten als für den Beamten. Indessen werden Schwierigkeiten hier durch die übliche Auslegung abgeschnitten, nach der „allgemeine“ Feiertage (für die allein die Bestimmungen in Betracht kommen) nur solche sind, die jedermann am Ort verpflichten. — Die Lösung wäre in allen diesen Fällen noch überzeugender, wenn als „allgemeine Feiertage“ dabei diejenigen angesehen wer-

In zahlreichen Gesetzen wird vorgesehen, daß die Frist für Handlungen, die ein Privater bei einer Behörde vorzunehmen hat, sich um einen Tag verlängert, wenn der letzte Tag der Frist auf einen Feiertag fällt[21]. Auch hier handelt es sich um Sonntagsruhe, und offensichtlich um diejenige der Partei, nicht diejenige der Behörde. Das würde folgerichtig dazu führen, daß es auch auf die Feiertage am Ort der Partei ankommen hätte. Indessen wird die Lösung dadurch umgebogen, daß jedenfalls im deutschen Recht die gesetzlichen Fristen[22] nicht für die Vornahme der Handlung, sondern für ihre Heranbringung an die Behörde aufgestellt sind. Die deutsche Praxis hat hier zuweilen leicht geschwankt[23], doch ist sie heute mit der Literatur wohl dahin einig, daß es nur auf die Feiertage am Ort der Behörde ankommen könne[24]. Dazu bedarf es allerdings noch der weiteren Feststellung, welches die Behörde ist, deren Recht in solchem Fall über die Feiertage entscheiden soll. Die Frage ist häufig bei der Einlegung von Rechtsmitteln erörtert worden, und es muß hier offenbar darauf ankommen, an welche Behörde der Beschwerdeführer seine Erklärung giltigerweise heranbringen kann[25]. Das ist beispielsweise bei einer Revision in Strafsachen für

---

den könnten, an denen die Behörde nach ihrem Dienstrecht Feiertagsruhe zu beanspruchen hat. Indessen glaubt das Reichsgericht solches nicht mit dem Wortlaut der Vorschriften vereinigen zu können. — Wie § 761 ZPO. auch § 310 der Reichsabgabenordnung.

[21] So (um nur Staaten mit zersplittertem Feiertagsrecht zu nennen) in Deutschland ZPO. § 222; StPO. § 43; Gesetz über die freiwillige Gerichtsbarkeit § 17; Reichsversicherungsordnung § 127; Versicherungsgesetz für Angestellte § 327; Reichsfinanzhofordnung § 11 RGBl. 1918, 1119. Vgl. auch § 56 des preußischen Landesverwaltungsgesetzes, Art. 22 des bayerischen Verwaltungsgerichtsgesetzes und andere mehr. In der Schweiz finden sich übereinstimmende Vorschriften in den Gesetzen der Eidgenossenschaft über die Organisation der Bundesrechtspflege Art. 41, über das Verfahren bei dem Bundesgericht Art. 73, über Schuldbetreibung und Konkurs Art. 31. Entsprechendes gilt in den Vereinigten Staaten (Cyclopedia 38, 329) usw. — Die nachstehenden Ausführungen weichen von den Erörterungen Zeitschrift 17, 287 ff mehrfach ab.

[22] Richterliche Fristen könnten auch für die Vornahme der Handlung selbst vorkommen, etwa eine Anordnung des Vormundschaftsgerichts, der Vormund habe bis zu dem und dem Zeitpunkt die Rechnung abzuschließen. In solchem Fall hätte es auf das Recht am Ort des Vormunds anzukommen.

[23] In einem Urteil des Reichsgerichts, Entscheidungen in Strafsachen 4, 240, in einem Bescheid des Patentamts, Blatt für Patent-, Muster- und Zeichenwesen 1908, 204 wird gelegentlich auf die Feiertagsordnung am Wohnort oder am Aufenthaltsort der Partei verwiesen. In beiden Fällen war diese Ordnung nicht verschieden von der Ordnung, wie sie am Sitz der befaßten Behörde galt.

[24] Ausdrückliche Entscheidungen, die dies Recht im Gegensatz zu einer abweichenden Regelung am Ort der Partei für maßgebend erklären, sind mir freilich nicht bekannt geworden.

[25] Reichsgericht, Entscheidungen in Strafsachen 4, 240; 31, 222; 33, 438; Juristische Wochenschrift 1903, 177 (Zivilsachen). Reichsversicherungsamt, Amtliche Nachrichten 1894 Inv. 122; 1895, 248; Entscheidungen und Mitteilungen

Deutschland der judex a quo, in Zivilsachen der judex ad quem. Manche Gesetze gestatten die Anbringung der Erklärung wahlweise bei verschiedenen Behörden. So ist nach der Reichsversicherungsordnung ein Rechtsmittel zwar für die Regel bei der Stelle einzulegen, die zu entscheiden hat; aber die Frist gilt als gewahrt, wenn es rechtzeitig bei irgendeiner Behörde oder dem Organ eines Versicherungsträgers im Inland, in Seeunfallsachen auch bei einem Seemannsamt im Ausland eingegangen ist. Nicht um die Lokalisierung des Rechtsmittels selbst handelt es sich, wenn der Ort aufgesucht wird, dessen Feiertagsregelung entscheiden soll, sondern um die Bezeichnung der Stelle, an der die Willenserklärung der Partei ihren örtlichen Abschluß findet, und es hat deshalb das Reichsversicherungsamt mit Grund entschieden, daß es auf die Feiertage am Ort desjenigen Organs anzukommen habe, bei dem das Rechtsmittel angebracht wurde[26]. Die Wahlmöglichkeiten, die das Gesetz offen läßt, werden durch die Bestimmung der Partei individualisiert, und es kann allerdings dann auch nur mehr das Feiertagsrecht der gewählten Stelle maßgebend sein. Die Reichsfinanzhofordnung von 1918 hatte dieselbe Frage ausdrücklich im selben Sinn entschieden[27], und es wurde eine gleichlautende Vorschrift in die Reichsabgabenordnung von 1919 nur deswegen nicht übernommen, weil sie selbstverständlich sei[28]; in der Tat hat seither auch der Reichsfinanzhof in diesem Sinn geurteilt[29]. Eine gleichartige Frage ist alsdann für das Patentrecht mehrfach erörtert worden. § 9 des deutschen Patentgesetzes erklärt es als rechtzeitige Zahlung der Patentgebühr, wenn sie innerhalb der gesetzlichen Frist bei der Kasse des Patentamts oder bei einer Postanstalt im Gebiet des Deutschen Reichs eingezahlt worden ist. Auch

---

2, 138. Bayerischer Verwaltungsgerichtshof, Sammlung 24, 479. Schweizerisches Bundesgericht, Entscheidungen 27 II 40.

[26] Urteil 21. XI. 1913, Entscheidungen 2, 138. Zustimmend H. Hanow, Reichsversicherungsordnung[4] (1922) 1, 254.

[27] Die Rechtsbeschwerde war nach § 12 bei dem judex a quo einzulegen, doch galt die Frist als gewahrt, wenn die Beschwerde bei einer andern Vorinstanz oder bei dem Reichsfinanzhof eingegangen war. Fiel der letzte Tag der Frist auf einen Feiertag, so wurde sie nach § 11 auf den folgenden Werktag erstreckt. § 11 II: „Was als staatlich anerkannter Feiertag zu gelten hat, bestimmt sich nach dem Rechte am Sitze der Behörde, bei der die Rechtsbeschwerde angebracht wird.“ Unter „Anbringung“ war, wie § 17 ergibt, dasselbe zu verstehen, was § 12 als „Eingehen“ der Beschwerde bezeichnete.

[28] A. Mrozek und Andere, Kommentar zur Reichsabgabenordnung[2] (1922) 1, 284.

[29] Ungedrucktes Urteil 29. IX. 1920 bei Mrozek 286. Rechtsmittel sind nach § 234 Reichsabgabenordnung bei dem judex a quo einzulegen; doch genügt Anbringung sowohl bei einer Vorinstanz, wie bei dem judex ad quem. Die Rechtsbeschwerde war hier bei dem Reichsfinanzhof als dem judex ad quem eingereicht worden; es wurde auf die in München als dem Sitz des Reichsfinanzhofs geltenden Feiertage abgestellt. Zustimmend außer Mrozek auch E. Becker, Die Reichsabgabenordnung[4] (1925) 118.

hier hat das Patentamt eine Zahlung zutreffend als rechtzeitig erklärt, wenn sie bei einer Postanstalt, die am letzten Tag der Frist Feiertag hatte, am nächstfolgenden Werktag nachgeholt wurde[30]; ohne freilich mit dieser Entscheidung bei der Literatur Anklang zu finden[31].

Die gleiche Rücksicht wird vielfach auch im Bereich des Privatrechts geübt, Hinausschiebung eines Termins, wenn er auf einen Feiertag trifft, Verlängerung einer Frist, die an einem solchen Tag ablaufen würde. Hier spielt das Problem nicht zwischen Privatmann und Behörde, sondern, schwerer zu fassen, zwischen zwei Privaten[32]. Wiederum gilt dabei die erste Frage der Person, deren Sonntagsruhe durch die Bestimmung geschützt werden soll. Und wiederum schließt sich daran die weitere Unterscheidung, ob eine solche Vorschrift sich auf die Tätigkeit selbst bezieht, welche die geschützte Partei vornimmt, oder auf die Wirkung, welche die Tätigkeit bei der Gegenpartei üben soll[33].

---

[30] Entscheidung 3. II. 1908, Blatt für Patentwesen 1908, 204. Die Schärfe der Begründung wird dadurch verwischt, daß das Patentamt die Rücksicht auf diesen Ort mit dem Aufenthaltsort des Einzahlenden in Verbindung bringt (vgl. dazu oben Anm. 23), und es kommt das Patentamt von hier aus zu der Einschränkung, daß das Recht jenes Orts nur dann in Betracht gezogen werden dürfe, wenn der Einzahlende dort tags zuvor wirklich sich aufgehalten habe. Indessen kann hier nur von zweien eines richtig sein: entweder kommt es auf den Ort an, an dem die geschützte Person selbst tätig wird, oder auf den Ort, an dem diese Tätigkeit auf die Gegenpartei wirkt. Hat sich das Gesetz für diese letztere Lösung entschieden, dann bleibt kein Raum mehr für Untersuchungen, was dieser Begegnung vorausgegangen ist. Unzutreffend erscheint mir in der Entscheidung aber auch die Berufung auf § 193 BGB. Der Paragraph gilt im Patentrecht für die rechtlichen Beziehungen der Interessenten zueinander; im Verhältnis des Patentwerbers zu der Behörde entscheidet die Analogie der Verfahrensgesetze. Würde § 193 gelten, so wäre freilich der „Leistungsort", wie ich meine, für jeden Fall in Berlin zu suchen, und die Entscheidung hätte dann gegenteilig ausfallen müssen.

[31] Gegen die Entscheidung vornehmlich Hüfner, Gewerblicher Rechtsschutz und Urheberrecht 13, 344 ff. Die Einwendungen gelangen nicht an die grundsätzlichen Gesichtspunkte. Gegen das Patentamt auch W. Kisch, Handbuch des deutschen Patentrechts (1923) 263; F. Damme und R. Lutter, Das deutsche Patentrecht[3] (1925) 328. Für das Patentamt H. Isay, Patentgesetz[4] (1926) 351.

[32] Das frühere deutsche Recht kannte eine solche Rechtslage auch im Zivilprozeß: bei der Einlegung von Rechtsmitteln, die durch Zustellung eines Schriftsatzes an den Gegner zu erfolgen hatte. Dazu Zeitschrift 17, 289.

[33] Jedenfalls aber ist es unrichtig, wenn die Lösung solcher Fragen mit einer privatrechtlichen Kollisionsnorm erreicht werden will, etwa mit dem Satz, daß über die Erfüllung einer Verbindlichkeit das Recht am Erfüllungsort entscheide; so das Institut de droit international, Annuaire 22, 286; Diena, Diritto commerciale internazionale 3, 147; v. Bar, Theorie und Praxis 2, 164 (immerhin etwas vorsichtiger gefaßt). Wenn mit einem solchen Satz gesagt werden will, daß für die Verpflichtung der Feiertagskalender des Erfüllungsorts Geltung besäße, so wäre das unrichtig; denn von sich aus (ohne durch Verweisung anwendbar geworden zu sein) kann dieser Kalender für einen einzelnen Fall überhaupt nicht gelten. Von der schuldrechtlichen Seite gesehen aber würde es sich bei einer Verweisung auf die Feiertage des Erfüllungsorts nicht um die Bestimmung der schuld-

Häufig findet sich eine derartige Vergünstigung in den Wechselordnungen[34]: vor allem wird hier zu gunsten des Wechselschuldners die Zahlung hinausgeschoben, wenn der Verfalltag ein Feiertag ist, und es ist kein Zweifel, daß dabei die Feiertage am Ort der Zahlung, bei domizilierten Wechseln also am Ort der Zahlstelle entscheiden[35]. Im Übrigen aber hat das deutsche Recht für Fälle solcher Art in § 193 BGB. besondere Vorsorge getroffen: „Ist an einem bestimmten Tage oder innerhalb einer Frist eine Willenserklärung abzugeben oder eine Leistung zu bewirken und fällt der bestimmte Tag oder der letzte Tag der Frist auf . . einen am Erklärungs- oder Leistungsorte staatlich anerkannten allgemeinen Feiertag, so tritt an die Stelle . . des Feiertags der nächstfolgende Werktag". Die Lösung wird hier noch einmal umgebogen. Die Person, deren Sonntagsruhe geschützt werden soll, ist völlig beiseite geschoben; beiseite geschoben ist damit auch, ob Termin und Frist für die Vornahme der Handlung oder für deren Einwirkung auf den Gegner gesetzt sind. Vielmehr wird statt dessen ein Objektives zur Richtschnur genommen: bei Leistungen der „Leistungsort", eine Wendung, die augenscheinlich technisch gemeint ist und den Schuldort im Sinn des § 269 BGB. bezeichnet[36]. Entsprechend muß dann auch der „Erklärungsort" objektiv bestimmt werden, und das kann nicht wohl ein anderer Ort sein als derjenige, an dem die Erklärung abgegeben wurde[37]. Damit ist, dem Ausgangspunkt der Vorschrift nahekommend,

---

rechtlich maßgebenden Gesetzgebung handeln, sondern um ein Stück inhaltlicher Regelung derjenigen Gesetzgebung, die als schuldrechtlich maßgebend vorausgesetzt ist.

[34] So Art. 92 der deutschen Wechselordnung. Über entsprechende Vorschriften der Auslandsrechte Meyer, Weltwechselrecht 1, 74ff. Haager Weltwechselordnung Art. 72.

[35] Das wäre bei Anwendung des § 193 BGB. anders! Denn „Leistungsort" eines domizilierten Wechsels ist der Wohnort des Akzeptanten. Aber Art. 92 Wechselordnung geht als lex specialis jener Bestimmung des BGB. vor. — Was für die Verpflichtung zur Zahlung, gilt auch für sonstige Verbindlichkeiten des Wechselverpflichteten, und es gilt auch für eine Hinausschiebung der Protesterhebung, die ja nur Rückwirkung des Umstands ist, daß dem Wechselverpflichteten eine Hinausschiebung zustatten kommt.

[36] So auch Planck BGB.[4] 1, 502. Riezler bei Staudinger BGB.[9] 1, 760.

[37] Es ist völlig unzutreffend, darauf abzustellen, daß eine empfangsbedürftige Willenserklärung nach deutschem Recht erst „wirksam" wird, wenn sie dem andern zugeht; das bezieht sich zunächst nur auf die Bindung an die Erklärung. Dagegen zeigt schon § 130^{II} BGB., daß als Zeitpunkt einer Willenserklärung der Augenblick ihrer Abgabe in Betracht kommt, und entsprechendes muß für ihre Projizierung in den Raum gelten. — Man könnte versucht sein, die Objektivierung des Orts der Willenserklärungen noch weiter zu führen und Kündigungen, Anfechtungen, vielleicht sogar bloßen Mitteilungen, falls sie noch unter § 193 fallen, ihren Platz im Raum dort anzuweisen, wo das Rechtsverhältnis seinen Sitz hat, in dessen Zusammenhang die Erklärung ergeht. Indessen müßte eine solche Annahme von dem ursprünglichen Ausgangspunkt der Sonntagsruhe des Handelnden so weit weg-

für die Mehrzahl der Fälle auf den Ort des Handelnden verwiesen. Dennoch aber zwingt der Wortlaut des Gesetzes zu Lösungen, die den Beweggrund der Vorschrift völlig verschütten: nur der Tag des Termins selbst, der letzte Tag der Frist kann in Betracht gezogen werden. Wenn eine Leistung am 15., einem Feiertag am Leistungsort, fällig wird, und die Versendung des Gegenstands der Leistung braucht zwei Tage, so verlängert sich die Frist, wenn der Gegenstand am 14. abgesandt wird, ohne Nutzen für die Sonntagsruhe des Absenders[38]; dagegen kommt es dem Absender nicht zustatten, wenn am 13. als dem für ihn entscheidenden Zeitpunkt an seinem Wohnort Feiertag ist; auch Feiertage, die am Ort der Niederlage gelten, von der aus die Ware abgesandt wird, können nicht in Betracht gezogen werden[39]. Gleiche Rechtslage in der Schweiz, wo nach Art. 78 des Obligationenrechts ein „am Erfüllungsort staatlich anerkannter Feiertag" Termin und Frist hinausschiebt[40]. Und es ist in Deutschland die Vorschrift des Bürgerlichen Gesetzbuchs sogar in das öffentliche Recht übernommen worden. § 127 der Reichsversicherungs-

---

führen, daß man ihr nicht ohne Not folgen wird. — E. Hölder, Allgemeiner Teil des BGB. 398f will als Ort der Erklärung (der Ort der Leistung ist gesetzlich festgelegt) nur denjenigen gelten lassen, den die Gegenpartei nach den Anschauungen des Verkehrs als Ort der Erklärung voraussetzen durfte; willkürliche Wahl bedeute eine Veränderung im Inhalt des Rechtsverhältnisses. Indessen Möglichkeiten, die das Gesetz einräumt, muß die Gegenpartei sich gefallen lassen, und wenn bei einem Rechtsgeschäft der Wille der Parteien der Rücksicht auf eine Erklärung an drittem Ort entgegenstehen sollte, so kommt der ganze § 193 nicht zur Anwendung; denn er ist seinerseits nur Auslegungsregel.

[38] Auch ohne Nutzen für die Sonntagsruhe des Empfängers. Das Beispiel zeigt zugleich, daß die Annahme bei Planck a. a. O. und bei Tuhr, Allgemeiner Teil des BGB. 2 II 506f unzutreffend ist, es habe auf die Feiertage anzukommen, die am entscheidenden Tag für den Empfänger der Leistung oder Erklärung örtlich maßgebend sind.

[39] Hölder a. a. O. 398ff will sowohl die Feiertage am Ort der Absendung der Erklärung oder Leistung berücksichtigen, derart, daß Termin und Fristende um die verkehrsübliche Zeit der Beförderung vordatiert werden — was mit dem Wortlaut des Gesetzes nicht vereinbar erscheint — und außerdem die Feiertage am Ort des Zugangs der Erklärung und Leistung — was zum Teil auf die Sonntagsruhe des Empfängers gegründet wird, die das Gesetz nicht schützen will, zum Teil auf Erwägungen wie Postschluß und dergleichen, die mit der Sonntagsruhe der Parteien überhaupt nichts mehr zu tun haben.

[40] Auch hier ist man einverstanden, daß es sich um den „Erfüllungsort" im Sinn des Gesetzes, also Art. 74 des Obligationenrechts handelt. Vgl. Fick, Obligationenrecht 197; Oser im Kommentar von Egger 5, 284. Immerhin ist dieser Erfüllungsort von dem Ort der tatsächlichen Bewirkung der Leistung nicht so sehr verschieden wie der „Leistungsort" des deutschen Rechts. — Schon bei Abfassung des Allgemeinen deutschen Handelsgesetzbuchs war ein Hinweis auf die Feiertage des Erfüllungsorts vorgeschlagen und wurde nur als selbstverständlich nicht in das Gesetz aufgenommen; Protokolle der Kommission zur Beratung eines Allgemeinen deutschen Handelsgesetzbuchs (1858) 1365. In gleichem Sinn H. Staub, Handelsgesetzbuch[5] (1897) zu Art. 329.

ordnung und § 327 des Versicherungsgesetzes für Angestellte wiederholen die Vorschrift insoweit wörtlich. Diese Übernahme führt freilich zu größeren Schwierigkeiten, als ihre Urheber vermutlich bedacht haben. Augenscheinlich sollen die Beziehungen zwischen dem Versicherungsträger und dem Versicherten und zwischen dem Versicherungsträger und Leistungsverpflichteten hinsichtlich der Fristberechnung behandelt werden, wie wenn es sich um eine privatrechtliche Beziehung handeln würde. Das nötigt zunächst, auch die Bestimmung des Bürgerlichen Gesetzbuchs über den Leistungsort als in die Verweisung einbezogen anzusehen. Aber freilich nach der in § 269 BGB. genannten „Natur des Schuldverhältnisses“ werden Leistungen zwischen Privatmann und Körperschaft des öffentlichen Rechts ihren Ort regelmäßig auf seiten der Körperschaft haben; die Gleichsetzung mit einer privatrechtlichen Beziehung wird vermutlich trotzdem ermächtigen von diesem Umstand abzusehen. Auf der andern Seite aber kann eine solche Gleichstellung nur Sinn haben für die materiellrechtlichen Beziehungen zwischen Versicherungsträger und Gegenpartei. Wo es sich um die staatliche Entscheidung von Streitigkeiten zwischen ihnen handelt, versagt die ratio legis. Man wird annehmen dürfen, daß insoweit § 127 (327) ausfällt, und daß die Lücke durch eine analoge Anwendung der Prozeßordnungen auszufüllen ist. Die Folge ist insbesondere, daß für Rechtsmittel, wiewohl „Willenserklärungen“ der Partei, alsdann nicht die Feiertage am Ort der Partei, sondern am Ort der befaßten Amtsstelle in Betracht kommen[41]. Ganz ebenso liegen die Dinge aber auch für den Bereich des deutschen Abgabenrechts, seitdem § 64 der Reichsabgabenordnung hinsichtlich der Berechnung der Fristen einfach auf das Bürgerliche Gesetzbuch verweist[42].

Sind im Vorausgehenden vorwiegend Verschiedenheiten der Feiertagsordnung innerhalb des Staats ins Auge gefaßt, so kann die Verweisung auf den Feiertag doch ebensowohl den Festkalender eines fremden Staats anwendbar machen. Denn der Ort der Handlung oder Unterlassung, auf die ein Feiertag einwirkt, kann auch im Ausland belegen sein. Wenn nach französischem Seerecht für die Liegefrist des Schiffs nur Werktage zählen, dann entscheidet darüber, ob die Ladung in einem spanischen Hafen fristgemäß gelöscht wurde, spanisches Feiertagsrecht[43]. Aber auch nach BGB. § 193 oder Art. 78 des schweize-

[41] Die Literatur vertritt diese Lösung ohne weiters, vgl. etwa Stier-Somlo 1, 191; Hanow[4] 1, 254; aber freilich ohne gewahr zu werden, daß hier Schwierigkeiten bestehen.

[42] Die Gesetzesvorlage hatte selbstständige und zweifelsfreie Bestimmungen über die Einwirkung der Feiertage. Sie wurden im Reichstag als angeblich überflüssig und selbstverständlich weggelassen. Die Kommentare von Mrozek und Becker bemängeln ihre Weglassung, jedoch aus anderen als den hier erörterten Gründen.

[43] Appellhof Rouen, Journal 15, 527 — aber freilich nicht auf Grund des

rischen Obligationenrechts mag der „Leistungsort“, der „Erfüllungsort“, der den Feiertag bestimmt, im Ausland liegen. Auf der andern Seite selbstverständlich kann die Feiertagsordnung irgend eines Gebiets, auf die Inlandsrecht verweist, unmittelbar nur dann zur Anwendung kommen, wenn der verweisende Rechtssatz selbst auf den Tatbestand anwendbar ist. Findet sich die Verweisung in einem fremden Rechtssatz, so hat dieser zu bestimmen, was er unter einem Feiertag im Sinn seiner Verweisung verstehen will[44].

Besondere Fälle.

3. Auf den Festtagskalender kann eine Verschlingung kirchlicher Zuständigkeiten einwirken. Ein oben Bd. 2, 315 angeführtes sächsisches Gesetz von 1870 befaßt sich mit Einwohnern des Lands, die in eine ausländische Pfarrei eingepfarrt sind, oder einer Filialkirchengemeinde angehören, deren Mutterkirche im Ausland liegt: sie sollen die gleichen Feiertage haben wie andere Bewohner des Lands, wenn nicht durch Übereinkommen mit dem andern Staat Abweichendes vereinbart ist; und solches ist allerdings gegenüber Sachsen-Altenburg und Reuß ä. L. geschehen[45].

Weit häufiger sind es staatliche Angelegenheiten, die hier zu Sonderbestimmungen Anlaß gegeben haben. Wiederholt hat die Fischerei in Grenzgewässern zu solchen Regelungen geführt. Für den Untersee, durch den die Grenze zwischen Baden und der Schweiz läuft, ist allerdings jegliche Schwierigkeit dadurch abgeschnitten, daß die beiden

---

Satzes *locus regit actum,* wie das Urteil annimmt, als handelte es sich um eine privatrechtliche Kollisionsnorm. Auf der andern Seite ist es allerdings auch nicht zutreffend, wenn E. Frankenstein, Internationales Privatrecht (1926) 1, 593 schreibt, es handle sich in derartigen Fällen „im wesentlichen um Tatfragen“. Es ist eine Rechtsfrage des öffentlichen Rechts, wenn geprüft werden muß, ob der Kapitän an einem Tag als Festtag die Arbeit rechtmäßig eingestellt hat.

[44] Green v. Walker (Wisconsin), Cyclopedia 21, 441 [6]: ein Statut verbietet gerichtliche Tätigkeit an Feiertagen; war im andern Staat am Tag der Zeugenvernehmung kein Feiertag, so steht der Verwertbarkeit des Zeugnisses nicht entgegen, daß an diesem Tag im eigenen Gebiet Feiertag war. — Eine vertragsmäßige Festlegung der russischen Feiertage, an denen die russischen Zollämter schließen durften, und umgekehrt, fand sich im deutsch-russischen Handelsvertrag von 1892, Schlußprotokoll Teil 4 § 5 RGBl. 1894, 153.

[45] Rezeß mit Altenburg 30. X. 1850, Sächsisches GBl. 280 §§ 4, 21: die in den andern Staat Eingepfarrten haben lediglich die Buß- und Bettage des Pfarrorts zu beachten; für die Angehörigen einer Filialkirchengemeinde kann mit der gleichen Wirkung der Bußtag auf denselben Tag verlegt werden, an dem ihn die Mutterkirche im andern Gebiet hält. Ähnlich Rezeß mit Reuß 10. V. 1860 ebenda 1860, 181 §§ 6, 24; doch wird hier dem örtlichen Staat vorbehalten zu bestimmen, ob die in den andern Staat eingepfarrten Personen an Tagen, die nach dem Recht ihres Wohnorts Feiertage sind, den polizeilichen Sonntagsbeschränkungen nicht unterliegen.

Staaten die „Seefeiertage“ vertraglich festgelegt haben. Auf dem Neuenburgersee, dem Gebiet dreier Kantone, soll der Fischer stets die Feiertage seines Wohnorts befolgen. Für den Bodensee, gleichfalls eine staatlich aufgeteilte Wasserfläche, werden solche Fragen seit alters erörtert: für Bezirke unter ausgeprägter Staatshoheit (die Wasseralmende der Ufergemeinden) ist der Feiertag stets örtlich verpflichtend gewesen, während im Innern des Sees wiederum jeder Teil unter seinen Feiertagen verblieb; heute muß die Feiertagsordnung, soweit nicht positivrechtliche Erleichterungen bestehen, entsprechend dem Verlauf der Grenzen für jedermann als verbindlich angesehen werden[46].

Über den Dienst auf Binnenschiffen oben S. 106. Für den Dienst auf Seeschiffen ist vorweg festzustellen, daß Vorschriften über die äußere Heiligung der Feiertage, die geräuschvolle Arbeiten verbieten, auch für fremde Schiffe im Hafen verbindlich sind, auf denen solche Arbeiten vorgenommen werden. Im übrigen bildet hier die feste Regel des Seerechts den Ausgangspunkt, daß die persönlichen Angelegenheiten der Schiffsmannschaft allerwärts unter den Gesetzen der Flagge verbleiben. Demgemäß fordern die nordischen Seerechte[47], daß der Mannschaft „an den hier im Reich angeordneten Feiertagen“ Gelegenheit zum Gottesdienst gegeben und Befreiung von verschiebbaren Arbeiten gewährt werde. Und besonders eingehende Bestimmungen hat hierüber § 39 der deutschen Seemannsordnung getroffen. Sonntagsruhe, besondere Vergütung für dennoch erforderliche Sonntagsarbeit ist der Mannschaft eines deutschen Schiffs an den Feiertagen des

---

[46] Für Untersee und Neuenburgersee oben Bd. 2, 316f. Für den Bodensee hat nach den Mitteilungen bei F. Stoffel, Die Fischereiverhältnisse des Bodensees (1906) 150f, 189f schon der Lindauer Fischervertrag von 1536 den Fischern verboten, an einem Tag nach fremden „Gründen“ (der Almende) zu fahren, an dem dort Feiertag ist; Art. 28 der Lindauer Fischereiordnung von 1537 hat diesen Schutz fremder Feiertage den einheimischen Fischern noch einmal zur Pflicht gemacht. Und es wird von einem Rechtsstreit von 1598 berichtet, als Fischer aus dem protestantischen Lindau an einem katholischen Feiertag vor dem katholischen Ort Immenstad gefischt hatten und freigesprochen wurden, weil sie nicht auf den „Gründen“, sondern im Weitsee ihrer Arbeit nachgegangen waren. Heute hat sich die territoriale Aufteilung des Bodensees völlig durchgesetzt, und das muß auch auf die Anerkennung der Feiertage zurückwirken. Immerhin hat Bayern in § 1 der Verordnung über die Sonn- und Feiertage von 1897 von den Beschränkungen der Sonntagsarbeit ausgenommen „. . . bei der Berufsfischerei in den mehreren Staaten gemeinsamen Gewässern auch jene Arbeiten, welche den Fischern der anderen Staaten gestattet sind“, und man hat dabei, wie eine Ministerialbekanntmachung vom 21. V. 1897 Weber 24, 567 zeigt, von einer mißverständlichen Rechtsanschauung ausgehend, an den Bodensee gedacht. Aber freilich auf dem bayerischen Wassergebiet ist fremden Fischern an Lindauer Feiertagen die Berufstätigkeit verboten, der Vorbehalt für bayerische Fischer also gegenstandslos; und an welchen Tagen bayerische Fischer auf fremdem Wassergebiet arbeiten dürfen, entzieht sich einer Regelung von seiten Bayerns.

[47] Schweden, Norwegen, Dänemark je in § 44.

inländischen Heimathafens zu gewähren (für Schiffe, die einen Heimathafen im Reich nicht besitzen, an den vom Reichskanzler hiefür bestimmten Tagen); liegt das Schiff im Inland, so soll — jedoch insoweit immer nur für deutsche Schiffe — der Liegeort entscheiden[48]. Und nur für die weitere Verpflichtung, der Mannschaft bei einem Aufenthalt im Hafen den Besuch des Gottesdienstes zu ermöglichen, tritt die Erweiterung hinzu, daß das im Ausland auch an den „kirchlich gebotenen Festtagen des Liegeorts" geschehen solle[49].

Zu weiteren Fragen solcher Art führt die Errichtung von Behörden in fremdem Staatsgebiet[50]. Für Betätigungen, die die Sonntagsheiligung des Publikums beeinträchtigen könnten, sind sie an das örtliche Recht und die örtlichen Feiertage gebunden. Im übrigen aber verbleiben sie unter heimischer Feiertagsordnung. Das folgt für Verschiedenheiten, die sich an Verschiedenheiten des Kalenders knüpfen, schon aus der Geltung der heimischen Zeitrechnung (oben S. 88), liegt besonders nahe für politische Feiertage des Heimatstaats[51], wird aber schlechtweg als Bindung der Staatsgewalt in allen ihren Verzweigungen anzusehen sein. Auch unter dem Gesichtspunkt des Angestelltenschutzes vermag sich das Aufenthaltsland nicht in den Dienst eines fremden Staats einzumischen, und innerhalb eines exterritorialen Personenkreises, also etwa für die häuslichen Angestellten, die der Gesandte mit in das Land gebracht hat, reicht diese Ablösung von den örtlichen Feiertagen noch

[48] Hier also im Verhältnis der deutschen Länder zueinander unter Verzicht auf die Lokalisierung im Heimathafen eine Anknüpfung an den Aufenthaltsort des Schiffs — aber wirklich nicht, wie die Begründung des Gesetzes meint, „nach dem Grundsatz *locus regit actum*". Wäre überhaupt ein „Grundsatz" in Frage, so müßte die Lösung auch für einen Aufenthalt in ausländischen Häfen gelten.

[49] Die Vorschriften sind nicht ohne mehrfache Schwankungen Gesetz geworden. Der Entwurf hatte für den Aufenthalt im Inland auf das Recht des Liegeorts, für den Aufenthalt auf See und im Ausland auf die Feiertage des Heimathafens verwiesen. Bei den Beratungen taucht das Bedenken auf, ein deutsches Schiff könne den Heimathafen im Ausland, etwa in China, haben und sei dann an die chinesischen Feiertage gebunden (!): die Kommission läßt sich überzeugen und will jetzt schlechtweg auf die Feiertage des Liegeorts abstellen (Anträge, für deutsche Schiffe mit ausländischem Heimathafen die hamburgischen oder die Feiertage des deutschen Registerhafens entscheiden zu lassen, werden abgelehnt). Auf Vorstellungen des Auswärtigen Amts, die die Unzweckmäßigkeit des gewählten Auswegs dartun, wird dann die gegenwärtig geltende Fassung angenommen; unter Beifügung des Schlußsatzes, über den der Kommissionsbericht keinen weiteren Aufschluß gibt. Stenographische Berichte des Reichstags 1900/02 Anlagebd. 1, 42 (Begründung); Bd. 1, 168f (1. Beratung); Anlagebd. 3, 1906 (1. Lesung der Kommission) und 1911 (2. Lesung der Kommission).

[50] Daß die Konsulargerichtsbarkeit von örtlichen Feiertagen rechtlich unabhängig ist, liegt auf der Hand. Deutscherseits gelten nach §§ 27, 19 des Konsulargerichtsbarkeitsgesetzes für Angelegenheiten der Justiz die im Bereich des Preuß. allgemeinen Landrechts verbindlichen Feiertage. Für polizeiliche Sonntagsvorschriften ist der Konsul nach § 51 in der Lage, die Feiertage selbständig zu benennen.

[51] Vgl. etwa für Frankreich R. Monnet, Manuel diplomatique (1910) 309.

über den öffentlichen Dienst hinaus. Daneben freilich mag eine Anpassung an die örtliche Festtagsordnung erforderlich werden; aus Gründen der Höflichkeit bei politischen Festtagen des Aufenthaltsstaats, aus Gründen der Zweckmäßigkeit vielleicht auch sonst; es ist Sache der Verwaltungsverordnungen und des Verwaltungsherkommens, insoweit über den Schluß der Ämter zu verfügen[52]. Solcher Ämterschluß wirkt natürlich auch auf die Geschäfte, die ein Privater bei der Behörde zu besorgen hat. In jedem Fall aber hat der Private der Behörde gegenüber ein Recht auf die heimischen Feiertage. Eine schwedische Verordnung verpflichtet den Kapitän eines schwedischen Schiffs, sich binnen 48 Stunden nach der Ankunft bei dem Konsul zu melden; Feiertage verlängern die Frist. Ein schwedisches Schiff war während der heimischen Ostern in einem russischen Hafen angekommen und hatte die Frist überschritten; der Oberste Gerichtshof Stockholm verurteilt, denn es habe über die Feiertage das örtliche Recht zu entscheiden, und die russischen Ostern fielen später[53]. Die Entscheidung kann nicht gutgeheißen werden. Selbst wenn eine Dienstanweisung den Konsul veranlassen würde, an heimischen Feiertagen die Amtsstube geöffnet zu halten, könnten gesetzliche Verpflichtungen der Partei davon nicht beeinflußt werden. Dagegen hat allerdings das niederländische Handelsgesetzbuch für den Seebericht, den der Schiffer dem Konsul zu erstatten hat, eine Lösung ausdrücklich in diesem Sinn gegeben; der Bericht muß nach Art. 379, 383 binnen drei Tagen, bei schweren Schäden innerhalb eines Tags erstattet werden, „den Sonntag und außer Landes die dort allgemein anerkannten Festtage nicht eingerechnet". Daß es bei der Beschränkung der notariellen Tätigkeit des Konsuls auf die heimischen Feiertage anzukommen habe, ist für Frankreich anerkannt worden[54]. Insbesondere muß das auch bei Zustellungen durch den Konsul gelten. Der Konsul mag eine Zustellung an örtlichen Feiertagen unterlassen; jedenfalls aber darf er sie an heimischen Feiertagen nur in den Grenzen des heimischen Prozeßrechts vornehmen. Das verhält sich natürlich anders, wo im Weg der Rechtshilfe die örtliche Staatsgewalt eine Zustellung besorgt[55]; auch wenn sie unter Vermittlung des Konsuls tätig wird; und auch dann, wenn der Konsul selbst im einzelnen Fall mit der örtlichen Staatsgewalt belehnt wird und in deren Auftrag die Zustellung ausführt[56].

---

[52] In Frankreich für Konsulate der Regelung des Konsuls überlassen: A. de Clercq-C. de Vallat, Guide pratique des consulats[5] (1898) 1, 310.

[53] Journal 29, 179. Gegen die Entscheidung auch Diena, Diritto commerciale internazionale 3, 355[1].

[54] De Clercq-de Vallat 1, 400f.

[55] v. Bar, Theorie und Praxis 2, 366, daraus H. Delius, Handbuch des Rechtshilfeverfahrens[4] (1911) 390; ohne freilich zwischen den Arten der Auslandszustellung zu unterscheiden.

[56] Dazu oben Bd. 2, 317 f.

Bei der Rechtshilfe, die ein fremder Staat dem Inland leistet, handelt es sich um die Betätigung einer fremden Staatsgewalt in ihren Beziehungen zu dritten Personen. Eine Abstellung auf fremde Amtstätigkeit findet sich zuweilen auch sonst in Vorschriften des Inlandsrechts; auch in Verbindung mit Fristen, auf deren Lauf Feiertage Einfluß nehmen können. Dabei aber bedarf es genauer Feststellung, für welche Rechtsbeziehung die Frist gesetzt ist. Es kommt vor (vgl. oben Bd. 3 I 151 f), daß der Seebericht, die Verklarung vor der Behörde eines fremden Staats abgelegt werden muß. Hat diese Behörde an dem Tag, an dem sie angegangen werden will, nach ihrem eigenen Recht Feiertag, so wird die Erfüllung seiner Verbindlichkeit dem Anzeigepflichtigen insoweit unmöglich und ist die Unterlassung nach den Grundsätzen über die Unmöglichkeit der Leistung zu würdigen. Aber die Fristsetzung selbst gehört einem andern rechtlichen Zusammenhang an, sie bildet einen Teil der privatrechlichen Verpflichtungen des Kapitäns gegenüber dem Reeder oder auch der verwaltungsrechtlichen Verpflichtung des Kapitäns gegenüber der heimischen Staatsgewalt, die Erklärung fristgemäß vorzunehmen, und wenn Feiertage hiebei die Frist erstrecken, so müssen es die Feiertage des Heimatstaats sein. Ganz dasselbe gilt von der Verpflichtung des früheren französischen Rechts, Ersatzansprüche aus einem Schiffszusammenstoß bei der nächsten, auch ausländischen Hafenbehörde binnen 24 Stunden anzumelden[57]. — An-

[57] Code de commerce Art. 435, 436 bis zur Novelle von 1891; ähnliche Bestimmungen auch jetzt noch in den Seerechten anderer Staaten. Die Stelle verpflichtet *dans le lieu où le capitaine a pu agir* zur Anzeige binnen 24 Stunden, behält damit also eine Erstreckung vor, wenn die angegangene Behörde nach ihrem Recht Feiertag hatte. War die Behörde zugänglich, so ist die Frage nicht erledigt, sondern erst rein gestellt: es handelt sich bei der Wahrung der Frist um das Rechtsverhältnis zwischen dem Verletzten und Schädiger, nicht darum, daß die angegangene Behörde innerhalb einer Frist eine Wirksamkeit entfalten sollte, und wenn jenes Rechtsverhältnis unter französischem Recht steht, muß das auch für die Verlängerung der Frist durch Feiertage gelten. Ein türkisches Schiff, Kapitän und Befrachter türkische Staatsangehörige griechischen Bekenntnisses, war am 30. Oktober in der Nähe der türkischen Küste von einem französischen Schiff beschädigt worden; der 31. Oktober war ein Sonntag, der 1. November Allerheiligen, nach französischem Recht ein gesetzlicher Feiertag, die Anzeige bei der türkischen Behörde wurde am 2. November erstattet. Der Appellhof Aix, Journal 1, 26 wendet auf den Zusammenstoß französisches Recht an (ob mit Grund, kann hier unerörtert bleiben), erklärt die Anzeige jedoch für verspätet; weder die türkische Behörde noch die beteiligten Personen hätten an den Zwischentagen nach ihrem Recht Feiertag gehabt. Die Entscheidung geht, wie ich glaube, an dem wesentlichen Gesichtspunkt vorüber. Sehr verworren zu demselben Fall Deloynes, Revue critique de législation[2] 7, 268 ff: Es müsse auf die Feiertage am Ort der Anzeige ankommen. Das folge aus dem Wortlaut des Gesetzes, das die Frist nur laufen lasse, „wenn der Kapitän hat handeln können"; und ebenso aus allgemeinen Grundsätzen: denn der Anspruch müsse nicht nur angezeigt, sondern auch zugestellt werden, die Zustellung aber rechtsgültig sein, und darüber entscheide nach dem Grundsatz *locus regit actum* das Recht des Zustellungsorts. Und wenn sich der Empfänger der Zustellung gar nicht im Zufluchtshafen befindet?

ders ist die Rechtslage, wenn nach der Pariser Übereinkunft auf grund der Anmeldung im einen Staat eine Prioritätsfrist für die Anmeldung gewerblicher Schutzrechte in den anderen Vertragsstaaten gewährt wird. Wer ein solches Recht in Anspruch nimmt, macht eine Bindung dieser anderen Staaten geltend, und es ist deshalb folgerichtig, wenn die Fassung des Abkommens vom 6. November 1925 (RGBl. 1928 II 175) nunmehr festsetzt, die Frist werde verlängert, wenn ihr letzter Tag „in dem Land, wo der Schutz begehrt wird“, gesetzlicher Feiertag ist.

Endlich die Feiertage in einem während des Kriegs besetzten Gebiet. Die Bevölkerung des Gebiets behält ihr örtliches Recht und mit ihm ihre örtlichen Feiertage. Doch kann es der besetzenden Macht nicht zugemutet werden, auch die politischen Feiertage des verdrängten Gegners anzuerkennen[58]; während sie freilich auch nicht befugt ist, ihre eigenen politischen Feiertage der Bevölkerung aufzudrängen. Bei einer endgiltigen Gebietsveränderung dagegen verbleiben zwar im übrigen die örtlichen Feiertage bis auf weiteres gleichfalls in Geltung. Aber es muß als der Wille des neuen Herrn angesehen werden, daß die bisherigen politischen Feiertage des Gebiets von selbst erlöschen und seine eigenen an deren Stelle treten.

---

14. Kapitel.

Die Währung.

§ 92.
Einleitung.

1. Grundbegriffe. — 2. Währung und Völkerrecht. — 3. Währung und internationales Verwaltungsrecht. Übersicht.

Grundbegriffe[1].

Währung ist ein Maßsystem für wirtschaftlichen Wert. Sie ist wie jedes Maßsystem auf einer Einheit aufgebaut, in deren Vielfachem oder Teilbeträgen der zu messende Wert ausgedrückt wird. Unter den Ver-

---

[58] Eine Verordnung für das Generalgouvernement Warschau, Verordnungsblatt 1. XII. 1915 hebt „das Verbot der russischen Regierung, an den sogenannten Galatagen Amtshandlungen vorzunehmen“, auf. Doch ist mir unbekannt geblieben, um welcherlei Feiertage es sich dabei handelte.

[1] A. Nußbaum, Das Geld in Theorie und Praxis des deutschen und ausländischen Rechts 1925; hier weitere Angaben. Die folgenden Ausführungen sind diesem bedeutenden Buche trotz mancher Abweichungen in weitem Ausmaß verpflichtet.

hältnissen der Gegenwart betrachtet es jeder Staat als seine Aufgabe, für die Bereitstellung eines solchen Systems, sei es durch Neuschöpfung oder durch Übernahme, Sorge zu tragen.

Eine jede Wertbemessung steht in gedanklicher Beziehung zu einer Wertübertragung. Für eine Wertübertragung bedient sich der Verkehr besonderer Sachen, die als Wertträger anerkannt sind, der „Geldzeichen". Jede Währung setzt das Vorhandensein solcher Geldzeichen voraus. Und es pflegt in den Staaten der Gegenwart auch die Sorge für das Vorhandensein der Geldzeichen — durch Schöpfung oder Übernahme — als Staatsaufgabe betrachtet zu werden. Währung und Geldzeichen treten in Verbindung, derart, daß der Wert der Geldzeichen nunmehr selbst an dem Währungssystem gemessen wird, daß die Währungseinheit ihrerseits in diesen Geldzeichen dargestellt werden kann.

Währung ist ein Maßsystem für Wert. Die Einrichtung konnte erst möglich werden, als, vornehmlich im Lauf des letzten Jahrhunderts, eine Umbildung im Begriff der Geldzeichen vor sich ging. Ehedem zu der Übertragung des Metallwerts bestimmt, den sie in sich schlossen oder auf den sie anwiesen — und vereinzelte Reste dieser Anschauung ragen noch fossil in die Gegenwart — haben die Geldzeichen heute die Aufgabe, währungsmäßigen Wert zu übertragen. Und das hängt wiederum zusammen mit der entsprechenden Umformung im Inhalt der Geldschulden. Denn auch die Geldschulden sind heute auf die Übertragung von Wert, nicht auf die Übertragung von Geldstücken irgend einer metallischen Beschaffenheit gerichtet. Jede rechtserhebliche Bewertung geht heute auf währungsmäßigen Wert, und nur in Sonderfällen, die Gesetz und Rechtsgeschäft ergeben, geht solche Bewertung auf einen Verkehrswert, der durch Vergleichung bestimmt wird; durch Vergleichung mit dem Wert von Sachgütern, insbesondere Gold, oder auch mit demjenigen einer fremden Währung.

Der währungsmäßige Wert aber, den ein System zu messen bestimmt ist, hat die Eigenschaft der „Wertbeständigkeit". Die Werteinheit, auf der ein System aufgebaut ist, muß notwendig von außerjuristischen Tatsachen hergeleitet sein, z. B. sie wird nach der Kaufkraft bestimmt, die einer gewissen Menge Edelmetalls zukommt. So wenig es jedoch für den Rechtsbegriff des Meters erheblich ist, ob er wirklich den zehnmillionsten Teil des Erdquadranten darstellt, so wenig ist es für den Rechtsbegriff der Währungseinheit wesentlich, ob der Verkehr ihr diese Menge von Kaufkraft wirklich zubilligt. In diesem Sinn sind Vielheiten und Teilmengen der Währungseinheit ebenso wertbeständig, als der Satz $10 \times 10 = 100$ richtig ist. Eben das aber muß auch für die Geldzeichen als Ausdruck von Währungseinheiten gelten. Und es ist, wenigstens normalerweise, ebenso für die Geldschulden zutreffend (womit selbstverständlich noch nichts über die wirtschaftliche Nutzbarkeit des Schuldbetrags ausgesagt ist).

Nur deshalb, weil Wert nicht anders als in Bindung an Geldzeichen übertragen werden kann, erfolgt die Tilgung einer Geldschuld regelmäßig durch Hingabe von Geldzeichen. Jedoch über der immaterialen Fähigkeit, Wert zu übertragen, hört das Geldzeichen nicht auf, eine körperliche Sache zu sein, mit besonderen Merkmalen im Hinblick auf seinen Stoff oder seine Herkunft. Stets sind die beiden Eigenschaften vereinigt. Aber nicht immer sind die beiden Eigenschaften rechtserheblich. Wenn eine Zehnmarkschuld bezahlt wurde, so ist wesentlich, daß der Wert dieses Betrags übertragen wurde; aber es ist rechtlich gleichgültig, daß die Übertragung durch Hingabe silberner Markstücke geschehen ist. Die Rechtslage kann aber auch anders sein. Die Übertragung der Geldzeichen kann eben darauf gerichtet sein, dem Empfänger Zeichen von bestimmter Beschaffenheit zu überliefern. Geschieht das bei der Bezahlung einer Geldschuld, so erlangen die beiden Eigenschaften des Zeichens rechtliche Bedeutung. Es kann das Geldzeichen aber auch unabhängig von seiner Fähigkeit, währungsmäßigen Wert zu übertragen, lediglich als „Ware" von bestimmter Beschaffenheit übereignet werden. Auch das geschieht regelmäßig, um in künftigen Fällen von jener Fähigkeit Gebrauch machen zu können. Aber für den rechtlichen Vorgang, der der Übereignung zugrunde liegt, ist das Geldzeichen unter solchen Umständen lediglich körperliche Sache.

Die rechtliche Bedeutung, die mit dem Wort „Geld" verbunden wird, ist nicht einheitlich. Manchmal wird darunter das Geldsystem verstanden (eine Entschädigung wird „in deutschem Geld" geschuldet), häufig eine Wertmenge, die in Geldzeichen darstellbar ist. Oder es geht der Ausdruck auf die Geldzeichen selbst. Er umfaßt auch Gegenstände, deren leichte Verwertbarkeit ihnen eine geldähnliche Stellung gibt; und er reicht bis zu völliger Gleichstellung von Geld und Vermögen. Über die Tragweite des Ausdrucks kann nur der Zusammenhang des Rechtssatzes Aufschluß geben, der den Ausdruck verwendet. In Ermangelung eines Anhaltspunkts aber, der aus den Besonderheiten des Zusammenhangs hergeleitet werden kann, wird man allerdings den Begriff auf Geldzeichen oder auf eine Währung staatlicher Herkunft beziehen müssen.

Die Sorge für die Währung ist eine Aufgabe der staatlichen Verwaltung. Zu aktiver Tätigkeit des Staats oder eines Selbstverwaltungskörpers mögen dabei Anlaß geben die Herstellung der Geldzeichen, Veranstaltungen zur Vergleichung des Werts fremder Währungen, vielleicht auch eine Aufsicht über die Durchführung von Währungsschutzbestimmungen. Die wesentliche Bedeutung der staatlichen Vorsorge indessen besteht hier in der Bereitstellung des Systems, also in der Begründung von Rechtssätzen. Und dem entspricht, daß die große Menge der geldrechtlichen Vorschriften nicht dem Aufbau des Systems selbst dient, sondern von dem bereitgestellten System für irgendwelche rechtliche Zwecke Gebrauch macht; daß solche Vorschriften also — ihrerseits in den verschiedensten Rechtsteilen belegen — eine Verweisung auf diejenigen Einrichtungen enthalten, die durch das staatliche Währungsrecht ihre Formung erhalten haben. Insbesondere gilt das auch für den praktisch wichtigsten Fall solcher Verweisung, für das Recht der Geldschulden. Auch hier wird ein staatliches Geldwesen als geregelt vorausgesetzt; seine Ordnung bedeutet nicht etwa den Bestandteil eines Rechts der Geldschulden. Wenn zwischen der Begründung einer Geldschuld und einem über sie ergehenden gerichtlichen Urteil die Währung wechselt, so geht die Verweisung (die ihrerseits dem unveränderlichen Inhalt der Schuld angehört) auf die nunmehr, im Zeitpunkt des Urteils, geltende Währung.

Währung und Völkerrecht.

2. Um reine Fragestellungen zu erreichen, soll hier vorweg ein Überblick über die Beziehungen zwischen Währung und Völkerrecht gegeben werden, die als solche außerhalb des Umkreises der nachfolgenden Untersuchungen liegen. Sie können im Bereich innerstaatlicher Angelegenheiten vorkommen und bei völkerrechtlichen Tatbeständen gegeben sein.

a) Wie in alle Teile des innerstaatlichen Rechts mag das allgemeine Völkerrecht auch in die rechtliche Ordnung der Währung eingreifen; sei es, daß das Völkerrecht besondere Rechtslagen schafft, die alsdann auch eine Regelung vonseiten des Währungsrechts bedürfen — verpflichten den Exterritorialen die örtlichen Devisenvorschriften? kann der Kriegsgegner im besetzten Gebiet die Währung ändern? — oder auch so, daß das Völkerrecht unmittelbar einen Sachverhalt dieser Art regelt, etwa in der Frage, ob ein Staat die Geldzeichen eines andern Staats nachbilden dürfe.

Überaus zahlreich sind die Staatsverträge und Beschlüsse völkerrechtlicher Vereine, die sich mit Währungsrecht befassen[2]. Sie mögen das Geldsystem und die Geldzeichen betreffen: so hatten Deutschland und Polen für Oberschlesien den Fortbestand der Reichswährung vereinbart; daß die französischen Geldzeichen umlaufen dürfen, hat das Saarstatut bestimmt; über die Bewertung der in Danzig umlaufenden polnischen Geldzeichen ist in einer Vereinbarung der beiden Staaten Vorsorge getroffen; auch ein vertraglicher Ausschluß fremder Geldzeichen kommt vor: als 1814 Schwedisch-Pommern an Dänemark abgetreten wurde, ist der Ausschluß schwedischen Papiergelds verabredet worden. Für den Strafschutz fremder Währungen bereitet gegenwärtig der Völkerbund ein Vertragswerk vor. Dann wieder ist es die Verwendung der

---

[2] Vertragstypen älterer Zeit bei A. Luschin v. Ebengreuth, Allgemeine Münzkunde[2] (1926) 288 ff.

Währungen, die Anlaß zu rechtsgeschäftlicher Regelung gibt: man bestimmt die Währung, in der die Internationale Bank des Young-Plans ihre Aktien ausgeben soll. Und bei den mannigfachsten Anlässen wird die Währung von Geldschulden bestimmt: als die österreichisch-ungarische Währung in ihre Teilwährungen zerbrach; für die Abgaben im Zollanschlußgebiet; für die Beförderungsverträge auf Grenzbahnhöfen. Ergänzende Vereinbarungen betreffen die Devisengesetzgebung, wie gewisse Bestimmungen des Oberschlesien-Abkommens, oder sie betreffen die Aufwertung entwerteter Währungen; Deutschland hat einige solche Abkommen geschlossen.

Gemeinschaftliche Organe mehrerer Staaten können in innerstaatlichen Angelegenheiten mit Währungsfragen befaßt sein: öfter als irgend ein Organ solcher Art die gemischten Schiedsgerichte der Friedensverträge.

Und das alles gilt auch für Geldschulden, an denen ein Staat selbst als Gläubiger oder als Schuldner beteiligt ist. Als Gläubiger: wenn das Internationale Amt für gewerbliches Eigentum Gebühren für den Eintrag eines Warenzeichens erhebt, oder die Europäische Donaukommission Geldstrafen verhängt. Als Schuldner: wenn es sich um die Zahlung von Pensionen bei einer Gebietsveränderung handelt, oder der Sold kriegsgefangener Offiziere in Frage steht. Und es gilt auch da, wo Geldschulden auf innerstaatlicher Grundlage[3] zwischen zwei Staaten als Gläubiger und Schuldner begründet sind. Zum Teil hat man die Währung hiefür besonders vereinbart; im Weltpostverein und den Eisenbahnfrachtverträgen (hierher gehörig, soweit es sich um Staatseisenbahnen handelt) den Goldfranken.

Der völkerrechtliche Bestandteil, den alle diese Tatbestände aufweisen, ist für das Folgende unerheblich. Und nur insoweit, als sie nach ihrem besonderen Inhalt auf Fragen Bezug haben, die eine Abgrenzung unter den Währungen oder deren Überwirkung in einen andern Staat in sich schließen, werden sie im Zusammenhang dieser Fragen zu erörtern sein.

b) Aber auch die Abwickelung völkerrechtlicher Beziehungen bedarf der Währung. Kennt das Völkerrecht Geldschulden, so kann es auch einer Währung nicht entbehren, ihren Wert zu bestimmen und ihre Zahlung zu ermöglichen. Aber freilich, eine „völkerrechtliche" Währung kann es nicht geben. Denn die völkerrechtliche Gemeinschaft als ein unorganisierter Verband kann keine gewillkürten Einrichtungen haben[4], und wenn im Weg des Staatsvertrags oder Vereinsbeschlusses

[3] Dazu des Näheren unten § 94 Z. 3.

[4] Anders H. Gerber, Geld und Staat (1926) 82ff: die Weltwirtschaft ist rechtlich gesehen ein Stück Völkerrecht; wenn sie sich einzelstaatlicher Zahlungsmittel bedient, so können sie Geltung für die Weltwirtschaft doch nur durch Völkerrecht gewinnen; ihr Wert wird durch einen „völkerrechtlichen Gesetzgebungsakt" bestimmt, von den Börsen, die als Organe der Staaten hiefür tätig werden — ein

für noch so viele Staaten eine gemeinschaftliche Währung geschaffen würde, wäre das immer nur eine Währung derjenigen Staaten, die sie angenommen haben, aber nicht eine Währung der Gemeinschaft[5]. So kann die Verwendung einer Währung bei Geldschulden des Völkerrechts immer nur die Verweisung auf die Währung eines einzelnen Staats bedeuten. Welche Währung das sein soll, wird häufig durch völkerrechtliches Rechtsgeschäft bestimmt sein. Doch mag es Verträge geben, bei denen solche Bestimmung mangelt (Hilfeleistung des Verbündeten gegen „Kostenersatz"), und sie mangelt insbesondere bei Ersatzleistungen ohne rechtsgeschäftliche Grundlage, vielleicht bei einer Geschäftsführung ohne Auftrag (der Neutrale verpflegt die übergetretenen Truppen der Kriegspartei), vor allem bei Ersatzleistungen wegen eines völkerrechtlichen Delikts.

Die Frage, welche Währung unter solchen Umständen geschuldet ist, bedeutet häufig die Auslegung einer unvollständigen Willenserklärung und liegt insoweit im Bereich des Tatsächlichen[6]. Sie muß aber auch einer rechtlichen Beantwortung fähig sein, wo solche Festlegungen sich nicht dazwischenschieben. Manchmal nun wird in Fällen dieser Art die Verbindung mit einem Tatbestand innerstaatlichen Rechts die Währung der völkerrechtlichen Verpflichtung bestimmen. Wo die Ausübung des diplomatischen Schutzrechts eine private Geldschuld in den Bereich des Völkerrechts übernimmt, empfängt der völkerrechtliche Anspruch seinen Inhalt aus der Forderung oder Verpflichtung des geschützten Privaten, und es ist damit im Zweifel auch die Währung dieses völkerrechtlichen Anspruchs bestimmt[7]. Auch sonst mögen die Um-

---

typisches Beispiel für die Verwirrung juristischer und soziologischer Betrachtungsweise. Die Irrtümer, die zu diesem Ergebnis geführt haben, einzeln aufzuweisen, erscheint entbehrlich.

[5] Über „Weltgeld" etwa v. Luschin 295 f; Gerber 171 [99]; R. Greul, Die Lateinische Münzunion (1926) 140 ff; G. Lippert, Handbuch des internationalen Finanzrechts[2] (1928) 780 ff.

[6] Das internationale Meterabkommen, das ein Bureau mit Sitz in Frankreich begründet hat, verpflichtet die Vertragsstaaten zu Beiträgen in „Franken"; die Verpflichtung ist, wie das vom Völkerbund ausgegebene Répertoire des organisations internationales[2] (1925) 77 ausweist, auf französische Franken bezogen worden. Für das Abkommen zur Veröffentlichung der Zolltarife (Bureau mit Sitz in Belgien) hat das Zeichnungsprotokoll noch nachträglich klargestellt, daß die „Franken" des Vertrags belgische Franken sein sollen; Martens[2] 18, 574. Wo eine Verpflichtung auf „Goldmark", „Goldfranken", „Golddollar" geht, wird es meistens die Absicht der Vertragstelle sein, mit dieser Bezeichnung nur den Wert der Geldleistung zu bestimmen, die Währung aber, in der die Übertragung erfolgen soll, der Wahl des Schuldners zu überlassen. Für die Beiträge zu dem Internationalen Landwirtschaftlichen Institut wird eine ähnliche Lösung von dem genannten Répertoire 136 ausdrücklich bezeugt. Dagegen stellt es Art. 262 des Versailler Vertrags in die Wahl des Gläubigers, in welcher Währung er Goldmarkschulden Deutschlands einfordern will.

[7] So beispielsweise der Haager Ständige Schiedshof in dem Streit über die

stände des Falls eine solche Lokalisierung ermöglichen[8]. Wo aber Anhaltspunkte für eine abweichende Regelung nicht vorliegen, wird man Geldschulden des Völkerrechts in der Währung des empfangsberechtigten Teils bewerten müssen. Anders als bei Verpflichtungen des innerstaatlichen Rechts kommt eine Möglichkeit, daß verschiedenerlei Rechtsordnungen auf die Bestimmung der Währung Einfluß nehmen könnten, für das einheitliche Normensystem des Völkerrechts nicht in Betracht. Jedes seiner Rechtssubjekte ist eindeutig mit einer bestimmten Währung verbunden. Der empfangsberechtigte Teil erhält in seiner Währung genau den Wert, der ihm zugedacht ist, und er müßte andererseits, wenn er in der Währung des Schuldners bezahlt würde, in jedem einzelnen Fall Umwandlungen vornehmen; schon die im Völkerverkehr übliche Courtoisie würde einer solchen Lösung Bedenken entgegenstellen. In der Tat ist, zumal in neuerer Zeit, wenn auch sehr schwankend und unsicher, bei ausdrücklichen Bestimmungen eine Tendenz dieser Art unverkennbar[9].

---

kalifornischen Kirchengüter, unten § 94 Z. 1 (ohne nähere Begründung). Wo die Entschädigung Privater für Kriegshandlungen zum Gegenstand zwischenstaatlicher Regelung gemacht wird, findet man freilich häufige Abweichungen von dieser Regel vgl. etwa die unten § 94 Z. 1 erwähnten Entscheidungen der deutsch-amerikanischen Mixed Claim Commission oder Art. 32 des Zusatzvertrags zum Frieden von Brest-Litowsk, insbesondere auch die Entschädigungen für „außerordentliche Kriegsmaßnahmen" Deutschlands nach dem Versailler Vertrag, § 14 der Anlage zu Art. 298. Es hängt das zum mindesten teilweise mit der mangelnden Einsicht zusammen, daß hier zu gunsten eines Privaten Entschädigung für Ausübung der Staatsgewalt, also für eine Angelegenheit innerstaatlichen Verwaltungsrechts, zu leisten ist.

[8] Bemerkenswert das Urteil des Haager Internationalen Gerichtshofs 17. VIII. 1923 im Wimbledon-Fall, Recueil des arrêts n. 1, 32: der Versailler Vertrag verpflichtet Deutschland zur Öffnung des Nord-Ostsee-Kanals, die Durchfahrt wurde einem französischen Reeder nach Ansicht des Gerichts zu Unrecht versagt; er hat infolge der Sperre eine Charter in englischen Pfund nutzlos bezahlt, auch Unkosten in französischer Währung gehabt; das Gericht verurteilt Deutschland, an Frankreich den Betrag dieser Schäden in französischer Währung zu bezahlen. Streitgegenstand war nicht der Verlust des Reeders, sondern die Freiheit der Durchfahrt (weshalb als Kläger auch andere Staaten als Frankreich zugelassen wurden). Immerhin aber war es bei dem freien Ermessen, das dem Gericht zustand, möglich, das Interesse an der Durchfahrt nach dem Geldschaden zu bewerten, den der betroffene Private durch die Sperre erlitt. Das Gericht begründete die Zusprechung französischer Franken allerdings anders. „*C'est la monnaie du demandeur* (gemeint ist der Reeder), *dans laquelle il fait toutes ses opérations et toute sa comptabilité, et l'on peut dire, en conséquence, que cette monnaie donne la mesure exacte du dommage qui doit être réparé.*" Das wäre nicht einmal zutreffend, wenn der Streit unter dem Gesichtspunkt diplomatischen Schutzes geführt worden wäre; nicht in der Meinung (dazu unten § 95), ein privater Schaden könne unabhängig von der ihn beherrschenden Rechtsordnung bewertet werden; nicht in der Außerachtlassung des Umstands (dazu die vorausgehende Anm.), daß es sich um Entschädigung für die Ausübung der deutschen Staatsgewalt handelte.

[9] Für Kriegsentschädigungen zeigt das Corpus pacificationum (s. a.) folgendes Bild. Wo ein Schuldner mehreren Gläubigern gegenübersteht, Währung des Schuld-

Währung und internationales Verwaltungsrecht. Übersicht.

3. Um das internationale Verwaltungsrecht für Währung und Geldrecht zu erkennen, bedarf es zuerst der Feststellung, wo diese Angelegenheiten den Standort im Rechtssystem haben. Er ist nicht einheitlich. Die Währung als rechtlich geordnetes System gehört zu den Einrichtungen, die der Staat bereitstellt, um den wirtschaftlichen Verkehr zu fördern; sie ist insoweit ein Stück Verwaltungsrecht[10]. Jedoch dies Gefüge von Rechtssätzen, aus denen sich eine Währung aufbaut, hat keine Geltung im Raum; es ist da und verlangt als solches von niemand ein Verhalten. Erst die Rechtssätze über den Gebrauch einer Währung fordern ein Handeln oder Unterlassen, das der Begrenzung im Raum bedarf. Solche Vorschriften aber in Bezug auf Währung und Geld

ners, Frankreich im Pariser Frieden 1815 n. 617, 618; China 1911 n. 642; (ebenso im Ausgangspunkt auch der Versailler Vertrag). Währung des empfangsberechtigten Teils: Österreich-Preußen 1866 n. 626 (vgl. aber unten n. 625!); Türkei-Rußland 1878 n. 637 (Rubel, auf grund einer Schadenberechnung in Rubel; anders allerdings die Vereinbarung über die Auszahlung n. 638); Griechenland-Türkei 1897 n. 640, 641. Währung des Schuldners: Mexiko-Frankreich 1839 n. 620; Sardinien-Österreich 1849 n. 622; Württemberg-Preußen 1866 n. 625 (!); Frankreich-Deutschland 1871 n. 628; China-Japan 1895 n. 639. — Sonstige Beispiele ausdrücklicher Regelung, sämtlich unter Zugrundelegung der Währung des empfangsberechtigten Teils: Aufwendungen für Kriegsgefangene, Vertrag von Brest-Litowsk RGBl. 1918, 480 Art. 17. Kaufpreis eines Gebiets Deutschland-Spanien 1899, Deutsche Kolonialgesetzgebung 4, 76. Vergütung für Geschäftsbesorgungen Deutschland-Polen 1926 RGBl. II 723 Art. 38 und Deutschland-Litauen 1928 RGBl. 1929 II 212 Art. 38 (Unterhaltung der Landesgrenze); Deutschland-Tschechoslowakei 1928 RGBl. 1929 II 7 Art. 7 (Wasserbauten).

[10] Nach Gerber 72 ff soll der Geldbegriff dem Verfassungsrecht angehören. Soweit dem ein besonderer Begriff des Verfassungsrechts zugrunde liegt, muß die Frage hier beruhen. Jedenfalls mit Rechtssätzen über die Bildung des staatlichen Willens hat die Währung nichts zu tun; es ist der fertige Staat, der sie zur Verfügung stellt. — Für E. Jung, Das privatrechtliche Wesen des Geldes (1926) handelt es sich hier — um Privatrecht: ein Annahmezwang besteht, „weil man sich diese Sache (Geld) vorher als Leistung ausbedungen hat.“ Und Verpflichtungen aus Gesetz (um auf weitere Einwendungen zu verzichten)? — Lippert, Internationales Finanzrecht rechnet die Ordnung der Währung und manches mehr zum „Finanzrecht“, Fragen dieser Art, die irgend eine Beziehung zum Ausland aufweisen, unter das internationale Finanzrecht. Bei der Unbekanntschaft, mit der der Verfasser den Bedürfnissen wissenschaftlicher Systembildung gegenübersteht (dazu auch das Vorwort S. XVI f) kann es bei diesem Hinweis bewenden. — Eine beachtenswerte Meinung von Friedrichs (zit. oben S. 100[68]) 237 will Geld und Geldwert einem Allgemeinen Teil des Rechts zuweisen. Für die Währung als eine besondere Einrichtung der Verwaltung kann das freilich nicht zutreffen. Dagegen ist richtig, daß Rechtssätze über Bewertungen, vor allem über Geldschulden, in allen Teilen des Rechts vorkommen, und es ist für die wissenschaftliche Betrachtung sicher förderlich, sie gemeinsam zu behandeln. Aber bei einer Aufteilung des Rechtsganzen nach Sachbereichen kann ein solcher Allgemeiner Teil keinen Raum finden.

gehören den allerverschiedensten Rechtsteilen an. Zuweilen haben sie die Durchführung der Währung selbst zum Inhalt, z. B. als eine verwaltungsrechtliche Verpflichtung, das währungsmäßige Geld anzunehmen (nicht in Deutschland), und gehören alsdann gleichfalls in das Verwaltungsrecht. Im übrigen aber handelt es sich um die mannigfaltigsten Bestimmungen über Bewertung, Bezahlung, über Geldzeichen, überwiegend im Bereich des Privatrechts, daneben im Prozeßrecht, Strafrecht und wiederum im Verwaltungsrecht.

Das internationale Verwaltungsrecht hat zu alledem verschiedenerlei Beziehungen. Es gibt im Privatrecht (und Entsprechendes gilt für die andern Rechtsteile) zahlreiche Bestimmungen über Währung und Geld, bei denen in Frage kommt, ob sie die entsprechenden Einrichtungen des Auslands gleichstellen. Es handelt sich dabei vom Standpunkt des Privatrechts aus um sachliche Regelung, um die Verwendung von Tatbestandsmerkmalen mit Auslandsbeziehung, somit um eine besondere Art von „Fremdenrecht", und es mag schon hier bemerkt sein, daß die viel verhandelte Frage, in welcher Währung eine Verpflichtung begründet ist, als eine Angelegenheit materiellen Rechts in diesen Zusammenhang gehört und ganz und gar nicht in das „internationale Privatrecht". Dennoch kann das internationale Verwaltungsrecht an dem Gegenstand nicht vorübergehen. Zunächst schon nicht, um die Probleme des gesamten Fragenkreises klar gegeneinander abzusetzen. Und es ist unmittelbar beteiligt, insofern dabei Verwaltungseinrichtungen eines fremden Staats für das Inlandsrecht rechtliche Bedeutung gewinnen. Der 1. Abschnitt der folgenden Erörterungen ist diesen Auseinandersetzungen gewidmet. Die Aufnahme der fremden Einrichtung bewirkt, daß sie so übernommen wird, wie der fremde Staat sie geschaffen hat. Das führt zur Anwendung der verwaltungsrechtlichen Ordnung jenes Ursprungslandes, unmittelbar einer Angelegenheit des internationalen Verwaltungsrechts. Hievon der 3. Abschnitt. Die Rechtssätze aber, die ihrerseits ein Verhalten in Bezug auf Währung oder Geld zum Inhalt haben, können nicht schrankenlos für jedermann gelten, der staatliche Wille, der hinter ihnen steht, hat Grenzen gegenüber dem Ordnungsbereich anderer Staaten. Wo die zu begrenzende Regelung dem Verwaltungsrecht angehört, ist zu der Aufsuchung dieser Grenzen ohne weiteres das internationale Verwaltungsrecht berufen. Gehört die zu begrenzende Regelung dem Zivilrecht an (und Entsprechendes gilt wiederum für die anderen Rechtsteile), so liegt zunächst eine Angelegenheit des internationalen Zivilrechts vor. Indessen sind die Lösungen, die man hier findet, vielfältig davon beeinflußt, daß eine zivilrechtliche Bestimmung um der Währung als einer staatlichen Einrichtung willen erlassen ist und deshalb einen besonderen durch die Währung bestimmten Geltungsbereich empfängt, und es bedarf auch für das internationale Verwaltungsrecht einer Prüfung, inwieweit das zutrifft. Von den Fragen des Geltungsbereichs handelt somit der 4. Abschnitt. Dabei jedoch werden alle diese Probleme durchkreuzt von einer andersgearteten Gruppe von Rechtswirkungen. Es kann zweifelhaft sein, welches der beteiligte Staat ist, auf dessen Regelung es anzukommen hat, etwa bei einer Währungsgemeinschaft oder einer Gebietsveränderung, und um für die folgenden Abschnitte einfache Fragestellung zu erreichen, ist diese Gruppe von Sondergestaltungen vorausgenommen und[10a] im 2. Abschnitt behandelt worden[11].

1. Abschnitt.

Inländische und ausländische Währung.

I. Das Geldsystem.

§ 93.

Die Anerkennung ausländischer Währung.

1. Grundsätzliche Anerkennung. — 2. Geld und Ware. — 3. Die Gleichartigkeit ausländischer Währungen. — 4. Fortsetzung. Aufrechnung. — 5. Gleichstellung. — 6. Fortsetzung. Verzugsschaden.

Grundsätzliche Anerkennung.

1. Als Einrichtung eines fremden Staats nimmt das Geldsystem dieses Staats und nehmen seine Geldzeichen teil an dem Schutz des Völkerrechtssatzes, der vorsieht, daß Veranstaltungen eines anderen Staats in ihrem Bereich den entsprechenden Einrichtungen des Inlands gleichberechtigt sein sollen. Wie die Urkunden eines anderen Staats öffentliche Urkunden, wie die Einsperrung, die er verfügt, Strafe, die

---

[10a] Mit anderen Fragen, die sich aus besonderen Rechtslagen ergeben.

[11] Erörterungen aus dem Bereich des internationalen Währungsrechts sind in unabsehbarer Zahl veröffentlicht worden, doch sind es nur einige wenige Punkte, die dies Interesse auf sich gezogen haben. An Gesamtdarstellungen mangelt es empfindlich. Der wichtigste Beitrag ist Nußbaums „Geld“, zunächst zu den Fragen des Abschnitts 1, aber auch darüber hinaus. Aus den mancherlei französischen Thesen, die sich mit Fragen des 1. Abschnitts beschäftigen, hebt sich erfreulich heraus Charlotte Béquignon, La dette de monnaie étrangère (1925). Die Lehrbücher des internationalen Privatrechts, auch die der Nachkriegszeit, pflegen sich mit der Behandlung einiger Einzelpunkte zu begnügen. Mehr, aber kaum Verwertbares, bringt jetzt E. Frankenstein, Internationales Privatrecht (1929) Bd. 2. Eine zusammenfassende Darstellung unternimmt Nihoyet, Des conflits de loi relatifs aux paiements, Revue (1925) 20, 161 ff — andere Arbeiten dieses begabten Schriftstellers sind förderlicher. Ganz verworren Ramel, Privatinternationellträtteliga synpunkter rörande valutafrågor, Juridisk Tidsskrift (1927) 12, 81 ff 120 ff. Die einschlagenden Teile bei Lippert sind nach Seiten der Verarbeitung nutzlos, enthalten jedoch zuweilen beachtlichen Rohstoff.

Abgaben, die er erhebt, Steuern sind, so ist auch die Ordnung seines Geldsystems Währung im Rechtssinn. Auch dann, wenn sie mit dem Recht des Inlands in Berührung kommt. Und da „Währung" nur die Zusammenfassung eines Komplexes verwaltungsrechtlicher Sätze darstellt, die System und Zeichen regeln, so bedeutet die Abstellung auf eine fremde Währung den Hinweis auf das Verwaltungsrecht jenes Staats, das eine solche Währung gestaltet. Ein zentraler Satz des internationalen Währungsrechts, der späterhin (im 3. Abschnitt) seine nähere Ausführung empfangen soll. Er besagt zuvörderst, daß auch die fremde Währung Währung ist: daß die Geldzeichen, die ihr angehören, in gleicher Weise währungsmäßigen Wert übertragen, wie im eigenen Bereich diejenigen des Inlands. Und daß darum auch eine Geldschuld, die auf ausländische Währung geht, Wertschuld ist. Wer in Schweden gegen schwedische Währung Kupfer erwirbt, der kauft und schließt nicht einen Tauschvertrag. Wer in der Währung dieses Lands eine Urkunde mit den erforderlichen Merkmalen schreibt, der stellt einen Wechsel im Rechtssinn aus. Auch gegenüber dem Rechtsschutz des Inlands, wenn es sich etwa darum handelt, die Sätze des inländischen internationalen Privatrechts über Kauf oder über Wechsel auf solche Vorgänge anzuwenden.

Ob Währungen nichtstaatlicher Herkunft rechtliche Anerkennung finden können, ist eine innere Angelegenheit des Staats, dessen Rechtsschutz mit ihnen befaßt wird, ohne Unterschied, wo sie geographisch bestehen. Manchmal ist ihre Anerkennung durch besondere Satzung ausgeschlossen wie in dem britischen Münzgesetz von 1870[1], das die Eingehung von Geldschulden nur in britischer Währung, in derjenigen einer britischen Besitzung oder eines ausländischen Staates zuläßt.

Im übrigen aber bedeutet die Anerkennung einer ausländischen Währung nur eine Rücksichtnahme auf den Bestand der fremden Einrichtung. Sie bedeutet keine Verpflichtung, ihr aktive Förderung zu gewähren. Es wird darauf im 4. Abschnitt mehrfach zurückzukommen sein.

Geld und Ware.

2. Die vorstehenden Ausführungen sind freilich unvereinbar mit einem verbreiteten Schlagwort: daß ausländisches Geld im Inland zur Ware werde[2]. Die Frage, ob fremdes Geld Ware ist, könnte nun allerdings nur für Geldzeichen gestellt werden. Doch wird sie zumeist unterschiedslos aufgeworfen, auch da, wo sie Geld als Wert-

[1] 33 & 34 Vict. c. 10 s. 6.

[2] Nach A. Mater, Traité juridique de la monnaie et du change (1925) an zahlreichen Stellen und öfter in der Revue du droit bancaire (besonders zugespitzt 4, 245) wäre inländisches und ausländisches Geld gleichermaßen „Ware", wenn auch im einzelnen in der Behandlung verschieden. Es ist diesen Ausführungen hier und zu anderen Fragen ein tieferes Eindringen in die Probleme versagt geblieben.

menge betrifft, und die Annahme, daß es sich auch dann um Ware handle, kann bei Geldschulden fremder Währung nichts anderes bedeuten, als daß auch sie auf die Leistung von Geldzeichen, nicht von Geldwert gerichtet seien. Das sind nun freilich Reste einer vergangenen Zeit, der der Begriff des währungsmäßigen Werts noch unbekannt war (darüber schon oben § 92 Z. 1), und es ist einleuchtend, daß die Begriffswandlung, die sich in dieser Hinsicht für das Inland vollzogen, in gleicher Weise auch bei den ausländischen Währungen sich verwirklicht hat. Dennoch kann man — im Jahr 1925 — bei Lyon-Caen und Renault[3] lesen, fremdes Geld werde nur als Ware angenommen, „das heißt mit Rücksicht auf die Menge von Edelmetall, die es enthält".

Aus dem tatsächlichen Umstand, daß ausländische Geldzeichen im Inland überwiegend als Ware in Betracht kommen, kann selbstverständlich nichts gefolgert werden. Wo Anlaß ist zu einer Wertübertragung in fremder Währung, da dienen die fremden Zeichen auch im Inland dieser Funktion. Und wenn der Geldhandel sich vornehmlich mit Auslandsgeld befaßt, so kann dennoch auch inländisches Geld als Ware veräußert werden[4].

Ernsthafter scheint eine andere Begründung[5]: Kennzeichen des Gelds ist seine Wertbeständigkeit; ausländischem Geld aber mit seinen täglich wechselnden Kursen mangelt diese Eigenschaft. Und doch liegt hier ein Mißverständnis zu grunde. Die Maßbestimmungen des ausländischen Systems und die Geldzeichen, die diesem System angehören, sind in ihrem gegenseitigen Verhältnis genau so unwandelbar wie die inländische Währung. Erst durch eine Vergleichung mit anderen Währungen wird der Wert der Währungseinheit beweglich[6]. Als ein in sich ruhendes System — und als solches stellt man der fremden Währung die einheimische gegenüber — ist auch die fremde Währung wertbeständig[7].

---

[3] Traité de droit commercial[5] 4, 8.

[4] An der Londoner Börse wird das Wertverhältnis zwischen der englischen und den wichtigeren Auslandswährungen in der Weise bestimmt, daß als Gegenstand des Verkaufs ein Pfund englisch gewählt und dessen Gegenwert in der fremden Währung ermittelt wird; L. Pomméry, Changes et monnaies (1926) 496 ff. Eine deutsche Verordnung vom 9. VIII. 1923 RGBl. I 765 verbietet, Geldbeträge in deutscher Währung unter näher bezeichneten Umständen in das Ausland zu verkaufen, ein französisches Gesetz vom 12. II. 1924 Baissespekulation in Inlandswährung. Vgl. auch Reichsgericht 3. I. 1925 Juristische Wochenschrift 1986 mit der Anmerkung von Nußbaum. Nußbaum, Geld 202.

[5] Tallachini, Rivista di diritto civile (1922) 14, 128 ff. Kassationshof Rom 13. IX. 1924 Giurisprudenza italiana 1924 I 898 (neben der unten zu erwähnenden Behandlung als Geldsortenschuld). Vgl. auch J. Valéry, Manuel de droit international privé (1914) 1001. Rechtsbank Rotterdam 6. X. 1922 Auslandsrecht 4, 101.

[6] Auch der Wert der Inlandswährung; vgl. oben über die Londoner Notierung.

[7] Darauf haben schon G. Scaduto, I debiti pecuniari e il deprezzamento pecuniario (1924) 46 und Béquignon 11 ff hingewiesen.

Weiter zieht man räumliche Gesichtspunkte heran, und solche, die dem Gegenstand dieser Untersuchungen besonders nahe kommen: eine Währung „gilt" nur innerhalb ihres Gebiets; außerhalb desselben verliert sie diese Eigenschaft, und der gleichen Umwandlung verfallen die ihr angehörenden Geldzeichen[8]. Aber auch hier liegen Mißverständnisse nahe. Eine Währung hat als solche überhaupt keine Geltung im Raum, so wenig wie andere staatliche Einrichtungen (unten § 106); erst die Rechtssätze, die in Bezug auf Geldwert oder Geldzeichen irgend ein Verhalten fordern, gestatten, verbieten, bedürfen einer solchen Begrenzung. Und ebenso muß von ihnen ausgegangen werden, wenn festgestellt werden soll, ob für das vorgeschriebene Verhalten System und Zeichen des Auslands jenen des Inlands gleichstehen. Der Wille dieses andern Staats, nicht der Wille des Staats der Währung, hat über solche Gleichstellung zu entscheiden. Wie weit er sie gewährt, wird im Folgenden näher zu erörtern sein. Jedenfalls aber kann nicht grundsätzlich ein Hinderniß bestehen, die Anerkennung einzuräumen, deshalb weil die Geldzeichen sich außerhalb ihres Ursprungslands befinden oder das Wertsystem hier angewendet werden soll. So wenig es grundsätzlich unmöglich ist, der Urkunde eines ausländischen Staats im Inland die Eigenschaft als öffentliche Urkunde zuzuschreiben, wenn der inländische Staat, in dem von ihr Gebrauch gemacht werden soll, dies tun will oder etwa auf Grund Völkerrechts tun muß.

Verwandte Gedanken an einen begrenzten Herrschaftsbereich mögen der Meinung zu grunde liegen, daß (bei Geldschulden) ausländisches Geld nur dann als Geld anerkannt werden kann, wenn es sich um die Währung der schuldrechtlich maßgebenden Gesetzgebung handelt[9]. Insoweit gilt auch für diese Ansichten, was eben ausgeführt wurde. Doch verstärken sich hier die Bedenken. Denn es ist nicht Aufgabe des Schuldrechts, die Währung zu regeln, sondern Aufgabe des Verwaltungsrechts. Das Schuldrecht setzt die Währung als eine rechtlich geregelte Einrichtung voraus.

Dann wieder hat man es bei der Geldschuld mit einem Mittelweg versucht: die Schuld fremder Währung soll eine Geldsortenschuld darstellen, so wie innerhalb der Inlandswährung die Verpflichtung, Wert in bestimmten Geldzeichen zu übertragen, vorkommt[10]. Indessen ist

---

[8] So Reichsgericht 25. IX. 1919 Entscheidungen 96, 262. Insbesondere auch Nußbaum, Geld 41 ff, 97 (für Geldzeichen; vgl. auch 44 über Währung).

[9] So in scharfer Zuschleifung (beschränkt auf Geld als Zahlungsmittel) Meijers, Weekblad voor privaatrecht 1924, 169 f. Sehr unbestimmt auch Negus, Law Quarterly Review (1924) 40, 189 ff. Nach Cohn, Juridisk Tidsskrift (1924) 7, 163 soll die Scheidung Geld oder Ware davon abhängen, ob die Währung gewählt wurde, die am Ort des Vertragsschlusses gilt. Einwendungen bei Nußbaum 189 f.

[10] Die Meinung ist besonders in Italien verbreitet: Ascarelli, Rivista di diritto commerciale (1923) 21 I 463 ff; das oben Anm. 5 genannte Urteil des Kassationshofs Rom; Bolaffio bei L. Bolaffio und C. Vivante, Il codice di com-

die Bezeichnung zum mindesten irreführend. Zwar wird auch bei einer Schuld fremder Währung Geldwert von bestimmter Art geschuldet; jedoch nicht anders als auch bei einer Schuld inländischer Währung: in beiden Fällen ein Wert von bestimmter Formung, aber lediglich Wert, keine Sache. Und nur da, wo Fremdwährung „effektiv" geschuldet wird (darüber unten § 97 Z. 4) ergibt sich mit der Verpflichtung, Wert und Geldzeichen bestimmter Art zugleich zu leisten, ein Tatbestand, der demjenigen der Geldsortenschuld zum Teil ähnlich ist.

Die Gegenüberstellung, ob ausländisches Geld Geld oder Ware bedeutet, ist wenig glücklich. Nicht nur, daß sie das Verhältnis zu der ausländischen Währung als Geldsystem unberücksichtigt läßt, sie verschleiert auch den Gegensatz, der innerhalb der Geldzeichen durchgreift: ob das ausländische Geldzeichen zu einer Wertübertragung verwendet wird oder als körperliche Sache in Betracht kommt. Denn auch das ausländische Geldzeichen ist wie das inländische manchmal Geld, manchmal Ware. Und da, wo es als Sache behandelt wird, steht das fremde Geldzeichen allerdings nicht mehr unter dem internationalen Geldrecht, sondern unter den Vorschriften, die für Sachgüter gelten[11]. Auch der Umstand, daß ein Geldzeichen anderen Personen gegenüber vielleicht gleichzeitig zur Wertübertragung dient, ändert nichts daran, daß es in dem rechtlichen Zusammenhang, für den es als körperliche

mercio commentato[5] (1923) 2, 213, anders als bei Ascarelli und in dem römischen Urteil allerdings auf den Fall einer Effektivklausel beschränkt. Vgl. auch C. Vivante, Trattato di diritto commerciale[5] (1926) 4, 64 ff; Scaduto a.a.O. 126. In Österreich hat ein Urteil des Obersten Gerichtshofs vom 22. XI. 1922 in der Zeitschrift Rechtsprechung 5, 177 die Meinung übernommen; ebenso schon A. Ehrenzweig, System des allgemeinen österreichischen Privatrechts (1920) 2 I 22 f. — Gegen die Auffassung Nußbaum, Geld 188.

[11] Dazu Nußbaum, Geld 201 f. — Richtig das Reichsgericht 28. V. 1924 Entscheidungen 108, 279: eine gefälschte amerikanische Note war bei einer Bank umgewechselt worden; es ist eine Sache verkauft worden und der Käufer hat wegen eines Mangels der Sache Anspruch auf Rücktritt vom Vertrag. Unrichtig das Reichswirtschaftsgericht 19. III. 1921 Juristische Wochenschrift 650: auch ausländisches Geld ist Geld, nicht Ware; also finden die Vorschriften, die Genehmigung einer Wareneinfuhr fordern, auf die Einfuhr ausländischer Geldzeichen keine Anwendung. Unrichtig der Oberste Gerichtshof Wien (in dem oben Anm. 10 genannten Urteil): ein Paket, das deutsche Banknoten enthielt, war während seiner Beförderung durch die österreichische Post zu Verlust gegangen; fremdes Geld ist nicht Ware, also hat die Postverwaltung eine Markschuld zu bezahlen. Zutreffend insoweit das Landgericht Köln 14. XI. 1921 Juristische Wochenschrift 1471: wenn ausländisches Geld Ware ist, kann Schadenersatz nur in inländischer Währung zugesprochen werden. Oberster Gerichtshof Wien 26. IV. 1921 Rechtsprechung 4, 71: da ausländisches Geld Geld ist, kann Entschädigung auch in Fremdwährung zugesprochen werden. Veit Simon, Juristische Wochenschrift 1927, 2325: der Kaufmann kann ein Geldkonto für fremde Währung und ein Warenkonto für fremde Geldzeichen haben; der Saldo des ersten ist in der Steuerbilanz nach dem Kurswert zu berechnen, die Bestände des zweiten können nach dem Anschaffungspreis eingesetzt werden.

Sache in Betracht kommt, als Sache behandelt werden muß. Und nur das mag noch beigefügt sein, daß, wenn man die als Sache zu behandelnden Geldzeichen „Waren" nennt, eine solche Bezeichnung noch nichts darüber ergibt, ob auf sie die Vorschriften für Gegenstände, welche ein Rechtssatz als Waren bezeichnet, Anwendung finden; ob Ein- oder Ausfuhrbeschränkungen für „Waren" auch für Geldzeichen gelten; ob sie im Börsenverkehr, im Steuerrecht etwa als Wertpapiere und nicht als Waren zu behandeln sind[12].

Ob die Hingabe von Geldzeichen einer Fremdwährung gegen Geldzeichen einer andern Fremdwährung unter Inlandsrecht Kauf oder Tausch ist, hängt von den Umständen ab. Die einen Geldzeichen werden dabei notwendig als Sachen hingegeben; die andern können mit Rücksicht auf ihren Wert und können mit Rücksicht auf ihre Herkunft Gegenstände der Übereignung sein. Bei dem börsenmäßigen „Usance-Geschäft" scheint es sich um einen Kauf zu handeln[13], bei der leihweisen Hingabe von Geldzeichen einer Fremdwährung gegen Rückgabe von Geldzeichen einer andern Fremdwährung aber wird regelmäßig auf beiden Seiten eine Wertübertragung in Betracht kommen[14].

Die Gleichartigkeit ausländischer Währungen.

3. Die Beziehungen des Inlandsrechts zu Währungen des Auslands bedürfen noch näherer Bestimmung. Es ist im Schrifttum und in der Rechtsprechung Deutschlands scharf herausgearbeitet worden, daß auch die Schuld fremder Währung „reine Wertschuld" ist[15], und man ist von hier aus geneigt, der währungsmäßigen Ausprägung einer Schuld geringe Bedeutung zuzuschreiben. Sie betrifft nach einer öfter gebrauchten Wendung „nur die Form, nicht den Inhalt der Leistung"[16], und eine bekannte Plenarentscheidung des Reichsgerichts, die sich mit der Umwandlung einer Fremdwährungsschuld in eine Schuld heimischer Währung befaßt, meint, es handle sich bei einem solchen Vorbehalt zu gunsten des Schuldners nicht einmal um eine facultas alternativa, denn ob er in der einen oder in der andern Währung bezahle, „stets befreit er sich durch Zahlung von Geld", sodaß jene Befugnis „nur innerhalb

[12] Wolff bei V. Ehrenberg, Handbuch des gesamten Handelsrechts (1917) 4 I 633. Nußbaum, Geld 42f mit weiteren Anführungen.

[13] Darüber des Näheren Nußbaum 264f.

[14] So bei dem Rechtsgeschäft, über das der Oberste Gerichtshof Wien 20. XII. 1927 Juristische Blätter 1928, 175 entschieden, und das er zutreffend als Darlehen erklärt hat.

[15] Planck, Kommentar zum BGB.[4] 2, 59f zu § 244. F. Leonhard, Erfüllungsort und Schuldort (1907) 93. Brodmann, Juristische Wochenschrift 1921, 441f. Insbesondere der Beschluß der Vereinigten Zivilsenate des Reichsgerichts 24. I. 1921 Entscheidungen 101, 312 und zahlreiche weitere Entscheidungen.

[16] Leonhard 167. Reichsgericht 1. VII. 1924 Entscheidungen 108, 337. Aus diesem Urteil übernommen von Ussing, Svensk Juristtidning 1926, 197.

des Begriffs der Zahlung eine Verschiedenheit der Leistung begründet“[17]. Eine solche Auffassung wird nun freilich der Rechtslage nicht gerecht. Man kann nicht den Geldwert eines Gegenstands schlechthin bestimmen, sondern nur in Verwendung einer bestimmten Währung. Man kann nicht „reinen Wert“ übertragen, sondern nur in seiner währungsmäßigen Bewertung und gebunden an währungsmäßige Geldzeichen. Und deshalb gehört — zwar nicht deren Ergebnis, aber — die Verweisung auf eine bestimmte Währung zum Inhalt einer Geldschuld.

Es ist darum auch nicht möglich, die Geldschuld der einen Währung mit Geldzeichen einer andern Währung zu „bezahlen“[18], und daran vermögen auch die scheinbaren Ausnahmen nichts zu ändern, nach denen (wie in § 244 BGB.) die Zahlung einer in ausländischer Währung ausgedrückten Geldschuld in Inlandswährung erfolgen kann. „Zahlung“ ist Übertragung währungsmäßigen Werts. Man kann aber nur übertragen, was vorhanden ist. Bevor eine Verpflichtung in einer andern Währung getilgt werden kann, muß sie erst in dieser Währung bewertet worden sein. Das ist die Aufgabe der Umrechnung, die einer solchen Zahlung notwendig vorausgeht. Und damit erhellt, daß die „Zahlung“ einer Fremdwährungsschuld in heimischer Währung in Wirklichkeit einem ganz andern Gedankenkreis angehört, nämlich der Statthaftigkeit ihrer Umwertung.

Somit, die Wertmenge, die in der einen Währung ausgedrückt ist, bedeutet ein aliud gegenüber einer Wertmenge, die in einer andern Währung ausgedrückt ist. Ein Quantum Baumwolle bleibt dasselbe, ob es in englischen Pfund oder in Kilogramm bemessen wird. Eine Geldmenge ist ohne die währungsmäßige Formung nicht vorhanden, auch nicht als Gedankengebilde vorhanden, und es gehört diese Formung zu ihrem Wesen. Damit jedoch darf die ganz andere Frage nicht verwechselt werden, ob für irgend einen Vorgang die sämtlichen rechtlichen Merkmale des Tatbestands wesentlich sind. Darüber hat die Ordnung dieses Vorgangs zu entscheiden. Und die Einsicht, daß Geldschulden auf den Wert gerichtet sind und nur ohne währungsmäßigen Ausdruck nicht bestehen können, erzeugt in diesem Zusammenhang in der Tat Rechtsfolgen. So wird bei der Geltendmachung eines Anspruchs der Schuldner vielfach durch Vorschriften geschützt, nach denen Maßregeln der Schuldbetreibung für jeden Anspruch gesondert verfolgt wer-

---

[17] Beschluß 24. I. 1921. Entsprechend Brodmann a. a. O. Vgl. etwa auch Tager, Journal 54, 1083: es sei kein Unterschied, in welcher Währung eine Verpflichtung bewertet wird, denn ihr Wert bleibt der gleiche. Nach Ascarelli, Rivista 466 ist es das Ziel der Entwicklung, daß die Art der Währung nicht *in obligatione,* sondern *in solutione* zu berücksichtigen sei.

[18] Das nimmt man für Schulden heimischer Währung auch in Deutschland an: Wolff 638[9]; Smoschewer, Juristische Wochenschrift 1921, 1447; die Literatur zu § 815 ZPO. Auch Mater 239. Anders Scaduto 45: der Gläubiger empfängt auch in solchem Fall Geld.

den müssen: eine Identität des Anspruchs in diesem Sinn wird zumeist gegeben sein, wem eine Geldforderung zuerst in der einen, später in einer andern Währung geltend gemacht wurde. Das wird regelmäßig für die Mahnung als Voraussetzung des Verzugs zutreffen[19], oder für eine Klagerhebung als Voraussetzung für die Unterbrechung einer Verjährung. Besonders häufig wird es zu der Frage kommen, ob der Übergang von der einen zu einer andern Währung im Prozeß eine unzulässige Klagänderung darstellt. Ausgangspunkt für ihre Beantwortung ist die prozeßpolitische Stellungnahme des Gesetzgebers, ob er einer Klagänderung günstig oder abgünstig gegenübersteht. Nach dem Rechtszustand Deutschlands, Österreichs, Frankreichs[20] wird man die Zulässigkeit eines solchen Übergangs zu bejahen haben[21], falls nicht etwa

---

[19] Reichsgericht 11. X. 1924 Entscheidungen 109, 63: „Mit dem Verlangen der Entschädigung in französischer Währung wurde die Beklagte gemahnt, den entstandenen Schaden in Geld zu ersetzen. Es wäre formalistisch hierin deshalb die Forderung eines anderen Gegenstandes zu erblicken“. Anders Reichel, Schweizerische Juristenzeitung (1921) 17, 213.

[20] Unzweifelhaft ist nach deutschem Recht der Klaggrund der gleiche, ob aus ihm ein Anspruch in der einen oder andern Währung hergeleitet wird. Dagegen machen die Beschränkungen, welche § 268 ZPO. einer Änderung der Klaganträge entgegenstellt, in ihrem Wortlaut Schwierigkeiten, und man wird wohl zu einer erweiternden Auslegung der Z. 2 greifen müssen, um dem Sinn des Gesetzes gerecht zu werden. Seitdem durch die Novelle von 1924 das Gericht in § 264 ermächtigt wurde, auch eine Klagänderung zuzulassen, wenn es sie für sachdienlich erachtet, hat die Frage für Deutschland ihre praktischen Schwierigkeiten verloren. — Auch nach § 235 der österreichischen Prozeßordnung kommt es auf Klaggrund und Klagbegehren an. Doch gestattet hier das Gesetz ohne weiters, das Klagbegehren auf einen andern Gegenstand zu richten, wenn der Klaggrund derselbe bleibt. (Dazu auch hier die Ermächtigung des Gerichts, eine Klagänderung zuzulassen, wenn aus ihr eine erhebliche Erschwerung oder Verzögerung der Verhandlung nicht zu besorgen ist). — In Frankreich ist der Spielraum für die Antragstellung in der ersten Instanz ohnehin sehr erheblich. Nach Glasson, Précis de procédure civile[2] (1902) 1, 416f gilt lediglich als unstatthaft, *une demande absolument distincte de la première* an Stelle der ursprünglichen Klage zu setzen. Für die zweite Instanz verbietet Art. 464 C. pr. c. die Erhebung einer *demande nouvelle*.

[21] Von der deutschen Rechtsprechung einmütig anerkannt. Oberlandesgericht Hamburg 13. VII. 1921 Hanseatische Rechtszeitschrift 1921, 818: weder der Klaggegenstand (?) noch der Klaggrund haben eine Änderung erfahren; Klägerin hatte aus der vorgebrachten Rechtslage zunächst nur eine „irrige Folgerung gezogen“. Kammergericht 20. XII. 1922 Juristische Wochenschrift 1923, 189: es wurde „kein neuer Anspruch erhoben, sondern nur auf grund des gleichen Tatbestandes unter anderer rechtlicher Beurteilung der Anspruch des Klägers anders ausgedrückt“. Auch für zulässig erklärt vom Reichsgericht 29. IX. 1919, Entscheidungen 96, 270 und 3. VI. 1924 Entscheidungen 108, 298; nicht beanstandet in den Urteilen vom 6. IV. 1925 Juristische Wochenschrift 1896 und 13. X. 1925 Zeitschrift 36, 407. Zustimmend Nußbaum 189, 194 (mit weiteren Verweisungen). Anders Reichel (zit. oben Anm. 19) 215. — In Österreich hat der Oberste Gerichtshof unter dem 29. IX. 1925 Rechtsprechung 7, 149 die Änderung für statthaft erklärt, die Klägerin verlange den geschuldeten Kaufpreis in Geld. — Auch ein Urteil des Appellationshofs Bern Schweizerische Juristenzeitung 18, 307 scheint die gleiche

eine der Währungen „effektiv“ gefordert wurde[22]. Aber kann der Richter von sich aus den Klaganspruch in einer andern Währung zusprechen, als ihn der Kläger gefordert hat? In Deutschland, Österreich, Frankreich und wohl in den allermeisten Staaten gilt der Satz, daß der Richter im Zivilprozeß an die Anträge der Parteien gebunden ist. Und doch würde die buchstabengenaue Durchführung der Regel hier zu kaum erträglichen Ergebnissen führen. Die Frage, in welcher Währung eine Geldschuld besteht, ist häufig außerordentlich schwierig zu beantworten, wird während eines Rechtsstreits oftmals von Instanz zu Instanz verschieden beantwortet. In einem Staat, der den Rechtsschutz höher stellt, als die Befolgung von Prozeßvorschriften um ihrer selbst willen, wird es statthaft sein, anzunehmen, daß mit dem Antrag, die eine Währung zuzusprechen, stillschweigend der Hilfsantrag mitgestellt sei, auf den gleichen Anspruch in einer andern Währung zu erkennen — sofern nicht die Umstände des Rechtsstreits der Annahme eines solchen Parteiwillens entgegenstehen. Ein Wille dieser Art kann nicht vorausgesetzt werden, wenn im Prozeß gerade über die Währung gestritten wird. Anders dagegen, wo der Streit um den Anspruch in seiner sachlichen Begründung geht, und es ist eine solche Ausdeutung besonders da unerläßlich, wo der Anspruch zunächst in fremder Währung entstanden ist, aber durch Zwangsumwandlung der inländischen Währung unterstellt wird[23]. Die Kehrseite einer solchen prozessualen

Lösung zu vertreten. — Dagegen hat das Zivilgericht Paris 4. II. 1924 Journal 52, 738 den Übergang von der einen in die andere Währung (und noch innerhalb der ersten Instanz!) als unzulässig angesehen, denn es sei „ganz offensichtlich“, daß Klägerin damit „die Natur ihrer Klage“ verändert habe. Gegen das Urteil wendet sich eine Anmerkung von P(erroud): Gegenstand der Klage ist stets eine Zahlung, die Änderung betrifft nur eine „Modalität der Erfüllung“. Auch Béquignon 174f (die als übereinstimmend mit dem vorerwähnten auch ein Urteil des Zivilgerichts Paris vom 21. VII. 1920 nennt) bezweifelt die „novatorische Wirkung der Klagerhebung“, die jenem Urteil zugrunde gelegt sei. Zwei Entscheidungen des Appellhofs Paris vom 19. XI. 1924 und 4. XI. 1925 Journal 53, 608ff lassen eine Änderung (auch in der Berufungsinstanz) zu, aber immerhin unter günstigeren Umständen: in der ersten Instanz war Fremdwährung mit Umrechnung in Inlandswährung gefordert, in der zweiten Inlandswährung mit einem veränderten Umrechnungssatz. Der Kassationshof 21. XII. 1920 Revue juridique d'Alsace-Lorraine 1922, 77 hat einen Übergang von Mark zu Franken nicht beanstandet. — Die gleich zu erwähnenden Äußerungen, nach denen ein solcher Wechsel der Währung sogar von Amtswegen im Urteil vorgenommen werden kann, ergeben ohne weiters, daß von diesem Standpunkt aus auch Parteianträge solcher Art statthaft sein müssen.

22 Diesen Vorbehalt macht schon das genannte Berner Urteil.

23 Die deutsche Rechtsprechung ist einem solchen Übergang zu einer andern Währung günstig. Insbesondere stellt das Reichsgericht 24. X. 1923 Juristische Wochenschrift 1924, 1518 eine dem Text ähnliche Unterscheidung auf. Der Übergang wird auch zugelassen in Urteilen vom 30. VI. 1925 Entscheidungen 111, 183; 17. IX. 1926 Juristische Wochenschrift 2838 (Fremdwährungsschuld, die wegen der deutschen Devisengesetzgebung in Reichswährung bezahlt werden muß). In

Identität aber ist alsdann, daß eine Geldforderung, über die Urteil ergangen ist, der Rechtskraft in derjenigen Währung verfällt, in der sie zugesprochen wurde, auch dann, wenn die Frage, welche Währung geschuldet ist, nicht Gegenstand des Rechtsstreits war. Und es ist nicht etwa möglich[24], wenn die Forderung in der einen Währung zuerkannt ist, noch einmal auf den Überschuß zu verurteilen, der sich in einer andern Währung ergibt, wenn nunmehr Verurteilung in dieser andern Währung beantragt wird und das Gericht den Antrag, von der Rechtskraft abgesehen, für begründet halten würde.

---

einigen schon oben Anm. 21 genannten Entscheidungen ist ausdrücklich auf einen anzunehmenden Parteiwillen entsprechenden Inhalts abgestellt; Urteil 29. IX. 1919: der Kläger verlangt (höherwertige) Mark, Schuldner beantragt Klagabweisung, das Gericht spricht österreichische Kronen zu, in dem Antrag des Schuldners (!) auf Abweisung sei ein Antrag statt auf Mark auf Kronen zu erkennen, mit enthalten; Urteil 3. VI. 1924: der Gläubiger verlangt englische Währung, das umfaßt auch die Forderung von Reichswährung. Die Unterscheidungen des reichsgerichtlichen Urteils von 1923 werden auch übernommen von Werner bei Staudinger BGB.[9] 2, 100 zu § 244. Nußbaum, Juristische Wochenschrift 1924, 1518 unternimmt es, die Unterscheidung des Reichsgerichts zu präzisieren und will die Umwandlung „zur Not" zulassen, wenn die Klage Fremdwährung fordert, das Urteil den Betrag in Inlandswährung zuspricht; in seinem Buch 189 erklärt sich Nußbaum gegen jede Umwandlung. — Sehr hart ist öfter die allerdings schwankende österreichische Rechtsprechung. In dem Urteil des Obersten Gerichtshofs vom 9. IV. 1924 Rechtsprechung 6, 251 (nach Wahle auch schon in einem solchen vom 4. II. 1922, das mir nicht erreichbar ist) wird die Konversion zugelassen, die Forderung gehe auf Geld. Hingegen wird der Kläger abgewiesen, weil er die verlangte Währung nicht beanspruchen könne, die geschuldete Währung nicht gefordert habe, in Entscheidungen vom 13. VII. 1921, 11. I. 1922, 15. X. 1924, 21. X. 1925 Rechtsprechung 4, 69 und 170; 6, 252; 7, 166 (vgl. auch schon das Urteil vom 15. VI. 1921 Rechtsprechung 4, 67). Gegen diese Judikatur wendet sich Wahle Rechtsprechung 6, 252: es komme nur auf den begehrten Wert an, wenn die beantragte Währung nicht effektiv gefordert wurde, sonst werde man dem Willen des Klägers nicht gerecht. In der Tschechoslowakei hat nach Wahle Rechtsprechung 6, 252 und 7, 149 der Oberste Gerichtshof sich einmal für die Umdeutung, denn zweimal gegen ihre Zulässigkeit, neuerdings wieder für sie ausgesprochen; der Oberste Gerichtshof in Polen habe sie einmal abgelehnt — ebenso seither 29. V. 1928 Zeitschrift für Ostrecht 3, 1383 — eine Entscheidung des Kassationshofs Rom vom 25. IV. 1923 (Inlandswährung statt der geforderten Auslandswährung) habe sie zugelassen. — Aus Frankreich liegt eine wenig bezeichnende Entscheidung des Appellhofs Rouen vom 13. XI. 1924 vor (Dalloz hébdomadaire 1925, 36), die Dollar zuspricht, während auf Dollar umgewandelt in französische Währung geklagt war. Hingegen hat das Handelsgericht Narbonne 14. II. 1927 Journal 54, 1086 neuerdings entschieden, daß die Fremdwährungsforderung, die zu einem Vergleichsverfahren angemeldet wird, von Amts wegen in Inlandswährung umzuwandeln sei und damit (in einer Anmerkung ebenda) die Zustimmung von P(erroud) gefunden.

[24] Wie das Reichsgericht wiederholt angenommen hat: Entscheidungen vom 16. III. 1920 und VI. 1920 Juristische Wochenschrift 1920, 704; 1921, 22. Anders jedoch 3. III. 1924 Leipziger Zeitschrift 1924, 333. Dagegen auch Nußbaum, Geld 189.

Fortsetzung. Aufrechnung.

4. Verwandt ist die Rechtslage, wo es sich um die Aufrechnung von Forderungen verschiedener Währung handelt[25]. Wo freilich durch einen besonderen Rechtssatz oder durch Rechtsgeschäft vorgesorgt ist, daß die sich gegenüberstehenden Währungen auf den gleichen Nenner gebracht werden, entfallen die weiteren Schwierigkeiten. So werden in dem umfassenden Ausgleichsverfahren, das Art. 296 des Versailler Vertrags und die andern Friedensverträge vorsehen, die sämtlichen Ausgleichsposten in der Währung des beteiligten alliierten Staats angesetzt. Für die Abrechnungen im Weltpostverein hat man sich auf den Goldfrank als Rechnungsgrundlage geeinigt[26]. Insbesondere pflegt man eine solche Rechtslage anzunehmen[27], wenn sich eine Fremdwährungsschuld und eine Heimwährungsschuld gegenüberstehen, und es läßt eine gesetzliche Bestimmung wie § 244 des deutschen BGB. die Zahlung der Fremdwährungsschuld in inländischer Währung zu[28]. Ich kann das

[25] Dagegen sind die mancherlei Fälle, in denen es sich um eine Anrechnung von Beträgen fremder Währung handelt, von völlig anderer Beschaffenheit. Z. B. die im Ausland bezahlte Steuer wird zur Vermeidung einer Doppelbesteuerung auf die Steuerschuld gegen das Inland angerechnet, die im Ausland erkannte Geldstrafe bei einer Bestrafung wegen derselben Handlung auf die vom Inland verhängte Geldstrafe, die vorausempfangene Summe fremder Währung wird vom Pflichtteil abgezogen usw. Für solche Anrechnung ist es unwesentlich, ob die Bewertung in fremder Währung einer solchen in Inlandswährung gleichartig ist. Auch ein geschenktes Haus wird auf den Pflichtteil angerechnet. Und ausführbar wird die Verrechnung zweier Währungen unter solchen Umständen durch die vorgängige Umrechnung, deren Anordnung in dem Gebot der Anrechnung mitenthalten ist (und zwar als Umrechnung einer Bewertung, nicht etwa einer Verpflichtung).

[26] Hauptvertrag 28. VIII. 1924 Art. 29, 23. Übereinstimmend nach dem Reglement für den internationalen Telegraphendienst 1925 Art. 78, 24. Desgleichen, soweit dabei Verrechnungen in Frage kommen, nach Art. 56, 57 der Vereinbarung über den Eisenbahnfrachtvertrag vom 23. X. 1924. Nach dem Internationalen Güterwagenabkommen von 1921 §§ 11, 20 erfolgen die Verrechnungen in französischen Franken.

[27] Das ist in Deutschland die einheitliche Meinung: Reichsgericht 20. XII. 1922 Entscheidungen 106, 99; Smoschewer, Juristische Wochenschrift 1921, 1446f; Dölle, Rheinische Zeitschrift für Zivilrecht (1924) 13, 44ff; Nußbaum, Geld 225; Reichel, Archiv für die zivilistische Praxis (1926) 126, 324; Staub, Kommentar zum Handelsgesetzbuch[12] (1926) 3, 387; Oertmann, Recht der Schuldverhältnisse[5] 37; Frankenstein, Internationales Privatrecht 2, 280. Entsprechend für Österreich der Oberste Gerichtshof 2. V. 1923 Rechtsprechung 5, 319; 30. VII. 1924 Rechtsprechung 7, 8. Für die Schweiz Handelsgericht St. Gallen Schweizerische Juristenzeitung 23, 89.

[28] Somit, wenn der Schuldner der Fremdwährungsschuld aufrechnen will, nicht wenn der Gläubiger dieser Forderung den Wunsch hat aufzurechnen; oder anders gewendet: wenn es sich um die Erfüllung der Fremdwährungsschuld handelt, aber nicht, wenn die Schuld heimischer Währung bezahlt werden soll. Dabei bedürfte es allerdings einer Lokalisierung des Vorgangs im Inland, so wie § 244 auf Zahlungen im Inland Anwendung findet, und das würde (reichlich

freilich nicht für richtig halten. Vorschriften nach Art des § 244 haben nur Bezug auf Zahlungen, d. h. auf Wertübertragung durch Geldzeichen. Sie wollen, wie unten § 97 des Näheren auszuführen, dem Schuldner die Schwierigkeit ersparen, sich ausländische Geldzeichen zu beschaffen, wollen im währungspolitischen Interesse die Nachfrage nach inländischen Geldzeichen erhöhen. Aufrechnung hat mit Geldzeichen nichts zu tun. Und sie ist auch formal keine Zahlung: die auf Geldwert gerichtete Forderung wird nicht durch Übertragung solchen Werts erfüllt, sondern sie erlischt im Umfang der Gegenforderung und bedarf insoweit keiner Erfüllung.

So steht also die Frage schlechthin zur Erörterung, die außerhalb jener Umrechnungsfälle auch sonst erörtert werden müßte: können Forderungen verschiedener Währung gegeneinander aufgerechnet werden[29]? Den Ausgangspunkt für ihre Beantwortung bilden selbstverständlich die Privatrechte der einzelnen Länder, welche die Voraus-

---

willkürlich und damit selbst wieder ein Anzeichen für die Unrichtigkeit einer Übernahme der Bestimmung!) bei der Aufrechnung dazu führen, auf den Ort der Aufrechnungserklärung abzustellen. — Wäre die Aufrechnungserklärung im Ausland abgegeben, so könnte eine Währungsgleichheit etwa auch dann in Betracht kommen, wenn die Heimwährungsschuld von einer dort bestehenden Umwandlungsmöglichkeit erfaßt wird (wie das von etwas verändertem Ausgangspunkt aus Reichel 322 annimmt). Jedoch wird in diesem Buch die Meinung vertreten, daß ausländische Vorschriften dieser Art im Inland nicht anerkannt werden können; vgl. darüber unten § 112.

[29] Die Frage wird in Deutschland mit Ausnahme Frankensteins von sämtlichen oben Anm. 27 genannten Schriftstellern verneint. Sie ist besonders häufig von der österreichischen Rechtsprechung behandelt worden, wo die durch die Währungstrennung geschaffenen Wirtschaftszustände die Zulassung einer derartigen Aufrechnung sehr dringlich machen. Hier hatte der Oberste Gerichtshof in den Anm. 27 genannten Urteilen die Aufrechnung von Forderungen verschiedener Währung abgelehnt, neuere Entscheidungen dagegen haben sie zugelassen, Urteile vom 9. IX. 1924 Rechtsprechung 6, 220; 15. X. 1924 Rechtsprechung 7, 7; 16. II. 1926 Centralblatt für die juristische Praxis 1926, 290 (nach Wahle auch schon eine unveröffentlichte Entscheidung vom 15. IV. 1924). Für die Zulässigkeit insbesondere auch Wahle Rechtsprechung 7, 7. Gleiche Umkehr der Rechtsprechung in Polen (Fenichel, Zeitschrift für Ostrecht 2, 1496). Der Oberste Gerichtshof der Tschechoslowakei hat nach Wahle die Aufrechnung gleichfalls zugelassen. Gegen ihre Statthaftigkeit scheint sich die ungarische Kurie ausgesprochen zu haben (Urteil 25. X. 1922, im Auszug Bulletin de l'Institut Intermédiaire International 9, 112). In der Schweiz hat das oben Anm. 27 genannte Urteil des Handelsgerichts St. Gallen sich gegen, ein beachtlicher Aufsatz von Böckli, Schweizerische Juristenzeitung (1927) 23, 225 ff für ihre Zulassung erklärt. Aus Frankreich ist eine Anerkennung bei Béquignon 161 zu verzeichnen, aus Italien im gleichen Sinn ein Schiedsspruch von 1922, Rivista di diritto commerciale 20 II 205, auch Scaduto 45 und (für das Verhältnis zwischen einer Schuld inländischer Währung und einer solchen, die durch Rechtsgeschäft in fremder Währung begründet wurde) T. Ascarelli, La moneta (1928) 132. Dieselbe Auffassung vertritt das deutsch-polnische gemischte Schiedsgericht in einem Urteil 23. VII. 1926 Juristische Wochenschrift 2869.

setzungen der Aufrechnung festsetzen[30]. Sie fordern, wenngleich in sehr verschiedenem Ausmaß, Gleichartigkeit der gegenüberstehenden Ansprüche. Trifft dies für Forderungen verschiedener Währung zu? Daß sie beide auf Geldwert gehen, besagt noch nichts, denn die währungsmäßige Ausprägung schafft zwischen ihnen eine Rechtsverschiedenheit. Und so ist auch hier die Frage ähnlich wie oben dahin gestellt, ob im Sinn der Aufrechnungsgesetze eine Gleichartigkeit zwischen Forderungen verschiedener Währung besteht. Hält man sich vor Augen, daß die Forderung der einen wie der andern Währung in aller Regel nur Wert übertragen will, die währungsmäßige Ausprägung dabei aber keine Rolle spielt; daß ein Zwang, jede der Forderungen gesondert zu bezahlen, gegen den Grundsatz von der wirtschaftlich einfachsten Lösung verstößt, der für die neueren Gesetzgebungen als Auslegungsgrundsatz gelten muß; daß die Entwindung des Gegenwerts aus der Hand des Gläubigers an den Schutz von Treu und Glauben rührt; so wird man sich auch hier gegen eine formalistische Differenzierung der Währungen aussprechen müssen[31]. Eine solche Gleichstellung ist besonders für das französische oder italienische Recht nahegelegt, die das Merkmal der Gleichartigkeit sehr weitherzig auffassen, sogar eine Aufrechnung zwischen Geldforderungen und Getreideforderungen zulassen (und in ihrem Wortlaut „Geldsummen" schlechthin als Gegenstand der Aufrechnung erklären). Aber auch für das deutsche und österreichische Recht wird die Lösung die gleiche sein müssen; schon die Einbeziehung vertretbarer Sachen weist darauf hin, deren jede notwendig individuelle Merkmale hat, von denen bei einer Ausgleichung abgesehen werden muß. Anders ist die Rechtslage natürlich, wo eine Aufrechnung besonders ausgeschlossen ist oder die Absicht eines solchen Ausschlusses aus den Umständen erhellt. Insbesondere trifft dies zu, wenn eine der Währungen effektiv geschuldet wird, denn hier steht neben der Wertschuld eine Verpflichtung zur Übergabe von Geldzeichen[32].

Eine Aufrechnung vollzieht sich in der Weise, daß der Wert der Forderung, die zur Aufrechnung benützt werden soll, abgezogen wird

---

[30] Über ihre räumliche Anwendbarkeit unten § 110.

[31] Verwandte Erwägungen jetzt auch bei Frankenstein. Dölle wendet ein, daß die Aufrechnung dem Gläubiger das gleiche gewähren müsse wie die Zahlung, eine Zahlung mit fremdem Geld aber brauche sich der Gläubiger nicht gefallen lassen. Jedoch bei der Aufrechnung empfängt der Gläubiger überhaupt kein Geld oder den Anspruch auf solches, seine Forderung erlischt im Umfang der Gegenforderung. Die verlangte Gleichheit zeigt sich im Endergebnis der Befriedigung.

[32] Böckli 229 meint die Ausgleichung regelmäßig sogar in solchem Fall zulassen zu können, weil die Effektivklausel in der geschäftlichen Übung zumeist nur der Wertsicherung diene. Ähnlich Fenichel, Zeitschrift für Ostrecht 2, 1497. Aber die übernommene Verpflichtung reicht über diesen Zweck hinaus. Gegen die Aufrechnung im Fall einer Effektivklausel der Oberste Gerichtshof Wien 12. V. 1923, 15. X. 1924; Dölle; Reichel.

von dem Wert der Forderung, deren Tilgung in Frage kommt. Die erste dieser Forderungen ist somit gegenüber der zweiten nur Rechnungsfaktor. Gehören aber eine Geldverpflichtung und ein auf ihren Betrag einwirkender Rechnungsfaktor verschiedenen Währungen an, so muß (dazu unten § 99 Z. 1) die Währung des Rechnungsfaktors notwendig in diejenige der Verpflichtung übergeführt werden[33]. Damit ist allerdings noch nichts über den Maßstab ausgesagt, nach dem diese Umwandlung stattfinden muß. Da aber, wie gleichfalls später (§ 99 Z. 2) auszuführen, eine Vergleichung von Werten verschiedener Währung nach den Maßbestimmungen und mit den Maßeinrichtungen der lex causae erfolgt, so entscheidet auch bei der Aufrechnung das Wertverhältnis der Währungen, wie es an den Börsen des die Aufrechnung privatrechtlich regelnden Staates besteht, und es gilt dies dem Inland gegenüber auch dann, wenn lex causae eine ausländische Rechtsordnung ist; auch dann, wenn eine der beiden Forderungen auf Inlandswährung lautet[34]. Zeitlich wird es für die Umrechnung in der Regel auf den Tag ankommen, an dem beide Forderungen sich fällig gegenübertreten. Das gilt von vornherein für Staaten wie Frankreich oder Österreich, in denen eine Aufrechnung, wenn ihre Voraussetzungen gegeben sind, ipso jure wirksam wird. Aber auch da, wo es für die Aufrechnung einer besonderen Willenserklärung bedarf, ist die Rechtslage die gleiche, wenn wie in Deutschland oder der Schweiz an die Aufrechnungserklärung Rückwirkung geknüpft ist[35]. Dabei scheint sich allerdings nach den Rechten,

---

[33] Vom Standpunkt des § 244 BGB. aus wäre natürlich die Fremdwährung in Inlandswährung umzurechnen. So auch das Reichsgericht 20. XII. 1922 mit dem Beifügen, daß das gegenteilige Verfahren nicht beanstandet werden brauche, wenn es zu demselben Ergebnis führe.

[34] Anders, wenn eine der Verpflichtungen auf Inlandswährung geht, Ascarelli. — Es mag auch festgestellt sein, daß bei solchem Vorgehen keinerlei Eingriff in die Währung einer bestehenden Verpflichtung erfolgt. Die zur Aufrechnung benützte Gegenforderung wird nicht selbst umgewertet — die Verbindlichkeit des aus ihr verpflichteten Schuldners behält ihre Währung — sie wird nur in ihrer Eigenschaft als Rechnungsfaktor umgerechnet. Die Verpflichtung aber, deren Tilgung in Frage ist, behält von vornherein ihre Währung; sofort sichtbar, wenn die Gegenforderung kleiner ist, so daß ein Überschuß verbleibt. Nur daß die Wertvergleichung von der lex causae beansprucht wird, wirkt dabei mittelbar auf ihren Inhalt ein.

[35] Übereinstimmend Béquignon 161. Wahle Rechtsprechung 7, 7; vgl. auch den Obersten Gerichtshof Wien 16. II. 1926. Frankenstein 282. Böckli 229. — In Deutschland ist die zeitliche Wirkung der Aufrechnung zumeist nur im Hinblick auf § 244 BGB. erörtert worden, somit nur für den Fall, daß eine Fremdwährungsschuld einer solchen in heimischer Währung gegenübersteht und, wie man annimmt, zum Zweck der Aufrechnung gleichfalls in heimische Währung übergeführt werden kann. Die Rechtslage ist hier jedoch anders, weil es vom Standpunkt dieser Auffassung aus erst einer Umwandlung als eines besonderen Gestaltungsaktes bedarf, damit die beiden Forderungen der gleichen Währung angehören und dadurch aufrechnungsfähig werden. Deshalb mußte es von hier aus folge-

die die Aufrechnung in den Willen des Schuldners stellen, die Möglichkeit einer unbilligen Kursspekulation zu eröffnen; denn der Schuldner kann abwarten, wie sich das Wertverhältnis der beiden Währungen gestaltet und mit Rückwirkung aufrechnen, wenn die Schuldwährung inzwischen gestiegen ist, in der geschuldeten Währung bezahlen, wenn das Gegenteil zutrifft. Allein die gleiche Möglichkeit hat auch der Gegenschuldner, so daß jeder Teil in der Lage ist, durch rechtzeitige Erklärung seine Interessen wahrzunehmen.

Gleichstellung.

5. Der Gebrauch des Gelds veranlaßt die Rechtsordnungen zu den mannigfaltigsten Rechtssätzen. Und wenn im Vorausgehenden festgestellt wurde, daß die Währungen fremder Staaten grundsätzlich anerkannt werden müssen, so folgt daraus noch nichts für die nunmehr aufzuwerfende Frage, ob Bestimmungen des Inlands, die — für die Bedürfnisse des eigenen Rechts — von währungsmäßiger Bewertung oder von währungsmäßigem Wert handeln[36], die Währungen des Auslands der heimischen dabei gleichstellen. Die wichtigste unter diesen Fragen: wie weit unter inländischem Rechtsschutz eine Bewertung in fremder Währung zulässig ist, wird in den folgenden Paragraphen gesondert zu untersuchen sein. Was sonst an Vorschriften über Geldwert begegnet, betrifft vor allem die Geldschulden. Nur darf auch bei ihnen nicht etwa eine einheitliche Antwort auf die gestellte Frage erwartet werden. Allein der Zusammenhang der einzelnen Bestimmung kann über ihre Tragweite Aufschluß geben[37].

Unzweifelhaft besteht solche Gleichstellung, wo es sich darum handelt, ob unter inländischem Recht[38] Leistungspflichten in fremder Währung als Geldschulden begründet werden können. Auch dann ist die Hingabe von Waren gegen ausländisches Geld Kauf[39], ein Leihvertrag

---

richtig auf den Zeitpunkt der Umwandlungserklärung (der Umwandlungserklärung, nicht der Aufrechnungserklärung) ankommen. So im wesentlichen auch das Reichsgericht 20. XII. 1922, Smoschewer, Nußbaum 266, Dölle. Anders (ohne Begründung) Staub 3, 387 und Reichel 324ff, der Rückwirkung annimmt auf grund einer Auffassung dieser Umwandlungsbefugnis, der nicht zugestimmt werden kann (darüber unten § 97). Die seltsame Meinung von Dölle 47[55], daß eine Aufrechnung überhaupt nicht erfolgen dürfe, wenn das für die beiderseitigen Verpflichtungen maßgebende Recht sie zu verschiedenen Zeitpunkten wirksam werden ließe, geht von dem Mißverständnis aus, daß nach Seiten des internationalen Privatrechts die Aufrechnung gleichzeitig unter dem Recht der beiden Verpflichtungen stünde, und entfällt mit dieser Annahme.

[36] Über „Geld" im Sinn von Geldzeichen unten § 98.

[37] Über die Auslegung des Begriffes „Geld" in Vorschriften des italienischen Rechts neuerdings Ascarelli, Moneta 45f.

[38] Wegen des ausländischen Rechts selbst oben S. 128.

[39] Reichsgericht, Juristische Wochenschrift 1921, 22. Anders freilich Meijers 169f (über dessen Meinung im übrigen oben Anm. 9), weil fremdes Geld „Ware".

über fremdes Geld Darlehen[40], die Übernahme einer Gefahr gegen Entgelt in fremder Währung Versicherung[41]. Und auch Erleichterungen des Verfahrens zur Betreibung von Geldschulden, in Deutschland der Urkunden- und Wechselprozeß, das Mahnverfahren, rechtsgeschäftliche Unterwerfung unter die Zwangsvollstreckung werden Forderungen in fremder Währung zustatten kommen[42]. Bei der Vollstreckung selbst freilich (wenn eine solche Umwandlung nicht schon während des Verfahrens stattgefunden hat) verwandelt sich die Fremdwährungsschuld überwiegend in eine solche inländischer Währung; es ist darüber unten § 97 näher zu handeln. Auch die Bestimmung mehrerer Gesetzgebungen, daß Geldschulden ihren Erfüllungsort beim Gläubiger haben oder doch die Schuldsumme an ihn zu übersenden ist (in Deutschland BGB. § 270), dürfte auf Schulden fremder Währung zu erstrecken sein[43]. Vorschriften, nach denen Aufwendungen oder Rückstände verzinst werden müssen, umfassen unzweifelhaft auch Beträge in fremder Währung[43a]; es handelt sich stets um die Gegenleistung für vorenthaltenen Wert. Und das hat insbesondere auch für Verzugszinsen zu gelten[44].

---

[40] Oberster Gerichtshof Wien 8. XI. 1922, Entscheidungen 4, 281. Vgl. auch oben Anm. 14.

[41] Beispielsweise anerkannt in Art. 109 der Durchführungsverordnung zum deutschen Aufwertungsgesetz RGBl. 1925 I 392.

[42] Nußbaum 194. Für vollstreckbare Urkunden Kammergericht 4. V. 1922 Jahrbuch für Entscheidungen der freiwilligen Gerichtsbarkeit 1, 470. Auch bei einer Schuld in fremder Währung handelt es sich (schon Nußbaum weist darauf hin) um die vom Gesetz vorausgesetzte Zahlung einer „bestimmten" Geldsumme. Erst durch Vergleichung mit der Inlandswährung wird die fremde Währung unbestimmt; eine Vergleichung aber macht (wenn überhaupt) erst die Durchführung der Zwangsvollstreckung nötig.

[43] Ehrenzweig 20 und ausführlicher Nußbaum 192. Richtig ist, daß eine solche Verpflichtung den Schuldner bei Zahlung einer Fremdwährungsschuld mehr beschwert, als bei Zahlung in heimischer Währung; aber das Umwandlungsrecht, das dem Schuldner solchenfalls regelmäßig zusteht (darüber unten § 97), wird ein ausreichendes Gegengewicht bilden. Dagegen wird es nicht ohne weiteres möglich sein, auf einen vermutlichen Parteiwillen abzustellen, da die Regel auch für gesetzliche Verpflichtungen besteht. Gegen die Erstreckung Oertmann, Recht der Schuldverhältnisse[5] 125, weil ausländisches Geld „bei uns als Ware gilt".

[43a] Wolff a. a. O. 629 zu HGB. §§ 110, 111, 218. Vgl. BGB. § 849.

[44] Nußbaum 192 verweist allerdings darauf, daß der Ertrag fremden Gelds im Großen und Ganzen geringer sei als derjenige inländischen Geldes. Aber nichts hindert den Gläubiger, den empfangenen Betrag in inländische Währung umzusetzen. — In Polen hat die Rechtsprechung zeitweise Bedenken getragen, eine Erhöhung der gesetzlichen Zinsen auch auf Schulden fremder Währung anzuwenden, bis die Plenarentscheidung des Obersten Gerichtshofs 2. IV. 1927 Zeitschrift für Ostrecht 1, 400 sich — mit Recht — für die Gleichstellung ausgesprochen hat. In Zeiten der Geldknappheit ist hochwertige Fremdwährung nicht leichter zu haben als Inlandswährung.

Fortsetzung. Verzugsschaden.

6. Besonderer Erörterung bedarf hier die Frage, ob unter einer gegebenen Rechtsordnung Geldschulden ausländischer Währung solchen inländischer Währung bei dem Ersatz für Verzugsschaden gleichstehen; denn ihre Beantwortung verweist auf das grundsätzliche Verhältnis zwischen fremdem und heimischem Geldsystem. Die Bedenken knüpfen an Gesetze an[45], die eine Vergütung für Verzugsschaden lediglich in Höhe der Verzugszinsen gewähren. Nun kann aber freilich kein Zweifel sein, daß solche Beschränkungen an sich auch für Schulden fremder Währung verbindlich sind. Wer unter italienischem Recht Mark zu fordern hat, kann so wenig wie ein Lire-Gläubiger geltend machen, daß er bei rechtzeitiger Zahlung höheren Gewinn aus der Schuldsumme gezogen hätte. Die umfassenden Erörterungen, die hier vorliegen, beziehen sich vielmehr auf den besonderen Fall eines Schadens, der durch Entwertung der Schuldsumme nach Fälligkeit eingetreten ist[46]. Man

[45] Rechtsvergleichung bei Nußbaum 76ff, 149ff.

[46] Die Frage ist besonders eingehend in Italien erörtert worden, und man hat sich hier ganz überwiegend für eine verschiedene Behandlung von Inlands- und Auslandswährung ausgesprochen. Dahin gehören die oben Anm. 5 und 10 besprochenen Äußerungen, denen eine weitere Entscheidung des Kassationshofs Rom 6. III. 1926 Foro italiano 1926 I 529, des Appellhofs Mailand 10. V. 1927 ebenda 1928 I 155 sich anschließen. Die Gründe freilich, die man für diese Lösung vorbringt, gehen weit auseinander: es handle sich bei Schulden fremder Währung um eine Warenschuld (s. oben) oder doch um eine Geldsortenschuld (s. gleichfalls früher); der Auslandswährung mangle der feste Nennwert, so daß es untunlich sei, Zinsen aus ihr zu berechnen (Vivante); so daß bei Schulden fremder Währung materiellrechtlichen Erwägungen Raum gegeben werden könne, denen für die Inlandswährung die Bindung an den Nennwert entgegenstehe (die letztgenannten Urteile). Dagegen hat (ohne nähere Begründung) derselbe Kassationshof 21. VI. 1927 Foro italiano 1928 I 154 und eine Anmerkung von Ascoli ebenda, vorher schon Scaduto 119ff, sich dafür ausgesprochen, daß Forderungen fremder und heimischer Währung gleichmäßig von der Geltendmachung eines Entwertungsschadens ausgeschlossen sein sollten. — In Frankreich ist die Frage dadurch verschleiert worden, daß man die Fremdwährungsschuld häufig in eine Schuld inländischer Währung übergehen läßt. Mater 271 unterstellt ohne weitere Begründung Heimwährung und Fremdwährung den Beschränkungen des Gesetzes (obwohl er die Fremdwährungsschuld schlechthin als Warenschuld behandelt). Bei Béquignon 141, 149 findet sich (für Fremdwährungsschulden mit Effektivklausel) wenigstens eine scharfe Fragestellung; auch hier alsdann und wiederum ohne Begründung eine Gleichstellung der beiden Fälle. — Für die Niederlande ist ein eingehendes Urteil der Rechtsbank Rotterdam (oben Anm. 5) zu einer Freistellung der Schulden fremder Währung gekommen, nach der Entstehungsgeschichte des Gesetzes, weil die Verzugszinsen nur den Schaden ausgleichen wollen, der aus der Vorenthaltung des Betrags sich ergibt, weil eine schwankende Fremdwährung Ware sei. Mit dem Satz, daß Fremdwährung Ware ist, glaubt auch Meijers (zit. oben Anm. 9) für manche Fälle dieselbe Lösung begründen zu können. Ihrer bedient sich in gleicher Weise für Griechenland Papapanos, Auslandsrecht 4, 33ff. — Dagegen ist in Österreich und neuerdings der Tschechoslowakei eine ähnlich lautende Bestimmung niemals als Hinderniß betrachtet worden, über die Zinsen hinaus einen Entwertungs-

hat verschiedenerlei Gründe geltend gemacht, nach denen die Schulden fremder Währung hier anders behandelt werden sollen als solche heimischer Währung. Der Irrtum, daß Verpflichtungen fremder Währung keine wirklichen Geldschulden seien, bedarf hier keiner erneuten Widerlegung. Nicht besser steht es mit der Annahme, daß die Beschränkung des Gesetzes mit dem Nennwert der Inlandswährung zusammenhänge, während für die fremde Währung nur ein wechselnder Kurswert in Betracht komme. Auch hier liegt ein Mißverständnis vor, das schon (oben S. 129) aufgewiesen wurde; auch die fremde Währung ist rechtlich eine Währung mit Nennwert[47], und erst bei einer Vergleichung mit Inlandswährung — wie sie für die Erfüllung einer Fremdwährungsschuld zunächst nicht erforderlich ist — tritt ihr wechselnder Kurswert in Erscheinung[48]. Auf der andern Seite aber (auf Einzelheiten braucht hier nicht eingegangen werden) steht der Nennwertgrundsatz auch für die inländische Währung der Annahme eines Entwertungsschadens nicht entgegen. Ein solcher Schaden ist freilich nicht sichtbar, solange nur Nennwert mit Nennwert derselben Währung verglichen wird; allein wer Ersatz des Verzugsschadens wegen Geldentwertung beansprucht, der behauptet nicht, daß der Nennwert der Wäh-

---

schaden zuzusprechen, wenn schuldhafter Verzug nach Lage des Falls Schaden bewirkt hatte, nicht bei Schulden fremder Währung (Oberster Gerichtshof Wien 26. II. 1873 Sammlung 11, 70 n. 4891; 4. VII. 1923 Entscheidungen 5, 473; 27. V. 1925 ebenda 7, 465; 20. XII. 1927 oben Anm. 14. Oberster Gerichtshof Brünn 23. V. 1923 Auslandsrecht 4, 317; weitere Anführungen bei H. Melzer, BGB. für die Tschechoslowakei 1928 zu § 1333), aber auch nicht bei Schulden in heimischem Geld (bezeichnend z. B. Oberster Gerichtshof Wien 20. V. 1924 Entscheidungen 6, 409). Zur Übersicht etwa Wolff bei H. Klang, Kommentar zum BGB (1929) § 1333. — Dagegen spricht sich Nußbaum 193 für eine verschiedene Behandlung der beiden Gruppen aus, weil Beschränkungen dieser Art — sie wollen Streitigkeiten über den Geldwert abschneiden — im Interesse der heimischen Währung aufgestellt seien.

[47] Darum auch keine Schwierigkeit, Verzugszinsen aus ihr zu berechnen. Dazu des Näheren unten § 95 Z. 3.

[48] Ascarelli, Moneta 145 ff, der die Erörterung auf Schulden beschränkt, die unter Inlandsrecht in fremder Währung übernommen werden, will eben für diese eine abweichende Behandlung begründen, denn bei ihnen werde eine Bindung an den Nennwert „nur vermutet und nicht auferlegt". Daran ist richtig, daß es nicht unmittelbar der Wille der fremden Währungsordnung ist, der den Schuldner zu einer Leistung nach dem Nennwert verpflichtet; erst durch die rechtsgeschäftliche Annahme jener Währung kommt auch deren währungsrechtliche Ordnung zur Geltung. Aber das ist auch nicht anders bei einer rechtsgeschäftlichen Wahl der Inlandswährung, ist nicht anders bei gesetzlichen Verpflichtungen in inländischer oder ausländischer Währung. Stets bedarf es erst von Seiten des Schuldrechts her einer Verweisung auf irgend eine Währung. Die Verweisung aber bedeutet auch bei rechtsgeschäftlicher Annahme regelmäßig Verweisung auf die Währung als verwaltungsrechtliche Einrichtung eines bestimmten Staats, und sie bringt damit (s. unten § 107 Z. 4) wie alle anderen Vorschriften der dort getroffenen Regelung auch deren Sätze über den Nennwert zur Geltung.

rung sich geändert hätte, sondern daß trotz gleichbleibenden Nennwerts in der Zeit der Säumniß ein wirtschaftlicher Tatbestand hinzugetreten sei, der die Leistung des Nennwerts als unzureichend erscheinen lasse, und dieser Unterschied im Wert der Leistung kann nur durch Vergleich mit anderen Wirtschaftsgütern gemessen werden.

Endlich aber ist es auch nicht zutreffend, daß jene Beschränkung auf Verzugszinsen Streitigkeiten über den Geldwert abschneiden wolle und deshalb als Vorrecht der Inlandswährung anzusehen sei. Die Aufgabe, die solchen Vorschriften zugewiesen wurde, ist eine andere: Verschiedenheiten im Umfang des Schadens, wie sie aus den persönlichen Verhältnissen des Gläubigers sich ergeben, sollten durch sie von der Erörterung ausgeschlossen werden[49]. Daraus aber folgt, daß derlei Bestimmungen auf Verluste durch Geldentwertung nicht berechnet sind und deshalb auch nicht auf sie angewendet werden können, nicht bei Schulden fremder Währung — und nicht bei solchen in Inlandsgeld.

§ 94.
Bewertung in fremder Währung.

1. Der Staat. — 2. Geldschulden an den Staat. — 3. Geldschulden zwischen Staaten. 4. Der Privatverkehr.

Der Staat.

1. Die wichtigste unter den Fragen, welche die Rechtslage fremder Währungen unter Inlandsrecht betreffen, geht dahin, ob für eine Bewertung unter der Hoheit des Inlands lediglich das Wertsystem des Inlands benützt werden kann. Die Frage ist zunächst für den Staat selbst zu stellen.

---

[49] Das gilt zunächst für Art. 1153 des Code civil, der das Vorbild für die meisten hier besprochenen Gesetzgebungen geworden ist. Die Vorschrift ist im unmittelbaren Anschluß an Pothier abgefaßt (Traité des obligations n. 170 ed. Paris 1805 1, 117), der seinerseits die ältere Lehre wiedergibt. Insbesondere die eingehenden Ausführungen bei Domat (Les lois civiles dans leur ordre naturel l. III. t. V ed. Paris 1777 1, 259) zeigen deutlich, daß es sich bei der Pauschalierung des Verzugsschadens in Gestalt fester Zinsen nur darum handelte, Erörterungen über die Höhe des Schadens, die sich aus der Person des Gläubigers herleiten, abzuschneiden. Nach Pothier stellen die Zinsen „den gemeinen Wert des rechtmäßigen Gewinnes dar, den der Gläubiger aus dem geschuldeten Betrag hätte ziehen können, wenn er bezahlt worden wäre". Von irgendwelchen währungsrechtlichen Erwägungen ist hier nichts zu finden. Und ebensowenig kann die Annahme überzeugen (Nußbaum 151), daß angesichts der Entwertung des Revolutionsgelds, die sich kurz vorher ereignet hatte, die Pauschbestimmung des Art. 1153 auch die Geldentwertung einbezogen haben müsse. Das Gesetzbuch nimmt hier doktrinären Anschluß an die frühere Lehre. — Daß aber auch § 1333 des österreichischen BGB. gänzlich außer Zusammenhang mit Fragen der Geldentwertung steht, zeigt gleichfalls seine Entstehungsgeschichte (Protokoll 9. VI. 1806 bei J. Ofner, Der Urentwurf des BGB. 1889 2, 200).

Die Gesetzgebung eines Staats ist grundsätzlich frei, über Währungen zu bestimmen, was sie für gut findet. In seiner Betätigung wird der Staat normalerweise nur von der eigenen Währung Gebrauch machen. Etwa bei der Aufstellung des öffentlichen Haushalts[1]. Insbesondere auch bei der Vornahme von Hoheitsakten. Solche Hoheitsakte allerdings, deren Inhalt von anderen Rechtsbeziehungen abhängt, öffentliche Beurkundungen, gerichtliche Entscheidungen, richten sich notwendig nach der Währung des Rechtsverhältnisses, auf das sie Bezug haben[2]. Es wird unten Z. 4 zu zeigen sein, daß ein für mehrere Staaten behauptetes Verbot, öffentliche Urkunden in anderer als Inlandswährung zu errichten, nicht zu Recht besteht. Es ist — von einzelnen positivrechtlichen Ausnahmen abgesehen — ebensowenig richtig, daß der Zivilrichter nur auf Inlandswährung erkennen dürfe (unten § 97 Z. 2). Indessen zeigt sich auch hier ein Übergewicht der inländischen Währung, insofern bei einer mehrdeutigen Bezeichnung die Wahrscheinlichkeit für eine Verwendung der Inlandswährung spricht[3]. Und es mag sein, daß eine Forderung fremder Währung, die den Staat als solche unverändert beschäftigt, nach anderer Richtung in Inlandswährung bewertet werden muß. Wird Zivilklage über eine Forderung fremder Währung erhoben, so muß zwar das Urteil regelmäßig auf fremde Währung lauten, aber die Festsetzung des Streitwerts kann nur in inländischem Geld geschehen, nicht nur mit Rücksicht auf die Gebührenzahlung, sondern auch als Grundlage für die Verteilung der Zuständigkeiten[4].

Geldschulden des Staats, die auf Rechtsgeschäft beruhen[5], werden mangels einer gesetzlichen Bindung in der Wahl der Währung frei sein. Insonderheit hat der Fiskus da, wo er am Privatverkehr teilnimmt,

---

[1] So Reichshaushaltsgesetz 1929 RGBl. II 443 § 6 (Umwandlung von Garantieverpflichtungen in fremder Währung).

[2] Wenn in den Zeiten der Wiederherstellung der deutschen Währung den Gerichten freigegeben war, auf Reichswährung nach dem Wert des Dollars zu verurteilen (s. darüber unten § 100 Z. 2), so lag auch dem zu Grunde, daß unter gerichtlicher Mitwirkung im einzelnen Fall eine materiellrechtliche Zahlungspflicht der Partei mit solchem Inhalt sollte begründet werden können.

[3] Schweizerisches Bundesgericht 27. VI. 1918 Entscheidungen 44 II 213: ein schweizerisches Gericht hatte in einer Streitsache, die Beziehungen zu der Schweiz und zu Frankreich aufwies, zu „Franken" verurteilt; man darf präsumieren, daß damit Schweizer Franken gemeint waren. Ähnlich der Appellhof Paris 6. V. 1927 Journal 55, 415.

[4] Dazu, wenig förderlich, Béquignon 176f. Das Zivilgericht Paris 8. II. 1928 Journal 55, 694 erklärt das höhere Gericht für zuständig, weil es sich um eine Forderung von unbestimmtem Wert handle. Ascarelli 247f stellt auf den Wert im Zeitpunkt der Klagerhebung ab. In der Tat wird, wo die gemeinrechtliche Regel von der perpetuatio fori Geltung hat (deutsche ZPO. § 263), der Schluß berechtigt sein, daß die Geschäftsverteilung unter den Gerichten eines Staats ebenso in sachlicher wie in örtlicher Hinsicht durch die Rechtslage bei Prozeßbeginn bestimmt wird.

[5] Über völkerrechtliche Verpflichtungen in fremder Währung oben § 92 Z. 2.

mangels beschränkender Vorschriften teil an der allgemeinen Freiheit, die Währung seiner Verpflichtungen zu wählen[6]. Bei der Aufnahme von Darlehen ist von einer solchen Möglichkeit häufig Gebrauch gemacht worden[7].

Dagegen stehen die Zahlungspflichten des Staats und der anderen öffentlichen Verbände, die auf Rechtssätzen des Inlands, insbesondere auf Rechtssätzen des Verwaltungsrechts beruhen, mangels gegenteiliger Bestimmung stets unter der Währung des verpflichteten Teils. Wenn ein Rechtssatz des Inlands von Geldwert spricht, muß im Zweifel angenommen werden, daß damit Wert in der währungsmäßigen Formung des Inlands gemeint ist. Das gilt etwa bei der Zahlung von öffentlichen Gehältern, gilt vor allem bei den mannigfachen Entschädigungen des öffentlichen Rechts. Es ist dabei gleichgültig, ob solche Zahlungen an Ausländer[8] oder nach dem Ausland erfolgen sollen[9]. Und es kann an dieser Rechtslage insbesondere auch der Umstand nichts ändern, daß Rechnungsfaktoren fremder Währung auf die zu bestimmende Wertmenge Einfluß nehmen[10].

So hat die deutsche Prisenrechtsprechung mit erfreulicher Schärfe herausgearbeitet, daß die Entschädigung, die für eine unbegründete Aufbringung durch deutsche Seestreitkräfte geschuldet wird, in Reichswährung zu leisten ist, und wenn der Wert von Schiff oder Ladung dabei in fremder Währung angesetzt war, so bedurfte es einer Umrechnung dieses Werts nach dem Tag der Beschlagnahme[11]; auch die

---

[6] Im kaiserlichen Rußland bestand die Vorschrift, daß Abmachungen zwischen Staat und Privatpersonen nur in russischer Währung erfolgen können, BGB. § 1540; Klibanski, Handbuch des russischen Zivilrechts 3, 33.

[7] Reichsgesetz 4. VIII. 1914 § 3 RGBl. 345. Weitere Angaben für Deutschland bei Gerber, Geld und Staat 123f. G. Hartmann, Internationale Geldschulden (1882) 12ff (Norwegen, Rußland, Ungarn) usw.

[8] Die Besoldung kriegsgefangener Offiziere ist nach Art. 17 der Landkriegsordnung in der Währung des Nehmestaats zu bezahlen.

[9] Insoweit zutreffend der Haager Schiedshof im Kalifornischen Kirchengüterstreit 14. X. 1902 (Das Werk vom Haag 2. Serie 1 I 244): Entschädigung für Enteignung wird in der Währung des enteignenden Staats geschuldet, auch wenn die Entschädigung in das Ausland zu leisten und ihre Leistung Gegenstand eines Staatenstreits geworden ist. — Daß die Leistungen aus der deutschen Arbeiterversicherung auch nach dem Ausland in Reichswährung geschuldet werden, ist anerkannt in Staatsverträgen mit Belgien 9. VII. 1920 Art. 27 RGBl. 1921, 1179 und mit Dänemark 10. IV. 1922 Art. 19 RGBl. II 218.

[10] Über die Bewertung des Arbeitsverdienstes als Grundlage der öffentlichrechtlichen Unfallentschädigung, wenn die Arbeit in einem andern Währungsgebiet geleistet wurde, unten Anm. 14.

[11] So besonders die Urteile des Oberprisengerichts 17. III. und 29. XI. 1917 in Sachen Trudvang und Helicon, Entscheidungen des Oberprisengerichts 1, 276 und 411. Vgl. auch schon 1, 227 (Brage) und 1, 343 (Arena); 2, 53 (Jägersborg) ebenda. — Nach Art. 32 des Zusatzvertrags zum Friedensvertrag von Brest-Litowsk RGBl. 1918, 480 sollten Entschädigungen aus der Seekriegsführung — fest-

französiche Prisenrechtsprechung scheint sich auf denselben Standpunkt gestellt zu haben[12]. Die Entschädigungen freilich, welche die Mittelmächte für die auf ihrem Gebiet vorgenommenen „außerordentlichen Kriegsmaßnahmen" zu gewähren hatten, waren unter dem Zwang des Versailler Vertrags (§ 14 der Anlage zu Art. 298) und der gleichlaufenden Abkommen in der Währung der gegnerischen Mächte zu leisten[13].

Geldschulden an den Staat.

2. Daß im Bereich des öffentlichen Rechts Zahlungspflichten der Privaten an den Staat und die sie vorbereitenden Aufstellungen (mangels einer Sondervorschrift) in der Währung des Staats angesetzt werden müssen, dem gegenüber Verpflichtungen bestehen, ist nicht zweifelhaft, und wenn auf den zu bewertenden Betrag Rechnungsposten anderer Währung Einfluß nehmen, müssen sie nach dem maßgebenden Zeitpunkt in diese Währung umgerechnet werden. Das wird in erster Reihe bei Steuern und Gebühren praktisch[14]. Und schon die Steuer-

---

zusetzen durch eine internationale Kommission und zahlbar an den Staat des geschädigten Teils — in dessen Währung geleistet werden.

[12] Vgl. etwa J. W. Garner, Prize law (1927) 686; auch J. H. W. Verzijl, Le droit des prises (1924) 1142.

[13] Der Meinung von Kaden, Privatrecht des Friedensvertrags 64, daß dies den „allgemeinen Prinzipien des Schadenersatzrechts" entspreche, kann ich durchaus nicht zustimmen. Diesen Prinzipien hätte (wenn man überhaupt eine Verantwortlichkeit für gegeben ansah) Ansetzung in deutscher Währung unter Aufwertung nach deutschen Vorschriften entsprochen. In der Rechtsprechung der gemischten Schiedsgerichte findet man dann noch manche weitere Verschiebung. So setzen Urteile des deutsch-griechischen Schiedsgerichts vom 2. IV. 1925 Recueil 5, 431 und 445 den zu vergütenden Schaden (als Rechnungsfaktor) in französischer Währung fest — zu der der Tatbestand keinerlei Beziehungen aufwies — und wandeln ihn nach dem Kurs des Zahlungstags in griechische Währung um. Ebenso unhaltbar erscheint es, wenn das erstere Urteil einen andern Schadensposten zunächst in Mark veranschlagt, dann schweizerische Währung zur Wertbeständigmachung dazwischenschiebt und diesen Betrag nach dem Kurs des Zahlungstags in griechische Währung verwandelt; ein gleiches Verfahren wird in dem Urteil 23. VIII. 1926 Recueil 7, 17 bei der Entschädigung für eine angeblich rechtswidrige Requisition befolgt. — Auch die deutsch-amerikanische Mixed Claim Commission spricht Entschädigungen für deutsche Kriegshandlungen (in einem Verfahren von Staat zu Staat) in Dollar zu.

[14] Ausdrückliche Umrechnungsvorschriften sind besonders für die Besteuerung von Wertpapieren fremder Währung oder auch von Beweisurkunden über Forderungen fremder Währung häufig; vgl. z. B. deutsches Wechselstempelsteuergesetz Fassung 10. VIII. 1923 § 8; deutsches Kapitalverkehrssteuergesetz 8. IV. 1922 § 28; Stamp Act 54 & 55 Vict. c. 39 s. 6; für Frankreich Mater 321 ff usw. Man findet sie aber auch bei Berechnung von Wertzöllen (Vereinigte Staaten, Code 1926 t. 31 s. 372), bei Vermögenssteuern (Reichsnotopfergesetz 31. XII. 1919 § 20). Ihr Schwerpunkt liegt in der Bezeichnung des die Steuerpflicht erzeugenden Tatbestands, nach dem sich — soweit die Frage nicht durch Zulassung von Mittelwerten gegenstandslos ist — der Zeitpunkt der Umrechnung bestimmt. Hierüber etwa auch Reichsfinanzhof 24. I. 1923 Juristische Wochenschrift 1925, 511 (Kohlen-

bilanz verlangt insoweit Aufstellung in Inlandswährung[15]. Auch Geldstrafen können nur in Inlandswährung verfallen. Die Hinterziehung österreichischer Eingangsabgaben wird in Deutschland mit einer Geldstrafe im „vierfachen Betrag der vorenthaltenen Abgaben“ belegt; die Strafe muß dennoch auf Mark lauten, umgerechnet nach dem Zeitpunkt der Hinterziehung[16].

In seltenen Ausnahmefällen allerdings findet man Leistungen an den Staat in fremder Währung vorgeschrieben oder zugelassen, vornehmlich[17] veranlaßt durch die Geldentwertung der jüngsten Zeit[18].

---

steuer); Zivilgericht Paris 8. XII. 1923 Journal 52, 755 (Gewerbesteuer). — Berechnung des Arbeitsverdienstes bei Arbeiten im andern Gebiet als Grundlage der Beiträge zur Unfallversicherung und Grundlage der Unfallentschädigung: Verträge Deutschlands mit den Niederlanden 27. VIII. 1907 Art. 10 RGBl. 763; mit Belgien 8. VII. 1912 Art. 13 RGBl. 1913, 23 und 248. — Über die Gerichtskosten bei einem Rechtsstreit über eine Forderung fremder Währung oben S. 146.

[15] Reichsfinanzhof 30. III. 1927 Juristische Wochenschrift 2325: selbst wenn die Buchführung in ausländischer Währung erfolgt. Es ist freilich nicht durchgreifend, wenn der Gerichtshof dies auf die Übereinstimmung gründet, die mit der Währung der Handelsbilanz bestehen müsse. Denn anders als die Handelsbilanz ist die Steuerbilanz schon dann in deutscher Währung zu errichten, wenn ein ausländischer Unternehmer im Reich auch nur eine Betriebsstätte hat. Kritik sonstiger Erwägungen des Urteils bei Veit Simon ebenda.

[16] So, nach § 3 des Gesetzes 9. VI. 1895, auch das Reichsgericht 13. XI. 1919 Entscheidungen in Strafsachen 54, 45 (ohne Äußerung über den Zeitpunkt der Umrechnung); die Vorinstanz hatte auf Kronen verurteilt. Ähnlich das Reichsgericht 4. III. 1924 Juristische Wochenschrift 1375 für die Herausgabe eines in englischer Währung erzielten Übergewinns auf Grund der Preistreibereiverordnung von 1918 (die Begründung im Einzelnen freilich höchst anfechtbar); daß als Zeitpunkt der Umrechnung hiebei der Tag des Urteils erster Instanz und nicht der Tag der Begehung bestimmt wurde, war richtig, wenn man in der Einziehung die Wegnahme einer rechtswidrigen Bereicherung zu erblicken hatte, wäre unzutreffend gewesen, wenn es sich bei der Einziehung um eine Nebenstrafe handelte, für die der Übergewinn nur Maßstab ist. In dem Urteil des Appellhofs Paris 30. V. 1921 Sirey 1921 II 89 waren entgegen einem Einfuhrverbot russische Banknoten nach Frankreich verbracht worden; das Gericht hatte nach Art. 41 des Gesetzes 28. IV. 1916 auf Einziehung der Ware und Geldbuße gleichen Werts zu erkennen. Anders als in dem vorausgehenden Fall handelte es sich in dem ersten Teil der Vorschrift um die Einziehung von Geldzeichen als Ware, nicht um die Einziehung eines Wertbetrags, und damit selbstverständlich um eine Einziehung der eingeschmuggelten Stücke selbst; die Geldbuße aber (sie wird in Frankreich als „privatrechtlicher Schadenersatz“ an die Zollbehörde angesehen) hat das Gericht zutreffend in Inlandswährung nach dem Wert im Zeitpunkt der unerlaubten Handlung umgerechnet.

[17] Über Zahlungen an öffentliche Ämter, die den Sitz in einem fremdem Staatsgebiet haben, unten § 103 Z. 2.

[18] § 37 des Reichsnotopfergesetzes gestattet dem Steuerschuldner, der Vermögen im Ausland besitzt, Festsetzung der Abgabe in Auslandswährung zu beantragen und sie demgemäß zu bezahlen (neben der Anm. 14 erwähnten regelentsprechenden Ansetzung der Steuer in Inlandswährung). Hieher auch Art. 2 eines lettischen Gesetzes vom 18. III. 1920, der den Finanzminister ermächtigte, Abgaben

Geldschulden zwischen Staaten.

3. Wo Geldschulden zwischen Staaten auf privatrechtlichem Boden begründet werden, gelten für die Währung solcher Verbindlichkeiten die im folgenden § 95 zu entwickelnden Sätze. Es kann vorkommen, daß ein Staat einem andern auf verwaltungsrechtlicher Grundlage Geldleistungen zu machen hat, etwa Abgaben oder Gebühren für Inanspruchnahme seiner Behörden schuldet. Sie stehen unter den eben dargelegten Regeln; der fremde Staat wird hier wie ein Privatmann in Unterordnung unter die örtliche Hoheit belastet. Dann wieder mögen einen Staat Leistungspflichten auf völkerrechtlicher Grundlage treffen. Sie ruhen in anderer Rechtssphäre, in einem Normensystem, das nur eine einheitliche Ordnung kennt, einzelstaatliche Währungen sich dabei nach seinem Gutbefinden nutzbar macht und, wie oben § 92 Z. 2 ausgeführt wurde, mangels besonderer Lokalisierung Leistung in der Währung des empfangsberechtigten Staates vorschreibt.

Einer Erörterung bedürfen hier nur jene Fälle, bei denen Geldleistungen von Staat zu Staat zwar in Angelegenheiten des innerstaatlichen Rechts, aber ohne Unterordnung des einen unter den andern Teil geschuldet werden. Ihr Typus ist die Ersatzpflicht für Rechtshilfekosten, wenn die Rechtshilfe nicht von Staat zu Staat, sondern von Behörde zu Behörde geleistet wird[19]. Wenn für einen deutschen Zivilprozeß Zeugen in der Schweiz vernommen werden, so ist das, von Seiten der Schweiz gesehen, ein Stück kantonaler Rechtspflege, bei der nur das Ersuchen der fremden einem solchen der eigenen Behörde gleichsteht; wie umgekehrt die Vernehmung in der Schweiz für den deutschen Richter denselben Prozeßwert erhält, den ein Zeugenverhör vor deutschen Gerichten hat. Aber die Ersatzpflicht liegt außerhalb dieses Bereichs. Daß innerstaatlich die Verpflichtung der deutschen Behörde, für Kostenersatz zu sorgen, unter deutschen Gesetzen steht, ist für die Schweiz als Empfänger des Ersatzes rechtlich gleichgültig. Wenn sie Ersatz zu beanspruchen hat, so beruht das auf einer völkerrechtlichen Verbindlichkeit des ersuchenden Teils, und dasjenige, was derart nach Völkerrecht geschuldet ist, wird alsdann zum Inhalt dessen, was die deutsche Behörde unter innerstaatlichem Recht zu leisten hat. Nach Völkerrecht aber, so wurde oben § 92 Z. 2 gezeigt, gehen Ersatzpflich-

---

von Rechtsgeschäften, die in fremder Währung geschlossen waren, in dieser Währung einzufordern (während es sich bei einer scheinbar ähnlichen Bestimmung der deutschen Verordnung 17. IX. 1923 — unten § 96 Z. 4 —, auf grund deren ein Teil der bei Auslandsgeschäften vereinnahmten Devisen gegen Entschädigung abzuliefern war, nicht um die Erfüllung einer Geldschuld an den Staat handelte, sondern um die Ablieferung von Gegenständen).

[19] Auch Ersatz für Armen- und Krankenhilfe mag unter den gleichen Voraussetzungen vorkommen.

ten im Zweifel auf die Währung des empfangsberechtigten Teils, und das muß auch in dem hier erörterten Fall zutreffen[20].

Der Privatverkehr.

4. So mannigfach die Beschränkungen sind, die den Privatverkehr bei Benützung einer Währung einengen, so lassen sie dennoch erkennen, daß da, wo Beschränkungen nicht vorgeschrieben sind oder sich aus der Eigenart eines Rechtsverhältnisses ergeben, die Wahl der Währung den Beteiligten freistehen soll. So kann beispielsweise der Wert eines Nachlasses, nach § 2001 und 2311 des deutschen BGB. Grundlage der Haftungsbeschränkungen des Erben, Grundlage für die Berechnung des Pflichtteils, in beliebiger Währung festgestellt werden[21]. Und auch der Umstand ändert an solcher Freiheit nichts, daß die Bewertung behördliche Mitwirkung fordert. Denn die Behörde beurkundet und überwacht dabei private Feststellungen. Nun finden sich allerdings in mehreren Staaten Bestimmungen, die dem entgegenzustehen scheinen, die insbesondere für die Aufnahme öffentlicher Urkunden die ausschließliche Benützung der Inlandswährung fordern. So in Frankreich Art. 5 des Gesetzes vom 4. Juli 1837, in Belgien Art. 3 eines Gesetzes vom 30. Dezember 1885. Indessen zeigt eine nähere Prüfung, daß diese Vorschriften lediglich gegen die Weiterbenützung einer älteren Inlandswährung gerichtet sind[22], und man wird sie diesem Zweck gemäß auslegen müssen; würde doch sonst entgegen einem zweifellos anerkannten Rechtszustand der Gebrauch fremder Währung nicht einmal für Geldschulden, die unter fremder Hoheit entstanden sind, vor den Inlandsbehörden möglich sein[23]. In Österreich und in Ungarn, die verwandte Vor-

---

[20] Ausdrücklich in diesem Sinn das deutsch-südslawische Abkommen vom 15. XII. 1928 RGBl. 1929 II 561 Art. 8 für Rechtshilfe in Sachen der Arbeiterversicherung.

[21] Entsprechend für Art. 199, 398, 474 des schweizerischen Zivilgesetzbuchs (eingebrachtes Gut, Mündelvermögen, Berechnung des Pflichtteils) Barth, Zeitschrift für schweizerisches Recht 1924, 180a.

[22] Für Frankreich ist Ausgangspunkt derartiger Bestimmungen das Gesetz vom 17 floréal an VII, das gegenüber den bisherigen Währungen die neue Frankenrechnung durchzusetzen bestimmt ist. In Belgien führt das Gesetz von 1885 über solche von 1879 und 1866 zurück auf Art. 26 des Münzgesetzes vom 5. VI. 1832, eine Vorschrift, die der von dem neubegründeten Staat neu geschaffenen Währung offensichtlich gegenüber der bisherigen niederländischen Währung des Gebiets zur Durchführung verhelfen will.

[23] Über irrtümliche Anwendungen dieser Gesetze unten § 97 Z. 2. Zutreffend Béquignon 93f. Vgl. etwa auch die Beratung des belgischen Gesetzes von 1866 Pasinomie belge 1866, 231. Wenn man bei diesen Beratungen auf die belgische Maß- und Gewichtsordnung verwiesen hat, nach der eine gleichartige Bestimmung in der Tat auch auf den Ausschluß ausländischer Maße und Gewichte bezogen werden muß (vgl. darüber oben S. 87), so steht einer analogen Verwertung die Verschiedenheit des positiven Rechts entgegen; denn dort hat man

schriften zum Schutz der neu eingeführten Währungen haben, ist ein solcher Vorbehalt denn auch ausdrücklich gemacht worden[24].

Indessen begegnet die Freiheit in der Wahl der Währung hier doch mancherlei Beschränkungen. Weitgehend in Vorschriften Österreichs und Ungarns, die von den „unter besonderer öffentlicher Aufsicht stehenden oder zur öffentlichen Rechnungslegung verpflichteten Körperschaften, Fonds, Anstalten, Vereinen und Gesellschaften“ verlangen, daß sie ihre Bücher, Rechnungen und sonstigen Aufschreibungen in der (gegenwärtigen) örtlichen Währung führen[25]. Die Währung der Buchführung, zu der die Kaufleute nach Handelsrecht verpflichtet sind, ist meistens freigegeben, und es kann dafür mit Rücksicht auf bestimmte Betriebszweige, die sich in einer handelsüblichen Währung abwickeln, und mit Rücksicht auf Krisen der örtlichen Währung ein Bedürfnis bestehen. Die Rechtslage gilt auch für Deutschland[26]. Dagegen bestimmt hier § 40 des Handelsgesetzbuchs — die Vorschrift scheint ziemlich vereinzelt zu sein[27] — daß die Bilanzen der Kaufleute in Reichswährung

---

den Systemzwang zwar auf ausländische Maße und Gewichte ausgedehnt, zugleich aber auch für die wichtigeren Auslandsbeziehungen sachliche Befreiungen vorgesehen. Zutreffend gegenüber dem italienischen Gesetz vom 24. VIII. 1862 Art. 11 auch Ascarelli 249ff.

[24] Österreich, Schillingsrechnungsgesetz 20. XII. 1924 § 7: in öffentlichen Urkunden zivilrechtlichen Inhalts sind die Geldbeträge in Schilling auszudrücken; die Vorschrift gilt nicht, wenn die Beträge auf Währungen lauten, „für die ein gesetzliches Verhältnis zum Schilling nicht festgestellt ist“. Ebenso das ungarische Währungsgesetz 8. XI. 1925 § 22. — Über eine ausdrückliche Bestimmung des britischen Münzgesetzes, die Beurkundung in der Währung eines fremden Staats zuläßt, oben S. 128.

[25] So § 5 des Schillingsrechnungsgesetzes mit Verordnung 19. IV. 1926 BGBl. 582. Die Bestimmung ist übernommen aus § 3 der kaiserlichen Verordnung 21. IX. 1899 RGBl. 875, die bei Einführung der Kronenwährung erging (sie nannte als Beispiele Banken, Geld- und Kreditanstalten, Eisenbahn- und Schiffahrtsunternehmungen), und diese schöpft ihrerseits aus § 3 des kaiserlichen Patents 27. IV. 1858 RGBl. 293. Für Ungarn § 19 des Währungsgesetzes. Alle diese Bestimmungen wenden sich freilich ihrem Zweck nach wie die eben erwähnten über die Währung öffentlicher Urkunden zunächst nur gegen die weitere Benützung einer abgeschafften Inlandswährung; indessen wird der Mangel eines Vorbehalts, wie er für die öffentliche Beurkundung gemacht ist, einer einschränkenden Auslegung hier entgegenstehen.

[26] H. Veit Simon, Die Bilanzen der Aktiengesellschaften[2] (1898) 204ff und Juristische Wochenschrift 1927, 2325 glaubt aus der Vorschrift, daß die Bilanz in Reichswährung aufgestellt werden muß, die gleiche Bindung für die Buchführung folgern zu müssen. Daß der Schluß nicht zwingend ist, zeigen schon die unten genannten Vorschriften über die Bilanz der Versicherungsunternehmungen. Wie im Text auch Düringer-Hachenburg, Handelsgesetzbuch[2] 1, 324; Könige, Leipziger Zeitschrift 1914, 1427f; das Anm. 15 angeführte Urteil des Reichsfinanzhofs.

[27] Eine ähnliche Bestimmung ist für die Schweiz in Aussicht genommen; Barth a. a. O. Doch hält man die Beschränkung in der Schweiz nach Barth auch ohne besondere Vorschrift für verbindlich, und es setzt wohl auch der Bundesrats-

aufgestellt werden müssen, und man wird sich dem Rückschluß nicht entziehen können, daß die Vorschrift auch das der Bilanz zu Grunde liegende Inventar umfaßt[28]. Als nach der Krisis der Nachkriegsjahre die Währung in Deutschland, Österreich, Ungarn, Polen wieder aufgebaut wurde, da sind denn auch von den Unternehmungen „Goldbilanzen" gefordert worden, denen die auf Goldwert gestellte bisherige Inlandswährung oder auch eine auf Goldwert gebaute neue Inlandswährung zu Grunde zu legen war[29].

Wie Vermögensübersichten, so sind auch einzelne Bekanntgaben zuweilen an eine bestimmte Währung gebunden. So hatten deutsche Kriegsverordnungen gefordert, daß auf gewissen Gebrauchsgegenständen die Preise in Inlandswährung angegeben sein sollten[30]. — Nach verschiedenen Rechten müssen Handelsgesellschaften in inländischer Währung aufgebaut werden, wie das für Aktiengesellschaften in Deutschland aus § 180 HGB. gefolgert werden muß[31]. — Dagegen beruht es auf anderen Gesichtspunkten, wenn in manchen Staaten die Eintragung von Hypotheken nur in Inlandswährung zugelassen wird. Für

---

beschluß vom 16. XII. 1919 (Auslandsrecht 1, 82) einen derartigen Rechtszustand voraus. Auch Ascarelli 251 sieht für Italien eine derartige Bindung als ungeschriebenes Recht an. — Über die besondere Verpflichtung der Versicherungsunternehmungen, ihre Bilanz in Reichswährung vorzulegen, unten § 111 Z. 2.

[28] So auch Düringer-Hachenburg; anders Könige. Insbesondere werden Inventar und Bilanz in den gleich zu nennenden Goldbilanzvorschriften Deutschlands und der anderen hier aufgeführten Staaten an dieselbe Währung gebunden.

[29] Für Deutschland Verordnung 28. XII. 1923 § 1 RGBl. I 1253. Für Österreich Goldbilanzengesetz 4. VI. 1925 § 1. Für Ungarn Verordnung 12. XII. 1925 § 1 Auslandsrecht 7, 41. Für Polen Verordnung 25. VI. 1924 § 1 bei H. Nusko und J. Ziegler, Das Goldbilanzgesetz (1925) 212.

[30] Bekanntmachungen 28. IX. 1916 § 4 RGBl. 1077; 11. X. 1916 § 1 RGBl. 1156; 18. VII. 1918 § 2 RGBl. 747.

[31] Vgl. etwa Zitelmann, Deutsche Juristenzeitung 1902, 75f (die Meinung freilich, daß eine fremde Währung im Inland keinen Nennwert habe, trifft nicht zu; erst bei einer Vergleichung mit anderen Währungen tritt an Stelle des Nennwerts deren Kurswert). Auch das Reichsgesetz vom 23. XII. 1911, das Aktien fremder Währung für den Bereich deutscher Konsulargerichtsbarkeit in China und für die Besitzung Kiautschou zuläßt, setzt einen solchen Rechtszustand voraus. Für Neugründungen unter der Goldbilanzverordnung ist Entsprechendes in § 17 ausdrücklich vorgeschrieben. Die gleiche Rechtslage besteht in Deutschland für das Stammkapital und die Stammeinlagen der Gesellschaft mit beschränkter Haftung (Gesetz § 5; Goldbilanzverordnung § 17). Für Österreich enthält § 5 des Goldbilanzgesetzes ähnliche Bestimmungen wie die entsprechende deutsche Verordnung. Aber auch in der Schweiz und in Italien gelten die Aktiengesellschaften als an die Inlandswährung gebunden; s. Barth a. a. O. und Ascarelli 251. — Da deutsche Aktien auf Reichswährung lauten müssen, eine Zahlung aber nur in der Währung möglich ist, auf die der geschuldete Betrag geht (oben S. 133), so kann auch die „Barzahlung", die bei Gründung der Aktiengesellschaft gefordert wird (HGB. § 195), nur eine solche in deutscher Währung sein.

Deutschland, für die Schweiz bestehen ausdrückliche Bestimmungen dieses Inhalts; in Frankreich, Italien gelangt man ohne die Grundlage eines Textes zu dem gleichen Ergebnis [32], und nicht deshalb, weil hier eine behördliche Mitwirkung erforderlich wird, auch nicht wegen eines Zusammenhangs, der zwischen Hypothek und Vollstreckung besteht (dazu unten § 97), sondern darum, weil eine Grundbelastung nach ihrer rechtlichen Eigenart die Begrenzung auf einen festen, jederzeit übersehbaren Betrag inländischer Währung im Interesse der nachfolgenden Gläubiger wünschbar macht. Immerhin hat man sich in den Währungsnöten der Nachkriegszeit in Deutschland und anderwärts gezwungen gesehen, um eine wirkliche Bestimmtheit der Haftsumme zu erreichen, auch Fremdwährung zum Eintrag zuzulassen [33]. Und es bedarf der Hervorhebung, daß Österreich und auf Grund des österreichischen Rechts die Tschechoslowakei die Eintragung von Hypotheken fremder Währung schlechthin freigeben [34].

§ 95.

Fortsetzung. Geldschulden des Privatrechts.

1. Einleitung. — 2. Der Grundsatz. — 3. Anwendungen. — 4. Verschiebungen.

Einleitung.

1. Wenige Fragen der Rechtswissenschaft befinden sich in einem ähnlichen Zustand der Verwirrung wie die Frage nach der Währung,

---

[32] Für Deutschland Grundbuchordnung § 28. Landgericht Dortmund, Juristische Wochenschrift 1923, 193: ein irrtümlicher Eintrag in fremder Währung ist von Amts wegen zu löschen. Bedenklich allerdings Landgericht Osnabrück, ebenda 1928, 3129. Schweizerisches Zivilgesetzbuch Art. 783, 794. Niboyet, Revue 20, 182[1]; Béquignon 99; Capitant bei Dalloz, Recueil hébdomadaire 3, 34f. Scaduto 125f; Ascarelli 253ff. — Die ratio legis spricht nicht bloß gegen die Zulassung von Hypotheken fremder Währung, sondern auch gegen solche in Inlandswährung, bemessen nach dem Wert einer ausländischen Währung (vgl. über den Unterschied unten § 100 Z. 2).

[33] Verordnung 13. II. 1920 RGBl. 231; Gesetz 26. I. 1923 RGBl. I 90 (Schiffspfandrechte); Gesetz 23. VI. 1923 RGBl. II 284 zu Art. 6 des deutsch-schweizerischen Goldhypothekenabkommens 25. III. 1923. Durch Gesetz 2. II. 1928 sind auch Markhypotheken nach dem Wert des Dollars nachträglich legalisiert worden. Dagegen gehört nicht hieher die Verordnung 2. XI. 1923 RGBl. I 1075, die Goldhypotheken als Sachwerthypotheken nach dem Wert des Dollars zuläßt. Dazu etwa Bösebeck, Zentralblatt für Handelsrecht 2, 168; Lübtow, Juristische Rundschau 3, 498. — Der Oberste Gerichtshof des Saargebiets, Amtsblatt der Regierungskommission 1927, 34 hat geglaubt, Hypotheken in Inlandswährung zulassen zu können, die nach dem Wert des Dollars bemessen werden. — In Polen wurden durch eine Verordnung vom 27. IV. 1924, Polnische Gesetze 90, Hypotheken in fremder Währung zugelassen.

[34] Oberster Gerichtshof Wien 14. I. 1919 Entscheidungen 1, 3. Wahle, Recht-

in der Geldschulden entstehen[1]. Vorweg: die Frage nach der Währung einer Geldschuld darf nicht zusammengeworfen werden mit der Frage, welche Rechtsordnung dies Schuldverhältnis privatrechtlich beherrscht[2]; eine Verbindlichkeit kann dem deutschen Recht unterliegen und dennoch auf fremde Währung gerichtet sein. Die Währung einer privatrechtlichen Schuld bedeutet einen Teil des materiellen Inhalts des Schuldverhältnisses, ist eines der Merkmale, die Menge des geschuldeten Geldwerts zu bezeichnen. Es ist ein Merkmal mit staatlicher und darum möglicherweise mit Auslandsbeziehung, deshalb aber nicht minder von materiellrechtlicher Art, nicht anders wie etwa eine in Deutschland begangene Beleidigung verschieden bestraft wird, je nachdem sie sich gegen den Reichspräsidenten oder das Oberhaupt eines fremden Staats richtet. Die Frage nach der Währung eines Schuldverhältnisses ist deshalb als solche überhaupt keine Frage des internationalen Privatrechts[3].

Des weiteren: die Frage, in welcher Währung eine Geldschuld entstanden ist, nicht zusammengeworfen werden mit der andern Frage, ob verfügbar sind, wenn diese Währung später der Entwertung verfällt[4]; erst muß die Schuldwährung bestimmt sein, dann erst läßt sich feststellen, ob eine Entwertung der Schuldsumme durch Ersatz eines Verzugsschadens oder durch Aufwertung ausgeglichen werden kann.

Ferner darf die Frage, in welcher Währung eine Geldschuld entstanden ist, steht außer Zusammenhang mit den Rechtsbehelfen, die etwa

---

sprechung 8, 76. Als statthaft vorausgesetzt vom Obersten Gerichtshof Brünn 20. I. 1925, 10. II. 1925 Ostrecht 2, 106; 1, 276.

[1] Die vielen hundert Entscheidungen, die zu der Frage vorliegen, können hier nicht im Einzelnen erörtert werden, und ebensowenig alle Äußerungen der Literatur. Doch bedarf es für das Folgende keines Eingehens auf sämtliche Verästelungen der Frage. Ihre Schwierigkeiten liegen großenteils im Bereich des materiellen Privatrechts, und es muß das Problem hier nur so weit ausgebreitet werden, daß sein Verhältnis zum internationalen Währungsrecht klar übersehbar wird.

[2] Irrtümlich z. B. Reichsgericht 29. IX. 1919 Entscheidungen 96, 270. Häufige Verweisung auf das „Recht" des Erfüllungsorts, wo die Währung dieses Orts gemeint ist; z. B. bei Ramel, Juridisk Tidsskrift 12, 85. Über Verwechslung des Parteiwillens, der die Währung, und des Parteiwillens, der das anwendbare Schuldrecht bestimmt, unten § 96 Z. 2.

[3] Wenn Ripert, Revue critique de législation 46, 26 schreibt, die Frage habe nichts mit einem *conflit de lois* zu tun, so ist das zunächst von einer erfreulichen Klarheit. Aber freilich durch die alsbald festzustellende materiellrechtliche Lösung: Maßgeblichkeit der Währung, welche im Staat der lex causae gilt, tritt die Währung in Abhängigkeit von der Frage, welche Rechtsordnung das Schuldverhältnis selbst beherrscht. Über die Beziehungen der Frage zum internationalen Verwaltungsrecht unten Z. 2.

[4] Irrig Oberster Gerichtshof Warschau 25. II. 1922 Auslandsrecht 3, 103. Kurie Budapest 15. II. 1923 Bulletin de l'Institut Intermédiaire 9, 141.

sie, in der einen Währung entstanden, nachträglich in eine andere Währung übergeführt werden darf oder muß[5].

Im Folgenden handelt es sich nur um die Währung, in der eine Verbindlichkeit bei ihrer Begründung entsteht. Aber auch eine hierauf gerichtete Frage ist noch nicht eindeutig. Denn Zweifel über diese Währung können im Bereich des innerstaatlichen Rechts[6] aus dreierlei Quellen fließen. Es kann sein, daß die völkerrechtliche Verteilung der Zuständigkeit, über eine Währung zu bestimmen, Anlaß zu Unsicherheiten bietet z. B. für die Währung im abgetretenen Gebiet. Darüber des Näheren im Abschnitt 2. Es kann sein, daß die Währung, in der eine Verbindlichkeit begründet wurde, durch gültigen Parteiwillen bestimmt ist, daß aber der Inhalt dieses rechtsgeschäftlichen Willens Anlaß zu Zweifeln gibt, z. B. die Schuld ist in „Franken" vereinbart — davon wird unten § 96 zu sprechen sein. Hier steht der Sinn der Gesetze zur Erörterung, auf die eine Geldverbindlichkeit sich gründet.

Ist die Frage auf solche Weise begrenzt, so bedarf es immer noch der Ausräumung weiterer Unklarheiten.

Es ist nicht richtig, wie sehr häufig angenommen wird, daß die Währung zur freien Verfügung des Richters stünde. Daß eine Leistung in der oder jener Währung geschuldet wird, ist Ergebnis eines Rechtssatzes, den der Richter anzuwenden verpflichtet ist, wie irgend einen andern Rechtssatz. Es gibt besondere Rechtslagen, für die dem Richter eine solche Freiheit durch positive Vorschrift in der Tat verliehen ist; darüber unten Z. 4. Außerhalb ihrer besteht solche Ermächtigung nicht, wie ja die Währung auch für die zahllosen Fälle rechtlich geregelt sein muß, die einer richterlichen Entscheidung nicht unterbreitet werden.

Keine Förderung bringt die angebliche „Regel des internationalen Privatrechts"[7], daß der Zahlungsort die Währung bestimme. Der Satz wird häufig angerufen, um nach dem (vereinbarten) Zahlungsort den zweifelhaften Inhalt einer rechtsgeschäftlichen Bezeichnung der Währung zu bestimmen, und gehört insoweit einem andern Zusammenhang an (unten § 96 Z. 2). Er wird aber auch verwendet, um nach dem (wirklichen) Zahlungsort die nachträgliche Umwandlung einer Fremdwährungsschuld in heimische Währung zu begründen[8]. Er soll über die Art

---

[5] Mißverständliche Beiziehung des § 244 BGB.: Reichsgericht 7. XII. 1921 Juristische Wochenschrift 1922, 711; 7. XII. 1923 ebenda 1924, 672; 2. VIII. 1924 ebenda 1593 und öfter. Mater, Revue du droit bancaire 5, 298f.

[6] Über die Frage, in welcher Währung völkerrechtliche Verpflichtungen entstehen, oben § 92 Z. 2.

[7] So der Pariser Kassationshof 2. VIII. 1926 Dalloz hébdomadaire 417. Nach Niboyet, Revue 20, 179[2] sogar ein „gewohnheitsrechtlicher Satz des französischen internationalen Privatrechts".

[8] Eine Note von J. P., Journal 51, 683 verweist dafür auf die Entscheidung des Pariser Kassationshofs 11. VII. 1917 Journal 45, 212, die den Ausgangspunkt der neuen Regel bilde. In der vorerwähnten Entscheidung des Kassationshofs

der Geldzeichen entscheiden, die angenommen werden müssen[9], soll ergeben, ob entgegen einem Zwangskurs Goldwert vereinbart werden kann[10]. Und so ist er auch schon auf die Frage bezogen worden, in welcher Währung eine Verpflichtung aus Gesetz entsteht[11]. Indessen als allgemeinen Grundsatz, der schlechthin für die Bestimmung und sogar für die gesamte Rechtslage einer Währung zu gelten hätte, gibt es eine solche Regel nicht, auch nicht im internationalen Privatrecht Frankreichs. Ob eine Pfundschuld in Paris mit englischen Noten getilgt werden kann, entscheidet nicht das französische Recht. Aber auch beschränkt auf die Bestimmung der Währung gibt es keinen zusammenfassenden Rechtssatz dieser Art. Von anderen Bedenken abgesehen[12] schon darum nicht, weil für die einen Anwendungen nur der vereinbarte, für die anderen nur der wirkliche Zahlungsort entscheiden könnte, eine einheitliche Regel also in Wirklichkeit gar nicht in Betracht kommt. Und so wird eine solche Lösung, wenn überhaupt, nur je nach dem besondern Zusammenhang richtig sein können, bei dem sie angerufen wird, bleibt die Frage auch für das Folgende zunächst offen.

Und endlich fließt eine unerschöpfliche Quelle von Mißverständnissen in diese Fragen, wo auf die Wertmenge, die in der einen Währung geschuldet wird, Beträge anderer Währung Einfluß nehmen. Das Schiff etwa, das in deutschen Gewässern beschädigt wurde, ist auf einer englischen Werft instandgesetzt worden; oder der vorausbezahlte Kaufpreis, der, als die Lieferung unausführbar wurde, zurückgegeben werden muß, war in fremder Währung geleistet. Wo ein solcher Betrag in anderer als der Schuldwährung geformt ist, ist er Rechnungsfaktor, nicht Schuldinhalt, und bedarf der Umwandlung in die maßgebende Währung. Der Zeitpunkt der Umwandlung bestimmt sich aus dem jeweiligen Rechtsverhältnis. Hat der Beschädigte Auslagen in fremder Währung gehabt, sein Eigentum wieder herzustellen, nach dem Zeitpunkt dieser Aufwendungen; ist ein Vorschuß in fremder Währung geleistet, nach dem Tag des Zugangs usw. Das alles betrifft die Wertmenge, die Gegenstand der Leistung ist, aber nicht ihre währungsmäßige Ausprägung. Die Frage, wieviel zu leisten ist, kommt mit Umwandlung des Rechnungsfaktors nach dem Wert des Stichtags zum Abschluß; an

von 1926 wird die Regel mit einem Parteiwillen über den Wert bei Umrechnung von einer in eine andere Währung in Verbindung gebracht.

[9] Zivilgericht Thonon 22. XII. 1920 Dalloz 1921 II 11. Béquignon 52[1]. Teneckides, Revue de droit international 54, 114 ff.

[10] André-Prudhomme, Journal 52, 865 ff. Gegen solche Verwendung Teneckides a. a. O.; P. Arminjon, Précis de droit international privé (1929) 2, 301[1].

[11] Perroud, Journal 51, 634 ff.

[12] Der Satz beruht weder auf Gesetz noch auf Gewohnheitsrecht. Er versagt, wo am Zahlungsort zwei Staatsgewalten in Konkurrenz treten, wie im besetzten Gebiet. Er ist falsch bei einem Teil der behaupteten Nutzanwendungen.

ihm sind die beiden Währungen gleichwertig. Die Währung jedoch, in der diese Wertmenge Schuldgegenstand wird, hängt nicht von dem Umfang des Schadens oder der Höhe des Vorschusses ab, sondern von dem Vorrang, den eine bestimmte Währung vor anderen Währungen genießt.

Der Grundsatz.

2. Wie in den vorausgehenden Erörterungen wird hier die Geltung irgend einer Rechtsordnung zum Ausgang genommen — wir nennen sie Inlandsrecht — und es soll untersucht werden, ob bei der Begründung einer Geldschuld der Gebrauch der Inlandswährung ausschließlich ist. Die Untersuchung bezieht sich auf Verpflichtungen, die unmittelbar aus dem Gesetz entspringen, und auf Verpflichtungen, die durch Rechtsgeschäft vermittelt werden, falls eine rechtsverbindliche Wahl der Währung (darüber unten § 96) nicht stattgefunden hat. Für das internationale Verwaltungsrecht hat die Frage Belang unter dem Gesichtspunkt der möglichen Überwirkung einer fremden Verwaltungseinrichtung in das Recht des Inlands.

Jeder rechtserzeugende Tatbestand empfängt seine rechtliche Ordnung mit dem Zeitpunkt, in dem er zum Abschluß kommt. Auch Geldschulden müssen als fertige Verbindlichkeiten begründet sein, sobald die Voraussetzungen, an die das Gesetz ihre Entstehung knüpft, vorliegen. Eine Geldschuld verlangt die Festsetzung der Wertmenge, die zu leisten ist. Eine Wertmenge aber, das wurde schon oben § 93 Z. 3 ausgeführt, kann nur in währungsmäßiger Formung bestehen. Es ist nicht so, daß nach dieser Formung erst bei der Zahlung zu fragen wäre[13]; wenn die Verbindlichkeit entsteht, muß sie in einer bestimmten Währung entstehen. Und es ist damit gleichzeitig festgelegt, in welcher Währung die Währungsgefahr zu tragen ist. Das ist auch dann nicht anders, wenn einige unter den Voraussetzungen der Verpflichtung erst nach dem anspruchererzeugenden Tatbestand sich verwirklichen; wenn die Kosten der Wiedergutmachung eines Schadens sich erst später übersehen lassen; wenn ein Richter nachträglich in die Lage kommt, über die Art des Schadenersatzes zu entscheiden. Denn gerade die Währung der Schuld läßt sich (wo es sich um eine Geldschuld gewöhnlicher Art handelt; dazu unten Z. 4) schon bei der Verwirklichung des rechtserzeugenden Tatbestands bestimmen.

Sind also die Voraussetzungen für die Entstehung einer Geldschuld gegeben, so muß der begründende Rechtssatz Angaben über die geschuldete Wertmenge und Angaben über deren währungsmäßigen Ausdruck enthalten. Die Angaben der letzteren Art erfolgen durch Verweisung auf ein gesetzliches Geldsystem. Das ist aber (mangels einer Sondervorschrift) notwendig das Geldsystem des Staats, dessen schuld-

---

[13] Hier liegt der Irrtum von Arminjon, Précis 2, 295 f.

rechtliche Sätze die Verweisung aussprechen. Somit: Schulden unter Inlandsrecht entstehen (regelmäßig) in inländischer Währung — oder, von der Seite des Rechtsverhältnisses, nicht des Rechtssatzes gesehen, Geldschulden entstehen in der Währung der lex causae[14].

Es ist ein Satz des privaten Schuldrechts, um den es sich hier handelt, nicht ein Satz des öffentlichen Währungsrechts. Denn um einen Satz des Währungsrechts anzunehmen, der geböte, entstehende Geldverpflichtungen in Inlandswährung zu bewerten, bedürfte es einer Sanktion, die dem öffentlichen Recht angehört; in der ipso jure erfolgenden Bewertung aber wird man eine solche Sanktion nicht wohl erblicken können. Und damit ist auch eine abweichende Lösung ausgeschlossen, nach der eine jede Geldschuld, deren Währung nicht durch gültige Parteiwahl bestimmt ist, schlechthin unter Inlandswährung stünde. Wollte man eine solche Lösung mit dem Satz vereinbaren, daß Geldschulden ihre Währung bei der Entstehung empfangen, so müßte man annehmen, daß eine jede Rechtsordnung eine jede Geldschuld in der eigenen Währung formte für den Fall, daß ihr Rechtsschutz mit der Schuld befaßt würde; eine Annahme, die sich durch ihre Künstlichkeit und die aus ihr folgende Verwirrung der Lebensverhältnisse verbietet.

Anwendungen.

3. Einige Beispiele sollen den vorstehend entwickelten Grundsatz beleuchten, zunächst aus dem Bereich gesetzlicher Verpflichtungen. Der Ersatzanspruch für Sachschäden und Personenschäden, die durch eine unerlaubte oder objektiv schädigende Handlung verursacht worden sind, erwächst (unter Vorbehalt der Sonderrechtssätze unter Z. 4) in der Währung des Tatorts. Weder die Währung, in der dem Beschädigten Auslagen entstanden sind, noch diejenige, in der sein Vermögen angelegt ist, haben darauf Einfluß[15]. — Die Regel muß auch auf gesetzliche Ver-

---

[14] Gleiche Lösung schon bei O. Pisko, Lehrbuch des österreichischen Handelsrechts (1923) 155 f; auch Rechtsprechung 8, 36. Scaduto 93 ff (unter Berufung auf eine mir nicht zugängliche Schrift von Vivante). Ascarelli 122 f, 272 ff. Frankenstein 2, 203 f. Ohne scharfe Fragestellung auch Niboyet, Revue 20, 175. Aus der Rechtsprechung etwa Oberlandesgericht Hamburg 15. III. 1922, Juristische Wochenschrift 1143; Schiedsspruch 30. IX. 1922, Hanseatische Rechtszeitschrift 885; Reichsgericht 14. XI. 1923 Entscheidungen 107, 282; Oberster Gerichtshof Wien 18. X. 1921 Rechtsprechung 4, 168; doch besteht durchaus keine gleichmäßige Rechtsübung des Reichsgerichts oder des Wiener Gerichtshofs in diesem Sinn. — Die Einwendungen, die vornehmlich Nußbaum 244 f, 255 gegen die Lösung erhebt, liegen auf dem besondern Gebiet des Schadenersatzrechts und werden unten Z. 4 besprochen. Und das gilt auch für die Bedenken bei Ripert a. a. O. 25 ff. Über Arminjon oben Anm. 13. Nach Eisinger, Prager Juristische Zeitschrift 7, 86 ff hätte die lex causae zu bestimmen, in welcher frei zu wählenden Währung die Schuld als entstanden gelten soll.

[15] Materialien für Schiffszusammenstoß: Landgericht Hamburg 30. VI. 1921

pflichtungen im Bereich des Personalstatuts Anwendung finden. Wo, wie im deutschen Recht, der Anspruch auf den Pflichtteil als Forderung auf Geldwert gestaltet ist, besteht der Anspruch in der Währung, auf die das persönliche Recht des Erblassers verweist (während ein Anspruch auf Erbfolge in Rechtssystemen wie dem deutschen natürlich das Vermögen des Erblassers in der Währung ergreift, in der es vorhanden ist). Unterhaltsansprüche zwischen ausländischen Ehegatten können in deren heimatlicher Währung entstehen, auch wenn sie im Inland wohnen; nur mag in solchem Fall manchmal eine aus den Umständen zu erschließende Willenseinigung vorliegen, nach der Inlandswährung geschuldet sein soll. — Aus dem Umkreis der Rechtsgeschäfte mag etwa die große Haverei als Auswirkung des Seefrachtvertrags erwähnt sein[16]; also im Zweifel Recht und Währung des Reeders, wo nicht, wie im positiven deutschen Recht, eine andere Rechtsordnung (Recht des Hafens, in dem die Reise endet) für privatrechtlich maßgebend erklärt ist.

Vor allem aber gilt diese Regelung (wieder unter Vorbehalt der Sonderrechtssätze in Z. 4), wo es sich wegen Nichterfüllung eines Vertrags um Schadenersatz handelt. Auch hier also Maßgeblichkeit der lex causae für die Währung[17]. Allerdings steht es den Parteien frei, wie über den Schadenersatz selbst, so auch über dessen Währung abweichendes zu vereinbaren[18]. Doch kann eine solche Vereinbarung nicht etwa daraus geschlossen werden, daß für die vertragsmäßige Lei-

Juristische Wochenschrift 1922, 1146; Oberlandesgericht Hamburg 15. III. 1922 ebenda 1143; Appellhof Rouen 26. XI. 1924 Journal 52, 672; Britisches Oberhaus The Volturno 28. VII. 1921 Law Times Reports 126, 1. — Eisenbahnunfälle: Reichsgericht 24. X. 1925 Juristische Wochenschrift 1926, 360; Oberster Gerichtshof Wien 25. IX. 1923 Rechtsprechung 6, 3.

[16] Materialien: Béquignon 157ff. Perroud, Journal 51, 639ff. Ascarelli 257ff, 273f. Bei dem einschlagenden Art. 5 der Währungsregeln der International Law Association (Report 34, 718) handelt es sich um eine rechtsgeschäftliche Wahl der Währung.

[17] Dabei erwachsen Schwierigkeiten, diese lex causae zu bestimmen, aus der sogenannten Parteiautonomie. Wo nicht positives internationales Privatrecht zu einer andern Auffassung nötigt (wie das etwa bei dem polnischen Gesetz vom 2. VIII. 1926 zutrifft), da bedeutet die angebliche Unterwerfung unter eine Rechtsordnung lediglich, daß nachgiebige Vorschriften der objektiv maßgebenden Gesetzgebung ersetzt werden sollen durch Vertragsbestimmungen, die ihren Inhalt aus den Rechtssätzen einer andern von den Parteien bezeichneten Rechtsordnung übernehmen. Eine solche Übernahme mag auch hinsichtlich der Vorschriften über Schadenersatz vereinbart werden, aber die beherrschende Gesetzgebung bleibt auch dann jene objektiv maßgebende Rechtsordnung. Ihr ist deshalb die Verweisung auf die Währung zu entnehmen, in der der Ersatzanspruch erwächst, und es wäre das nur dann anders, wenn besondere Anhaltspunkte vorliegen, in solcher Unterwerfung gleichzeitig auch eine Vereinbarung über die Währung des Ersatzanspruchs zu erblicken.

[18] Reichsgericht bei Nußbaum, Juristische Wochenschrift 1920, 14. Reichsgericht 22. XI. 1923 Entscheidungen 107, 212 (Handelsgebrauch hinsichtlich der Ersatzwährung).

stung eine Währung vereinbart worden ist. Wenn der Käufer den Kaufpreis in einer vereinbarten Währung bezahlen soll, so folgt daraus noch nicht, daß er sich verpflichten will, für den Schaden, der aus unterbliebener Lieferung erwächst, in eben dieser Währung Ersatz anzunehmen [19]. Und völlig mißverständlich wäre es, wenn man, die Währung eines Ersatzanspruchs zu bestimmen, die gesetzlichen Vermutungen beiziehen wollte, die eine mehrdeutige Parteierklärung über die Währung auf einen bestimmten Inhalt festlegen sollen, z. B. auf die Währung des Erfüllungsorts [20]. Denn eine der Auslegung bedürftige Willenserklärung liegt hier nicht vor.

Auch bei Schadenersatz wegen Vertragsverletzung wird der Umfang des Schadens häufig durch einen Rechnungsfaktor fremder Währung bestimmt. Das kann auch hier nicht bedeuten — wenngleich irrtümliche Annahmen dieser Art überaus oft begegnen — daß der Ersatzanspruch selbst in der Währung des Rechnungsfaktors entstanden wäre; der Faktor bestimmt die Menge, aber nicht die Art des geschuldeten Ersatzes. Besonders häufig ist die Rechtsprechung vor derartige Fragen gestellt worden bei Eisenbahntransporten, die durch mehrere Länder geführt haben und bei denen eine Sendung verloren oder beschädigt worden ist [21]. Hier bestimmen Staatsverträge, bestimmt auch das innerdeutsche Recht, daß der Wert des Guts am Ort und zur Zeit der Absendung Grundlage des Ersatzanspruchs sein soll. Jedoch das bedeutet nicht, daß er auch in der Währung des Absendeorts geschuldet wird [22]. Indessen bringt Art. 29 der neuen Verträge vom 23. Oktober 1924 jetzt eine besondere Lösung für diese Fragen: Währung der in Anspruch genommenen Bahnverwaltung, aber umgerechnet, wenn der Absendeort im Ausland ist, aus der Währung dieses Orts nach dem Wert, den sie im Zeitpunkt der Zahlung besitzt [23].

---

[19] Pisko, Rechtsprechung 8, 36; Nußbaum 253; in einer verwandten Frage auch das schweizerische Bundesgericht 10. IV. 1922 Entscheidungen 48 II 235.

[20] So die österreichische Rechtsprechung über Ersatz bei Eisenbahnverlusten (s. unten). Kurie Budapest 26. XI. 1924, Ostrecht 2, 832. Oberster Gerichtshof Warschau bei Fenichel, Zeitschrift für Ostrecht 2, 1494.

[21] Nußbaum 248 f mit weiteren Angaben. Dazu Reichsgericht 14. XI. 1923 Entscheidungen 107, 282; 12. XII. 1923 Juristische Wochenschrift 1924, 673; 29. IX. 1924 ebenda 1925, 138; 11. X. 1924 Entscheidungen 109, 63; 5. I. 1925 Juristische Wochenschrift 465. Oberster Gerichtshof Wien 28. X. 1924 Rechtsprechung 7, 8. Oberster Gerichtshof Warschau 30. IX. 1924 Bulletin de l'Institut Intermédiaire 13, 107. Ascarelli 242 f, 257 ff, 274 f.

[22] Österreichisches Urteil bei Weinmann, Rechtsprechung 4, 161: mit der Verweisung auf den Wert, wie er am Ort der Absendung besteht, ist so wenig auf die Währung dieses Orts verwiesen, wie eine Abstellung auf den Wert, wie er im Zeitpunkt der Absendung besteht, die Währung dieses Zeitpunkts für maßgeblich erklärt, wenn in der Zwischenzeit die Währung gewechselt hat.

[23] Daß der Ersatzanspruch in der Währung der in Anspruch genommenen Verwaltung zugebilligt wird, ist sachgemäß, denn die Verträge gehen davon aus,

Die vorstehenden Ausführungen gelten auch, wo nach der zuständigen Gesetzgebung für Verzugsschaden Ersatz zu leisten ist. Kommt dafür ein Rechnungsfaktor fremder Währung in Betracht, so ist er auch hier in die Währung der Ersatzschuld umzurechnen[24]. Daß die Verzugsfolgen in der Währung der lex causae zu tragen sind, muß aber auch für die Verzugszinsen richtig sein. Und das führt allerdings, wenn unter Inlandsrecht eine vereinbarte Fremdwährung geschuldet wird, zu der überraschenden Folge, daß die Verzugszinsen (nach dem vom Inlandsrecht bestimmten Zinsfuß) zwar in einer Wertmenge geschuldet werden, die aus dem Wert der fremden Währung zu errechnen ist, daß sie aber — nach dem Durchschnitt der Zinsperiode — bei Fälligkeit jeweils umgewandelt in Inlandswährung zu leisten sind[25].

Verschiebungen.

4. Dieselbe Rechtsordnung, deren privates Schuldrecht für die Bewertung der Geldverpflichtungen im allgemeinen auf die Inlandswährung verweist, mag Sonderrechtssätze in ihrem privaten Schuldrecht besitzen, auf Grund deren der Inhalt einer Geldverpflichtung auf Leistung einer andern als der Inlandswährung gerichtet sein kann. Derartige Fälle sind die folgenden:

a) Wo eine Verpflichtung auf die Weitergabe oder die Rückgabe eines empfangenen Geldbetrags geht, da wird es meistens im Sinn der

---

daß jede der Verwaltungen nach ihrem Recht haftet; wird eine der Verwaltungen als Solidarschuldner belangt, so wird deren Verpflichtung geltend gemacht. Ich kann deshalb die Einwendungen, die Ascarelli 274f erhebt, nicht für zutreffend halten. Was den Zeitpunkt der Umrechnung angeht, so kommt er freilich im Ergebnis darauf hinaus, die Währung des Absendeorts für maßgebend zu erklären; an sich gewiß eine unzutreffende Lösung (und insoweit ist die Kritik Ascarelli's 261 berechtigt). Aber die Eigentümlichkeit des Falls liegt darin beschlossen, daß hier Solidarpflichten gegeben sind, daß die in Anspruch genommene Bahn möglicherweise einen Rückgriff gegen ihre Mitschuldner besitzt, und daß die Verpflichtung deshalb zweckmäßig für alle gleichen Inhalt haben sollte; das aber ließ sich am besten erreichen, wenn der Wert des verlorenen Guts, berechnet in der Währung des Absendeorts, einheitlich zu grunde gelegt wurde. — Daß hingegen § 85 der deutschen Eisenbahnverkehrsordnung vom 16. V. 1928 RGBl. II 401 die gleiche Berechnung übernimmt, kann nur aus dem Wunsch einer Angleichung an das Vertragsrecht erklärt werden.

[24] Und zwar unmittelbar umzurechnen; bei lucrum cessans nach dem Wert des Zeitpunkts, in dem der Gewinn entgangen ist. Unrichtig schiebt Reichsgericht 30. VI. 1925 Entscheidungen 111, 183 eine wertbeständige dritte Währung dazwischen, den Schaden zu bemessen.

[25] Ascarelli 96 nimmt an, daß die Zinsen solchenfalls in der Währung der Hauptsache erwachsen. Jedoch die akzessorische Natur der Zinsen, auf die er sich beruft, bewirkt nur, daß die geschuldete Wertmenge sich — als Rechnungsfaktor — aus diesem Betrag errechnet. Und wenn zur Bestätigung eine italienische Verordnung angeführt wird, nach der aus einer Goldlireschuld Goldzinsen erwachsen, so kann sich das von vornherein nur auf die Menge, nicht auf die Art der Zinsschuld beziehen.

die Verpflichtung regelnden Gesetzgebung liegen, daß (mangels eines abweichenden Parteiwillens) die Weitergabe oder Rückgabe in derjenigen Währung erfolgt, in der der Betrag empfangen wurde. Das kann die Währung der lex causae, kann aber auch eine ausländische Währung sein[26]. Der Satz wird praktisch bei Darlehen, bei einem depositum irregulare[27], bei Hinterlegung[28], für die Versicherungsleistung in ihrem Verhältnis zur Prämie. Er gilt insbesondere auch im Zweifel für die Herausgabepflicht des Beauftragten, der einen Betrag fremder Währung einziehen oder einen im Ausland erzielten Kaufpreis herausgeben soll[29]. Freilich kommt es hier zunächst auf den Inhalt des Auftrags an (auf den Parteiwillen über das, was der Beauftragte vornehmen soll, nicht über die Währung, in der eine Schuld zu bezahlen ist); es kann sein, daß er die vereinnahmten Geldzeichen, so wie sie sind, abzuliefern hat. Wo dies aber nicht zutrifft — und es wird meistens nicht zutreffen — da erwächst ihm eine Geldschuld auf Herausgabe des Werts; eben in der Währung, die er empfangen hat[30]; als solche aber eine Geldschuld gewöhnlicher Art, damit auch[31] entsprechend den sonst geltenden Vorschriften einer Umwandlung in Inlandswährung unterworfen, nicht anders wie bei einem Darlehen fremder Währung. Nur kann es sein, daß auch über die Währung, in der das Empfangene abzuliefern ist, eine Vereinbarung vorliegt, und es ist insbesondere auch mit Recht darauf hingewiesen worden (Nußbaum), daß die Verein-

---

26 Ist der Betrag — auf grund einer Umwandlung durch den Schuldner oder einer Umwandlung im Prozeß (nicht: auf grund einer Annahme an Zahlungsstatt) — in einer andern als seiner ursprünglichen Währung empfangen worden z. B. bei der Einziehung einer Schuld im Ausland, so geht die Rückgabepflicht im Zweifel auf die wirklich empfangene Währung. Zum Teil anders in Ergebnis und Begründung Béquignon 76f.

27 Dazu Reichsgericht 4. VI. 1924 Entscheidungen 108, 304. Deutsch-tschechoslowakisches Schiedsgericht 13. II. 1925 Recueil 5, 551 (unter Id). Béquignon 70ff.

28 Dazu Oberlandesgericht Düsseldorf 4. V. 1925 Juristische Wochenschrift 1662.

29 Dazu Nußbaum 249f mit weiteren Angaben. Reichsgericht 11. VII. 1923 Entscheidungen 108, 191; 10. I. 1925 Entscheidungen 110, 47; 24. X. 1925 Entscheidungen 112, 27; 29. III. 1927 Entscheidungen 116, 330. Zivilgericht Paris 15. V. 1923 Journal 52, 685; Kassationshof Paris 1. III. 1925 Journal 53, 103; Appellhof Paris 3. V. 1926 Journal 54, 1087; Kassationshof 24. I. und 31. I. 1928 Journal 55, 691 und 941; Perroud, Journal 51, 639f; Béquignon 73ff; Mater, Revue du droit bancaire 5, 346ff. Ascarelli 245.

30 Der Pariser Kassationshof 14. I. 1928 meint, der Beauftragte habe den eingezogenen Betrag fremder Währung in Franken zu bezahlen, umgerechnet nach dem Tag des Einzugs, denn eine Vereinbarung, in fremder Währung zu bezahlen, verstoße gegen den französischen Zwangskurs. Aber es handelte sich nicht um eine Vereinbarung über die Währung, sondern um eine solche über den Auftrag (und Effektivzahlung in fremder Währung wie bei dem gleich zu erwähnenden Reichsgerichtsurteil kam nicht in Frage).

31 Abweichend Nußbaum, Ascarelli.

barung, den Betrag über ein Kontokorrent laufen zu lassen, regelmäßig Vereinbarung der Währung des Kontokorrents bedeuten wird. Dagegen kommt bei der Verpflichtung des Auftraggebers, Barauslagen des Beauftragten zu ersetzen[32], irgend eine Weitergabe empfangenen Geldes nicht in Betracht, es handelt sich um die einfache Auswirkung des Rechtsverhältnisses, wenn der Auftraggeber oder Geschäftsherr verpflichtet ist, dem Beauftragten oder Geschäftsführer Aufwendungen abzunehmen, und sie müssen in der Währung der lex causae ersetzt werden, umgerechnet nach dem Zeitpunkt der Aufwendung, wenn die Auslagen in fremder Währung gemacht wurden[33]. Nur wird in solchem Fall meistens der Auftraggeber oder Geschäftsherr die Währungsgefahr tragen müssen (dazu unten d), und das führt, wenn in der Zeit zwischen Auslage und Vergütung die Währung der lex causae fällt (nicht auch, wenn die verausgabte Währung fällt), so ziemlich zu demselben Ergebniß, wie wenn die Schuld in der fremden Währung begründet worden wäre.

b) Bereicherung[34]: In aller Regel verpflichtet eine grundlose Bereicherung den Empfänger zur Herausgabe eines in seinem Vermögen vorhandenen Werts, nicht zur Wiederherstellung eines früheren Zustands[35]. Ist also ein grundlos bezahlter Betrag fremder Währung im Vermögen des Empfängers noch in der ursprünglichen Gestalt vor-

---

[32] Dazu Nußbaum 251 mit weiteren Angaben. Reichsgericht 20. XII. 1922 Entscheidungen 106, 99; 27. I. 1928 Juristische Wochenschrift 1204; Oberlandesgericht Hamburg 26. V. 1919 Bankarchiv 19, 9. Oberster Gerichtshof Wien 9. X. 1923 und 15. X. 1924 Rechtsprechung 6, 53 252. Béquignon und Mater a. a. O. Ascarelli 243, 257 ff.

[33] Gut die Anmerkung R. Z. Rechtsprechung 4, 71: die Rechtslage ist nicht anders, wie wenn der Beauftragte statt für fremde Währung Aufwendungen für einen Gebrauchsgegenstand gemacht hätte. Das Reichsgericht 17. III. 1924 Juristische Wochenschrift 1590 will an sich die fremde Währung zusprechen, sieht sich aber auf grund der damals geltenden Beschränkungen veranlaßt, an Stelle der verbotenen Zahlung in fremder Währung deren Gegenwert, umgerechnet nach dem Zeitpunkt der Zahlung, zuzuerkennen. Mißverständlich beruft sich das Reichsgericht 27. I. 1928 auf den Satz (HGB. § 361), daß im Zweifel Währung des Erfüllungsorts geschuldet werde; der Satz gilt nur für die Auslegung zweifelhafter Parteierklärungen über die Währung.

[34] Dazu Nußbaum 251 ff, auch 238 mit weiteren Angaben. Reichswirtschaftsgericht 10. X. 1922 Juristische Wochenschrift 1923, 141; Reichsgericht 27. I. 1928 Zeitschrift 39, 251. Oberster Gerichtshof Wien 8. III. 1922 Rechtsprechung 4, 227; 18. XI. 1924 Rechtsprechung 7, 53; 7. XII. 1924 ebenda 41; 30. IX. 1925 ebenda 166; 21. X. 1925 ebenda. Béquignon 34 ff. Mater, Revue du droit bancaire 5, 298 ff. Ascarelli 245 f.

[35] Für das französische Recht findet man zuweilen den Satz vertreten, daß vertretbare Sachen im Fall einer Bereicherung in gleicher Art und Menge zurückgegeben werden müssen, wie sie empfangen wurden. Würde der Satz für jeden Fall einer vertretbaren Leistung zutreffen — ich glaube nicht, daß dies geltendes Recht ist — so wäre allerdings bei jeder durch Geldzahlung erfolgten Bereicherung Geld der empfangenen Währung zurückzuerstatten.

handen, so wird dieser den Betrag in der empfangenen Währung zurückgeben müssen, z. B. er hätte ein besonderes Konto in dieser Währung. Im Übrigen aber wird die Bereicherung nur mehr in der Währung vorhanden sein, in der das Vermögen des Empfängers angelegt ist. Auf sie also geht unter solchen Umständen der Herausgabeanspruch, und es ist, was in anderer Währung empfangen wurde, regelmäßig umzurechnen nach dem Wert, den diese Währung am Tag der Umwandlung besaß. Wobei ein Empfänger, der aus besonderen Gründen die Währungsgefahr trägt[36], für die nachfolgende Entwertung der geschuldeten Währung aufkommen muß[37]. Für eine Bewertung des Herausgabeanspruchs in der Währung der lex causae bleibt also auch hier kein Raum, und es kommt eine solche Berechnung erst dann wieder zur Geltung, wenn die Bereicherung durch einen sonstigen Vorgang erfolgte und an Stelle des nicht mehr vorhandenen Gegenstands dessen Wert zu ersetzen ist.

c) Auch bei der Leistung von Schadenersatz kann positive Regelung die Währung der lex causae verdrängen.

Was ist Schade im Sinn des Privatrechts? Das Loch in der Schiffswand, das der Zusammenstoß verursacht hat, oder der Geldwert, um den das Vermögen des Beschädigten durch den Vorgang gemindert wurde? Wenn, wie für einige Rechtsordnungen vertreten wird, die Minderung im Geldwert des Vermögens, dann kann auch der geschuldete Ersatz nur in einer Geldschuld der gewöhnlichen Art bestehen, und es gelten für sie die früher erörterten Grundsätze. Sind dagegen als Schade im Rechtssinn die tatsächlichen Auswirkungen der Verletzung anzusehen (und das wird doch wohl überwiegend rechtens sein), so bleibt die Art des geschuldeten Ersatzes zunächst offen.

Was ist Schadenersatz im Sinn des Privatrechts? Wo nicht schon durch die Behandlung des Schadenbegriffs selbst Stellung genommen ist, zeigen die Rechtsordnungen zweierlei Lösungen. Das gemeine römische und nach verbreiteter Meinung das französische Recht kennen nur eine Entschädigung in Geld. Das deutsche Recht fordert zunächst eine Wiederherstellung des früheren Zustands, und nur hilfsweise, unter besonderen Umständen, ist auch hier die Entschädigung in Geld zu leisten.

---

[36] Man wird vornehmlich an die Fälle denken, die die österreichische Rechtsprechung öfter beschäftigt haben: der Spediteur fordert einen Vorschuß fremder Währung, der die von ihm auszulegenden Beförderungskosten übersteigt. Hier muß der Empfänger von vornherein mit der Rückgabe des zuviel Empfangenen rechnen.

[37] Ist nicht die Währung, in der das Vermögen des Schuldners angelegt, sondern die empfangene Fremdwährung seither gefallen, so bleibt es bei der Regel, auch wenn der Gläubiger einen Vorteil daraus zieht. Ebenso das schweizerische Bundesgericht 10. IV. 1922 Entscheidungen 48 II 235.

Wiederum, für Geldentschädigungen gelten dabei die allgemeinen Regeln. Wo dagegen eine Gesetzgebung Wiederherstellung des früheren Zustands („Naturalrestitution") vorschreibt, mag es allerdings vorkommen, daß Geld in einer andern Währung als derjenigen der lex causae geleistet werden muß: nämlich dann, wenn der Schaden in jener andern Währung entstanden ist. Ein solcher Fall liegt freilich nicht vor in dem vorerwähnten Beispiel einer Schiffsbeschädigung, bei dem der Eigentümer Auslagen in einer dritten Währung zu bestreiten hatte; er ist auch nicht gegeben, wenn das Schiff als Vermögensstück in einer dritten Währung zu Buch steht; der Schade, dessen Wiederherstellung die Gesetzgebung fordert, bleibt das Loch in der Schiffswand. Vielmehr muß, damit Wiederherstellung in einer bestimmten Währung soll gefordert werden können, der Schade selbst nach Seiten seiner tatsächlichen Beschaffenheit in solcher Gestalt sich verwirklicht haben. Und auch hier sind noch einmal die gewöhnlichen Fälle eines lucrum cessans auszuscheiden, bei denen der Gewinn in einer bestimmten Währung zu erwarten war[38]. Befand sich der Betrag fremder Währung vor der Schädigung nicht in der Hand des Gläubigers, so kann seine Leistung nicht eine Wiederherstellung bedeuten; zumal auch keine Sicherheit bestand, ob der Gewinn ohne Umwandlung gerade in der erwarteten Währung dem Geschädigten zugekommen wäre. Vielmehr setzt ein Anspruch auf Wiederherstellung in bestimmter Währung voraus, daß dem Geschädigten ein unmittelbarer Verlust in dieser Währung zugefügt worden ist. Z. B. es werden Waren von Deutschland nach Holland verschifft; der Befrachter stellt eine falsche Zollerklärung aus; der Reeder muß 5000 holländische Gulden Geldstrafe bezahlen[39]. Die genaue Wiederherstellung eines früheren Zustands ist freilich niemals möglich; doch kann man, wenn eine Gesetzgebung Wiederherstellung anordnet, darunter vernünftigerweise nicht Identität des herzustellenden mit dem früheren Zustand verstehen, sondern übereinstimmende Beschaffenheit[40]. Und so erscheint es in der Tat möglich, daß unter dem Gesichtspunkt der Wiederherstellung Geldwert in einer andern als der

[38] Anders der Oberste Gerichtshof Warschau 5. X. 1927 Zeitschrift für Ostrecht 2, 1495 (Verlust einer in Dollar versprochenen Verkaufsprovision), der im Übrigen unterscheidet, ob „es sich um einen konkreten Schaden in Dollar handelt (oder) um einen abstrakten Schaden, welcher in Zloty ausgedrückt werden kann."

[39] Reichsgericht 27. II. 1924 Juristische Wochenschrift 1925, 1477. Das Gericht spricht den gegenwärtigen Wert der Gulden zu.

[40] Damit entfällt der Einwand, den Ripert gegen eine solche Lösung erhebt. Das Reichsgericht 4. VI. 1919 Entscheidungen 96, 121 nimmt an, daß für eine „Naturalrestitution" die Herstellung „eines wirtschaftlich gleichwertigen Zustands" genüge, und spricht deshalb als Ersatz eines in Fremdwährung entgangenen Gewinns den „entsprechenden" Betrag in Reichswährung zu. Jedoch Gleichwertigkeit bietet Ersatz durch ein aliud an. Nur die übereinstimmende Beschaffenheit kann den früheren Zustand wiederherstellen.

Währung der lex causae übertragen werden muß. Aber das ist keine Geldschuld der gewöhnlichen Art. Sie kann nicht vom Schuldner bei der Zahlung durch einen gleichwertigen Betrag inländischen Gelds erfüllt werden, kann nicht im Verfahren oder bei der Vollstreckung in Inlandswährung verwandelt werden, denn sie würde damit die Eigenschaft einer zur Wiederherstellung bestimmten Leistung verlieren und zu einem Schadenersatz in Geld werden, für den andere Rechtssätze gelten. Überdies aber ist bei der Möglichkeit einer solchen Wiederherstellung vorausgesetzt, daß nicht bloß die Art, sondern auch die Menge des verlorenen Geldwerts durch die Leistung wiederbeschafft werden kann. Wäre die fragliche Währung in der Zwischenzeit entwertet worden, so wäre die Leistung gleichen Nennwerts keine Wiederherstellung, und was der Schuldner darüber hinaus etwa unter dem Gesichtspunkt des Verzugs oder einer Aufwertung dem Geschädigten zu leisten hätte, wäre wiederum nicht Wiederherstellung, sondern Erfüllung einer anderweitigen Geldverpflichtung. Zusammengefaßt: zu der übereinstimmenden Beschaffenheit muß die Wertgleichheit der Leistung hinzutreten, wenn sie den Anforderungen an die Wiederherstellung eines früheren Zustands genügen soll.

Aber auch noch von einer andern Seite her kann, wenngleich unter verwandten Gesichtspunkten, im Bereich des privaten Schadenersatzrechts eine andere als die Währung der lex causae Schuldgegenstand werden. Wo der Richter ermächtigt ist[41] zum Zwecke des Schadenausgleichs jede ihm sachgemäß erscheinende Auflage zu machen, da kann er dem Verpflichteten auch eine Geldleistung in beliebiger Währung auferlegen[42]. Liegt eine solche Ermächtigung vor (Art. 43 des schweizerischen Obligationenrechts etwa bietet ein Beispiel), so entfallen die Einschränkungen in der Wahl der Währung, wie sie unter dem Gesichtspunkt der Naturalrestitution bestehen. Auch bei einem Sachschaden mag der Richter zu solchem Ausgleich greifen, und es steht in seinem Ermessen, ob er mit seiner Anordnung eine unveränderliche Pflicht zur Leistung fremder Währung oder eine gewöhnliche Geldschuld dieses Inhalts begründen will.

d) Eigentümliche noch wenig erforschte Sätze des privaten Schuldrechts haben eine Übertragung der „Währungsgefahr" zum Inhalt. An sich gilt der Satz *casum sentit dominus,* wie für jeden Inhaber eines Rechts, auch für den Gläubiger einer Forderung. Er gilt für ihn auch in dem Sinn, daß er die Gefahr einer Entwertung der geschuldeten Währung tragen muß, soweit nicht besondere Rechtssätze zu einer Ab-

---

[41] Es ist hier nicht von der allgemeinen Rechtsstellung des Richters die Rede, die unter lex fori stünde, sondern von einer Ermächtigung, die für bestimmte Tatbestände durch besondere Rechtssätze des Privatrechts ausgesprochen wird und deshalb von der lex causae gewährt sein muß.

[42] Dazu besonders Ripert a. a. O.

weichung führen. Und es ist nun allerdings denkbar, daß eine Rechtsordnung das Gewicht anders verteilt, auf grund der Eigenart eines Rechtsverhältnisses dem Gläubiger die ungeschmälerte Leistung zuführen will und darum die Währungsgefahr auf den Schuldner wälzt[43]. Kommen solche Rechtssätze in der lex causae des Schuldverhältnisses vor, so haben sie — anders als in den Fällen a) bis c) — keinerlei Einfluß auf die Art der Währung, in der die Leistung geschuldet wird; für diejenige Währung, in der die Verpflichtung besteht, wird die Gefahr einer Entwertung auf den Schuldner übertragen. Bestimmungen dieser Art sind, auch wenn ein Rechnungsfaktor fremder Währung umzurechnen ist, ohne Einfluß auf den Zeitpunkt der Umrechnung. Aber es kann sein, daß, wo ein solcher Rechnungsfaktor eingreift, bei einer nachfolgenden Entwertung der Schuldwährung die Übertragung der Währungsgefahr auf den Schuldner zu ähnlichen Ergebnissen führt, wie wenn die Verpflichtung in der Währung jenes Rechnungsfaktors begründet gewesen wäre.

§ 96.

Fortsetzung. Wahl der Währung.

1. Zulassung und Tragweite. — 2. Zweifelhafte Wahl. — 3. Verwendung mehrerer Währungen. — 4. Beschränkungen der Wahl.

Zulassung und Tragweite.

1. In allen Ländern ist es Übung, Geldschulden nach Bedarf einer andern als der gesetzlichen Währung zu unterstellen; die Verbote, die man für gewisse Arten von Geldschulden aufgestellt hat (unten Z. 4), bezeugen, daß solcher Wahlfreiheit im Übrigen die Eigenschaft als geltendes Recht zukommt[1]. Eine Wahl dieser Art schließt sich als Vereinbarung zuweilen Verpflichtungen aus Gesetz an, z. B. bei Schadenersatz oder Unterhaltsleistung, sie verbindet sich zumeist mit Rechtsgeschäften, mit einem Geldvermächtniß, einem Kaufvertrag usw. Nicht jede Geschäftsklausel freilich, die eine Währung b e n e n n t, bedeutet darum schon eine rechtsverbindliche Wahl dieser Währung. Denn eine Wahl in dem hier behandelten Sinn verlangt den rechtsgeschäftlichen Willen, daß gerade die bezeichnete und keine andere Währung maß-

[43] Es sind die Fälle, die vornehmlich N u ß b a u m 144 ff als „Wertschulden“ aus den sonstigen Geldschulden aussondern will. Ich teile freilich den Ausgangspunkt dieser Ausführungen nicht, halte auch die Ausschließung der Schulden mit benanntem Wert nicht für zwingend.

[1] Über die grundsätzliche Zulässigkeit etwa für Frankreich Revue générale de droit international public (1895) 2, 244 ff. Für Belgien Pandectes belges (1900) 66, 268. Für Österreich Oberster Gerichtshof 14. I. 1919 Entscheidungen 1, 3 usw. Darüber, daß Verbote, in einer andern als der heimischen Währung öffentliche Urkunden zu errichten, nicht entgegenstehen, oben S. 151.

gebend sein solle. Geschäfte, deren unmittelbarer Zweck in einer Geldleistung besteht, Darlehen, Versicherung, Geldvermächtnis und dergleichen, bedürfen für ihr Zustandekommen der Angabe einer bestimmten Geldsumme, und es kann deren Betrag in der Regel gar nicht anders bezeichnet werden als mit ihrem währungsmäßigen Ausdruck. Wenn aber die Parteien sich z. B. bei der Festsetzung des Kaufpreises der Währung bedienen, die ohnehin gesetzliche Währung ist, so ist ihr Wille in aller Regel darauf gerichtet, die zu leistende Wertmenge in der benannten als der gesetzlichen Währung festzustellen, und nur ganz ausnahmsweise, wo besondere Gründe hiefür vorliegen, wird der Geschäftswille zum Inhalt haben, daß der Wert schlechthin in der angegebenen Währung übertragen werden solle. Im Regelfall benützt die Partei unter solchen Umständen die gesetzliche Währung, aber sie hat nicht die Absicht, sie zu bestätigen. Auch bei einer zeitlichen Änderung zwischen Abschluß und Erfüllung wird man in der Verwendung der gesetzlichen Währung im allgemeinen nicht den Parteiwillen suchen dürfen, daß die frühere Währung ungeachtet einer Währungsänderung verbindlich bleiben solle. Wo dagegen eine andere als die gesetzliche Währung verwendet ist, kann über die Rechtserheblichkeit einer solchen Bestimmung kein Zweifel bestehen. Es wird bei der Behandlung der Gebietsveränderung in ihrem Einfluß auf die Währung Anlaß sein, auf diese Feststellungen zurückzugreifen.

Die Wahl der Währung für eine private Geldschuld ist eine rechtsgeschäftliche Bestimmung des Privatrechts, nicht des öffentlichen Währungsrechts. Sie nimmt unter die notwendigen oder freiwilligen Bestandteile eines Rechtsgeschäfts eine Klausel auf, nach der eine geschuldete Wertmenge durch Verweisung auf den Wertmaßstab eines bestimmten Staats ihre Begrenzung empfängt. Es sollte unnötig sein beizufügen, daß eine solche Wahl der Währung als eines sachlichen Stücks Rechtsgeschäft unter der beherrschenden Rechtsordnung gar nichts zu tun hat mit einer etwaigen Wahl der Rechtsordnung, die (soweit dergleichen überhaupt möglich ist) als objektives Recht für das gesamte Geschäft, den Kaufvertrag oder Darlehensvertrag selbst, als maßgebend bestimmt werden will[2]. Verschieden von der Wahl der Währung, in der eine Geldschuld entstehen soll, sind auch sonstige Betätigungen des Parteiwillens, die auf die Währung einer Geldschuld Einfluß nehmen, etwa die vertragliche Zugrundelegung eines Rechnungsfaktors in anderer als der (durch Gesetz oder Rechtsgeschäft bestimmten) Schuldwährung[3] oder auch (darüber unten S. 183) die Vereinbarung einer andern als der Schuldwährung für die Bezahlung.

---

[2] Es könnte nur etwa sein, daß bei Zweifeln über die Währung aus einer Unterwerfung unter das objektive Recht Rückschlüsse sich ergeben könnten, was die Parteien hinsichtlich der Währung vereinbaren wollten.

[3] Beispiel: die Provision für Vermittlung eines Auslandsauftrags wird in

Die Wahl der Währung in dem hier behandelten Sinn bedeutet eine Verweisung auf das Geldsystem als eine verwaltungsrechtliche Einrichtung des Staats, dem die Währung angehört; eine Verweisung kraft Rechtsgeschäft, wie sonst bei der Verwendung einer Währung auf ein solches Geldsystem durch Rechtssatz verwiesen wird. Auch hier aber gehört nur die Verweisung dem Rechtsgeschäft an. Was für die bezeichnete Währung selbst rechtens ist, bestimmt nicht Parteiwille, sondern bestimmt deren Staat. Seine Rechtssätze über die Währung werden mit zwingender Kraft ausgelöst, sobald einmal diese Währung gelten soll, und es ist deshalb auch mißverständlich, von einer „Unterwerfung" der Parteien unter das die Währung regelnde Recht zu sprechen, als könnten ohne solche Unterwerfung für dieselbe Währung auch andere Rechtssätze verbindlich sein[4]. Darum werden auch Währungsänderungen, welche die zuständige Gesetzgebung vorsieht, ohne weiteres wirksam, mag es sich um eine kraft Gesetzes geltende oder um eine gewählte Währung handeln (und es könnte nur etwa vorkommen, daß durch gültige Vereinbarung der Parteien die Folgen einer solchen Währungsänderung nachträglich wieder beseitigt würden). Die Wirkungen der rechtsgeschäftlichen Bestimmung einer Währung und der Unterstellung unter eine solche kraft Gesetzes sind die gleichen[5].

Prozenten des Kaufpreises vereinbart. Liegt ein solcher Fall vor — die richtige Auslegung des Parteiwillens mag Schwierigkeiten bereiten — so ist erst die Währung des Schuldverhältnisses selbst (des Provisionsanspruchs) festzustellen, alsdann die Umrechnung des Rechnungsfaktors nach dem maßgebenden Zeitpunkt (Abschluß des vermittelten Vertrags, vielleicht aber auch erst Zahlung des Kaufpreises) vorzunehmen. Anders Nußbaum 232 mit weiteren Angaben. Zivilgericht Paris 8. IV. 1922 Journal 49, 658; Kassationshof Paris 17. IV. 1924 Revue 20, 365. Ussing, Svensk Juristtidning 11, 187f. Ascarelli 268[1].

[4] Dazu Neumeyer, Juristische Wochenschrift 1928, 137.

[5] Ein geistvoller Versuch, den Ascarelli in seinem neuen Buch La moneta macht, will die beiden Fälle grundsätzlich unterscheiden, im ersten soll die Schuld auf „Geld" *(danaro)* gehen, im zweiten auf „Währung" *(valuta)*. Der praktische Unterschied wird vornehmlich darin gefunden, daß „Geldschulden" fremder Währung vom Schuldner in Inlandswährung erfüllt werden können, „Währungsschulden" fremder Währung dagegen nicht. Ich halte eine solche Auslegung freilich für das italienische Recht für sehr zweifelhaft, und sicher ist sie keiner Übertragung auf andere Staaten fähig. Ein Unterschied von Geld und Währung im Sinn Ascarelli's kann näher besehen nur ein Unterschied zwischen Geldzeichen sein; zwischen solchen, deren Hingabe auf grund des öffentlichen Währungsrechts eine Schuld tilgt, und anderen, denen diese Eigenschaft nicht verliehen ist. Aber gerade darin zeigt sich, wie ich glaube, die Unrichtigkeit der Scheidung. Denn auch bei einer rechtsgeschäftlichen Verwendung fremder Währung besteht der währungsmäßige Annahmezwang, so daß der Gläubiger in Verzug kommt, wenn er Geldzeichen nicht annimmt, denen das Recht der verwendeten Währung die Eigenschaft als Vollgeld zuspricht. Es handelt sich bei der rechtsgeschäftlichen Begründung einer Geldschuld in fremder Währung nicht um eine Schuld in Inlandswährung, die mit fremden Geldzeichen getilgt werden kann, sondern um eine Schuld, die

Zweifelhafte Wahl.

2. Die Sätze, die im vorausgehenden Paragraphen über eine gesetzliche Bestimmung der Währung entwickelt wurden, haben die Natur dispositiven Rechts; sie gelten, soweit nicht verbindlicher Parteiwille eine Abweichung verfügt.

Die Rechtsgeschäfte, mit denen eine Geldzahlung verbunden ist, sind von zweierlei Art. Die einen können gültig zustande kommen, auch wenn ein Parteiwille hinsichtlich der Währung nicht vorliegt, z. B. es übernimmt jemand den Auftrag, eine Schuld ausländischer Währung einzuziehen. Ist über die Währung, in der der eingezogene Betrag dem Auftraggeber übermittelt werden soll, nichts vereinbart, so greifen jene früher entwickelten Sätze des objektiven Rechts Platz, nach denen die Schuldwährung bestimmt wird. Ein beträchtlicher Teil der Fälle, welche die Praxis beschäftigen, ist damit den unten folgenden Erörterungen entzogen. Es bleibt bei der einfachen Feststellung, daß die Parteien nichts festgesetzt haben, was die nach Gesetz geltende Währung abändern würde. Irgendwelche Erörterungen darüber, warum eine solche Festsetzung unterblieben ist, was die Parteien bestimmt hätten, wenn sie den Fall bedacht hätten, sind müssig.

Bei anderen Rechtsgeschäften — es sind diejenigen, die unmittelbar auf die Zahlung einer Geldsumme gerichtet sind — muß dagegen notwendig ein Parteiwille darüber vorliegen, in welcher Währung die Leistung erfolgen soll, z. B. ein Kaufpreis wäre nicht gültig vereinbart, wenn nicht die zu leistende Wertmenge auf der Grundlage einer bestimmten Währung begrenzt werden könnte. Wollen die Parteien den Kauf, so wollen sie ihn in einer bestimmten Währung, und hier bedarf eine unbestimmte Äußerung des Geschäftswillens der eindeutigen Auslegung.

Es kommt zuweilen vor, daß auch bei Geschäften, die unmittelbar auf eine Geldzahlung gerichtet sind, die zu leistende Währung nicht erwähnt wird. Wenn nicht die Umstände ausnahmsweise ein anderes ergeben[6], so wird die Tatsachenlage meist die gewesen sein, daß die Parteien keine Veranlassung empfunden haben, hierüber Besonderes vorzusehen, daß ihre Absicht vielmehr war, es bei der gesetzlichen Regelung zu belassen. Die Rechtslage ist in solchen Fällen also nur formal verschieden von jener der vorhin behandelten Gruppe, und dem entspricht auch die im Ergebnis übereinstimmende Lösung, regelmäßige Geltung der nach Gesetz maßgebenden Währung. Auch hier ist es nicht die Aufgabe des Auslegers zu bestimmen, was die Parteien fest-

---

in fremder Währung entsteht und insbesondere auch nach Seiten des Werts an deren Schicksalen teilnimmt. Dazu auch oben S. 144[48].

[6] Ein solcher Fall läge etwa vor, wenn der Käufer „zu angemessenem Preis" bestellt. Wie über die Menge, so hätte der Verkäufer hier auch über die Art des geschuldeten Gelds in den Grenzen der Angemessenheit zu bestimmen.

gesetzt hätten, wenn sie an die Schwierigkeit gedacht hätten. Er hat es mit der wirklichen Tatsache zu tun, daß die Parteien den Fall nicht bedacht haben, und wird daraus zumeist folgern, daß sie von der gesetzlichen Regelung nicht abweichen wollten.

Die wesentlichen Zweifel, die in diesem Zusammenhang bestehen, treten bei einer weiteren Gruppe in Erscheinung: wo die Schuldwährung zwar benannt wurde, wo aber der Sinn der gewählten Bezeichnung einer verschiedenen Ausdeutung fähig ist[7]. Dergleichen Zweifel begegnen[8], wo zwar die eine Währung genannt ist, wo aber behauptet wird, daß in Wirklichkeit nach der Absicht der Beteiligten eine andere als die benannte Währung Schuldwährung sein sollte[9]. Insbesondere geben Münznamen, die in verschiedenen Währungen vorkommen, Anlaß zu derartigen Schwierigkeiten, Vereinbarungen in „Gulden", „Dollar", „Pfund", „Kronen", „Schilling", zuweilen auch in „Mark"[10], und es hat vor allem nach der Auflösung des Münzvereins der Sinn der „Franken"schulden die Gerichte auf das Nachdrücklichste beschäftigt[11].

In Fällen dieser Art handelt es sich darum, die Absicht der Parteien bei ihrer Verfügung, also einen tatsächlichen Vorgang festzustellen, und es sind (regelmäßig) nicht Rechtssätze, die dazu verhelfen können, den unklar geformten Rechtswillen faßbar zu machen, sondern die Lebenserfahrung des Beurteilers. Die Frage also, welche Währung unter solchen Umständen als die Geschäftswährung anzusehen ist, hat (zunächst) gar nichts zu tun mit der Rechtsordnung, die für das Geschäft maßgebend ist[12], insbesondere auch nichts mit der angeblichen Regel,

---

[7] Nicht hieher gehören die Fälle, bei denen die Partei die Währung eines Gebiets unzweideutig bezeichnet hat, wo aber nach Vornahme des Rechtsgeschäfts diese Währung sich in mehrere selbständige Währungen aufgelöst hat. Darüber unten § 105.

[8] Ein weiterer Zweifelsfall unten S. 176.

[9] Vgl. über einen Versuch solcher Auslegung (Lebensversicherung in Fremdwährung, deren Prämien nach Gesetz in Inlandswährung angelegt sein müssen) Nußbaum 237f. Andere Fälle ebenda 199[1]. Ein weiteres Beispiel in der Entscheidung des Obersten Gerichtshofs Brünn 9. I. 1923 Ostrecht 1, 23.

[10] „Mark" im besetzten Polen: deutsch-polnisches Schiedsgericht 16. VII. 1927 Recueil 7, 732. „Kronen": Oberster Gerichtshof Kopenhagen 17. XII. 1925 Juristische Wochenschrift 1926, 2030.

[11] Beispiele: Kassationshof Paris 13. VI. 1928 Dalloz hébdomadaire 430. Appellhof Brüssel 11. III. 1921 Pasicrisie belge 1921 II 70. Schweizerisches Bundesgericht 27. VI. 1918 Entscheidungen 44 II 213. Gemischter Appellhof Alexandrien 12. IV. 1928 Journal 55, 777.

[12] Es besteht darüber freilich, zum Mindesten in der Ausdrucksweise, manchmal aber auch in der Sache selbst, eine heftige Verwirrung. Vgl. z. B. Reichsgericht 29. IX. 1919 Entscheidungen 96, 270; Zivilgericht Paris 23. X. 1924 Journal 52, 1006; Staub, Handelsgesetzbuch[12] 3, 383; Béquignon 48; Arminjon, Précis 2, 296ff; von Picot, Zeitschrift für schweizerisches Recht 62, 306[8bis] sogar als die „klassische Lehre" bezeichnet. Und doch hat schon Savigny, System des heutigen römischen Rechts 8, 265 die richtigen Gesichtspunkte in aller Klarheit

daß über die Erfüllung die Gesetze des Erfüllungsorts entscheiden. Es kann sein, daß auf den Vertrag die eine Rechtsordnung anzuwenden ist, die Prüfung des Geschäftswillens auf seinen materiellen Inhalt aber die Maßgeblichkeit der Währung eines andern Staats ergibt.

Oberste Regel der Auslegung ist demgemäß, daß die Umstände des einzelnen Falls geprüft werden müssen, den Parteiwillen klarzulegen[13]. Indesser gibt es manche typische Tatsachenlage, deren öftere Wiederkehr typische Lösungen in Erwägung zu ziehen gestattet. So mag das dem Geschäft nachfolgende Verhalten der Parteien selbst einen Rückschluß auf den ursprünglichen Geschäftswillen ermöglichen, die Versicherungsprämien, Zinsen, Anzahlungen werden in einer bestimmten Währung geleistet. Der Gegenstand des Geschäfts kann Anhaltspunkte gewähren: bei Vermögensanlagen, die hypothekarisch gesichert sind, wird die Darlehenswährung meist der Währung der Hypothek sich anschließen; es kann sein, daß in bestimmten Geschäftszweigen die Verwendung einer Währung handelsüblich ist[14]; auch das Mißverhältnis zwischen Leistung und Gegenleistung, zu dem eine der Auslegungen führt, mag einen Anhaltspunkt geben. Rücksichten auf das Landesübliche haben die gleich zu besprechende allgemeine Formel veranlaßt, daß die Währung am Ort des Geschäftsschlusses in Betracht zu ziehen sei[15]. Wo der Gläubiger gleichförmige Massenverträge abschließt, wird regelmäßig die Währung des Gläubigers in Frage kommen, bei Versicherungsverträgen, meist auch bei der Gewährung von Bankkrediten, selbst wenn sie durch Hypothek in anderer Währung gesichert sind; bei der Suezkanalgesellschaft, die Kanalgebühren von den durchfahrenden Schiffen erhebt (der Gegenstand eines bekannten Rechtsstreits über die Währung dieser Gebühren war denn auch, welches die wirkliche Währung des Gläubigers war). In Ermangelung sonstiger Besonderheiten aber werden es vor allem Rücksichten auf den Schuldner sein: es ist nicht anzunehmen, daß er mit der Last beschwert werden sollte, in einer andern als der eigenen Währung leisten zu müssen.

---

entwickelt. Zutreffend auch Diena, Diritto commerciale internazionale 2, 72; Picot a. a. O.; P. Poullet, Manuel de droit international privé belge² (1928) 376 f.

[13] Vgl. zum Folgenden besonders Nußbaum 228 ff, dessen sorgfältige Analysen mehrfach benützt sind. Doch scheint es, daß Nußbaum seinen Lösungen in wesentlich weiterem Umfang Geltung zuspricht, als für den sehr begrenzten Kreis von Fällen, die hier zur Erörterung gestellt werden.

[14] In diesen Zusammenhang gehört auch Art. 220 des argentinischen Handelsgesetzbuchs: es solle im Zweifel die Währung zu grunde gelegt werden, „die bei Verträgen gleicher Art üblich ist".

[15] Unbrauchbar ist die umgekehrte Annahme, man müsse zwischen Inländern im Ausland im Zweifel auf deren heimische Währung abstellen. Nicht die Staatsangehörigkeit, sondern der Wohnsitz im Inland könnte allenfalls die Ausdeutung tragen; zu letzterem unten.

Sind die eben genannten verschiedenerlei Umstände nur als Handhaben gemeint, um den Geschäftswillen für den einzelnen Fall festzustellen, so hat man es doch immer wieder versucht, allgemeine Formeln aufzustellen, die wenigstens hilfsweise die Lösung vereinfachen sollen[16], und es hat zuweilen sogar die Gesetzgebung eingegriffen und für Zweifelsfälle Lösungen solcher Art zur Verfügung gestellt. So begegnet man öfter in diesem Sinn einer Verweisung auf den Ort des Geschäftsschlusses[17]. Die Lösung kann nach Lage des Falls sachgemäß sein. Sie versagt völlig, wenn am Geschäftsort überhaupt keine der streitigen Währungen in Geltung steht. Sie eignet sich aber auch sonst nicht zur allgemeinen Regel, da doch der Ort des Abschlusses für die Parteien — wenn sie etwa beide anderwärts wohnen — ein gleichgültiger Umstand sein mag. Nur da, wo der Geschäftsort in einer inneren Beziehung zu den Parteien oder zu dem Geschäft selbst steht, wird sich seine Beiziehung vertreten lassen — und dann ist es jedenfalls keine allgemeine Regel mehr, die auf ihn verweist.

Weit häufiger begegnet man heute einer Verweisung auf den Erfüllungsort im Sinn einer allgemeinen Hilfsregel, besonders nachdrücklich in der französischen Rechtsprechung[18], und es ist eine solche Lösung mehrfach auch in die Gesetze übernommen worden, nach dem Vorgang des Preußischen Landrechts 1, 5, 257 in § 905 des österreichischen Bürgerlichen Gesetzbuchs, in Art. 336 des vormaligen Allgemeinen deutschen Handelsgesetzbuchs, wie er heute noch in Österreich gilt (für Deutschland ersetzt durch § 361 HGB., nach Ungarn übertragen in § 326 HGB.); in Art. 40 der Haager Weltwechselordnung und der ihr entsprechenden Vorschrift des polnischen Wechselgesetzes. Eine Abstellung auf den Erfüllungsort wird es dem Schuldner zumeist ermöglichen, in der eigenen Währung zu bezahlen. Aber als Parteiwille kann eine solche Lösung nur angesehen werden[19], wenn der Erfüllungsort den Parteien bei der Vornahme des Rechtsgeschäfts bewußt war (also nicht, wenn ein solcher Ort erst auf Grund gesetzlicher Vorschriften festgestellt werden muß, mit denen die Parteien nicht von vornherein gerechnet haben), und es führt der Zweck, dem die Auslegung folgt, dazu, hier überhaupt nicht auf den gesetzlichen Erfül-

[16] Nach Valéry, Manuel 1003 — nimmt man das Mittel der verschiedenen Währungen.

[17] Vornehmlich in der älteren Literatur. Nachweise bei Béquignon 49[1]. Auch das Bayerische Landrecht von 1756 4, 14, 10, 5 hatte die gleiche Regel.

[18] Der Satz „der Zahlungsort bestimmt die Währung", wird dort freilich vielfach in einem viel weiter greifenden Sinn verstanden — vgl. darüber oben S. 156 — und nur so wird die in Frankreich geführte Erörterung überhaupt verständlich, ob es jener Regel gegenüber auf einen abweichenden Parteiwillen noch ankommen könne. Im letzteren Sinn hat sich neuestens auch der Kassationshof ausgesprochen; Urteil 13. VI. 1928 Dalloz hébdomadaire 430.

[19] Darauf hat vor allem Nußbaum 230f hingewiesen.

lungsort abzustellen, sondern auf den Ort, an dem der Schuldner leistet, auch wenn, wie nach einigen Rechten, der Erfüllungsort der Geldschulden beim Gläubiger liegt. Völlig versagt schließlich die Regel, wenn am Erfüllungsort keine der streitigen Währungen gilt.

Um dem Grundgedanken, dem Schuldner Zahlung in eigener Währung zu ermöglichen, besser entsprechen zu können, ist neuerdings auf die Währung am Wohnort oder Geschäftssitz des Schuldners verwiesen worden[20]. Ich möchte als Hilfslösung solcher Art lieber die Währung verwerten, in der das Vermögen des Schuldners begründet ist; genauer, die Währung des Vermögens, aus dem der Schuldner nach der Vorstellung der Parteien die Zahlung bewirken soll. Immerhin handelt es sich bei einer solchen Annahme zunächst nicht um eine allgemeine Hilfslösung, sondern gleichfalls um die Würdigung eines besonderen Auslegungsgrunds, und nur insofern, als in Ermangelung anderer Anhaltspunkte von der tunlichsten Entlastung des Schuldners auszugehen wäre, käme jener Lösung eine allgemeinere Bedeutung zu.

Gesetzliche Regeln reichen weiter. Wo sie eine echte Rechtsvermutung enthalten, greifen die Vorschriften über die Beweislast ein; wenn der Gegeninteressent den Beweis eines abweichenden Parteiwillens nicht führen kann, verbleibt es bei der Währung, die das Gesetz als die Geschäftswährung erklärt. Die neueren Vorschriften dieser Art werden allerdings als wirkliche Vorschriften über die Auslegung gemeint sein[21]. Fragen der Beweislast scheiden damit aus. Aber auch dann noch greifen solche Vorschriften selbstherrlich in die Parteiabreden ein: ging der Parteiwille in Wirklichkeit auf eine andere Währung, gelingt es aber nicht, diese Tatsache dem Beurteiler wahrscheinlich zu machen, so wird das Geschäft von Gesetzes wegen auf diejenige Währung umgestellt, die das Gesetz als die im Zweifel geltende bezeichnet. Mehrfach bringen solche Vorschriften aber auch unvorsichtige Verallgemeinerungen[22]. Insbesondere sprechen sie öfter von der Währung des „Erfüllungsorts“, und man ist genötigt, darunter schlechtweg den Erfüllungsort im Sinn des Gesetzes zu verstehen. Hinzu kommt, daß Anordnungen dieser Art, wenn nicht rechtlich, so doch tatsächlich dazu führen, die in ihnen gegebene Lösung als Normallösung zu verwenden, und wenn das Gesetz seine Regel für Geschäfte oder Verträge jeder Art aufstellt, so erwächst die Gefahr, daß sie auch auf die früher erörterten Gruppen angewendet wird, bei denen ein Parteiwille über die Währung überhaupt nicht vorhanden ist oder doch von der gesetzlichen

[20] Nußbaum 242f, ihm folgend Ascarelli 208f.

[21] So Pisko, Lehrbuch des Handelsrechts 155.

[22] Sehr bedacht ist hier die Haager Wechselordnung: *Si le montant de la lettre de change est indiqué dans une monnaie ayant la même dénomination, mais une valeur différente, dans le pays d'émission et dans celui du paiement, on est présumé s'être référé à la monnaie du lieu du paiement.*

Währung nicht abweichen will. Sehr viel tiefer freilich greifen in die Selbstbestimmung der Parteien andere Währungsregeln ein, bei denen es sich von vornherein nicht darum handelt, den wahrscheinlichen Geschäftswillen zu erforschen, sondern wo zur Festigung der inländischen Währung die Vermutung aufgestellt wird, daß jedes Geschäft in Inlandswährung geschlossen sei, für das nicht der Nachweis des Gegenteils erbracht wird[23].

Verwendung mehrerer Währungen.

3. Der Parteiwille mag auch von mehreren Währungen zugleich bei einem Rechtsgeschäft Gebrauch machen[24], und es kann das in verschiedenen Rechtsformen geschehen. Um einer Schuld in notleidender Währung ihren Wert zu erhalten, wird vielfach die Schuldwährung abhängig gemacht von dem Wert einer gefestigten Währung; die Forderung geht etwa auf „100 M. im Wert von x Dollar“[25]. Schuldgegenstand ist in solchem Fall eine Marksumme, und es kann (wo nicht gesetzliche Umwertungsvorschriften eingreifen) Zahlung nur in den Geldzeichen der Markwährung gefordert werden. Aber die Menge des zu leistenden Markbetrags wird durch die Hilfswährung bestimmt; ihr Steigen oder Fallen, nicht dasjenige der Schuldwährung begrenzt den Schuldinhalt. Die Menge der Hilfswährung, die beigezogen wird, pflegt entweder nach dem Zeitpunkt der Schuldbegründung oder auch durch ein festes Wertverhältnis bestimmt zu werden, nach dem Schema 420 M. = 100 $[26]. Klauseln der letztgenannten Art geben in ihrer Auslegung allerdings Anlaß zu mancherlei Zweifeln. Wenn sie nicht etwa als echte Wahlschulden gemeint sind oder auch, was freilich sehr selten zutreffen wird, als Umrechnungsbestimmungen für den Fall einer nachträglichen Umstellung auf Inlandswährung (unter den § 97 zu besprechenden Voraussetzungen), so gehören sie dem hier behandelten Typ: Schuld einer Währung nach dem Wert einer andern Währung, an. Dabei aber kann es zweifelhaft werden, welche der beiden die Schuldwährung sein soll; eine Schwierigkeit, die entsprechend den in Z. 2 entwickelten Sätzen gelöst werden muß, also unter Feststellung der Parteiabsicht

---

[23] So in Österreich das vormalige Patent vom 17. IV. 1858 § 4 RGBl. 293. Verordnung 17. XII. 1917 § 3, Befehls- und Verordnungsblatt des Oberbefehlshabers Ost 711 für den im besetzten Gebiet eingeführten Ostrubel in seinem Verhältnis zum russischen Rubel.

[24] Vgl. zum Folgenden Béquignon 61 ff; Nußbaum, Geld 187 f, 203 ff, 223 ff; bei beiden weitere Angaben. In der Würdigung der einzelnen Typen kommen die genannten Schriftsteller mehrfach zu anderen Ergebnissen als der Text.

[25] Nußbaum spricht hier von „unechter Valutaschuld“. Doch deckt der Ausdruck nicht alle vorkommenden Fälle. Wer „100 Lei im Wert von x Mark“ von Deutschland nach Rumänien schuldet, trägt eine echte Schuld fremder Währung.

[26] Beispiele bei Nußbaum 205[4], 206, 239[2], 242[2].

nach den Umständen des einzelnen Falls, vorbehaltlich eines Eingreifens gesetzlicher Auslegungsregeln[27].

Von anderer Art sind Vereinbarungen, bei denen Geldzeichen einer zweiten Währung geleistet werden müssen oder dürfen. Vielleicht handelt es sich dabei nur um die Vereinbarung, daß sie an Zahlungsstatt zu nehmen sind[28]. Es kann aber auch sein, daß sie den Schuldgegenstand bilden sollen. Tritt eine solche Klausel in Verbindung mit der andern, daß auch für den Wert der Schuld diese zweite Währung entscheiden soll, und ist etwa noch die Umrechnung auf den Zeitpunkt der Schuldbegründung gestellt, so wird allerdings diese zweite Währung ganz regelmäßig selbst als Schuldwährung gemeint sein[29], und es hat z. B. die vorausgegangene Auszahlung des Darlehens in einer andern Währung nur die Bedeutung einer Hingabe an Zahlungsstatt. Wenn dagegen der Umrechnungszeitpunkt auf die Zahlung[30] oder doch einen andern der Schuldbegründung nachfolgenden Tag gestellt ist, den Tag der Fälligkeit, des Eintreffens der Ware und dergl.[31], so wird zunächst die erste der Währungen geschuldet, trägt doch der Schuldner in ihr bis auf weiteres die Währungsgefahr. Von dem vereinbarten Zeitpunkt an geht die Schuld in die zweite Währung über. Aber auch dann noch mag die ursprüngliche Schuldwährung denkbarerweise wirksam werden. Steht der Umwertung ein gesetzliches Hindernis entgegen (etwa in Gestalt der Devisengesetzgebung) und wollten die Parteien den Bestand des Vertrags von der Umwertung nicht abhängig machen, so verbleibt der Vertrag unter seiner ursprünglichen Währung.

Von anderer Art sind Vereinbarungen, nach denen zwei oder mehrere Währungen wahlweise geschuldet werden[32]. Sie kommen häufig bei Darlehen im internationalen Verkehr vor, zumal wenn über die Anleihe Schuld-

---

[27] Auch bei Vereinbarung einer Gleichwertigkeit ist eine solche Stellungnahme nicht zu umgehen. Wer 100 französische Franken schuldet, gleichwertig schweizerischen Franken, schuldet das Fünffache, wie wenn seine Schuld auf schweizerische Franken ginge, gleichwertig französischen Franken. Das übersieht die Entscheidung des Pariser Kassationshofs 2. VIII. 1926 Dalloz hébdomadaire 417.

[28] Beispiele unten § 100 Z. 2 für Luxemburg.

[29] Ein Beispiel in dem reichsgerichtlichen Urteil 27. VI. 1923 Juristische Wochenschrift 1924, 173. Doch bleibt in dem Fall die erste Währung, bemessen nach dem Wert der zweiten, wahlweise geschuldet. — Hieher wohl auch der Fall Handelsgericht Antwerpen 25. XI. 1924 Pasicrisie belge 1925 III 205: ein Darlehen zu „x Franken = y Pfund" wird in Belgien aufgenommen und hier zu dem Frankenbetrag Hypothek bestellt; Zinsen und Kapital sollen in London in Pfund bezahlt werden.

[30] Ein Beispiel in der Entscheidung des Obersten Gerichtshofs Wien 8. XI. 1922 Entscheidungen 4, 281.

[31] Fälle dieser Art bei Béquignon 67.

[32] Dazu außer den oben Anm. 24 genannten Schriften auch A. Nußbaum, Vertraglicher Schutz gegen Schwankungen des Geldwerts (1928) 68 ff mit weiteren Angaben.

verschreibungen auf Inhaber ausgegeben werden; manchmal in der Weise, daß die verschiedenen Währungen völlig unabhängig von einander versprochen werden, aber auch so, daß ein festes Wertverhältnis zwischen ihnen bestehen[33], oder daß die anderen Währungen nach ihrem Kurswert gegenüber einer Ausgangswährung geschuldet sein sollen[34]. In den beiden letzteren Fällen also wird die zweite Währung nicht schlechthin, sondern als „Währung nach dem Wert einer andern Währung" (s. oben S. 176) in die Vereinbarung aufgenommen. Oft ist mit der Verpflichtung in mehreren Währungen die Errichtung von Zahlstellen je im Land jeder dieser Währungen verbunden, manchmal mit der Beschränkung, daß an einer Zahlstelle nur die Währung dieses Lands gefordert werden kann[35]. Die Wahl der Währung steht verkehrsüblicherweise dem Gläubiger zu; die vereinbarten Währungen wird man mit dem Reichsgericht in der Regel als effektiv versprochen anzusehen haben. Ob eine Schuld mit mehrfacher Währung vorliegt, und welche der verschiedenen Möglichkeiten gewählt ist, ist Auslegungsfrage[36]. Zweifel darüber, welche Währungen versprochen sind — sie sind auch hier insbesondere bei „Franken"schulden vorgekommen — müssen wiederum nach den früher erörterten Grundsätzen entschieden werden. Insbesondere ist es auch für ihre Behebung gleichgiltig, welches objektive Recht

---

[33] Beispiel Zivilgericht Paris 8. II. 1928 Journal 55, 661.

[34] Beispiel Handelsgericht Paris 21. VII. 1926 Journal 54, 92. Der Unterschied des Falls gegenüber einem solchen, bei dem zwar Zahlstellen in verschiedenen Ländern vorgesehen sind, aber nur eine Währung versprochen ist, liegt darin, daß unter den Voraussetzungen des Textes der Gläubiger auch gegen den Willen des Schuldners die zweite Währung beanspruchen kann.

[35] Klagen im einen Land, daß Schuldner verpflichtet sein solle, im andern Land in dortiger Währung zu bezahlen, sind damit nicht ausgeschlossen — ein Beispiel in dem Urteil des Zivilgerichts Paris 2. VI. 1926 Journal 54, 91 — doch verlangt das einerseits die Zuständigkeit der inländischen Gerichte und setzt weiterhin, um verwertbar zu sein, Vollstreckbarkeit des Urteils in dem andern Staat voraus. Ob für eine im Ausland geschuldete Währung Zahlung im Inland gefordert werden kann, hängt zunächst wiederum von dem Bestand einer inländischen Gerichtsbarkeit ab (hieher Kammergericht 2. VII. 1928 Bankarchiv 28, 27), materiellrechtlich aber von der lex causae; doch pflegen Gesetzgebungen, die solches zulassen, das Interesse des Schuldners vorzubehalten, durch eine Verschiebung des Erfüllungsorts nicht schlechter gestellt zu werden.

[36] Die Schuldner, die durch die Währungskatastrophe des letzten Jahrzehnts bedrängt wurden, haben oft verzweifelte Anstrengungen gemacht, die eingegangener Verpflichtungen in minder drückende umzudeuten. Neben mancherlei Versuchen meist dahin, daß nur eine Währung, wenn auch mit verschiedenen Zahlstellen, versprochen sei. Die unter Umständen aussichtsvollste Verteidigung hat man sich merkwürdigerweise fast stets entgehen lassen: daß die Zusage der mehreren Währungen, insbesondere die Zusage von „Franken", in dem Sinn der Gleichwertigkeit der verschiedenen Währungen zugesagt sei. Ich finde den Gedanken nur bei der Vorinstanz des oben Anm. 27 erwähnten Pariser Kassationsurteils.

für das Schuldverhältnis gilt, im Besonderen, ob etwa die Errichtung einer Zahlstelle die Unterwerfung unter das dort geltende Recht mit sich bringt[37].

Beschränkungen der Wahl.

4. Die vorausgehenden Erörterungen setzen den Regelfall voraus, daß die Wahl der Geschäftswährung frei ist. Indessen begegnet man hier zuweilen Einschränkungen unter verschiedenen Gesichtspunkten[38], je nach ihren Sanktionen dem Verwaltungsrecht, dem Privatrecht oder auch beiden Rechtsgebieten angehörig. Einige Vorschriften wollen die Parteien gegen Mißbrauch ihrer Geschäftsunkunde sichern. So wenn in Deutschland gefordert wird, daß der Arbeitslohn, daß die Beförderungspreise für Auswanderer in Reichswährung vereinbart werden müssen[39].

Manchmal hat man solche Verbote eingeführt, um durch sie die von Entwertung bedrohte Inlandswährung zu stützen. Liegt der Schwerpunkt derartiger Bestimmungen der „Devisengesetzgebung" auch in dem Verbot, in einer andern als der Inlandswährung zu bezahlen (unten § 97), so ist immerhin zuweilen schon der Abschluß in fremder Währung verboten worden, wie das in Deutschland, in Ungarn für die Geschäfte des Kleinhandels geschah[40].

---

37 In einen andern Zusammenhang gehört es, wenn man sich — ob mit Recht, steht hier nicht zur Erörterung — bei Wahlschulden verschiedener Währung auf die Gesetze des Zahlungsorts berufen hat, um deren Vorschriften über Goldklauselbeschränkungen oder über Aufwertung als anwendbar zu erklären.

38 Die Ausstellung eines Wechsels in einer Währung, bemessen nach dem Wert einer andern Währung, wird regelmäßig mit dem Erfordernis einer Bestimmtheit der Wechselsumme unvereinbar sein; Ascarelli 255ff, vgl. auch schon Nußbaum 224. Dasselbe würde einer Ausstellung in mehreren Währungen nach Wahl entgegenstehen.

39 Gewerbeordnung § 115. Bekanntmachung über den Geschäftsbetrieb der Auswanderungsunternehmer 14. III. 1898 §§ 5, 7, 9 RGBl. 39. Die Vorschrift über den Arbeitslohn umfaßt auch das Verbot, bei einer Berechnung in inländischer Währung fremde Geldzeichen an Zahlungsstatt zu geben. Die im Übrigen ähnlichen Bestimmungen in der Schweiz und in den Niederlanden wenden sich nur gegen eine Auszahlung in fremder Währung: Bundesgesetze 23. III. 1877 Art. 10 und 26. VI. 1902 Art. 1; niederländisches BGB. Art. 1638h.

40 Verordnung 12. X. 1922 § 1 RGBl. I 795, aufgehoben 2. XI. 1923 RGBl. I 1072, erneuert in Verordnung 7. XI. 1923 § 3 RGBl. I 1081, wiederaufgehoben 8. XI. 1924 Art. IV RGBl. I 729. Das Verbot galt auch für einen Abschluß in Inlandswährung, bemessen nach dem Wert einer fremden Währung. Für Ungarn Bernstein in Steuer und Wirtschaft 2, 37. Ob die weitergehenden deutschen Verbote einer Zahlung in fremder Währung schon den Abschluß in einer solchen unstatthaft machten, war unter den Gerichten zunächst bestritten (für die Statthaftigkeit das Oberlandesgericht Hamburg, dagegen das Oberlandesgericht Kiel, Jahrbuch des deutschen Rechts 24, 102; gegen die Zulässigkeit auch das Reichsgericht 21. IV. 1926 Entscheidungen 113, 255); seither hat das Reichsgericht 17. IX. 1926 Juristische Wochenschrift 2838 zutreffend geurteilt, daß damit nur die Vereinbarung einer Effektivzahlung in fremder Währung untersagt werden

Sehr weit ist man in der Beschränkung von Verträgen fremder Währung neuerdings in Frankreich gegangen. Man hat dort aus der Aufhebung der Goldeinlösungspflicht für Banknoten („Einführung des Zwangskurses") den Satz hergeleitet, daß Abreden, die die Wirkung dieser Maßregel umgehen, unstatthaft seien, und wenn man daraus zunächst nur Hindernisse für die Wirksamkeit einer Goldklausel folgerte, so sind, insbesondere unter dem Einfluß einer Anweisung des Justizministeriums an die Staatsanwälte von 1926, die Gerichte dazu übergegangen, ein solches Verbot für Geschäfte des innerfranzösischen Verkehrs nunmehr auch auf die Vereinbarung einer Fremdwährung zu erstrecken[41]. Bei Inkrafttreten des neuen Währungsgesetzes vom 25. Juni 1928 sind die Beschränkungen der vordem geschlossenen Verträge in Geltung verblieben, während der Wirksamkeit seither geschlossener Vereinbarungen in fremder Währung nichts entgegensteht[42]. Dagegen hat

---

sollte, und jedenfalls bestand nach dem Sinn dieser Vorschriften kein Verbot für den Abschluß in Inlandswährung, deren Wert nach einer fremden Währung zu bestimmen war.

[41] Zunächst wurde nur vereinzelt von der Unstatthaftigkeit einer Goldklausel auf die Unzulässigkeit einer Vereinbarung in Fremdwährung geschlossen, von Perroud, Journal 50, 837f und 51, 631, von Nogaro, Revue de droit civil 24, 23. Dagegen wird in einem Gesetzentwurf vom 26. I. 1924 in Aussicht genommen, Verträge in fremder Währung, die dem Inlandsverkehr angehören, für nichtig zu erklären, bei Verträgen in französischer Währung, die sich nach dem Wert einer fremden Währung bestimmen sollen, die Wertklausel zu streichen. Der Entwurf war durch eine gerichtliche Entscheidung über die Goldklausel hervorgerufen worden und ist, als die Rechtsprechung über die Goldklausel alsbald wieder den Wünschen der Regierung entsprach, unerledigt geblieben. Im Übrigen hatte sich die Literatur mehrfach für die Statthaftigkeit der Vereinbarung ausgesprochen, neben einigen Thesen (P. Raoul Duval, La monnaie à employer dans les payements 1923 17ff; J. Rozis, L'exécution des obligations 1924 77ff; E. Schkaff, La dépréciation monétaire 1925 140) die gewichtige Stimme von Jèze, Revue de science financière 1924 22, 88ff, sowie Béquignon 37ff; aber auch das Zivilgericht Paris 5. VI. 1924 Journal 52, 743 (bei dem Urteil des Appellhofs Paris 7. IV. 1925 Journal 53, 353 handelt es sich um einen Vertrag mit Auslandsbeziehungen). Alsdann ergeht das oben genannte Rundschreiben des Justizministeriums Journal 54, 236, und seither werden derartige Verträge in zahlreichen Urteilen für unzulässig erklärt, auch vom Kassationshof in Entscheidungen vom 17. V. 1927 und 14. I. 1928 Journal 55, 419 und 691. Im Einklang mit dem Entwurf 1924 erstreckt sich dieser Ausschluß auch auf Frankenverträge mit dem Wert einer fremden Währung (Handelsgericht Paris 11. I. 1927, Appellhof Paris 23. III. 1927 Journal 55, 99 412). Weiteres bei den Erörterungen über die Goldklausel in Frankreich unten § 115.

[42] So im Ergebnis auch Capitant, Dalloz hebdomadaire 1928, Chronique 53ff; Marin, Revue de droit civil 27, 853ff. Die Geltung der seither geschlossenen Verträge folgt aus der Aufhebung des Zwangskurses für die neue Währung; für die vordem eingegangenen Verpflichtungen wird man in Art. 2 des Gesetzes eine Aufrechterhaltung der bisherigen Rechtsprechung zu erblicken haben, nicht nur unmittelbar für Außengeschäfte, sondern mittelbar auch für Binnengeschäfte. Ganz anders Marin: das englische Pfund war gleichwertig 25 Altfranken; der

man in Belgien[43], in Italien[44], in Griechenland[45] von vornherein derartige Folgerungen aus dem Zwangskurs nicht gezogen; so wenig wie in Deutschland oder Österreich. Und auch der Devisengesetzgebung gegenüber hat man in Österreich an der Statthaftigkeit einer Vereinbarung in Fremdwährung festgehalten[46].

Endlich aber findet man Bestimmungen, die mit dem Verbot, in fremder Währung abzuschließen, schlechthin die Staatshoheit wahren wollen. Solche Beschränkungen waren schon den italienischen Stadtrechten des Mittelalters bekannt[47], das kaiserliche Rußland hatte sie aufgenommen[48], auch Lettland hat von ihnen Gebrauch gemacht[49]. Zumal bei Gebietsveränderungen hat man manchmal zu solchen Verboten gegriffen, um die Beziehungen zu dem früheren Mutterland zu unterbinden. So ist ein polnisches Gesetz vom 19. November 1919 erlassen worden, das (Art. 3, 6) untersagt, in den früheren preußischen Provinzen Verbindlichkeiten in deutscher Mark einzugehen. Und auch im Saargebiet hat man für angezeigt gehalten[50], mit Ausnahme der Geschäfte der Banken und des Außenhandels die Tätigung von „Verträgen und Geschäften aller Art in der gesetzlichen Währung“ zu fordern. Auf der andern Seite aber führen solche Möglichkeiten auch zum Abschluß von Staats-

---

Altfrank ist gleichwertig dem Neufrank; also sind für das Pfund bei Innengeschäften jetzt 25 Neufranken zu leisten. Das Gesetz hat ja freilich nach Möglichkeit verschleiert, daß es sich um die Einführung einer neuer Währung handelte, mit der Umrechnungsnorm von ungefähr 5 : 1; dennoch liegt unzweifelhaft eine solche Währungsänderung vor. Außerdem aber gilt eine Währungsänderung eben nur für die Währung, auf die sie sich bezieht. Und wenn jene Folgerungen richtig wären, wäre es Willkür, sie nur bei Innengeschäften, nicht auch bei Außengeschäften gelten zu lassen. Capitant begründet die Fortdauer der Beschränkungen für vordem geschlossene Verträge mit dem Satz, das neue Gesetz habe die bestehenden Schulden zu vier Fünfteln niedergeschlagen. Das ist in der Tat die Rechtswirkung der vorgenommenen Währungsänderung. Aber wenn man schon Mühe hat, sie auf Versprechen mit Goldklausel zu erstrecken, wiederum: wie kann die Änderung der französischen Währung in eine Schuld anderer Währung übergreifen?

[43] Poullet, Manuel[2] 581 mit weiteren Angaben.

[44] Appellhof Mailand 25. II. 1921, Zivilgericht Rom 6. IV. 1921, Journal 48, 999. Mossa, Rivista di diritto commerciale 21 I 611 mit weiteren Angaben.

[45] Urteile dreier Appellhöfe Journal 53, 1087 1089.

[46] Oberster Gerichtshof Wien 8. XI. 1922 Entscheidungen 4, 281.

[47] Ascarelli, Rivista 445[3].

[48] BGB. § 1542, Verbot einer Rechnung in ausländischer Münze für innere Geschäfte. Entsprechend Münzordnung § 20. Jetzt auch Sowjet-BGB. § 210. Vgl. übrigens auch unten § 111 Z. 3.

[49] Das Gesetz 18. II. 1920 Art. 2 hatte Abschluß in fremder Währung verboten (ausgenommen bei Geschäften des Außenhandels), ein Gesetz vom 8. XI. 1922 bringt die Milderung, daß solche Geschäfte zwar nicht nichtig und strafbar sein, aber nach dem Zeitpunkt des Abschlusses in Inlandswährung umgerechnet werden sollen.

[50] Währungsordnung 18. V. 1923 § 2 Amtsblatt 114.

verträgen, die einer derartigen Absperrung vorbeugen sollen, wie dies zwischen Polen und Danzig vereinbart worden ist[51]. Im Besonderen hat auch fremder Eisenbahnbetrieb in Grenzbezirken des Inlands zu Vereinbarungen geführt, die den Gebrauch der fremden Währung zu gewährleisten bestimmt sind[52] — und damit wieder Anlaß geben, eine Benützung der Inlandswährung vorzubehalten[53].

Eine sehr eigentümliche Auswirkung des Währungszwangs besteht schließlich darin, daß der Staat bei dem Abschluß von Rechtsgeschäften zu dem Gebrauch fremder Währungen verpflichtet. So ist während der Währungskrisen der jüngsten Vergangenheit mehrfach verordnet worden, daß Ausfuhrgeschäfte nur in fremder Währung abgeschlossen werden dürfen; sei es um eine Verschleuderung von Waren in das Ausland zu verhüten; insbesondere um die zur Stützung der Inlandswährung unentbehrlichen Devisen in das Inland zu bringen[54].

§ 97.

Fortsetzung. Umwertung nach der Begründung.

1. Allgemeines. — 2. Prozeß und Vollstreckung. — 3. Fortsetzung. Angloamerikanisches Recht. — 4. Umwandlung durch den Schuldner.

Allgemeines.

1. Die in Deutschland gebräuchliche Trennung zwischen „Schuldwährung" und „Zahlungswährung" ist irreführend. Eine Geldschuld muß grundsätzlich in derjenigen Währung bezahlt werden, in der sie

---

[51] Abkommen 22. IX. 1923 Art. 9, Danziger Gesetzblatt 1300 (im Anschluß an Art. 194 des Abkommens 24. X. 1921 Beilage zum Danziger Gesetzblatt 1922): Verträge polnischer Währung sind in Danzig schlechthin zulässig, Verträge Danziger Währung in Polen, wenn nicht beide Vertragsteile polnische Staatsangehörige sind.

[52] So beispielsweise der deutsch-österreichische Handelsvertrag 1891 Art. 15 RGBl. 1892, 3 und das deutsch-österreichische Wirtschaftsabkommen 1. IX. 1920 Art. 22 RGBl. 2295; Deutschland-Belgien 6. XI. 1922 Kap. 1 Z. 3 RGBl. 1924 II 1. Über fremde Zollämter im Inland unten § 103 Z. 2.

[53] So schreiben die eben genannten deutsch-österreichischen Verträge vor, daß die Tarife für den Verkehr zwischen Stationen des Inlands in Ortswährung aufgestellt werden müssen, auch wenn die betriebführende Bahn ihren Sitz im andern Gebiet hat. Die Grenze gegenüber Bestimmungen, die nur den Gebrauch der örtlichen Geldzeichen (bei einer Hingabe an Zahlungsstatt) vorbehalten, ist flüssig; über letztere unten § 98 Z. 3.

[54] Verordnung 17. IX. 1923 RGBl. I 934: „Der Verkauf von Waren nach dem Ausland darf nur unter Preisstellung und gegen Bezahlung in der Währung des Empfangslandes, oder in nordamerikanischer, englischer oder Schweizer Währung erfolgen." Ausgebaut durch Verordnung 2. XI. 1923 RGBl. I 1074; aufgehoben in Verordnung 8. XI. 1924 RGBl. I 729. Verwandte Vorschriften waren schon vorher in Österreich, Polen, Finnland erlassen worden; vgl. darüber Bernstein in Steuer und Wirtschaft 2, 34 40 41.

entstanden ist. Wo die Schuldwährung durch Parteiwille bestimmt wurde, ist dies häufig eben darum geschehen, um damit die Zahlungswährung zu bezeichnen. Immerhin kommen Rechtsgeschäfte vor, bei denen nach Parteiwille die Zahlung in einer andern als der ursprünglichen Schuldwährung erfolgen muß oder darf (vgl. darüber oben § 96 Z. 3). Auch mögen die Parteien eines Schuldverhältnisses sich nachträglich verständigen, die Verpflichtung in eine andere Währung überzuführen, und es kann eine solche Einigung selbst ohne ausdrückliche Festsetzung aus dem Verhalten der Parteien sich ergeben[1].

Unter verschiedenen Gesichtspunkten aber begegnen Vorschriften, nach denen von Staats wegen[2] die „Bezahlung" in einer andern als der Schuldwährung gefordert wird, genauer, die Bezahlung in Inlandswährung, wenn die Schuld auf fremde Währung lautet. Eine Zahlung freilich ist nicht denkbar, ohne daß ihr eine Berechnung in der zu leistenden Währung vorangegangen wäre, und so ist es das Gebot einer Zwangsumwertung, von dem im Folgenden zu handeln ist[3].

Zuweilen[4] wird in Überspannung staatlichen Selbstbewußtseins verlangt, daß Zahlungen im Inland schlechthin nur in inländischer Währung erfolgen sollen. Ihren Verboten, in fremder Währung abzuschließen (oben S. 181), haben Rußland, Lettland die entsprechenden Verbote

---

[1] Reichsgericht 14. IV. 1924 Leipziger Zeitschrift 458. Nußbaum 229[5]. Eine staatsvertragliche Umstellung solcher Art im Verfrag von Lausanne Art. 84[II].

[2] Unter völkerrechtlichem Zwang greifen in die Währung bestehender Verträge Art. 296d) des Versailler Vertrags und entsprechende Bestimmungen der anderen Friedensverträge ein: Geldschulden zwischen Angehörigen der Staaten, die das Ausgleichsverfahren der Verträge angenommen haben, werden unter näher bezeichneten Voraussetzungen in die Währung der beteiligten alliierten oder assoziierten Macht, umgerechnet nach dem Vorkriegskurs, übergeführt. Zweck der Vorschrift ist zunächst die Herstellung einer einheitlichen Währung für die Abrechnung zwischen den Staaten, darüber hinaus vornehmlich ein Schutz der Gläubiger der Gegenseite gegen die Entwertung der Währung der Mittelmächte. Die Bestimmung gilt nicht bloß für die Abrechnung zwischen den Mächten, sondern auch für das Schuldverhältnis selbst, das zwischen Schuldner und Gläubiger besteht; vgl. dazu H. Dölle, Das materielle Ausgleichsrecht des Versailler Vertrages (1925) 124ff; Kaden, Privatrecht des Friedensvertrags 100. Überdies hat diese Regelung den Mittelmächten Anlaß zu weiteren Umformungen der Währung bei der inneren Abwicklung des Ausgleichs geboten; doch betreffen diese Umformungen nicht mehr das ursprüngliche Schuldverhältnis, sondern den Ausgleichsanspruch und die Ausgleichsverpflichtung der Beteiligten gegen ihren Staat. Eine Übersicht über derlei Bestimmungen (auch über deren spätere Abschwächung zu gunsten Österreichs und Ungarns) etwa bei Lippert[2] 874ff.

[3] Anders wäre die Rechtslage, wo der Staat fordern würde, bei Zahlung einer Schuld fremder Währung Inlandsgeld an Zahlungsstatt zu nehmen (dazu etwa unten S. 185[10]). Denn in solchem Fall wäre nicht die Schuld, sondern das Zahlungsmittel umzurechnen. Aber derartige Selbstbescheidung ist bei Zwangseingriffen eines Staats nicht zu vermuten.

[4] Über Beschränkungen unter dem Gesichtspunkt des Arbeiterschutzes oben S. 180.

einer Zahlung in Auslandswährung hinzugefügt[5] und so, daß auch durch Parteiabrede ein anderes nicht vereinbart werden kann[6]. In milderer Form findet man eine solche Zwangsumwertung in einer Anzahl Wechselordnungen, jedoch ganz regelmäßig mit dem Beifügen, daß Zahlung in der fremden Währung ausdrücklich bedungen werden kann[7]. Ja es hat den äußeren Anschein, daß ein solcher Rechtszustand in der Schweiz ganz allgemein bestünde; freilich wird das schwerlich der wirklichen Rechtslage entsprechen[8]. Gelegentlich hat ein Staat seine Gesetzgebungsgewalt benützt, um eigene Verpflichtungen, die er in fremder Währung eingegangen hatte, unter Minderung ihres Werts in heimische Währung überzuführen[9]. Auch sonst hat der Schuldnerschutz zuweilen zu verwandten Maßregeln geführt[10]. Vor allem aber ist es die neuere

---

[5] Vormalige russische Münzordnung § 20 (Berent, Zeitschrift für Ostrecht 1, 57). Lettland Gesetz 18. III. 1920 Art. 2; 11. VIII. 1922 Art. 10. Entsprechend Art. 46 der alten russischen Wechselordnung, übernommen in Art. 3 der gegenwärtigen russischen und Art. 45 der lettländischen Wechselordnung. Aber auch Art. 3 des polnischen Gesetzes vom 20. XI. 1919 war wohl in diesem Sinn zu verstehen.

[6] Berent 63.

[7] Vgl. die (wenig scharfen) Angaben bei F. Meyer, Das Weltwechselrecht (1909) 1, 290ff. Über Rußland und andere unter russischem Einfluß stehende Wechselgesetze oben Anm. 5. Dagegen ist in Portugal (dessen Recht Meyer dem russischen an die Seite stellt) die Effektivklausel zugelassen. Daß die Klausel in Großbritannien und den Vereinigten Staaten nicht anerkannt wird (E. G. Lorenzen, The conflict of laws relating to bills and notes 1919 p. 21), dürfte mit der Unmöglichkeit, sie im Prozeß durchzusetzen, zusammenhängen. Hierüber unten Z. 3.

[8] Obligationenrecht § 84 I: „Geldschulden sind in Landesmünze zu bezahlen." Abs. 2: Eine Schuld fremder Währung kann in Landesmünze bezahlt werden, wenn nicht das Gegenteil besonders bedungen ist. Sind alsdann Verpflichtungen aus Gesetz und Verpflichtungen aus Vertrag, für die ein Vorbehalt der Zahlung in fremder Währung nicht in Betracht kommt oder nicht getroffen ist, wirklich einer Zwangsumwertung ausgesetzt? Ein paar Entscheidungen streifen hier in der Tat die buchstäbliche Auslegung, das Bundesgericht 17. VII. 1916 Praxis 5, 452, das Appellationsgericht Bern 4. III. 1921 Schweizerische Juristenzeitung 18, 307; vgl. auch das unten § 112 Z. 2 besprochene Urteil des Bundesgerichts vom 27. VI. 1918 und seine Übernahme bei Picot, Zeitschrift für schweizerisches Recht 62, 309. Indessen hat insbesondere Thur, Schweizerische Juristenzeitung 19, 17 gezeigt, daß jene Vorschrift sich (alsdann freilich sehr überflüssig) nur auf Schulden inländischer Währung bezieht; denn wozu sonst in Absatz 2 die Feststellung, daß eine Schuld fremder Währung, deren Effektivleistung nicht bedungen ist, in Landesmünze bezahlt werden darf, wenn sie schon nach Abs. 1 in dieser Währung bezahlt werden muß?

[9] So Peru 1889, wie der Canevaro-Streitfall zeigt; Das Werk vom Haag[2] 1 III 174.

[10] Italienische Verordnungen vom 14. IV. 1918 und vom 7. III. und 2. V. 1920 (Leggi 1918, 376; 1920, 227 537) geben gewissen Gesellschaften das Recht, falls nicht der Gläubiger Stundung vorzieht, ihre Verpflichtungen aus Schuldverschreibungen fremder Währung in Inlandsgeld nach der Goldparität mit einem

Devisengesetzgebung, die zum Schutz der Inlandswährung Zahlung in fremdem Geld verbietet, also, wenn die Schuld rechtmäßig auf fremde Währung ging, ihre Zwangsumwertung anordnet. Das war insbesondere in Deutschland für Inlandsgeschäfte vorgeschrieben worden[11], während allerdings ein solches Ergebnis zumeist mittelbar herbeigeführt wurde, indem man die Beschaffung von Geldzeichen fremder Währung, die für die Zahlung erforderlich waren, behinderte (unten § 98 Z. 2).

Prozeß und Vollstreckung.

2. Wird ein Betrag in fremder Währung geschuldet, so muß auch ein Rechtsstreit, zu dem die Schuld Anlaß gibt, über die Schuld in ihrer währungsmäßigen Ausprägung geführt, ein Urteil über sie als Fremdwährungsschuld ergehen. Dem entspricht denn auch der Rechtszustand des europäischen Festlands[12], wenngleich in der Rechtsprechung mehr oder weniger stark (auffällig stark in Frankreich) die Neigung begegnet, die Urteile auf Inlandswährung zu stellen; sei es, daß man schuldrechtlich die Lösung bevorzugt, eine Forderung sei nicht in fremder, sondern in heimischer Währung entstanden (oben § 95),

---

gewissen Zuschlag zu erfüllen. — Das österreichische Gesetz vom 27. I. 1922 ermächtigt die Stadt Wien, Schuldverschreibungen, die außer in Kronen noch in fünf Auslandswährungen ausgegeben waren, ausschließlich in Kronen zurückzubezahlen. Ein Urteil des Kammergerichts 2. VII. 1928 Bankarchiv 28, 27, das sich mit diesem Gesetz befaßt, will offen lassen, ob das einfache Streichung der Verpflichtungen fremder Währung bedeute oder die Bestimmung, daß bei Zahlung dieser Verpflichtungen die Krone nach der Goldparität „an Erfüllungsstatt" anzunehmen sei.

[11] Gesetz 2. II. 1922 § 1 III, ersetzt durch Verordnung 12. X. 1922 § 1 RGBl. I 795, übernommen in Verordnung 8. V. 1923 § 2 RGBl. I 275. Über den Begriff Inlandsgeschäft unten § 112 Z. 2. Unter der Herrschaft dieser Verordnung war die Zahlung als Erfüllungsakt verboten; Beispiel einer solchen Zwangsumwertung Reichsgericht 17. III. 1924 Juristische Wochenschrift 1590. Verboten war aber auch die Vereinbarung einer Effektivklausel, die zu solcher Erfüllung hätte führen müssen; Reichsgericht 17. IX. 1926 Juristische Wochenschrift 2838. Seit der Verordnung 2. XI. 1923 RGBl. I 1073 war nur mehr die „Forderung" einer Zahlung in fremder Währung untersagt; auf die Effektivklausel angewendet, nicht die Vereinbarung, aber die Geltendmachung einer solchen, Reichsgericht 11. XI. 1927 Juristische Wochenschrift 1928, 233; Landgericht Karlsruhe, Jahrbuch des deutschen Rechts 23, 69. Im Übrigen war die Tragweite dieses Forderungsverbots bestritten (Materialien Juristische Wochenschrift 1925, 643 1660; Jahrbuch des deutschen Rechts 23, 69; M. Lion, Die geltenden Devisenvorschriften 7). Daß Zahlung in Reichswährung nicht abgelehnt werden durfte, war daneben noch durch § 2 der Verordnung 7. XI. 1923 RGBl. I 1081 sichergestellt. Die beiden Bestimmungen sind dann durch Verordnung 8. XI. 1924 RGBl. I 729 beseitigt worden. — Die österreichische Devisenordnung hat ein Verbot, Zahlung in fremder Währung, auch effektive Zahlung in dieser Währung auszubedingen, nicht in sich geschlossen; Oberster Gerichtshof 8. XI. 1922 Entscheidungen 4, 281.

[12] Übersicht bei Nußbaum, Geld 193f; Vertraglicher Schutz 56f. Dazu etwa für Dänemark Ussing, Svensk Juristtidning (1926) 11, 195.

oder daß man währungsrechtlich in der Zulassung einer Umwertung durch die Parteien (unten Z. 4) besonders weit geht. Zu Unrecht hat man sich insbesondere auch zuweilen auf positive Vorschriften berufen, nach denen behördliche Handlungen nur unter Verwendung der inländischen Währung vorgenommen werden dürften. Mit solcher Begründung ist in Frankreich vor kurzem eine Klagerhebung in fremder Währung abgewiesen worden (die Klagschrift des französischen Prozesses ist eine öffentliche Urkunde[13]), haben belgische Gerichte wiederholt in Inlandswährung verurteilt[14]. Es sind die gleichen Gesetze, auf grund deren man gelegentlich die öffentliche Beurkundung von Rechtsgeschäften fremder Währung als unstatthaft ansehen wollte; es ist darüber oben S. 151 das Erforderliche vorgebracht worden. Und doch sollten jene Bestimmungen den Behörden nur den Gebrauch einer abgeschafften Inlandswährung untersagen. Nichts in ihnen ermächtigt die Behörden, von sich aus einen Schuldinhalt zu ändern, der in fremder Währung festgelegt ist.

Anders allerdings verhält es sich zu einem Teil bei der Durchsetzung eines Anspruchs fremder Währung im Wege der Zwangsvollstreckung. Zwar wird auch hier als Ausgangspunkt festgehalten werden müssen, daß dasjenige Gegenstand der Vollstreckung ist, was den Gegenstand des Schuldverhältnisses bildet, daß also die Vollstreckung einer Fremdwährungsschuld dem Gläubiger grundsätzlich fremde Währung erbringen muß. Aber technische Schwierigkeiten des Vollstreckungsrechts nötigen hier manchmal zu einer Abbiegung.

Wird ein Betrag fremder Währung „effektiv" geschuldet, so trifft den Schuldner die doppelte Verpflichtung, den geschuldeten Wert zu übertragen und Geldzeichen der geschuldeten Währung zu übereignen. Setzt man mit der Vollstreckung bei dieser letzteren Verpflichtung ein, so kann ihr nach deutschem Recht (ZPO. § 884) nur genügt werden, wenn bei dem Schuldner Geldzeichen der geschuldeten Art vorgefunden werden. Trifft das nicht zu, so bleibt dem Gläubiger lediglich ein Anspruch auf Schadenersatz[15], je nach dem Recht, unter dem das Schuldverhältnis steht, in fremder oder heimischer Währung, der wie jeder andere Geldanspruch zu vollstrecken ist.

Etwas günstiger ist die Rechtslage des Gläubigers nach deutschem Recht, wenn es sich darum handelt, wegen einer Geldschuld fremder

---

[13] Friedensgericht Paris 28. VII. 1926, Dalloz hébdomadaire 496. Entsprechend schon Garsonnet, Traité de procédure civile[3] (1912) 1, 150 n. 88! Vgl. dagegen die zutreffenden Ausführungen bei Béquignon 171 ff.

[14] Handelsgericht Brügge 20. V. 1920 Pasicrisie belge 1922 III 9. Handelsgericht Antwerpen 10. VI. 1921 Journal 49, 742.

[15] Grundlage ZPO. § 893. Insbesondere verbietet § 887 III, den Gläubiger zu ermächtigen, daß er sich auf Kosten des Schuldners die Geldzeichen selbst beschaffe.

Währung zu vollstrecken. Ob effektiv zu beanspruchen oder nicht, muß die Vollstreckung nach Möglichkeit die geschuldete Währung erbringen[16]. Darum auch hier zunächst die Wegnahme von Geldzeichen der fremden Währung (§ 815)[17]. Werden solche nicht gefunden, so mag der Gläubiger durch die Beschlagnahme von Forderungen, die auf die geschuldete Währung gehen, Befriedigung finden; in erster Reihe von Fordederungen, die Anspruch auf effektive Leistung enthalten; hilfsweise auch von anderen, die wenigstens die Möglichkeit einer Befriedigung in der geschuldeten Währung bieten (nutzbar zu machen für den Gläubiger nach §§ 821, 825 oder 831, 835 ZPO.). Versagt aber auch dieser Ausweg, so ist nach positivem deutschem Recht[18] keine andere Möglichkeit gegeben, als dem Gläubiger denjenigen Wert in deutschem Geld zur Verfügung zu stellen, mit dem er sich die geschuldete Fremdwährung beschaffen kann; also umgerechnet nach dem Tag der Vollstreckung[19], mit der Möglichkeit, wenn der Vollstreckungserlös bei Empfang dem Schuldbetrag fremder Währung nicht gleichkommt, die Vollstreckung fortzusetzen, sogar unter Einrechnung des „Repartierungsrisikos“, wenn etwa der Erwerb ausländischer Geldzeichen nur mit Verzögerung möglich ist[20]. Auch wenn zur Sicherung des Anspruchs eine Hypothek fremder Währung eingetragen wäre[21], auch wenn der Schuldner sich der Vollstreckung in fremder Währung durch Rechtsgeschäft unterworfen

---

[16] Über die Frage, wie eine solche Schuld zu vollstrecken, ist die andere, was Gegenstand der Vollstreckung ist, in der deutschen Diskussion stark in den Hintergrund getreten. Vgl. immerhin Nußbaum, Juristische Wochenschrift 1921, 1328 und Geld 196.

[17] Ebenso Oberlandesgericht Frankfurt 25. V. 1921; Kammergericht 27. I. 1923, Juristische Wochenschrift 1921, 1328; 1923, 188.

[18] Zu wiederholten Malen hat Nußbaum auf § 887 ZPO. verwiesen: erfüllt der Schuldner die Verpflichtung nicht, eine Handlung vorzunehmen, deren Vornahme durch einen Dritten erfolgen kann, so ist der Gläubiger zu ermächtigen, die Handlung auf Kosten des Schuldners vorzunehmen. Könnte man die Vorschrift verwerten, so wäre hier in der Tat ein Weg gegeben, dem Gläubiger in jedem Fall die geschuldete Auslandswährung zu verschaffen. Indessen zeigt Absatz 3, daß dies Verfahren nicht für jede vertretbare Leistung verfügbar sein soll, sondern nur für solche, deren Vollstreckung im Vorausgehenden nicht besonders geregelt ist. Wenn auf diesem Weg nicht einmal die Effektivklausel durchsetzbar erscheint (oben Anm. 15), um wieviel weniger kann dies für die einfache Fremdwährungsschuld zutreffen. Wenn freilich eine Anzahl von Entscheidungen jenem Vorschlag entgegenhalten, daß er zu „umständlich“ sei, so scheint mir das weder tatsächlich zutreffend, noch rechtlich durchgreifend.

[19] Das folgt unmittelbar aus dem Ziel der Vollstreckung, und es bedarf dazu nicht des Umwegs über § 244 BGB., auf dessen analoge Anwendung öfter verwiesen wird.

[20] Kammergericht 10. III. 1923 Juristische Wochenschrift 1924, 411.

[21] Über die Vollstreckung auf grund einer solchen Hypothek §§ 6ff der Verordnung 13. II. 1920 RGBl. 231 und Gesetz 26. I. 1923 § 4; deutsch-schweizerisches Abkommen 25. III. 1923 Art. 25 RGBl. II 286.

hätte, könnte das Ergebnis kein anderes sein. Und es kann gegenüber der prozessualen Vertauschbarkeit der Währungen, von der oben S. 133ff gehandelt wurde, auch nicht als unangemessen betrachtet werden.

Auf eine Vollstreckung in fremder Währung geht im Rahmen des Möglichen[22] auch die Rechtsanwendung in Österreich[23], Dänemark[23a], Italien[23b], während man in Frankreich, ohne daß positive Vorschrift dazu nötigte, eine Vollstreckung anscheinend nur in Inlandswährung für zulässig hält[24]. In der Schweiz dagegen ist in Art. 67 des Betreibungsgesetzes ausdrücklich vorgesehen, daß schon der Antrag auf Zwangsvollstreckung den Schuldbetrag (nach dem Wert dieses Zeitpunkts) in Inlandswährung umrechnet, und es bleibt dieser Betrag für das Verfahren maßgebend[25]; jedoch so, daß schuldrechtlich die ursprüngliche Währung geschuldet bleibt, und man anerkennt demgemäß, daß der Schuldner auch während des Vollstreckungsverfahrens sich durch Zahlung in der ursprünglichen Währung befreien kann[26].

---

[22] Angaben über den Zeitpunkt der Umwandlung, wo die Vollstreckung in Fremdwährung nicht möglich ist, bei Nußbaum, Vertraglicher Schutz 58f.

[23] Dazu Nußbaum, Geld 197.

[23a] Ussing a. a. O. [23b] Scaduto 126ff; Ascarelli 248.

[24] Etwa Béquignon 179f. Sogar für den Fall einer Effektivklausel gilt diese Lösung als selbstverständlich: Dalloz, Répertoire pratique v⁰ obligations n. 718.

[25] Das Bundesgericht hält es für verfahrensrechtlich unmöglich, diese Umrechnung nur als vorläufig zu behandeln und bei der Vollstreckung den Wert des Anspruchs erneut umzurechnen. s. die Urteile vom 12. X. 1917 und 10. VI. 1925 Entscheidungen 43 III 270 und 51 III 180. Von hier aus ist es dann auch folgerichtig (entgegen der Meinung von Picot, Zeitschrift für schweizerisches Recht 62, 326), dem Gläubiger eine Nachforderung zu versagen, wenn die fremde Währung zwischen Beginn und Durchführung des Verfahrens steigt, dem Schuldner die Herausgabe des Unterschieds zu verweigern, wenn sie in diesem Zeitraum fällt. Doch mag ersterenfalls dem Gläubiger unter materiellrechtlichen Gesichtspunkten, mit Rücksicht auf den Verzug, immerhin ein Ergänzungsanspruch zustehen. Der Zeitpunkt der Umrechnung ist in der Rechtsprechung besonders dadurch ins Schwanken gekommen, daß man (auch wenn eine dahingehende Erklärung des Schuldners nicht vorlag) in entsprechender Anwendung des Art. 84 OblR. für die Umrechnung auf die Fälligkeit des Anspruchs abstellte. Jedoch die materiellrechtliche Umwandlung nach Art. 84 (darüber unten Z. 4) ist wesensverschieden von der verfahrensrechtlichen Umwandlung bei der Vollstreckung; es muß diese ihren eigenen Bedürfnissen den maßgebenden Zeitpunkt entnehmen, und das bedeutet den spätestmöglichen Zeitpunkt.

[26] Bundesgericht 1. XII. 1920, 10. VI. 1925, Entscheidungen 46 II 403 und 51 III 180. Zivilgerichtshof Genf 18. II. 1921 und 15. II. 1924 Journal 48, 636 und Schweizerische Juristenzeitung 21, 82. Meyer-Wild, Juristische Wochenschrift 1921, 164f. Picot a. a. O. Thur, Schweizerische Juristenzeitung 19, 21 und Allgemeiner Teil des schweizerischen Obligationsrechts (1924) 1, 54[17]. Müller, Zeitschrift für schweizerisches Recht 65, 174a. Nur das Obergericht Thurgau 6. VI. 1922 Schweizerische Juristenzeitung 20, 248 hat anders entschieden, auf Grund einer (fingierten!) Zustimmung des Schuldners, und weil bei einem späteren Fall der Fremdwährung der Gläubiger zu kurz komme.

Lautet ein ausländisches Urteil auf ausländische Währung und es soll im Inland für vollstreckbar erklärt werden, so besteht zu einer Umwertung auch dann kein Anlaß, wenn die Vollstreckung bei ihrer Durchführung auf Inlandswährung gestellt werden muß[27]; denn die Erklärung soll nur erst den Titel für die Zwangsvollstreckung beschaffen. Auch Sicherungsmaßnahmen enthalten keine solche Nötigung oder doch keine Nötigung zu endgiltiger Umrechnung, soweit nicht positives Recht entgegensteht[28]. Dagegen erscheint es allerdings unausweichlich, bei einem Konkurs die sämtlichen Forderungen in Inlandswährung überzuführen. Denn es ist die besondere Aufgabe des Konkursverfahrens, eine gleichmäßige Befriedigung unter den Gläubigern zu bewirken. Das aber verlangt eine Vergleichbarkeit der Forderungen im entscheidenden Zeitpunkt. Selbst dann, wenn in der Masse Geldzeichen oder Forderungen der einem Gläubiger geschuldeten Auslandswährung vorhanden wären, würde eine Befriedigung des Gläubigers in dieser Währung in kaum vermeidbarer Weise zu einer Bevorzugung oder zu einer Benachteiligung des Beteiligten gegenüber den anderen Gläubigern führen, da der Kurs des Zahlungstags regelmäßig verschieden sein wird von dem Kurs des Tags, der das gegenseitige Verhältnis der Gläubiger bestimmt[29]. Eben diese Erwägungen bestimmen aber auch den Zeit-

[27] So auch Ascarelli 273[1]; Mater 314f unter Berufung auf eine Pariser Entscheidung. In der Schweiz zeigt das bundesgerichtliche Urteil Entscheidungen 43 III 270, daß die Kantonalinstanz bei der Erklärung der Vollstreckbarkeit die Währung umgewandelt hatte, das Urteil 51 III 180, daß sie unverändert belassen wurde.

[28] Zivilgericht Paris 4. VIII. 1891 Journal 1891, 1239: bei einer Forderungsbeschlagnahme (*saisie-arrêt*) bleibt der Anspruch trotz Umrechnung in seiner fremden Währung bestehen und ist erst bei der Durchführung der Vollstreckung umzuwerten. In der Schweiz nötigt das Betreibungsgesetz auch bei einem Arrest zur Umrechnung, jedoch unbeschadet der materiellrechtlichen Weitergeltung der fremden Währung für die Verpflichtung: Bundesgericht 1. XII. 1920 Entscheidungen 46 II 403. In Deutschland ist der Arrestbefehl meines Erachtens auf die fremde Währung abzustellen, und es bedarf nur einer Umrechnung durch den Vollzugsbeamten nach dem Kurs dieses Tags, wenn bei der Durchführung Geldzeichen der fremden Währung oder Forderungen auf solche nicht vorgefunden werden. Dagegen sind hier Schwierigkeiten nach einer andern Richtung erwachsen, bei der Sicherungshypothek, mit Rücksicht auf die Nötigung, das Grundbuch in deutscher Währung zu führen, während der Satz, daß die Schuld fremder Währung erst bei der Vollstreckung in Inlandswährung umzuwandeln ist, festgehalten werden sollte. Nachdem das Kammergericht 4. V. 1922 Jahrbuch für Entscheidungen in Angelegenheiten der freiwilligen Gerichtsbarkeit 1, 170 eine solche Sicherheitsmaßnahme zu gunsten einer Fremdwährungsforderung für unmöglich erklärt hatte, das bayerische Oberste Landesgericht 25. IX. 1922 Leipziger Zeitschrift 654 sich für sie aussprach, hat das Reichsgericht 16. XII. 1922 Entscheidungen 106, 74 eine sachgemäße Formel für den Eintrag gefunden: „Sicherungshypothek für eine Forderung von .... Schweizer Franken, die nach dem Kurs am Tag der Zahlung in Reichswährung gezahlt werden kann, zum Höchstbetrag von .... Mark."

[29] Darum kann einer zuweilen vertretenen Meinung (Scaduto 128; Asca-

punkt der Umrechnung: es ist im Zweifel der Tag der Konkurseröffnung. Wo nicht etwa positives Recht entgegensteht, werden Aktiva und Passiva der Masse auf den gleichen Zeitpunkt bezogen werden müssen, und wenn die Anerkennung der einzelnen Forderungen erst im Lauf des Verfahrens erfolgt, so beginnen dennoch die Eingriffe in die Forderung, die um des Verfahrens willen erfolgen, Ausschluß der Sondervollstreckung, Herbeiführung der Fälligkeit, Hemmung des Zinsenlaufs, für die später festgestellte Forderung mit der Konkurseröffnung zu wirken[30]. Im übrigen aber gilt auch diese Umrechnung nur für das Verfahren und innerhalb des Verfahrens nur für die Forderungen, die an der gleichmäßigen Befriedigung teilnehmen sollen. Also (nach deutschem Recht) nicht für Forderungen eines Massegläubigers, für Forderungen, die abgesonderte Befriedigung beanspruchen können,

---

relli 265, außer für den Fall eines Zwangsvergleichs; Pupikofer Journal 55, 1268) nicht zugestimmt werden, nach der dem Konkursverwalter die Wahl bleiben soll, ob er die Quote einer Fremdwährungsschuld in heimischer oder fremder Währung bezahlen will. Im Übrigen ist die Anschauung allgemein, daß der Konkurs zur Umwandlung der Fremdwährungsforderungen nötige (neueste Entscheidungen dieses Inhalts: Zivilgericht Mailand 12. IV. 1926 Rivista di diritto commerciale 24 II 292; Zivilgericht Casablanca 29. IV. 1926 Journal 54, 459; Handelsgericht Narbonne 14. II. 1927 ebenda 1086; Zivilgericht San Remo 9. XII. 1927 und Appellhof Genua 12. VI. 1928 Foro italiano 1928 I 189 und 1054). Die Begründungen allerdings gehen weit auseinander. Auf die Notwendigkeit einer gleichmäßigen Befriedigung der Gläubiger verweisen die angeführten Urteile von Mailand und San Remo, auch J. P., Journal 54, 459. Nußbaum 197 begründet die Umwandlung mit dem Umstand, daß die Konkursdividende stets in Inlandswährung bezahlt werde — was richtig ist, wenn man mit dem Text diesen Umstand selbst als richtig annehmen kann. Nach Béquignon 181 ff (hier auch der Streitstand mit Hinweis auf zwei Pariser Urteile) erfolgt die Umwandlung, weil es sich auch bei dem Konkurs um Zwangsvollstreckung handle; doch das hätte zur Voraussetzung, daß die Zwangsvollstreckung ihrerseits ausschließlich in Inlandswährung geschehen muß. Die Meinung von Mater 321: Umwandlung, weil Konkurseröffnung den Anspruch fällig macht, ist wenig einleuchtend; denn es gibt auch in Frankreich keinen Rechtssatz, nach dem Forderungen fremder Währung mit ihrer Fälligkeit in inländische Währung übergehen. Man hat auch auf die Unmöglichkeit verwiesen, ohne die Umwandlung gewisse Konkurshandlungen vorzunehmen z. B. die Mehrheit der Forderungen zu berechnen, deren Inhaber einem Zwangsvergleich zustimmen müssen; doch hat schon Demogue, Revue de droit civil 23, 368 mit Recht bemerkt, daß nichts hindere, für die Zwecke der Abstimmung eine vorläufige Umwandlung nach dem Wert dieses Tags vorzunehmen.

[30] Dem entspricht die herrschende Meinung (gut beispielsweise das angeführte Mailänder Urteil). Der Oberste Gerichtshof Schwedens hat sich für die Umrechnung nach dem Zeitpunkt des Verteilungsplans ausgesprochen; Körsner, Svensk Juristtidning 11, 56. Ebensowenig hält man sich in Dänemark an den Tag der Konkurseröffnung gebunden: Ussing ebenda 195. Lobe, Juristische Wochenschrift 1924, 159 will auf den Tag der Zahlung abstellen; aber der Hinweis auf § 244 BGB. versagt, denn die besonderen Rücksichten auf die gleichmäßige Befriedigung der Gläubiger führen hier zu einer Abweichung. Für den Zeitpunkt der Zahlung auch die angeführte marokkanische Entscheidung.

nicht für Konkursforderungen, wenn das Verfahren mangels Masse wieder eingestellt wird, für den Rest, mit dem Konkursforderungen das Verfahren überdauern[31].

Fortsetzung. Angloamerikanisches Recht.

3. Daß englische Gerichte nur zu englischer Währung verurteilen können[32], gilt dort als ein völlig feststehender Satz, als so feststehend, daß nur ausnahmsweise Gründe für ihn vorgebracht werden. Seine Tragweite erhellt erst, wenn man den Zeitpunkt ins Auge faßt, für den die Umwandlung in englische Währung platzgreifen soll. Fast unbestritten ist hier der Satz, daß bei einer unerlaubten Handlung die Bewertung des Schadens in englischer Währung nach dem Zeitpunkt der Schadenzufügung erfolgen solle[33]. Gleiche Lösung, wo Schadenersatz wegen Vertragsbruch gefordert wird[34]. Für Streitfälle, bei denen es sich um die Erfüllung einer Geldverpflichtung handelt, ist in jüngster Zeit eine Wandlung eingetreten. In Anlehnung an ältere Entscheidungen hatte insbesondere das Urteil Manners v. Pearson mit bemerkenswerter Begründung sich für eine Umrechnung nach dem Zeitpunkt des Urteils ausgesprochen[35], seit einigen Jahren jedoch rechnen die Gerichte auch

---

[31] E. Jäger, Kommentar zur Konkursordnung[5] (1916) 1, 908; Weisbecker, Leipziger Zeitschrift 1922, 665ff; Nußbaum 197. Auf bestrittene Einzelfragen des deutschen Rechts braucht hier nicht eingegangen werden. Für Frankreich Demogue und Béquignon a. a. O. Das angeführte Mailänder Urteil, wenn ein Gläubiger aus dem Zwangsvergleich ausscheidet.

[32] Kritische Übersicht bei Nußbaum 218ff. Vgl. auch Mc Nair, Law Quarterly Review 1921, 38. Negus ebenda 1924, 149ff. Letzte Zusammenfassung bei Dicey, Conflict of laws[4] (1927) 682ff.

[33] So als Beispiel aus neuerer Zeit Oberhaus 28. VII. 1921 The Volturno, Law Times Reports 126, 1; immerhin mit einem Minderheitsvotum von Lord Carson, der auf den Zeitpunkt des Urteils abstellt, weil der Schade in fremder Währung entstanden sei.

[34] Appellhof 12. VII. 1920 Di Ferdinando v. Smits, L. T. R. 124, 117: Abstellung auf einen späteren Zeitpunkt hätte „allzu entfernte Beziehungen zum Vertragsbruch". In einem Urteil Lebeaupin v. Crispin 1920 (ich kenne es nur aus der Anführung bei Mc Nair 43) wird zur Begründung derselben Lösung auf die Zufälligkeiten verwiesen, von denen der Zeitpunkt der Urteilsfällung abhänge. Bei Dicey 683 im gleichen Sinn der Hinweis auf die Möglichkeit, daß solches die Parteien zu Spekulationen veranlassen könnte. Indessen hält Negus 162 wenigstens für den Fall, daß der Vertrag unter ausländischem Recht steht, dem entgegen, daß der Gläubiger durch das Urteil so viel erhalten müsse als im Land des Vertrags selbst, und das werde nur durch Abstellung auf den Zeitpunkt des Urteils erreicht.

[35] Appellhof 23. III. 1898 L.T.R. 78, 432. Der Vertrag war unter mexikanischem Recht in mexikanischer Währung geschlossen; es ist die Anrechnung von Teilzahlungen in der Vertragswährung streitig. Aus der Begründung des Richters Lindley: die Frage der Umrechnung taucht nur darum auf, weil der Gläubiger sich an ein englisches Gericht gewendet hat, denn englische Gerichte haben keine

hier nach dem Tag der Fälligkeit um[36]. Diese ganze Rechtsprechung leidet freilich an Unklarheiten[37] und Widersprüchen. Umrechnung nach dem Tag des Urteils bedeutet die grundsätzliche Anerkennung, daß der Anspruch in fremder Währung zu Recht besteht und aus prozessualen Gründen[38] zu dem spätestmöglichen Zeitpunkt in diejenige Währung umgewandelt wird, in der er vollstreckt werden muß, und es stimmt damit überein, wenn man einer Zahlung, die noch während des Ver-

Gerichtsgewalt („*jurisdiction*"), zu fremder Währung zu verurteilen, und es könnte eine andere Entscheidung nicht vollstreckt werden; „das Problem der Umrechnung entsteht erst durch den Zahlungsauftrag des Gerichts". Ein Minderheitsvotum (Richter Williams) will auf den Zeitpunkt der Fälligkeit der einzelnen Teilzahlungen abstellen, denn (?) das Urteil muß dem Gläubiger soviel an Inlandswährung zusprechen, daß er sich dafür den geschuldeten Betrag fremder Währung beschaffen kann; und es handle sich auch bei der Nichtzahlung einer Geldschuld um einen Vertragsbruch. Für den Zeitpunkt des Urteils auch Richter Atkin in Société des Hôtels v. Cumming Appellhof 20. XII. 1921 L. T. R. 126, 513. In etwas verändertem Zusammenhang (Auflösung eines für eine Schuld fremder Währung verpfändeten Trusts) auch noch das Urteil des Appellhofs 31. VII. 1923 Chesterman's trust L. T. R. 130, 109 (gegen eine Minderheit, die auf Fälligkeit abstellen will). Für die gleiche Lösung Negus 152ff, weil sonst ein Vertrag in soviel Währungen entstehen müßte, als Staaten da sind, in denen ein Rechtsstreit über ihn anhängig gemacht werden könnte; doch soll das nur gelten für Verträge unter ausländischem Recht, denn wenn ein Vertrag unter Inlandsrecht auf fremde Währung laute, so handle es sich um die Pflicht, eine Ware zu liefern.

[36] Chancery Division 15. III. 1922 re British American Continental Bank, Crédit Général Liégois' Claim L.T.R. 127, 284. Kings Bench Division 23. X. 1923 Peyrae v. Wilkinson L.T.R. 130, 511. Beide ohne nähere Begründung unter Hinweis auf die gleichartige Lösung bei Vertragsbruch. Neuerdings der Appellhof 23. V. 1927 Buerger v. New-York Life Assurance Co. L.T.R. 137, 431. Eine weitere Entscheidung gleichen Inhalts nennt Dicey 683[1].

[37] Dazu gehört unter anderem die mangelnde Scheidung zwischen der Schuldwährung und der Währung des Rechnungsfaktors, nach dem sich die Höhe der Schuld bestimmt; auch die mangelnde Scheidung, ob die fremde Währung für Geldzeichen in Betracht kommt, die als Sache behandelt werden, oder ob sie den Wert einer Geldschuld bezeichnet.

[38] Vgl. über diese Gründe Nußbaum 219; dazu auch unten Anm. 41. Der Hinweis auf die Unmöglichkeit, Urteile in anderer als der heimischen Währung zu vollstrecken, begegnet in englischen und amerikanischen Urteilen öfter. Daß freilich die Gerichte des Inlands keine „Gerichtsgewalt" hätten, auf fremde Währung zu verurteilen, wie Richter Lindley annimmt, wird sich kaum vertreten lassen; denn wäre die Annahme richtig, so müßte sie zur Abweisung eines Anspruchs auf fremde Währung führen und nicht zu seiner Umwandlung. Die Wendung von der „mangelnden Gerichtsgewalt" kehrt auch in Di Ferdinando v. Smits (Richter Bankes) wieder, obwohl dies Urteil auf den Zeitpunkt des Vertragsbruches abstellt; ja, Richter Scrutton begründet die Notwendigkeit einer Umrechnung mit der Unmöglichkeit, ein Urteil auf fremde Währung zu vollstrecken, und erklärt, „deshalb" sei nach dem Tag des Vertragsbruchs umzuwandeln. — Beachtung verdient übrigens, daß man weder in England noch in der älteren Rechtsprechung der Vereinigten Staaten versucht hat, auf den Beginn des Verfahrens umzurechnen.

fahrens in der geschuldeten Fremdwährung geschieht, befreiende Kraft zuschreibt[39]. Wenn dagegen bei unerlaubten Handlungen — und dasselbe gilt wohl bei Vertragsverletzungen — auf den Tag der Schadenzufügung verwiesen wird, so gewinnt das materiellrechtliche Bedeutung und besagt, daß England gegenüber der Anspruch von Anfang an und ohne Rücksicht auf die Umstände des Falls als in englischer Währung entstanden behandelt wird[40] — eine Intoleranz gegenüber fremden Währungen, die diese Rechtsprechung in die Nähe des oben S. 183 behandelten russischen Rechts stellt. Auch die neueste Rechtsprechung, die für Erfüllung von Geldverpflichtungen auf die Fälligkeit verweist, ist von materiellrechtlicher Art; mit der Wahl dieses Zeitpunkts entbehrt sie freilich des festen Untergrunds — wenn man nicht die Gleichstellung von Vertragsbruch und Nichtzahlung, auf die sich die Urteile berufen, wörtlich nehmen und aus ihr folgern muß, daß es sich auch hier um einen deliktischen Anspruch handle, bei dem Entstehung und Fälligkeit zusammenfallen[41]. In bemerkenswerter Weise wird jedenfalls diese materiellrechtliche Auffassung durch ein neueres Urteil des gemischten deutsch-englischen Schiedsgerichts bestätigt: eine Markschuld unter englischem Recht ist in Schanghai-Taëls zu bezahlen, und für die Umwandlung sei nach englischem Recht der Zeitpunkt der Fälligkeit maßgebend[42] — die Beziehung auf die Notwendigkeit, in Inlandswährung zu vollstrecken, ist hier vollständig aufgegeben.

Die gleichen Rechtsgedanken sind in die Rechtsprechung der Vereinigten Staaten übernommen worden[43], ohne zur Ausgleichung gekommen zu sein, ja in älteren Entscheidungen untermengt mit einer

---

[39] Société des Hôtels v. Cumming, freilich mit der wunderlichen Beschränkung, daß dies nur gelten soll, wenn die Zahlung in dem Land der fremden Währung erfolgt.

[40] Mit aller Arglosigkeit heißt es in The Volturno, daß das Urteil mit dem Ansatz in englischer Währung „den wirklich erlittenen Schaden" vergüte.

[41] Überaus bezeichnend ein amerikanisches Urteil Guinness v. Miller (Distrikt Columbia 1923, American Law Reports 33, 1288): es ist ein „Irrtum" zu glauben, daß die nachträgliche Bezahlung einer Geldschuld *specific performance* sei. Es handelt sich um Wiedergutmachung eines Unrechts, für die sich der Gläubiger an das Vermögen des Schuldners halten muß, und dessen Verwertung nur Inlandswährung ergeben kann.

[42] Honkong & Shanghaï Banking Corporation c. Giesel, Urteil vom 16. VII. 1926 Recueil 6, 573. Der Inhaber eines nichtakzeptierten Wechsels macht den Aussteller haftbar. Auch hier handelt es sich, wie das Urteil ausdrücklich hervorhebt, um einen Anspruch, der nach englischem Recht auf Schadenersatz wegen Nichterfüllung geht, entstanden bei Fälligkeit des Wechsels. Die Währung, die zu grunde zu legen war, beruhte auf einem besonderen deutsch-englischen Staatsvertrag.

[43] Umfassende Übersichten in American Law Reports 11, 363ff; 20, 899f; 33, 1285ff; 43, 520ff; 50, 1273ff. Das oben Anm. 37 bemerkte gilt hier in verstärktem Ausmaß.

Umrechnung nach dem Metallwert der Geldstücke fremder Währung[44]. Doch enthält die neueste Rechtsprechung des Obersten Bundesgerichts hier wesentliche Ansätze zu einer Klärung. In dem Urteil Deutsche Bank v. Humphrey wird ausgeführt, es sei eine Forderung des materiellen Rechts, daß Vertragsschulden fremder Währung nach dem Zeitpunkt der Vertragsverletzung in Dollar umgewandelt werden sollen, der Satz könne also nicht zur Anwendung kommen, wo fremdes Schuldrecht maßgebend ist; wenn ein solcher Sachverhalt dennoch vor die amerikanischen Gerichte gelange, so könne erst das Verfahren den Anlaß zu einer Umwandlung geben, und es entscheide damit dessen Zeitpunkt[45].

Umwandlung durch den Schuldner.

4. In Anknüpfung an l. 99 D. 46,3 ist man seit dem Mittelalter darüber einig, daß der Schuldner in einer andern Währung als der geschuldeten zahlen dürfe, wenn dies ohne Schaden für den Gläubiger geschehen kann[46]. Es ist einleuchtend, daß bei der Wirrnis der Münzverhältnisse dem Schuldner damit eine Erleichterung bei der Zahlung gewährt werden sollte — bei der Zahlung als demjenigen Vorgang, bei dem durch Hingabe von Geldstücken die Schuld zu tilgen war — und es lag in einer Zeit, die den Wert der Geldstücke vornehmlich nach ihrem Metallgehalt bemaß, besonders nahe, eine solche Erleichterung zu gewähren. Ihr Sinn war, dem Schuldner die Hingabe von Geldstücken zu ermöglichen, die er an Ort und Stelle vorfand. Mit der wachsenden Steigerung des staatlichen Selbstbewußtseins, mit einer Regelung des Geldumlaufs, die aus staatswirtschaftlichen Gründen heimisches Geld bevorzugt, fremdes Geld fernhält, hat jene Möglichkeit eine Umformung erfahren: auch jetzt noch kann der Schuldner statt der geschuldeten in andrer Währung bezahlen, aber nur die Währung des Staats, in dem der Zahlungsvorgang sich abspielt, kommt hiefür in Betracht. Die währungsrechtlichen Maßnahmen dieses Staats bewirken, daß nur die Ortswährung als jederzeit greifbar dem Schuldner

---

[44] In s. 456 t. 31 des Code of the Laws of the U.S. heißt es: *no foreign gold and silver coins shall be a legal tender in payment of debts.* Doch will das nicht Zahlungen in fremder Währung verbieten, sondern den Annahmezwang für fremde Geldzeichen ausschließen, wenn in inländischer Währung bezahlt wird.

[45] Urteil vom 23. XI. 1926 United States Reports 272, 517. (Ein Minderheitsvotum freilich verlangt die Umwandlung nach dem Zeitpunkt der Vertragsverletzung, „denn" in diesem Zeitpunkt sei der Ersatzanspruch entstanden, und ausländisches Geld ist Ware.) Das Gewicht des Urteils wird verstärkt durch das Urteil desselben Gerichtshofs in Sachen Guinness v. Hicks 16. XI. 1925 U.S. Reports 269, 71: hier handelt es sich um eine Markschuld unter amerikanischem Recht, und es wird nach dem Zeitpunkt der Fälligkeit umgewandelt. Vgl. dazu auch Harvard Law Review 40, 619ff mit weiteren Angaben.

[46] Geschichtliche Angaben bei Ascarelli, Rivista 444ff; auch bei Béquignon 103ff. Ergänzungen und Kritik bei Nußbaum, Geld 209f, 217.

zu Gebote steht, und es ist dies Umwandlungsrecht selbst eine weitere Maßnahme, zu dem gewünschten Ergebnis zu gelangen. Das Umwandlungsrecht des Schuldners ist gegenstandslos, wo eine exzessive Bevorzugung der heimischen Währung den Staat veranlaßt (s. oben Z. 1), von vornherein für jede Zahlung die Verwendung der Inlandswährung zu fordern. Es ist auch verschieden von jener prozessualen Umformung, von der im vorausgehenden die Rede war, und die teils auf eine ähnliche Unduldsamkeit des Staats gegen fremde Währungen zurückgeht, teils auf prozessuale, insbesondere vollstreckungstechnische Schwierigkeiten sich gründet. Bei dem Umwandlungsrecht des Schuldners, das hier zur Erörterung steht, handelt es sich immerhin um materielles Recht. Aber freilich seiner Bedeutung nach nicht einfach um ein Stück bürgerliches Schuldrecht. Währungsrecht greift hier in die Abwicklung der Schuldverhältnisse ein und beugt (formal natürlich selbst zu einer Regel des Schuldrechts geworden) den Satz ab, daß bei der Erfüllung dasjenige geleistet werden muß, was Gegenstand des Schuldverhältnisses ist. Es ist sehr wunderlich zu sehen, wie die Theorie da und da diesen einfachen Ausgangspunkt aus den Augen verloren hat und nun in solcher Ersatzmöglichkeit eine geheimnisvolle schuldrechtliche Begünstigung des Schuldners sucht, deren Sinn niemand zu deuten weiß, die schlechthin Willkür wird, wenn man sie von ihren währungsrechtlichen Ausgangspunkten und damit von dem Vorgang der Zahlung ablöst. Man führt die Umwandlungsbefugnis, zumal in Frankreich, gern auf den zu vermutenden Willen des Gläubigers zurück[47]. Daran ist soviel zutreffend[48], daß, wie unten auszuführen, der Schuldner sich zur Zahlung in Geldzeichen der fremden Währung als einer Sachleistung verpflichten und mittelbar dadurch in der Tat auf Umwandlung verzichten kann. Aber die Umwandlungsbefugnis selbst besteht unabhängig von dem Einverständnis der Parteien[49], und es erhellt die Unzureichendheit einer solchen Begründung sogleich, wenn man an Verpflichtungen aus Gesetz denkt, die in fremder Währung geschuldet

---

[47] F. Surville, Cours de droit international privé[7] (1925) 812. Béquignon 110ff. — Andrerseits A. Pillet, Journal 1896, 15 und Traité de droit international privé (1924) 282: die „öffentliche Ordnung“ fordert, daß (von dem Fall einer Effektivvereinbarung abgesehen) stets in Inlandswährung bezahlt werden kann.

[48] Ascarelli, Moneta 112f will das Umwandlungsrecht geradezu als einen Verzicht auf die Effektivklausel auffassen.

[49] Bemerkenswerte Vorschläge der International Law Association, Report 1926, 718 wollen eine Anzahl von Schwierigkeiten des internationalen Währungsrechts durch Klauseln regeln, die übereinstimmend in die Vereinbarungen der Parteien aufgenommen werden sollen. Darunter die Regel 1: wird eine Währung im Vertrag genannt, so muß Zahlung in ihr erfolgen. Eine solche Klausel könnte beispielsweise den deutschen § 244 BGB. nicht außer Kraft setzen. Sie kann nicht als Vereinbarung einer Effektivzahlung angesehen werden; sonst aber ist § 244 zwingendes Recht.

werden und für welche die Umwandlungsmöglichkeit in gleicher Weise gegeben ist[50]. Gar nichts zu tun hat diese Umrechnung mit der Frage, in welcher Währung eine Schuldverpflichtung begründet worden ist; erst wenn feststeht, daß eine Schuld fremder Währung vorliegt, kann eine Umwandlung in dem hier erörterten Sinn in Betracht kommen. Und ebensowenig steht sie in Zusammenhang mit einem Schadenersatz, der etwa wegen Entwertung der fremden oder der heimischen Währung, vielleicht unter dem Gesichtspunkt des Verzugs, zu leisten wäre[51].

In einer Anzahl von Staaten ist diese Umwandlung durch ausdrückliche Gesetzesvorschrift zugelassen[52]. Insbesondere ist hier Art. 37 der deutschen Wechselordnung[53] das Vorbild für wechselrechtliche Be-

---

[50] Auch das wird allerdings von Ascarelli bestritten. Dazu gleich unten.

[51] Der Entwurf eines italienischen Handelsgesetzbuchs, der in Art. 303 den bisherigen Rechtszustand zweckmäßig verbessert, kommt in seiner Begründung (Relazione della Commissione 127) von dem Gedanken des Schadenersatzes noch nicht los. — Vollends mißverständlich ist ein Verfahren, das das Reichsgericht wiederholt eingeschlagen hat. In dem Urteil 1. VII. 1924 Entscheidungen 108, 337 war ein Wechsel holländischer Währung nicht rechtzeitig bezahlt worden; das Reichsgericht rechnet auf Verlangen des Schuldners unter Berufung auf Art. 37 der Wechselordnung nach dem Zeitpunkt der Fälligkeit um, aber nicht in Reichswährung, weil diese in der Währungskrise die Eigenschaft als Wertmesser verloren habe, sondern in Dollar als die stabilste Währung, und von hier aus, nach den besonderen Umständen des Falls, in Mark. Ganz ähnlich, gleichfalls in einer Wechselsache, das Urteil 17. III. 1925 Entscheidungen 110, 295. Und doch kann es bei Umrechnungsbestimmungen der hier erörterten Art, zu denen auch Art. 37 der Wechselordnung gehört, nur die unmittelbare Umrechnung von der geschuldeten fremden in die Inlandswährung geben, und wenn die Inlandswährung seit dem Zeitpunkt der Umrechnung gefallen ist, so müssen die gleichen Mittel helfen, die sonst bei einer solchen Entwertung zu Gebote stehen, möglicherweise Ersatz des Verzugsschadens, im Übrigen Aufwertung. Und wie wäre nach dem Reichsgericht zu verfahren, wenn der Wechsel unmittelbar auf Dollar gelautet hätte? Der tiefere Grund dieser Schwierigkeiten liegt freilich in der Auslegung, die das Reichsgericht dem Gesetz hinsichtlich des Zeitpunkts der Umwandlung gibt; dazu gleich unten. Verwandte Gedankengänge wie in diesen Urteilen auch bei Béquignon 148f.

[52] Für Sonderfälle begegnet man zuweilen auch einem Ausschluß der Umwandlung. In den S. 182 genannten Staatsverträgen verpflichtet sich Danzig, Rechtsgeschäfte in polnischer Währung zuzulassen, und es sollen Schulden solcher Art ohne Zustimmung des Gläubigers nur in dieser Währung bezahlt werden dürfen. Die eingeschränkte Verpflichtung, die Polen für die Zulassung von Geschäften in Danziger Währung übernimmt, ist für den Ausschluß der Umwandlung noch einmal weiter eingegrenzt. Umwandlung soll in Polen unstatthaft sein, wenn der vertragliche Erfüllungsort in Danzig liegt.

[53] „Lautet ein Wechsel auf eine Münzsorte, welche am Zahlungsorte keinen Umlauf hat, oder auf eine Rechnungswährung, so kann die Wechselsumme nach ihrem Werte zur Verfallszeit in der Landesmünze gezahlt werden, sofern nicht der Aussteller durch den Gebrauch des Wortes „effektiv“ oder eines ähnlichen Zusatzes die Zahlung in der im Wechsel benannten Münzsorte ausdrücklich bestimmt hat.“

stimmungen anderer Staaten geworden. Die Vorschrift wurde in der Folge durch Art. 336 des Allgemeinen Deutschen Handelsgesetzbuchs auf das ganze Gebiet des Handelsrechts übertragen, auch dies das Vorbild für handelsrechtliche Bestimmungen des Auslands, und hat nunmehr in § 244 BGB. Anerkennung für das gesamte bürgerliche Recht erhalten: „Ist eine in inländischer Währung ausgedrückte Geldschuld im Inlande zu zahlen, so kann die Zahlung in Reichswährung erfolgen, es sei denn, daß Zahlung in ausländischer Währung ausdrücklich bedungen ist. Die Umrechnung erfolgt nach dem Kurswerte, der zur Zeit der Zahlung für den Zahlungsort maßgebend ist". Aber auch in solchen Staaten, die einer ausdrücklichen Vorschrift entbehren, pflegt das Umwandlungsrecht des Schuldners regelmäßig anerkannt zu werden, freilich nicht immer geschieden von einem Zwang zur Umwandlung in dem früher erörterten Sinn[54]. Auf der andern Seite findet man zuweilen positivrechtliche Beschränkungen der Umwandlung, im italienischen und nach seinem Vorbild im rumänischen Handelsgesetzbuch — Reste älterer währungsrechtlicher Zustände, die heute der praktischen Tragweite entbehren[55].

Das Recht der Umwandlung erfaßt jegliche Schuld fremder Währung, mag diese Währung durch Rechtssatz auferlegt oder durch Rechts-

---

[54] Das gilt besonders für Frankreich, wo auch im Übrigen die Meinungen über den Gegenstand sehr geteilt sind. Zuweilen wird hier, wenigstens gegenüber Art. 143 des Handelsgesetzbuchs für das Wechselrecht, eine Umwandlungsbefugnis in Abrede gestellt (zu den Vertretern dieser Meinung gehören Lyon-Caen und Renault, Traité de droit commercial[5] 4, 276; vgl. auch Cuq, Revue 1925, 343f). Auch unter besonderen Umständen: wenn die Fremdwährung im Inland versprochen wurde (Handelsgericht Paris, Journal 50, 97); wenn es sich um einen ausländischen Schuldner handelt (Mater 255), wird gelegentlich die Umwandlung versagt. — Übersicht bei Béquignon 104ff. — Die oben Anm. 49 erwähnten Beschlüsse der International Law Association wollen bei Verträgen mit benannter Währung die Umwandlung völlig ausschließen.

[55] Nach Art. 39 des italienischen Handelsgesetzbuchs greift die Umwandlung nicht platz, wenn die vereinbarte Währung im Inland „gesetzlichen oder Handelskurs" hat. Man hat unter einer Währung mit Handelskurs zuweilen jede börsenmäßig gehandelte Währung verstehen wollen (beispielsweise Appellhof Mailand Journal 51, 259; vgl. auch Bolaffio, Codice di commercio commentato[5] 2, 217), und das würde praktisch beinahe zu dem Ausschluß jeglicher Umwandlung führen. Indessen geht, wie vor allem Ascarelli, Rivista 455 gezeigt hat, der Vorbehalt des Handelskurses auf Münzverhältnisse zurück, bei denen bestimmte Auslandswährungen neben der heimischen in allgemeiner Benützung standen. Heute ist ein solcher Vorbehalt auch für Italien längst gegenstandslos, und nicht einmal in Grenzgebieten, in denen die Währung des Nachbarlands umläuft — den Fall will Scaduto noch als praktisch gelten lassen — wird man diese Währung als eine Verkehrswährung im Sinn des Gesetzes ansehen dürfen. Vgl. für diese Auffassung des Handelskurses beispielsweise den Appellhof Mailand Journal 48, 999; Appellhof Genua Journal 52, 485; Vivante, Tratatto di diritto commerciale[5] 4, 61; Scaduto 40ff; Nußbaum 216. Für Rumänien etwa Schwefelberg, Journal 51, 931.

geschäft begründet, nach inländischem oder nach ausländischem Recht anwendbar geworden sein[56]. Wo immer aber dies Recht eingreift, ist vorausgesetzt, daß eine Schuld in fremder Währung besteht, und daß sie in dieser Währung verbleibt, bis die Umwandlung in Anspruch genommen wird[57]. Die Umwandlung selbst kann ihrem Sinn entsprechend im Augenblick der Zahlung, gleichviel wann diese erfolgt, vorgenommen werden; eine verspätete Ausübung bewirkt nicht etwa den Untergang der Befugnis oder einen Anspruch auf Verzugsschaden[58], und es entspricht dem, daß ein Urteil, das über die Schuld ergeht, (mangels positivrechtlicher Hindernisse) auf die fremde Währung zu lauten hat, ja auch nur ein Vorbehalt des Umwandlungsrechts als fehlerhaft angesehen werden muß[59]. Wo der Grundgedanke der Einrichtung sich rein

[56] Anderer Meinung ist hier das neue Buch Ascarelli's. Über seinen Versuch, das Umwandlungsrecht in Verbindung zu bringen mit einer grundsätzlichen Scheidung in dem Gebrauch fremder Währung: ob es sich um die Währung des Staats handelt, dessen Recht das Schuldverhältnis beherrscht, oder um eine durch Rechtsgeschäft abweichend bestimmte Währung, oben S. 170[5]. Auch die in dem Buch vorausgesetzte Wechselbeziehung zwischen Umwandlungsrecht und Effektivklausel besteht nicht zu Recht, s. darüber unten S. 204. Aber auch was sonst 112f gegen eine Erstreckung der Befugnis auf gesetzliche Verpflichtungen vorgebracht ist, wird nicht durchgreifen. Das Umwandlungsrecht, wie es heute besteht, hat sich von seinen geschichtlichen Ausgangspunkten abgelöst. Für Deutschland kann hier angesichts des Gesetzes ohnehin kein Zweifel bestehen. Aber auch für das italienische Gesetz, dessen Wortlaut nur von „Verträgen" spricht, erscheint es bei der Allgemeinheit des Rechtsgedankens willkürlich, mit der — anerkannten — Notwendigkeit einer erweiternden Auslegung gerade vor Verpflichtungen aus Gesetz haltzumachen.

[57] Seit der Entscheidung der Vereinigten Zivilsenate des Reichsgerichts vom 24. I. 1921 Entscheidungen 101, 312 in Deutschland allgemein anerkannt. Entsprechend Ohmeyer, Allgemeine Österreichische Gerichtszeitung 1918, 276. v. Thur, Schweizerische Juristenzeitung 19, 18. Ascarelli, Rivista 456. Körsner, Svensk Juristtidning 1926, 39. In Frankreich begegnet man öfter abweichenden Meinungen: nach dem Appellhof Rouen Journal 52, 672 soll Inlandswährung geschuldet sein mit der Erleichterung für den Schuldner, seine Verpflichtung auch in der fremden Währung erfüllen zu können; Zusammenfassung bei Béquignon 111.

[58] Das ist gelegentlich in Italien angenommen worden: Kassationshof Rom 13. IX. 1924, Giurisprudenza italiana 1924 I 898. Bolaffio 225. Dagegen Scaduto 106. Nach Nußbaum, Geld 211 muß der Schuldner im Fall eines Rechtsstreits über den Anspruch die Erklärung bis zu dem letzten Zeitpunkt abgegeben haben, bis zu welchem der Richter Einwendungen des Schuldners berücksichtigen darf. Ganz vereinzelt die Meinung des Oberlandesgerichts Köln, Juristische Wochenschrift 1920, 910: wenn Schuldner von seinem Wahlrecht nicht bis zum Schluß der letzten Verhandlung Gebrauch gemacht hat, geht sein Wahlrecht auf den Gläubiger über.

[59] Brodmann, Juristische Wochenschrift 1921, 442. Reichsgericht 15. XII. 1924 ebenda 1925, 467. Pollak, Österreichische Zeitschrift für Versicherung (1919) 8, 8ff. Daß danach auch die Rechtskraft des auf Fremdwährung lautenden Urteils einer späteren Umwandlung nicht entgegensteht, bemerkt Ascarelli, Moneta 247[1].

erhalten hat, da kann nur der Schuldner, nicht auch der Gläubiger von der Umwandlung Gebrauch machen[60]. Für Deutschland steht diese Rechtslage heute außer Zweifel[61], sie wird auch in Österreich anerkannt[62], wird für die Schweiz[63], für Italien[64] vertreten, dürfte auch für Holland richtig sein[65]. Und wenn man, zumal in Frankreich, einer abweichenden Meinung begegnet[66], so führt das in völlig andere Zusammenhänge. Denn ein Wahlrecht des Gläubigers ist nur der Reflex einer Bevorzugung, die der Inlandswährung schlechthin zugebilligt wird, derart, daß jede Schuld ausländischer Währung in Ortswährung bezahlt werden darf oder muß (im letzteren Fall gar kein Wahlrecht mehr). Zu der Erleichterung, die man dem Schuldner einräumen wollte, in der an Ort und Stelle verfügbaren Währung zu bezahlen, hat das keinerlei Beziehung.

Macht der Schuldner von seiner Umwandlungsbefugnis Gebrauch, so bedarf es einer Feststellung des Wertverhältnisses, das zwischen der geschuldeten Fremdwährung und dem zur Zahlung verwendeten Inlandsgeld besteht. Daß dies Wertverhältnis nach dem Kurs des fremden Geldes bestimmt wird, ist immerhin nicht ganz so selbstverständlich, als es scheinen möchte. Wenn ich ein kolumbisches Gesetz von

---

[60] Es ist üblich, von einer facultas alternativa zu sprechen, die dem Schuldner damit eingeräumt wird. Dazu auch oben S. 132.

[61] Reichsgericht 6. IV. 1925, Juristische Wochenschrift 1986; Nußbaum 217 und öfter.

[62] Ohmeyer, Pollak a. a. O. Weiter scheint freilich eine Verordnung 21. IX. 1899 III § 19 RGBl. 859 zu gehen, die bei Einführung der Kronenwährung erlassen und durch § 8 des Schillingsrechnungsgesetzes aufrecht erhalten worden ist: Verbindlichkeiten, die auf ausländische Währung lauten, aber nicht effektiv zu leisten sind, sind in Gemäßheit der bestehenden gesetzlichen Bestimmungen in Kronen (jetzt Schilling) zu erfüllen. Allein „in Gemäßheit der bestehenden gesetzlichen Bestimmungen" sind solche Schulden nicht in Inlandswährung zu bezahlen, wenn der Schuldner nicht darauf anträgt.

[63] v. Tuhr a. a. O. Die Rechtsprechung freilich gleitet manchmal in die Meinung ab, daß eine Schuld fremder Währung stets in Inlandswährung bezahlt werden darf oder sogar muß.

[64] Scaduto 108, 126; Ascarelli 105.

[65] Entgegen der Rechtsprechung will Meijers, Weekblad voor privaatrecht 1924, 170ff auch dem Gläubiger das Recht zur Umwandlung gewähren. Indessen bei Art. 19 des Münzgesetzes von 1901 und dem anschließenden Art. 1638h BGB., auf die sich Meijers beruft, handelt es sich meines Erachtens um Sonderfälle: in Grenzgemeinden, in denen der Umlauf der Währung des Nachbarstaats zugelassen ist, kann der Gläubiger stets Zahlung in Inlandswährung verlangen. Bei Art. 156 HGB. aber, der (wenn wirklich dies sein Sinn ist!) Zahlung eines Wechsels fremder Währung in Inlandswährung fordert, steht gar kein Wahlrecht des Gläubigers in Frage, sondern eine objektiv wirkende Zwangsvorschrift.

[66] Kassationshof 11. VII. 1917 Journal 45, 212. Handelsgericht Marseille 7. XII. 1922 Journal 50, 803 usw. Vgl. überhaupt Béquignon 111.

1904[67] recht verstehe, das gestattet, den in fremder Währung vereinbarten Kaufpreis einer Ware mit Inlandsnoten zu bezahlen, so wird dort die Menge des zu zahlenden Inlandsgeldes durch den Marktpreis der verkauften Ware bestimmt, wie er im Zeitpunkt der Zahlung in inländischer Währung besteht. Aber freilich das sind Singularitäten; nur der Wert, den Geld der geschuldeten Währung als Ware besitzt, bietet die Grundlage zu einer gesicherten Vergleichung. Ist aber der Kurs der geschuldeten Auslandswährung entscheidend, so bedarf es doch noch der Feststellung — und es ist die zentrale Frage des ganzen Fragenkreises — für welchen Zeitpunkt eine solche Umrechnung stattzufinden hat. Die Antwort ist mit den bisherigen Erörterungen schon gegeben. Ist der Schuldbetrag in fremder Währung geschuldet und handelt es sich darum, bei dem Zahlungsvorgang dem Schuldner eine Erleichterung, der Inlandswährung eine Förderung zu verschaffen, so folgt daraus notwendig, daß das Wertverhältnis zwischen der geschuldeten Fremdwährung und dem Betrag an Heimwährung, den der Schuldner an deren Stelle leisten darf, durch den Zeitpunkt der Zahlung bestimmt wird. Jeder andere Zeitpunkt führt zu Willkür, hat zur Folge, daß der Gläubiger mehr erhält oder sich mit weniger begnügen muß, als er zu beanspruchen hat. Das Umwandlungsrecht des Schuldners bedeutet eine Besonderheit in der Art der Zahlung, aber es kann unmöglich in den Inhalt des Schuldverhältnisses eingreifen wollen. Eine Umrechnung nach dem Zeitpunkt der Fälligkeit wird gern mit der Begründung vertreten, daß der Zeitpunkt der Fälligkeit das Maß der Leistung des Schuldners festlege. Aber hinsichtlich ihres Inhalts bedarf es keiner Festlegung der Schuld; geschuldet ist vor wie nach der Fälligkeit der feststehende Betrag in Auslandswährung. Und wenn im Zeitpunkt der Fälligkeit Unsicherheiten über die Höhe des Betrags bestehen, der für den Fall einer Umwandlung zu leisten ist, so betreffen diese Unsicherheiten nicht das Schuldverhältnis, sondern sie folgen aus dem von ihm getrennten, bei Gelegenheit seiner Erfüllung in Erscheinung tretenden Tatbestand der Umwandlung, die dem Schuldner freigelassen ist. Insbesondere müssen hier auch Erwägungen, die auf den Ersatz von Verzugsschaden Bezug haben, beiseite bleiben; solcher Ersatz hat im Verzug einen andern Rechtsgrund als das Umwandlungsrecht des Schuldners. Und ebensowenig kann in diesem Umwandlungsrecht ein Schutz gegen Geldentwertung gesucht werden. Ob es sich dabei um eine Entwertung der Inlandswährung oder der geschuldeten Fremdwährung handelt: es ist Sache des Staats der entwerteten Währung, wenn er es für gut findet, mit dem Notbehelf der Aufwertung für Ausgleich zu sorgen; daß die Entwertung gerade bei Ausübung des Umwandlungsrechts sichtbar wird, entbehrt der rechtlichen Bedeutung.

---

[67] Handelsgesetze des Erdballs 3 I 1, 237. Der Gedanke findet sich gelegentlich auch in den Vereinigten Staaten.

Damit ist zunächst Stellung genommen gegen Versuche, dem Gläubiger einen besonders günstigen Kurs zwischen Fälligkeit und Zahlung zu sichern[68], insbesondere aber auch (von positiver Vorschrift zunächst abgesehen) gegen eine Umrechnung nach dem Zeitpunkt der Fälligkeit. In Deutschland hat sich diese Anschauung seit der mehrerwähnten Plenarentscheidung des Reichsgerichts von 1921 allgemein durchgesetzt[69], wie sie einheitlich auch in Dänemark und zu einem Teil in Schweden gebilligt wird[70]. Sie entspricht insbesondere auch der herrschenden Ansicht in Frankreich[71] und im wesentlichen derjenigen in Belgien[72]. Von besonderem Interesse jedoch ist in diesem Zusammenhang die Haltung derjenigen Länder, in denen gesetzliche Vorschriften ausdrücklich auf den Zeitpunkt der Fälligkeit verweisen. Man hat das in der Schweiz[73] und entsprechend jetzt in der Türkei[74], hat es in Brasilien[75] buchstäblich genommen. Sehr bemerkenswert hin-

[68] So Reichel, Archiv für zivilistische Praxis 1926, 224 ff. Meijers a. a. O. Bolaffio 218 ff. Magyari, Journal 53, 221. Der Appellhof Genua 24. III. 1924 Journal 52, 485.

[69] Hervorzuheben Nußbaum, Geld 211 ff.

[70] Ussing, Svensk Juristtidning 188 ff für Dänemark. Für Schweden Körsner ebenda 42 ff, der sich selbst jedoch für die Fälligkeit entscheidet. Für die nordischen Länder bietet die entsprechende Bestimmung in § 35 der Wechselordnung einen Anhaltspunkt (allerdings beeinträchtigt durch eine Klausel von bestrittener Tragweite in § 36). Für Holland Nußbaum, Vertraglicher Schutz 60[3]. Für Südslawien ebenda 60[2]. In Griechenland begegnet man schwankenden Meinungen (Journal 52, 1105 mit Note von Tenekides; 53, 1089; Papapanos Auslandsrecht 4, 33 ff). Die International Law Association (oben Anm. 49) hat sich, soweit sie eine Umwandlung überhaupt zuläßt, gleichfalls für den Zeitpunkt der Zahlung ausgesprochen.

[71] Zwei Entscheidungen des Kassationshofs 9. III. 1925 Journal 53, 103. Feststehende Rechtsprechung nach Perroud, Journal 51, 637 und 53, 658; Béquignon 111. Doch fehlt es nicht an Entscheidungen und Äußerungen der Literatur, die auf den Zeitpunkt der Fälligkeit oder des Verzugsbeginns verweisen. Zur Begründung dienen überwiegend Rücksichten auf den Verzug. Den zahlreichen Angaben bei Nußbaum, Geld 213[1] seien beigefügt für die Zahlung: Handelsgericht Nizza 30. IV. 1924, Journal 52, 743; Appellhof Paris 19. XI. 1924 und 15. VII. 1925, Journal 53, 608 und 658. Für die Fälligkeit: Handelsgericht Nizza 9. I. 1924, Journal 52, 414; Appellhof Paris 17. VII. 1925, Journal 52, 1018. Für den Zeitpunkt der Inverzugsetzung Appellhof Paris 5. V. 1926, Journal 54, 87; Kassationshof 12. IV. 1927, Journal 55, 414. Für Fälligkeit auch Cuq, Revue 20, 344 ff; Arminjon, Précis 2, 303 ff. Nach Mater, Revue du droit bancaire 5, 339 ff soll der Kurs des Zahlungstags als „Strafkurs" wegen eines Verzugs des Schuldners in Betracht kommen.

[72] Angaben bei Nußbaum, Geld 213[3].

[73] Ausgangspunkt Art. 84, 756 des Obligationenrechts. v. Tuhr, Allgemeiner Teil des Schweizerischen Obligationenrechts (1924) 1, 54. Weitere Angaben bei Nußbaum, Geld 214[1]; dazu Bezirksgericht Zürich 21. III. 1916, Schweizerische Juristenzeitung 13, 8; Zivilgericht Genf 13. I. 1920, Journal 47, 279.

[74] Salem, Journal 55, 608 ff.

[75] Ausgangspunkt Art. 947 BGB. Oberstes Bundesgericht 22. V. 1918, Journal 48, 993.

gegen erscheint, daß man in Österreich sich trotz des abweichenden Wortlauts der gesetzlichen Vorschriften veranlaßt gesehen hat, auf den Zeitpunkt der Zahlung abzustellen[76]. Die neuere Rechtsprechung in Ungarn hat sich dahin entschieden[77], und dasselbe gilt für den überwiegenden Teil der italienischen Rechtsprechung[78], auch für die Auslegung, die gleichartige Bestimmungen in anderen Staaten gefunden haben[79]. Man schafft sich in diesen Gebieten die Freiheit zu sachgemäßer Lösung mit der Erwägung, das Gesetz habe, wenn es eine Umwandlung nach dem Zeitpunkt der Fälligkeit zulasse, den Fall vor Augen gehabt, daß die Zahlung am Tag der Fälligkeit vorgenommen werde. Die gleiche Frage ist aber auch für Deutschland aufzuwerfen, wo Art. 37 der Wechselordnung die gleiche Schwierigkeit schafft. Man scheint hier freilich den Buchstaben des Gesetzes für sakrosankt zu betrachten[80] — obwohl doch derselbe Text, auch in Österreich giltig, dort einhellig die gegenteilige Auslegung empfängt. Die Vorschrift ist ohne Erörterung aus dem Preußischen Landrecht (II, 8, 877) übernommen worden, und es ist sehr wahrscheinlich[81], daß dort ebenso wie in anderen älteren Quellen auf den Zeitpunkt der Fälligkeit deshalb verwiesen wurde, um festzulegen, daß für die Umrechnung nicht der Zeitpunkt der Schuldbegründung entscheiden solle. Ich neige dazu, Umrechnung nach dem Tag der Zahlung auch für das deutsche Wechselrecht als geltendes Recht anzusehen.

---

[76] So gegenüber Art. 37 der Wechselordnung und Art. 336 HGB. der Oberste Gerichtshof 12. II. 1919 Entscheidungen 1, 39. Ohmeyer 296ff. Pollak a.a.O. A. Ehrenzweig, System des Allgemeinen Österreichischen Privatrechts (1920) 2 I 22. O. Pisko, Lehrbuch des österreichischen Handelsrechts (1923) 156. Walker, Internationales Privatrecht[4] 396. Übrigens spricht hier schon ein Patent vom 2. VI. 1848 (Geller, Justizgesetze 1, 303) von Umrechnung nach dem Tag der Zahlung. In dem Wechselgesetz der Tschechoslowakei § 33 vom 13. XII. 1927 ist jetzt ausdrücklich der Zahlungstag für maßgebend erklärt.

[77] Nußbaum, Vertraglicher Schutz 60[6]. Vgl. auch Geld 214[2] und oben Anm. 68.

[78] Hier spricht Art. 39 HGB. von der Fälligkeit. Vgl. den Streitstand bei Nußbaum, Geld 112[1]. Seither neuerdings für den Zeitpunkt der Zahlung der Kassationshof Rom 28. VI. 1924, Giurisprudenza italiana 1924 I 751, für den Zeitpunkt der Fälligkeit (aber dennoch der Zahlung unter dem Gesichtspunkt des Verzugs) derselbe Gerichtshof 13. IX. 1924 ebenda 898 und 11. V. 1925 ebenda 1925 I 867. Für den Zeitpunkt der Fälligkeit auch Vivante 63f und Ascarelli 105ff.

[79] Für Art. 41 des rumänischen Handelsgesetzbuchs, der dem italienischen Vorbild folgt, Schwefelberg, Journal 51, 931. Zu Art. 156 des niederländischen Handelsgesetzbuchs (für Wechsel) van Praag, Weekblad voor privaatrecht 1924, 313 (anders Meijers oben Anm. 68).

[80] s. die mehrgenannte Plenarentscheidung des Reichsgerichts von 1921, die beiden oben Anm. 51 erwähnten Urteile des Reichsgerichts, das Kammergericht 13. VI. 1924 Deutsche Juristenzeitung 743, Staubs Kommentar zur Wechselordnung[11] (1926) 155f usw. — nirgends wird auch nur der Zweifel laut, ob nicht eine andere Auslegung möglich wäre.

[81] Bedarf allerdings noch genauerer geschichtlicher Prüfung.

Handelt es sich bei der Umwandlung um eine Maßnahme, die das öffentliche Interesse an den Willen des Schuldners bindet und insoweit dessen Schutz bezweckt, so muß für die Umrechnung der Zeitpunkt maßgebend sein, der für den Schuldner Zeitpunkt der Zahlung ist, und es entscheidet demgemäß bei einer Zahlung unter Abwesenden der Kurs des Tags, an dem der Schuldner den Betrag abschickt, nicht der Kurs des Tags, an dem der Gegenwert dem Gläubiger zugeht[82]. Hat für den Schuldner ein anderer die Auszahlung übernommen, so kommt es auf den Tag an, an dem dieser andere das Geld absendet. Und es erwächst (bei einer Zahlung unter Anwesenden oder Abwesenden) dem Schuldner eine Gegenforderung, wenn aus Verschulden des Gläubigers der Schuldner verhindert wird, in einem Zeitpunkt zu bezahlen, dessen Kurs ihm bei der Umwandlung günstiger gewesen wäre[83].

Die Möglichkeit der Umwandlung besteht bei jeglicher Zahlung, die anzunehmen der Gläubiger verpflichtet ist, und immer nach dem Wert am Tag dieser Zahlung; so bei Vorschüssen und Teilzahlungen[84], und Entsprechendes gilt bei Hinterlegung. Sie besteht aber auch nur bei Barleistung. Also nicht, weil die ratio legis mangelt, bei Aufrechnung (darüber oben S. 138). Und es verhält sich bei einer Gutschrift in laufender Rechnung nur dann anders, wenn nach den Umständen des Falls ein Einverständnis der Parteien über die Zulässigkeit der Umwandlung angenommen werden kann[85]. Außerhalb des Bereichs der Geldschulden ist für die Einrichtung von vornherein kein Raum[86].

Endlich aber ist es bei Verpflichtungen in fremder Währung, die auf Rechtsgeschäft beruhen, ganz regelmäßig in die Hand der Beteiligten gegeben, das Umwandlungsrecht des Schuldners außer Anwendung zu setzen: nämlich dann, wenn der Schuldner sich verpflichtet hat (oder, etwa bei letztwilliger Verfügung, verpflichtet ist), nicht bloß den währungsmäßig bestimmten Wert zu übertragen, sondern — als

---

[82] Oberlandesgericht Hamburg 14. II. 1924, Rechtsprechung der Oberlandesgerichte 45, 120; Oertmann, Recht der Schuldverhältnisse[5] § 244[3].

[83] Dazu des Näheren Nußbaum, Geld 215, allerdings unter abweichender Auffassung des juristischen Vorgangs.

[84] Dazu Nußbaum 214. Anders der Appellhof Aix 1. XII. 1926, Journal 55, 372, weil der Vorschuß einen Rechnungsposten bilde.

[85] Liegt das Einverständnis vor, so beruht die Umwandlung nicht auf § 244 und gleichartigen Bestimmungen, sondern auf dem Parteiwillen. Nach der zu vermutenden Absicht der Parteien wird die Umrechnung regelmäßig nach dem Tag der Gutschrift erfolgen müssen, unbeschadet der Geltendmachung einer Gegenforderung, wenn die Gutschrift schuldhaft verzögert wurde. Vgl. dazu Friedensgericht Paris 6. I. 1922 Journal 49, 384. Natürlich bedarf es auch hier einer vorgängigen Feststellung, in welcher Währung die gutzubringende Forderung entstanden ist.

[86] Also nicht, wo fremde Geldzeichen als Ware zu liefern sind. Aber auch nicht (oben S. 167), wo fremde Währung bei einer Schadenzufügung als Naturalersatz zu gewähren ist.

Nebenleistung — in der Höhe dieses Werts Geldzeichen der geschuldeten Währung zu übereignen. Eine solche „Effektivklausel" bedeutet freilich nicht die bloße Ergänzung zu dem Umwandlungsrecht des Schuldners in dem Sinn, daß auf der einen Seite dem Schuldner das Umwandlungsrecht eingeräumt, auf der andern ihm mit der Effektivklausel die Möglichkeit eines Verzichts auf dies Recht in die Hand gegeben wäre. Der Anwendungsbereich der Klausel ist enger als der Umkreis, in dem die Befugnis des Schuldners sich betätigen kann; sie entfällt bei Verpflichtungen aus Gesetz. Und sie reicht, wo von ihr Gebrauch gemacht wird, nach Inhalt und Umfang über einen Verzicht auf die Umwandlung hinaus. Denn es wird mit ihr die positive Verpflichtung zu einer Sachleistung mitübernommen; und sie ist nicht bloß gegenüber einer Umwandlung durch den Schuldner wirksam, sondern manchmal auch bei einer Umwandlung durch Gesetz, gegenüber einem Gebot, alle Schulden fremder Währung in Inlandswährung zu bezahlen, gegenüber einer Vollstreckung in Inlandswährung. Dementsprechend besagt die Zulassung der Klausel denn auch nicht, daß Vorschriften über die Umwandlung selbst nachgiebiges Recht darstellten[87]. Die Klausel liegt vor, wo immer der Wille der Parteien erkennbar ist, daß die Zahlung in Geldzeichen der geschuldeten Währung erfolgen solle, und das ist trotz einer mißverstehbaren Wendung des Gesetzes auch für Deutschland Rechtens[88].

Von dem räumlichen Geltungsbereich aller dieser Bestimmungen kann erst unten § 112 gehandelt werden. Es werden dort Erwägungen vorzubringen sein, welche die Begründung der hier vorgelegten Ergebnisse verstärken.

§ 98.

II. Die Geldzeichen.

1. Anerkennung ausländischer Geldzeichen. — 2. Umlaufsbeschränkungen. — 3. Zulassung. — 4. Sonstige Gleichstellung.

Anerkennung ausländischer Geldzeichen.

1. Schon oben S. 127 ist ausgeführt worden, daß, wie die Währung, so auch die Geldzeichen eines fremden Staats Anerkennung bean-

---

[87] Vgl. oben Anm. 49. Zeigt sich etwa auch in der Verteilung der Beweislast nach § 244 BGB.

[88] § 244 BGB. schließt das Umwandlungsrecht aus, wenn Zahlung in fremder Währung „ausdrücklich" bedungen ist. Das heißt nicht, daß eine aus den Umständen erschlossene Willensmeinung unberücksichtigt bleiben solle; auch nicht, daß der Wille „in besonderem Maß unzweideutig" geoffenbart sein müsse (so das Reichsgericht Entscheidungen 107, 116). Vgl. schon Nußbaum 215. Streitstand bei Oertmann[5] § 244[2]. Anders etwa die ungarische Kurie 12. XII. 1923, Journal 52, 807.

spruchen können. Das bedeutet für das einzelne Geldzeichen Anerkennung seiner Währungsmäßigkeit und bedeutet damit Anwendung aller der Rechtssätze, welche die Gesetzgebung des Staats der Währung für die dem System angehörenden Geldzeichen aufgestellt hat; der Gegenstand wird unten §§ 106, 107 eingehender zu erörtern sein[1].

Hingegen gilt es nicht als unzulässiger Eingriff in die Geldwirtschaft eines Staats, wenn dessen Münzen in einem andern Land von Staatswegen eingeschmolzen und in die eigene Währung umgeprägt werden; augenscheinlich auf Grund einer Rechtsüberzeugung, die in die Zeiten zurückreicht, in denen die Geldstücke nur nach ihrem Metallgehalt bewertet wurden. Es dürfte dem eine ständige Übung entsprechen[2].

Die Übernahme eines fremden Geldsystems kann völkerrechtlich nicht beanstandet werden, und damit auch nicht die Ausgabe von Geldzeichen, es durchführbar zu machen; Beispiele unten § 101 Z. 1. Aber freilich, das hat zur Voraussetzung, daß derlei Geldzeichen unzweideutig als solche des ausgebenden oder sie anerkennenden Staats erkennbar sind und auch sonst zu Verwechslung keinen Anlaß bieten. Dagegen ist eine Nachbildung, die von Staatswegen oder mit Duldung eines Staats vorgenommen würde in der Absicht, solche Erzeugnisse als Geldzeichen eines andern Staats erscheinen zu lassen, völkerrechtlich unzulässig. Wenigstens für Friedenszeiten[3]. Ob es ein erlaubtes Kriegsmittel ist, die Währung des Gegners durch Verbreitung von Nachbildungen zu zerstören — die Verhältnisse im besetzten Feindesland bleiben einstweilen außer Betracht (dazu unten § 104 Z. 2) — möchte ich heute nicht mit der Sicherheit verneinen, zu der bis 1914 Anlaß gewesen wäre[4].

---

[1] Ein strafrechtlich gesicherter Annahmezwang, wie er dem französischen oder italienischen Recht bekannt ist, kommt selbstverständlich nach dem besondern Inhalt solcher Strafdrohungen nur für die eigene Währung dieser Länder in Betracht.

[2] In einem Abkommen 9. XII. 1921 Art. 7 Schweizerisches Bundesblatt 1922 I 77 behält sich die Schweiz „das Recht vor", die Silbertaler der anderen Vertragsstaaten des Lateinischen Münzvereins als Metall zu veräußern. In den Vereinigten Staaten steht sogar eine Vorschrift von 1793 noch heute in Geltung (Code 1926 t. 31 s. 373), nach der Gold- und Silbermünzen des Auslands, die bei staatlichen Kassen eingehen, in Inlandswährung umgeprägt werden müssen.

[3] Aus dem Verwaltungsbericht der Reichsbank für 1923 (1924) 16: Besatzungsbehörden im Rhein- und Ruhrgebiet „zwangen die Drucker mit Gewalt zur Fertigstellung von Notenmengen (der Reichsbank) ... scheuten aber auch nicht davor zurück, unvollständig bedruckte Bogen mitzunehmen, um sie in anderen Druckereien mit falschen Kennzeichen fertig drucken und zerschneiden zu lassen und derartige notorische Falschstücke in Verkehr zu setzen."

[4] In früheren Zeiten waren solche Nachmünzungen in Krieg und Frieden nicht selten. Vgl. darüber v. Luschin, Münzkunde[2] 147 ff; Lippert, Internationales Finanzrecht[2] 798 ff. Doch bestand auch in Kriegszeiten ein erheblicher Unterschied, ob es sich um die vollwichtige Nachbildung von Hartgeld handelte, um sich

Auf der andern Seite aber sind es gerade die Münzfälschungen, die, über den Bereich einer bloßen Anerkennung fremder Geldzeichen hinaus, in neuerer Zeit ganz allgemein zu einer Unterstützung fremder Währungen geführt haben. Der geschichtliche Ausgangspunkt dieser Maßregeln liegt in der Rücksicht auf die Staatshoheit des andern Teils, die auch die Fälschung seiner Münzen als crimen laesae majestatis erscheinen läßt[5]. Doch wird dieser Ausgangspunkt seither verdrängt durch wirtschaftliche Erwägungen. Denn bei der Verflechtung der Geldwirtschaften leidet der eigene Verkehr eines Lands Schaden, wenn die Fälschung ausländischen Gelds unbestraft bleibt. Demgemäß wird in neueren Strafgesetzgebungen, darunter auch § 146 StGB., die Fälschung ausländischen Gelds völlig ebenso bedroht wie diejenige inländischen Gelds. Andere Gesetzgebungen allerdings, unter denen der Code pénal einflußreich gewesen ist, unterscheiden im Strafmaß[6], und es gibt sogar Gebiete (Kanton Bern!), die noch heute die Fälschung ausländischen Gelds unbestraft lassen[7]. Auch Sondervorschriften des internationalen Strafrechts kommen vor, die Bestrafung von Verbrechen an ausländischem Geld zu sichern[8]; insbesondere behandelt wiederum das deutsche Recht — in sinnwidriger Überspannung[9] — solche Handlungen als „Weltverbrechen". Manchmal haben Staatsverträge den Strafschutz der Währung des andern Teils sichergestellt[10], und Vorgänge der jüngsten Zeit haben Frankreich veranlaßt, bei dem Völker-

---

ein anerkanntes Zahlungsmittel für Feindesland zu beschaffen, oder ob — so schon Napoleon 1809 gegen Österreich — Papiergeld nachgedruckt wurde, um die Währung des Gegners zu zerstören.

[5] Kohler in Vergleichende Darstellung des deutschen und ausländischen Strafrechts, Besonderer Teil (1906) 3, 214. Perreau, Revue critique de législation 1927, 277. Insbesondere geht auf diesen Zusammenhang eine mildere Bestrafung der Fälschung ausländischer Geldzeichen zurück, und es werden Gesetzgebungen, die den ursprünglichen Ausgangspunkt festhalten, auch ihren Strafschutz auf staatlich anerkanntes Geld beschränken.

[6] Dabei ist in der Rechtsprechung einmal der wunderliche Zweifel aufgetaucht, ob ein Falschstück als inländisches oder ausländisches Geld anzusehen sei. Ein Stümper hatte die Rückseite einem Gepräge nachgebildet, das in Frankreich gesetzlichen Kurs hat, die Vorderseite einem ausländischen Gepräge. Der Pariser Kassationshof Sirey 1838 I 171 meint, das Bild des Landesherrn sei das entscheidende Merkmal. Doch mußte offenbar den Ausschlag geben, ob nach Lage des Falls die Gefahr einer Verwechslung mit inländischen oder ausländischen Münzen bestand.

[7] Rechtsvergleichung bei Kohler a. a. O. 213 ff.

[8] Rechtsvergleichung bei Kohler 263 ff. Eine besonders empfindliche Lücke weist hier der Code pénal auf, der die Fälschung ausländischen Gelds im Ausland für Inländer und Ausländer materiell straflos läßt.

[9] Warum die Ablösung von den Gesetzen und der Gerichtsbarkeit des Tatorts, wenn ein Brasilianer in Brasilien brasilisches Geld gefälscht hat?

[10] Über die zwischen den deutschen Staaten bestehenden Münzkartelle von 1853 und 1857 Lippert[1] 910 f. Hier auch über den Schutz innerhalb des Lateinischen und des Skandinavischen Münzverbands.

bund die Ausarbeitung eines entsprechenden Abkommens zu beantragen. Ein vom Völkerbund berufener Ausschuß hat 1927 einen durchdachten Entwurf vorgelegt[11], der von einer Staatenkonferenz beraten werden soll. Der Entwurf[11a] sieht eine Gleichstellung inländischen und ausländischen Gelds im Strafschutz vor, trifft Vorsorge nach seiten des internationalen Strafrechts, stellt die Erledigung von Rechtshilfeersuchen sicher, begründet eine Verpflichtung zur Auslieferung. Besonders bemerkenswert aber erscheint, daß in jedem Vertragsstaat eine polizeiliche Falschgeldzentrale eingerichtet werden soll, daß diese Zentralstellen miteinander unmittelbar verkehren und sich die einschlagenden Mitteilungen machen sollen; in periodischen Konferenzen sollen Vertreter der Ämter gemeinsam beraten, und für eine spätere Entwicklung wird die Errichtung eines internationalen Nachrichtenamts ins Auge gefaßt[12]. Inzwischen aber hat bereits die Tatkraft einer Anzahl von Polizeiverwaltungen zu der teilweisen Verwirklichung eines solchen Gedankens geführt; es ist in Wien 1923 eine Internationale kriminalpolizeiliche Kommission geschaffen worden, als deren Organ die Wiener Zentralstelle die Aufgaben einer internationalen Falschgeldzentrale übernommen hat[13].

Umlaufsbeschränkungen.

2. Unabhängig von der Frage, wie weit Geldzeichen des Auslands Anerkennung und Schutz genießen, ergibt sich, wie für die Währung als System, auch für die Geldzeichen die Frage, in welchem Ausmaß sie für Angelegenheiten des Inlands den eigenen Geldzeichen gleichgestellt sind. Und auch hier ist der wesentlichste Gegenstand, der einer Regelung bedarf, die Statthaftigkeit ihres Gebrauchs.

---

[11] Société des Nations, Journal officiel 9, 197 ff; Begründung 187 ff; Überweisung an die Konferenz 121 ff. Französischer Antrag ebenda 7, 950. Der umfängliche Bericht, den Pella der Kommission erstattet hat, Revue générale de droit international public 1927, 673 ff.

[11a] Bei der Korrektur kann noch auf den Vertragsschluß vom 20. IV. 1929 verwiesen werden.

[12] Gleichstellung des fremden Gelds Art. 1 § 6; vgl. auch § 8 Zulassung der Auslandsbeteiligten als Zivilpartei. Internationales Strafrecht: Art. 1 § 3 jede Teilhandlung soll einen selbständigen Tatort begründen; § 10 Inländer, die die Fälschung im Ausland verübt haben, müssen bestraft oder ausgeliefert werden; § 11 Ausländer, die im Ausland gehandelt haben, sind nach Maßgabe des internationalen Strafrechts dieses Staats (vgl. Art. 3) und unter näher bezeichneten Voraussetzungen zu bestrafen. Rechtshilfe: Art. 1 § 16. Auslieferung: Art. 2; vgl. auch Art. 1 § 9: ein politischer Beweggrund genügt nicht, die Handlung als politisches Verbrechen erscheinen zu lassen (dazu Begründung 192 f). Über die Zentralstellen und ihre gegenseitigen Beziehungen Art. 1 §§ 12—15 (dazu Begründung 195 über das künftige internationale Amt und die einstweilige Nutzbarmachung der Wiener Zentrale). — Über unreife Pläne, Geldfälschungen einem Weltstrafgerichtshof zu überweisen, Pella 756 ff.

[13] Heindl, Archiv für Kriminologie (1924) 76, 22 ff.

Der Umlauf fremder Geldzeichen ist oftmals Beschränkungen unterworfen. Sie werden mittelbar herbeigeführt, wo schon der Vertragsschluß in fremder Währung verboten wird (oben § 96 Z. 4). Es wirkt in diesem Sinn, wenn Schulden fremder Währung bei der Zahlung einer Zwangsumwertung unterstellt werden (oben § 97 Z. 1). Daneben aber findet man mannigfach Vorschriften, die sich gegen den Gebrauch ausländischer Geldzeichen von bestimmter Beschaffenheit richten. Sie sind nicht von schuldrechtlicher, sondern von währungspolizeilicher Art; ihre Sanktion ist Strafe bei Zuwiderhandlung. Besonders häufig sind sie gegen den Umlauf ausländischer Scheidemünzen gerichtet, soweit nicht für Grenzbezirke eine Erleichterung gewährt wird, in Deutschland, Österreich, Frankreich, Belgien, den Niederlanden[14]. Sie kommen aber auch in anderem Zusammenhang vor[15]. Zuweilen sind auch Höchstwerte bestimmt worden, bis zu deren Betrag solche Geldstücke in Zahlung genommen werden dürfen[16].

Wo Verbote dieser Art bestehen, da wenden sie sich nicht gegen die Innehabung der fremden Geldzeichen, sondern gegen ihre Verwendung bei einer Zahlung. Das wird in einem Teil der angeführten Gesetze von vornherein festgestellt[17], ist aber auch für Deutschland und für Frankreich nicht zweifelhaft, wo ein Verbot gegen den „Umlauf" ausgesprochen wird[18]. Das Verbot gilt in solchem Fall aber nicht nur für Zahlungen im Rechtssinn, also für Erfüllung oder bei Begründung einer Schuld, die auf die fremde Währung lautet, sondern auch — und in erster Reihe — für eine Hingabe an Zahlungsstatt bei einer Verpflichtung in Inlandswährung[19]. Dagegen dürfte die vorgängige Umwechslung, d. h. der Verkauf der ausgeschlossenen Geldstücke gegen Inlandsgeld, um mit dem Erlös ein Geschäft in Inlandswährung vorzunehmen,

---

[14] Reichsmünzgesetz 30. VIII. 1924 § 14 und Bekanntmachung 16. IV. 1888 RGBl. 149. Österreich, Verordnung 21. IX. 1899 III § 12. Frankreich, Gesetz 30. XI. 1896. Belgien, Gesetz 19. VII. 1895. Niederlande, Gesetz 28. V. 1901 Art. 19.

[15] Zusammenstellung der deutschen Vorschriften bei H. Schacht, Die Reichsgesetzgebung über Münz- und Notenbankwesen (1926) 434 f.

[16] So öfter innerhalb des Lateinischen Münzverbands für das Silbergeld der anderen Vertragsstaaten. § 14 des deutschen Münzgesetzes sieht die Festsetzung eines solchen Höchstbetrags für fremde Gold- und Silbermünzen schlechtweg vor; doch ist von dieser Möglichkeit bisher nicht Gebrauch gemacht worden.

[17] Belgien: *donner en payement.* Niederlande: *in betaling geven.*

[18] § 14 des Reichsgesetzes stellt die gänzliche Untersagung des „Umlaufs" und die Bestimmung eines Höchstwerts, über den hinaus fremde Münzen „nicht in Zahlung angeboten und gegeben werden dürfen", nebeneinander und betrachtet sie offenbar als gleichartig. Das französische Gesetz verweist auf Art. 135 Code pénal, der seinerseits von einem *„remettre en circulation"* spricht.

[19] Mit besonderer Sorgfalt ist hier die österreichische Verordnung abgefaßt, die untersagt, daß solche Münzen „in Zahlung oder an Zahlungsstatt gegeben oder genommen werden". — Ein Sonderfall dieser Art oben S. 179[39].

(soweit nicht andere Verbote eingreifen) von solchen Umlaufsbeschränkungen nicht erfaßt werden.

Wo die Fernhaltung einer fremden Währung oder doch bestimmter Geldzeichen einer solchen besonders dringlich ist, da beschränkt man sich nicht auf eine Beeinflussung des Zahlungsvorgangs. Das Geld als Ware wird — mit Rücksicht auf seine Fähigkeit, künftig zu Zahlungen verwendet zu werden — dem Zugriff entzogen. Eine nachdrückliche Einwirkung dieser Art ist in Einfuhrverboten gegeben, wie sie manchmal zur Fernhaltung fremder Scheidemünze[20], zur Abwehr handelsüblicher Fremdwährungen[21], zur Durchführung einer Währungstrennung[22], zur Überwachung fremden politischen Einflusses[23] erlassen worden sind. Daneben greift man, um eine bedrohte Währung zu stützen, zu Maßnahmen, die den Erwerb fremder Geldzeichen im Inland erschweren sollen. Die besonders entwickelte deutsche Devisengesetzgebung hat hier den Bankzwang für den Kauf und Verkauf fremder Geldzeichen eingeführt[24], einen Höchstpreis bestimmt[25], den Erwerb zeitweise an Genehmigung gebunden[26]. Und schon der Besitz fremder Geldzeichen ist unter Anmelde- oder doch unter Auskunftspflicht gestellt worden, freilich nicht nur um des Währungsschutzes willen, sondern auch um eine ins Auge gefaßte Enteignung vorzubereiten; in anderen Fällen, um mit der Überwachung bestimmter Währungen politischen Gefahren vorzubeugen[27].

Zulassung.

3. Es kann sein, daß ein Staat durch Vertrag die Verpflichtung übernimmt, fremde Geldzeichen zuzulassen, allgemein[28] oder für be-

---

[20] So Frankreich, Dekret 11. V. 1807 (Mater 402). Belgien, Gesetz 28. VII. 1893. Großbritannien, Verordnung 14. I. 1919 (Lippert, Internationales Finanzrecht² 752).

[21] Beispiele bei Lippert¹ 849.

[22] Frankreich, Verordnung 26. XI. 1918, Journal officiel 27. XI., gegenüber der deutschen Währung. Für Österreich Steiner, Währungsgesetzgebung 128, 468, 555, 559; vgl. auch 203, 388.

[23] Verbote gegen Rußland in Frankreich, Verordnung 22. I. 1919, Journal officiel 25. I.; in Deutschland Gesetz 15. III. 1919.

[24] Verordnung 20. I. 1916, ersetzt 8. II. 1917, aufgehoben 23. VII. 1919, erneuert 2. II. 1922, ersetzt 8. V. 1923 § 4, neuerdings ersetzt 8. XI. 1924 § 2, aufgehoben 22. II. 1927. Dazu eine beschränkende Regelung für Wechselstuben und für Devisenmakler. Der Bankzwang für den Verkehr mit russischen Rubeln (Gesetz 15. III. 1919) beruhte auf politischen Erwägungen.

[25] Bindung an die Berliner Notierung in den sich ablösenden Verordnungen 22. VI. 1923, 22. X. 1923, 8. XI. 1924 § 4, aufgehoben 22. II. 1927.

[26] Verordnung 12. X. 1922 § 2, ersetzt 8. V. 1923 § 3, aufgehoben 8. XI. 1924.

[27] Verordnung 8. II. 1917, aufgehoben 23. VII. 1919. Neuerdings 8. V. 1923 § 9, ersetzt 8. XI. 1924 § 9, aufgehoben 22. II. 1927. Für russische Rubel wiederum das Gesetz 15. III. 1919.

[28] So § 32 des Saarstatuts zu gunsten der Geldzeichen französischer Währung.

stimmte Lebensbereiche; insbesondere haben die früher (S. 182) behandelten Verträge, die zur Zulassung von Geschäften in fremder Währung verpflichten, die Folge, daß auch die Geldzeichen dieser Währung frei umlaufen können[29]. Wo die Verwendung ausländischer Geldzeichen nicht verboten ist, oder wo einem bestehenden Verbot Ausnahmen beigefügt werden, da ist solche Verwendung ein währungspolizeilich gleichgültiger Vorgang; auch wenn die eindringenden Geldzeichen tatsächlich als ein Bestandteil der Inlandswährung aufgenommen werden; ja wenn ihr Eindringen sogar zu einer tatsächlichen Benützung der fremden Währung selbst führt, der die Zeichen angehören. Nur muß mit der währungspolizeilichen Zulassung die schuldrechtliche Wirksamkeit der Verwendung sich verbinden, muß also eine Schuldbegründung oder Schuldtilgung ohnehin auf eine Verpflichtung in jener Fremdwährung gehen oder der Gläubiger einer Schuld andrer, insbesondere auch inländischer Währung sich einverstanden erklären, die fremden Geldzeichen an Zahlungsstatt anzunehmen[30].

Auch der Staat als Gläubiger kann sich zu solcher Annahme an Zahlungsstatt bereit finden: er verleiht den fremden Geldzeichen „Kassenkurs". Durch Dienstanweisung wird hier vielfach eine Bindung der ausführenden Organe erfolgen[31], und es fehlt nicht an Staatsverträgen, die den Staat zu solchem Vorgehen verpflichten, zumal bei Zollzahlungen[32] oder auch im Rahmen der später zu besprechenden Währungsgemeinschaften.

Der Private ist grundsätzlich frei, fremde Geldzeichen bei Bezahlung einer Schuld inländischer Währung abzulehnen[33]. Jedoch es begegnet sehr häufig[34], daß gewisse Arten fremder Geldzeichen durch

[29] Manchmal haben Staatsverträge über die Zulassung von Verbindlichkeiten fremder Währung vorbehalten, daß der Zulassungspflichtige auf seinen Wunsch auch bei einer solchen Verpflichtung sich der örtlichen Geldzeichen bedienen kann. So für Grenzbahnhöfe bei Beförderungen in das andere Gebiet; vgl. die S. 182[52] angeführten Verträge Deutschland-Belgien und Deutschland-Österreich; auch Österreich-Italien 2. X. 1879 Art. 19 Österreichisches RGBl. 517. Über die Bezahlung polnischer Zölle in Danzig unten § 103 Z. 2.

[30] Das niederländische Münzgesetz, auch § 1542 des früheren russischen BGB. heben das eigens hervor.

[31] Vgl. etwa für Postämter nahe der Grenze Lippert[1] 844 (Österreich); [2] 750 (Schweiz). Manchmal erfolgt die Zulassung auf gesetzlicher Grundlage: so in Deutschland nach § 14 des Münzgesetzes, in Österreich nach § 13 der oben Anm. 14 genannten Verordnung von 1899.

[32] So im Schlußprotokoll des Friedens von Brest-Litowsk. Weitere Beispiele bei Lippert[1] 855 f.

[33] Eine rechtsgeschäftliche Verpflichtung zur Annahme hatte der Verein deutscher Eisenbahnverwaltungen für die ihm angeschlossenen Unternehmungen (auf dem Boden des Privatrechts) schon 1849 begründet; Festschrift für die Thätigkeit des Vereins deutscher Eisenbahnverwaltungen (1896) 357.

[34] Vgl. unten §§ 104, 105 und öfter.

Rechtssatz dem Währungssystem des Inlands eingegliedert werden. So sind beispielsweise in der Schweiz 1870 Sovereign und Dollar den eigenen Münzen gleichgestellt, 1887 in einer (unausgeführt gebliebenen) Verordnung deutsche, britische, amerikanische Goldmünzen übernommen worden[35]. Oder es hat eine italienische Verordnung von 1907[36] für die Goldmünzen von elf Auslandsstaaten, für die Silbertaler aus fünf Ländern und noch vereinzelt für silberne und kupferne Scheidemünze von einer derartigen Gleichstellung Gebrauch gemacht. Solche „exogene“ Bestandteile einer Währung[37] stehen den Zeichen inländischer Herkunft im Geldverkehr schlechthin gleich. Sie nehmen an dem Annahmezwang teil, der den Prägestücken inländischer Währung verliehen ist, auch an einem Strafschutz gegen Zurückweisung[38], an dem erhöhten Schutz, den Zeichen der Inlandswährung etwa gegen Fälschung genießen[39].

Die Anlehnung an eine fremde Währung geht zuweilen so weit, daß deren sämtliche Geldzeichen zu gesetzlichem Umlauf in das Inland übernommen werden. Man findet eine solche Rechtslage in Ermangelung und neben eigenen Geldzeichen des übernehmenden Staats[40]. In beiden Fällen bleibt die Art der Geldzeichen zu bestimmen dem fremdem Staat überlassen. Sie unterscheiden sich in der Regelung des Werts, der im zweiten, aber nicht im ersten Fall von Inlands wegen bestimmt werden kann; es wird darauf unten S. 222 einzugehen sein.

Schließlich begegnet man vereinzelt sogar Geldzeichen, die mehreren Staaten gemeinschaftlich sind. Doch kann auch dergleichen nur auf vertragsmäßiger Grundlage vorkommen. Ein Beispiel aus neuerer Zeit bot das österreichisch-ungarische Papiergeld[41].

Sonstige Gleichstellung.

4. Handeln die vorausgehenden Erörterungen von dem Gebrauch fremder Geldzeichen, so schließen sich dem, ähnlich wie für die Wäh-

---

[35] Vgl. Bundesblatt 1901 I 341. Die Rechtsgrundlage bietet hier schon Art. 38 der Verfassung und des näheren ein Gesetz vom 22. XII. 1870.

[36] Santangelo-Spoto bei V. E. Orlando, Trattato di diritto amministrativo (1914) 7, 1224.

[37] So Nußbaum 45.

[38] Italien hat den Silbertalern aus den Staaten des Lateinischen Münzvereins über seine vertragliche Verpflichtung hinaus gesetzlichen Kurs verliehen. Damit nahmen sie auch an dem Schutze teil, den Art. 441 StGB. gegen Zurückweisung gesetzlicher Zahlungsmittel gewährt. Unrichtig Bolaffio in Bolaffio-Vivante, Codice di commercio commentato[5] 2, 209f; zutreffend insoweit Manzini, Trattato di diritto penale[2] 9, 86. Anders war die Rechtslage in Frankreich. Vgl. unten § 101.

[39] Über die Abstufungen innerhalb des Lateinischen Münzvereins unten § 101.

[40] Zu letzterem unten § 100 Z. 2 und § 105 Z. 1.

[41] Abkommen 11. VIII. 1892 Art. 17, 19 Österreichisches RGBl. 645. Über gemeinschaftliche Münzprägung in älterer Zeit v. Luschin, Münzkunde[2] 290.

rung als System (oben § 93 Z. 5), doch noch weitere Fragen an. Daß Geldzeichen zu Zahlungen verwendet werden, führt rückwirkend zu den mannigfachsten sonstigen Sätzen über deren Rechtslage, und es bedarf wiederum, wenn Vorschriften des Inlands von Geldzeichen sprechen, der Feststellung, ob darunter Stücke, die einem fremden Geldsystem angehören, mitverstanden sind. Auch hier vermag nur der Sinn der einzelnen Vorschrift über ihren Umfang Auskunft zu geben[42]. Wenn § 815 der deutschen Zivilprozeßordnung vorschreibt, „gepfändetes Geld ist an den Gläubiger abzuliefern", so kann das bei Zahlung einer Schuld deutscher Währung nur auf deutsches Geld bezogen werden[43], und es bedarf einer besonderen Anordnung, wie sie § 261 der österreichischen Exekutionsordnung enthält, um die Ablieferung ausländischer Geldzeichen, somit eine Überweisung an Zahlungsstatt, dem gleichen abgekürzten Verfahren zu unterstellen. § 284 b StGB. fordert die Einziehung des Gelds, das bei verbotenem Glücksspiel auf dem Tisch vorgefunden wird; offensichtlich hat dies auch für ausländische Geldzeichen zu gelten[44]. Gleiche Lösung bei der beschränkten Haftung des Gastwirts für eingebrachtes Geld (BGB. § 702). Wo eine Sicherheitsleistung durch Hinterlegung von „Geld" vorgesehen wird (BGB. § 232), werden ausländische Geldzeichen gleichfalls in Betracht kommen. Auch sie haben die Eigenschaft, in verkehrsfähiger Form Wert aufzuspeichern, und es werden nur die Beschränkungen, die für Sicherheitsleistung mit anderen Gegenständen von Kurswert aufgestellt sind, hieher zu übertragen sein[45]. Ähnlich, wo Vorschriften die Leichtigkeit und Sicher-

---

[42] Über die Auslegung einschlagender Vorschriften des italienischen Rechts jetzt Ascarelli 45 f. — Mit einer Anerkennung in dem unter 1 erörterten Sinn haben solche Fragen nichts zu tun. Wo die Gleichstellung versagt wird, bedeutet das nicht Versagung der Anerkennung im Rahmen der ausländischen Währung, sondern Ausschluß nach den Zweckmäßigkeiten irgend eines zu regelnden privatrechtlichen, prozeßrechtlichen, strafrechtlichen Tatbestands. Auch verfolgen solche Vorschriften keineswegs den Zweck — haben auch nicht immer das Ergebnis — für Geld besondere Vorrechte zu begründen, sondern eine sachgemäße Regelung für den Umgang mit Geld zu schaffen, so daß der Gedanke, nur inländisches Geld habe Anspruch auf Vorrechte, zur Auslegung nicht beigezogen werden kann.

[43] Reichsgericht 8. X. 1912, Entscheidungen 80, 185. Unbestritten, aber manchmal vermengt mit der Frage, ob die Vorschrift bei einer Schuld ausländischer Währung Anwendung findet.

[44] Oberlandesgericht Kiel 23. VIII. 1921, Juristische Wochenschrift 1333. Zustimmend Köhler ebenda; auch Scaduto 46[75]. Dazu unten § 110. Die Rechtslage ist anders, wo nicht Geldzeichen, sondern der Wert eines Betrags ausländischer Währung einzuziehen ist; dazu oben S. 149[16].

[45] Gegen die Zulassung zur Sicherheitsleistung Nußbaum 42, weil diese auf der Grundlage der heimischen Währung erfolge. Im Ergebnis, wenn auch nicht in der Begründung, mit dem Text übereinstimmend Wolff (zit. oben S. 132[12]) 630; Riezler in Staudingers Kommentar[9] 1, 857 § 232[3]. Oertmann, Allgemeiner Teil[3] 811 § 232[2] will ausländisches Papiergeld, aber nicht Hartgeld zulassen. Die Meinung der Motive, die bei Planck Kommentar[4] 1, 581 § 233 wiederkehrt, ver-

heit des Geldumlaufs betreffen. Nach § 935 BGB. erlangt der gutgläubige Erwerber auch an gestohlenem Geld Eigentum; das muß ebenso auf den Erwerb ausländischer Geldzeichen anwendbar sein[46]. Und wenn die Vorsichtsmaßnahmen, die das Gesetz bei Aufbewahrung fremder Wertpapiere vorschreibt, für „Banknoten und Papiergeld" nicht gelten, so wird auch dies fremde Geldzeichen umfassen[47].

§ 99.

III. Der Wert einer ausländischen Währung.

1. Allgemeines über Wertvergleichung. — 2. Inländischer und ausländischer Kurs.

Allgemeines über Wertvergleichung.

1. Die bisherigen Erörterungen bedürfen einer Ergänzung nach der formalen Seite. Oben S. 127f war festzustellen, daß auch die Währung eines anerkannten Auslandsstaats Währung im Rechtssinn ist und damit, wie nach anderen Richtungen, so in ihrem festen Nennwert anerkannt werden muß. Das gilt beispielsweise, wenn eine Verpflichtung gleichzeitig in mehreren Währungen unabhängig voneinander übernommen ist[1]. Es gilt überall, wo es einer Vergleichung dieser Währung mit anderen nicht bedarf. Häufig jedoch ist eine Bewertung in bestimmter Währung rechtsverbindlich vorgeschrieben, und es kann sein, daß rechnungsmäßig ihre Höhe von Tatbeständen abhängt, die ihrerseits in anderer Währung bewertet sind. In solchen Fällen ergibt sich die Notwendigkeit einer Umrechnung; der umzuwandelnde Betrag erscheint als „Rechnungsfaktor" für die vorgeschriebene Bewertung. Ein solcher Rechnungsfaktor mag nur einen Teilbetrag der vorzunehmenden Bewertung ausmachen, z. B. es ist in die Vermögenssteuererklärung der Wert einer ausländischen Aktie

mengt die Hinterlegung zum Zweck der Sicherheitsleistung mit einer solchen zum Zweck der Erfüllung. Bei einer Hinterlegung zum Zweck der Erfüllung (BGB. § 372) kann allerdings nur solches „Geld" geleitet werden, das geschuldet ist, also bei einer Heimwährungsschuld nur inländisches Geld, bei einer Fremdwährungsschuld nur ausländisches Geld, sofern nicht der Schuldner hiebei von seinem Umwandlungsrecht nach § 244 BGB. Gebrauch macht. — Ein niederländisches Gesetz vom 11. VII. 1908 schreibt ausdrücklich Hinterlegung in Inlandsgeld vor. Doch bezieht sich das auch und vor allem auf Hinterlegung zum Zweck der Erfüllung.

[46] Reichsgericht 8. X. 1912 Entscheidungen 80, 185; Wolff 591, 625[5]; die Kommentare. Anders Nußbaum 42, weil nur inländischem Geld eine Vorzugsstellung zukomme; auch seien die Schwierigkeiten, die sich einer Identifizierung inländischen Gelds entgegenstellen, bei ausländischem Geld nicht in gleicher Weise vorhanden. Das ist für viele Fälle richtig, aber die Bestimmungen des Gesetzes müssen auch für den Bankverkehr brauchbar sein.

[47] Hier auch Nußbaum 3 übereinstimmend.

[1] Im Gegensatz etwa zu einer einheitlichen Verpflichtung mit Zahlstellen in mehreren Währungsgebieten.

aufzunehmen, oder es kann der Gesamtbetrag der gebotenen Bewertung von der Umwandlung eines solchen Rechnungsfaktors abhängen, z. B. es wird eine Schuld fremder Währung in Inlandswährung vollstreckt — der Vorgang ist derselbe[2]. Die Währung, in der ein Rechnungsfaktor erscheint, wird häufig selbst auf eine Rechtsvorschrift zurückgehen; aber notwendig auf eine Vorschrift, die für andere Zwecke erlassen ist als denjenigen, für den ein so bewerteter Betrag Rechnungsfaktor ist. Ob freilich eine währungsmäßig bezeichnete Wertmenge Rechnungsfaktor ist oder selbst den rechtlich gebotenen währungsmäßigen Ausdruck dieses Werts darstellt, ist eine manchmal schwierig zu entscheidende Frage (Zweifel dieser Art sind beispielsweise oben §§ 94, 95 mehrfach behandelt worden). Die gegenwärtigen Ausführungen setzen als materiellrechtlich gegeben voraus, daß ein solcher Betrag der Umwandlung bedarf.

Wo eine Umwertung rechtlich geboten ist, da geschieht dies ganz regelmäßig mit dem Erfordernis, daß der umzuwandelnde mit dem dafür einzusetzenden Betrag in einem bestimmten Zeitpunkt gleichwertig ist. Ausgang der Umrechnung ist auch hier der nach dem Verwaltungsrecht der Währung bestimmte Nennwert des Rechnungsfaktors. Bei dem „Wert" aber, dessen Gleichheit aufgesucht werden soll, handelt es sich nicht mehr um eine rechtliche, sondern um eine wirtschaftliche Eigenschaft, auf die das Recht verweist. Und da der Wert einer Währung als solcher nicht verkehrsfähig ist, so muß er in dem Preis der Gegenstände aufgesucht werden, in denen er sich verkörpert. Das sind entweder, als Ware genommen, die Geldzeichen dieser Währung („Valutenkurs") oder Forderungen, die auf Geldzeichen dieser Währung gehen („Wechselkurs")[3]. Für das Weitere aber ergeben sich eine Reihe von Fragen.

Was wird verglichen? Die Währung des Rechnungsfaktors wird umgerechnet in die Währung, in der die Bewertung nach Rechtsvorschrift zu erfolgen hat. Aber Rechtssätze, die über die Art der Umwandlung in heimische Währung bestehen, dürfen nicht einfach umgekehrt werden, wenn heimische Währung als Rechnungsfaktor gegenüber einer ausländischen in Betracht kommt. Denn solche Sätze pflegen materiellrechtlich nur für eine Umwandlung in Heimwährung vorgeschrieben zu sein[4]. Unstatthaft wäre desgleichen, bei der Umrechnung etwa eine

---

[2] Auf den Unterschied von Rechnungsfaktor und Schuldsumme läuft — in Beschränkung auf Geldschulden — auch die verwirrende Unterscheidung von *dette en monnaie étrangère* und *dette de monnaie étrangère* hinaus, die Mater, Revue du droit bancaire 4, 241 ff aufstellt.

[3] Über einen eigentümlichen Versuch, den Wert einer Fremdwährung nach dem Preis der Sachgüter zu bestimmen, die man für sie erwerben kann, oben S. 200.

[4] Dazu unten § 112 Z. 1; § 114.

wertbeständige dritte Währung dazwischenzuschieben, um bei Gelegenheit einer Wertvergleichung eine Werterhaltung zu bewirken[5]. Insbesondere aber, wo Rechnungsfaktor und Endwährung verschiedenen Auslandsstaaten angehören, da läuft die Vergleichung keineswegs immer über die Inlandswährung; es wird darüber in Z. 2 eingehender zu sprechen sein.

Wann wird verglichen? Nicht der Zeitpunkt, an dem die Umrechnung vorgenommen wird, entscheidet über das Wertverhältnis, sondern der Zeitpunkt, für den die Umrechnung vorzunehmen ist. Welcher Tag dies ist, ergibt sich wiederum aus materiellrechtlichen Erwägungen, es mag der Stichtag für die Bilanz, für die Steuererklärung sein, der Tag, an dem eine Geldschuld fällig ist oder tatsächlich bezahlt wird usw. Was aber als Wert eines bestimmten Zeitpunkts anzusehen ist, entscheidet regelmäßig die Ordnung, auf Grund deren der Wert selbst festgestellt wird (dazu unten 2c); sie bestimmt, ob der Kurs des Vortags maßgebend ist, wenn am Stichtag ein Kurs noch nicht festgesetzt ist, welcher unter mehreren aufeinanderfolgenden Kursen eines Tags den Ausschlag gibt und Ähnliches[6].

Wie wird verglichen? Es kommt vor, daß das Wertverhältnis zweier Währungen durch Rechtssatz ziffermäßig bestimmt ist[7]. Insbesondere wird häufig in Gesetzen vorgesehen[8], daß bei der Entrichtung öffentlicher Abgaben, vornehmlich der Zölle, fremde Geldzeichen zu einem verordnungsmäßig zu bestimmenden Wert an Zahlungsstatt angenommen werden sollen. Ebenso mag rechtsgeschäftlich eine Umrechnung in Ziffern festgelegt sein[9]; etwa auch durch Bezugnahme auf Geschäftsbedingungen, wie sie in Deutschland die Umrechnungssätze für den Börsenverkehr[10] darstellen. In diesen Fällen ist das Ergebnis der Vergleichung erschöpfend bestimmt. Vielleicht sind der Vergleichung nach Rechtsvorschrift irgendwelche Durchschnittssätze oder Normalsätze zu grunde zu legen[11]; auch Höchstsätze kommen vor[12]. Im

---

[5] Darüber oben S. 196[51]. [6] Vgl. dazu Nußbaum 222f; Béquignon 68f.

[7] Ein Beispiel boten die Revised Statutes der Vereinigten Staaten s. 3565 für die englische Währung. Nicht selten sind solche Bestimmungen bei Eingliederung fremder Geldzeichen in die Inlandswährung.

[8] Auch in Staatsverträgen. Beispiele bei Lippert, Internationales Finanzrecht[1] 856.

[9] Auch durch Vereinbarung einer Gleichbewertung zweier Währungen. Beispiel in dem Urteil des französischen Kassationshofs 2. VIII. 1926, Dalloz hébdomadaire 417.

[10] Bekanntmachung des Bundesrats 21. XI. 1912 § 3 RGBl. 537.

[11] Hier hat vormals die „Münzparität" nach dem gesetzlichen Metallwert der Währungseinheiten eine beträchtliche Rolle gespielt; dazu Nußbaum, Geld 60, 221f. Ja noch in einem Urteil vom 29. XII. 1926 Rivista di diritto internazionale 1927, 268 will der Appellhof Neapel einen Dollarwechsel nach der Münzparität versteuern.

[12] Ein Beispiel oben S. 184[10].

Übrigen aber wird jede rechtserhebliche Vergleichung durch den Rechtssatz oder das Rechtsgeschäft[13], das sie vorschreibt, auf den Wert eines bestimmten Zeitpunkts verwiesen sein, und es erwächst damit die Notwendigkeit, den „Kurs“ als den Marktpreis der fremden Währung in dem maßgebenden Zeitpunkt[14] zu kennen. Das setzt besondere Einrichtungen voraus, die solche Feststellung ermöglichen.

Der Marktpreis fremder Währungen wird zum Teil auf Börsen festgesetzt, die als private Veranstaltungen der beteiligten Kreise wirksam werden. Wie sich ein Staat zu den Feststellungen privater Veranstaltungen verhalten will, die im Ausland erfolgen, ist eine Angelegenheit seines innerstaatlichen Rechts. Wo die fremde Börse von dem Staat oder von einer Körperschaft des öffentlichen Rechts getragen wird, greift die Anerkennung ihrer Tätigkeit in das internationale Verwaltungsrecht über. Die rechtserhebliche Verwendung eines solchen Kurses ist Anerkennung eines ausländischen Verwaltungsakts.

Inländischer und ausländischer Kurs.

2. Erfolgt die Vergleichung zweier Währungen ganz regelmäßig nach dem Kurswert, so kann die Frage Bedeutung gewinnen, welcher Kurs dabei benutzt werden muß[15]. Man könnte an den Kurs denken, der im Staat der lex fori, aber auch an den Kurs, der im Staat der lex causae gilt, an die Wertbestimmung im Staat derjenigen Währung, die der Rechnungsfaktor hat, und an die Wertbestimmung des Staats, in dessen Währung der Faktor umzurechnen ist.

a) Manchmal sind ausdrückliche Rechtsvorschriften für den maßgebenden Kurs vorhanden. Zuweilen sogar in Form von Staatsverträgen (bei denen ein Kurs der lex fori von vornherein ausscheidet). So hat ein deutsch-südslawisches Abkommen von 1928, das eine Zusammenarbeit der beiderseitigen Sozialversicherung vorsieht, die eigentümliche Bestimmung aufgenommen: wenn ein Geldbetrag in der Währung des einen Staats ausgedrückt und in diejenige des andern Teils überzuführen sei, so entscheide das Wertverhältnis, wie es in dem ersteren Staat berechnet wird[16]. Andere Staatsverträge bevorzugen den Kurs des Lands, in dessen Währung der Rechnungsfaktor überzuführen ist[17].

---

[13] Hiezu etwa Béquignon 66ff.

[14] Es wird meist ein zurückliegender Zeitpunkt sein, jedoch nicht immer. Vgl. über die Registrierungsgebühr für Verträge fremder Währung in Frankreich Mater 322.

[15] Die Frage, welche von mehreren Börsen desselben Staats hiefür in Betracht kommt, bleibt hier bei Seite.

[16] Vertrag 15. XII. 1928 RGBl. 1929 II 561 Art. 10. Nur im Fall des Art. 28 soll es auf den Kurs des andern Staats ankommen, in dessen Währung ein Betrag umzurechnen ist. Die dem Reichstag vorgelegte Begründung geht auf den Gegenstand nicht ein.

[17] Deutsch-polnisches Aufwertungsabkommen 5. VII. 1928 Art. 37 RGBl. 1929

Und das ist (auf die inländischen Kurse bezogen) auch der Standpunkt von mancherlei Landesgesetzen. Unter normalen Umständen, wie bei der Zahlung von Wechseln ausländischer Währung in inländischem Geld[18]. Insbesondere auch in Zeiten einer Währungskrise. In der Notzeit Deutschlands wurden Vollstreckungstitel in Goldmark zugelassen, berechnet nach dem Londoner Rohgoldpreis oder dem Wert des Dollars „auf Grund der amtlichen Berliner Notierung"[19]. Was aber soll rechtens sein, wo ausdrückliche Bestimmungen dieser Art nicht zu Gebote stehen?

Die Frage, welcher Kurs bei einer rechtserheblichen Bewertung die Grundlage einer Umrechnung bilden soll, gehört zum materiellen Inhalt der Vorschriften über die Bewertung, bedeutet für Geldschulden im besonderen ein Stück materielles Schuldrecht, und sie steht in vollkommener Parallele zu der andern Frage (oben § 95), in welcher Währung eine Geldschuld begründet wird. Wenn man davon ausgehen muß, daß ein Tatbestand mit seiner Verwirklichung unter die Ordnung der zuständigen Gesetzgebung tritt, dann müssen auch Umrechnungen, die hiefür erforderlich sind, in diesem Zeitpunkt möglich sein. Enthält der regelnde Rechtssatz selbst eine Angabe über die Umrechnung, so ist kein Zweifel, daß diese Vorschrift (mangels besonderer Gegengründe) wirksam wird. Enthält er eine solche Angabe nicht, so bedeutet das Verweisung auf die Einrichtungen, mit denen eine verbindliche Umrechnung herbeigeführt werden kann, und die Verweisung ist vernünftigerweise auf die Einrichtungen des eigenen Staats zu beziehen. Anders gewendet: es kommt auf den Kurs im Staat der lex causae an. Nur ist dabei ein Mißverständnis zu vermeiden. Lex causae ist hier die Rechtsordnung, welche für die Bewertung gilt. Also etwa, wenn eine Pfundschuld englischen Rechts in Deutschland mit Reichswährung erfüllt wird, so ist der Rechtssatz, der zu einer Umrechnung führt, der Satz des deutschen Rechts, daß Schulden fremder Währung in Inlandsgeld bezahlt werden können, und die Verweisung geht auf die deutschen Kurse[20]. In der großen Mehrzahl der Fälle wird dabei

---

II 577: Berechnung des Werts polnischer Hypotheken, für die Zahlungen in Reichswährung gutgebracht worden sind; Kurs der deutschen Mark an der Posener Börse. Haager Weltwechselordnung Art. 40: Wechsel fremder Währung können in Inlandsgeld bezahlt werden. *Les usages du lieu du paiement servent à déterminer la valeur de la monnaie étrangère.*

[18] Niederlande HGB. Art. 156. Polen, Wechselgesetz Art. 40.

[19] Verordnungen 13. V. und 27. VI. 1924 RGBl. I 552, 660. Über weitere Fälle solcher Art unten.

[20] Hier liegt das Mißverständnis einer Entscheidung des Kassationshofs Rom vom 29. III. 1924 Foro Italiano 1924 I 587: ein Darlehen sollte in dem seither an Italien gelangten österreichischen Gebiet in französischen Goldstücken zurückbezahlt werden. Der Gerichtshof glaubte eine Umrechnung nach dem Zeitpunkt der Fälligkeit vornehmen zu sollen — der Zeitpunkt fiel noch unter österreichische Herrschaft — und verweist für den Wert der Goldstücke mangels einer Börsennotiz in Triest auf die Feststellungen der Wiener Devisenzentrale. Und doch war eine Um-

die Währung, in die umgerechnet wird, zugleich die Währung des Lands sein, dessen Kurse maßgebend sind. Aber die Rechtslage kann auch anders sein. Wenn eine Lireschuld schweizerischen Rechts durch Aufrechnung gegen eine Schillingsschuld getilgt wird, so ist es das Aufrechnungsrecht der Schweiz, das eine Umwertung der Gegenverpflichtung erforderlich macht, und es entscheiden über das Wertverhältnis — auch für den deutschen Rechtsschutz — schweizerische Kurse.

Nun läge es ja freilich nahe, bei solcher Umwandlung einfach auf die inländischen Kurse abzustellen[21]. Das ist bequem, ohne in normalen Zeiten zu allzu schweren Eingriffen zu führen, und in anomalen Zeiten mag Beobachtung der Kurse des Inlands ohnehin zwingend vorgeschrieben werden. Dennoch wird die Meinung nicht richtig sein. Bewertung nach Inlandskursen hieße einen selbständigen Rechtssatz annehmen, der dies fordert. Es müßte ein Satz des öffentlichen Rechts (Währungsrechts?) sein, der freilich nirgends formuliert und nirgends mit Sanktionen des öffentlichen Rechts ausgestattet ist, und er müßte mit Rücksicht auf den Zeitpunkt der Wertvergleichung, die Entstehungszeit des rechtserzeugenden Tatbestands, auf alle Tatbestände aller Zeiten und Länder gedankliche Anwendung finden — für den Fall, daß ein solcher Tatbestand nachträglich einmal vor den inländischen Rechtsschutz kommen könnte. Die materiellrechtliche Natur der Bewertungsgrundlagen schließt einen derartigen Rechtssatz aus.

b) Zumeist kann das Land, dessen Börse die Kurse bestimmt, von den Parteien eines Rechtsgeschäfts frei gewählt werden. Dergleichen begegnet etwa bei Schuldverschreibungen, die in mehreren Währungen ausgestellt sind, doch so, daß die anderen nach ihrem Wertverhältnis zu der Hauptwährung der Verpflichtung geschuldet sein sollen. Auch im Wechselverkehr scheinen Klauseln dieser Art vorzukommen[22].

Dabei mag sich ereignen, daß die Parteien zwar unzweifelhaft die Absicht hatten, die Kurse einer bestimmten Börse zugrunde zu legen, daß aber die Frage, auf welche Börse verwiesen werden wollte, zu Zweifeln Anlaß gibt[23]. Auch hier (vgl. oben § 96) handelt es sich

rechnung erst aus Anlaß der Klagerhebung vor italienischen Gerichten erforderlich geworden, und sie hätte (ich sehe von sonstigen Schwierigkeiten ab) nach dem Wert erfolgen müssen, den die Geldzeichen am Fälligkeitstag in Italien hatten.

[21] So Ascarelli, Moneta 123: letzter Wertmesser ist die Inlandswährung. Aber eben nur der letzte; also z. B. wenn bei Geldschulden die Verpflichtung selbst in Inlandswährung übergeführt wird. — Nußbaum, Vertraglicher Schutz 61 verweist für die Umwandlung einer Schuld fremder Währung im Zweifel auf die Kurse im Land des Schuldners (Einschränkungen dieses Satzes Geld 223; dazu unten § 114). Die abweichenden Lösungen Geld 61, 168f beziehen sich wohl nur auf die Auslegung des Parteiwillens; hievon unter b).

[22] Art. 40 des Weltwechselabkommens, auch die angeführten Stellen des holländischen, des polnischen Wechselrechts behalten solche Klauseln eigens vor.

[23] Auch bei Zweifeln, ob sich die Vereinbarung eines Börsensatzes auf diktierte Kurse erstreckt, handelt es sich um Tatfragen. Nach Nußbaum, Vertrag-

um Auslegung und damit um Schwierigkeiten rein tatsächlicher Art, die nach den Umständen des einzelnen Falls zu beheben sind. Aber auch hier wäre es durchaus unrichtig, feststellen zu wollen, welche Börse die Parteien gewählt hätten, wenn sie an die Frage gedacht hätten. Unter Umständen dieser Art haben die Parteien von der Möglichkeit, das objektive Recht auszuschließen, keinen Gebrauch gemacht, und es verbleibt bei der sonst geltenden Lösung, den Kursen im Staat der lex causae[24].

Dagegen mag es unter besonderen Umständen allerdings sein, daß eine Gesetzgebung die freie Wahl unterbindet. Manchmal weist schon die Aufnahme des maßgebenden Kurses in das Gesetz selbst auf seine Unabänderlichkeit hin[25]. In den Krisenzeiten der deutschen Währung wurden wertbeständige Hypotheken nach dem Metallwert des Feingolds zugelassen, Umrechnung in die deutsche Währung sollte nach dem Berliner Kurs des Londoner Goldpreises erfolgen[26]; das war eine unabdingbare Bestimmung. Unzweifelhaft galt dasselbe, als[27] bestimmt wurde, daß gewisse Verträge fremder Währung in Mark, und zwar in Mark zum Berliner Kurs erfüllt werden könnten. Andere Vorschriften jener Zeit haben sich eigens gegen den Gebrauch fremder Kurse gewendet. Es sind etwa Mark nach dem Wert des Dollars (oder auch Dollar, zahlbar in Mark) zum Kurs der New-Yorker Börse geschuldet: der Schuldner kann „die Erfüllung verweigern“, wenn der Gläubiger eine Leistung auf grund des Berliner Kurses ablehnt[28]. Und es wird sogar bei Nichtigkeit und Strafe verboten[29], ausländische Zahlungsmittel anders als zum Berliner Kurs zu erwerben oder zu veräußern. Im Hintergrund aller dieser Bestimmungen aber stand die Tatsache, daß der

licher Schutz 61 soll das nur „bei inländischen Parteien“ als Regel anzunehmen sein. In der Tat mag der Sitz der Parteien hier einen Anhaltspunkt für die Auslegung geben. Wichtiger wird manchmal der Zeitpunkt der Vereinbarung sein, ob sie vor solchen Eingriffen oder in deren Kenntnis getroffen wurde.

[24] Nach Nußbaum, Geld 61 soll es im Allgemeinen auf die Börse ankommen, in deren Bereich der Erfüllungsort belegen ist, bei Goldklauseln aber (168 f) soll regelmäßig der Wohnsitz des Gläubigers entscheiden, da es sich um dessen Sicherung handelt. Vielleicht kann man von solchen Erwägungen zweckmäßig Gebrauch machen, wenn es sich um einen der seltenen Fälle handelt, in denen eine bestimmte Börse gewählt wurde, aber ihre Bezeichnung zweifelhaft geblieben ist. Für die große Menge der Fälle, in denen die Absicht, eine bestimmte Börse zu wählen, nicht Geschäftsinhalt geworden ist, bleibt für die Anwendung derartiger Erfahrungssätze kein Raum.

[25] Jedoch trifft das nicht immer zu, Z. B. nicht bei den Umrechnungsvorschriften der genannten Wechselordnungen.

[26] Gesetz vom 23., Verordnung vom 29. VI. 1923 RGBl. I 407, 482.

[27] Verordnung 7. XI. 1923 § 2 RGBl. I 1081.

[28] Verordnung 5. XI. 1923 RGBl. I 1082.

[29] Verordnung 22. VI. 1923 RGBl. I 401.

Berliner Kurs fremder Währungen die Mark wesentlich höher bewertete, als nach den ausländischen Kursen der Mark zutraf.

c) Damit ein Kurs zustande kommt, bedarf es der Tätigkeit bestimmter Personen in bestimmtem Verfahren. Wo die Kursfestsetzung einen Verwaltungsakt des öffentlichen Rechts darstellt, sind es Rechtssätze des Verwaltungsrechts, die ihr zu Grunde liegen. Handelt es sich dabei um den Kurs einer ausländischen Börse, so sind es die Rechtssätze des ausländischen Verwaltungsrechts, die über seine Verbindlichkeit entscheiden. Die Sätze dieser Börse entscheiden regelmäßig auch darüber, was als der Kurs eines bestimmten Zeitpunkts anzusehen ist (vgl. oben S. 215). Wo die Verweisung auf den Kurs einer Börse durch Rechtssatz erfolgt, wird die Verweisung stets diesen erweiterten Inhalt haben; wenn durch Rechtsgeschäft, wird dies im Zweifel zutreffen, unbeschadet einer abweichenden Festsetzung der Parteien.

d) Ein völlig anderes Problem liegt vor, wenn Kurse einer fremden Börse nach dem Willen des Inlands selbst in Vertretung inländischer Feststellungen benützt werden sollen. Man wird, wo nicht besondere Gegengründe bestehen, eine hilfsweise Benützung dieser Art allgemein als statthaft ansehen dürfen, wenn inländische Feststellung nicht erreichbar ist[30]. Sogar die vorerwähnte deutsche Verordnung, die Geschäfte über ausländische Zahlungsmittel mit besonderem Nachdruck an den Berliner Kurs bindet, hat einen Zusatz erhalten[31], nach dem der Preis für Währungen, für die ein amtlicher Berliner Kurs nicht besteht und deren Preis auch nicht durch einen näher bezeichneten Ausschuß ermittelt wird, „auf der Grundlage einerseits eines im Ausland bestehenden Kurses dieser Zahlungsmittel und andererseits des Berliner amtlichen Kurses der Währung des ausländischen Börsensatzes“ errechnet werden darf.

Wieder anders ist die Rechtslage gestaltet, wo unter tatsächlichen Gesichtspunkten ein ausländischer Kurs für das Inland rechtserheblich wird: wenn es sich nämlich nicht um die Vergleichung zwischen Rechnungsfaktor und Endwährung, sondern um den Inhalt des Rechnungsfaktors handelt, der von einer Bewertung im Ausland abhängig ist. So bei Bestimmung eines erlittenen Schadens: Schiffszusammenstoß in holländischen Gewässern, der zu vergütende Schaden wird unter anderm bestimmt durch die Wiederherstellungskosten, die für das beschädigte Schiff auf einer englischen Werft in Pfund erwachsen sind; hier hängt die Größe des Schadens offenbar davon ab, aus welcher Währung sich der geschädigte Teil den aufgewendeten Pfundbetrag beschafft hat. Ebenso bei Bestimmung eines entgangenen Gewinns: eine deutsche Firma hat dem österreichischen Besteller verspätet geliefert, so daß ein Weiterverkauf, den der Besteller bereits in Tschechokronen getätigt

[30] Vgl. etwa Reichswirtschaftsgericht 19. III. 1923 Entscheidungen 2, 66.

[31] Verordnung 22. X. 1923 § 2 RGBl. I 991.

hat, rückgängig gemacht werden muß; die Höhe des Verlusts hängt hier von der Währung ab, in die der Besteller den Kaufpreis voraussichtlich verwandelt hätte[32].

Endlich: es betrifft die Gleichberechtigung einer fremden Währung, aber nicht die Gleichberechtigung ihrer Feststellung, vielmehr Fremdenrecht dieses Inhalts, wenn zuweilen Währungen eines einzelnen Auslandsstaats von der börsenmäßigen Bewertung ausgeschlossen werden[33], oder auch, wenn deren Zulassung durch einen Staatsvertrag eigens vereinbart wird[34].

II. Abschnitt.

Besondere Rechtslagen.

§ 100.

Staaten ohne Währung und mit mehrfacher Währung.

1. Staaten ohne Währung. — 2. Mehrfache Währung. — 3. Räumlich getrennte Währungen innerhalb des Staats.

Staaten ohne Währung.

1. Die bisherigen Ausführungen setzen den Regelfall voraus, daß ein Staat in unbezweifelter Ausübung seiner Staatsgewalt eine einheitliche Währung aufgestellt hat. Im folgenden sind Abweichungen von dieser Regelform ins Auge zu fassen.

Gibt es Staaten ohne Währung? Die Frage ist mehrdeutig. Ein jeder Staat, der eine Rechtsordnung hat, besitzt in ihr Rechtssätze, die irgend eine Bewertung erforderlich machen. Notwendig muß dabei auf ein bestimmtes Geldsystem verwiesen sein, nach dem die Bewertung zu

---

[32] Erst recht mag eine anderwärts erfolgte Bewertung maßgeblich bleiben, wo es sich um einen Rechnungsfaktor für einen Rechnungsfaktor handelt. Ausländische Versicherungsgesellschaften, die in Deutschland eine Niederlassung haben, müssen hier alljährlich ihre Gesamtbilanz vorlegen, umgerechnet in Reichswährung. Gegenstand dieser Umrechnung ist die Bilanz, wie sie nach den Vorschriften am Sitz der Gesellschaft errichtet ist; und wenn zu den Aktiven der Gesellschaft Sicherheitsleistungen gehören, die sie in dritten Staaten in der dortigen Währung bestellt hat, so verbleibt es auch Deutschland gegenüber bei der Bewertung, die der Bilanz zugrundeliegt.

[33] Über die 1923 erfolgte Streichung der deutschen und der österreichischen Währung an der New-Yorker Börse Nußbaum, Geld 63.

[34] Vertrag Polen-Danzig 21. X. 1921 (GBl. für Danzig 1922, Beilage) Art. 181 für die polnische Währung in Danzig; in Art. 188ff Bindungen über die Feststellung des Kurses. Gegenseitigkeit oder doch Meistbegünstigung für die Danziger Währung in Polen nach Art. 9 des Abkommens 22. IX. 1923 GBl. für Danzig 1300. Wechselseitige Zulassung auch nach dem deutsch-litauischen Abkommen vom 31. V. 1923 Art. 2 RGBl. 1924 II 203.

erfolgen hat, und man kann nicht etwa auf die private Vertragsfreiheit abstellen, die das unnötig mache, da doch der Staat in seinen Lebensäußerungen, da auch die Bewertungen des Privatverkehrs, die auf Gesetz beruhen, einer solchen Grundlage bedürfen. „Verweisungsrechtlich" also muß jeder Staat eine Währung haben, und wenn etwa die Geldzeichen mehrerer fremder Währungen im Gebiet umlaufen, so muß es immer eine von ihnen sein, die in diesem Sinn als gesetzliche Währung in Betracht kommt[1]. Verhält es sich anders mit der Währung als einer verwaltungsrechtlichen Einrichtung? Man muß hier zwei Dinge auseinanderhalten. Die Währung als Geldsystem muß notwendig getragen sein von dem Willen des Staats, der sie als Gegenstand solcher Verweisung aufstellt. Das System mag demjenigen eines andern Staats nachgebildet, aber es kann nicht mit ihm identisch sein. Dagegen kommt es allerdings vor (der Fall war einstens häufig und findet sich in der Gegenwart vornehmlich bei Gebietsveränderungen), daß ein Staat verzichtet, eigene Geldzeichen für seine Währung auszugeben. Er übernimmt die Geldzeichen eines fremden Staats, so wie sie sind, zu gesetzlichem Umlauf. Und da er eigenes Gepräge, zu dem sie in ein festes Wertverhältnis treten könnten, unter solchen Umständen nicht hat, so bleibt der Wert dieser Geldzeichen abhängig von dem Wert, den sie in der Währung des andern Staats besitzen. Verzicht auf eine Bestimmung der Art und des Werts der Stücke unterscheidet diesen Fall von anderen Fällen (oben S. 211) einer Übernahme fremder Geldzeichen.

Als Irland 1921 durch Verleihung des Dominien-Status zum Staat wurde, ist stillschweigend die britische Währung übernommen worden; die britischen Geldzeichen wurden zu exogenen Bestandteilen der neuen Währung, und wenn es im irischen Freistaat zunächst nur Geldzeichen dieser Art gab, so weist seit der Ausprägung irischer Münzen die neue Währung zur Zeit exogene und endogene Bestandteile auf.

Auch die schwankenden Währungsverhältnisse des neubegründeten Staats Litauen führen auf einen festen Untergrund[2]. Während der deutschen Besetzung galt zunächst die russische, später eine an das deutsche Geld angelehnte Besatzungswährung (vgl. darüber unten § 101). Das Gebiet war von dem russischen Umsturz nicht berührt worden, während der deutschen Besetzung also Bestandteil des alten

[1] Das muß beispielsweise auch für Cuba richtig sein, von dem Lippert[2] 779 berichtet, daß dort, „ohne daß die 1898 selbständig gewordene Insel eine eigene Währung hätte", spanisches und amerikanisches, auch französisches Geld in Umlauf sei.

[2] v. Büchler, Auslandsrecht 6, 363 ff, der das Material gibt, nimmt freilich an, daß dieser Staat vor dem 1. X. 1922 keine „gesetzlichen Zahlungsmittel" gehabt habe, und daß Gläubiger in der Zeit zwischen Aufhebung der deutschen Besetzung und dem Inkrafttreten der neuen Vorschriften „mangels gesetzlicher Regelung einen Rechtsanspruch überhaupt nicht hatten".

Reichs geblieben, und es war folgerichtig, wenn der neubegründete Staat die russischen Gesetze der Vorkriegszeit als verbindlich erklärte. Was indessen die Währung anging, russisches Metallgeld war nicht in Umlauf, das russische Papiergeld wurde nach dem Kurswert bewertet, war also ohne Annahmezwang und damit fast wertlos, der Umlauf wurde von dem früheren Besatzungsgeld (und reichsdeutschem Geld) bestritten; man wird darin währungsrechtlich und verweisungsrechtlich die Übernahme der Besatzungswährung als neue Staatswährung erblicken müssen. In der Folge aber, spätestens durch das Gesetz vom 23. Juni 1925, ist dieser Rechtszustand rückwirkend umgestoßen und die vormalige russische Währung (freilich nur mehr mit verweisungsrechtlicher Bedeutung) als die bisherige Landeswährung anerkannt worden[3].

Mehrfache Währung.

2. In seltenen Fällen — Beispiele wurden eben genannt — kommt es vor, daß eine Währung nach dem Wert einer andern Währung aufgebaut wird. Doch bedeutet das keine Häufung von Währungen im Rechtssinn, denn nur die eigene Währung gilt; die fremde ist Rechnungsfaktor für die Bewertung der Währungseinheit. Es kommt ferner vor, daß nach Rechtssatz und Rechtsgeschäft eine einzelne Bewertung nicht, wie die Regel fordert (oben S. 119), auf den währungsmäßigen Wert geht, sondern auf einen Verkehrswert, der sich nach einer fremden Währung bestimmt. So hat man sich auf dem Weg zu einer Wiederherstellung der deutschen Währung[4] unter anderm der Goldmark im Teilwert des amerikanischen Dollars bedient, hat Zivilurteile in solcher Bewertung erlassen, eine Verpflichtung begründet, Bilanzen in ihr aufzustellen, Aufwertung nach ihrem Maß zu bezahlen[5]. Und ebenso hat man vielfach auf rechtsgeschäftlichem Weg entsprechendes vereinbart[6]. Auch hier erfolgt die maßgebliche Bewertung in Inlandswährung, und nur auf die Höhe des Ergebnisses hat die fremde Währung Einfluß.

---

[3] In dem genannten Gesetz wird für die russische Währung ein festes Umrechnungsverhältnis zur neuen litauischen Währung aufgestellt, die Besatzungswährung aber (wenn ich recht verstehe) nach dem Kurswert berechnet, den die ihr verbundene deutsche Währung in den Vereinigten Staaten bei Erlaß des Gesetzes hatte. Wie das ältere Gesetz 16. VIII. 1922 die Umrechnung vornahm, konnte ich nicht feststellen.

[4] Vgl. über sie die sorgfältige Darstellung bei Nußbaum 103 ff.

[5] Wirtschaftlich betrachtet mochte man hier von der Einführung einer auf den Dollar gestützten Goldwährung sprechen. Rechtlich indessen galt damals in Deutschland allein die zur Papierwährung gewordene bisherige Währung, und es wurde rechtstechnisch jene Einführung bewirkt, indem man nicht die Währung, sondern die Art der einzelnen Bewertung änderte.

[6] Über die deutsche Praxis etwa Nußbaum 103. Französische Entscheidungen Journal 55, 410 und 661. Vgl. auch oben § 94 über Bewertungen dieser Art im Hypothekenwesen und in ihrem Verhältnis zu einschränkenden Vorschriften über Währungsschutz.

Häufig kommt es vor (§ 97), daß ausländische Geldzeichen in einem Gebiet unverboten umlaufen[7], vielleicht mit einem Annahmezwang bei den öffentlichen Kassen ausgestattet oder als exogene Bestandteile völlig in die Inlandswährung aufgenommen sind, und es ist nicht selten, daß unter solchen Umständen der Verkehr unmittelbar in der fremden Währung rechnet. Es mag sein, daß aus dem Brauch Recht wird, die übliche die bisherige gesetzliche Währung verdrängt[8]. Jedenfalls aber kann es nur eine gesetzliche Währung geben[9], und es bleibt trotz abweichender Übung die bisherige in Geltung, bis sie von rechtswegen durch eine andre ersetzt ist.

Ein paar solcher zweifelhafter Währungen sind im letzten Jahrzehnt in der Rechtsprechung stärker hervorgetreten. Zu ihnen gehört die Frankenrechnung in Ägypten. Die gesetzliche Währung Ägyptens[10] ist das ägyptische Pfund; doch rechnet der internationale Verkehr vielfach mit Franken, es werden Aktien und Schuldverschreibungen in dieser Währung ausgestellt, sogar das Gemischte Handelsgesetzbuch regelt die Stückelung der Aktien in Franken. Dieser „ägyptische Franken“ ist die von Frankreich eingeführte, von anderen Staaten übernommene Währungseinheit. Er ist in Ägypten nicht zu einer selbständigen Währung geworden wie etwa in Belgien, entbehrt der eigenen Geldzeichen, ist auch nicht als Rechnungswährung selbständig; denn

[7] Es kommt sogar vor, daß ein Staat Geldzeichen prägt, die auf eine solche Auslandswährung lauten — die Währung bleibt dabei Auslandswährung, die Geldzeichen aber werden selbstverständlich dem prägenden Staat zugerechnet. So hat Schweden 1868 goldene Frankenstücke geprägt, ohne festen Kurs gegenüber der eigenen Währung. Das (unausgeführt gebliebene) Gesetz über die deutsche Golddiskontbank 19. III. 1924 hatte die Ausgabe deutscher Pfundnoten ins Auge gefaßt.

[8] Liechtenstein, das der österreichischen Währung angeschlossen gewesen war, hat diese Beziehungen 1919 beendigt, jedoch erst 1924 die Frankenwährung gesetzlich eingeführt. „Tatsächlich, so berichtet Lippert[2] 761, waren schon seit August 1920 sämtliche Steuern, Stempel, Taxen usw. in Schweizer Franken erhoben worden, und man hatte auch in allen anderen Verhältnissen mit dieser Währung gerechnet und gezahlt; allerdings war die Kronenwährung trotzdem noch nicht aufgehoben gewesen.“ Das läßt einen Währungswechsel nach ungeschriebenem Recht vermuten. Über seine Rechtsgrundlage muß liechtensteinisches Staatsrecht Auskunft geben.

[9] Sehr eigentümlich sind die Währungsverhältnisse nach Art. 23 des Vertrags 18. XII. 1923 (Rivière, Traités du Maroc 1, 146) in Tanger gestaltet: *„Le franc marocain a cours légal et valeur libératoire dans la zone de Tanger . . . la monnaie espagnole continue à être admise dans la circulation avec valeur libératoire.“* Der marokkanische Franken ist gesetzliche Währung, in der der Staat tätig wird, in der gesetzliche Verpflichtungen entstehen. Die spanische Währung ist gleichfalls mit Annahmezwang ausgestattet, aber sie bleibt fremde Währung, deren Kurs von der Staatsbank täglich festgesetzt ist. Über ähnliche Rechtslagen bei einer Gebietsveränderung unten § 105 Z. 1.

[10] Siehe die Angaben in dem Urteil des Zivilgerichts Paris 1. IV. 1925 Journal 52, 1023.

sein Gebrauch beruht nicht auf staatlicher Einführung[11], sondern auf Parteiwillen. Was unter ihm zu verstehen, entscheidet demgemäß Auslegung der Parteierklärung. Im Zweifel wird die Erklärung auf den französischen Franken[12] zu beziehen sein, und zwar entsprechend der landesüblichen Anschauung als Goldfranken.

In Luxemburg[13] ist die Frankenwährung gesetzliche Währung, staatsrechtlich selbständig und in der Ausprägung luxemburgischer Scheidemünze unmittelbar sichtbar. Doch seit den Zeiten des Zollanschlusses an den Deutschen Bund ist dort die norddeutsche und dann die Reichswährung in überwiegender Verwendung gestanden; die öffentlichen Kassen waren verpflichtet, deutsches Gold und Silber anzunehmen, nahmen deutsche Noten tatsächlich an; im Privatverkehr war deutsches Geld mit einem Annahmezwang ausgestattet, den die Rechtsprechung im Hinblick auf die allgemeine Übung auf stillschweigende Vereinbarung gegründet hat; und zwar bezog sich dieser Annahmezwang gerade auf Frankenschulden[14], wie es auch Banknoten gab, die zugleich auf Franken und Mark lauteten. Die deutschen Geldzeichen, regelmäßig an Zahlungsstatt genommen, waren sohin mittelbar zu Zahlungsmitteln der Frankenwährung geworden[15], im festen Wertverhältnis 1:1,25. Als

---

[11] Auch der oben angezogene Art. 49 HGB. bezieht sich immerhin auf eine rechtsgeschäftliche Verwendung.

[12] Die französische ist das Urbild der Frankenwährungen, und es sprechen für diese Auslegung die wirtschaftlichen Beziehungen zu Frankreich, die den Handelsbrauch augenscheinlich veranlaßt haben. Die ägyptischen Gerichte sprechen freilich von einem „Universalfranken", einem „Franken der Lateinischen Union" (Gemischter Appellhof Alexandrien 4. VI. 1925; Handelsgericht Alexandrien 1. IV. 1926; Journal 52, 1080 und 53, 1077). Es ist jedoch unerläßlich, die Erklärung auf eine bestimmte Währung zu beziehen, und wenn die Frage mit Rücksicht auf die der Verweisung anhaftende Goldklausel ihre Schärfe verliert, so bleibt die Entscheidung doch noch im Hinblick auf Kraftloserklärungen solcher Klauseln, auf Währungsänderungen und dergleichen von möglicher Bedeutung.

[13] Die tatsächlichen Angaben zum folgenden bei Ruppert, Auslandsrecht 1, 87f.

[14] Obergericht 19. III. 1920 Pasicrisie luxembourgeoise 11, 14 und öfter. Was aber war, wenn die Annahme unter Privaten auf Vereinbarung beruhte, für gesetzliche Verpflichtungen rechtens?

[15] In der Luxemburger Rechtsprechung verschiebt sich diese Auffassung. So in dem genannten Urteil des Obergerichts und wiederholt später: „Der Luxemburger Franken stellte einen Wert in deutschen Pfennigen dar." Das hätte folgerichtig zu der Annahme führen müssen, daß bis 1918 die Markwährung die gesetzliche war. Die Einsicht in die Rechtslage wurde dadurch noch weiter erschwert, daß man im Verkehr derart zahlbare Frankenschulden häufig als Markschulden bezeichnete, und es ergab sich damit die Notwendigkeit (Obergericht 8. VII. 1921 Pasicrisie 11, 35; auch Ruppert 188) zwischen Frankenmarkschulden und „eigentlichen" Markschulden zu unterscheiden, bei denen die Reichswährung als solche Schuldinhalt war. Richtig hat jedenfalls das Bezirksgericht Luxemburg (ebenda 33) angenommen, daß ein Versprechen in Franken und Mark zugleich regelmäßig keine Wahlschuld bedeuten sollte.

Währung aber war die Reichswährung nicht rezipiert. Das zeigte sich denn auch, als die geschichtlichen Ereignisse Luxemburg zu einer Abkehr vom Reich veranlaßten. Der Kassenkurs wurde aufgehoben, die Einfuhr deutscher Noten für eine Sperrzeit verboten. Man fand sich auch zu einer Einlösung der deutschen Geldzeichen nach dem bisherigen Wertverhältnis bereit, bestimmte auch, daß bestehende Markschulden (Frankenmarkschulden) zum gleichen Verhältnis in Franken eingefordert werden dürfen (nach dem Sinn der Vorschrift also unter Aufhebung entgegenstehender Vereinbarungen); aber freilich beides nur zu gunsten eines eng umgrenzten Kreises von Berechtigten. Was galt für die nicht bevorrechtigten Gläubiger? Da es sich nicht um eine Währungsänderung handelte, blieb für sie die „Parteivereinbarung": Reichsnoten für Luxemburger Geld, zusamt dem vereinbarten Wertverhältnis in Wirksamkeit[16].

Räumlich getrennte Währungen innerhalb des Staats.

3. Es kommt vor, daß Geldzeichen nach dem Willen der Zentralgewalt nur in räumlich beschränktem Umfang umlaufen[17]; das internationale Verwaltungsrecht wird von solchen Regelungen nicht berührt. Anders, wenn innerhalb eines Staats, räumlich getrennt, selbständige Währungen nebeneinander bestehen. Ein solcher Rechtszustand begegnet häufig im Verhältnis zwischen Mutterland und Kolonie; er kommt aber auch innerhalb desselben Staatsgebiets vor, insbesondere veranlaßt durch Gebietserwerbungen. So haben innerhalb Preußens Hohenzollern und Frankfurt bis zur Einführung der Reichswährung die süddeutsche Währung beibehalten.

In solchen Fällen spaltet sich die Währungshoheit, und wo auf die staatliche Währung verwiesen wird, ist es die Währung dieses Staatsteils, auf welche die Verweisung geht. Der Staat selbst wird in dieser

---

[16] So im Ergebnis auch das Obergericht in drei Entscheidungen von 1920 Pasicrisie 11, 14 23 43, unter Billigung des Kassationshofs. Französische Gerichte, die mehrfach über die Rückzahlung von Darlehen in Frankenmark zu entscheiden hatten, haben diese Vereinbarung nicht beachtet und darum zu einer Rückzahlung in Luxemburger Franken verurteilt, das Zivilgericht Briey 6. XII. 1923 Revue 20, 523 in einem Fall, in dem das Darlehen in Franken vereinbart, in Mark ausbezahlt worden war; der Appellhof Nancy 12. XII. 1922 mit Billigung des Kassationshofs ebenda 527 in einem Fall, in dem Mark bedungen und gegeben wurden, wobei das Urteil die Mark in Luxemburger Franken umrechnen will nach dem Zeitpunkt der Fälligkeit. Die Lösung bei Béquignon 133f: Umrechnung der Mark nach dem Zeitpunkt der Währungstrennung, beruht auf der unzutreffenden Voraussetzung, daß es bis 1918 eine eigene Luxemburger Markwährung gegeben habe.

[17] So (wenn auch nur mittelbar durch andere Vorschriften bewirkt) die Noten der deutschen Landesnotenbanken in dem Land, dem die ausgebende Bank angehört. Über das Verhältnis zwischen den Noten der Banque de France und der Algerischen Bank. Dalloz, Répertoire pratique 1, 344 n. 769.

Währung tätig, erläßt Urteile, führt öffentliche Bücher in ihr, sie bestimmt die Schuldverhältnisse des öffentlichen Rechts[18] und des Privatrechts. Nur bedarf es dafür einer Klarstellung, welche Rechtsverhältnisse dem einzelnen Währungsgebiet angehören; es wird auf diese Fragen unten § 103 des Näheren einzugehen sein.

Die Währung der anderen Staatsteile genießt die Anerkennung einer ausländischen Währung. Vielleicht darüber hinaus, insofern einzelne Vorrechte auch den anderen Inlandswährungen zukommen, gewisse Benachteiligungen nicht leicht zu ihrem Schaden gelten werden. Wo aber Vorschriften über einen Ausschluß fremder Währungen auf dem Gedanken beruhen, daß die Ortswährung allein jederzeit verfügbar ist, da müssen sich auch die anderen Währungen des Gebiets solchen Ausschluß gefallen lassen, die Umwandlung in Ortswährung durch den Schuldner, oder Umwandlung bei der Zwangsvollstreckung. Es wird bei der Besprechung gleichartiger Fragen des Kolonialrechts Anlaß sein, auf Einzelheiten einzugehen[19].

§ 101.

Währungsgemeinschaft.

1. Die Quellen. — 2. Der rechtliche Inhalt. — 3. Fortsetzung.

Die Quellen.

1. Daß mehrere Staaten übereinstimmende Währung besitzen, ist eine häufige Erscheinung. Bis 1880 haben dreizehn Staaten, die außerhalb des Münzvereins standen, die Frankenwährung übernommen[1]. Ein solcher Zustand bedeutet den Besitz übereinstimmender Einrichtungen für die Messung und Festhaltung wirtschaftlichen Werts, hat im übrigen zu den hier erörterten Fragen keine Beziehungen.

Staatsverträge zur Herbeiführung solcher Übereinstimmung sind überaus häufig[2]. Unter den Vereinbarungen des 19. Jahrhunderts sei das Abkommen zwischen Österreich und Ungarn genannt[3], und es sind hier insbesondere die drei großen Münzvereine zur Ausbildung gekommen.

---

[18] So für Steuern ein einstens bekanntes Gutachten des H. Giacharis, consilia, Venet. 1587 f. 16b.

[19] Auch für personal begrenzte Kreise verbindlich, mögen mehrere Währungen innerhalb desselben Gebiets vorkommen, etwa für Weiße und Farbige in der Kolonie, bei Eingriffen in die Ortswährung für die Angehörigen verschiedener Staaten im Bereich der Konsulargerichtsbarkeit, insbesondere auch in feindlich besetztem Gebiet. Dazu unten § 103 Z. 1 und 2, § 104 Z. 1.

[1] Greul (unten Anm. 5) 33.

[2] Geschichtlicher Überblick bei v. Luschin, Münzkunde² 288ff.

[3] Staatsvertrag 11. VIII. 1892 Österreichisches RGBl. 645, 652. Durch den Zusammenbruch 1918 aufgelöst. — Für Italien-San Marino Freundschaftsvertrag

Als Kern der deutschen Zusammenschlüsse[4] erscheint der Süddeutsche Münzverein der Guldenstaaten von 1837, dem im folgenden Jahr eine Vereinigung norddeutscher Staaten des Talersystems zur Seite tritt, die beiden Gruppen verbunden zu einer deutschen Gemeinschaft, die sich 1857 durch den Anschluß Österreichs zum Deutschösterreichischen Münzverein erweitert. 1867 hat Österreich den Verein wieder verlassen, für die übrigen Vertragsstaaten ist er durch Einführung der Reichswährung gegenstandslos geworden.

Der bekannteste unter diesen großen Verbänden ist der Lateinische Münzverein von 1865[5], zunächst zwischen Frankreich, Belgien, der Schweiz, Italien geschlossen, in der Folge um Griechenland verstärkt. Durch den Wertsturz des Silbers gefährdet ist das Werk zu oftmaligem Umbau genötigt worden, wirtschaftliche Schwierigkeiten Italiens haben zu Ausweichungen veranlaßt, und dann hat der Krieg seine Wirksamkeit praktisch ausgeschaltet. Die gesteigerten Schwierigkeiten der Nachkriegszeit haben zu schweren Einbrüchen geführt, und schließlich hat, von Belgien gekündigt, der einst so viel beredete Vertrag am 1. Januar 1927 sein kaum bemerktes Ende gefunden.

Die dritte der großen Vereinigungen ist in dem Skandinavischen Münzverein gegeben, den 1873/75 Schweden, Dänemark, Norwegen begründet haben[6]. Unter Mitgliedern von ziemlich gleich gearteter Lage begründet hat der Verein in Friedenszeit einen engen Zusammenschluß dargestellt. Der Belastung des Kriegs konnte auch er nicht widerstehen und führt, nach eingreifenden Änderungen, heute nur mehr ein Scheinleben.

Die Begeisterung, die insbesondere in der Frühzeit des Lateinischen Bundes lebendig war und damals und später auf dem Weg des Vertragsschlusses zu einem „Weltgeld" zu gelangen hoffte, ist heute vorüber. Man weiß, daß solche Zusammenschlüsse in ruhigen Zeiten förderlich wirken können. Allein man hat gelernt, daß, solange ein jeder der angeschlossenen Staaten politisch und wirtschaftlich sein eigenes Schicksal hat, technische Abreden dieser Art vor dem Windhauch der Geschichte verwehen.

28. VI. 1897 Art. 38 Martens[3] 2, 799. Auch Monaco hat sich durch Art. 17 des Vertrags 9. XI. 1865 Dalloz 1866 IV 6 (mittelbar und unmittelbar) verpflichtet, gleiche Währung mit Frankreich zu haben. Dagegen beruht der Anschluß Liechtensteins erst an die österreichische, jetzt an die schweizerische Währung auf autonomer Satzung.

[4] Übersicht und Texte etwa bei A. E. Janssen, Les conventions monétaires (1911) 3ff, 473ff.

[5] Erneuert 1878 und 1885, dazu zahlreiche Einzelabkommen. Übersicht und Texte der Vorkriegszeit bei Janssen 149ff, 514ff. Nützlich auch R. Greul, Die Lateinische Münzunion 1926. Hier weitere Literatur.

[6] Übersicht und Texte der Vorkriegszeit wiederum bei Janssen 105ff, 506ff. U. Johannsen, Die Skandinavische Münzunion (1926) mit weiteren Angaben.

Der rechtliche Inhalt.

2. In dem deutschen Münzvertrag von 1838 mußte man sich begnügen, ein festes Wertverhältnis zwischen den Währungen der Gulden- und der Talerstaaten zu begründen, und als der Deutschösterreichische Münzverein ins Leben trat, wurde ein solches Wertverhältnis zwischen süddeutschen Gulden, Talern und österreichischen Gulden aufgestellt. Die neuen Verträge schaffen gleichheitliche Währungen, so, daß die Währungseinheit in den verbundenen Staaten gleichen Nennwert hat. Das Ergebnis ist, daß die angeschlossenen Staaten insoweit übereinstimmendes innerstaatliches Recht besitzen. Von einer Gemeinschaftlichkeit im Rechtssinn kann dabei nicht gesprochen werden. Die Währungen bleiben getrennt [7], und es ist nicht etwa die Münzhoheit auf den Verband übergegangen [8]. Die Wertgleichheit aber, die derart erreicht wird, ist selbstverständlich eine Gleichheit des währungsmäßigen Werts, nicht etwa der wirtschaftlichen Bewertung dieser Währung [9].

---

[7] Zutreffend Scharfenberger in Beiträge zur Erläuterung des deutschen Rechts 60, 591 und in der Folge die Bekanntmachung des Reichskanzlers 8. II. 1917 § 2 RGBl. 105. Sehr bemerkenswert Kammergericht 25. IX. 1928 Juristische Wochenschrift 1929, 446. Es gibt darum auch keinen „Universalfranken" oder „Franken der Lateinischen Union", wie ägyptische Gerichte gelegentlich annehmen (oben S. 225 [12]). Aber auch das schweizerische Bundesgericht (Entscheidungen 44 II 213) macht sich entbehrliche Mühe, wenn es Ausführungen über die Wertverschiedenheit des französischen und des schweizerischen Franken für „nötig" erklärt, um eine rechtliche Verschiedenheit der beiden Währungen darzutun. — Das mährisch-schlesische Oberlandesgericht hatte 1881 über ein Darlehen zu entscheiden, das 1872, rückzahlbar unter anderm „in effektiver Vereinssilbermünze", aufgenommen worden war. Das Urteil des österreichischen Gerichts (Zeitschrift für Handelsrecht 28, 590) weist die Klage auf Vereinsmünze ab: solcher Münze müsse auch in Österreich „die Bedeutung eines Wertzeichens der Goldwährung beigemessen werden". Das war für Deutschland richtig (s. gleich unten), aber nicht für Österreich. Waren die Vereinstaler infolge ihrer höheren Bewertung in Deutschland auch überwiegend dahin abgeflossen, so sind sie doch gleichzeitig ein Bestandteil der österreichischen Währung verblieben, übrigens auch im Geldhandel jederzeit erreichbar, waren also „umlaufendes" Geld im Sinn von § 989 a. BGB., das gefordert werden konnte. — Unklar auch Bolaffio (oben S. 211 [38]) über die Statthaftigkeit einer Zahlung von Fremdwährungsschulden in inländischer Währung. Die Rechtslage war für solche Umwandlung vielmehr die: Wenn zu Zeiten des Münzvereins eine Schuld schweizerischer Franken in Italien zu bezahlen war, so war das eine Schuld ausländischer Währung, die in Inlandsgeld erfüllt werden konnte. Alsdann aber, bei der Zahlung mit italienischen Geldzeichen, wurde praktisch, daß die Silbertaler der Vereinsstaaten in Italien gesetzlichen Kurs besaßen und — auf grund dieser Umwandlung, in ihrer Eigenschaft als italienisches Geld — zur Zahlung verwendet werden konnten.

[8] So Janssen (vgl. unten § 108 [2]). Die Annahme widerspricht den Urkunden. Und wer sollte auch Träger einer solchen Hoheit sein? Zwar bezeichnet man solche Zusammenschlüsse gern als „Verein". Zumal der Art. 1 des Lateinischen Vertrags legt auf eine solche Bezeichnung Wert: *„La Belgique etc. sont constituées à l'état d'union"*. Jedoch damit ist keine neue Einheit geschaffen, insbesondere auch kein Verein im Sinn des Völkerrechts; der Vertrag kennt keine Mehrheitsbeschlüsse.

[9] Trugschlüsse finden sich hier in einem Urteil des Appellhofs Mailand 1. V.

Eine wirkliche Gemeinschaftlichkeit besteht in den zusammengeschlossenen Staaten nicht hinsichtlich der Währung, sondern in Bezug auf einige oder sogar sämtliche ihrer Geldzeichen. Währungsgemeinschaften sind Geldzeichengemeinschaften, in der Regel Münzgemeinschaften. Und auch hier bedarf es noch einmal der Unterscheidung. Einheitliche Geldzeichen hatten Österreich und Ungarn in ihrem gesetzlichen Papiergeld, den für gemeinsam erklärten Staatsnoten und den Banknoten der Österreichisch-ungarischen Bank. In aller Regel erfolgt die Verzahnung unter den Währungen der Vertragsstaaten in der Weise, daß ein jeder von ihnen gewisse Geldstücke der andern Teile in seinen Umlauf aufnimmt; meistens so, daß er die fremden Münzen zu exogenen Bestandteilen der eigenen Währung erklärt (oben S. 211), zuweilen mit der Abschwächung, daß nur seine öffentlichen Kassen zur Annahme der Geldstücke verpflichtet werden. So hatten im Süddeutschen Münzverein die Vollmünzen und die Scheidemünze zu 6 und 3 Kreuzer gesetzlichen Kurs in allen Vereinsstaaten, wie nach dem norddeutschen Vertrag die Taler und Sechsteltaler. Für den deutschösterreichischen Gesamtverband aber wurde in dem Vereinstaler eine eigene Münze geschaffen, die sich den drei Geldsystemen einpaßte und in allen Vereinsstaaten gesetzlichen Kurs erhielt[10]. In Österreich-Ungarn war der seltene Fall verwirklicht, daß sämtliche Geldzeichen des Währungssystems in den beiden Staaten Annahmezwang besaßen. Ziemlich nah kam diesem Rechtszustand der Skandinavische Verein, in dessen Blütezeit das gesamte Metallgeld in den drei Vertragsstaaten von rechtswegen umlief[11]. Der Krieg freilich hat, durch einzelstaatliche Maßnahmen bewirkt, die drei Währungen in selbständige Papierwährungen verwandelt. Von Vereinswegen sah man sich genötigt, der veränderten Lage Rechnung zu tragen, indem man den Scheidemünzen den gesetzlichen

---

1894 Giurisprudenza italiana 1894 I 2, 705. Ein französisches Gericht hatte den Schuldner zur Zahlung von Franken verurteilt, das Urteil soll in Italien vollstreckt werden: die Lira ist dem Franken gleichwertig; in Italien (das damals ein Disagio der Banknote hatte) gilt kraft des „Zwangskurses" Papiergeld dem Metallgeld gleich; also kann die Schuld in italienischen Noten gleichen Betrags bezahlt werden. Die Prämisse war falsch. Die Silbertaler und Goldmünzen der beiden Staaten waren gleichwertig, aber nicht die Währungen.

[10] Bei dem Ausscheiden Österreichs aus dem Münzverein wurden die Vereinstaler österreichischen Gepräges nicht außer Kurs gesetzt. Als jedoch in der Folge die Taler und mit ihnen die Vereinstaler in die deutsche Goldwährung aufgenommen wurden, sind sie allerdings für Deutschland eine neue Münze geworden, rechtlich nicht mehr Stücke zu 16,67 g Feinsilber, sondern zu 1,07 g Feingold. Demgemäß hatte Art. 15 des Reichsmünzgesetzes von 1873 die Taler österreichischen Gepräges von dem Annahmezwang ausgeschlossen, doch hat ein eigenes Gesetz vom 20. IV. 1874 den früheren Rechtszustand für sie wiederhergestellt.

[11] Dazu kam, daß seit 1901 die drei Notenbanken sich bereit erklärten, ihre Noten gegenseitig zum vollen Wert anzunehmen. Ob die Noten damals gesetzliche Zahlungsmittel waren, ist mir nicht bekannt.

Kurs in den anderen Vertragsstaaten entzog, die Ausprägung neuer nur in dem Land der Ausgabe umlaufberechtigter Scheidemünzen guthieß[12]. Zu den Scheidemünzen aber zählt im Skandinavischen Verein die Gesamtheit der Silbermünzen, sodaß gegenwärtig nur mehr die seltenen Goldmünzen für einen gegenseitigen Annahmezwang in Betracht kommen.

Anders war die Rechtslage im Lateinischen Münzverein[13]. Vollmünze ist hier neben den für das Abkommen wenig wichtigen Goldmünzen das silberne Fünffrankenstück. Den Vollmünzen gewährt der Vertrag verpflichtenden Kurs nur bei den öffentlichen Kassen der Teilnehmerstaaten, doch sind die Schweiz, Italien, Griechenland über ihre vertragliche Verpflichtung hinausgegangen und haben den Vollmünzen des Abkommens gesetzlichen Kurs schlechthin verliehen[14]. In der Folge ist allerdings der freie Umlauf der Silbertaler zunächst tatsächlich gedrosselt worden, durch Aufhebung der Prägung für private Rechnung, durch Kontingentierung und zeitweise Sperre der staatlichen Prägung, durch Zulassung der Einschmelzung, und in den Schwierigkeiten der Nachkriegszeit sah sich die Schweiz genötigt (der einzige Vereinsstaat ohne Papierwährung, in dem sich das metallene Vereinsgeld aufgesammelt hatte), die fremden Silbertaler schlechthin außer Kurs zu setzen[15]. — Den silbernen Scheidemünzen der Vereinsstaaten war bis zu einem Höchstbetrag gleichfalls verpflichtender Kassenkurs verliehen[16]. Aber dieser Rechtszustand ist in wachsendem Maß undurchführbar geworden. Noch in der Vorkriegszeit hat es sich zweimal als notwendig erwiesen, die Gesamtheit der italienischen Silberscheidemünzen, einmal auch diejenigen griechischer Herkunft unter Entziehung des Kassenkurses in ihr Ursprungsland zurückzuschaffen. Während des Kriegs haben Ausfuhrverbote den freien Umlauf unterbunden. Nach dem Krieg sahen sich Frankreich und die Schweiz zu einer gegenseitigen

---

[12] Vertrag 22. III. 1924 Société des Nations, Recueil des traités 25, 171 (irreführende Übersetzung in Art. 4!).

[13] In Italien haben auch die Silbertaler und Silberscheidemünzen von San Marino nach dem früher erwähnten Vertrag gesetzlichen Kurs; Gegenseitigkeit vorzusehen hat man für unnötig gehalten. Dagegen besitzen die Geldzeichen von Monaco in Frankreich keinen Annahmezwang.

[14] s. für die Schweiz das Gesetz 31. I. 1860 und die Beschlüsse des Bundesrats 16. I. 1852; 21. XII. 1868, Sammlung der Bundesgesetze 3, 38 und 9, 530. Für Italien zuletzt die Verordnung 7. III. 1907 (oben S. 211[36]). In Frankreich und Belgien haben sich zum Ausgleich die Notenbanken verpflichtet, diese Münzen zu ihrem vollen Wert anzunehmen.

[15] Beschluß des Bundesrats 28. XII. 1920 Sammlung[2] 37, 52, nachträglich genehmigt durch Abkommen der Vereinsstaaten 9. XII. 1921 Schweizerisches Bundesblatt 1922 I 77.

[16] Hiebei ist es im allgemeinen in sämtlichen Vertragsstaaten geblieben. Doch scheint, wenn die Angaben bei Manzini (oben S. 212[38]) genau sind, eine italienische Verordnung 8. II. 1900 — nicht mehr die oben angeführte vom 7. III. 1907 — ihnen gleichfalls gesetzlichen Kurs zugesprochen zu haben.

Heimschaffung genötigt, mußte die Schweiz die Silberscheidemünzen Belgiens außer Kurs setzen[17]. — Die verschiedenartige Behandlung des Annahmezwangs in den einzelnen Vereinsstaaten hat übrigens zu eigentümlichen Folgerungen geführt. In Frankreich und Italien macht sich strafbar, wer Geldzeichen, die gesetzlichen Kurs haben, bei einer Zahlung zurückweist. In Italien kam dieser Strafschutz den Silbertalern der andern Vertragsstaaten zustatten, in Frankreich nicht[18]. In mehreren der Vereinsländer ist die Strafe der Münzfälschung schwerer, wenn die Handlung sich gegen Geldzeichen richtet, die gesetzlichen Kurs haben. Auch hier mußte in Frankreich ein solcher Schutz den Silbertalern der Vertragsstaaten versagt werden[19]; Belgien hat ihn durch eigene Sondervorschrift, zuletzt im Gesetz vom 30. Dezember 1885 geschaffen. Und es folgt aus dieser Verschiedenheit auch, daß nach der Auflösung des Vereins eine durch Landesgesetz erfolgte Verleihung des Annahmezwangs in Geltung verblieben ist, soweit sie nicht[20] eigens zurückgegenommen wurde.

Fortsetzung.

3. Das in seiner Allgemeinheit unten § 108 zu erörternde Problem der Einlösung von Geldzeichen, die in einem andern Staat von rechtswegen umlaufen, hat gerade bei den Münzvereinen seine vornehmlichste Behandlung gefunden.

Ein Austausch von Scheidemünze gegen Vollgeld ist nach dem Vorgang des Süddeutschen Münzvereins in den deutschen Verträgen und im Lateinischen Verein in der Weise vorgesehen, daß der Staat, der die Münzen ausgegeben hat, zu ihrer Rücknahme verpflichtet wird[21]. Im Skandinavischen Verein übernimmt diese Verpflichtung der Staat, in dem die Scheidemünze umläuft, und es bleibt ihm vorbehalten, sie seinerseits bei dem Staat der Prägung einzulösen.

---

[17] Die Vereinbarungen der Vorkriegszeit bei Janssen. Abkommen Frankreich-Schweiz 25. III. 1920 Schweizerisches Bundesblatt II 223. Für die belgischen Münzen Beschluß des Bundesrats 28. XII. 1920 Sammlung² 37, 53, nachträglich genehmigt durch den Vertrag 9. XII. 1921 (oben Anm. 15).

[18] Für Italien oben S. 212[38]. Für Frankreich der Kassationshof 29. XII. 1882 Dalloz 1883 I 433; Zivilgericht Paris Dalloz 1895 III 91. Ähnlich bei einer rechtsgeschäftlichen Verpflichtung, in „gesetzlicher Währung“ zu bezahlen, das Zivilgericht Paris 14. VI. 1922 Gazette des tribunaux 830.

[19] Entscheidungen des Kassationshofs 27. VII. 1883 Sirey 1885 I 41; 29. VI. 1889 und 29. III. 1890 Sirey 1891 I 137; 5. V. 1892 Sirey 1893 I 61.

[20] Wie für die Vereinsgoldmünzen in der Schweiz durch Beschluß des Bundesrats 12. II. 1927 Bundesblatt I 118.

[21] Die Silbertaler sind im Lateinischen Verein formell Vollmünze geblieben, aber freilich tatsächlich in dieser Funktion immer stärker beeinträchtigt worden. So erklärt sich die Bestimmung des Vertrags von 1885, daß die Prägung der Silbertaler nur dann statthaft bleibe, wenn der prägende Staat sich zu ihrer jederzeitigen Einlösung in Gold verpflichte.

Daß mangelhaftes Gepräge von dem Staat der Ausgabe eingelöst wird, ist in den deutschen Verträgen veranlaßt, versteht sich vielleicht auch ohne ausdrückliche Abrede. Daß abgenützte Stücke von dem Staat, der sie ausgegeben hat, zurückzunehmen sind, haben der süddeutsche und im folgenden die gemeindeutschen Verträge bestimmt, ebenso das Abkommen zwischen Österreich und Ungarn. Im Verein der Frankenstaaten hat man sich zu solcher Vorschrift zunächst nur für Scheidemünzen bereitgefunden, erst 1885 wurde sie für Silbertaler aufgenommen, für Goldmünzen hat man eine vertragliche Bindung dauernd abgelehnt[22]. Skandinavien aber gewährt auch hier die Erleichterung, daß der Staat (wenn überhaupt) die abgenützten Stücke, die in seinem Gebiet umlaufen, einlöst und sie dem Staat der Prägung gegen Ersatz zurückgibt.

Die nachdrücklichsten Erörterungen hat die Einlösung der außer Kurs gesetzten Stücke hervorgerufen. In Deutschland begegnet man hier zunächst starken Schwankungen. Als es sich darum handelte, die Kronentaler aus dem Verkehr zu ziehen (vgl. über sie unten § 108), da hat man den Staaten des Süddeutschen Münzvereins die Einlösung der österreichischen und der Brabanter Gepräge, die bei ihnen umliefen, ohne weiteres zur Pflicht gemacht[23], und ebenso ist mit dem noch im Umlauf verbliebenen Rest bei Einführung der Reichswährung verfahren worden[24]; sie waren in ihren Ursprungsländern freilich längst außer Geltung getreten. Bezüglich der vereinsmäßigen Prägungen hingegen ist man mehrfach von einer Einlösepflicht des Staats ausgegangen, der sie ausgegeben hat[25], aber freilich irgend eine grundsätzliche Bindung der Vertragsstaaten lag hiefür nicht vor, und es ist dann nach lebhaften Kämpfen zu der Lösung gekommen — der Streit drehte sich um die Taler österreichischen Gepräges, die nahezu ausschließlich in Deutschland umliefen — daß Deutschland diese Taler zum deutschen Nennwert einlöste und Österreich ein Drittel der eingelösten Stücke

[22] Dazu etwa Greul 68f, 79f. (Eine Mitteilung des französischen Finanzministers, Journal officiel 1912, 2374 läßt im unklaren, welche Arten abgenützten Gepräges dem Staat der Ausgabe zurückgegeben werden.)

[23] Abkommen 27. III. 1845 bei Janssen 480.

[24] Bekanntmachung des Bundesrats 7. III. 1874 RGBl. 21.

[25] Als Österreich durch den Vertrag vom 13. VI. 1867 Österreichisches RGBl. 323 aus dem Verband wieder ausschied, wurde in Art. 3 für einen bestimmten Fall eigens vereinbart, daß die Regierungen für „die Einlösung der Taler ihres Gepräges" aufzukommen hätten. Ebenso hat man bei der Aufnahme der Taler in die Reichswährung zunächst das österreichische Gepräge ausgeschlossen, dann aber freilich die Maßregel alsbald wieder rückgängig gemacht (vgl. darüber oben Anm. 10). Bei den Beratungen im deutschen Reichstag 1874 ist von seiten des Regierungsvertreters mehrfach erklärt worden, daß der Staat, in dem die fremden Taler umlaufen, zu ihrer Einlösung nicht verpflichtet sei; die Nachweisungen bei Janssen 85, 90f.

zum österreichischen Nennwert übernahm[26]. Ob Österreich zu solcher Rücknahme verpflichtet war, ist damals lebhaft erörtert worden. Grundsätzlich konnte, wie spätere Ausführungen zeigen werden, eine solche Verpflichtung nicht angenommen werden. Österreich hat damals wohl aus Gründen des Prestige und der Kreditwürdigkeit gehandelt.

Im österreichisch-ungarischen Vertrag war die Abwicklung für den Fall einer Auflösung der Gemeinschaft zunächst für die Scheidemünze geregelt: jeder Teil übernimmt sein Gepräge. Da aber die Ausmünzung von vornherein nach Quoten verteilt war, bedeutete das im Ergebnis auch für die Einlösung eine solche Aufteilung. Für das gemeinsame Papiergeld, für das es ein Ursprungsland im Rechtssinn nicht gab, konnte ohnehin nur eine Quotenteilung platzgreifen. — In Skandinavien durfte man von einer besonderen Regelung absehen. Denn es kam für sie (da für die Rücknahme der Silberscheidemünzen schon vorgesorgt war, Papiergeld nicht in Frage stand) bei einer Auflösung des Vereins nur Goldgeld in Betracht, dessen Aufnahme keine Schwierigkeiten versprach. — Um so ernstlicher waren die Schwierigkeiten, mit denen der Lateinische Münzverein zu rechnen hatte. Zwar nicht hinsichtlich seiner Goldmünzen, wohl aber hinsichtlich der Silbertaler, die, gleichfalls Vollgeld, von wachsender Entwertung bedroht waren. Bei der Neugestaltung des Jahres 1885 hat man die Last einfach dem Staat zugeschoben, der die Stücke geprägt hatte, zur schweren Benachteiligung Belgiens, das, wenn auch etwas unvorsichtig, den notwendigen Umlauf der andern Vertragsstaaten, insbesondere der in der Prägung sehr zurückhaltenden Schweiz, mitgedeckt hatte. Belgien hat damals den Verein verlassen, sich ihm aber doch wieder zugewendet, unter dem Druck der Befürchtung, die Taler seines Gepräges dennoch und dann ohne die Schutzvorschriften des Vertrags einlösen zu müssen[27]. —

Schließlich haben die Verträge in gewissem Umfang auch ein gegenseitiges Zusammenwirken der Vertragsstaaten vorgesehen. So im Deutschösterreichischen Münzverein, zum Teil nach dem Vorgang des Vertrags von 1838, eine Mitteilung über die einschlagenden Rechtsvorschriften der angeschlossenen Staaten, sowie über die von ihnen vorgenommenen Ausmünzungen. Die Bestimmung ist, erweitert um den Austausch von Probestücken, in den Skandinavischen Verband übernommen worden. Sie war auch der Ausgangspunkt für ähnliche Vor-

[26] Abkommen 20. II. 1892 Österreichisches RGBl. 1893, 51. Die Außerkurssetzung der österreichischen Taler erfolgte in Deutschland durch Reichsgesetz 28. II. 1892 und Bekanntmachung 8. XI. 1900 RGBl. 1013 für 1. Januar 1901, in Österreich durch Gesetz 24. III. 1893 RGBl. 51 und 126 für 1. Juni 1893.

[27] Durchführungsbestimmungen zu Art. 14 des Vertrags 6. XI. 1885 in einem Sonderabkommen vom gleichen Tag. Als 1921 die Schweiz ermächtigt wurde, die Silbertaler der anderen Vereinsstaaten außer Kurs zu setzen (oben S. 231), wurden unter Festhaltung des Satzes, daß jeder Staat sein Gepräge einlösen müsse, abweichende Bestimmungen für die Abwicklung vereinbart.

schriften im Lateinischen Verein, und sie ist hier durch den Vertrag von 1885 dahin ausgebaut worden, daß Frankreich die Aufgabe einer Nachrichtenstelle für die verwaltungsrechtliche und statistische Seite des Münzwesens übernimmt[28]. In den deutschen und im skandinavischen Vertrag sind auch Hinweise auf vertragswidrige Prägungen eines der angeschlossenen Staaten vorgesehen; ja, im Süddeutschen Verein war das zu einer eigenen Überwachung ausgebildet, die im jährlichen Wechsel ein Mitgliedsstaat bei den übrigen Mitgliedsstaaten vorzunehmen hatte.

§ 102.
Die Währung der internationalen Ämter.

Auch die Organe völkerrechtlicher Vereine und die auf Staatsvertrag gegründeten Gemeinschaftseinrichtungen mehrerer Staaten können bei ihrer Tätigkeit des Gelds zumeist nicht entbehren. Aber nur ausnahmsweise — wo sie geschlossene staatliche Verwaltung üben, wie etwa im Saargebiet — wird ihnen eine eigene örtliche Währung zu Gebote stehen. In aller Regel sind sie darauf verwiesen, die Währung irgend eines Einzelstaats für ihre Zwecke zu übernehmen. Vereinsbeschluß und Staatsvertrag haben die Aufgabe, die rechtsverbindliche Grundlage hiefür zu legen.

Das gilt zunächst für die inneren Angelegenheiten solcher Ämter, und wo Satzung und Vertrag schweigen, mag dies insoweit die Deutung zulassen, daß die Währung, in der die Stelle arbeitet, deren eigenem Ermessen überlassen bleibt. So bei der Aufstellung des Haushalts, der neuerdings gern in Gold geführt wird[1]. Und entsprechend bei Rechtsgeschäften des Privatrechts, zumal bei Dienstverträgen, welche das Amt abschließt[2].

---

[28] Es sei auch erwähnt, daß Frankreich bei der ersten Heimschaffung der italienischen Scheidemünzen als Vermittlungsstelle für sämtliche Vertragsstaaten tätig gewesen ist; s. den Vertrag 5. XI. 1878 Art. 8 und, sehr abgeschwächt, für die zweite Zurückziehung ein Abkommen 15. XI. 1893 Art. 5.

[1] Goldfranken in der Europäischen Donaukommission, Galatz, Gothaisches Jahrbuch 1929, 759. Ebenso in dem Bureau für Veröffentlichung der Zolltarife, Brüssel; Répertoire des organisations internationales[2] 79. Der Völkerbund stellt (entsprechend der Beitragspflicht seiner Mitglieder) die Übersichten seines Haushaltplans in Goldfranken auf, die einzelnen Posten aber in Schweizer Franken; von den beiden „autonomen" Haushalten wird derjenige des Internationalen Arbeitsamts in Schweizer Franken geführt (unter Mitteilung von Auslandsausgaben in deren Währung), der Haushalt des Haager Gerichtshofs in holländischen Gulden. Ein Völkerbundsbeschluß über diese Art der Rechnungsführung liegt meines Wissens nicht vor, doch billigt die Versammlung alljährlich den derart eingerichteten Haushalt.

[2] Wobei Beschränkungen der Wahl, welche die maßgebende Privatrechtsordnung aufstellen sollte, bei sachgemäßer Auslegung möglicherweise auf die internationalen Ämter nicht zu beziehen sein werden.

Ihre wesentliche Bedeutung jedoch empfängt die hier behandelte Frage, wo die internationale Stelle, in das innere Recht des zuständigen Staats rezipiert, dem Einzelnen mit hoheitlicher Gewalt gegenübertritt. Eine Willkür der befaßten Stelle scheidet dabei aus. Und man wird zunächst wiederum nach ausdrücklichen Bestimmungen in Vertrag und Vereinsbeschluß aussehen, vielleicht eine unvollständige Äußerung im Weg der Auslegung zu klären haben. Die Gebühren für Eintragung in das internationale Markenregister bei dem Amt für gewerbliches Eigentum in Bern sind (Art. 8 des Madrider Abkommens, Fassung 1925 RGBl. II 196) in Schweizer Franken zu entrichten, diejenigen für Eintragung in das Musterregister bei dem gleichen Amt (Art. 15 des Haager Abkommens von 1925, ebenda 203) in „Franken"; und doch ist nicht zweifelhaft, daß auch diese in Schweizer Franken geschuldet werden. Bei der Europäischen Donaukommission werden Schiffahrtsabgaben nach Verordnung, Geldstrafen nach Herkommen in Goldfranken angesetzt und zu deren Gegenwert in näher bezeichneten Währungen erhoben[3]; wobei es allerdings der Annahme mehrfacher stillschweigender Delegationen bedarf, um insbesondere für die Strafrechtspflege festen Grund zu finden. Für die mitteleuropäischen Schiffahrtskommissionen, die Gerichtsbarkeit besitzen, muß die Lösung jedenfalls eine andere sein. Rheinschiffahrts- und Elbekommission haben richterliche Gewalt erst für die zweite Instanz. Die Rechtsstreitigkeiten, die vor sie kommen, sind bereits nationalisiert, auch nach seiten der Währung, und so sind diese Kommissionen wohl gehalten, Geldstrafen in der Währung zu verhängen, Gerichtskosten in der Währung anzusetzen, die für die erste Instanz verbindlich gewesen ist[4].

Vor allem aber haben sich Fragen solcher Art bei den gemischten Schiedsgerichten der Friedensverträge ergeben — ohne daß man freilich sagen könnte, sie hätten die ihnen zukommende Beachtung gefunden. Für Gerichtskosten hat sich die Übung herausgebildet, sie in der Währung des Lands anzusetzen, in dem die Einrichtung ihren Sitz hat[5];

---

[3] Schiffahrtsabgaben nach Art. 13 des Abgabentarifs in englischen Pfund, in der Währung des Staats, dessen Flagge das Schiff führt, bei Flußfahrzeugen auch in heimischer Währung; Geldstrafen nach Herkommen in rumänischer Währung oder derjenigen des Staats, dessen Flagge das Schiff führt; das Verhältnis zum Goldfrank stellt die Kommission alle zwei Wochen fest (freundliche Mitteilung des Generalsekretariats der Kommission).

[4] Die Praxis der Rheinschiffahrtskommission stimmt damit überein. Nach freundlicher Auskunft des Generalsekretariats wird die Festsetzung der Gerichtskosten auch für den zweiten Rechtszug übungsgemäß der ersten Instanz überlassen. Und es beruht vermutlich auf dem gleichen Gedanken, wenn ein Berufungsurteil der Kommission vom 10. XI. 1927, dessen Tenor mir mitgeteilt wird, eine deutsche Firma verurteilt, an den holländischen Kläger „Gulden oder deren Gegenwert in Mark nach dem Tag der Zahlung" zu entrichten.

[5] Eine Begründung der Regel habe ich in keiner der Entscheidungen finden können.

auch dann, wenn dieser Sitz in einem dritten Staat liegt[6]; auch dann, wenn die mündliche Verhandlung in einem andern Staat als dem des Sitzes durchgeführt wurde[7]. Man wird den Ausweg gutheißen, auch mit den weiteren Auswirkungen desselben Gedankens einverstanden sein können: daß die Sicherheit für die Gerichtskosten, die der Kläger zu leisten hat, in derselben Währung bestellt werden muß[8]; daß Strafen gegen ausgebliebene Zeugen in dieser Währung verhängt werden[9]. Auch für den Kostenersatz, den die unterlegene Partei dem Gegner zu gewähren hat, ist die gleiche Lösung folgerichtig[10]; doch haben mehrere Prozeßordnungen hier „die Währung der obsiegenden Partei" für maßgebend erklärt[11]. Jedenfalls aber sind solche Lösungen nur für Angelegenheiten des Verfahrens möglich. Die strittige Forderung selbst verbleibt auch für die gemischten Schiedsgerichte unter der Währung, die ihr nach dem maßgebenden materiellen Recht zukommt. In der Vollstreckungsinstanz aber gehen die Urteile der Schiedsgerichte in die einzelstaatliche Rechtspflege über und werden damit auch Vorschriften des Landesrechts unterworfen, die möglicherweise eine Umwandlung in Landeswährung bewirken.

§ 103.

Staatliche Außengebiete.

1. Kolonien. — 2. Andere Außenbereiche. — 3. Gebiete unter Konsulargerichtsbarkeit.

Kolonien.

1. In sehr häufigen Fällen ist die Währung der Kolonien verschieden von derjenigen des Mutterlands, verschieden auch von derjenigen

[6] Beispiele: deutsch-belgisches Schiedsgericht Recueil 7, 523. Deutschland-Polen R. 7, 708. Deutschland-Tschechoslowakei R. 5, 551. Deutschland-Griechenland R. 7, 14. Deutschland-Rumänien R. 7, 747. Österreich-Rumänien R. 7, 779. Die Regel wird auch bei den wenigen Gerichten befolgt, die den Sitz im Gebiet einer der unterlegenen Mächte haben. So Türkei-Großbritannien R. 7, 902. Türkei-Frankreich R. 7, 942. Türkei-Griechenland R. 8, 224.

[7] Deutschland-Polen R. 7, 732 (Sitz in Paris, Verhandlung in Luzern).

[8] So mehrfach die Prozeßordnungen der gemischten Schiedsgerichte: Deutschland-Frankreich Art. 47, Deutschland-Italien Art. 14, und für Gerichte, die ihren Sitz in einem dritten Staat haben, Deutschland-Südslawien Art. 17, Deutschland-Tschechoslowakei Art. 18, Deutschland-Polen Art. 22. Eine auffällige Ausnahme enthalt Art. 23 der deutsch-belgischen Prozeßordnung: Sicherheitsleistung in belgischer Währung, obwohl der Sitz des Gerichts in Paris ist.

[9] Art. 46 der deutsch-rumänischen Prozeßordnung.

[10] So in der Tat das deutsch-rumänische Schiedsgericht (dessen Prozeßordnung keine Bestimmung über die Frage enthält) R. 7, 769.

[11] Deutschland-Frankreich Art. 75. Deutschland-Belgien Art. 66. Deutschland-Südslawien Art. 54. Deutschland-Tschechoslowakei Art. 54. Deutschland-Polen Art. 66.

anderer Kolonien desselben Staats. Es kommt hier nicht auf eine Statistik solcher Verschiedenheiten an[1], und es soll nur im Hinblick auf spätere Erörterungen für die deutschen Schutzgebiete festgestellt sein, daß in Kiautschou der mexikanische Dollar, in Deutsch-Ostafrika die Rupie, in den übrigen Schutzgebieten die Mark Währungseinheit war, die „Reichsmarkrechnung" der letztgenannten Besitzungen von der Reichswährung insbesondere darin verschieden, daß Silbergeld unbeschränkten Annahmezwang hatte. Es handelte sich auch bei dieser Reichsmarkrechnung um eine selbständige Kolonialwährung — selbständig, weil auf einem staatlichen Willen beruhend, dessen Bildung verfassungsmäßig verschieden war von der Bildung des staatlichen Willens für das Reich, und als selbständige Währung sichtbar geworden durch ihren abweichenden Inhalt gegenüber der mutterländischen Ordnung; Geldzeichen dieser Kolonialwährung waren die zu exogenen Bestandteilen des neuen Systems gewordenen Hartgeldzeichen der Reichswährung[2].

[1] Die deutschen Verordnungen bei W. Hintze, Das Geldwesen in den deutschen Schutzgebieten (1912). Für Frankreich A. Girault, Principes de colonisation[3] (1907) 2, 504 ff; 3, 412. Für Großbritannien etwa H. Jenkyns, British rule and jurisdiction beyond the seas (1902) 28 ff. Für Belgien M. Halewijk, La charte coloniale (1914) 2, 1 ff etc. Vielerlei Notizen auch bei Lippert[2] 775 ff. Geschichtliche Angaben bei A. Zimmermann, Kolonialpolitik (1905) 236 ff.

[2] Ähnlich schon H. v. Hoffmann, Einführung in das Deutsche Kolonialrecht (1911) 129. Anders Gerstmeyer, Juristische Wochenschrift 1924, 402; Nußbaum 47. Die rechtliche Bedeutung dieser Reichsmarkwährung ist nach dem Krieg brennend geworden und knüpft zunächst an die Frage an, ob der Annahmezwang für Banknoten und Kassenscheine, der nach der Regelung der Schutzgebietswährung im Reich verfügt wurde, auch für die Schutzgebiete Geltung erlangt hat. Daß eine solche Bestimmung auf dem hiefür zuständigen Verordnungsweg nicht erfolgt ist, steht außer Zweifel. Für die Annahme einer gewohnheitsrechtlichen Einführung fehlen die Unterlagen: bis 1914 war die tatsächliche Verwendung des Reichspapiergelds in den Schutzgebieten ebenso im Interesse des Verkehrs wie der staatlichen Währungspolitik gelegen, und es konnte sich ein Widerstand gar nicht ergeben, in dessen Überwindung ein Gewohnheitsrecht des behaupteten Inhalts sich hätte bilden können; für die Kriegszeit aber ist schlechterdings nichts vorgebracht worden, was auf die Bildung einer solchen Rechtsüberzeugung schließen ließe. Das Oberlandesgericht Hamburg 22. II. 1921, Hanseatische Rechtszeitschrift 5, 86 und das Reichsgericht 28. XI. 1923 Entscheidungen 107, 78 gehen offenbar davon aus, daß Forderungen in Schutzgebietsmark Hartgeldforderungen gewesen sind, und es wird dieser Annahme beizupflichten sein, wenn man nur festhält, daß auch solche Forderungen Wertforderungen (nicht Geldzeichenforderungen) waren, gerichtet auf Schutzgebietswährung und erfüllbar in den Geldzeichen dieser Währung. Bei Abschluß der deutschen Herrschaft bestimmte sich der Wert einer solchen Forderung in Ermangelung einer Börsennotierung der Schutzgebietsmark nach dem Wert des geringstwertigen, mit unbeschränktem Annahmezwang versehenen Zahlungsmittels der Währung, also der Silbermark, und da deren Wert als Reichsgeld im maßgebenden Zeitpunkt längst unter den Metallwert gesunken war, nach dem Silberwert des Markstücks. Über die weiteren Schicksale der deutschen Kolonialwährungen unten § 105 Z. 4.

Wo aber eine Kolonie ihr Münzwesen autonom ordnet, oder doch deren Währung auf einer staatlichen Willensbildung beruht, die verschieden ist von derjenigen für das Mutterland, da erwachsen für das gegenseitige Verhältnis dieser Währungen Fragen, die den oben S. 227 behandelten gleichartig sind. Auch hier wird die Staatsgewalt für die Rechtsverhältnisse, die der Kolonie angehören[3], in der örtlichen Währung tätig, und wenn in die Besitzung mutterländische Gesetze übernommen werden, die eine abweichende Währung voraussetzen, so bedarf es einer Umstellung dieser Texte auf die Ortswährung[4]. Auf sie müssen die örtlichen Rechtsquellen verweisen, in ihr muß sich die örtliche Verwaltung und Rechtsprechung abwickeln[5]. In dieser Währung haben die Privaten ihre Pflichten gegen den Staat zu erfüllen[6]. In ihr entstehen die Schuldverhältnisse, die unter dem Recht der Kolonie ins Leben treten, wenn nicht wirksamer Parteiwille anderes vorgesehen hat; es wird gerade hierauf noch (§ 105 Z. 4) zurückzukommen sein.

Daß die Währungen des Mutterlands und der anderen Besitzungen desselben Staats in der Kolonie anzuerkennen sind und umgekehrt, bedeutet keine Besonderheit. Auch für Rupienschulden und Rupienstücke war es im deutschen Mutterland rechtens, daß Geldschulden beim Gläubiger zu erfüllen sind und an gestohlenen Geldzeichen gutgläubig

---

[3] Über den Umkreis solcher Zugehörigkeit unten § 105.

[4] Die formelle Grundlage der Umstellung hat für die deutschen Schutzgebiete § 20 des Konsulargerichtsbarkeitsgesetzes gebildet. Für das Grundstücksrecht im besonderen kaiserliche Verordnung 21. XI. 1902 RGBl. 283 § 4: „In das Grundbuch einzutragende Geldbeträge können (?) in der im Schutzgebiet geltenden Währung angegeben werden."

[5] In Kiautschou scheint dieser Forderung allgemein entsprochen worden zu sein. In Deutsch-Ostafrika sind Strafverordnungen und Strafurteile teils in Mark, teils in Rupien ergangen, ohne daß ein Rechtsgrund für die Verschiedenheit ersichtlich wäre.

[6] Das deutsche Handelsgesetzbuch hat auch in den Schutzgebieten gegolten, mit ihm § 40, der die Errichtung der Bilanz in Reichswährung fordert. Dennoch hatten Unternehmungen mit Sitz im Schutzgebiet die Bilanz in Ortswährung zu errichten. Über die räumliche Begrenzung der Vorschrift unten § 111 Z. 2. In der Literatur ist die Frage öfter gestreift, aber kaum gefördert worden. — Entsprechendes hätte auch für die Verpflichtung des § 180, Aktien in Reichswährung auszustellen, gelten müssen. Das Gesetz vom 23. XII. 1911 freilich gestattet für Kiautschou die Ausgabe von Kleinaktien zu einem Mindestbetrag in „Mark oder einer anderen Währung", und die Begründung (zu einem früheren Entwurf), Verhandlungen des Reichstags 271, 157 zeigt, daß man mit der Wahl zwischen Reichswährung und Ortswährung einen ohnehin bestehenden Rechtszustand wiederzugeben glaubte. Man könnte in der Tat daran denken, in solchen Fällen der Währung des Mutterlands im Sinn der gleich folgenden Bemerkungen eine Vorzugsstellung einzuräumen. Indessen wenn für die Schuldverhältnisse der Kolonie nur eine Währung die gesetzliche sein kann, so wird man doch wohl annehmen müssen, daß dies auch die Währung der Bilanz und diejenige der Aktiengesellschaften des Gebiets sein muß. Vgl. übrigens auch oben Anm. 4.

Eigentum erworben werden kann. Dagegen mag allerdings die leichte Verwertbarkeit der mutterländischen Währung in den Kolonien (nicht auch umgekehrt) zu einer Gleichsetzung führen, wie sie gegenüber Währungen eines andern Staats nicht besteht. Wenn in Kiautschou wegen einer Dollarschuld vollstreckt wurde, mochte auch vorgefundenes deutsches Geld (ZPO. § 815) dem Gläubiger unmittelbar überliefert werden. Und besondere Vorrechte, die etwa der Inlandswährung bewilligt sind, wie nach manchen Gesetzgebungen ein erhöhter Strafschutz gegen Münzfälschung, dürften allen Währungen dieses Staats zugute kommen. Hingegen verlangen Vorschriften über Umrechnung, die auf dem Umstand beruhen, daß eine andere als die geschuldete Währung ortsüblich ist, auch im Verhältnis zwischen Mutterland und Kolonie Geltung. Wenn nach dem Verfahrensrecht eines Staats Schulden fremder Währung im Prozeß, im Konkurs, bei der Zwangsvollstreckung in Ortswährung übergeführt werden, dann muß das auch für die mutterländische Währung in der Kolonie, für die Kolonialwährung im Mutterland und im gegenseitigen Verhältnis der Kolonialwährungen eines Staats gelten. Insbesondere finden auch Vorschriften nach Art des § 244 BGB., die dem Schuldner die Umrechnung einer Verpflichtung fremder Währung gestatten, in solchem Umfang Anwendung[7].

Denkbar ist bei alledem auch noch, daß für die weiße und für die farbige Bevölkerung verschiedenerlei Währung besteht; doch gehören solche Erscheinungen nur dann hieher, wenn der Staat auch die Eingeborenenwährung für ihren Kreis als gesetzliche Währung anerkennt[8].

---

[7] § 244, der auch in den Schutzgebieten galt, spricht von einer Umwandlung in „Reichswährung". Bei Zahlung einer Markschuld in Ostafrika oder Kiautschou bedurfte es selbstverständlich einer Umstellung der Vorschrift auf Ortswährung (vgl. oben S. 239). Bei Zahlung einer Rupienschuld im Reichsgebiet fand man sich zunächt vor einer Textschwierigkeit, da § 244 die Umwandlung für eine „in ausländischer Währung ausgedrückte Geldschuld" vorsieht, und ein Teil der Erörterungen hat auch hier (vgl. schon oben Bd. 2, 664[59]) Verwirrung geschaffen durch die berüchtigte Fragestellung, ob die Schutzgebiete „Inland oder Ausland" seien. Selbstverständlich entscheidet der Sinn der einzelnen Gesetzesstelle, und § 244 beruht wie seine Vorlage, Art. 336 des früheren Handelsgesetzbuchs, lediglich auf der Tatsache einer Verschiedenheit zwischen Schuldwährung und Ortswährung. Gegen die Anwendbarkeit des § 244 auf Zahlungen in Deutschland das Kammergericht 19. VI. 1922, dafür dasselbe Gericht 20. XII. 1922, Juristische Wochenschrift 1923, 189; Reichsgericht 8. IV. 1924, Leipziger Zeitschrift 588; auch Dassern, Hanseatische Rechtszeitschrift 5, 357; Wessig, Juristische Wochenschrift 1923, 914; Wunderlich ebenda 1924, 665.. Sehr unklar F. Sabersky, Der koloniale Inlands- und Auslandsbegriff (1907) 40f.

[8] Eine Verordnung für Deutsch-Neuguinea 30. V. 1913 Kolonialblatt 789 hat bestimmt: „Europäern und nichteinheimischen Farbigen ist es verboten, Eingeborenen ... Eingeborenengeld zu geben oder solches von ihnen zu nehmen." Doch war die Reichsmarkwährung auch für die Eingeborenen gesetzliche Währung, und es war die Verwendung von Eingeborenengeld (Muschelgeld) im gegenseitigen Verkehr der Eingeborenen lediglich unverboten.

Andere Aussenbereiche.

2. Seeschiffe bleiben unter der Währungshoheit ihres Staats bis zur Einfahrt in einen fremden Hafen. Das Verbot des Kleinhandels in fremder Währung, das zeitweise in Deutschland gegolten hat, war im bezeichneten Umfang auch für den Gastwirtschaftsbetrieb auf deutschen Seeschiffen wirksam, für fremde Schiffe — auch in deutschen Küstengewässern — unverbindlich, bis sie in einen deutschen Hafen einliefen[9]. Und ebenso gehen Verweisungen auf die Währung der Flagge, insoweit die verweisende Rechtsordnung das Fahrzeug begleitet. Also etwa bei Ersatzansprüchen, die aus einem Vorgang innerhalb des Schiffs entspringen, auch wenn das Schiff fremde Küstengewässer durchfährt; dagegen bei Vorgängen, die über das Schiff hinauswirken wie einem Zusammenstoß nur, wenn die schädigende Handlung auf hoher See stattgefunden hat.

Auch da, wo ein Staat für Angelegenheiten des öffentlichen Rechts Ämter auf fremdem Gebiet unterhält, vollzieht sich deren Tätigkeit in der Währung des Absendestaats, soweit nicht ausdrückliche Bestimmungen anderes vorsehen. Hier trifft solche Tätigkeit allerdings mit der örtlichen Währung eines andern Staats zusammen. Indessen in der Zulassung einer fremden Amtstätigkeit im Gebiet — und ohne solche Zulassung wäre die Wirksamkeit der fremden Behörde rechtlich gar nicht möglich — muß im Zweifel auch die Einräumung gefunden werden, solche Tätigkeit in der ihr nach dem öffentlichen Recht des Heimatstaats zukommenden Währung abzuwickeln; selbst dann, wenn im Aufenthaltsstaat für den Gebrauch fremder Währungen beschränkende Vorschriften bestehen. (Und es kommen diesem öffentlichen Recht eines andern Staats gegenüber auch Umwandlungsrechte des Schuldners nach Art des deutschen § 244 BGB. nicht in Betracht.) Dergleichen ergibt sich bei der Tätigkeit fremder Konsulate, und es werden die Konsulatsgebühren darum in der heimischen Währung geschuldet, wenn nichts abweichendes vorgeschrieben ist. Verständigerweise wird die Auslandsbehörde allerdings Ortswährung in jedem Fall an Zahlungsstatt annehmen, vielleicht ist sie auch durch Dienstanweisung dazu verhalten, doch bewahrt der Gebührenschuldner in Ermangelung eines gegenteiligen Rechtssatzes die Befugnis, in der heimatlichen Währung zu bezahlen[10].

---

[9] Das war beispielsweise bei der Bodenseeschiffahrt anders (der Fall ist praktisch geworden), weil der Bodensee aufgeteiltes Gebiet der Uferstaaten darstellt, die deutschen Vorschriften im deutschen Wasserbereich also auch für Schiffe fremder Herkunft verbindlich waren.

[10] Die Gebührenordnungen werden ganz regelmäßig auf heimatliche Währungen lauten, das verlangt ihre Verwertbarkeit für die verschiedensten Länder und verlangt die Verrechnung im Haushalt des Heimatstaats; vgl. etwa A. de Clercq-C. de Vallat, Guide des consulats[5] (1898) 2, 399. Daß trotzdem

Ein anderer Fall solcher Art ist etwa bei dem polnischen Postamt in Danzig gegeben, dessen Postgeschäfte sich in polnischer Währung abwickeln können[11]. Auch Zollämter jenseits der Grenze, z. B. in Grenzbahnhöfen[12], sind grundsätzlich befugt, die Zölle in heimischer Währung zu erheben. Und dasselbe muß im Zweifel gelten (doch liegen Rücksichten auf die Ortswährung hier immerhin näher), wo das Gebiet oder ein Gebietsteil selbst dem Zollgebiet eines andern Staats angeschlossen ist[13].

---

regelmäßig in Ortswährung bezahlt wird, wird ebenso hier bezeugt (vgl. für Frankreich auch R. Monnet, Manuel diplomatique[3] 1910 S. 221) wie in der Begründung des deutschen Gesetzes von 1910, Verhandlungen des Reichstags 275 Nr. 401, 42. Nach der eben genannten Begründung gibt es allerdings einige Staaten, die eine Entrichtung der Gebühren in Ortswährung vorschreiben, anderwärts treffe das nicht zu, und es gestatte dementsprechend der britische Tarif stets die Zahlung in britischem Gold. Was Deutschland angeht, so hat man die Gebührenschuldigkeit zunächst gleichfalls als eine Schuld deutscher Währung behandelt, wenn auch durch Dienstanweisung die Auslandsstellen angewiesen waren, Landesmünze anzunehmen (Runderlaß 1872 nach König, Konsularwesen[7] 1, 624). Das Gesetz vom 17. V. 1910 hat die gleiche Auffassung zugrunde gelegt. Jenes vom 1. VII. 1921 aber ist von ihm abgewichen; nach seinem § 3 sind die Gebühren „in der Währung desjenigen Landes zu entrichten, in welchem die die Gebühren erhebende Behörde ihren Sitz hat." Aber freilich das geschah nicht etwa, weil man grundsätzlich zu einer andern Lösung übergegangen wäre. Ein vorausgehendes Gesetz vom 1. IV. 1920 hatte verlangt, daß solche Gebühren in Gold zu zahlen seien. Man glaubte nach der Begründung des neuen Gesetzes (Verhandlungen des Reichstags 367, 1697), daß ein Ansatz in Gold für Länder mit entwerteter Währung zu hohe, ein Ansatz in Papier für Länder mit fester Währung zu niedere Beträge ergebe. Die Bestimmung ist seither geltendes Recht verblieben, wiewohl mit der Wiederaufrichtung der deutschen Währung wenigstens die zweite dieser Erwägungen gegenstandslos geworden ist.

[11] Vgl. über dies Postamt oben S. 29. Daß die Postgebühren in polnischer Währung anfallen, ist schon in den Art. 165 ff des Vertrags 24. X. 1921 vorausgesetzt, wird aber ebenso für die sonstigen Postgeschäfte mit Einschluß von Auszahlungen zutreffen. Daß vollends die Beamten des Postamts ihren Gehalt in polnischer Währung ausbezahlt erhalten können, folgt schon aus dem Umstand, daß das Beamtenverhältnis als eine Angelegenheit des polnischen Staatsrechts der Einwirkung Danzigs schlechthin entrückt ist. Dagegen mag Polen für sonstige Verbindlichkeiten, zu denen der Postbetrieb in Danzig Anlaß gibt, von der allgemeinen Freiheit in der Wahl der Währung Gebrauch machen, ist dabei aber an etwaige Beschränkungen Danzigs gebunden. Teilweise abweichend Skibowski (oben S. 29[105]) 50, 70.

[12] Über die Währung des Eisenbahnbetriebs in solchen Bahnhöfen oben S. 182.

[13] Die österreichische Gemeinde Mittelberg ist in das Zollsystem und das System der Verbrauchssteuern Deutschlands aufgenommen; ein deutsch-österreichischer Vertrag 2. XII. 1890 § 8 RGBl. 1891, 59 bestimmt, daß die Abgaben in deutscher Währung zu entrichten sind. Bei der Eingliederung Danzigs in das polnische Zollgebiet wurde durch Vertrag 9. XI. 1920 Art. 15 (Strupp, Documents 4, 642) vereinbart, daß die Zölle in Danzig sowohl in deutscher (der damaligen Währung Danzigs), als in polnischer Währung bezahlt werden dürfen.

Unter den weitergehenden Formen einer Herrschaft außer Landes[14] soll ein wesentlicher Fall, die Besetzung fremden Gebiets, im folgenden besonders behandelt werden. Hier ist noch auf die Gebiete unter Konsulargerichtsbarkeit einzugehen.

Gebiete unter Konsulargerichtsbarkeit.

3. Wo einer fremden Macht Konsulargerichtsbarkeit eingeräumt ist, bleibt es dem bevorrechteten Staat unzweifelhaft überlassen, innerhalb des Kreises seiner Staatsangehörigen und Schutzgenossen die Währung so zu ordnen, wie er es für gut findet. Was dabei für die Beziehungen zwischen den Ausländern und der eingeborenen Bevölkerung rechtens sein soll, hängt zunächst von der Aufteilung der Gewalten zwischen Ortsstaat und Fremdstaat ab[15]; auch davon, wie weit der Ortsstaat für seine Währung überhaupt Ausschließlichkeit beansprucht.

Ist der fremde Staat aber frei, innerhalb der ihm zukommenden Grenzen über die Währung zu bestimmen, so eröffnet sich damit erst die weitere Frage, welche Währung dies nach dem eigenen Willen jenes Staats sein soll. Hier bestehen entscheidende Verschiedenheiten gegenüber der Rechtslage, wie sie für die Tätigkeit des Konsuls in Ländern unbeschränkter Hoheit gegeben ist. In Ländern unbeschränkter Hoheit ist das fremde Konsulat die vorgeschobene Behörde, die einer Durchführung der heimischen Rechtsordnung dienstbar gemacht wird. In Gebieten, in denen er Konsulargerichtsbarkeit besitzt, hat der fremde Staat Mitherrschaft, übt er räumlich wirksame Staatsgewalt über Untertanen, wenn auch persönlich beschränkt auf seine Angehörigen und Schutzgenossen. Zunächst für das bürgerliche Recht. Zwischen Deutschen in Ägypten gilt mit räumlicher Wirksamkeit das deutsche bürgerliche Recht, völlig unabhängig von einer Amtstätigkeit des Konsuls, als eine Lebensordnung, die Regelung schafft, auch wenn es zu keinem Streit zwischen den Parteien kommt. Ebenso die verwaltungsrechtlichen Bindungen, wie sie durch Polizeiverordnung oder andere der fremden Staatsgewalt zustehende Einwirkungen begründet werden. Und auch mit der Verbindlichkeit fremden Strafrechts verhält es sich nicht anders, sofern man nur im Strafrecht nicht bloß eine Dienstanweisung für den

[14] In Neutral-Moresnet, einem bis 1920 zwischen Preußen und Belgien streitigen Gebiet und inzwischen gemeinsam regiert, war die Rechtslage dadurch vereinfacht, daß noch aus der Zeit vor Beginn des Grenzstreits her Frankenwährung die gesetzliche Währung war. Wenn tatsächlich auch die deutschen Geldzeichen dort umliefen, so doch nicht als Bestandteile einer gesetzlichen Währung. Vgl. etwa Fleischmann im Wörterbuch des Staats- und Verwaltungsrechts[2] 2, 901.

[15] Im Freundschaftsvertrag zwischen dem Norddeutschen Bund und Japan von 1869 BundesGBl. 1870, 1 hieß es: „Deutsche und Japaner können sich bei Zahlungen, die sie sich gegenseitig zu machen haben, nach Belieben fremder oder japanischer Münzen bedienen.“ Das war nur eine Bindung der örtlichen Staatsgewalt in der Zulassung fremder Geldzeichen.

Richter zu sehen hat, sondern in der Abgrenzung zwischen dem, was die Strafgesetze bedrohen und freilassen, eine Lebensordnung für den Bürger. Alle diese Rechtsquellen aber verweisen auf irgendwelche Geldsätze, alle behördliche Tätigkeit, sie auszuführen, muß von Fall zu Fall Bewertungen vornehmen. Und damit ist ganz ähnlich wie für die Kolonien wiederum die Frage gestellt, auf welche Währung solche Verweisungen gehen. Noch weniger allerdings als in der geschlossenen Kolonie kann hier eine Herausreißung des Geldverkehrs aus der wirtschaftlichen Umwelt in Betracht kommen; ist doch der fremde Staat meistens gar nicht in der Lage, von der währungsrechtlichen Seite her für den Umlauf seines Gelds in diesen Bezirken zu sorgen. Und so wird hier allerdings im Zweifel die Verweisung auf die Ortswährung zu beziehen, werden Verweisungen im Wortlaut heimischer Gesetze, die auf dortiges Geld gehen, entsprechend umzustellen sein. Ein Ersatzanspruch aus unerlaubter Handlung, der zwischen Deutschen in Ägypten erwächst, steht zwar privatrechtlich unter dem deutschen Bürgerlichen Gesetzbuch, aber er beziffert sich — auch den deutschen Behörden gegenüber — nach ägyptischen Pfund. Aktien, die eine Gesellschaft unter deutscher Konsulargerichtsbarkeit ausstellt, müssen auf Ortswährung lauten[16], ihre Bilanz muß in Ortswährung errichtet werden[17]. Unter solchen Umständen gewinnt aber auch die Amtstätigkeit des Richterkonsuls selbst eine veränderte Bedeutung. Es ist die Behörde, die für die Durchführung einer im Land sich entfaltenden Lebensordnung zu sorgen hat, und sie tritt damit selbst unter die Währung, die für diese Lebensordnung maßgebend ist. Strafverordnungen des deutschen Konsuls müssen auf Ortswährung lauten, auch wenn das ermächtigende Reichsgesetz die Vollmacht in Mark erteilt, Strafurteile in Ortswährung ergehen, auch wenn die Strafdrohung, wie etwa die des Strafgesetzbuchs, auf Mark gestellt ist. Und so werden auch die Konsulatsgebühren mangels entgegenstehender Vorschrift unter solchen Verhältnissen lediglich in Ortswährung geschuldet.

Die bisherigen Ausführungen befassen sich mit dem Sinn einer Verweisung auf Geldwert, der sich in den ortsfremden Rechtsquellen findet. Doch ist nicht ausgeschlossen, daß im Rahmen seiner Befugnisse der fremde Staat auch währungsrechtlich in den Geldverkehr dieses Gebiets eingreift. So hat, ähnlich wie verschiedene eng-

---

[16] Die Deutsch-asiatische Bank, unter deutscher Konsulargerichtsbarkeit mit Sitz in Schanghai errichtet, hat ihre Aktien auf chinesische Währung gestellt. (Aber nicht, wie Assessor Zitelmann, Juristenzeitung 1902, 75 annimmt, weil sie sich dem deutschen Recht freiwillig unterworfen, die Unterwerfung jedoch nicht auf den Nennwert ihrer Aktien bezogen hätte.) Das oben Anm. 6 erwähnte Reichsgesetz von 1911 gestattet freilich die Ausgabe von Kleinaktien im Bereich der in China geübten Konsulargerichtsbarkeit wahlweise in Mark und Ortswährung.

[17] Vgl. etwa H. Veit Simon, Die Bilanzen der Aktiengesellschaften[2] (1898) 204ff, O. Denzler, Die Stellung der Filiale (1902) 386.

lische Banken von Großbritannien, die Deutsch-asiatische Bank[18] von Deutschland die Befugnis erhalten, in China Noten in Ortswährung auszugeben; was voraussetzt, daß unter solchen Umständen die Ortswährung zur rezipierten Währung des eingreifenden Fremdstaats geworden ist. Und in jedem Fall bleibt im Bereich der Konsulargerichtsbarkeit der Strafschutz der örtlichen Währung gegen Ausländer dem Heimatstaat des Täters vorbehalten[19].

§ 104.
Besetztes Gebiet.

I. Besetzung in Kriegszeiten. 1. Heer und Bevölkerung. — 2. Die örtliche Währung. 3. Fortsetzung. — II. 4. Besetzung in Friedenszeit.

I. Besetzung in Kriegszeiten.
Heer und Bevölkerung.

1. Das eindringende Heer kommt aus eigener Machtvollkommenheit in das Land des Gegners. Die Truppen bleiben rechtlich ein Fremdkörper im Gebiet, nicht auf grund einer Exterritorialität, die ihnen der örtlich herrschende Staat gewährt hätte, sondern auf grund der eigenen Hoheit des Staats, der sie entsendet. Das bedeutet die rechtliche Herrschaft des Heimatstaats innerhalb der Truppe, bedeutet demgemäß, daß auch seine Währung innerhalb der Truppe gesetzliche Währung ist. Der deutsche Soldat empfängt seine Löhnung allerwärts in Reichswährung[1].

Der fremde Staat, als Träger öffentlicher Gewalt und als Privatrechtssubjekt, die Militärpersonen, als Obrigkeit und als Privat-

---

[18] Über sie oben Anm. 16. Vgl. des näheren Hintze (zit. Anm. 1) 43ff und die Konzession ebenda 116.

[19] Ein Franzose hatte in Kairo ägyptisches Geld gefälscht. Art. 132 des (für Franzosen auch in Ägypten geltenden) Code pénal bestraft die Fälschung von Geldzeichen, „die in Frankreich gesetzlichen Kurs haben“, mit erhöhter Strafe; daneben besteht die mildere Strafdrohung des Art. 133 gegen denjenigen, der „in Frankreich fremde Münzen“ nachmacht. Der Kassationshof 5. I. 1884 Dalloz 1884 I 432 hat nach Art. 133 bestraft; der Strafschutz komme Frankreich zu, die Handlung im Bereich der Konsulargerichtsbarkeit sei wie eine solche in Frankreich zu bestrafen. Die Entscheidung dürfte (von Bedenken strafrechtlicher Art abgesehen) für Ägypten richtig sein. Mag die örtliche Währung verweisungsrechtlich immerhin zur eigenen Währung der verweisenden Gesetze werden (vgl. oben S. 221), so besteht doch die Möglichkeit, daß für die Zwecke des Strafrechts die Grenze zwischen Inland und Ausland an andrer Stelle gezogen wird. Hat freilich der fremde Staat selbst in die örtliche Währung eingegriffen und sie damit auch währungsrechtlich rezipiert, so werden einer solchen Auslegung erhöhte Schwierigkeiten entgegenstehen.

[1] Erlaß des Generalintendanten 17. I. 1916 nach G. Süß, Das Geldwesen im besetzten Frankreich (1920) 141: Auszahlung der Löhnung in Stadtscheinen französischer Gemeinden nur mit Zustimmung des Empfängers.

personen, treten in Beziehung zu der örtlichen Bevölkerung. Im Operationsgebiet, das noch nicht Gegenstand der Besetzung ist, übt der eindringende Staat seine öffentliche Gewalt gegen die ansässige Bevölkerung nur zum Schutze der Truppen. Es ist eigene Angelegenheit, in der er hier tätig wird, und wie sie sich sonst nach Maßgabe seines Rechts abwickelt, so grundsätzlich auch in seiner Währung. Das gilt für Akte der Kriegspolizei, die sich in Geld ausdrücken, Auferlegung von Sicherheitsleistung oder Kontributionen, gilt von der Übung der Strafgewalt zum Schutze der Truppen. Natürlich wird der eingedrungene Teil sich, wenn seine Geldzeichen am Ort noch nicht umlaufen, mit einer Annahme örtlicher Währung an Zahlungsstatt benügen müssen, nach Umrechnungssätzen, die er bestimmt, und er mag aus Zweckmäßigkeitsgründen noch weiter entgegenkommen. Auch die Entschädigung für Requisitionen wird grundsätzlich in der Währung des beitreibenden Staats geschuldet; wenn er aber den guten Willen der mit der Auflage belasteten Bevölkerung wachrufen will, wird er die Entschädigung vielleicht von vornherein in Ortswährung ansetzen. Im Privatrechtsverkehr des Staats und der Militärpersonen mit den Einwohnern des Landes verzichtet der eingedrungene Teil auf die Geltendmachung seines Übergewichts; die beiden Rechtsordnungen stehen sich von gleich zu gleich gegenüber, und sie kommen nach der personalen Zugehörigkeit der Rechtsverhältnisse zur Geltung. Das wirkt auch auf die Bestimmung der gesetzlichen Währung; Ersatz für unerlaubte Handlung wird in der Währung des Täters geschuldet. Bei Rechtsgeschäften aber kann übereinstimmender Parteiwille die Währung festsetzen, und das mag nicht selten zu Verschiebungen führen. In bemerkenswerter Weise hat man eine Zusammenfassung derartiger Lösungen in einer deutschen Verordnung für Frankreich versucht: „Im westlichen Operations- und Etappengebiet sind künftig festzusetzen a) die Preise für alle Gegenstände, die der Bevölkerung aus Heeresbeständen usw. entgeltlich überlassen werden, sowie alle Geldauflagen und Geldstrafen: in Mark, b) die Preise für alle Gegenstände, die von der Bevölkerung käuflich erworben oder gegen Bezahlung beigetrieben werden: in Franken“[2].

---

[2] Verordnung des Generalquartiermeisters 11. VIII. 1917, Verordnungen über die Verwaltung der westlichen Armeegebiete (1918) 160. Für Geldstrafen schon ein Erlaß des Generalquartiermeisters 5. VIII. 1915 ebenda 137 und G. Rotermund, Die kaiserlichen Verordnungen vom 28. Dezember 1899 (1916) 43 unter Hinweis auf eine Verfügung des preußischen Kriegsministeriums 20. IV. 1915. — Daß Ankäufe bei der Bevölkerung auf deren Währung gestellt werden, zeigt beispielsweise die Vereinbarung der Mittelmächte mit der Ukraine 1918, nach der die dortige Regierung zu solchem Behuf örtliche Zahlungsmittel überläßt; A. Popovics, Das Geldwesen im Krieg (1925) 101 f. — Die deutsche Militärverwaltung hat im besetzten Polen Lebensmittel gegen „Mark“ gekauft: das deutsch-polnische gemischte Schiedsgericht 16. VII. 1927 Recueil 7, 732 nimmt an, daß dies polnische Mark seien.

Auch in den Gebieten hinter der Front übt die besetzende Macht den Selbstschutz nach eigenem Gutbefinden, gelten insoweit die bisher entwickelten Grundsätze über die Währung. Das neuere Völkerrecht aber verpflichtet den eingedrungenen Teil, für eine geordnete staatliche Verwaltung in dem von der bisher herrschenden Staatsgewalt abgeschnittenen Landesteil zu sorgen, und damit erwächst ihm eine neue Aufgabe. Nicht mehr wie bei dem Selbstschutz heimatliche, sondern örtliche Angelegenheiten bedürfen der Regelung, die Beziehungen der Einwohner zu einander und zu den Behörden, und es vollzieht sich die Regelung in der örtlichen Währung. Geldstrafen, welche die Militärgerichte des besetzenden Teils wegen Gefährdung der Truppen verhängen, verfallen im Zweifel in der Währung der besetzenden Macht, Geldstrafen nach gemeinem Recht, welche die örtlichen Strafgerichte aussprechen (auch wenn sie von dem besetzenden Teil eingesetzt sind, auch wenn vertretungsweise dessen Militärgerichte urteilen) werden in der Ortswährung geschuldet.

Jedoch was ist hier unter Ortswährung zu verstehen?

Die örtliche Währung.

2. Art. 43 der Landkriegsordnung bindet die besetzende Macht bei der Verwaltung des besetzten Gebiets, „soweit kein zwingendes Hindernis besteht", an die Landesgrenze. Zu den öffentlichen Einrichtungen des Gebiets, die nicht ohne Not geändert werden sollen, gehört unzweifelhaft auch die Währung. Das pflegt denn auch der Ausgangspunkt der Staatenpraxis zu sein, und es bedeutet fortdauernde Geltung der das Geldwesen regelnden Gesetze, wie auch Anerkennung der besonderen Staatsakte, welche die verdrängte Gewalt für das Geldwesen gesetzt hatte[3]. Die Möglichkeit, Schulden fremder Währung, auch solche in der Währung der besetzenden Macht, in Ortsgeld zu bezahlen, besteht weiter[4]; und es schuldet die besetzende Macht auch im eigenen Wirkungskreis, gegenüber ihren Militärpersonen, der örtlichen Währung Strafschutz[5].

---

[3] Z. B. einer Erlaubnis, Notgeld auszugeben, Verordnung des Generalquartiermeisters 1. I. 1916 § 1, Verordnungen über die Verwaltung der westlichen Armeegebiete 162.

[4] So für die — umgestaltete — Ortswährung in dem deutsch besetzten Polen die Verordnungen 8. IV. 1916 § 2 und 14. IV. 1917 § 9, Verordnungsblatt für das Generalgouvernement Warschau Nr. 28 und Bd. 2, 199; Verordnungen des Oberbefehlshabers Ost 17. IV. 1916 § 6 und 30. V. 1917 § 1, Befehls- und Verordnungsblatt 202, 636. Dagegen ist ein solches Umwandlungsrecht nur kraft besonderer Zulassung gegeben, wo Zahlungen an die besetzende Macht auf grund ihres Selbstschutzes in deren Währung geschuldet werden.

[5] Schwierigkeiten bereitet für Frankreich auch hier die gesetzliche Beschränkung, daß die Fälschung ausländischen Gelds nur „in Frankreich" strafbar sein soll. Für die Anwendbarkeit der Vorschrift im Anschluß an eine (mehrdeutige)

Aber freilich bei einer länger dauernden Besetzung ist es ausgeschlossen, daß die besetzende Macht sich einfach mit dem Umlauf der vorgefundenen Geldzeichen begnügen könnte. Schon der Mangel an Umlaufsmitteln, der erfahrungsmäßig bei einem Eindringen fremder Heere auftritt, würde den Verkehr alsbald zum Erliegen bringen. Deshalb kann die besetzende Macht unzweifelhaft mit Benützung der Stempel des verdrängten Staats und nach dessen Normen Münzen prägen[6], Staatsnoten drucken, die berechtigten Banken zur weiteren Ausgabe von Noten anhalten, soweit dies im Rahmen einer geordneten, den Maßstäben des Kriegs Rechnung tragenden Geldwirtschaft verbleibt. Auch Abweichungen von solchen Normen können erforderlich werden. Als Deutschland im besetzten Belgien, um dem Mangel an Scheidemünze abzuhelfen, Neuprägungen vornehmen mußte, hat die Knappheit der Metalle dazu geführt, die neuen Geldzeichen in Zink herzustellen[7]. Eingriffe in das Recht der Notenausgabe können notwendig sein. Die Belgische Bank hatte die Deckung ihrer Noten in das Ausland verbracht und damit den Wert ihres belgischen Umlaufs gefährdet; Deutschland hat der Belgischen Bank das Recht der weiteren Notenausgabe entzogen und es auf eine andere belgische Großbank übertragen[8]. Ebenso ist in Rumänien eine Bank mit dem Ausgaberecht beliehen worden[9]. Man hat, um dem Geldverkehr eine feste Grundlage zu geben und ein Einströmen der Währung des besetzenden Teils zu verhindern, deutscherseits Darlehenskassen im Heeresbereich Ost, in Polen und (zusammen mit Österreich) Italien errichtet, die Kassenscheine mit Annahmezwang in Ortswährung auszugeben hatten[10]. Und es ist notwendig geworden,

---

Entscheidung des Kassationshofs die Note Sirey 1812 I 122; Garçon, Code pénal annoté 1, 283; Garraud, Traité du droit pénal[3] 4, 43[26]. Begründete Bedenken strafrechtlicher Art (wenn auch im gegenwärtigen Zusammenhang ohne Interesse) erheben Dalloz, Répertoire méthodique 24, 509; Chauveau et Hélie, Théorie du code pénal[6] 2, 291. Vgl. dazu oben S. 245[19]. Die dort vorgenommenen Unterscheidungen werden auch hieher zu übertragen sein. — In Belgien ist die Fälschung ausländischer Geldzeichen zwar auch dann strafbar, wenn sie im Ausland begangen wurde, aber immerhin unter einschränkenden Regeln des internationalen Strafrechts. Belgische Zivilpersonen sind beschuldigt, im besetzten Rheinland deutsche Noten gefälscht zu haben. Der Appellhof Brüssel 26. I. 1920 Journal 47, 732 glaubt von diesen Beschränkungen absehen zu können; es bestand die Gefahr, daß die falschen Noten auch von Angehörigen der belgischen Besatzung als echt angenommen wurden, und deshalb muß die Handlung beurteilt werden, als ob sie in Belgien begangen worden wäre. Eine mehrfach bedenkliche Entscheidung.

[6] Vgl. etwa v. Luschin, Münzkunde[2] 148. Dazu oben S. 205. Ohne ausreichende Unterscheidung Lippert[2] 799.

[7] Verordnung 7. VIII. 1915, Gesetz- und Verordnungsblatt für die okkupierten Gebiete Belgiens 905.

[8] Verordnungen 22. XII. 1914 und 9. I. 1915 Gesetzblatt 81, 103.

[9] Popovics 100; Lippert[2] 796.

[10] Heeresbereich Ost, Verordnungen 17. IV. 1916 und 30. V. 1917 Befehls-

das von Gemeinden ausgegebene Notgeld unter Aufsicht zu nehmen[11]; insbesondere wurde der Geldumlauf im besetzten Frankreich auf diese Weise zur Festigung gebracht[12].

Bei alledem aber ist es manchmal unerläßlich, auch vor einer rechtsförmlichen Besetzung unerläßlich, und häufig geübt worden, daß das einrückende Heer den Geldzeichen des eigenen Staats die Annahme sichert[13]. Das vollzieht sich rechtlich in der Weise, daß die Landeswährung die gesetzliche Währung verbleibt[14], daß aber die Geldzeichen der besetzenden Macht als exogene Bestandteile in sie aufgenommen werden[15] und bei Zahlungen schlechthin die Rechtslage der anderen Geldzeichen dieser Währung teilen[16]. Aber freilich in den unruhigen

blatt 202, 636. Polen, Verordnungen 9. XII. 1916, Verordnungsblatt 2, 95 98. Für Italien Popovics 100f. Die zweite der Verordnungen für den Heeresbereich Ost und die polnischen Verordnungen gehen bereits auf eine umgestaltete Ortswährung. — Popovics 99 verweist dabei auf eine Verschiedenheit in der Währungspolitik Deutschlands und Österreich-Ungarns, die erste auf Selbständigkeit der Ortswährung gegenüber jener der besetzenden Macht gerichtet, die zweite hat sich mit dem Umlauf der Kronen abgefunden.

[11] Lemberger Notgeld während der russischen Besetzung: Cybichowski, Zeitschrift 26, 459.

[12] Verordnung des Generalquartiermeisters 1. I. 1916, Verordnungen über die Verwaltung der westlichen Armeegebiete 162. Dazu eingehend Süß a. a. O.

[13] Preußen im Elsaß 1870, E. Löning, Die Verwaltung des Generalgouvernements im Elsaß (1874) 167. Deutschland in Belgien, Verordnung 3. X. 1914 Gesetzblatt 17; im Heeresbereich Ost, Verordnung 8. III. 1915 Armeeverordnungsblatt 123 und öfter; in Polen nach Ausgliederung aus dem Heeresbereich Ost, 10. XI. 1915 Verordnungsblatt Nr. 7 und öfter. Österreich-Ungarn in Serbien, Lippert[2] 791; in Polen, Verordnung 1. IV. 1917, Deutsches Handelsarchiv 538. Rußland in Österreich, Cybichowski 457. Italien in Österreich, Verordnung 31. III. 1919 Lex 441. Großbritannien, dann Frankreich in Kamerun, Journal 42, 576 usw. In Polen und im Heeresbereich Ost ist den Geldzeichen der Reichswährung diese Stellung auch nach Einführung einer neuen Ortswährung erhalten geblieben; so für Polen ausdrücklich nach der Verordnung 9. XII. 1916 Verordnungsblatt 2, 98, im Heeresbereich Ost hat die Verordnung 25. IV. 1916 Befehlsblatt 212 insoweit fortgegolten.

[14] Schwierigkeiten bereitet hier für einen kurzen Zeitraum die eben genannte italienische Verordnung. Denn die Art. 1, 6 bestimmen: *A partire dal giorno 10 aprile 1919, è dato corso legale alle valute italiane. Col giorno 20 aprile le valute austro-ungariche cesseranno di avere corso legale.* Da jedoch eine gleichzeitige Geltung zweier Währungen für denselben Bereich nicht möglich ist, kann nur die eine der beiden gesetzliche Währung gewesen sein, müssen die Geldzeichen der andern insolange in der gleich zu schildernden Form in sie eingegliedert gewesen sein. Art. 10 der Verordnung zeigt, daß für jene Tage die italienische als die gesetzliche Währung zu gelten hatte. Dazu unten § 105 Z. 1.

[15] So für Belgien schon Nußbaum 45. Nach P. Laband, Die Verwaltung Belgiens während der kriegerischen Besetzung (1916) 19 hätten dort „zwei Währungen nebeneinander" bestanden. Auch Béquignon 134 spricht mißverständlich von der Geltung einer (übrigens von der reichsdeutschen verschiedenen) deutschen Währung in Belgien.

[16] Deshalb 1870 strafrechtlich geschützter Annahmezwang für die preußischen

Zeiten, in denen solche Vorschriften entstanden, sind manche Ungewöhnlichkeiten Recht geworden; zuweilen, weil dem besetzenden Teil die Kraft gefehlt hat, seine Maßregeln bis ans Ende durchzuführen; insbesondere auch darum, weil hier Währungen verbunden worden sind, deren gegenseitiges Wertverhältnis scharfen Schwankungen ausgesetzt war. So erfolgt die Eingliederung der fremden Geldzeichen für die Regel zwar nach einem festen Wertverhältnis; doch wird ihnen zuweilen Annahmezwang nach dem jeweiligen amtlichen, ja sogar nach einem freien Kurs zugesprochen[17]. Und wenn nach einem sonst feststehenden Satz Schulden mit den Geldzeichen zu erfüllen sind, die im Zeitpunkt der Zahlung gelten, und nach dem Nennwert, den sie im Zeitpunkt der Zahlung besitzen, so findet man in diesen Kriegsverordnungen dennoch Abstufungen des Annahmezwangs und Abstufungen des Umrechnungswerts nach dem Zeitpunkt, in dem die Forderungen entstanden sind[18].

Als unvereinbar mit dem geltenden Völkerrecht muß es angesehen werden, wenn der besetzende Teil während des Kriegs den besetzten Landstrich sich einverleibt und daraufhin seine Währung dort einführt[19]. Erfolgt eine Einführung seiner Währung nach dem Waffen-

---

Taler im Elsaß nach Code pénal Art. 475; Löning 167. — Es ist richtig, wenn, wie aus dem reichsgerichtlichen Urteil 20. XII. 1924 Entscheidungen 109, 357 zu ersehen, das Kammergericht annimmt, eine solche Eingliederung zusamt den sie begleitenden Umrechnungsnormen gelte nur für Zahlungen, nicht für eine Kontoführung. Aber ein Wertverhältnis, das derart den sämtlichen Zahlungen zugrunde gelegt wird, bestimmt damit von selbst das Verhältnis der Währungen, wo sie sonst in ihrem Wert verglichen werden müssen.

[17] Oberbefehlshaber Ost 25. IV. 1916 §§ 3, 4 Befehlsblatt 212 (ob schon nach der vorausgehenden Verordnung 11. XI. 1915, konnte ich nicht feststellen): im amtlichen Verkehr und im Privatverkehr für Gegenstände oder Leistungen, für welche Höchstpreise oder Tarife festgesetzt sind, Annahmezwang nach dem amtlichen Kurs, im sonstigen Privatverkehr auch nach einem freien Kurs. Die österreichische Krone war in Polen zu dem jeweils amtlich festgesetzten Kurs anzunehmen, in Serbien war das zunächst verordnete feste Wertverhältnis nicht durchzusetzen, so daß über das Wertverhältnis seither der freie Verkehr entschied.

[18] Oberbefehlshaber Ost, Armeeverordnungsblatt 1915, 343, übernommen nach Polen 10. XI. 1915, Verordnungsblatt Nr. 7: bei privatrechtlichen Schulden, die vor der Besetzung entstanden sind, hat nicht wie sonst der Schuldner die Wahl des Zahlungsmittels, sondern es kann der Gläubiger „Zahlung in deutscher oder russischer Währung verlangen". Für Abgaben soll es nach diesen Verordnungen hinsichtlich des Umrechnungssatzes auf den Zeitpunkt der Fälligkeit ankommen. Die Anm. 13 angeführte österreichische Verordnung für Polen läßt schlechthin Kronenzahlung nach dem Kurs des Fälligkeitstages zu, und nur bei Verzug soll der höhere Kurs des Zahlungstags maßgebend sein.

[19] So ist nach den Angaben Journal 42, 986 Italien 1915 in den besetzten Tiroler Tälern vorgegangen. — In Deutsch-Ostafrika war bei Kriegsausbruch die Silberrupie das einzige Geldzeichen mit unbeschränktem Annahmezwang; während des Kriegs wurden die Noten der Deutsch-ostafrikanischen Bank, wie es scheint, zu gesetzlichen Zahlungsmitteln erklärt (Auskunft des Berliner Instituts für aus-

stillstand im Hinblick auf die Wahrscheinlichkeit, daß der Friedensschluß dem besetzenden Teil die Hoheit über das Gebiet zusprechen werde, so mag allerdings der Friedensvertrag einem solchen Erwerb rückwirkende Kraft zuschreiben. So ist es durch Art. 51 des Versailler Vertrags nachträglich gerechtfertigt worden, wenn Frankreich Ende 1918 in Elsaß-Lothringen die Frankenwährung eingeführt hat[20]. Ohne eine derartige Vereinbarung wird der besetzende Staat auf Anerkennung seines Vorgehens[21] nicht rechnen können. Dagegen mag es allerdings die Zerrüttung des örtlichen Geldwesens unabweislich machen, die Währung des besetzten Gebiets neu aufzubauen und damit ein andres Geldsystem dort zur Einführung zu bringen. So ist die Währung der von Deutschland besetzten Ostgebiete, schon vorher gestört, durch den Zusammenbruch des russischen Staats vollends in Gefahr gebracht worden, und es wurde demgemäß[22] in Polen die polnische Mark, im übrigen Osten die Ostmark als neue Währung begründet[23]. Allerdings auch hier wieder mit manchen Abschwächungen, die in ruhigen Zeiten ungewöhnlich wären[24].

---

ländisches Privatrecht), wurden Interimsnoten, Gold- und Messingmünzen ausgegeben (Kolonialblatt 1919, 4). Als das Land von Großbritannien besetzt wurde, haben nach Mitteilung der Reichsregierung (Reichstagssitzung 11. V. 1917, Verhandlungen 310, 3244) die britischen Behörden lediglich den Silberrupien im Interesse der Eingeborenen den Umlauf belassen, die Annahme der übrigen Geldzeichen verweigert. Es wäre nun denkbar, daß die besetzende Macht etwa aus irgend welchen rechtlichen Gründen den während des Kriegs getroffenen Maßnahmen die Anerkennung versagt hätte, im übrigen aber die örtliche Währung in Kraft belassen und ihr nur die eigenen Geldzeichen als exogene Bestandteile eingegliedert hätte. Doch ist bisher kein Hinweis auf solche rechtliche Mängel bekannt geworden, und es erscheint viel wahrscheinlicher, daß es sich damals um eine etwas tumultuarische Einführung der britischen Kolonialwährung Ostafrikas gehandelt hat, unter vorläufiger Eingliederung der alten Silberrupie.

[20] Verordnung 26. XI. 1918 Dalloz IV 275. Wenn der Appellhof Besançon 29. V. 1922 Journal 49, 1001 die Giltigkeit der Verordnung gerade damit begründet, daß sie für besetztes Gebiet erlassen worden sei, so kann das nur für die staatsrechtliche Seite zutreffen. S. auch unten Anm. 29.

[21] Italien in Österreich (abgesehen von den vorerwähnten Fällen): Verordnung 31. III. 1919; Polen in Österreich: Gesetz 15. I. 1920, mit dem Vorbehalt, daß bestehende Schulden in der alten oder der neuen Währung erfüllt werden können. Tschechoslowakei in Ungarn, unten Anm. 29.

[22] Die erste der einschlagenden polnischen Verordnungen ist vor Ausbruch der russischen Revolution erlassen worden, und es hätte sie nicht gerechtfertigt, daß vor ihrem Erlaß die besetzenden Mächte Polen als selbständigen Staat proklamiert hatten. Doch zeigt die Darstellung bei Freund, Juristische Wochenschrift 1922, 1689, daß auch unabhängig von diesem Umstand ernstliche Gründe für die Maßregel bestanden.

[23] Für Polen die Verordnungen 9. XII. 1916 und 14. IV. 1917 Verordnungsblatt 2, 98 und 199. Für den Heeresbereich Ost Verordnung 30. V. 1917 Befehlsblatt 636.

[24] Für Polen gewährt die Verordnung 9. XII. 1916 den auf polnische Mark

Fortsetzung.

3. Die verdrängte Macht ist verpflichtet, Eingriffe in die Währung, welche der besetzende Teil vornimmt, anzuerkennen, wenn die Besetzung zu Kriegszeiten von einem anerkannten Staat ausgeht[25], und der Eingriff sich in den Schranken des Art. 43 der Landkriegsordnung hält. Ob diese Schranken gewahrt sind, ist der Nachprüfung des verdrängten Staats, auch der Nachprüfung seiner Gerichte, freigegeben[26]. Unzweifelhaft war beispielsweise die Ausgabe neuer Scheidemünze im besetzten Belgien völkerrechtsgemäß[27]; das Oberlandesgericht Wien hat den Umrechnungskurs anerkannt, mit dem im besetzten Lemberg die Russen den Rubel in die Ortswährung eingeführt hatten[28]; während den Währungs-

---

lautenden Kassenscheinen (den einzigen Geldzeichen der neuen Währung) einen Annahmezwang nur in inhaltlich bestimmten Fällen; die Geldzeichen der alten Währung behalten Kassenkurs; die vorher entstandenen Schulden bleiben Schulden alter Währung und können erst auf grund einer Verordnung 20. I. 1917 Verordnungsblatt 167 wahlweise auch in neuer Währung erfüllt werden. Es bedurfte der Verordnung 14. IV. 1917, um dem Rubel den Annahmezwang völlig zu entziehen, und auch dann noch findet man notwendig beizufügen, daß der Schuldner „befugt" sein soll, vorher entstandene Schulden in neuer Währung zu erfüllen. Im Heeresbereich Ost stellt es die Verordnung 30. V. 1917 teils in die Wahl des Gläubigers, teils in die Wahl des Schuldners, ob Rubelschulden in der neuen Währung bezahlt werden dürfen. Eine abändernde Verordnung 17. XII. 1917 Befehlsblatt 711 kennt nur mehr Wahl des Schuldners und schließt auch diese unter Umständen aus: mit Rücksicht auf den Zeitpunkt der Fälligkeit; mit Rücksicht auf den Inhalt des Rechtsgeschäfts. Man hat Mühe zu glauben, daß alle diese Besonderheiten nur aus Billigkeitsgründen eingeführt worden sind, und mangelnde Einsicht in die Bedeutung einer Währungsänderung dabei ganz ohne Einfluß gewesen wäre.

[25] Die ungarische Räterepublik hat in besetztem tschechoslowakischem Gebiet Noten ausgegeben. Der Verwaltungsgerichtshof der Tschechoslowakei 21. IV. 1923 Bulletin de l'Institut Intermédiaire 11, 381 hat ihnen die Eigenschaft gesetzlicher Zahlungsmittel versagt.

[26] Anders Löwenthal, Juristische Wochenschrift 1920, 935 im Anschluß an eine (im übrigen nicht hieher gehörende) belgische Entscheidung. So gewiß die Verpflichtung der besetzenden Macht, jene Grenzen zu beobachten, eine völkerrechtliche Verpflichtung von Staat zu Staat bedeutet, und andrerseits die Gerichte auf dem Boden des innerstaatlichen Rechts urteilen, so weist doch ein Staat seine Behörden an, staatliche Tätigkeit übereinstimmend mit dem Völkerrecht vorzunehmen und vorgenommene Tätigkeit nach diesem Maßstab zu würdigen; nur völkerrechtsgemäße Handlungen also können für die Gerichte rechtliche Bedeutung haben. Etwaige Beschränkungen der richterlichen Prüfung aber, die aus dem Grundsatz der Gewaltenteilung herzuleiten wären, können nur auf die Geschäftsverteilung innerhalb des eigenen Staats bezogen werden.

[27] Der belgische Kassationshof sagt in dem gleich zu erwähnenden Urteil von 1923 spitzig: „Angenommen" die Münzen hatten während der Besetzung gesetzlichen Kurs, so usw.

[28] Cybichowski, Zeitschrift 26, 476. Cybichowski selbst will diesem Umrechnungskurs, weil willkürlich übersetzt, die Anerkennung versagen und beruft sich auf die Vorbehaltsklausel. Nun mag wie jeder Anwendung ausländischen Rechts auch der Anwendung währungsrechtlicher Vorschriften des Auslands die Vor-

änderungen, die zwischen Waffenstillstand und Friede erfolgt sind, mehrfach die Anerkennung versagt worden ist[29]. Und auch Schutzmaßnahmen, welche die besetzende Macht zur Durchführung eines rechtmäßigen Eingriffs vorsieht, haben Anspruch auf solche Anerkennung[30].

---

behaltsklausel entgegentreten können (dazu alsbald unten § 105 Z. 2). Aber wie stets, nur dann, wenn die unmittelbare Durchsetzung eines anstößigen Rechtssatzes im Inland begehrt wird. Eine Lemberger Bank hatte die aus Wien überwiesenen Kronen in Rubel zum vorgeschriebenen Satz ausbezahlt; war die Anerkennung dieses Umrechnungssatzes abzulehnen, so ergab sich ein Restanspruch, der in der Tat vor dem Wiener Gericht verlangt wurde. Allein die Zahlung war in Lemberg, unter dem Druck der Besatzung, nach Maßgabe des zuständigen Rechts geschehen, der Anspruch durch Erfüllung erloschen. Es handelte sich nicht um die Verweigerung einer Durchsetzung, sondern, im Widerspruch mit den Aufgaben der Vorbehaltsklausel, um eine Außerkraftsetzung des zuständigen Rechtssatzes.

[29] Kurie Budapest 25. X. 1922 Bulletin de l'Institut Intermédiaire 9, 112 gegenüber der Tschechoslowakei; freilich (soweit der mitgeteilte Auszug ein Bild gibt) auch auf grund der angeblichen räumlichen Sonderbeziehungen des Falls. — Ebenso eine gleichmäßige Rechtsprechung des Reichsgerichts bei Ersatzansprüchen für den Verlust von Gütern, die zwischen Waffenstillstand und Friede von Elsaß-Lothringen nach dem rechtsrheinischen Deutschland versandt wurden (Urteile 14. XI. 1923 Entscheidungen 107, 282; 3. III. 1924 Leipziger Zeitschrift 333; 29. IX. 1924 Juristische Wochenschrift 1925, 138). Wenn das Reichsgericht ausführt, ein solcher Beförderungsvertrag sei unter der deutschen Eisenbahnverkehrsordnung abgeschlossen worden, daran ändere auch Art. 51 des Versailler Vertrags nichts, der rückwirkend den Erwerb der Landeshoheit durch Frankreich auf den Zeitpunkt des Waffenstillstands verlegt, und es sei darum der Anspruch in der gesetzlichen Währung Deutschlands entstanden — so ist die erstere Feststellung gewiß richtig; denn Frankreich hat das deutsche Eisenbahnfrachtrecht zunächst unverändert übernommen, und eine rückwirkende Geltung des internationalen Eisenbahnfrachtabkommens kam schon nach Art. 366 des Versailler Vertrags nicht in Frage. Aber die Währung, auf die sich die von Frankreich übernommene Eisenbahnverkehrsordnung bezieht, hat sich für Elsaß-Lothringen rückwirkend geändert, und es läßt sich auch nicht mit dem Reichsgericht einwenden, daß der Ersatzanspruch durch Art. 51 nicht nachträglich einen andern Inhalt empfangen konnte; jede Gebietsveränderung, die zu einer Währungsänderung führt (unten § 105), gibt in diesem Sinn bestehenden Verpflichtungen einen andern Inhalt.

[30] Die oben Anm. 24 erwähnte Verordnung 14. IV. 1917, welche die Währung polnischer Mark in dem besetzten Polen zur Durchführung bringen wollte, hatte Rubelverträge bei Nichtigkeit verboten. Der Oberste Gerichtshof Warschau 28. VIII. 1919 Juristische Wochenschrift 1922, 1689 verweigert dieser Bestimmung die Anerkennung; sie verstoße gegen die Vertragsfreiheit, die einen Grundsatz des polnischen Rechts bilde, sei in Überschreitung der Befugnisse erlassen, welche Art. 43 der Landkriegsordnung ziehe, und gehe überdies „nicht von der rechtmäßigen Staatsgewalt, sondern von einem Okkupanten aus". Die letztere Einwendung ist schlechthin hinfällig. Die Vertragsfreiheit konnte beeinträchtigt werden wie irgend ein andrer Rechtssatz, wenn nur sonst die Voraussetzungen für den Eingriff gegeben waren. Und so kam es lediglich darauf an, ob die besetzende Macht innerhalb der vom Völkerrecht gezogenen Schranken verblieben war; die eingehenden Ausführungen, die Freund a. a. O. zu dem Urteil macht, zeigen, daß dies zutraf. Ein Bedenken von völlig andrer Art könnte man freilich in dem Satz suchen (unten § 111 Z. 3 und öfter), daß Sanktionen, mit denen ein Staat seine

Auf der andern Seite aber folgt aus jener Verpflichtung der verdrängten Macht, die völkerrechtsgemäße Betätigung des besetzenden Teils anzuerkennen, daß sie selbst nicht in der Lage ist, in die Währung des besetzten Gebiets einzugreifen. Als während der Besetzung Deutsch-Ostafrikas die britischen Behörden die Annahme der Banknoten des Schutzgebiets verweigerten, dachte man deutscherseits den dadurch bewirkten Schädigungen in der Weise zu steuern, daß man den Gouverneur ermächtige, den Noten Annahmezwang zu verleihen[31]; es wäre, nachdem die Besetzung einmal erfolgt war, ein rechtlich untaugliches Mittel gewesen.

Die Besetzung mag bei dem Friedensschluß sich in einen Gebietserwerb für die besetzende Macht verwandeln, und dann gelten die im folgenden für eine Abtretung zu erörternden Regeln. Im übrigen aber erlangt der verdrängte Staat seine volle Währungshoheit wieder, und es ist in seinen Willen gelegt, ob er die von der besetzenden Macht getroffenen Maßregeln aufrechterhalten oder abändern will[32]. Es muß dieser Entscheidung insbesondere auch Rechnung getragen werden bei der Bewertung von Schulden, die, während der Besetzung entstanden, nach deren Ablauf erfüllt werden sollen. War eine Verpflichtung während der Besetzung Belgiens in Franken begründet worden, so mochte sie zwar, solange die deutsche Besetzung dauerte, in Mark nach dem von der deutschen Verwaltung eingeführten Umrechnungssatz bezahlt werden. Mit der Wiedereinsetzung Belgiens in die Staatsgewalt aber sind nach dem Willen Belgiens Eingliederung und Umrechnungssatz weggefallen,

---

Währung schützt, auch wenn sie in privatrechtlicher Nichtigkeit bestehen, von anderen Staaten nicht angewendet werden. Aber gerade bei einem Herrschaftswechsel nach Beendigung einer feindlichen Besetzung (und ebenso bei einer Gebietsveränderung) ist das anders. Denn die rechtmäßigen Vorschriften des Vorgängers in der Herrschaft haben für den Nachfolger, auch wenn er sie aufhebt, die Bedeutung abgeschafften Inlandsrechts. Und wenn unter zeitlichem Gesichtspunkt solche Sanktionen für vordem verwirklichte Tatbestände auch nach der Aufhebung des sie verhängenden Rechtssatzes noch durchgesetzt werden können, so gilt das auch für die Rechtssätze des Vorgängers.

[31] s. die oben Anm. 19 angeführten Reichstagsverhandlungen. Daß der Gouverneur zu jener Zeit eine solche Maßregel bereits getroffen hatte, schien der Reichsregierung damals noch unbekannt zu sein.

[32] Nach Kriegsende sind die von der deutschen Verwaltung in Belgien ausgegebenen Scheidemünzen auch weiterhin in Umlauf geblieben. Nach einer Entscheidung des Brüsseler Kassationshofs 16. IV. 1923 Pasicrisie belge 1923 I 269 jedoch ohne den Annahmezwang, den ihnen die deutsche Verwaltung verliehen hatte. Ich halte die Entscheidung nicht für zutreffend. Wenn für den Fall der Beendigung der Besetzung von seiten Belgiens im voraus die sämtlichen deutschen Vorschriften aufgehoben worden waren, so hätte man daraus vielleicht eine Außerkurssetzung dieser Münzen folgern können. Da sie aber mit Billigung der Regierung weiter in Umlauf blieben, konnte dieser Umlauf nicht halb unter Übernahme der deutschen Vorschriften und dann wieder nicht auf grund derselben erfolgt sein.

verblieb eine gewöhnliche Frankenschuld, die auch in Deutschland, wenn in Mark umgerechnet, als Fremdwährungsschuld nur nach dem Wertverhältnis im Zeitpunkt der Zahlung erfüllt werden konnte[33].

---

[33] So im Ergebnis auch Hagelberg, Juristische Wochenschrift 1921, 167; Oberlandesgericht Braunschweig 8. XI. 1921 Rechtsprechung der Oberlandesgerichte 43, 21; Reichsgericht 22. IV. 1922 Juristische Wochenschrift 1324; insoweit auch das oben Anm. 16 genannte Urteil des Reichsgerichts von 1924; Nußbaum 46. Die in der Rechtsprechung öfter vertretene Meinung, daß die deutschen Vorschriften nicht mehr in Betracht kamen, weil sie nach dem Willen Deutschlands nicht über die Dauer der Besetzung hinaus in Kraft bleiben sollten, ist unbehelflich. Hätte Belgien sie in Geltung erhalten, so wären sie auch für Deutschland verbindlich geblieben. — Eine andre Lösung konnte auch nicht aus dem Umstand hergeleitet werden, daß bei dem allgemeinen Umlauf der Mark das Wertverhältnis 1 : 1,25 zum stillschweigenden Vertragsinhalt geworden wäre. Dergleichen konnte unter äußerlich ähnlichen Verhältnissen für Luxemburg in der Tat angenommen werden, vgl. darüber oben S. 225; allein in Luxemburg stand ein Umlauf der Mark neben dem Franken für unbegrenzte Zeit in Aussicht, in Belgien mußte er mit dem Ende der Besetzung sein Ende finden. Dagegen bestand eine Ähnlichkeit mit der Rechtslage in Luxemburg darin, daß Vereinbarungen oder Zahlungen in Mark häufig als Vereinbarungen oder Zahlungen in Franken aufzufassen waren, und auch in solchen Fällen hatte die Rückzahlung nach Ende der Besetzung in Franken zu erfolgen. So, wie es scheint, der Appellhof Brüssel 22. I. 1923 nach dem Auszug Revue du droit bancaire 1, 539; deutsch-belgisches gemischtes Schiedsgericht 27. VII. 1922 Recueil 2, 371. — Eine grundsätzlich abweichende Meinung hat Löwenthal, Juristische Wochenschrift 1920, 934 vertreten: die Zahlungsmöglichkeiten, welche die deutsche Verordnung eingeführt hatte, seien schuldrechtlich, nicht währungsrechtlich und blieben darum dauernd anwendbar; hiegegen zutreffend Hagelberg a. a. O. Freilich hat auch das erstgenannte der reichsgerichtlichen Urteile und eine begleitende Anmerkung von Klein die Lösung (unzutreffender Weise, vgl. unten § 106) mit der nach internationalem Schuldrecht maßgebenden Rechtsordnung in Verbindung gebracht. — Klein a. a. O. will der Aufhebung des deutschen Umrechnungssatzes durch Belgien die Vorbehaltsklausel entgegenstellen. Jedoch der Zweck jener deutschen Vorschriften forderte ihre Geltung nur für die Dauer der Besetzung; und die Ausmerzung der deutschen Bestandteile aus der belgischen Währung etwa als unsittlich zu erklären, kam wirklich nicht in Betracht. — Ein mißliches Urteil des Kammergerichts 25. II. 1922 Juristische Wochenschrift 398 spricht eine Forderung aus laufender Rechnung, die bei der Darlehenskasse Warschau während der Besetzung geführt wurde, in Reichswährung zu, ohne auch nur festzustellen, auf welche Währung die Rechnung gelautet hat. Wenn, wie wahrscheinlich, auf polnische Mark, so ist das maßgebend geblieben mit den Währungsänderungen, die seither Polen vorgenommen hat. Daß das Gericht sich um die Feststellung bemüht, nach „internationalem Privatrecht" sei der Vertrag dem deutschen Recht unterworfen, konnte weder die Frage, in welcher Währung die Schuld entstanden war, noch diejenige, wie weit eine spätere Währungsänderung von seiten Polens sie berührt hat, aufklären. — Dagegen anerkennt die Kurie Budapest 27. IX. 1923 Bulletin de l'Institut Intermédiaire 10, 318, daß eine Forderung in dem von Südslawien besetzten ungarischen Gebiet in südslawischen Kronen entstanden sei (auf welchen Rechtsgrund hin, läßt sich dem kurzen Auszug nicht entnehmen) und begnügt sich mit einer Umwandlung in ungarische Kronen, wie sie gegenüber jeder Fremdwährungsschuld statthaft ist.

Setzt die verdrängte Macht nach der Rückkehr zur Herrschaft Geldzeichen außer Kurs, die während der Besetzung eingeführt worden waren, so trifft sie eine Einlösungspflicht wie bei jeder andern Währungsänderung (dazu unten § 108). Die Staatsgewalt, die im besetzten Gebiet geherrscht hatte, ist erloschen; es ist für den Nachfolger eine Rechtslage entstanden wie für den Nachfolger eines untergegangenen Staats. Und nur da, wo die Geldzeichen des besetzenden Teils aus der Ortswährung wieder entfernt werden, in die sie eingegliedert gewesen waren, mag der Nachfolger, wenn ihr Abfluß in das Stammland möglich bleibt, von einer Einlösung absehen.

Die besetzende Macht haftet für eine Außerkurssetzung nach Ablauf ihrer Herrschaft nur, wenn sie dies besonders übernommen hat[34]. Und auch der Umstand macht sie nicht ersatzpflichtig, daß sie während der Besetzung das heimische Geld in die Währung des besetzten Lands eingegliedert hatte und nach deren Ablauf diese Währung bei sich selbst aufhebt (die österreichisch-ungarischen Kronen in dem vormals besetzten Serbien und anderen Gebieten). Die in die Währung des besetzten Gebiets eingeführten Geldzeichen haben nicht die Rechtslage der Stücke, die in einen unbeteiligten dritten Staat gelangt sind, sondern die Rechtslage der Geldzeichen, die außer in ihrem Stammland noch in einem weiteren Währungsgebiet mit gesetzlicher Kraft umlaufen, und es haftet unter solchen Umständen, wie später (§ 108) auszuführen, je die für ihren Bereich zuständige Staatsgewalt. Die Verantwortung aber, welche die besetzende Macht für das besetzte Gebiet getragen hatte, ist mit dem Abschluß der Besetzung erloschen. Und wenn der in die Herrschaft wieder eingesetzte Teil die Geldzeichen der Zwischenherrschaft außer Kurs gesetzt und seinerseits eingelöst hat, so kann er hiewegen auch keinen Rückgriff gegen die besetzende Macht nehmen, außer es hätte diese bei der Ausgabe völkerrechtwidrig gehandelt, oder sie hätte die Schadloshaltung durch Staatsvertrag übernommen[35].

II. Besetzung in Friedenszeit.

4. Wo fremdes Staatsgebiet zum Zweck einer rechtmäßigen Repressalie besetzt wird, dürfte die Verteilung der Zuständigkeiten mit

[34] Über die Bedeutung einer Verpflichtung, die das Reich für die Noten der Darlehenskasse Warschau übernommen hatte, ein nicht durchweg überzeugendes Urteil des Reichsgerichts 28. XI. 1921 Entscheidungen 103, 231. § 18 eines Reichsgesetzes 28. VII. 1921 erklärt, daß eine Verpflichtung des Reichs gegen die Inhaber der Scheine nicht bestehe. Man wird dem deutschen Gesetz die Zuständigkeit nicht absprechen können, die Angelegenheit auch nach Beendigung der Besetzung zu regeln, da es sich darum handelt, über eine Verpflichtung des Reichs zu bestimmen. Aber man hätte es ausländischen Gerichten nicht verdenken können, wenn sie einer Anwendung dieser Vorschrift die Vorbehaltsklausel entgegengestellt hätten.

[35] So neuerdings der deutsch-belgische Vertrag vom 13. VII. 1929 RGBl. 1930 II 342, „unabhängig von dem beiderseitigen Rechtsstandpunkt" abgeschlossen. Hieher auch Art. 206 Abs. XI des Vertrags von St. Germain.

der durch eine kriegsmäßige Besetzung geschaffenen übereinstimmen. Anders wo die Besetzung auf einer Einräumung der örtlichen Staatsgewalt beruht. Wird die Besetzung durch fremde Truppen aufrechterhalten, so genießen sie die Rechte, die sonst fremden Truppen zustehen, die sich mit Erlaubnis des örtlichen Staats im Inland aufhalten: sie sind exterritorial, und das bedeutet, daß ihre inneren Angelegenheiten — auch soweit sie sich in Geld ausdrücken — der heimatlichen Ordnung unterstellt bleiben. Nach außen stehen sie (einige Besonderheiten vorbehalten) unter dem materiellen Recht ihres Aufenthaltsorts und insoweit auch unter dessen Währung. Der Rechtskreis der besetzenden Macht erweitert sich, wenn der örtliche Staat der fremden Verwaltung den Selbstschutz überläßt. Ihn übt der fremde Staat nach eigenem Recht, auch gegenüber der Bevölkerung, insoweit der Selbstschutz ihr gegenüber wirksam wird, und es hat der fremde Staat die Möglichkeit, in diesem Umfang auch seine Währung zu verwenden; eine Möglichkeit freilich, deren Gebrauch zu Härten führen muß, wenn solche Geldzeichen nicht umlaufen, ihr Erwerb vielleicht sogar der Bevölkerung verboten ist. Für die Aufrechterhaltung der öffentlichen Ordnung aber bleibt bei einer Besetzung in Friedenszeit der örtlich herrschende Staat verantwortlich, und es mangelt der besetzenden Macht die Zuständigkeit, unter solchem Gesichtspunkt in die Währung einzugreifen.

Über die Rechte, die der besetzenden Macht zukommen, entscheidet im einzelnen Fall zunächst der Staatsvertrag, der die Besetzung gestattet. Für das besetzte Rheinland ist der Selbstschutz der fremden Verwaltung überlassen. Die Verordnungen, welche der Interalliierte Ausschuß zu seiner Durchführung erlassen hat, enthalten Strafdrohungen, die auf Mark lauten; Geldstrafen, welche die fremden Militärgerichte über die einheimische Bevölkerung verhängen, sind zumeist auf Mark, manchmal aber auch auf Franken gestellt[36]. Dagegen hat der genannte Ausschuß allerdings unter Anrufung seines Rechts auf Selbstschutz eine Anzahl von Eingriffen in die örtliche Währung vorgenommen, die der rechtlichen Grundlage entbehren[37].

[36] Ich habe Entscheidungen dieser Art in größerer Zahl, aber nur im Auszug kennen gelernt. Einen Rechtsgrund für die Verschiedenheit konnte ich an Hand der Auszüge nicht feststellen, insbesondere auch nicht nach dem Gesichtspunkt, ob es sich um Zuwiderhandlung gegen die Rheinlandordonnanzen oder gegen die fremden Militärstrafgesetzbücher handelte.

[37] Verordnung 223 17. XI. 1923 (W. Vogels, Die Verträge über Besetzung des Rheinlands 1925 S. 260) Verhinderung des Schutzes der deutschen Währung durch die Devisengesetzgebung. Verbot der Einführung der dem Wiederaufbau der deutschen Währung dienenden Rentenmark (Lippert[2] 746). Verordnung 202 9. VIII. 1923 (vgl. Vogels 254) selbständige Einführung einer Goldmarkwährung. Verordnung 219 20. X. 1923 (vgl. Vogels 260) Einführung der Frankenwährung im Eisenbahnverkehr. — Über die Herausgabe falscher Noten oben S. 205[3].

Die Rechtslage des Saargebiets ähnelt derjenigen eines im Frieden besetzten Landstrichs, insofern auch hier ein Gebietsteil auf grund Staatsvertrags für Zeit fremdem Staatswillen unterstellt wird. Doch steht das Gebiet unter Zivilverwaltung, und es ist ihr schlechthin unterstellt, soweit nicht der begründende Staatsvertrag Schranken zieht; für die öffentliche Ordnung hat hier in den bezeichneten Grenzen die fremde Regierung zu sorgen. Der Regierungsausschuß hat 1923 die Frankenwährung zur gesetzlichen Währung des Gebiets erklärt[38]. Doch bestehen gegen die Rechtmäßigkeit dieser Einführung ernste Bedenken[39].

[38] Verordnung 28. V. 1923 Amtsblatt 114, nachdem die Einführung bei Post und Eisenbahn, bei Bezahlung der Beamtengehälter, bei den indirekten Abgaben vorausgegangen war.

[39] § 32 des Saarstatuts besagt: *Aucune prohibition ni restriction ne sera imposée à la circulation de la monnaie française.. L'Etat français aura le droit de se servir de la monnaie française pour tous ses achats ou payements et dans tous ses contrats relatifs à l'exploitation des mines on de leurs dépendances.* Das bedeutet negativ eine währungspolizeiliche Bindung der Saarregierung dahin, daß sie die Zahlung mit französischem Geld nicht untersagen kann, wenn Schuldner und Gläubiger über eine solche Zahlungsweise einverstanden sind; daß der französische Staat als Schuldner auch ohne Zustimmung des Gläubigers in seiner Währung bezahlen darf, und daß er befugt ist, Verträge in dieser Währung zu vereinbaren. Ist damit aber nur ausgesprochen: die französische Währung darf nicht schlechter als angeführt behandelt werden? Oder ist zugleich positiv festgelegt: im übrigen verbleibt es bei der deutschen Währung? Ich habe Mühe, mir den deutschen Standpunkt hier zu eigen zu machen. Nicht nur, weil die deutsche Währung unter den Sonderrechten fehlt, deren Aufhebung § 28 verbietet. Sondern darum vor allem, weil eine Währungsgesetzgebung der Abänderbarkeit bedarf, und wenn der Saarregierung eine Abänderung verwehrt sein sollte, so mußte § 32 eine Bindung an das jeweilige deutsche Währungsrecht enthalten, mit Einschluß einer völligen Abschaffung und Ersetzung durch eine neue Währung, wie sie 1924 tatsächlich erfolgt ist. Hat man eine vertragliche Sicherstellung der deutschen Währung in der Vorschrift aber nicht zu finden, so beruht die Entscheidung auf § 23 des Saarstatuts, der den Regierungsausschuß ermächtigt, *pour des motifs d'ordre général* von der deutschen Gesetzgebung abzuweichen. Also nicht zu gunsten eines einzelnen Interessenten, und wäre es auch der französische Staat. Material zur Beurteilung dieser Frage bei H. Savelkouls, Der Franc im Saargebiet² (1922) und bei J. Priou, Le territoire de la Sarre² (1923) 173ff; A. Allot, Le Bassin de la Sarre (1924) 282ff. Dritte Staaten sind bei ihrer Beurteilung an die Erklärung der Saarregierung, sie habe „aus Gründen allgemeiner Ordnung" gehandelt, nicht gebunden. Ich stehe nicht an zu erklären, daß ich die angerufene Begründung für einen Vorwand halte. — Die Rechtmäßigkeit dieser Währungsänderungen ist vornehmlich 1921 aus Anlaß der Einführung des Franken bei Post und Eisenbahn erörtert worden. Die Begründung, welche die Saarregierung ihrer Maßregel mitgab (Société des Nations, Journal officiel 1921, 626f) enthält sehr unbesonnene Aufstellungen: es würde entgegen § 32 dem Umlauf des Franken eine Beschränkung auferlegt werden, wenn die Regierung nicht das Recht hätte, den Gebrauch dieses Gelds vorzuschreiben; und wenn der Regierung dieses Recht bestritten werde, so habe sie nach § 33 selbst die Befugnis zu bindender Auslegung (also man bestreitet irgendeinen Rechtssatz, er ist dadurch zweifelhaft geworden, und im Weg der Auslegung kann sein Gegenteil rechtens werden). Eine deutsche Note vom

Muß man sie als rechtswidrig ansehen, so besteht die Maßregel für dritte Staaten nicht zu Recht, und die Umwandlung der vor ihrem Erlaß begründeten Markschulden in Frankenverpflichtungen kann alsdann nicht anerkannt werden. Die Folgen einer solchen Rechtslage sind in Deutschland vornehmlich unter dem Gesichtspunkt der Aufwertung wesentlich geworden (unten § 116 Z. 5).

§ 105.

Gebietsveränderung.

1. Die Währung. — 2. Verweisung auf die Währung. — 3. Anwendungen. — 4. Fortsetzung.

Die Währung.

1. Mit dem Augenblick des Herrschaftswechsels erwächst dem Nachfolger im Gebiet die theoretische Möglichkeit, die bisherige Währung des Gebiets mit ihren Geldzeichen abzuschaffen und durch eine neue Währung mit neuen Geldzeichen zu ersetzen. Aber nur in seltenen Fällen wird ein Wechsel in diesem Zeitpunkt technisch möglich sein, und er ist nicht einmal erwünscht, wo eine Fortdauer der wirtschaftlichen Beziehungen zu dem bisherigen Mutterland erstrebt wird. So ist es eine sehr häufige Erscheinung, daß bei Gebietsveränderungen nach dem Willen des Erwerbers die bisherige Währung zusamt ihren Geldzeichen für kürzer oder länger als die gesetzliche Währung des Gebiets beibehalten wird.

Der rechtliche Sinn einer solchen „Beibehaltung“ bedarf der näheren Feststellung. Wo es sich um eine Teilabtretung handelt und der Währung in dem verkleinerten Staat ein Stammland verbleibt, da wird ganz regelmäßig der Wille des Nachfolgers in der Herrschaft dahin gehen, die Geldzeichen der bisherigen Währung als diejenigen des Stammlands, somit als fremde beizubehalten[1], und er übernimmt sie damit in

18. IV. 1921 (Weißbuch über das Saargebiet 286) erblickt in § 32 eine Bindung an die deutsche Währung. Ein vorsichtiger Bericht, den Wellington Koo dem Völkerbund erstattet und den dieser sich zu eigen macht (Journal officiel 1921, 687 ff) läßt eine solche Bindung zwar nicht gelten, sieht aber in der Einführung bei Post und Eisenbahnen einen *„cas tout-à-fait spécial“*, da die Saarregierung zugleich in die Rechte des Reichs und der Bundesstaaten als Unternehmer eingerückt sei, und wenn die Tragweite dieser Nachfolge zweifelhaft werde, ihr insoweit auch das Recht der Auslegung zukomme. Die völlige Beseitigung der deutschen Währung hat der Regierungsausschuß alsdann in seinem Halbjahresbericht an den Völkerbund Journal officiel 1923, 746 ff begründet: Währungsgesetze sind nicht unabänderlich; vertragliche Bindung besteht nicht, Hinweis auf § 28; Gründe der „allgemeinen Ordnung“; Recht der Auslegung nach § 33; sei vom Rat des Völkerbunds bereits entschieden. Der Rat selbst hat es bei Erörterung des Berichts vermieden, Stellung zu nehmen (Übersicht bei Allot 296 ff).

[1] Unzweifelhaft ist hier beispielsweise die Fassung der Danziger Bestim-

dem Wert, den sie in der Währung des Stammlands besitzen. Dem Staat, in dem die Währung beheimatet ist, erwachsen daraus weder Rechte noch Pflichten. Er mag, wenn ihm der Abfluß seiner Geldzeichen unbequem wird, Ausfuhrbeschränkungen vorsehen [2]. Wenn aber unter solchen Umständen der örtliche Umlauf nach Geldzeichen und Wert ein fremder ist, die Währung selbst, in die diese Zeichen übergegangen sind, ist staatsrechtlich Währung des Teilgebiets. Sie wird von dem für das Teilgebiet maßgeblichen Staatswillen getragen, ist nach seinem Geheiß das Geldsystem, in dem Bewertungen, die seine Gesetze anordnen, vorgenommen werden müssen, in das Forderungen fremder Währung bei der Vollstreckung oder nach dem Willen des Schuldners umzuwandeln sind. Es ist darüber oben S. 221 f gehandelt worden.

Anders als bei Teilabtretungen verhält es sich da, wo die Gebietsveränderung ein Stammland der Währung nicht mehr bestehen läßt. Als Preußen 1866 mehrere Staaten aufnahm, da haben die erworbenen Landesteile ihre bisherige Währung teils für kürzer, teils für länger beibehalten [3]. Aber die Geldzeichen der früher selbständigen Staaten konnten nur mehr als preußische weiterbestehen, und ihr Wert war an die politischen und die wirtschaftlichen Schicksale Preußens geknüpft. Insbesondere hat sich ein solcher Vorgang seither bei der Auflösung der Österreichisch-Ungarischen Monarchie wiederholt, als sie November 1918 in sieben Teilgebiete zerfallen war, deren keines den früheren Staat fortgesetzt hat [4]. Die Geldzeichen der alten Kronenwährung blieben zunächst im Umlauf, aber die Währung des früheren Reichs hat sich sogleich in sieben Teilwährungen gespalten. Die beteiligten Staaten haben in der Folge Sorge getragen, durch Abstempelung der bei ihnen umlaufenden Noten Geldzeichen ihrer eigenen Währung herzustellen [5]. Jedoch mit dem Zusammenbruch des alten Reichs hat die bisherige Währung aufgehört österreichisch-ungarische Währung zu sein, und

---

mungen. Noch in dem Gesetz vom 20. X. 1923 hat es geheißen: „Die Reichsmark bleibt weiterhin gesetzliches Zahlungsmittel und Rechnungseinheit.“ Vgl. auch das Danziger Aufwertungsgesetz 7. IV. 1925. Ähnlich das Oberschlesienabkommen 15. V. 1922 Art. 306 RGBl. II 237: „Während eines Zeitraums, der 15 Jahre nicht überschreiten soll, bleibt die Reichsmark das einzige gesetzliche Zahlungsmittel in Polnisch-Oberschlesien.“

[2] Das Oberschlesienabkommen hatte die Fortdauer der deutschen Währung im abgetretenen Landesteil vertraglich festgelegt. Aber es entstand dem Reich daraus keine Verpflichtung, das Gebiet mit Zahlungsmitteln zu versehen. Göppert, Bankarchiv 21, 296f.

[3] Verordnung 24. VIII. 1867 Gesetzsammlung 1427.

[4] Auch im Verhältnis zwischen Österreich und Ungarn hat die im folgenden zu besprechende Rechtslage platzgegriffen. Die Auflösungsbestimmungen, welche der zwischen den beiden Ländern geschlossene Währungsvertrag vorgesehen hatte, waren den geschichtlichen Ereignissen gegenüber unanwendbar geworden.

[5] Siehe den Rechtsstoff bei F. Steiner, Die Währungsgesetzgebung der Successionsstaaten Österreich-Ungarns 1921.

wenn die umlaufenden Geldzeichen einer Währung im Rechtssinn angehören sollten, konnte dies nur die Währung eines der Nachfolgestaaten sein; auch für die Zeit zwischen Staatsgründung und Abstempelung der Noten[6].

Im übrigen wird es das regelmäßige Bestreben des Nachfolgers sein, hinzuerworbene Gebiete nach Möglichkeit seinem sonstigen Besitz anzugleichen und darum auch sein ganzes Gebiet einer einheitlichen Währung zu unterstellen. Deshalb hat man bei neueren Gebietsveränderungen stets nach kürzerer oder längerer Zeit die Landeswährung des Erwerbers oder eine für dessen ganzes Gebiet neu eingeführte Währung auf die erworbenen Landesteile erstreckt. Zuweilen in der Art vorbereitet, daß der fortgeltenden bisherigen Währung Geldzeichen des Nachfolgestaats als exogene Bestandteile eingefügt wurden[7], insbesondere auch nicht selten dadurch gemildert, daß bei Einführung der neuen Währung für kurze Frist mit den Geldzeichen der bisher geltenden Währung so verfahren wird[8]; die zunächst überraschende Wendung, daß für eine gewisse Zeit die Geldzeichen beider Währungen nebeneinander „gesetzlichen Kurs" haben sollen, findet, wenn nur der Tag des Währungswechsels vorher liegt, eben hierin ihren rechtlichen Inhalt[9].

Auch da, wo die Geldzeichen der alten Währung in gesetzlichem Umlauf bleiben, werden sie für das Recht des Erwerbers zu Geldzeichen inländischer Währung[10]. Sie genießen den Schutz eines strafrechtlich

---

[6] Anders Nußbaum 50, der für den Beginn einer Währung sichtbare Merkmale fordert.

[7] Zumal, wo dem Erwerb eine Besetzung vorangegangen ist wie in Elsaß-Lothringen 1871 und 1914. Bei der Einverleibung Frankfurts in Preußen ist die in Frankfurt geltende süddeutsche Währung aufrecht erhalten worden, und es begnügt sich § 5 der obengenannten Verordnung 24. VIII. 1867, bei Zahlungen der Staatskassen einen Annahmezwang für preußische Geldzeichen aufzustellen.

[8] In Elsaß-Lothringen ist durch Reichsgesetz vom 15. XI. 1874 die Frankenwährung mit deutschen Bestandteilen in Reichswährung mit französischen Bestandteilen übergeführt worden.

[9] So in Elsaß-Lothringen vom 1. bis 15. XII. 1918 nach der Verordnung 26. XI. 1918 Dalloz 1918 IV 275; Stichtag für den Währungswechsel scheint nach Art. 8ff der 1. Dezember gewesen zu sein. Für Neuitalien schon oben S. 249[14]. Ebenso in Nordschleswig bis 31. XII. 1920 nach dem dänischen Gesetz 28. VI. 1920; der Herrschaftswechsel erfolgte am 14., der Währungswechsel am 28. VI. 1920. Vgl. auch schon § 4 der genannten preußischen Verordnung von 1867. Mit dem Tag des Währungswechsels verwandeln sich auch in diesen Fällen die Schulden alter in Schulden neuer Währung; da aber die Wahl der gesetzlichen Geldzeichen dem Schuldner zusteht, kann er auch umgewandelte Schulden, solange die Gleichstellung besteht, mit den Geldzeichen der alten Währung bezahlen. So im Ergebnis auch der Kassationshof Rom 15. III. 1923, Il foro delle nuove provincie 3, 173.

[10] Auch „fremde" Geldzeichen in dem S. 259 genannten Sinn. — Über die Fortdauer des bisherigen Währungsschutzes in Gestalt der Devisen- und der Goldklauselgesetzgebung unten § 113 Z. 1, § 115 Z. 5. Über die fortdauernde Wirkung einer Nichtigkeit, welche das früher geltende Recht unter dem Gesichtspunkt des Währungsschutzes verhängt hatte, oben S. 253[30].

gesicherten Annahmezwangs, genießen den besondern Schutz gegen Fälschung inländischen Gelds[11]. An einer Aufwertung nach Inlandsrecht kann eine in solcher Währung begründete Forderung teilhaben, wenn sie später in die Währung übergeführt wird, für welche die Aufwertung platzgreift (unten § 116 Z. 6). Bestehen in dem Nachfolgestaat neben der übernommenen noch andere Währungen, so gelten für ihr gegenseitiges Verhältnis die oben S. 226f entwickelten Rechtssätze.

Beseitigt der Nachfolger im Gebiet die bis dahin dort geltenden Geldzeichen, so erhebt sich wiederum die Frage, ob er zu ihrer Einlösung verpflichtet ist (über das grundsätzliche der Einlösungspflicht unten § 108), und es bedarf hiefür der Unterscheidung. Hatten die Geldzeichen nur in dem erworbenen Gebiet Geltung (die nassauischen Münzen 1866), so wird der Nachfolger wohl regelmäßig für Einlösung sorgen[12], mag auch nach allgemeinen Grundsätzen hiezu verhalten sein, und die Einlösung erstreckt sich auf die Stücke, die sich außer Landes befinden; denn sie konnten nur als Geldzeichen des erworbenen Gebiets in das Ausland gelangt sein.

Hat die beseitigte Währung in dem abtretenden Staat ein Stammland bewahrt, so wird häufig von einer Einlösung abgesehen[13]. Man scheut die Gefahr, Geldzeichen des mutterländischen Umlaufs miteinlösen zu müssen, und man hält die Interessen der Inhaber genügend gewahrt durch die Möglichkeit, die Geldzeichen in ihr Stammland abfließen zu lassen.

Schwierigkeiten bietet der Fall, daß Geldzeichen auf grund einer Gebietsveränderung in mehreren Währungsgebieten gleichzeitig außer Kurs gesetzt werden. Es ist der Fall der österreichisch-ungarischen Währung. Dieselben Geldzeichen, Noten der Österreichisch-ungarischen Bank, waren in die sämtlichen Teilwährungen rezipiert worden; einige

---

[11] So der Kassationshof Paris 21. V. 1813 Dalloz, Répertoire méthodique 24, 505[1], im Gegensatz zu dem Urteil 25. III. 1813 Sirey 1817 I 93. Mater schließt sich S. 234 dem einen, S. 231 dem andern Urteil an. Eine Rückwirkung der Inlandseigenschaft hinter den Zeitpunkt des Gebietserwerbs, wie sie das erstgenannte Urteil annimmt, kann freilich nicht anerkannt werden. Holländisches Geld war in Holland vor der Einverleibung in Frankreich gefälscht worden, der Täter sollte nach diesem Zeitpunkt abgeurteilt werden. Doch genügte es für die Anwendung des französischen Strafgesetzes, daß die Handlung Münzen betraf, die im Zeitpunkt der Aburteilung inländisches Geld waren, und es bedurfte nur (C. p. Art. 4) der weiteren Feststellung, ob nach den im Zeitpunkt der Tat geltenden holländischen Gesetzen (gleichviel unter welchem Gesichtspunkt) eine Bestrafung gleicher Art möglich war.

[12] Preußische Verordnung 24. VIII. 1867 § 3.

[13] So, außer für Kupfermünzen, in Belgien nach dem Gesetz 5. VI. 1832; in Elsaß-Lothringen nach dem Gesetz 15. XI. 1874 § 2 (dazu die Motive, Verhandlungen des Reichstags 1874/75 3, 630); bei dessen Wiedererwerb durch Frankreich, außer für einen bevorrechteten Kreis von Personen, nach der Verordnung 26. XI. 1918; in Dänemark nach dem Gesetz 28. VI. 1920; in Danzig nach dem Gesetz 20. XI. 1923 usw.

Monate später wurden sie (mit Ausnahmen) außer Kurs gesetzt und gegen gestempelte Noten oder auch gegen Geldzeichen der Landeswährung des Erwerbers eingelöst. Außerkurssetzung und Einlösung erfaßten die in dem Teilgebiet umlaufenden Noten [14], und damit war eine brauchbare Abgrenzung im Verhältnis der Nachfolgestaaten zueinander geschaffen. Aber nicht für die Noten, die sich in dritten Ländern befanden, und die Lage wurde noch dadurch erschwert, daß Einfuhrverbote die Verbringung der auswärtigen Noten in den Umlauf des Inlands unmöglich machten. Ein Anspruch auf Einlösung konnte jedenfalls nicht darauf gestützt werden, daß sie die Geldzeichen eines untergegangenen Staats gewesen waren, sondern nur darauf, daß sieben andere Staaten sie als gesetzliche Zahlungsmittel übernommen hatten. Eine Ausscheidung des Teilgebiets aber, um dessentwillen die Stücke in das Ausland gekommen waren, war nicht möglich. Hatte sie etwa der Geldhandel dorthin verbracht, so waren sie zumeist eben darum erworben worden, weil sie im gesamten Gebiet der vormaligen Monarchie gesetzliche Zahlungsmittel gewesen waren. Es lag also eine Angelegenheit der sämtlichen Nachfolgestaaten vor, und daraus folgte allerdings ihre Gesamthaftung [15]. Die Verträge von St. Germain Art. 206 und von Trianon Art. 189 haben den Knoten durchhauen, indem sie willkürlich die Staaten Österreich und Ungarn mit der Haftung belasteten.

Die Einlösung der Noten durch die ausgebende Bank tritt unter das Recht des Nachfolgers in der Herrschaft, wenn die ausgebende Stelle nunmehr seiner Herrschaft unterworfen ist und die Noten ihre Eigenschaft als Geldzeichen behalten haben [16]. Versagt der Nachfolger ihnen diese Eigenschaft, wie Großbritannien im eroberten Ostafrika den Noten der Deutsch-ostafrikanischen Bank, so kann er auch eine Währungshoheit über die Bank nicht mehr geltend machen; das öffentlichrechtliche Verhältnis, in dem die Bank dem Staat gegenüber sich befindet, ist noch vor dem Übergang der Herrschaft zum Abschluß gekommen, und privatrechtliche Ansprüche, mit denen die Inhaber von der Bank Einlösung verlangen, sind abhängig von deren Rechtslage im öffentlichen Recht [17]. Dagegen mag allerdings unter solchen Umständen die

[14] So außer den landesrechtlichen Bestimmungen auch Art. 206 des Vertrags von St. Germain, Art. 189 des Vertrags von Trianon.

[15] Eine solche Gesamthaftung war 1919 von der Schweiz in Anspruch genommen worden. Lippert[2] 796.

[16] Die Verträge von St. Germain und Trianon a. a. O. haben durch materiellrechtliche Vorschriften in dies Rechtsverhältnis eingegriffen, teils durch Vorschriften über die Deckung der Ansprüche der Noteninhaber bei der Liquidation der bisherigen Notenbank, zum Teil auch durch Ausschluß von Ansprüchen der Inhaber.

[17] Die Notenausgabe der Deutsch-ostafrikanischen Bank (die Noten waren von der Zweigniederlassung Dar-es-Salam ausgegeben) stand unter der deutschen Kolonialhoheit, und nur der Umstand, daß der Sitz des Unternehmens sich im Reich befand, hat sie mit dem mutterländischen Recht verbunden. Die Rechtsprechung der Nachkriegszeit hat sich mit der Einlösungspflicht der Bank in Fällen,

Außerkurssetzung den Nachfolgestaat zum wenigsten moralisch verpflichten, seinerseits für eine wertentsprechende Einlösung zu sorgen.

Verweisung auf die Währung.

2. Hat der Nachfolger im Gebiet die Währung geändert, so erlangen wie bei jeder Währungsänderung die Verweisungen auf die gesetzliche Währung geänderten Inhalt. Auch wenn der verweisende Rechtssatz der Gesetzgebung des Vorgängers in der Herrschaft entstammt und von dem Nachfolger übernommen worden ist. Auf grund des deutschen Bürgerlichen Gesetzbuchs sind in Elsaß-Lothringen Ersatzansprüche aus unerlaubter Handlung seit Inkrafttreten der französischen Währung in Franken entstanden. Und es konnte der Schuldner in Umsetzung der Vorschrift des § 244 Schulden fremder Währung seither in französischem Geld bezahlen.

Vor allem wichtig aber ist, daß diese Umstellung auch für die im Zeitpunkt der Währungsänderung bestehenden Rechtsverhältnisse gilt, mit Einschluß derjenigen, die vor dem Herrschaftswechsel begründet worden waren. Es wird unten § 106 darzulegen sein, daß eine Währungsänderung diejenigen Bewertungen erfaßt, die bisher in der abgeänderten Währung zu Recht bestanden, gleichviel, welches die Rechtsordnung ist, auf grund deren die Bewertung erfolgte. Das verhält sich bei Währungsänderungen, die durch einen Gebietswechsel veranlaßt sind, nicht anders, und es bedarf nur einer Aussonderung derjenigen Rechtsverhältnisse, an deren Währung die Änderung Anschluß nimmt.

a) In der großen Mehrzahl der Fälle wird eine Währung deshalb der Bewertung zugrunde gelegt, weil sie die gesetzliche Währung ist. Gesetzliche Währung ist, wie oben § 95 gezeigt, regelmäßig die Währung der „lex causae", das will besagen, die Währung des Gebiets, dessen Gesetzgebung das Rechtsverhältnis untersteht, bei dem von der Währung Gebrauch gemacht wird[18]. Bei einer Gebietsveränderung aber treten die Rechtsverhältnisse des Gebiets unter die Hoheit des Nachfolgers in der Herrschaft. Zwar werden in solchem Fall dauernde Rechtsverhältnisse nach seinem Willen zumeist in der Art weiterbestehen, wie sie von der Rechtsordnung ihrer Entstehungszeit geformt

in denen die Bank gleichzeitig Schuldner eines Geldbetrags ostafrikanischer Währung war, wiederholt beschäftigt, ohne aber zu klaren Lösungen zu kommen; vgl. dazu unten Z. 4.

[18] Wo ausnahmsweise die lex causae die Währung einer Geldschuld abhängig macht von der Währung einer andern vorausgegangenen Zahlung oder von der Währung, in der ein Vermögen angelegt ist, da sind die Fragen des Textes gegenstandslos, weil es sich dabei stets um die Währung handelt, in der tatsächlich die Zahlung erfolgt oder das Vermögen angelegt ist; und ebenso gegenstandslos sind solche Fragen in den seltenen Fällen, in denen nach der lex causae der Richter die Währung nach freiem Ermessen bestimmen kann.

worden sind. Doch hängt das von seinem, des Nachfolgers rechtlichem Willen ab, wie auch sein Wille darüber bestimmt, ob das Rechtsverhältnis überhaupt weiterbestehen kann oder unter welchen von ihm geforderten rechtlichen Abänderungen. Der Nachfolgestaat also anerkennt wohl, daß das Rechtsverhältnis in der Bewertung, wie sie der damals im Gebiet geltenden gesetzlichen Währung entsprach, entstanden ist. Aber es ist ein Rechtsverhältnis, das nunmehr seiner Hoheit unterliegt, für das er die gesetzliche Währung zu bestimmen hat, und wie im geschlossenen Einheitsstaat eine Währungsänderung die Rechtsverhältnisse erfaßt, die vordem in der früher maßgebenden gesetzlichen Währung entstanden waren, so gilt auch für die Rechtsverhältnisse des erworbenen Gebiets nunmehr die geänderte Währung, und es münden die Zweifel insoweit in die andre Frage, welche Rechtsverhältnisse dem erworbenen Gebiet angehören.

Es sind diejenigen Rechtsverhältnisse, deren räumliche Anknüpfung auf das erworbene Gebiet verweist; der Wohnsitz des Steuerschuldners, dessen Steuer vor dem Herrschaftswechsel fällig geworden; der Sitz der Aktiengesellschaft, deren Anteile in der früher verbindlichen Währung ausgegeben waren. Das internationale Privatrecht hat die Lokalisierung der Rechtsverhältnisse durchgeführt, um auf grund ihrer den zur Regelung dieser Rechtsverhältnisse berufenen Staat zu bestimmen; man wird die gleichen Anknüpfungen benützen müssen, um die Rechtsverhältnisse auszusondern, die bei einer Gebietsveränderung unter die rechtliche Herrschaft des Nachfolgers treten[19]. Das mag für Geldleistungen des öffentlichen Rechts wesentlich werden, für die Zahlung von Geldstrafen, von Abgaben, für die Pflichten öffentlicher Körper, Gehalt, öffentliche Entschädigung zu gewähren. Es gilt für die Gesamtheit der Geldschulden des Privatrechts, gilt für die Grenzen dinglicher Haftung, für Gesellschaftsvermögen und Gesellschaftsanteile. Liegen die Anknüpfungen vor, die solche Rechtsverhältnisse unter die Hoheit des Nachfolgers bringen, und es verfügt dieser Staat eine Währungsänderung, so wechselt die Verweisung auf die gesetzliche Wäh-

---

[19] Damit will nicht etwa gesagt sein, daß die Benützung der Anknüpfung im einen und im andern Fall verschiedenerlei Rechtszwecken diente. Sie sind identisch. Eine Ungenauigkeit, die meistens unschädlich ist, begnügt sich bei Erörterungen über internationales Privatrecht damit, die Tatbestände der Gesetzgebung zu unterstellen, die im Zeitpunkt der Entstehung die zuständige ist. Handelt es sich um Rechtsverhältnisse von Dauer, so muß die Prüfung auf die letzte zuständige Gesetzgebung gerichtet werden, und nur soweit es mit dieser verträglich ist, kann es bei der Anwendung des für den Zeitpunkt der Entstehung maßgeben den materiellen Rechts bewenden. Man mag allenfalls sagen, daß die Adoption sich nach den Gesetzen bestimmt, die für den Annehmenden im Zeitpunkt ihrer Vornahme gelten. Hat aber ein Deutscher ein Kind angenommen und er wird später Holländer, so kann das Kindesverhältnis, weil dem holländischen Recht unbekannt, dennoch nicht weiterbestehen.

rung, auf grund deren sie währungsmäßig geformt waren, den Gegenstand, und sie stellen sich ipso iure auf die neue Währung um.

b) Eine Währung kommt, wie bisher vorausgesetzt wurde, zur Geltung als die gesetzliche Währung der zuständigen Rechtsordnung. Sie kommt außerdem zur Geltung kraft gültigen Parteiwillens. Jedoch zunächst, es wäre sehr irrtümlich, anzunehmen, daß überall da, wo die Beteiligten sich einer bestimmten Währung bedienen, dies das Ergebnis eines rechtlich selbständigen, auf die Geltung der verwendeten Währung gerichteten Parteiwillens wäre. Eine Hypothek, eine Steuerschuld, ein Kaufpreis läßt sich meist gar nicht anders ausdrücken als in Verwendung einer bestimmten Währung. Aber eine solche Ausdrucksweise hat in aller Regel nur den Zweck, das Rechtsverhältnis zum Abschluß zu bringen und die Währung, die dabei gebraucht wird, als die gesetzliche Währung zu verwenden. Das leuchtet ohne weiters ein, wo die Verwendung einer andern als der gesetzlichen Währung rechtswidrig wäre. Daß eine deutsche Steuer in Mark gefordert wird, verlangt von dem Schuldner den in der gesetzlichen Währung ausgedrückten Wert, aber nicht in Form gerade dieser Währung eine hinzutretende Sonderleistung. Nur da, wo eine andere als die gesetzliche Währung geleistet werden soll, kommt dem rechtsgeschäftlichen Willen eine selbständige Bedeutung zu. Und in seltenen Fällen, in denen auf grund besonderer Umstände der Gebrauch einer Währung, die ohnehin die gesetzliche ist, bestätigt werden will[20].

Wo vor dem Herrschaftswechsel eine Währung einfach als die gesetzliche benannt wurde, da muß das Rechtsverhältnis, wenn es dem Gebiet angehört, ebenso auf die neue Währung umgestellt werden wie in den vorerörterten Fällen. Wo aber eine Währung, die im erworbenen Gebiet gilt, auf grund selbständiger rechtsgeschäftlicher Verfügung verwendet wurde, da wird sie von der Änderung dann erfaßt, wenn sie als die Währung dieses Gebiets verwendet wurde. Eine solche Beziehung auf das Gebiet ist zweifelsfrei, wenn die gewählte Währung nur dort Geltung hatte. Als Deutsch-Ostafrika britisches Mandat wurde, ist die Gesamtheit[21] der Rupienschulden in britische Kolonialwährung übergegangen. Denn entweder waren solche Schulden in deutscher Rupienwährung als der gesetzlichen Währung des Gebiets entstanden, oder es war diese Währung als die Währung Deutsch-Ostafrikas gewählt worden. Hat die gewählte Währung aber sowohl in dem erworbenen

[20] Ein Beispiel Entscheidungen des Reichsgerichts 106, 210. Man kann mit dem Kammergericht 2. II. 1928 Juristische Wochenschrift 1462 eine solche Bestätigung auch in dem späteren Verhalten der Parteien erblicken; aber nur, wenn ihnen bei diesem Verhalten bewußt war, daß für ihre Rechtsbeziehungen eine andere Währung in Betracht kommen konnte.

[21] Daß ein Bezirk des Schutzgebiets unter belgische Herrschaft kam, kann hier beiseite bleiben.

Gebiet, als auch sonst in dem Staat, der das Gebiet abgetreten hat, gegolten, so bedarf es der weiteren Feststellung — es handelt sich hier stets um die Auslegung eines rechtsgeschäftlichen Willens — ob die Wahl der Währung durch eine örtliche Beziehung zu dem abgetretenen Landesteil veranlaßt wurde[22]. Hat ein Schweizer schweizerischen Wohnsitzes einer Person in Posen ein Markvermächtnis ausgesetzt, so ist offensichtlich die Währung als die in Posen geltende Währung gewählt worden, und das Vermächtnis wurde nach der Gebietsveränderung und Einführung der polnischen Währung in dieser geschuldet. In Fällen solcher Art aber erfaßt die Währungsänderung Rechtsverhältnisse, die inhaltlich einer andern Rechtsordnung als derjenigen im Staat der geänderten Währung unterworfen sind; ebenso wie es möglich ist, daß Rechtsverhältnisse inhaltlich der Rechtsordnung dieses Staats unterstehen, daß aber nach rechtsgeschäftlicher Bestimmung eine andere Währung für sie gilt, die von jener Änderung nicht berührt wird. Es bleibt somit, wie stets bei Währungsänderungen (unten § 106), auch hier richtig, daß der Wechsel der Währung unabhängig von der lex causae wirksam wird; und nur für die Unterfrage, die gerade bei Gebietsveränderungen auftritt: welche Rechtsverhältnisse dem erworbenen Landesteil angehören, müssen die Kollisionsnormen beigezogen werden, die für das eine Bewertung fordernde Rechtsverhältnis gelten, weil durch diese Normen die Rechtsverhältnisse bezeichnet werden, bei denen eine Bewertung in der vormaligen als der gesetzlichen Währung des Landesteils erfolgt war. —

Das Wertverhältnis zwischen der bisherigen und der neu eingeführten Währung bestimmt der erwerbende Staat zumeist durch einen ausdrücklichen Rechtssatz. Mangelt ein solcher, so vollzieht sich der Währungswechsel nach dem Verkehrswert, den die beiden Währungen im Zeitpunkt der Änderung besitzen[23].

Wie jede Währungsänderung des zuständigen Staats, ist auch die Währungsänderung im neuerworbenen Gebiet von den übrigen Staaten

---

[22] In Ermangelung irgendeines örtlichen Anhaltspunkts dürfte die Wahl, wenn die Währung für die tatsächliche Betrachtung ein Stammland hat, auf dieses zu beziehen sein. Jedenfalls aber können hier Vermutungen nach Art des § 361 HGB. (im Zweifel Währung des Erfüllungsorts) nicht beigezogen werden. Nicht die Wahl zwischen mehreren Währungen, sondern zwischen mehreren Anknüpfungen für die eine verwendete Währung steht in Frage, und diese Auswahl kann nur nach den Umständen des einzelnen Falls geschehen.

[23] Es ist unzutreffend, wenn der rumänische Kassationshof 12. V. 1924 Journal 52, 819 eine 1912 in Bessarabien begründete Rubelschuld nach dem Kurs bei Begründung des Schuldverhältnisses umrechnet. Die Umwandlung der Altschulden kann nicht über den Zeitpunkt des Gebietserwerbs zurückwirken. Nicht minder unzutreffend ist es freilich, wenn der Oberste Gerichtshof Warschau 25. II. 1922 Auslandsrecht 3, 103 den Wert einer früheren Rubelhypothek nach freiem Ermessen festsetzt, ohne als Grundlage der Aufwertung deren Gegenwert in derzeitiger Währung festzustellen.

anzuerkennen. Auch von Seiten des Staats, der das Gebiet abgetreten hat; denn er hat mit dem Gebiet auch die Herrschaft über die Rechtseinrichtungen und über die Rechtsverhältnisse übertragen, die dem Gebiet angehören. Das bedeutet auch außer Landes Anwendung der Vorschriften, welche die neue Währung ordnen, mit Einschluß derjenigen, die das Wertverhältnis zwischen alter und neuer Währung feststellen. Aber allerdings, wie bei jeder Anwendung ausländischen Rechts, besteht auch hier die Möglichkeit, ihr nach Lage des Falls die „Vorbehaltsklausel" entgegenzuhalten. Die Vorbehaltsklausel ist zweiteilig. Sie kann bedeuten: der fremde Rechtssatz ist zuständig, aber er ist inhaltlich unannehmbar. Und sie kann bedeuten: die scheinbare Zuständigkeit des fremden Rechtssatzes besteht nicht, nach den Umständen ist Inlandsrecht zur Regelung berufen. In diesem letzteren Sinn kann die Vorbehaltsklausel der fremden Umrechnungsnorm nicht entgegentreten; der abtretende Staat hat seine Zuständigkeit über das abgetretene Gebiet schlechthin verloren. Dagegen ist allerdings nicht ausgeschlossen, auf die Klausel zurückzugreifen, wenn etwa inhaltlich die fremde Norm eine schwere Unbilligkeit enthält, und es bedarf nur der Beachtung (vgl. dazu oben § 104 Z. 3), daß auch dann nur deren unmittelbare Durchsetzung im Inland entfällt, nicht aber ihre Anerkennung in Fällen, für die eine Durchsetzung der anstößigen Vorschrift mit Hilfe des Inlands nicht in Frage kommt. Das erstere trifft zu, wenn auf Grund des angefochtenen Rechtssatzes Zahlung vor inländischen Gerichten gefordert wird, das zweite, wenn aus einer Zahlung im Ausland Rechtsfolgen hergeleitet werden. Die Erörterungen über das polnische Währungsgesetz von 1919 bieten zu alledem reichen Anschauungsstoff.

Anwendungen.

3. Als die österreichisch-ungarische Monarchie zerfiel, ist, wie oben S. 260 ausgeführt, für jeden der Nachfolgestaaten mit dem Zeitpunkt seiner Gründung eine neue Währung entstanden. Mit diesem Zeitpunkt haben sich auch die Rechtsverhältnisse des Gebiets auf die neue Währung umgestellt (es wird im Folgenden der Kürze halber von vorher entstandenen privatrechtlichen Geldschulden gesprochen, doch gilt Entsprechendes für andere Rechtsverhältnisse von Dauer, die vor dem Herrschaftswechsel bewertet worden waren). Die Umstellung entbehrte der praktischen Bedeutung, solange in allen Nachfolgestaaten die Geldzeichen der früheren Währung alleinige gesetzliche Zahlungsmittel waren. Mit der Einführung selbständiger Geldzeichen, wie sie zunächst durch Abstempelung erfolgte, erhielten diese Währungen ungleichen Wert, und die Frage, in welche Währung eine Geldschuld übergegangen war, wurde dringlich. Ihre Beantwortung blieb zunächst der Rechtsprechung überlassen, in beschränktem Ausmaß bot die Landesgesetz-

gebung Anhaltspunkte, und erst wesentlich später ist ein Teil der auftauchenden Fragen durch Staatsverträge geordnet worden.

Daß hier neue Währungen entstanden waren, und daß eine Aufteilung unter ihnen erforderlich geworden war, ist freilich nicht immer klar erkannt worden. In der ersten Zeit fehlte es nicht an Äußerungen, die fortdauernd die alten Noten als Gegenstand der Verpflichtung ansahen. Aber eine Geldschuld ist auf währungsmäßigen Wert und nicht auf Geldzeichen gerichtet; und was hätte Rechtens sein sollen, als später die alten Noten verschwanden[24]? Auch die Anschauung hat in der Rechtsprechung eine Rolle gespielt, daß ein jeder der Nachfolgestaaten einfach seine Währung als die Fortsetzung der ursprünglichen ansah und im gleichen Nennwert als maßgeblich erklärte[25]. Indessen handelte es sich nicht nur um eine Bestimmung für den Zahlungsvorgang, sondern es hatte die Schuld selbst einen veränderten Inhalt empfangen. Und was hätte unter solchen Umständen gelten sollen, wenn eine Schuld früherer Währung in einem dritten Staat rechtlich zu würdigen war[26]?

So kam es also auf die Verbindung bestehender Schulden mit einem der neuen Währungsgebiete an. Dabei hat die Berufung auf „internationales Privatrecht" für die österreichische Währungstrennung nur eine geringe Rolle gespielt[27]. Zuweilen begegnet Verweisung auf den

---

[24] Weinberger, Gerichtszeitung 1920, 11 f und Zeitschrift für Versicherungswissenschaft 20, 264 ff will den Wert der alten Kronen festhalten, wie er im Zeitpunkt der Währungstrennung bestand. Aber auch das verkennt die Herrschaft des Nachfolgers über die Rechtsverhältnisse seines Gebiets. Auch sonst behalten bei einer Währungsänderung die Rechtsverhältnisse nicht den Wert, wie er im Zeitpunkt des Währungswechsels bestand. — Das Oberlandesgericht Jena 3. XI. 1921 Bankarchiv 22, 69 meint bei einem Altkronendarlehen, das in der Tschechoslowakei rückzahlbar war, man dürfe die Rückzahlung nicht einfach unmöglich erklären, denn das verstoße gegen Treu und Glauben, wie sie § 242 des deutschen Bürgerlichen Gesetzbuchs fordere.

[25] So in ständiger Rechtsprechung der Oberste Gerichtshof Wien 21. X. 1919 Entscheidungen 1, 256; 10. II. 1920 in Rechtsprechung 3, 21 (die österreichische Währung ist die alte geblieben, die Tschechoslowakei — es wurden Tschechokronen gefordert — hat ihre Währung geändert); 21. XII. 1920 ebenda 4, 2; 17. II. 1926 ebenda 8, 76; 7. II. 1928 ebenda 10, 108. In dem Wortlaut der Vollzugsanweisung 25. III. 1919 § 4 Staatsgesetzblatt 431 konnte man sogar eine verpflichtende Lösung dieses Inhalts finden. Doch hat sich der Oberste Gerichtshof nicht gehindert gesehen, in anderen Entscheidungen in der Währung anderer Nachfolgestaaten zu verurteilen; s. unten Anm. 29 und 32. Für die örtliche Währung schlechthin auch der Oberste Gerichtshof Warschau 4. I. 1921 Berichte aus den neuen Staaten 1921, 1010. Rost, Weltrecht (1924) 1, 200. Die angeführten Entscheidungen werden teilweise allerdings auch noch von anderen Erwägungen getragen.

[26] Es hat freilich auch nicht an Antworten hierauf gefehlt. Eine Note der Schweiz von 1919 (Lippert² 796) beansprucht für Kronenforderungen ihrer Angehörigen freie Wahl unter den Währungen der Nachfolgestaaten. Nach Rost a. a. O. soll die Forderung anteilsweise in die sieben Währungen umgerechnet werden nach dem Verhältnis des Kronenumlaufs in den Teilgebieten zur Zeit der Währungstrennung!

[27] Vgl. etwa — jedoch nirgends scharf und als entscheidender Gesichtspunkt

Parteiwillen[28], vor allem in Verbindung mit der Vorschrift des § 905 a. BGB., Art. 336 HGB., nach denen die Währung des Erfüllungsorts „im Zweifel als die vertragsmäßige zu betrachten ist". Die Rechtsprechung der Tschechoslowakei hat auf dieser Grundlage Altschulden regelmäßig in der Währung des Erfüllungsorts zugesprochen[29]. Aber freilich, das war Fiktion. Es handelt sich um die Auslegung eines Parteiwillens. Jedoch man konnte mit aller Sicherheit annehmen, daß die Parteien zu Zeiten der Monarchie an einen künftigen Zerfall der Währungsgebiete nicht gedacht hatten, deshalb auch bei ihren Rechtsgegeschäften nicht die Vorsorge getroffen hatten, es solle für ihre Rechtsbeziehungen unabhängig von der Art der alsdann notwendig werdenden Währungstrennung gerade die Währung des Teilgebiets, in dem der Erfüllungsort liegen würde, maßgebend sein. Die Unhaltbarkeit einer solchen Ausdeutung hat insbesondere die österreichische Rechtsprechung in überzeugenden Ausführungen dargetan[30]. Und was hätte bei solchem Ausgangspunkt für gesetzliche Verpflichtungen gelten sollen? Man hat auch unabhängig von jener Begründung zuweilen auf den Erfüllungsort zurückgegriffen[31]. Manchmal wurde die Währung am Sitz des Verpflich-

verwendet — Ofner, Juristische Blätter 1919, 385 ff. Oberster Gerichtshof Wien 10. II. 1920 Rechtsprechung 3, 21; 17. II. 1926 ebenda 8, 76. Fux, Juristenzeitung für das Gebiet der tschechoslowakischen Republik 1920, 92. Oberster Gerichtshof Warschau 23. VIII. 1927 Juristische Wochenschrift 1928, 1252. — Mangelnde Scheidung zwischen Schuldrecht und Währungsrecht auch in dem Urteil des Obersten Gerichtshofs Warschau 8. XI. 1921 Bulletin de l'Institut Intermédiaire 9, 140.

[28] Oberster Gerichtshof Brünn 4. VI. 1925 und in derselben Sache Oberster Gerichtshof Wien 14. VII. 1926 Zeitschrift für Ostrecht 1, 142 und 117: Gesellschaft mit Sitz in Wien betreibt eine Eisenbahn in der Tschechoslowakei, hat 1916 Schuldverschreibungen zahlbar in Wien ausgegeben; Zinsen und Rückzahlung sind in Tschechokronen zu leisten, weil (neben andern Gründen) die Buchführung seit der Währungstrennung in Tschechokronen erfolgt und darin ein verpflichtender Parteiwille über die Währung zum Ausdruck gekommen ist. Über die Bedenken hiegegen schon Nußbaum ebenda.

[29] Entscheidungen des Obersten Gerichtshofs 10. X. 1919 Rechtsprechung 3, 25; 31. VIII. 1920 ebenda 5, 206; 17. II. 1925 Ostrecht 2, 459; 4. VI. 1925 Zeitschrift für Ostrecht 1, 142; Fux a. a. O. 81 ff. Entgegen einer gleichmäßigen Rechtsprechung hat auch der Oberste Gerichtshof Wien 11. I. 1922 Rechtsprechung 4, 170 den gleichen Beweisgrund verwertet und daraufhin in fremder Währung verurteilt, offenbar irregeführt durch den Umstand, daß ein Rechnungsfaktor für das Urteil (die Höhe des nach § 88 der Eisenbahnverkehrsordnung zu vergütenden Schadens für verlorenes Gut) in der Währung des für die Beförderung maßgebenden Erfüllungsorts zu bemessen war.

[30] Urteile des Obersten Gerichtshofs 21. X. 1919 Entscheidungen 1, 256; 10. II. 1920 Rechtsprechung 3, 21; 17. II. 1926 ebenda 8, 76; 14. VII. 1926 Zeitschrift für Ostrecht 1, 117; 7. II. 1928 Rechtsprechung 10, 108; Walker, Internationales Privatrecht[4] 426 f. Ebenso der Oberste Gerichtshof Warschau 4. I. 1921 Berichte aus den neuen Staaten 1921, 1010.

[31] Wahle, Rechtsprechung 8, 76 — der einen Überblick über den Streitstand in den Nachfolgestaaten gibt, dabei auch hier nicht erreichbare polnische und

teten für maßgebend erklärt[32]. Bei hypothekarisch gesicherten Verpflichtungen pflegt man die Währung am Ort des belasteten Grundstücks außer Betracht zu lassen; aber freilich bei der handgreiflichen Unbilligkeit, die hieraus entsteht, wenn das Grundstück in einem Gebiet höheren Geldwerts liegt, hat man sich dennoch bisweilen zu Abweichungen veranlaßt gesehen[33]. Völlig verwirrend aber ist es, wenn man gelegentlich die Frage der Währung mit dem Schutz gegen Geldentwertung zusammenbringt, ohne zuerst die maßgebende Währung bestimmt zu haben und dann erst zu prüfen, wie weit für diese eine

---

italienische Urteile anführt — entscheidet sich selbst für den Ort, „mit Rücksicht auf dessen Lage gerade ein Kronenschuldverhältnis eingegangen wurde", und das sei im Zweifel der Erfüllungsort. Kurie Budapest 20. VI. 1924 Zeitschrift für Ostrecht 1, 439 (nähere Begründung nicht angegeben); vielleicht auch schon 15. II. 1923, Auszug Bulletin de l'Institut Intermédiaire 9, 141. Nach dem oben Anm. 24 angeführten deutschen Urteil, weil auf Grund der Umstände des Falls „nach Treu und Glauben" gefordert. Die polnische Aufwertungsverordnung, die sich nur auf Forderungen bezieht, die in inländische Währung übergegangen sind, hat als solche für gewisse Gebiete die Forderungen bezeichnet, die dort „entstanden" sind, und es ist das von der Auslegung zunächst verallgemeinert worden; die neuere Rechtsprechung des Obersten Gerichtshofs Warschau versteht darunter jedoch die Forderungen, die ihren Erfüllungsort im Land haben. Vgl. darüber Rost, Zeitschrift für Ostrecht 3, 1303f.

[32] So die oben Anm. 28 erwähnten Entscheidungen der Obersten Gerichtshöfe Brünn und Wien (neben andern Gründen): es entscheidet die „wirtschaftliche Heimat" des Unternehmens, allerdings nicht sein „Scheinsitz" (das Wiener Urteil auch darum bemerkenswert, weil eine andere als die inländische Währung für verbindlich erklärt wird). Ofner a. a. O. Walker[4] 427f (ein Darlehen dient der Volkswirtschaft dieses Gebiets; das Währungsgesetz binde die Personen mit Wohnsitz im Gebiet). Auch nach Nußbaum 161 soll im Zweifel der Wohnsitz entscheiden (parallel seiner Annahme, daß eine Verpflichtung im Zweifel in der Währung des Schuldnerwohnsitzes entsteht); und zwar der Wohnsitz des Schuldners im Zeitpunkt des Währungswechsels. Abstellung auf den Parteiwillen, der die Kronenwährung mit Rücksicht auf den Wohnort des Schuldners gewählt habe: Oberster Gerichtshof Warschau 29. V. 1928 Zeitschrift für Ostrecht 3, 1383.

[33] Die Währung am Ort des Grundstücks bleibt außer Betracht: Oberster Gerichtshof Brünn 18. V. 1920 Rechtsprechung 4, 29; 31. VIII. 1920 ebenda 5, 206; wohl auch (der Tatbestand ist nicht vollständig mitgeteilt) 17. II. 1925 Ostrecht 2, 459. Oberster Gerichtshof Warschau 23. VIII. 1927 Juristische Wochenschrift 1928, 1252. Nur scheinbar anders der Oberste Gerichtshof Wien 7. II. 1928 Rechtsprechung 10, 108 (Erfüllungsort in der Tschechoslowakei, das belastete Haus in Wien; die Inlandswährung wird nicht als die Währung am Ort des Grundstücks, sondern als die moneta fori für maßgebend erklärt). Dagegen nennt Wahle, Ostrecht 1, 24 vier tschechoslowakische Urteile, die, um eine ungerechtfertigte Bereicherung des Schuldners oder Eigentümers zu vermeiden, auf die Währung am Ort des Grundstücks abstellen. Für die Währung am Ort des Grundstücks schlechthin Nußbaum 162. Wahle, Rechtsprechung 8, 76 wendet ein, das sei deutsche Auffassung; in den Ländern österreichischen Rechts könne eine Hypothek auch in fremder Währung bestellt werden. Von dem Standpunkt der hier vertretenen Meinung aus — Währung der lex causae — stünde solche Möglichkeit einer Verbindlichkeit der Währung, die am Ort des Grundstücks gilt, nicht entgegen.

Aufwertung oder nach der lex causae ein Ersatz für Verzugsschaden in Betracht komme[34].

Dagegen vereinfacht sich die Rechtslage, wo gesetzliche Vorschriften eingreifen. So hat in der Tschechoslowakei[35] ein Gesetz vom 10. April 1919 die Überführung in Inlandswährung für die „im Gebiet zahlbaren Verbindlichkeiten" verfügt[36]; ohne daß allerdings die Rechtsübung darauf verzichtet hätte, ihre Lösungen unabhängig von dieser Vorschrift zu begründen[37]. Und in beträchtlichem Umfang sind neuerdings die bestehenden Streitfragen durch staatsvertragliche Festsetzungen beseitigt worden[38]. Die Bestimmungen sind allerdings zum Teil überaus verwikkelt und durch die Aufwertung, die sie gleichzeitig regeln, besonders schwer übersehbar geworden; eben durch diesen Umstand aber hat die Frage, in welcher Währung die in ihrem Wert feststehenden Beträge zu übertragen sind, an Bedeutung sehr verloren. Schon Art. 271 des Vertrags von St. Germain hatte vorgesehen, daß die Schulden zwischen Einwohnern Österreichs und der abgetretenen Gebiete in der Währung des erwerbenden Teils zu bestimmten Sätzen zu bezahlen seien; doch war die Tragweite der Bestimmung bestritten. Sie wurde im Verhältnis zwischen Österreich und Italien überholt durch den Vertrag 6. April 1926[39], der den Gläubiger nötigt, seine Forderung gegen den Einwohner des ande-

---

[34] Kurie Budapest 1922 und 15. II. 1923 Bulletin de l'Institut Intermédiaire 8, 290; 9, 141: um den Verzugsschaden auszugleichen, hat die Zahlung nach Österreich in ungarischen Kronen zum Nennwert zu erfolgen. In dem Urteil 12. XII. 1922 ebenda 8, 289 werden soviele ungarische Kronen zugesprochen, als erforderlich sind, die Schuldsumme vollwertig zu bezahlen.

[35] Über die österreichische Vollzugsanweisung von 1919 oben Anm. 25. Für Neu-Italien bestimmte die Verordnung 27. XI. 1919 (Steiner 570) den Umrechnungssatz für die Überführung der Kronen- in die italienische Währung, nach Art. 6 gültig für Altschulden, die im Gebiet zu erfüllen waren oder sich auf dort belegene Gegenstände bezogen. Vielleicht konnten diese Merkmale benützt werden, um die Kronenschulden selbst zu bezeichnen, die in die Landeswährung übergegangen waren. Für Polen vgl. oben Anm. 31.

[36] § 8 der vorausgegangenen Verordnung 25. II. 1919 (Steiner 203) hatte die Umwandlung nur für die „im Gebiet entstandenen und zahlbaren Verpflichtungen" vorgesehen. Vgl. für die Tschechoslowakei außer den bisher schon genannten Urteilen noch den Obersten Gerichtshof Brünn 9. I. 1923, Prager Archiv für Gesetzgebung 5, 489 (Währung des Erfüllungsorts); 25. IX. 1923 Rechtsprechung 6, 72 (inländische Schuldwährung, ungeachtet ein Rechnungsfaktor in österreichischer Währung anzusetzen ist) und die Verweisungen bei Wahle, Ostrecht 1, 24 (Erfüllungsort).

[37] Man hat davon abgesehen, der Vorschrift eine Grenznorm für Verpflichtungen zu entnehmen, deren Erfüllungsort außer Landes lag. So gründen die oben Anm. 29 angeführten Urteile vom 31. VIII. 1920 und 17. II. 1925 die Maßgeblichkeit des Erfüllungsorts auf § 905 a. BGB. Und in den Entscheidungen vom 10. X. 1919 und 4. VI. 1925 ist dies sogar für Verpflichtungen geschehen, deren Erfüllungsort im Inland lag.

[38] Dazu Lippert[2] 898 ff.

[39] Bundesgesetzblatt 1924, 391. Dazu das österreichische Gesetz 17. III. 1926.

ren Gebiets an den Schuldnerstaat abzutreten, so daß nun ein innerstaatlicher Ausgleich zwischen Gläubigern und Schuldnern desselben Gebiets möglich wird. Zum Schaden österreichischer Gläubiger, die Schuldner in Neu-Italien haben, zum Nutzen italienisch gewordener Gläubiger, die eine Forderung nach Österreich besitzen; denn der Schuldner des italienischen Ausgleichsstocks hat in Lire, der Schuldner des österreichischen Ausgleichsstocks, leicht aufgewertet, in österreichischer Währung zu bezahlen[40]. Mit der Tschechoslowakei ist der Vertrag vom 18. Juni 1924 geschlossen worden (Bundesgesetzblatt 1926, 527). Innerhalb der Tschechoslowakei ist auch hier ein Ausgleich zwischen Forderungen und Schulden dieses Gebiets durchgeführt, bei der der Schuldner für die Altkrone eine Tschechokrone zu bezahlen hatte, der Gläubiger die von der Regierung bestimmte Quote erhielt. Doch wirkte diese Regelung nur nach innen. Im Verhältnis zu Österreich wurde in eingehender Kasuistik und mit einem verschieden abgestuften Umrechnungssatz der Wert der Altschulden in Tschechokronen festgesetzt[41], die Ausbezahlung aber (sie erfolgt in Wien) beiderseits in österreichischen Kronen vereinbart. Die Verträge Österreichs mit Südslawien vom 24. Februar 1923 (Bundesgesetzblatt 1924, 280) und mit Rumänien vom 26. Juli 1924 (Bundesgesetzblatt 1925, 1681) legen für die Umwandlung von Altschulden — unter mancherlei Vorbehalten und Sonderregelungen — beiderseits die Währung Serbiens und Rumäniens mit festem Umrechnungssatz zugrunde, bei Schuldverschreibungen und ähnlichen Wertpapieren aber die Währung am Sitz des Schuldners. Alle diese Vereinbarungen jedoch gelten nur für Forderungen und Schulden zwischen Personen, die in den Vertragsstaaten den Wohnsitz oder den Sitz haben. Und es fehlt völlig an einer vertraglichen Regelung gegenüber Polen und, von einer Einzelfrage abgesehen, gegenüber Ungarn[42].

Fortsetzung.

4. Zu zahlreichen Schwierigkeiten haben auch die Altschulden der von Deutschland abgetretenen Gebiete Anlaß gegeben. In der Mehrzahl der deutschen Schutzgebiete war (oben S. 238) eine

[40] Umrechnungssatz für das italienische Gebiet 100 Altkronen = 56,8 Lire (der Umrechnungssatz bei Einführung der Währung war 100 Kronen = 60 Lire), für das österreichische Gebiet 100 Altkronen = 1 Schilling (10 000 österreichische Kronen). Die Gläubiger teilen sich in den Ausgleichsstock ihres Staats. Ein Ausgleich des Saldos von Staat zu Staat findet nicht statt.

[41] Unter den Ausnahmen: vertraglich wiederkehrende Geldleistungen verbleiben in der Währung des Schuldners.

[42] Ein Vergleich über die Angelegenheiten des Burgenlands vom 26. II. 1923 Bundesgesetzblatt 349 bestimmt in Art. 4, daß Altschulden, die zwischen Einwohnern des an Österreich abgetretenen Gebiets und Einwohnern Ungarns bestehen, in ungarischer Währung zu bezahlen seien. Das ist folgerichtig, da die Abtretung später als die Währungstrennung erfolgt ist, diese Schulden also bei

„Reichsmarkrechnung“ genannte, von der mutterländischen verschiedene Währung Rechtens. In der äußeren Bezeichnung von dieser nicht ohne weiteres unterschieden, hat sie für je ein Schutzgebiet dann gegolten, wenn sie für Rechtsverhältnisse in Betracht kam, deren lex causae das Recht des Schutzgebiets war, oder wenn sie durch Rechtsgeschäft als die Währung des Schutzgebiets verwendet wurde. Sie hat während des Kriegs als Hartgeldwährung auch einen andern Wert besessen, als die Währung des Mutterlands. Nachdem diese Kolonien zunächst als besetzte, später als abgetretene Gebiete unter fremde Verwaltung gekommen waren, sind dort neue Währungen eingeführt worden, und mit dem Währungswechsel sind auch die Schulden bisheriger Währung in die neue Währung übergegangen; in Deutsch-Südwestafrika nach einer Bekanntmachung von 1920 zum Satz 20 Mark = 1 Pfund[43]. Entsprechendes galt für die Rupienwährung in Deutsch-Ostafrika. Ihre Schicksale bis zur Währungsänderung sind oben S. 250[19] verfolgt worden. Bei dieser Änderung freilich hat man versäumt, das Wertverhältnis der bisherigen zu der neuen Währung rechtsverbindlich festzusetzen, und so sind die Altschulden damals mit dem Marktwert übergegangen, den sie im Zeitpunkt des (verbindlichen) Währungswechsels besaßen; er bestimmte sich bei der tatsächlichen, wenn auch nicht rechtlichen Abhängigkeit des Werts der deutschen Rupie von dem Wert des mutterländischen Gelds — auch die Rupienwährung war inzwischen Papierwährung geworden — nach dem Kurs, den die reichsdeutsche Währung zu jenem Zeitpunkt hatte. Die Rechtsprechung freilich weist in der Beurteilung dieser Fragen Unsicherheiten auf[44], und es bedarf

der Währungstrennung in ungarische Währung übergegangen waren. — Vgl. im übrigen für Ungarn Art. 254 des Vertrags von Trianon und die Abkommen mit den einzelnen Nachfolgestaaten bei Lippert.

[43] Vgl. dazu oben S. 238[2]. Für eine Beurteilung der Frage, ob dieser Satz mit Rücksicht auf seine Höhe in Deutschland anerkannt werden kann, fehlen ausreichende Unterlagen.

[44] Das Oberlandesgericht Hamburg 22. II. 1921 Hanseatische Rechtszeitschrift 5, 85 scheint vorauszusetzen, daß die Währung Südwestafrikas in die mutterländische Papierwährung übergangen ist und spricht nur unter dem Gesichtspunkt des Verzugs die erhobene Forderung als Hartgeldforderung zu. Im Urteil des Reichsgerichts 28. XI. 1923 Entscheidungen 107, 78 handelte es sich um ein Darlehen zwischen Personen mit Wohnsitz im Schutzgebiet, hypothekarisch gesichert auf einem dort belegenen Grundstück; das Reichsgericht will die Währung der Darlehensschuld von deren Erfüllungsort abhängig machen und scheint, wenn der Erfüllungsort im Schutzgebiet war, die Forderung noch jetzt als Forderung auf deutsches Hartgeld anzusehen. Auch Gerstmeyer, der das Urteil Juristische Wochenschrift 1924, 402 bespricht, zieht einen Übergang der Schuld in englische Währung nicht in Betracht. — Wesentlich öfter hat das Schicksal der Rupienschulden die Gerichte beschäftigt: Kammergericht 20. XII. 1922 Juristische Wochenschrift 1923, 189 (dazu Wessig ebenda 914, Wunderlich 1924, 665); Reichsgericht 19. IX. 1923 Entscheidungen 107, 121 (Vorinstanz Leipziger Zeitschrift 1922, 168); Reichsgericht 8. II. 1924 Leipziger Zeitschrift 588; Reichsgericht 3. VI.

hier insbesondere eines Eingehens auf eine Gruppe reichsgerichtlicher Entscheidungen. Bei ihnen allen handelte es sich um Schuldverhältnisse, die zwischen Personen deutsch-ostafrikanischen Wohnsitzes in der Währung dieses Schutzgebiets geschlossen worden waren, um Verträge über Wohnungsmiete, Geldverwahrung, laufende Rechnung. Das Reichsgericht spricht durchweg deutsche Währung zu: die schuldrechtlich maßgebende Rechtsordnung wird durch den Parteiwillen bestimmt; dieser Wille ging bei Abschluß des Vertrags auf das deutsche Recht, und es „gebricht an Anhaltspunkten dafür (wie eine der Entscheidungen sagt),

1924 Entscheidungen 108, 298 (dazu Oppenheimer, Juristische Wochenschrift 1926, 161). Gemischtes deutsch-tschechoslowakisches Schiedsgericht 13. II. 1925 Recueil 5, 551; gemischtes deutsch-griechisches Schiedsgericht 15. VII. 1926 Recueil 7, 14; gemischtes deutsch-französisches Schiedsgericht 27. V. 1927 Recueil 7, 604. Während Wessig in Verkennung der Staatlichkeit des Geldes eine allgemeine Rupienwährung annimmt, die fortdauernd gelte, und das zweitgenannte der reichsgerichtlichen Urteile noch 1924 (die Außerkurssetzung scheint Ende 1918 erfolgt zu sein) ostafrikanische Noten als geschuldet ansieht, ist im übrigen die Rechtsprechung einig, daß die deutsche Rupienwährung nicht mehr besteht und auf sie nicht verurteilt werden kann. Als geschuldet erklären die deutschen Gerichte die deutsche Währung (über die wesentliche Begründung im Text, doch begegnet man auch unklaren Beiziehungen des § 244 BGB.; in dem reichsgerichtlichen Urteil von 1923 wird die Zahlung einer Rupiengeldschuld und die Einlösung von Rupiennoten durch die ausgebende Bank vermengt, Verpflichtungen, von denen die erste, aber nicht die zweite dem britischen Währungsrecht unterworfen war). Die Umrechnung in Reichswährung wird nach dem im Frieden bestehenden Wertverhältnis 3:4 vorgenommen (wobei Dassern, Hanseatische Rechtszeitschrift 5, 357 und Staudinger[9] zu § 244 BGB. ohne weitere Begründung den Goldwert der Mark im Zeitpunkt der Außerkurssetzung der Rupie festhalten wollen). Dagegen vertreten die zutreffende Meinung, daß die Rupienschulden zu Schulden britischer Kolonialwährung geworden sind, Rost, Weltrecht 1924, 199f und besonders Nußbaum 54ff, 160f sowie Oppenheimer (hier anfechtbar die Überleitung auf grund einer Gleichsetzung der deutschen mit der indischen Rupie). Das überaus sorgfältige Urteil des deutsch-tschechoslowakischen Schiedsgerichts, dem sich das deutsch-griechische Schiedsgericht anschließt, lehnt die Überleitung der Rupienschulden in deutsche Währung schon deshalb ab, weil anders als in den von der deutschen Rechtsprechung bisher behandelten Fällen der Gläubiger seinen Wohnsitz im Gebiet behalten habe; aber auch auf englische Währung sei nicht zu erkennen, weil die britische Regierung eine Umrechnungsnorm für die deutsche Rupienwährung nicht erlassen habe (an anderer Stelle heißt es, weil der Vertrag unter deutschem „Recht“ verblieben ist); und deshalb müsse der Wert dieser Währung im Zeitpunkt ihrer Aufhebung über die deutsche Mark berechnet — und auf Goldmark verurteilt werden. Eine andere Forderung dagegen, über die das Urteil entscheidet, wird in der britischen Kolonialwährung nach dem Vorkriegswert der Mark zugesprochen, denn es handle sich hier (anders als bei den vorerörterten Forderungen auf Kaufpreis und Rückgabe eines Summendepots) um eine Forderung auf Schadenersatz, also nicht um eine „Geldschuld“; womit freilich der Begriff der Geldschuld verkannt wird. Das deutsch-französische Schiedsgericht endlich glaubt, daß eine befriedigende Lösung überhaupt nicht möglich sei, weil es keine feste Rechtsgrundlage für die Lösung gebe; daher sei die angemessenste Entscheidung immer noch die, den vor dem Krieg bestehenden Zustand aufrecht-

daß die Parteien des Schuldverhältnisses beabsichtigt hätten, nach dem Wechsel des für das ehemalige Schutzgebiet maßgebenden Rechts dem neu eingeführten Recht sich zu unterwerfen"; nur zwischen Parteien, die in dem eroberten Gebiet verblieben sind, möge das anders sein. Hier liegen schwere Irrtümer. Was schuldrechtlich für diese Verträge gilt, ob englisches oder deutsches Recht, ob durch Vereinbarung oder wie sonst bestimmt, ist für die geschuldete Währung gleichgültig. Sie ergibt sich bei Verträgen — siehe schon oben S. 155, 169 — nicht aus der objektiven Rechtsordnung, sondern aus dem konkreten Parteiwillen, der die Währung einer bestimmten Forderung, nicht das maßgebende Schuldrecht festzulegen hatte. Unzweifelhaft sollte in allen diesen Verträgen die deutsch-ostafrikanische Währung als die gesetzliche Währung des Gebiets geleistet werden, und es ist damit — auch darüber oben S. 168 und des Näheren unten § 106 — die Währung verbindlich geblieben, in die heute die vereinbarte Währung umgewandelt ist (wie dies das Reichsgericht auch in anderen Urteilen aus alter und neuer Zeit als feststehend annimmt). Denkbar wäre nur, daß die Parteien des Rechtsverhältnisses sich nachträglich geeinigt hätten, die eingetretene Währungsänderung in ihrem Ergebnis rückgängig zu machen und dem Rechtsverhältnis eine andere z. B. die reichsdeutsche Währung zugrunde zu legen. Wie könnte man aber in den entschiedenen Fällen dergleichen annehmen, ohne die Tatsachen in ihr völliges Gegenteil umzubiegen, da doch der Gläubiger ein handgreifliches Interesse hatte, eine solche Vereinbarung nicht einzugehen und diesem Willen in zwei von den drei entschiedenen Fällen auch noch dadurch besonderen Ausdruck verlieh, daß er auf englische Währung Klage erhob?

Bei der Abtretung Elsaß-Lothringens an Frankreich sind die Altschulden unter dreierlei Ordnung getreten. Markschulden, die zwischen einem in Deutschland wohnenden Deutschen und einem in Elsaß-Lothringen wohnenden Elsaß-Lothringer bestehen, sind nach Art. 72 des Versailler Vertrags in französischer Währung zum Umrechnungssatz 1 M. = 0,81 fr. zu bezahlen, ohne Unterschied, welchem Gebiet die Schuld selbst angehört[45]. Für Markschulden, die vor dem Herrschaftswechsel zwischen Elsässern, Lothringern, Franzosen begründet worden waren[46], soll nach den französischen Verordnungen vom 26. November

zuerhalten und nach dem Vorkriegsverhältnis zu Papiermark zu verurteilen (die dann — Gläubiger ist Elsässer — nach Art. 72 des Versailler Vertrags in französische Franken zu verwandeln sind).

[45] Die Gutschrift erfolgt von Staat zu Staat. Nach der innerstaatlichen Regelung in § 25 des Reichsausgleichsgesetzes erhält der deutsche Gläubiger den Nennwert seiner Markforderung, hat der deutsche Schuldner den Nennwert an das Reich zu entrichten.

[46] Kassationshof 26. III. 1923, Revue juridique d'Alsace et de Lorraine 1923, 244: Markschulden, die zwischen Elsässern nach Einführung der Frankenwährung entstanden sind, sind gewöhnliche Fremdwährungsschulden.

1918 und 4. April 1919 der erhöhte Umrechnungssatz 1 M. = 1,25 fr. platzgreifen und ebenso für Schulden dieser Art, die zwischen den genannten Personen und den in Elsaß-Lothringen wohnenden Angehörigen eines alliierten oder neutralen Staats oder zwischen letzteren bestehen, hier aber mit dem Beisatz, daß „die Verpflichtung im Land entstanden oder das Rechtsgeschäft hier geschlossen“ sein muß; und ferner für Markschulden, die zugunsten einer dieser Personen einem im Land wohnenden feindlichen Staatsangehörigen obliegen, „wenn die Verpflichtung in Elsaß-Lothringen entstanden und zahlbar ist“. Für die sonstigen Markschulden aber ist überhaupt keine Vorsorge getroffen. Die Rechtsprechung behandelt sie nach wie vor als Markschulden reichsdeutscher Währung, die nur nach § 244 BGB. in Inlandswährung bezahlt werden können[47]. Ein ungenannter Verfasser hat indessen in ausgezeichneten Ausführungen klargelegt, daß auch diese Schulden bei dem Währungswechsel in die neue Landeswährung übergegangen sind, nach dem Wert, den die Mark im Zeitpunkt des Währungswechsels besaß (0,70 fr.)[48]. Dieser Umrechnungssatz ist auch für deutsche Gerichte verbindlich, ebenso wie auch der erhöhte Umrechnungssatz der französischen Währungsverordnungen als der für die Währung zuständigen Gesetzgebung (unten § 116 Z. 2). Soweit freilich in diesen Verordnungen einseitige Benachteiligungen der Reichsangehörigen enthalten sind, kann deren Durchführung deutschen Gerichten nicht zugemutet werden, und wenn es nicht möglich sein wird, deutschen Gläubigern, die von dem erhöhten Satz ausgeschlossen sind, einen solchen dennoch zuzusprechen, so wird man wenigstens deutschen Schuldnern diese Last nicht auferlegen müs-

[47] Übersicht über die Rechtsprechung bis 1925 bei A. Périer, Sequestres et liquidations des biens allemands en Alsace et Lorraine (1925) 211 ff. Dazu seither die Urteile des Appellhofs Colmar 23. II. 1926, 16. III. 1927, 13. IV. 1927, angeführte Revue 1926, 508; 1927, 313 317. Wunderlicherweise wird auch noch in der letzten dieser Entscheidungen auf § 244 Bezug genommen, obwohl das deutsche Recht im Gebiet längst beseitigt ist, vermutlich auf Grund des Gesetzes 1. VI. 1924 Art. 99, das für ältere Schuldverhältnisse das Recht ihrer Entstehungszeit vorbehält mit Einschluß seiner Vorschriften über *„payement“*. Und doch enthält § 244 sachlich nicht Schuldrecht, sondern Währungsrecht in seiner Anwendung auf Geldschulden.

[48] Angeführte Revue 1922, 337 ff: eine abgeschaffte Währung kann auch nicht mehr als Wertmesser dienen; so gut wie reichsdeutsche könne man auch polnische Mark als die Währung eines andern vormals deutschen Landesteils als geschuldet ansehen; auch sei solches — diese Begründung ist freilich unzutreffend — aus § 245 BGB. zu folgern; unzutreffend auch die Annahme (so besonders der zweite Aufsatz S. 487), es habe schon vom Tage des Waffenstillstands an eine besondere „elsaß-lothringische Mark“ mit selbständigem Wert gegeben (vgl. dagegen oben S. 251, 253[29]). Die Ansicht ist übernommen von Périer 211 ff; auch von Mater 220 f. In seinem zweiten Aufsatz, angeführte Revue 1923, 481 ff, glaubt derselbe Verfasser auf grund positivrechtlicher Regelung den Umrechnungssatz des Versailler Vertrags auf die hier behandelte Gruppe von Altschulden erstrecken zu sollen; dagegen Périer a. a. O.

sen[49]; an Stelle der unanwendbar gewordenen Sondervorschrift entscheidet alsdann wieder der wirkliche Wert der Mark im Zeitpunkt des Währungswechsels (1 M. = 0,70 fr.). Dabei aber erhebt sich auch hier das gleiche Problem, das bei der Währungstrennung in Österreich-Ungarn zu lösen war: die Markschulden Elsaß-Lothringens von denen des übrigen Reichs abzugrenzen; denn nur die Markschulden des abgetretenen Gebiets sind in französische Währung übergegangen. Es handelt sich auch hier um die Schulden, die nach internationalem Privatrecht in diesem Gebiet lokalisiert[50] oder die in Mark als der Währung dieses Gebiets vereinbart worden sind[51].

Auch bei der Angliederung Nordschleswigs hat es Dänemark versäumt, einen Umrechnungssatz für die Überleitung der Markschulden vorzusehen. Auch hier sind die Gerichte in den Irrtum verfallen, solche Schulden fortdauernd als Verpflichtungen reichsdeutscher Währung zu behandeln, nicht ohne damit im Schrifttum Widerspruch zu finden[52].

In Danzig ist ein Umrechnungssatz bei Einführung der neuen Währung aufgestellt worden, und man hat auch nicht unterlassen, ein festes Merkmal für die Abgrenzung der Danziger von den übrigen Markschul-

---

[49] Innerstaatliche Entschädigung der deutschen Schuldner, die den erhöhten Satz bezahlen mußten, nach §§ 44 [3], 46 des Reichsausgleichsgesetzes.

[50] Auch auf diesen Punkt hat der mehrgenannte Aufsatz Revue 1922, 346 ff — für die nicht unter die Verordnung fallenden Verpflichtungen — hingewiesen, unter eingehender Kasuistik (der ich allerdings nicht in allen Einzelheiten zustimmen kann). Unter den Verpflichtungen, die unter die Währungsverordnungen fallen, enthalten die einen (Schuldverhältnisse, an denen Angehörige alliierter oder neutraler Staaten beteiligt sind; Verpflichtungen reichsdeutscher Schuldner) selbst eine räumliche Begrenzung, die, für die erhöhte Bewertung aufgestellt, immerhin vom französischen Standpunkt aus auch für die örtliche Begrenzung der überzuleitenden Schulden selbst nutzbar gemacht werden mögen. Andere Schuldverhältnisse, die unter die Währungsverordnung fallen (zwischen Elsässern, Lothringern, Franzosen), entbehren von Gesetzes wegen einer derartigen Abgrenzung, und es hatte die Rechtsprechung zunächst auch von einer solchen abgesehen. Bis bemerkenswerte Urteile des Appellhofs Colmar auch hier die Notwendigkeit einer örtlichen Begrenzung einsehen; siehe die Entscheidungen 28. III. 1923 und 13. II. 1924, angeführte Revue 1923, 307; 1924, 291 mit Anmerkungen von Degand, der diese Lösung schon länger vertreten hatte und die frühere Rechtsprechung angibt; zustimmend auch Nast, Journal 51, 724; 51, 171 (Tatbestand des zweiten der beiden Urteile: Verlöbnisbruch zwischen Elsässern mit Wohnsitz in München; das Münchner Gericht hatte zu einer Entschädigung verurteilt, zahlbar in München). Für die Gerichte anderer Staaten entscheidet über die Abgrenzung das eigene internationale Privatrecht, sind auch die Merkmale, welche die französischen Verordnungen hiefür benützen, nicht verbindlich.

[51] Fabrik des deutschen Elsaß hatte nach Frankreich in Mark verkauft. Der Appellhof Besançon 29. V. 1922, Journal 49, 1001 bemerkt mit Recht, daß der Parteiwille auf Mark als die Währung des Gebiets gerichtet war.

[52] Vgl. darüber Cohn, Juridisk Tidsskrift 7, 208 ff. Dieser Verfasser selbst nimmt (wenn ich recht verstehe) an, die Mark sei in dem einverleibten Gebiet zur inländischen Währung geworden und habe damit den Anspruch erlangt, zum Nennwert, das heißt zur Goldparität bewertet zu werden.

den aufzustellen: das Währungsgesetz vom 20. November 1923 verfügt die Überleitung der Altschulden, die „im Gebiet zu erfüllen sind", mit der Modifikation, daß sie nach Wahl des Schuldners auch „in Mark" (jetzt also wohl in der neuen Reichsmarkwährung) erfüllt werden können. Für die deutschen Gerichte entscheiden auch hier die eigenen Rechtssätze über die Trennung zwischen den Danziger und den reichsdeutschen Altschulden.

Für die vormals preußischen Landesteile (ausgenommen Oberschlesien), die an Polen abgetreten worden sind, bestimmt Art. 2 des polnischen Gesetzes vom 20. November 1919, daß Schulden deutscher Mark zum gleichen Betrag polnischer Mark erfüllt werden sollen, und es fügt eine amtliche Auslegung des Finanzministers[53] bei, daß dies für die im Gebiet zu erfüllenden Verbindlichkeiten Rechtens sein solle. Für Polen war damit eine klare Rechtslage geschaffen[54]. In Deutschland hat die Bestimmung leidenschaftliche Abwehr gefunden — eine Abwehr, die nicht immer mit der geziemenden Besonnenheit geübt wurde — denn die Vorschrift bedeutete bei Verabschiedung des Gesetzes einen Schulderlaß von rund ein Drittel und betraf bei der stark überwiegenden Verschuldung der abgetretenen Landesteile an das Reich vornehmlich deutsche Gläubiger. 1923 ist der Widerspruch plötzlich verstummt — ein rascher und rascherer Sturz hatte die deutsche Mark unter den Wert der polnischen gesenkt, und ein polnisches Gesetz von 1924 hat die Vorschrift dann durch eine sachgemäßere Regelung ersetzt. Erst das Aufwertungsrecht der späteren Zeit hat der Frage erneutes Interesse verliehen.

Man konnte der Einführung der polnischen Währung vorwerfen[55], daß sie zu einem Zeitpunkt geschah, als das Gebiet noch dem Reich gehörte; doch hat wenig später das Inkrafttreten des Versailler Vertrags den Mangel geheilt. Man hat in der Überleitung der Altschulden aber auch einen Übergriff in die deutsche „Währungshoheit" gesehen[56],

[53] Steiner, Währungsgesetzgebung 378.

[54] Es ist vom Kammergericht zuweilen die Meinung vertreten worden, das polnische Gesetz habe seine Anwendbarkeit selbst beschränken wollen auf Zahlungen im Gebiet, denn Art. 1 habe die polnische Währung „auf" diesem Gebiet eingeführt; vgl. die Entscheidungen vom 4. IV. 1922 Juristische Wochenschrift 1134 (vom Reichsgericht 28. II. 1922 ebenda 1122 übernommen, weil nicht nachprüfbar in der Revisionsinstanz) und noch 2. II. 1928 Juristische Wochenschrift 1462. Das war unzweifelhaft mißverständlich. Dagegen schon Goldschmidt, Reiß, Kann ebenda 1921, 1412 1415; 1922, 372. — Bedenklich der Oberste Gerichtshof Warschau 7. I. 1922 Zeitschrift für Ostrecht 1, 283: Geld war bei der Danziger Zweigniederlassung einer Posener Bank hinterlegt worden; das polnische Währungsgesetz gelte, weil nach § 269 des deutschen Bürgerlichen Gesetzbuchs der Erfüllungsort am Ort der Hauptniederlassung sei. Diese Auslegung des § 269 ist sicherlich unrichtig. Zutreffend hat einen gleichartigen Fall das Obergericht Danzig 30. III. 1921 Juristische Wochenschrift 1922, 1140 entschieden.

[55] So Haase, Juristische Wochenschrift 1920, 931 und Das Recht der polnischen Valuta (1921) 44ff. Dagegen Löwenthal, Kaskel, Goldschmidt, Juristische Wochenschrift 1921, 162f 438ff; 1922, 1414.

obwohl doch die währungsrechtliche Herrschaft eines Staats innerhalb seines Bereiches schlechterdings nicht bezweifelt werden kann. Man hat freilich auch in Abrede gestellt, daß die Umwertung der Altschulden des Gebiets in den Bereich des erwerbenden Staats falle, und geglaubt, mit dem Wort „Internationales Privatrecht“ schon alles Nötige gesagt zu haben; man hält dabei als selbstverständlich, daß dies die Grundsätze des internationalen Schuldrechts sein müssen. Im einzelnen beruft man sich auf den Parteiwillen, der zur Anwendung deutschen Rechts führe[57]

[56] Am weitesten geht Niemeyer, Zeitschrift 29, 237ff: der Staat ist dem Gläubiger verpflichtet, für Wertbeständigkeit seiner Währung zu sorgen; wo nicht positives Recht entgegensteht, haben die Gerichte dies Postulat ihrer Rechtsprechung zugrunde zu legen; also ist schon Art. 1 jenes Gesetzes (der die polnische Mark zum gesetzlichen Zahlungsmittel erklärt) als ein willkürlicher Eingriff in die deutsche Staatshoheit auf früher begründete Schuldverhältnisse von deutschen Rechtspflegeorganen unter keinen Umständen anzuwenden. Indessen, will man den Gläubiger nicht für befugt halten, die Gebietsabtretung zu verbieten, so wird man den erwerbenden Staat auch nicht hindern können, innerhalb seiner Zuständigkeit von seiner Staatsgewalt gültigen Gebrauch zu machen. — Nach E. Kaufmann, Deutsche Hypothekenforderungen in Polen (1922) 39ff bildet die Unveränderlichkeit der vereinbarten Währung bei einer Gebietsveränderung ein erworbenes Recht für den Gläubiger; jegliche Währungsänderung, die Polen vornahm, sei von zweifelhafter Rechtmäßigkeit gegenüber Altschulden gewesen, doch mochte Polen ein berechtigtes politisches Interesse an ihrer Vornahme besitzen, wenn die Schulden wirtschaftlich zu Polen gehörten, also bei Gläubigern eigener Staatsangehörigkeit oder inländischen Wohnsitzes; für Forderungen dagegen, die einem Gläubiger außerhalb Polens zustehen, ist die Währung unverbindlich. Nur freilich, nach rechtlicher Wirklichkeit hat der Gläubiger kein Recht auf Unabänderlichkeit der Währung, nicht innerhalb seines Staats, nicht bei einer Gebietsveränderung. Und wäre das anders: es ist ein völlig feststehender Satz, daß im Privatrecht, von dem die Gedankenführung ausgeht, die örtlichen Beziehungen des Schuldners, nicht die des Gläubigers die staatliche Zuständigkeit bestimmen. — Verstoß gegen deutsche Münzhoheit schon bei Haase a. a. O. und öfter. Kammergericht 4. IV. 1922 Juristische Wochenschrift 1134 und neuerdings wieder (in Aufwertungssachen) 2. II. 1928 Juristische Wochenschrift 1462. Oberlandesgericht Frankfurt 9. XI. 1922 ebenda 1923, 130 („der polnische Staat kann die Markbeziehung deutscher Staatsbürger, welche auf der Fortgeltung der Mark als gesetzlichen Zahlungsmittel beruhen, nicht ohne Verletzung jener Hoheitsrechte ändern, ebensowenig der deutsche Staat etwa die Frankenbeziehungen Schweizer ändern könnte“). Das Urteil des Kammergerichts 28. IV. 1922 ebenda 1922, 1137 meint, daß auch in den abgetretenen Landesteilen deutsches Schuldrecht gelte, „nach dessen Vorschriften gegen die Zahlung in deutscher Währung keine Bedenken bestehen“. Richtig Kammergericht 10. II. 1923 ebenda 1924, 713 und schon Löwenthal, Kaskel a. a. O.

[57] Kammergericht 4. III. und 4. IV. 1922 Juristische Wochenschrift 1131, 1134 und schon früher Haase ebenda 1920, 931; Recht der polnischen Valuta 38ff. Brink, Juristische Wochenschrift 1921, 435. In der zweiten der kammergerichtlichen Entscheidungen sogar angewendet auf eine gesetzliche Verpflichtung, wie die Herausgabe grundloser Bereicherung! Nach Kaufmann a. a. O. 68ff soll nicht der „empirische“, sondern der nach der Natur des Rechtsverhältnisses zu vermutende Parteiwille maßgebend sein, und das führe zu der Rechtsordnung am Wohnort des Gläubigers. Zutreffend Löwenthal, Kaskel, Goldschmidt Juristische Wochenschrift 1921, 162 440 1414; vgl. auch Niemeyer a. a. O. 242f.

— er beruht wohl in den allermeisten Fällen, die zu gerichtlicher Entscheidung kamen, auf freier Erfindung; Voraussetzung eines bestimmten Rechtszustands bedeutet nicht Wahl desselben (davon abgesehen, daß man bisher immerhin annahm, man könne sich durch die Wahl einer andern als der an sich zuständigen Rechtsordnung nicht deren zwingenden Vorschriften entziehen). Vielleicht dachte man auch unklar an den Willen, nicht deutsches Schuldrecht, sondern deutsche Währung zu vereinbaren — über die Verwirrungen, die hier unterlaufen, schon oben S. 155, 169 — indessen handelte es sich, als solche Geschäfte unter Abstellung auf deutsche Währung geschlossen wurden, ganz regelmäßig um den Gebrauch der deutschen als der geltenden Ortswährung und damit um eine Verwendung, die, wie früher ausgeführt, einer späteren Änderung der Währung nicht vorgriff. Man beruft sich weiter der Geltung des polnischen Gesetzes gegenüber auf den Erfüllungsort der Verpflichtungen[58], und das mag, wenn auch in der besonderen Ausprägung nicht unanfechtbar, immerhin die methodisch zutreffende Verweisung auf ein Merkmal bedeuten, nach dem sich die Schuldverhältnisse des abgetretenen Gebiets von denen des Reichs abgrenzen[59]. Aber freilich, zumeist

[58] So, wenn der Erfüllungsort in Deutschland verblieben, das Reichsgericht 7. XII. 1921 Entscheidungen 103, 259; 11. III. 1922 Juristische Wochenschrift 1923, 123. Bei einem Erfüllungsort in Polen Oberlandesgericht Jena 17. VII. 1922 Juristische Wochenschrift 1923, 131; das Kammergericht 10. II. 1923 ebenda 1924, 713. Ein schon erwähntes Frankfurter Urteil läßt solchenfalls zwar die Zuständigkeit des polnischen Gesetzes gelten, stellt ihm aber die Vorbehaltsklausel entgegen. In einem Urteil 5. XII. 1922 (ebenda 1924, 1357) erklärt das Reichsgericht, der Schuldner, der an dem vereinbarten polnischen Erfüllungsort nach Maßgabe des dortigen Rechts leiste, verstoße gegen Treu und Glauben, wenn er auch auf deutschem Boden hätte zahlen können. Für Kaufmann 72 ff ist der Erfüllungsort derartiger Verbindlichkeiten im Zweifel am Wohnort des deutschen Gläubigers belegen. — Für den Erfüllungsort schlechthin Goldschmidt, Reiß, Juristische Wochenschrift 1921, 1414 1415; vgl. auch Kann ebenda 1922, 372 (Sitz des Rechtsverhältnisses). Im Zusammenhang des Aufwertungsrechts auch Mügel (zit. § 116) 246[1]; Henrychowski, Juristische Wochenschrift 1928, 1208; nach Lührse ebenda 1926, 2831 hat der Übergang jedenfalls stattgefunden, wenn Erfüllungsort und Wohnort des Schuldners im abgetretenen Gebiet liegen.

[59] In einem Streit, ob Erfüllungsort oder Zahlungsort, hat sich das Reichsgericht in dem angeführten Urteil vom 7. XII. 1921 ebenso wie eine Anzahl polnischer Entscheidungen (Rukser 68) für den Erfüllungsort entschieden. Für den Zahlungsort — anscheinend auf Grund des Wortlauts der polnischen Bestimmung — U. Rukser, Die Rechtsstellung der Deutschen in Polen (1921) 66 ff und ihm folgend Haase, Recht der Valuta 31 f, aber nur, wenn nach internationalem Privatrecht der Vertrag gleichzeitig unter polnischem Schuldrecht stehe. Dagegen haben im Zusammenhang des Aufwertungsrechts die Reichsgerichtsurteile vom 27. VI. 1928 Entscheidungen 121, 337 und vom 25. X. 1928 Juristische Wochenschrift 3108 sich ohne weiteres für den deutschen Zahlungsort, der einem polnischen Erfüllungsort gegenüberstand, entschieden (nur für die dingliche Schuld des im abgetretenen Gebiet liegenden Grundstücks läßt die zweite dieser Entscheidungen den Währungswechsel „dahingestellt"). — Sehr anfechtbar nach der anderen Seite

will eine solche Bezugnahme auf den Erfüllungsort nur die nach internationalem Schuldrecht maßgebende Rechtsordnung bezeichnen, und man glaubt damit auch alle Schwierigkeiten für eine Bestimmung der geschuldeten Währung erledigt zu haben. Überdies jedoch, auch wenn der Erfüllungsort hienach im polnischen Gebiet liegt, so soll das nach der Meinung mancher[60] dennoch zu der Geltung „deutschen Rechts" führen, denn im Zeitpunkt des Vertragsschlusses sei dieser Ort deutsch gewesen. Für das internationale Schuldrecht wird das im Ergebnis zumeist richtig sein, weil der das Schuldrecht beherrschende neue Staat regelmäßig auf das bei Entstehung der Verpflichtung geltende Schuldrecht zurückverweisen wird. Für die Währung ist die Annahme schlechthin unzutreffend; es muß genügen, hier auf die Bemerkungen oben Z. 2 zu verweisen.

War nun aber auf Grund der Lokalisierung eines Rechtsverhältnisses in den abgetretenen Landesteilen das polnische Währungsgesetz zur Geltung berufen, so konnte freilich seiner Anwendung vor deutschen Gerichten immer noch ein Hindernis entgegentreten: die Vorbehaltsklausel[61]. In der Tat, man wird geneigt sein, in dem Umrechnungssatz, den das Gesetz aufstellte, eine politisch-wirtschaftliche Kampfmaßregel[62] gegen Deutschland zu erblicken, und es konnte dem deutschen

---

hat das Bezirksgericht Posen Zeitschrift 29, 234 eine im Abtretungsgebiet belegene Hypothek nach deutscher Währung bewertet, weil die persönliche Forderung, deren Sicherung sie diente, den Erfüllungsort in Deutschland hatte.

[60] Kammergericht 4. III. 1922 und schon Haase, Juristische Wochenschrift 1920, 931; Recht der Valuta 41 ff; auch Brink, Juristische Wochenschrift 1921, 435. — Das Reichsgericht 19. I. 1923 Entscheidungen 106, 210 versucht es auf umgekehrtem Wege: war der Erfüllungsort im abgetretenen Gebiet und er ist nachträglich in das Reich verlegt worden, so wird das polnische Währungsgesetz dadurch unanwendbar.

[61] Sie hat in der öffentlichen Erörterung des polnischen Währungsgesetzes eine große Rolle gespielt. Die Führung im Kampf hatte das Kammergericht, siehe das Urteil 25. II. 1922 Juristische Wochenschrift 398; die schon erwähnten Urteile 4. III. 1922, 4. IV. 1922; alsdann 28. IV. 1922; 28. X. 1922 Juristische Wochenschrift 1923, 128 — bis die Rechtsprechung mit dem Urteil 10. II. 1923 umschlägt. Erst im Kampf um die Aufwertung wird das Argument (in dem schon erwähnten Urteil vom 2. II. 1928) neuerlich beigezogen. Die Klausel wird auch angerufen in dem Frankfurter Urteil 9. XI. 1922, ihr Eingreifen vom Reichsgericht in dem Urteil 5. XII. 1922 als möglich angesehen. Ablehnend das Oberlandesgericht Jena 17. VII. 1922. In der Literatur wird sie beigezogen zu häufigen Malen von Haase, von Rukser, Brink, Wagner, Juristische Wochenschrift 1921, 438, von Goldschmidt, Reiß, Kann, Kaufmann 78f, Nußbaum 162, während Löwenthal, Kaskel, Dykbandt, Juristische Wochenschrift 1921, 886 sie ablehnen. Ich habe 11 Gründe gezählt, die ein Eingreifen der Klausel rechtfertigen sollen, ihre Nennung lohnt nicht. Zu einem nicht geringen Teil wollen sie dartun, daß, die Währung jener Schuldverhältnisse zu bestimmen, nicht Polen, sondern Deutschland zuständig sei. Wären die Annahmen richtig, so bedürfte es nicht erst einer Beseitigung der polnischen Vorschriften durch die Vorbehaltsklausel, die deutschen Regeln kämen als zuständig von selbst zur Anwendung.

[62] So Nußbaum. Das Kammergericht 28. X. 1922: eine „Schuldentlastung

Richter nicht zugemutet werden, Polen bei einer solchen Maßregel Hilfe zu leisten, wenn sie im einzelnen Fall[63] der deutschen Volkswirtschaft (etwa verkörpert in den Gläubigern deutschen Wohnsitzes) oder Gläubigern deutscher Staatsangehörigkeit Schaden brachte[64] (während das Gesetz selbst und auch sein Umrechnungssatz, vom zuständigen Staat erlassen, wo eine solche Auswirkung nicht in Frage kam, auch von deutschen Gerichten angewendet werden mußte). War die Bestimmung aber bei einer in Polen lokalisierten Forderung im einzelnen Fall auszuschalten, so war zwar auch dann die Forderung in polnische Währung übergegangen[65], jedoch mit dem wirklichen, also dem Kurswert, den die Mark bei Einführung der polnischen Währung besaß[66].

In Polnisch-Oberschlesien war die Geltung des Gesetzes von 1919 durch Staatsvertrag ausgeschlossen, und es wurde eine Sonderregelung vereinbart[67], die als Merkmal der Ausscheidung den Erfüllungsort bestimmte[68]; Altschulden dieser Art aber sollten auch nach einer Währungsänderung (ein paar Sonderfälle abgerechnet) schlechthin unter deutscher Währung verbleiben, wenn der Gläubiger seinen Sitz im Reich hatte; in den anderen Fällen blieben sie gleichfalls als Markschulden bestehen, doch mit der Wahlmöglichkeit für den Schuldner, sie (eine Sondervorschrift vorbehalten) nach dem Kurs des Zahlungstags in polnischer Währung zu erfüllen.

---

der polnischen Volkswirtschaft auf Kosten der deutschen". Vgl. auch schon die Entscheidungen 25. II., 4. III., 28. IV. 1922, aus der Literatur noch Haase, Goldschmidt, Rukser, Kann, Kaufmann, während das Jenaer Urteil und die jüngste der kammergerichtlichen Entscheidungen die Bestimmung anders auffassen.

[63] Das Kammergericht 25. II. 1922 freilich erklärt das Gesetz für „generell unsittlich", so daß im einzelnen Fall gar nicht erst geprüft werden müsse, ob Anlaß bestehe, das Gesetz nicht anzuwenden.

[64] Das Landgericht Schneidemühl Juristische Wochenschrift 1923, 135 will den Parteien freilassen, auf den Schutz der Vorbehaltsklausel zu verzichten. Die Annahme dürfte bedenkenfrei sein.

[65] Hier liegt eines der Mißverständnisse, die das Urteil des Kammergerichts vom 2. II. 1928 aufweist.

[66] So auch Nußbaum. Reiss will den Kurs der Mark am Zahlungstag zugrundelegen; aber das hieße, daß die Forderung sich der Überführung in die neue Landeswährung bis zur Zahlung entzogen hätte.

[67] Oberschlesienabkommen 15. V. 1922 RGBl. II 237 Art. 307—309. Dazu etwa Schlegelberger, Deutsche Juristenzeitung 1922, 405.

[68] Dabei eine Bestimmung des Erfüllungsorts nach Merkmalen, die ihn häufiger in das abgetretene Gebiet verlegten, als nach allgemeinen Grundsätzen zutraf (zur Auslegung etwa auch Art. 4 § 3 des Vertrags).

3. Abschnitt.

Der Gebrauch einer fremden Währung und sein Recht.

§ 106.

Allgemeines. Währungsänderung.

1. Der Grundsatz. — 2. Währungsänderung.

Der Grundsatz.

1. Währung ist ein Gefüge verwaltungsrechtlicher Sätze, die eine Einheit für die Messung wirtschaftlichen Werts aufstellen und die Geldzeichen bestimmen, die Träger dieses Werts sein sollen. Es kommt der Währung keinerlei Geltung im Raum zu, so wenig wie andern vom Recht geregelten Einrichtungen des Staats, etwa akademischen Graden; es hat das einzelne Geldzeichen keine räumliche Geltung zu beanspruchen, so wenig wie andere Erzeugnisse staatlicher Tätigkeit z. B. eine Urkunde. Denn gelten im Rechtssinn heißt menschliches Verhalten bestimmen. Erst diejenigen Rechtssätze, die für den Gebrauch einer Einrichtung Vorschriften geben, haben eine Geltung im Raum, bedürfen der Abgrenzung gegenüber Vorschriften anderer Staaten. Für die Einrichtung selbst läßt sich nur etwa sagen: jeder Staat regelt seine Einrichtungen.

Die räumliche Geltung währungsrechtlicher Vorschriften wird im 4. Abschnitt dieser Untersuchungen erörtert werden. Doch ist der Anteil, den das internationale Verwaltungsrecht an ihrer Ordnung nimmt, damit nicht erschöpft. Schon da, wo es sich um die Währung als Einrichtung handelt, kann fraglich sein, welcher Staat ihr Träger ist (dazu der vorausgehende 2. Abschnitt). Und wenn im 1. Abschnitt geprüft wurde, inwieweit fremde Währung für ein Land nach dessen Willen rechtserheblich ist, so bedarf es noch einer Entfaltung des rechtlichen Inhalts, der in solcher Überwirkung fremder staatlicher Einrichtungen beschlossen liegt. In seltenen Fällen handelt es sich dabei um die Anerkennung eines ausländischen Verwaltungsakts, etwa für die Beurkundung des Feingehalts einer Münze, in zahlreichen Fällen handelt es sich dabei um die Anwendung ausländischer Gesetzesbestimmungen. Mit ihnen hat sich dieser 3. Abschnitt zu befassen.

Die Verwendung einer Währung in Rechtssatz oder Rechtsgeschäft gehört zu der Gruppe rechtlicher Erscheinungen, bei denen ein Rechtsinhalt durch Verweisung auf einen fremden Normenkreis bezeichnet wird. Wenn das Strafgesetz den Baumeister straft, der „wider die allgemein anerkannten Regeln der Baukunst handelt", so ist das Verweisung auf eine Anzahl von Klugheitsregeln, die auf Grund der Naturgesetze sich gebildet haben; wenn Rechtsgeschäfte nichtig sein sollen, die „gegen die guten Sitten verstoßen", so verweist das auf die Verhaltensvorschriften der Ethik. Das eine und das andere Mal handelt es sich um Blankettsätze, die durch Verweisung auf außerrechtliche Normen ihren Inhalt empfangen. In überaus zahlreichen Fällen finden sich solche Verweisungen auf Einrichtungen rechtlicher Art, die in einem anderen rechtlichen Zusammenhang ihre Festlegung erhalten haben. Der „gesetzliche Vertreter" kann einen Prozeß führen oder der „Eigentümer" hat Steuern zu bezahlen. Wenn es auch dem Prozeßrecht freisteht, dabei selbständig zu bestimmen, wen es als gesetzlichen Vertreter bei einer Klagerhebung betrachtet, dem Steuerrecht, wer als steuerpflichtiger Eigentümer gelten soll, in aller Regel wird von einer solchen Möglichkeit nicht Gebrauch gemacht; die Begriffe der gesetzlichen Vertretung, des Eigentums werden als rechtlich geregelt vorausgesetzt, und es bedeutet ihre Verwendung im Prozeßrecht oder Steuerrecht die Verweisung auf jene rechtliche Ordnung, die sie im bürgerlichen Recht empfangen haben, vielleicht im bürgerlichen Recht des Inlands, vielleicht aber auch im bürgerlichen Recht des Auslands[1]. Zumal da, wo ein Rechtssatz auf Einrichtungen des öffentlichen Rechts Bezug nimmt, wird man notwendig annehmen müssen, daß damit die Einrichtungen in derjenigen Beschaffenheit gemeint sind, wie sie das öffentliche Recht ausgestaltet. Und es leuchtet der Widersinn einer andern Auffassung gerade dann ein, wenn es sich dabei um die Einrichtungen eines fremden Staats handelt. Was als „Gesetz" eines ausländischen Staats anzusehen ist (EG. BGB. Art. 7) oder als „Gericht" eines solchen (ZPO. § 328), welches Schriftstück als „ausländische öffentliche Urkunde" erhöhten Strafschutz genießt (StGB. § 267), welchem Staat der ausländische Kläger „angehört" (ZPO. § 110), das alles kann nur nach ausländischem Staatsrecht beantwortet werden. Das Inland zieht den Rahmen; für seine Ausfüllung verweist es auf die fremde Ordnung. Von völlig gleicher Art aber ist es, wenn ein Rechtssatz oder Rechtsgeschäft zur Zahlung eines Geldbetrags verpflichtet. Der Gläubiger soll nicht Spielmarken oder Sammelstücke für Münzensammler erhalten, sondern staatliches Geld, währungsmäßigen Wert, verkörpert in währungsmäßigen Geldzeichen, wie sie der Verkehr aufnimmt, und es ist deshalb eine Auslegung, die heute für alle Kulturstaaten der Erde richtig sein wird, daß die Verpflichtung, Geld bestimmter Währung zu bezahlen, eine Leistung bedeutet, deren Gegenstand in dem Verwaltungsrecht des Staats der Währung ihre nähere Bestimmung findet[2].

---

[1] Vgl. dazu Neumeyer, Zeitschrift für Strafrechtswissenschaft (1902) 23, 437 ff.

[2] Eine ähnliche Auffassung schon bei Wolff 641 [25]; jetzt auch Schlegelberger, Zeitschrift für ausländisches Privatrecht (1929) 3, 871 874. Frankenstein, Internationales Privatrecht 2, 197 ff wendet mehrere Seiten daran, um (vornehmlich in Bekämpfung meiner mit dem Text übereinstimmenden Ausführungen Juristische Wochenschrift 1928, 137) darzutun, daß es sich bei der Verpflichtung, Geld in irgendeiner Währung zu bezahlen, um den Inhalt der Schuld

Somit: eine Bewertung, die in einer bestimmten Währung erfolgen soll, geschieht unter Zugrundlegung der Einheiten, auf denen dies Währungssystem verwaltungsrechtlich aufgebaut ist. Die gleiche Rechtsordnung bestimmt nach Stoff und Stückelung die Geldzeichen, die ihm angehören, bestimmt, wie weit Geldzeichen einer älteren Währung[3] oder Geldzeichen des Auslands als „exogene Bestandteile" übernommen werden, und sie bezeichnet den Wert, zu dem eine solche Übernahme erfolgt[4]. Sie bestimmt, mit welchen Geldzeichen eine Schuld dieser Währung unbeschränkt getilgt werden kann, wie weit gegen den Willen des Gläubigers Scheidemünze genommen werden muß, welche anderen Geldzeichen nur mit Zustimmung des Gläubigers verwendet werden können. Sie entscheidet über die Außerkurssetzung gewisser Arten von Geldzeichen. Und sie entscheidet über eine Währungsänderung.

Währungsänderung.

2. Wenn ein Staat die bisher geltende Währung durch eine andere ersetzt (also die vordem geltende Maßeinheit ändert), so erhalten zunächst die gesetzlichen Verweisungen auf eine Währung geänderten Sinn. Wenn § 146 StGB. den Fälscher bestraft, der „ausländisches Geld" nachmacht, so hängt der Inhalt der deutschen Strafdrohung von dem jeweiligen Währungsrecht des ausländischen Staats ab. Und das

handle, und daß über den Inhalt einer Schuld die schuldrechtlich maßgebende Rechtsordnung zu entscheiden habe. Ein nutzloses Bemühen. Wer wollte die Richtigkeit einer solchen Aufstellung bezweifeln? Aber die Frage ist damit nicht gelöst, sondern erst an ihren Ausgangspunkt gebracht. Keine einzige Rechtsordnung vermutlich hat die Gestaltung der Währung und gar die Gestaltung der Währung der sämtlichen Auslandsstaaten mit Sonderbestimmungen für den Fall geregelt, daß sie im Inland zur Begrenzung eines Schuldverhältnisses verwendet würde. Das Schuldrecht setzt die Währungen als rechtlich gegebene Einrichtungen voraus. Und wenn die Verweisung auf solche Regelung von der schuldrechtlich maßgebenden Rechtsordnung ausgeht, so ist damit noch nichts ausgesagt über die Rechtsordnung, auf welche die Verweisung hinführt. Was sonst Frankenstein in diesem Zusammenhang gegen mich vorbringt, halte ich durchweg für Mißverständnis; doch böte der Nachweis den hier behandelten Fragen keine ausreichende Förderung.

[3] Eine Schuld italienischer Währung konnte auch in der Schweiz mit den älteren Silbertalern getilgt werden, die aus der Währung einverleibter Staaten in die Währung des Königreichs übergegangen waren. Wie weit dagegen zu Zeiten des Münzvereins eine Schuld schweizerischer Währung mit solchen Geldstücken bezahlt werden konnte, bestimmte zunächst der Münzvertrag, und für diesen konnte immerhin die Auslegung vertreten werden (so Schweizerisches Bundesblatt 1903 I 472), daß nur die Silbertaler des Königreichs selbst den schweizerischen Talern gleichgestellt sein sollten.

[4] Dazu auch unten § 114. Über Eingliederung während einer feindlichen Besetzung oben S. 249f. — Gehört ein Geldzeichen mehreren Währungen an, so steht es je als Bestandteil einer dieser Währungen unter deren Recht, und es bedarf im einzelnen Fall der Festlegung, für welche Währung das Zeichen verwendet wurde.

gilt auch dann, wenn eine Anordnung in bisheriger Währung Gegenstand staatsvertraglicher Bindung ist. Zollsätze, die ein Handelsvertrag festlegt, gehen von selbst in die neue Währung über, wenn der gebundene Staat während der Vertragszeit ein anderes Geldsystem einführt[5]. Insbesondere aber erfolgt eine solche Umwandlung auch da, wo vor der Änderung eine konkrete Bewertung vorgenommen wurde, deren rechtliche Wirkungen über den Zeitpunkt der Änderung hinausreichen, für die Währung, in der ein Gesellschaftsvermögen begründet ist, in der eine dingliche Haftung übernommen wurde, für die Währung der Geldstrafen, der Steuern, die zu diesem Zeitpunkt geschuldet waren, und ebenso für die Währung der Geldschulden des Privatrechts. Eben der Umstand, daß die Schuld auf währungsmäßiges Geld gerichtet ist, daß die Haftung den möglichen Zwang zu künftiger Leistung eines solchen bedeutet, daß das Gesellschaftsvermögen nur Sicherheit bietet, wenn es einen Wert dieser Art in sich schließt, nötigt, auch wenn gesetzliche Bestimmungen über die Umwandlung nicht vorliegen, zu der Auslegung, daß die Bewertung auf ein System geht, dessen Geldzeichen jeweils als währungsmäßige Geldzeichen nutzbar zu machen sind. Wenn zwischen Deutschen wegen einer in Deutschland begangenen unerlaubten Handlung Schadenersatz zu leisten ist, und es wechselt vor der Leistung des Ersatzes die Währung, so ist der Ersatz in der Währung zu leisten, die im Zeitpunkt der Zahlung besteht; selbst dann, wenn vor der Währungsänderung rechtskräftiges Urteil ergangen ist, das den Ersatz in der vordem geltenden Währung ansetzt.

In vergangenen Zeiten, in denen die Geldschuld auf Metallwert gerichtet war, konnte eine Währungsänderung des Auslands dem Schuldinhalt freilich nicht präjudizieren[6]. Seitdem es im Sinn der neueren Geldlehre „Währungen" gibt, die auf dem Nennwert aufgebaut sind, bedeutet Verwendung der Währung Anrufung der Rechtssätze die sie begründen, mit Einschluß der Rechtssätze, die sie abändern. Man begegnet freilich mehrfachen Einwendungen, die dem entgegenstehen sollen.

Französische Urteile der jüngsten Zeit hatten über die Bezahlung von Rubelschulden zu entscheiden, die vor dem Umsturz begründet worden waren. In raschem Wechsel waren inzwischen die russischen Währungssysteme aufeinandergefolgt, so daß jetzt 50 Milliarden Zarenrubel einem Rubel gegenwärtiger Währung entsprechen[7]. Dennoch ist mehrfach die Entscheidung dahin ergangen, daß auch heute noch Altrubel

---

[5] M. Schraut, System der Handelsverträge (1884) 100.

[6] Dazu unten § 107 Z. 2. Ein später Nachfahre in solchen Anschauungen ist Bolaffio bei Bolaffio-Vivante, Codice di commercio[5] 2, 226 f.

[7] Vgl. wegen des Umrechnungssatzes etwa den Britischen Appellhof 23. V. 1927 Bürger v. New-York Life Assurance Co., Law Times Reports 137, 431; Blumenthal, Ostrecht 2, 168[35]; Ascarelli 102; Tager, Journal 54, 1078 ff.

geschuldet seien[8]. Eine rechtlich unmögliche Lösung! Die Geldschuld soll dem Gläubiger eine Leistung vermitteln, die als währungsmäßiger Wert nutzbar gemacht werden kann. Mit außer Kurs gesetzten Geldzeichen ist ihm nicht gedient. Und wenn die außer Kurs gesetzten Geldzeichen nach Ablauf einiger Zeit nicht mehr beschafft werden können, zerreißt der Schleier vollends, der den Schein eines weiterbestehenden Schuldinhalts vorgetäuscht hatte, wird die Leistung unmöglich und der Schuldner, der an dieser Unmöglichkeit kein Verschulden trägt, frei[9]. Man beruft sich bei Verträgen so gern auf den Parteiwillen: niemals wird es im Willen der Parteien liegen, daß der Schuldner durch den Zufall einer Währungsänderung einfach frei werden sollte. Die Umwandlung, wie sie für eine Verwendung inländischer Währung rechtens ist, muß auch bei Verwendung einer ausländischen Währung eintreten.

Eine beträchtliche Rolle hat bei dem hier erörterten Problem die Frage gespielt, ob die Beachtung einer Währungsänderung nicht an die Voraussetzung zu binden sei, daß der Staat der Währung auch schuldrechtlich die Herrschaft über das Rechtsverhältnis besitze. Die Frage stand im Mittelpunkt einer Gruppe von Rechtsstreitigkeiten, die unter dem Namen der „österreichischen Coupon-Prozesse" in die Rechtsgeschichte eingegangen sind[10], und die den Anstoß nicht bloß zu der neueren Lehre

[8] So ausdrücklich der Appellhof Paris 18. II. 1927 (nicht 26) und 17. VI. 1927, Zivilgericht Paris 25. III. 1927; Journal 54 p. 1064, 1061, 1073. Das Zivilgericht Melun 18. XI. 1926 ebenda 667 hat die Umwandlung in Sowjetrubel vorgenommen. Wertlos war die Leistung freilich im einen und im andern Fall, und man folgerte daraus meistens, daß eine solche Klage mangels rechtlichen Interesses abgewiesen werden müsse; jedenfalls eine Frage, die nur nach französischem Prozeßrecht zu entscheiden ist, denn sie betrifft die Voraussetzungen, unter denen Frankreich Rechtsschutz gewährt. — In einer anderen französischen Entscheidung (Journal 55, 119) wird der Entscheidung ausgewichen, indem auf grund der Umstände des Falls eine Wertschuld ohne währungsmäßige Bewertung angenommen wird, die man dann in französisches Geld verwandelt (dazu früher S. 132 f); ein ähnlicher Gedankengang bei Tager für Fälle, in denen der Rubel „nur als Wertmesser" verwendet sei. Die obengenannten englischen, deutschen, italienischen Zeugnisse wandeln in Sowjetrubel um.

[9] Eine solche Unmöglichkeit ist in der Tat öfter von österreichischen Gerichten bei den unten zu besprechenden Couponprozessen angenommen worden. Die gröbliche Unbilligkeit der Lösung wurde damals durch den Umstand verdeckt, daß neben den geänderten deutschen Währungen wahlweise auch österreichische Währung versprochen war, die unverändert geleistet werden konnte. Aber die Lösung muß haltbar sein, so hat damals schon Hartmann 36 hervorgehoben, auch wenn die geänderte Währung allein geschuldet wird. Ebensowenig ist es für die grundsätzliche Lösung von Belang, wenn heute Zarenrubel mit und ohne Umrechnung wertlos geworden sind.

[10] Die bis dahin ergangenen deutschen und österreichischen Entscheidungen sind abgedruckt Zeitschrift für Handelsrecht 27, 512 ff. Dazu Reichsgericht 1. III. 1882 Entscheidungen 6, 125; 9. II. 1887 Entscheidungen

von der Währungsänderung, sondern darüber hinaus zu einer Entwicklung weiter Teile des Währungsrechts gegeben haben. Österreichische Eisenbahngesellschaften hatten Schuldverschreibungen ausgestellt, deren Zinsen nicht nur in österreichischer, sondern auch in den damaligen süddeutschen und norddeutschen Währungen zahlbar sein sollten; ein Reichsgesetz von 1873 hat die bis dahin bestehenden partikularen Silberwährungen durch die einheitliche Goldwährung des Reichs ersetzt; das führte zu einer Entwertung des Silbers, die Leistung in Reichswährung kam die Schuldner höher zu stehen als in österreichischer Silberwährung, und so wurde bestritten, daß auf Grund der deutschen Währungsänderung nunmehr die Zinsen in Reichsgeld gefordert werden könnten. Mit einer Ausnahme haben damals alle deutschen Urteile bis 1882 angenommen, der Anspruch stehe schuldrechtlich oder doch für die Erfüllung der Verpflichtung unter deutschem Recht — es waren Zahlstellen in den verschiedenen deutschen Währungsgebieten vorgesehen — und haben auf dieser Grundlage die deutsche Währungsänderung angewendet[11]. Bis das reichsgerichtliche Urteil vom 9. Februar 1887 in ausgezeichneten Ausführungen dargetan hat (es handelte sich um eine Verbindlichkeit ohne deutsche Zahlstelle), daß die Parteiabsicht entscheiden müsse, die mit der Ausgabe in fremder Währung verfolgt wurde, daß eine solche Ausgabe das Vertrauen des auswärtigen Kapitalisten erwerben wollte und dieser auf den fortdauernden Genuß der Zinsen in seiner Währung rechnen durfte. Die Mißverständnisse, die zu einer Verbindung der Währungsänderung mit der schuldrechtlich maßgebenden Rechtsordnung führen, sind im Vorausgehenden klargelegt worden. Und es mag nur noch auf den einen Gesichtspunkt hingewiesen sein: was soll aus den Schulden werden, die schuldrechtlich nicht unter den Gesetzen des Staats der Währung stehen? Läßt man den Zufall beiseite, daß die gleiche Währung noch in einem andern Staat gilt und daß dieser sie nicht abändert, so bleibt nur möglich, festzustellen, daß die Leistung unmöglich wird, und dem stehen die Einwendungen entgegen, die oben einer solchen Auffassung entgegengehalten wurden. Die Anschauung, daß eine Währungsänderung, die der Staat der Währung verfügt, schlechthin zu beachten sei, hat denn auch wachsende Anerkennung gefunden[12], wenngleich noch abweichende Meinungen be-

---

19, 47; 28. X. 1893 Sächsisches Archiv für bürgerliches Recht 3, 734. Aus der Literatur die wenig förderliche Schrift von E. I. Bekker, Über die Couponprozesse der österreichischen Eisenbahngesellschaften 1881 und, sehr beachtlich, G. Hartmann, Internationale Geldschulden 1882. Vgl. auch v. Bar, Theorie und Praxis 2, 48ff; Walker, Internationales Privatrecht[4] 408ff; Nußbaum 158ff mit weiteren Angaben.

[11] Nur das Appellationsgericht Kassel (Zeitschrift für Handelsrecht 552) hat gegenteilig entschieden mit der Begründung, daß die Forderungen nicht unter deutschem Schuldrecht stünden. Und dies letztere war sicherlich zutreffend.

[12] So schon A. Soetbeer, Deutsche Münzverfassung (1874) 110f und ins-

gegnen[13]. Sie kehrt auch in der jüngsten Rechtsprechung des Reichsgerichts wieder[14]. Umso mehr mehr muß es freilich wundernehmen, daß in der Zwischenzeit unter besonderen Umständen — für die Abgrenzung der Währungen bei einer vorübergehenden oder dauernden Gebietsveränderung — das Reichsgericht und deutsche Untergerichte die Verbindlichkeit einer Währungsänderung von der schuldrechtlichen Herrschaft

besondere Hartmann a. a. O. Alsdann Cosack, Zeitschrift für Handelsrecht 29, 324; Bar; J. v. Schey, Die Obligationenverhältnisse des österreichischen Privatrechts (1890) 126f; F. Schollmeyer, Recht der Schuldverhältnisse (1900) 16; Helfferich, Geld[6] 365; Wolff 643; Reichel, Schweizerische Juristenzeitung 17, 213 und öfter, zuletzt in Festschrift dem Anwaltstag gewidmet von hanseatischen Juristen (1929) 444; Walker; Nußbaum; Sedlacek, Juristenzeitung für Tschechoslowakische Republik 9, 32; Schlegelberger (zit. oben Anm. 2) 870f, 874; Béquignon 133; Scaduto 88f; Ascarelli 99, 175; Ramel, Juridisk Tidsskrift 12, 129ff. Auch Entscheidungen der Chancery Division 5. XI. 1921 Russian Commercial & Industrial Bank v. British Bank for Foreign Trade (Auslandsrecht 3, 67) und die oben Anm. 7 erwähnte des Court of Appeal tragen einer fremden Währungsänderung Rechnung, letztere allerdings in einem Fall, wo der Gegensatz zur lex causae nicht in Frage stand. Desgleichen das gemischte deutsch-polnische Schiedsgericht 23. VII. 1926 Juristische Wochenschrift 2869 für zwei Forderungen verschiedener Währung, deren eine schuldrechtlich vermutlich einem andern Staat als dem Staat der Währung unterworfen war. Neuestens hat auch der Oberste Gerichtshof Wien in Urteilen vom 24. VI. 1927 Zentralblatt für die Juristische Praxis 45, 777 und 20. XII. 1927 Juristische Blätter 1928, 175 ein Markdarlehen, das der Gerichtshof dem österreichischen (oder schweizerischen) Recht unterstellt, nach dem Maßstab des deutschen Münzgesetzes 1 : 1 Billion umgerechnet.

[13] Bekker 120 war von der Verbindung mit dem Schuldrecht ausgegangen; in der Folge auch Meili, Internationales Zivilrecht 2, 58; A. Ehrenzweig, System des österreichischen Privatrechts (1920) 2 I 25; Melchior, Juristische Wochenschrift 1926, 2346. Insbesondere aber gehören zwei Zeugnisse eines starren Doktrinarismus hieher, Zitelmann, Internationales Privatrecht 2, 397[107] und Frankenstein 2, 206ff: es handle sich um den Schuldinhalt, also müsse das Schuldstatut entscheiden. Bei Frankenstein erscheint die Lehre dann noch in der besonderen Ausgestaltung, die dem System seines Gesamtwerks entspricht, einer Aufteilung unter die „primär" und die „sekundär" maßgebende Schuldrechtsordnung. Man muß das Buch insoweit zu den Toten legen. Im übrigen handelt es sich bei seinen Ausführungen um eine Anwendung der oben Anm. 2 besprochenen Gedanken auf den Währungswechsel.

[14] Urteil 23. VI. 1927 Entscheidungen 118, 370: Markanleihe einer österreichischen Eisenbahngesellschaft; die „Rechtsbeziehungen der Parteien im allgemeinen" stehen unter österreichischem Recht, aber für das „Zahlungsgeschäft" geht der Wille der Beteiligten auf das deutsche Recht, „zunächst das Währungsrecht"; also Umrechnung der Mark in die heutige Reichsmark im Verhältnis von 1 : 1 Billion. Vgl. auch das ungedruckte Urteil 7. II. 1928 VII 499/1927: der Beklagte schuldet belgische Franken aus einem Rechtsverhältnis, das nicht unter belgischem Recht steht; das Oberlandesgericht München 5. V. 1927 verurteilt zu „Belga", weil während des Verfahrens die belgische Verordnung vom 25. X. 1926 ergangen sei, die die Währung umstellt; das Reichsgericht weist die Revision (wenn auch ohne Erörterung des hier behandelten Punktes) zurück.

des Staats der Währung abhängig machen, als wäre ein solcher Zusammenhang nie in Zweifel gezogen worden[15].

In den letztgenannten Entscheidungen begegnet auch noch, wenig zur Klärung gelangt, ein dritter Gesichtspunkt. Wenn den deutsch-ostafrikanischen Rupienschulden die Überführung in britische Kolonialwährung versagt wird, so soll das nach der Meinung des Reichsgerichts doch anders sein, wenn beide Parteien den Wohnsitz im abgetretenen Gebiet behalten haben. Bringt man die Äußerung in Verbindung mit anderen ähnlich lautenden[16], so dürfte ihr der Gedanke zugrunde liegen, daß es einer näheren Verbindung mit dem Gebiet bedarf, um die Zuständigkeit der währungsrechtlichen Vorschriften dieses Gebiets zu begründen[17]. Eine solche Meinung aber wäre mißverständlich. Es handelt sich bei den hier erörterten Fragen gar nicht um den rechtlichen Willen des Staats, dem die Währung angehört. Nicht er will unter den bezeichneten Umständen seine Währung durchsetzen. Der Wille des andern Staats, der das Schuldverhältnis ordnet, bestimmt, daß bei Verwendung einer fremden Währung die Rechtssätze anzuwenden seien, mit denen jene Währung aufgebaut ist, und es bedarf dafür nicht nocheinmal einer besonderen Anknüpfung, um Rechtssätze, auf die der zuständige Staat verweist, anwendbar erscheinen zu lassen[18].

Die Durchführung des Satzes, daß eine Währungsänderung gemäß den Vorschriften des Staats der Währung zu beachten ist, macht noch einige ergänzende Bemerkungen erforderlich. Nur Rechtssätze eines anerkannten Staats können dabei Beachtung finden. Die Währungsänderungen in Sowjetrußland sind für die Schweiz noch heute unverbindlich[19]. Dagegen ist es kein Hindernis, der Umgestaltung Rechnung zu tragen, wenn der Staat der Währung unterlassen hat, ein gesetzliches

---

[15] Siehe oben S. 255 [33] und besonders S. 274 ff; auch S. 269.

[16] Eine der österreichischen Entscheidungen über die Couponprozesse (Oberlandesgericht Wien 1880 Zeitschrift für Handelsrecht 569): der deutsche Umrechnungssatz ist nicht verbindlich, ein Staat kann nur für seine Angehörigen und für die Fremden innerhalb seiner Grenzen Vorschriften geben. Ähnlich Hertzka, Vierteljahrschrift für Volkswirtschaft (1876) 52, 226.

[17] Augenscheinlich gilt das jetzt auch für das Urteil des Obersten Gerichtshofs Warschau 8. XI. 1927 Zeitschrift für Ostrecht 3, 1379: ein Darlehen war zwischen Bewohnern Österreichisch-Polens 1919 (nach der Währungstrennung) in deutsch-österreichischen Kronen aufgenommen worden, Umrechnung in Schilling könne nicht erfolgen; die Bestimmungen des österreichischen Schillingsrechnungsgesetzes „finden nur Anwendung in der österreichischen Republik auf dortige Bürger sowie auf polnische Staatsangehörige, insofern sie in Österreich ihre Forderungen realisieren." Noch erstaunlicher ist allerdings die Lösung: die Schuld wird nach dem Zeitpunkt ihrer Begründung in Schweizer Franken umgerechnet und diese nach der Goldparität in polnische Zlote.

[18] Vgl. auch zu verwandten Fragen unten § 107 Z. 3.

[19] Anders die oben Anm. 12 angeführte englische Entscheidung von 1921 (Großbritannien hat die Sowjetregierung 1924 anerkannt). Auch Blumenthal a. a. O. läßt diesen Gesichtspunkt — für die Vereinigten Staaten — außer Betracht.

Wertverhältnis zwischen der früheren und der gegenwärtigen Währung aufzustellen[20]; der Verkehrswert der früheren Währung im Zeitpunkt des Wechsels ersetzt den fehlenden Rechtssatz. Wenn die fremde Währung mit Goldwertklausel versprochen war, so greift (Verbindlichkeit der Klausel nach der zuständigen Rechtsordnung vorausgesetzt) nicht die gesetzliche Umrechnungsvorschrift Platz, sondern stellt sich die Verpflichtung auf diejenige Menge neuer Währung um, die mit dem versprochenen Betrag alter Währung gleichen Goldwert hat[21]. Es mag aber auch die Vorbehaltsklausel der Anwendung der fremden Umrechnungsnorm entgegentreten, wenn sie schwere Unbilligkeiten enthält; nicht in dem Sinn, daß die Währungsänderung selbst unbeachtet zu bleiben hätte, sondern es wird unter solchen Umständen anstelle einer beanstandeten Umrechnungsnorm bei der Umstellung der Verkehrswert zugrundegelegt, den die abgeschaffte Währung im Zeitpunkt des Währungswechsels besaß. Bei dem polnischen Währungsgesetz von 1919, das oben S. 279 besprochen wurde, haben sich solche Gedankengänge verwirklicht[22].

Die bisher erörterten Grundsätze gelten wie bei jeder Währungsänderung so auch bei einer solchen, die in einem neuerworbenen Gebiet vorgenommen wird. Nur daß hier eigentümliche Schwierigkeiten hinzutreten. Denn die Währungsänderung, die ein Staat vornimmt, kann nur Bewertungen erfassen, die unter der Hoheit dieses Staats vorher in der abzuändernden Währung zu Recht bestanden. Deshalb in solchen Fällen zuerst die Notwendigkeit, die Rechtsverhältnisse auszuscheiden, die bei der Abtretung unter die Hoheit des erwerbenden Staats gelangt sind. Es ist darüber in § 105 des Buches eingehend gehandelt worden.

Und endlich sei darauf hingewiesen, daß die Erörterungen dieses Abschnitts nur für Geldschulden fremder Währung gelten, nicht für Verpflichtungen, bei denen fremde Geldzeichen (Devisen) als Sache geschuldet werden. Sollen Devisen geliefert werden, und es erfolgt vor der Ausführung eine Währungsänderung[23], so entscheidet über die Schicksale des Geschäfts die Parteiabsicht; doch wird im Zweifel anzu-

---

[20] Anders das oben S. 274[44] angeführte Urteil des deutsch-tschechoslowakischen Schiedsgerichts. Auch Tager a. a. O.

[21] Ein Beispiel Kammergericht 12. VI. 1926 in Das Recht 545. — Ein fatales Mißverständnis freilich ist den Lord-Judges Bankes und Atkin in dem oben Anm. 7 erwähnten Fall Bürger widerfahren (LJ. Scrutton hat zutreffend umgerechnet), wenn sie für eine Rubelversicherung der Vorkriegszeit (Rubel schlechtweg) ausführen, damals habe der Rubel Goldwert besessen wie der jetzige Rubel auch, so daß die Verpflichtung sich in derzeitige Rubel zum selben Nennwert umgewandelt habe! Die gleiche Folgerung in dem Urteil eines kalifornischen Distriktsgerichts 1. III. 1928 Juristische Wochenschrift 2884 für eine Markversicherung der Vorkriegszeit.

[22] Vgl. auch oben S. 277 über den Vorbehalt in Fällen, bei denen der Staat der Währung gewisse Gruppen von Personen bei der Umrechnung benachteiligt.

[23] Ein Fall dieser Art Giurisprudenza italiana 1925, 1 I 502.

nehmen sein, daß ihre Verwertbarkeit als währungsmäßiges Geld dabei Voraussetzung war. Wo aber empfangene Devisen zurückgewährt werden müssen, da können allerdings nur die außer Kurs gesetzten Stücke zurückgegeben werden, unbeschadet eines Schadenersatzes im Fall des Verzugs[24].

§ 107.

Der Nennwert.

1. „Zwangskurs". — 2. Altes Recht. — 3. Der gegenwärtige Streitstand. — 4. Die Lösung.

„Zwangskurs".

1. Ebenso wie die andern Sätze, aus denen das öffentliche Recht einer Währung aufgebaut ist, sind auch diejenigen über ihren Nennwert ein unlösliches Stück rechtlicher Ordnung, die mit dem Gebrauch irgendeiner Währung notwendig zur Geltung kommen. Bevor jedoch näher auf Fragen dieser Art eingegangen werden kann, müssen Hindernisse weggeräumt sein, die den Fortgang der Erörterung versperren.

Man spricht von den hier zu behandelnden Fragen nicht selten unter dem Schlagwort eines „Geltungsbereichs des Zwangskurses". Dabei aber wird das Wort Zwangskurs in sehr verschiedenem Sinn verstanden. In Frankreich hat sich bei sorgfältig unterscheidenden Schriftstellern der Unterschied von *cours légal* und *cours forcé* ausgebildet. Gesetzlichen Kurs haben Geldzeichen, die als unbeschränkte Träger währungsmäßigen Werts anerkannt sind und eben deshalb bei Geldschulden den Schuldgegenstand bilden, der nicht zurückgewiesen werden kann, ohne daß der Gläubiger in Annahmeverzug käme; es ist unbedenklich, solchen Geldzeichen einen privatrechtlichen „Annahmezwang" zuzuschreiben, sofern dieser nur nicht mit einem währungspolizeilichen Annahmezwang verwechselt wird. Und es handelt sich dabei, wie schon hier vorweggenommen sein mag, um einen Annahmezwang zum Nennwert[1].

Auch Papiergeld kann ein derartiger Annahmezwang verliehen sein. Die Stelle, die Papiergeld ausgibt, wird häufig verpflichtet, ihre Scheine

[24] Teilweise übereinstimmend Tager 1083.

[1] Im französischen Rechtsgebiet begegnet man nicht selten der Fragestellung, ob der „Zwangskurs" nur den Annahmezwang für Geldzeichen bedeute, oder ob er auch den „Parteiwillen" in Bezug auf die Menge der zu leistenden Zeichen binde, und es ist bei letzterem an die Vereinbarung eines Aufgelds oder einer Leistung nach Goldwert gedacht. Man findet die Gegenüberstellung besonders zugeschliffen etwa bei Pillet, Journal 23, 15 oder bei Rolin, Droit international privé 3, 371 ff. Dabei aber bleibt die Hauptfrage verdeckt: ob da, wo eine solche besondere Parteivereinbarung nicht vorliegt, der Annahmezwang einen Zwang zum Nennwert anzunehmen bedeutet. Wenn man freilich die währungspolizeiliche Regelung betrachtet, die diese Frage in Art. 475 Z. 11 des Code pénal empfangen hat, sollte die Bejahung nicht zweifelhaft sein.

auf Verlangen umzutauschen in Edelmetall oder in Hartgeld gleichen Nennwerts; doch pflegt man in kritischen Zeiten diese Verpflichtung zur Einlösung außer Kraft zu setzen. Papiergeld, dessen Einlösbarkeit derart beseitigt wurde, gilt, wenn ihm gleichzeitig Annahmezwang verliehen ist, als Papiergeld unter „Zwangskurs". Auf den einzelnen Geldschein bezogen handelt es sich also bei dem Zwangskurs um eine Reflexwirkung. Rechtlichen Inhalt hat seine Einführung nur für die ausgebende Stelle, die von einer bisher bestehenden Verpflichtung Befreiung erhält; bei der Verwendung der Geldzeichen im Zahlungsverkehr kommt irgendein Rechtssatz, der aus einem so verstandenen Zwangskurs sich ergeben würde, nicht in Betracht.

Indessen ist der Sprachgebrauch keineswegs gleichmäßig. Manchmal versteht man unter Zwangskurs den Annahmezwang zum Nennwert selbst. Des öfteren auch, nicht den schuldrechtlichen, sondern den währungspolizeilichen durch Strafe gesicherten Annahmezwang. In Frankreich wird nicht selten von Zwangskurs gesprochen, wo man ergänzende Maßregeln meint, die bestimmt sind, den Wert der Noten unter Zwangskurs zu schützen, wie das Verbot, eine Leistung inländischer Währung nach dem Goldwert oder dem Wert einer ausländischen Währung zu bemessen. Manchmal aber ist der Sprachgebrauch so verwildert, daß man von Zwangskurs spricht, wo man die verbindliche Kraft irgendwelcher Sätze des Währungsrechts meint, z. B. von Vorschriften über Währungsänderung.

Diese Unterschiede aber sind wesentlich, wenn die räumliche Wirkung des Zwangskurses bestimmt werden soll. Dem verbindlichen Währungsrecht schlankweg einen Geltungsbereich zuzuschreiben, kann hier nicht in Betracht kommen, wo gerade die einzelnen Auswirkungen des Währungsrechts jede für sich nach Seiten ihres Anwendungsbereichs geprüft werden sollen[2]. Besonders notwendig ist es, die ergänzenden Schutzmaßnahmen von dem Zwangskurs selbst zu trennen, denn sie haben, wie unten zu zeigen sein wird, einen andern Geltungsbereich als die hier zu behandelnden Vorschriften. Dasselbe gilt von dem Geltungsbereich eines währungspolizeilichen Annahmezwangs. Einem Zwangskurs als dem Zustand der Uneinlösbarkeit von Papiergeld aber kann räumliche Geltung im Rechtssinn überhaupt nicht zukommen. Rechtlichen Inhalt hat solcher Zwangskurs nur für die Notenbank, die von der Verpflichtung zur Einlösung entbunden ist, und es besteht kein Zweifel, daß der Staat dabei über die Verpflichtung seiner Notenbank bestimmt.

---

[2] So spricht Weinberger, Gerichtszeitung 1920, 12; Zeitschrift für Versicherungswissenschaft 20, 264 ff; Zeitschrift für Verwaltung 54, 93 von der Überleitung der Altkronen in österreichische Kronen anläßlich der Währungstrennung und meint, daß dieser „Zwangskurs", den das österreichische Recht vorschreibt, nicht über die Grenze reiche und auch im Inland nicht zu beachten sei, wenn der Erfüllungsort der Verpflichtung im Ausland liege.

Bei der Hingabe der einzelnen Geldzeichen kommt nur der schuldrechtliche Annahmezwang in Betracht, und das hiefür maßgebende Recht ist Gegenstand der folgenden Erörterungen.

Altes Recht.

2. Ein wesentlicher Anteil an der Unsicherheit, die über diese Fragen besteht, kommt ihrer geschichtlichen Entwicklung zu. Denn es hat hier, häufig unbemerkt, eine Revolution der Begriffe stattgefunden, die den Geltungsbereich solcher Sätze entscheidend beeinflußt hat. Nach einem Rechtszustand, der noch im 16. Jahrhundert allgemein war und sich gerade im gemeinen Recht Deutschlands länger als anderwärts, bis tief in das 19. Jahrhundert, erhalten hat, war die gewöhnliche Geldschuld auf Metallwert gerichtet. Als Wertmesser mochte dabei Ortsmünze, eine fremde Handelsmünze, ein nach Gewicht und Feingehalt bezeichneter Betrag Edelmetall dienen, jedenfalls bestand kein rechtlicher Zusammenhang zwischen Wertmesser und Zahlungsmittel, wie er für das heutige Währungsrecht kennzeichnend ist. Die Zahlung geschah in verkehrsüblichen Münzen ohne Rücksicht auf deren Herkunft, für Deutschland auch in Reichsgeld, in Ortsmünze. Dabei aber kam es in dieser „Vorwährungszeit" häufig vor, daß Territorialherren ihre Ortsmünze unter Annahmezwang stellten und forderten, daß die Münze dabei einer bestimmten Menge Edelmetall als gleichwertig zu gelten habe. Eine solche Aufdrängung zum Nennwert war lediglich für die Zahlung von Bedeutung, hier ohne Unterschied, welches die Beschaffenheit der zu zahlenden Schuld war, und es entsprach dem wesentlich münzpolizeilichen, oftmals durch Strafe gesicherten Charakter der Maßnahme, daß ein derartiger Annahmezwang zum Nennwert rechtliche Wirkung hatte, soweit der Machtbereich des Territorialherrn sich erstreckte. In diesem Sinn besagte ein Rechtssprichwort: „Der Heller gilt dort, wo er geschlagen wird"[3]. Der *„valor impositus"* betraf nur das Zahlungsmittel und galt bei jeder Zahlung im Gebiet. Dann hat sich, zunächst in Frankreich und in England, der Rechtsbegriff der Währung durchzusetzen begonnen. Die Geldschuld geht nicht mehr auf Metallwert, sondern auf währungsmäßigen Wert: derselbe Wert, der von Gesetzes wegen der Münze bei der Zahlung zukommt, wird auch schon zugrunde gelegt, um das Maß der Schuld zu bestimmen; der Nennwert, der dem Zahlungsmittel zugeschrieben wird, reicht zurück bis zur Schuldbegründung und dient dort als Wertmesser für die zu leistende Menge. Damit aber hat sich die Bedeutung eines gesetzlichen Nennwerts völlig verändert. Er dient nunmehr dem rechtlichen Aufbau eines Maßsystems für wirtschaft-

---

[3] Dazu etwa v. Luschin, Münzkunde[2] 279ff. Entsprechend schon Innocentius, commentaria super libros V Decretalium (um 1245) II 24, 18 (Verschlechterung der Landesmünze mit Zustimmung der Bevölkerung): *item non credimus sufficere consensum populi, ut illa moneta communiter expendatur extra regnum.*

lichen Wert, ist ein Teilsatz für den rechtlichen Bestand einer Währung geworden, und das hat auch seine räumliche Geltung verschoben. Aber freilich, man ist dessen lange nicht gewahr geworden. Insbesondre auch darum nicht, weil dieser stille Umsturz zunächst nur zu der Anerkennung einer Inlandswährung geführt hat, während die Anerkennung gleicher Veränderungen im Geldwesen des Auslands sich gerade in Frankreich und England sehr spät durchgesetzt hat. So erklärt es sich wohl, daß man gerade dort die Anschauungen der Vorwährungszeit über den Geltungsbereich solcher Anordnungen manchmal unbesehen bis in die Gegenwart herein übernommen hat.

Der gegenwärtige Streitstand.

3. In der Tat findet man noch heute zuweilen die Meinung vertreten, daß der Annahmezwang zum Nennwert die Grenzen des anordnenden Staats nicht überschreiten könne. Man erblickt in solcher Anordnung einen Hoheitsakt, der in andern Staaten sich nicht durchsetzen kann. Nirgends ist das anschaulicher zum Ausdruck gekommen als bei Pardessus, dessen Ausführungen die Grundlage für die neueren Vertreter dieser Meinung geworden sind[4]: Ein Franzose hat von einem Spanier 500 Piaster zu fordern, die Einführung des Zwangskurses in Spanien bindet ihn nicht. *„Il ne doit pas fidélité au gouvernement d'Espagne et ne peut être tenu de croire, sur l'ordre de ce gouvernement, que le papier imprimé portant les mots ‚bon pour 500 piastres' les vaut réellement"*. Die typische Wiederholung dessen, was in der Vorwährungszeit rechtens war. Die Auffassung trifft auch heute noch zu für einen währungspolizeilichen Annahmezwang, bei dem der Staat der Währung von sich aus Anordnungen zugunsten seiner Währung trifft. Aber sie übersieht völlig, daß das hier behandelte Problem anders liegt. Wenn nach Gesetz oder Rechtsgeschäft eine Geldschuld in fremder Währung begründet ist, so ist es der schuldrechtlich zuständige Staat, der zur Leistung eines Werts als eines währungsmäßigen Werts verpflichtet. Nicht weil der Staat der Währung es so will, sondern weil der schuldrechtlich zuständige Staat auf sie verweist, kommen die Rechtssätze zur Geltung, die das Wesen der verwendeten Währung ausmachen.

Eine andere Meinung grundsätzlicher Art, die zuweilen vertreten wird, geht dahin, einen „Zwangskurs" nur dann zu beachten, wenn er vom Staat der schuldrechtlich zuständigen Rechtsordnung vorgeschrieben

---

[4] J. M. Pardessus, Cours de droit commercial[3] (1826) 5, 271 f n. 1495. M. G. Massé, Le droit commercial dans ses rapports avec le droit des gens (1844) 2, 170. Wharton, Conflict of laws[3] (1905) 1231 f. Neuestens auch Frankenstein, Internationales Privatrecht 2, 210 gegen Nußbaum (der eine mit diesem Buch übereinstimmende Meinung vertritt): man übersehe, „daß diese Zwangsgewalt an den Grenzen des Staats endet". Über häufige Anrufungen des Satzes, um die Zulässigkeit von Goldklauseln darzutun, unten § 115 Z. 2.

ist[5]. Für den Gläubiger ist damit der Stein der Weisen gefunden. Er braucht nur die Forderung in einer andern Währung als derjenigen der schuldrechtlich maßgebenden Rechtsordnung zu begründen, um gegen eine Entwertung seiner Forderung gesichert zu sein. Ein Zwangskurs im Staat der lex causae bringt ihm keinen Schaden, da er sich ja auf eine andere als die Schuldwährung bezieht; der Zwangskurs im Staat der Schuldwährung aber braucht ihn nicht zu kümmern, da er von einem unzuständigen Staat eingeführt ist. Selbstverständlich aber, Zwangskurs und Währung gehören zusammen, nicht Zwangskurs und Obligationenrecht. Die schuldrechtlich maßgebende Rechtsordnung ist Ausgangspunkt. Aber ihre Wirksamkeit erschöpft sich, wo eine Verpflichtung fremder Währung vorliegt, in der Verweisung auf das Recht dieser Währung.

Eine weitere Meinung will das Recht des Zahlungsorts für maßgebend erklären[6], wobei es freilich öfter unklar bleibt, ob damit der

---

[5] So vornehmlich Bar 2, 47 f, sowie (vgl. schon oben S. 290[13]) Zitelmann 2, 396 und Frankenstein 2, 203 209 f. Bei Frankenstein freilich bricht das Gefühl für die Unhaltbarkeit der Lösung durch: ungeachtet des schuldrechtlichen Ausgangspunkts werde das Inland seinen Zwangskurs mit der Vorbehaltsklausel auch dann durchführen, wenn die Schuld inländischer Währung unter ausländischem Schuldrecht stehe; der schuldrechtlich zuständige Auslandsstaat aber wolle seinen Vorschriften gar nicht exterritoriale Wirkung zuschreiben, wenn er „einfach einen Zwangskurs festsetzt", da seine Zwangsgewalt an den Grenzen ende, er den Zwangskurs außer Landes also doch nicht durchsetzen könne; und wäre das anders, so käme für die andern Staaten eine Abwehr mit der Vorbehaltsklausel in Betracht. Hier häufen sich freilich die Mißverständnisse. Wenn das Inland seinen Zwangskurs mit der Vorbehaltsklausel für jeden Fall durchsetzt, so kann das nicht auf der Unsittlichkeit des fremden Schuldrechts beruhen (es hat gar keine Rechtssätze über den Wert der inländischen Währung!), sondern nur darauf, daß eben das Inlandsrecht bei jeder Zahlung in Inlandswährung seinerseits zuständig ist (dazu unten S. 298). Daß das fremde „Schuldrecht" seinerseits nicht über die eigenen Grenzen hinaus gelten wolle, bleibt Behauptung, soweit nicht positive Selbstbeschränkung erweislich ist. Der Irrtum, daß es sich hier überhaupt um die Hoheit des Staats der Währung handle, ist schon oben S. 296 klargelegt worden. Wenn aber zur Unterstützung dieser Meinung auf die französische Rechtsprechung über die *règlements extérieurs* verwiesen wird (über sie des näheren unten § 115), so ist das mehrfach mißverständlich. Zunächst bezieht sich diese französische Rechtsprechung überhaupt nicht auf den Annahmezwang zum Nennwert, sondern auf die Statthaftigkeit von Goldklauseln. Und wenn man für derartige Zahlungen von einem „Zwangskurs" absieht, so gilt als ein Hauptfall solcher Unanwendbarkeit gerade die Zahlung im Inland, die vom Ausland her in französischer Währung erfolgt. Dabei aber handelt es sich bei dieser Unterscheidung von Binnen- und Außenzahlungen, wie später zu zeigen, überhaupt nicht um den Geltungsbereich des sogen. Zwangskurses, sondern um fremdenrechtliche Unterscheidungen innerhalb der französischen Vorschriften über das Goldklauselrecht.

[6] Fiore, Diritto internazionale privato[4] 1, 207 ff n. 195. Esperson, Journal 9, 284 ff. Despagnet, Droit international privé[5] 917 f. Weiss, Traité 4, 390. Poullet, Droit international privé[2] 581. Walker[4] 395. Weitere Angaben unten.

gesetzliche und vertragliche Erfüllungsort oder der Ort der wirklichen Zahlung gemeint ist. Zu einem Teil handelt es sich bei solcher Annahme um eine Abspaltung von der eben besprochenen Lehre: es soll wohl die schuldrechtlich maßgebende Rechtsordnung Anwendung finden, aber für die Erfüllung sei schuldrechtlich die Gesetzgebung des Erfüllungsorts maßgebend. Zum Teil liegt dabei aber auch der andere Gedanke zugrunde, daß der Staat innerhalb seines Gebiets sich schlechthin durchsetzen, außerhalb desselben seine Hoheit nicht entfalten könne, Insbesondere weist die häufige Anrufung der „öffentlichen Ordnung", den Satz zu begründen, nach dieser Richtung: der Hinweis bedeutet die verschleierte Grenznorm, daß für Inlandszahlungen der inländische Annahmezwang verbindlich ist, nicht etwa die Ausschließung eines an sich zuständigen Auslandsrechtssatzes wegen seines anstößigen Inhalts.

Um die Einsicht in den Streitstand zu gewinnen, bedarf es indessen noch einer Auseinanderhaltung der verschiedenen Möglichkeiten. Inländische Währung im Inland bezahlt: der vom Inland aufgestellte Annahmezwang zum Nennwert wird nahezu allgemein anerkannt, sei es, weil im einzelnen Fall inländisches Schuldrecht anzuwenden war[7], oder der Erfüllungsort im Inland lag[8], insbesondere auch darum, weil die „öffentliche Ordnung" solches fordere[9]. Der „Zwangskurs" gilt unter solchen Umständen gegenüber ausländischen Schuldnern[10] und ausländischen Gläubigern[11]. Nur ganz vereinzelt hat man von einer Verbindlichkeit des inländischen Zwangskurses bei Zahlung im Inland absehen wollen, etwa, wenn die Verpflichtung unter ausländischem Schuldrecht stand[12].

---

[7] Oberster Gerichtshof Wien 6. XI. 1855 bei Peitler, Sammlung wechselrechtlicher Entscheidungen 55.

[8] Appellhof Brescia 4. XI. 1878 Journal 8, 448 (auf grund der gleich zu erwähnenden Verordnung).

[9] So Despagnet, Rolin, Weiss, Frankenstein a. a. O.; Pillet, Journal 23, 15 und Traité 2, 182; Diena, Diritto commerciale internazionale 2, 74f. André Prudhomme, Journal 52, 879f.

[10] Eine unhaltbare Einschränkung macht Jèze, Revue de science financière 22, 98ff für den Fall, daß ein fremder Staat Anleihen in Inlandswährung mit inländischer Zahlstelle ausgebe; sein eigener Zwangskurs sei nicht anwendbar (natürlich nicht, er bezieht sich auf eine andere Währung), aber auch nicht der des Inlands, weil solche Anleihen auch ohne ausdrückliche Zusage in Gold versprochen seien und der inländische Zwangskurs nicht zugunsten des fremden Staats eingeführt worden ist.

[11] Oberster Gerichtshof Wien 3. II. 1863 Sammlung 4, 184. Wenn Pardessus, Massé, Wharton manchmal als Anhänger einer andern Anschauung angeführt werden, so ist das ungenau, vgl. unten Anm. 18.

[12] So Bar a. a. O. Eine ausdrückliche Selbstbeschränkung hatte hier Art. 3 einer italienischen Verordnung 1. V. 1866 bei Aufhebung der Goldeinlösungspflicht vorgesehen: *I biglietti della Banca saranno dati e ricevuti come danaro contante per il loro valore nominale, nei pagamenti effettuabili nello Stato..., non ostante qualunque contraria dispozione di legge o patto convenzionale.* Eine Florentiner

Dagegen hat man der Verbindlichkeit des ausländischen Annahmezwangs zum Nennwert manchmal Einwendungen entgegengestellt, wenn eine Schuld fremder Währung im Inland bezahlt werden sollte; weil ausländisches Geld Ware sei[13]; weil (bei einer Aufhebung der Noteneinlösung nach Vertragsschluß) Zahlung zum Nennwert dem Parteiwillen widerspreche[14]; weil der fremde Zwangskurs nicht über die Grenze wirke[15]; ja sogar, daß in der Einführung des Zwangskurses ein Verschulden liege, hat man einmal entgegengehalten[16]. Indessen fehlt es nicht an älteren Entscheidungen, die dem Annahmezwang einer fremden Währung, auch wenn sie unter Zwangskurs war, Rechnung tragen, und es ist das in der Rechtsprechung der Nachkriegszeit die weit überwiegende Anschauung geworden[17].

Zahlungen im Ausland können für den inländischen Rechtsschutz nur insofern Bedeutung erlangen, als nach der Auffassung des inländischen Rechts anderwärts zu viel oder zu wenig bezahlt wurde. So ist zuweilen angenommen worden, daß der Gläubiger, der im Land der fremden Währung mit einer Zahlung zum Nennwert sich begnügen mußte, im Inland den Wertunterschied zwischen Papier- und Metallwert nachfordern könne[18]. Handelt es sich aber um eine Schuld inländischer Währung, die im Ausland zum Goldwert eingezogen wurde, so könnte eine Rückforderung des Wertunterschieds zwischen Papier und Gold auf Seiten des Schuldners für das Inland in Betracht kommen; doch ist mir eine Äußerung darüber nicht bekannt geworden.

Entscheidung von 1870 Journal 8, 446 folgerte daraus in der Tat (für die Geltung einer Goldklausel) die Unverbindlichkeit des Gesetzes in einem Fall, in dem eine im Ausland zu erfüllende Forderung im Inland eingeklagt wurde. Über Weinberger oben Anm. 2.

[13] So Lyon-Caën und Renault, Droit commercial[5] 4, 8 n. 14. Verwandt Appellationsgericht Basel-Stadt 18. IV. 1916, Schweizerische Juristenzeitung 14, 42.

[14] Rolin 2, 544 ff. Vgl. auch Ramel, Juridisk Tidsskrift 12, 125 ff.

[15] Handelsgericht Brüssel 18. VII. 1923, Pasicrisie belge 1924 III 23. Stang nach den Mitteilungen Juridisk Tidsskrift 7, 164. Urteil und Schriftsteller verurteilen demgemäß den Markschuldner zum Goldwert.

[16] Meijers, Weekblad voor privaatrecht 1924, 155 im Anschluß an ein Urteil der Rechtsbank Maastricht. Juristisch ist ein solcher Einwand kaum gestaltbar. Man könnte an die Vorbehaltsklausel denken. Aber wenn man den Annahmezwang zum Nennwert aus dem Währungsrecht entfernt, bleibt gar keine Währung im Rechtssinn mehr über. So wäre nur etwa an ein Retorsionsrecht zu denken, wenn dessen staatsrechtliche Voraussetzungen gegeben sind. Vgl. im übrigen zu dieser Äußerung Nußbaum 139[1].

[17] Vgl. die Nachweise unten Anm. 19; weiteres bei Nußbaum 140 ff. Über Versuche, im Fall einer Geldentwertung zu einer zusätzlichen Leistung über den Nennwert hinaus zu gelangen — sie lassen den Nennwert grundsätzlich unberührt — unten § 116.

[18] So Pardessus, Massé, Wharton a. a. O. Das Nachforderungsrecht soll nach Massé ausgeschlossen sein, wenn der Gläubiger Angehöriger des Staats der Währung ist, nach Wharton, wenn Gläubiger und Schuldner dessen Angehörige sind und dort wohnen.

Die Lösung.

4. Mit den Währungen im Sinn des neueren Rechts ist der Begriff des Nennwerts untrennbar verbunden. Jede Bewertung erfolgt in Vielheiten oder Teilbeträgen der Währungseinheit, die nach den Gesetzen der Arithmetik in eben dem Verhältnis zur Einheit stehen müssen, das ihrer Benennung entspricht. Ebenso untrennbar sind im Währungsrecht von heute mit dem Wertmesser die Zahlungsmittel desselben Systems verbunden. Es ist ein Stück des Währungsrechts, die Geldzeichen zu bestimmen, die als die Träger des währungsmäßigen Werts erscheinen sollen und damit Schuldgegenstand sind, wo eine Leistung auf Wert dieser Währung gerichtet ist. Und es ist ebenso ein Stück dieses Währungsrechts, daß solche Geldzeichen bei einer Zahlung denjenigen Wert übertragen, den sie als Vielheit oder Teilbetrag der Währungseinheit bedeuten. Anders ausgedrückt: was im Schuldrecht als Annahmezwang zum Nennwert erscheint, ist der unablösbare Teil einer währungsrechtlichen Ordnung. Daraus aber folgt mit Notwendigkeit, daß auch für den Annahmezwang zum Nennwert dasselbe rechtens ist, was für die andern Rechtssätze gilt, aus denen sich eine Währung aufbaut: der Gebrauch einer Währung in Gesetz oder Rechtsgeschäft umfaßt auch den Annahmezwang zum Nennwert, wie ihn das Verwaltungsrecht der Währung begründet. Ob es sich dabei um inländische oder ausländische Währung handelt, wer der Gläubiger oder der Schuldner ist, welches den Anlaß für den Gebrauch der Währung gebildet hat, das alles ist hiefür gleichgültig. Die Beseitigung der Noteneinlösungspflicht aber ist als eine res inter alios acta für die Beziehungen zwischen Gläubiger und Schuldner gleichfalls unerheblich[19].

Es entscheidet somit über den Annahmezwang zum Nennwert die Gesetzgebung des Staats, dessen Währung verwendet wird. Und es hätte dieselbe Gesetzgebung schon über die Vorfrage zu bestimmen, ob sie ihre Währung überhaupt auf dem Nennwertgrundsatz aufbauen

---

[19] Völlig übereinstimmend Nußbaum 138ff. Im übrigen sind hier vornehmlich Zeugnisse von Belang, die eine fremde Währung betreffen. Sehr bemerkenswert die grundsätzlichen Ausführungen des Kammergerichts 25. IX. 1928 Juristische Wochenschrift 1929, 446. Ein Urteil des Appellhofs Chambéry 21. XI. 1894 Revue générale de droit international public 2, 245 anerkennt den Annahmezwang zum Nennwert für italienische Noten unter Zwangskurs, wo in italienischer Währung zu leisten war. Englische und amerikanische Entscheidungen, die einen fremden Zwangskurs gelten lassen, nennt Minor, Conflict of laws 465[3], 466[8]. Insbesondere aber ist der gleiche Standpunkt in der Nachkriegszeit durchgedrungen, als in den Zeiten der Entwertung der Satz Mark = Mark, Frank = Frank auch in dritten Staaten festgehalten wurde. Und es sind gerichtliche Entscheidungen dieser Art auch da schlüssig, wo sie nicht die Barzahlung in entwerteten Noten des Auslands zum Gegenstand haben. Denn auch die Umwandlung der ausländischen in Inlandswährung bedeutet Anerkennung des fremden Zwangskurses, wenn sie zum Nennwert erfolgt, da ja andernfalls die

will. Die Frage ist nicht völlig gegenstandslos, denn es gibt noch heute Gesetzgebungen, welche die Spuren der Vorwährungszeit tragen, unter den Gesetzgebungen Europas vor allem das österreichische Gesetzbuch, dessen §§ 988, 989 unzweifelhaft voraussetzen, daß eine Geldschuld auf den Metallwert geht. Und man könnte von hier aus noch einmal den weiteren Zweifel aufwerfen, ob eine solche Bestimmung, in die Ordnung des Darlehens aufgenommen, nicht im Geltungsbereich des österreichischen Schuldrechts ohne Rücksicht auf die Währung anzuwenden sei. Indessen wird in diesen Paragraphen das Währungsrecht nicht geregelt, sondern von einer vorausgesetzten Regelung des Währungsrechts Gebrauch gemacht. Das neuere Währungsrecht Österreichs aber — darüber läßt die Rechtsprechung Österreichs und der anderen

---

Umrechnung nicht nach dem Papierwert, sondern nach der Goldparität der fremden Währung erfolgen müßte. Die gesamte Rechtsprechung, die sich mit der Aufwertung von Forderungen fremder Währung befaßt (unten § 116) — in Deutschland, Österreich, der Tschechoslowakei, Polen, Ungarn, in der Schweiz, New-York, in neueren Urteilen der gemischten Schiedsgerichte — hat die Anerkennung des Nennwertgrundsatzes zur Voraussetzung und begründet ihn zum Teil in ausdrücklichen Erörterungen (darunter eine große Anzahl Entscheidungen, die feststellen, daß die streitige Forderung dem Inlandsrecht unterworfen sei). Außerdem etwa für die Schweiz Entscheidungen des Bundesgerichts 1. XII. 1920 Entscheidungen 46 II 403 und 21. VI. 1921 Entscheidungen 47 II 301; Obergericht Zürich 19. XII. 1924 bei F. Fick, Die Frage der Aufwertung nach schweizerischem Recht (1925) 81. Sehr folgerichtig die englische Rechtsprechung: die oben S. 289[12] erwähnte Entscheidung Russian Bank; Appellhof 20. XII. 1921 Société des Hotels v. Cumming, Laws Times Reports 126, 513 (die Wertminderung des Franken kann in Frankreich nicht berücksichtigt werden, also auch nicht in England); Appellhof 31. VII. 1923 Chesterman's Trust ebenda 130, 109; Appellhof 12. II. 1926 Anderson v. Equitable Assurance Society, ebenda 134, 557 (Markschuld unter englischem Schuldrecht); Dicey, Conflict of laws[4] 682f. Für die Vereinigten Staaten das Oberste Bundesgericht 16. XI. 1925 und 23. XI. 1926 Guinness v. Hicks und Deutsche Bank v. Humphrey, United States Reports 269, 71 und 272, 517 („Offenbar werden Dollar und Mark zu verschiedenen Zeiten verschiedenen Wert haben. Aber für das Recht, das sie schafft, sind sie immer dieselben.") mit weiteren Angaben; vgl. auch Frankfurter Zeitung 12. VII. 1925 (Zimmermann). Appellhof New-York 20. X. 1925 Richard v. American Union Bank, American Law Reports 43, 512. In Verfolg einer gleichmäßigen Rechtsprechung der Appellhof Colmar 8. VII. 1925, 23. II. 1926, der Kassationshof Paris 11. I. 1926, 12. IV. 1927, Revue juridique d'Alsace-Lorraine 1925, 506 und 1926, 508; 1926, 298 und Journal 55, 414; Perroud, Journal 51, 632. Oberster Gerichtshof Brünn 5. VI. 1923, Ostrecht 1, 23. Ein dänisches Urteil von Ende 1924, erwähnt in Entscheidungen des Reichsgerichts 114, 171; Handelsgericht Oslo 26. VI. 1926 Juristische Wochenschrift 1927, 1043; nach Cohn, Juridisk Tidsskrift 7, 164 herrschende Meinung. Beachtung verdienen auch die Entscheidungen der Kurie Budapest 3. VII. 1924 und 20. IV. 1926, Journal 52, 806 und 54, 218, die den Nennwert der fremden Währung bei einer Wertsteigerung zugrundelegen. — Zuweilen begegnet eine Verweisung auf den Annahmezwang der maßgebenden Gesetzgebung auch außerhalb des Schuldrechts. So machen Garçon, Code pénal annoté 1, 282 und Perreau, Revue critique de législation 67, 286 den Strafschutz ausländischer

Nachfolgestaaten aus der Nachkriegszeit keinen Zweifel[20] — bekennt sich gleichfalls zur Nennwertlehre. So dürften die genannten Stellen heute also überhaupt der rechtlichen Verbindlichkeit entbehren. Wer sie aber als fortgeltend betrachten wollte, hätte in ihnen eine schuldrechtliche Absonderlichkeit zu sehen, deren Verbindung mit dem Währungsrecht abgestorben ist, und hätte sie demgemäß im Bereich des österreichischen Schuldrechts anzuwenden.

Wie die Frage, ob, so könnte die weitere Frage aufgeworfen werden, in welchem Umfang eine Gesetzgebung die Nennwertlehre aufgenommen hat, und auch darüber hätte das Recht der beteiligten Währung zu entscheiden. So wird beispielsweise für Italien behauptet[21], es sei dort die Lehre mit solchem Nachdruck durchgeführt, daß es im Fall eines Verzugs, auch wenn die geschuldete Währung inzwischen der Entwertung verfallen ist, für das Recht keinen andern Schaden geben könne als den Zinsentgang. Indessen handelt es sich bei solchen Fragen nicht um eine rechtliche Besonderheit in der Ausgestaltung der einen oder andern Währung. Der Zweifel beruht auf der wissenschaftlichen Auslegung des Nennwertgrundsatzes und könnte gerade so gut etwa für die deutsche Währung aufgeworfen werden. Unter dem Gesichtspunkt der Nennwertlehre freilich wird es für die eine und für die andere Währung einen Entwertungsschaden geben können. Und wenn wirklich in Italien eine positivrechtliche Bestimmung jenes Inhalts bestünde, so hätte sie als eine Vorschrift über den Verzug für die Verpflichtungen zu gelten, die unter italienischem Schuldrecht stehen.

§ 108.

Die Einlösung der Geldzeichen.

1. Der Regelfall. — 2. Besondere Rechtslagen.

Der Regelfall.

1. Es ist in § 106 festgestellt worden, daß, wie die Verwendung einer Währung, so der Gebrauch währungsmäßiger Geldzeichen das Recht des Staats anwendbar macht, dem das Geldzeichen angehört. Das gilt im Verkehr der Privaten mit einander. Es gilt aber auch für ihre Beziehungen zum Staat; insbesondere auch für eine Verpflichtung des Staats selbst, unter gewissen Voraussetzungen Geldzeichen umzutauschen oder ihren Wert zu vergüten. Über den Umtausch von Staatsnoten in

---

Geldzeichen gegen Fälschung davon abhängig, ob sie nach dem Recht ihrer Währung unter Annahmezwang stehen.

[20] Siehe die Angaben bei Nußbaum 87, 136f. Das exzessive Urteil oben S. 291[17] freilich macht nocheinmal von jener Vorschrift Gebrauch, um seine Entscheidung zu begründen.

[21] Vgl. dazu oben § 93 Z. 6.

Hartgeld, von Scheidemünze in Vollgeld, über die Einwechselung fehlerhafter oder abgenützter Stücke entscheiden die Währungsgesetze dieses Staats. Auch über die Einlösung außer Kurs gesetzter Geldzeichen. Daneben wird eine Rechtspflicht zur Einlösung solcher Stücke nicht selten im ungeschriebenen Recht gesucht: sie soll sich aus dem Wesen der Münzhoheit ergeben; soll einen Fall „ausgleichender Entschädigung“ darstellen, die stets platzgreife, wenn die öffentliche Gewalt genötigt ist, um der Allgemeinheit willen einem Einzelnen Nachteile zuzufügen; wird auf die Bestimmungen einer Verfassung gestützt, die Enteignungen ohne Entschädigung verbietet. Wenn überhaupt also, so ist es der Staat der Währung, der auch für außer Kurs gesetzte Geldzeichen zur Einlösung rechtlich verpflichtet ist. Nach zwei Richtungen indessen bedarf es hier einer weiteren Klarstellung.

Eine verbreitete Meinung besagt, daß jeder Staat für sein Gepräge einstehen müsse[1]. In der überzeugten Betonung, mit der der Satz vorgebracht wird, klingt die Unbill der Jahrhunderte, die ihn so oft mißachtet hat. Der Satz fordert, daß der Inhaber eines außer Kurs gesetzten Geldstücks nicht entschädigungslos bleiben dürfe — aber daß es gerade der Staat des Gepräges sein soll und nicht ein anderer Staat, der die Entschädigung zu leisten hat, kann nicht sein Inhalt sein, er geht von dem Regelfall aus, daß Geld im eigenen Gebiet des Münzherrn umläuft. Nicht die Herstellung als solche kann einlösungspflichtig machen — staatliche Münzstätten prägen auch für fremde Länder — aber auch nicht die Ausstattung mit dem Gepräge des Inlands. Daß ein Staat Geldzeichen in seine Währung aufnimmt und ihnen Annahmezwang verleiht, macht ihn für die Einlösung verantwortlich[2]. Die Einsicht in die Rechtslage wird meistens dadurch verschleiert, daß das Geldstück zwar vielleicht auch in einem andern Staat, jedenfalls aber auch in dem Staat der Prägung als gesetzliches Zahlungsmittel umläuft. Und doch gibt es Fälle, bei denen das nicht zutrifft. Die Goldmünzen, die der Deutsch-österreichische Münzverein prägte, hatten in den Vereinsstaaten niemals wäh-

[1] Der Gouverneur der Bank von Frankreich bei den Beratungen des Lateinischen Münzvereins 1885 (Greul — zit. oben S. 228[5] — 86): *„La marque imprimée sur le disque de métal constitue un engagement qu'il faut acquitter, une signature qu'on ne saurait laisser en souffrance.“* Schanz, Finanzarchiv 1895 I 460. Laband, Staatsrecht des Deutschen Reiches[4] 3, 165 und andere.

[2] So vor allem Helfferich, Archiv des öffentlichen Rechts (1896) 11, 386ff und kürzer in Das Geld[6] (1923) 396ff. Entsprechend Janssen (zit. oben S. 228[4]) 97ff. Aber auch die Beweisgründe, die Laband benützt, müßten folgerichtig zu dem gleichen Ergebnis führen. Wenn Janssen 320ff eine ähnliche Lösung für den Lateinischen Münzverein mit der Begründung vertritt, daß bei einem solchen vertragsmäßigen Zusammenschluß die Münzhoheit auf den Verein übergegangen sei, und die Münzen aufgehört hätten, solche der Vertragsstaaten zu sein, so ist der Ausgangspunkt freilich unrichtig; aber der Widerspruch, den hiegegen Greul 85 erhebt, führt noch nicht zu dessen Folgerung, daß darum der Staat der Prägung hafte.

rungsmäßige Geltung, Bremen, das außerhalb des Vereins stand, hat ihnen gesetzlichen Kurs verliehen. Die Kronentaler österreichischen und niederländisch-österreichischen (Brabanter) Gepräges waren in diesen Ländern längst außer Geltung gesetzt, als sie in den Staaten des Süddeutschen Münzvereins immer noch gesetzliche Zahlungsmittel waren.

Die andere Schwierigkeit, die sich hier erhebt, ist von fremdenrechtlicher Art, betrifft den Inhalt einer Verpflichtung zur Einlösung: haftet der Staat der Währung (wenn überhaupt) nur für die Stücke in seinem Gebiet oder auch für solche, die sich im Ausland befinden? Rechtsgrund für die Einlösung ist der Zwang, Münze oder Papier als gesetzliches Geld anzunehmen, ein Merkmal also, das räumliche Beziehungen zunächst gar nicht aufweist. Doch werden Geldzeichen heimischer Währung, die sich im Inland befinden, fast ausschließlich auf grund eines solchen Annahmezwangs in die Hand ihres Eigentümers gekommen sein, und man wird sich praktisch insoweit mit der Lösung begnügen können, daß diejenigen Geldzeichen Anspruch auf Einlösung haben, die sich im Gebiet befinden[3]. Indessen die Eigenschaft, gesetzliches Geld zu sein, die ein Staat den Zeichen seiner Währung verleiht, kann auch wirksam werden, wenn in einem dritten Gebiet Schulden dieser Währung mit den Geldzeichen der geschuldeten Währung beglichen werden. Besteht überhaupt eine Rechtspflicht zur Einlösung, so muß sie auch unter solchen Umständen gelten. Sind aber Geldzeichen jener Währung im Weg des Geldhandels oder bei Annahme an Zahlungsstatt in den dritten Staat gekommen, so ist es allerdings zunächst nur die Billigkeit, die eine gleiche Behandlung wünschenswert macht — allein es widerspricht dem Wesen des Geldverkehrs, bei einem rechtmäßig besessenen Geldzeichen nach rückwärts zu untersuchen, unter welchen Umständen es in die Hand des Eigentümers gekommen ist. Und so werden doch wohl, auch rechtlich gesehen, die sämtlichen Geldzeichen außer Landes an einer Einlösung teilhaben. Wie es nach alledem auch keinen Unterschied bedeuten kann, ob der Anspruch auf Einlösung einem Inländer oder einem Ausländer zusteht.

Besondere Rechtslagen.

2. Die wesentlichen Schwierigkeiten des Problems der Einlösung liegen indessen in einer andern Richtung[4]. Sie können in der zeitlichen Aufeinanderfolge der Staatsgewalten beruhen, wie sie bei feindlicher Besetzung und bei Gebietsveränderungen in Erscheinung treten; der Gegenstand ist entsprechend den hieraus sich ergebenden Eigen-

[3] Helfferich: die Einlösungspflicht eines Staats „erstreckt sich auf seinen tatsächlichen Geldumlauf".

[4] Die folgenden Erörterungen gehören systematisch in den Zusammenhang des 2. Abschnitts und sind nur aus Gründen der Übersichtlichkeit hier angeschlossen.

tümlichkeiten in deren Zusammenhang (oben §§ 104, 105) erörtert worden. Besondere Schwierigkeiten können aber auch aus der Beteiligung mehrerer Staaten nebeneinander erwachsen: wenn Geldzeichen autonom oder kraft Vereinbarung in die Währung mehrerer Staaten aufgenommen sind. Für die Währungsgemeinschaften ist die Frage gleichfalls schon behandelt worden (§ 101). Eine grundsätzliche Betrachtung ergibt das folgende.

Ausgangspunkt ist der oben S. 286[4] festgestellte Satz, daß auch ein solches Geldzeichen unter das Währungsrecht des Staats tritt, der es aufgenommen hat. Gibt das geschriebene oder ungeschriebene Recht dieses Staats einen Anspruch auf Einlösung außer Kurs gesetzter Stücke, so steht seiner Geltendmachung nicht entgegen, daß das Geldzeichen gleichzeitig der Währung eines andern Staats angehört[5]. Und auch hier muß (mangels positiver Beschränkung) das Recht auf Einlösung gegeben sein ohne Unterschied, wo sich das Geldstück befindet. Es kann mit Rücksicht darauf, daß es der Währung des einlösenden Teils angehört, bei Zahlungen oder im Geldhandel in einen dritten Staat gekommen sein, und es ist auch hier nicht möglich, für das einzelne Geldzeichen zu untersuchen, ob dies wirklich der Fall war. Dieselben Sätze gelten aber auch dann, wenn die Stücke in allen beteiligten Staaten außer Kurs gesetzt worden sind[6], und das bewirkt, daß unter solchen Umständen der Inhaber die Wahl hat, von welchem Staat er die Einlösung beanspruchen will. Soweit aber Fragen der behandelten Art bei anderen Formen der Einlösung vorkommen können, gelten die gleichen Grundsätze. Hat ein Staat Geldzeichen fremder Herkunft in seine Währung aufgenommen, so haftet er nach Maßgabe seines eigenen Rechts für schadhafte und unterwichtig gewordene Stücke, ist er zum Umtausch von Scheidemünze verpflichtet[7], und es ist dem Inhaber auch hier freigestellt, an welchen der beteiligten Staaten er sich halten will.

Aber freilich all das gilt nur, wo ein Geldzeichen rechtsverbindlich in die Währung übernommen ist. Die Rechtslage ist anders für

[5] de lege ferenda mag von der Einlösung eines Geldzeichens fremder Herkunft bei Außerkurssetzung ohne größere Unbilligkeit abgesehen werden, wenn es im Stammland der Währung die Geltung bewahrt hat. Vgl. vornehmlich oben § 105. Doch hat beispielsweise die Schweiz auch unter solchen Umständen (bei Außerkurssetzung der für eine vorübergehende Aufnahme in Aussicht genommenen englischen, deutschen, amerikanischen Goldmünzen nach dem Bundesbeschluß 23. VI. 1887) eine Einlösung geboten.

[6] Nach Helfferich wäre solchenfalls eine Vereinbarung über die Aufteilung „notwendig“. Ihr Abschluß ist gewiß wünschenswert, aber es muß die Möglichkeit einer rechtlichen Lösung bestehen, auch wenn sie nicht zustande kommt. Gegen Mißbräuche mag sich der einlösende Staat durch Einfuhrverbote schützen.

[7] Die Meinung, die bei den Beratungen über den Lateinischen Münzverein im belgischen Parlament vertreten wurde: daß die Ausgabe von Scheidemünze einen — sogar privatrechtlichen — Anspruch gegen den ausgebenden Staat erzeuge, entbehrt mangels positivrechtlicher Bestimmung der Grundlage.

ausländische Geldzeichen, zu deren Annahme lediglich die öffentlichen Kassen des Inlands verpflichtet sind. Auch das ist freilich eine Veranstaltung, den fremden Zeichen allgemeinen Eingang zu schaffen (zumal, wenn auch die Notenbanken zu gleichem Vorgehen veranlaßt werden, wie bei dem Lateinischen Münzverein). Auch dann fordert, vor allem für den Fall einer Außerkurssetzung, die Billigkeit, daß die Geldzeichen durch den Staat des Umlaufs eingelöst werden. Aber eine Rechtspflicht zur Einlösung kann mangels positiver Grundlage nicht bestehen, niemand war gezwungen, das fremde Geldzeichen anzunehmen[8]. Und vollends kann eine Schadloshaltung nicht in Betracht kommen, wenn den fremden Geldzeichen lediglich der tatsächliche Umlauf nicht verboten war.

Hat es sich aber um rezipierte Geldzeichen gehandelt, und es hat der Staat, der sie aufgenommen hatte, sie eingelöst, so steht ihm auch auf völkerrechtlichem Boden kein Anspruch auf Rückersatz zu. Ein solcher Anspruch könnte nur auf den Titel einer Geschäftsführung ohne Auftrag oder einer ungerechtfertigten Bereicherung gestützt werden. Wenn aber der einlösende Teil nach seiner eigenen Rechtsordnung zur Einlösung verpflichtet war, so hat er mit seinem Vorgehen weder eine Angelegenheit des andern Staats besorgt, noch ihn durch Abnahme einer Verbindlichkeit bereichert. Abweichende Vereinbarungen vorbehalten. Und es könnte für den Fall schadhafter und abgenützter Münzen ein Vertrag, der Geldzeichen die Aufnahme in mehrere Währungen bedingt, die Auslegung gestatten, daß der Teil, der aus der Ausprägung den Münzgewinn zieht, auch für die Lasten des Umlaufs aufzukommen habe, und es könnte sich hieraus ein Anspruch auf Rückersatz seitens des einlösenden gegen den andern Vertragsstaat (diesmal wirklich gegen den Staat des Gepräges) ergeben.

4. Abschnitt.

Die räumliche Geltung der Vorschriften.

§ 109.

Durchführung und Schutz der Währung.

Aktiviert wird eine Währung erst durch alle die zahlreichen Vorschriften, die irgendein Verhalten fordern, wenn wirtschaftlicher Wert gemessen oder übertragen wird oder, in einem weiteren Umkreis, die Geldzeichen als Träger solchen Werts in Verkehr kommen. Und erst hier wird eine Fragestellung möglich, die bei Erwägungen über internationales Recht sonst im Vordergrund steht: in welchem räumlichem Umfang gelten solche Vorschriften? Nicht nach dem Geltungsbereich der die Währung konstituierenden Rechtssätze ist dabei gefragt. Was

[8] Helfferich, Janssen sind hier anderer Meinung.

hier für Geldwert und Geldzeichen aufgesucht wird, liegt eingefügt in irgendwelche sonstige Sätze des Privatrechts, Strafrechts, Verwaltungsrechts. Einige wenige unter ihnen haben Durchführung und Schutz der Währung zum unmittelbaren Inhalt, ihre Mehrzahl dient zunächst anderen wirtschaftlichen Zusammenhängen. Zum Teil so, daß Geldwert und Geldzeichen nur den Anlaß geben, die normale Ordnung einer Rechtseinrichtung auch auf sie zu erstrecken. Zum Teil so, daß zu Schutz und Förderung der Währung Sondersätze innerhalb der Ordnung einer Einrichtung aufgestellt werden. Oder auch in der Weise, daß bei Ordnung einer Einrichtung die Währung den Anlaß zu Sondersätzen gibt, die anderen Sonderinteressen, politischem Kampf, dem Schuldnerschutz, dem Schutze des Gläubigers dienen sollen. Es ist einleuchtend, daß diese Verschiedenheiten auch auf den Geltungsbereich solcher Vorschriften einwirken. Hier sollen zunächst Bestimmungen behandelt werden, die unmittelbar die Durchführung oder den Schutz einer Währung zum Inhalt haben.

So kennen manche Gesetzgebungen entsprechend vielhundertjähriger Überlieferung einen öffentlichrechtlichen Annahmezwang für die Geldzeichen dieses Staats, in Erscheinung tretend in Strafdrohungen gegen denjenigen, der ihre Annahme zum Nennwert verweigert. Beispielsweise Art. 475 Z. 11 des Code pénal. Die Bestimmung wird für Zahlungen im Gebiet gelten. Man könnte freilich zweifeln, ob der Staat, der eine solche Vorschrift zweckmäßig findet, nicht ein Interesse daran hat, sie bei jeder Zahlung in seiner Währung zur Anwendung zu bringen, also auch dann, wenn eine Schuld inländischer Währung im Ausland (ohne Umwandlung in Ortswährung) bezahlt wird. Doch wird es in aller Regel schon das internationale Strafrecht unmöglich machen, andere als Inlandshandlungen unter das Gesetz zu stellen. Es kommt auch vor, daß an die Zurückweisung zivilrechtliche Sanktionen geknüpft werden. So verliert nach dem Recht des Staats Pennsylvania derjenige seinen Anspruch, der eine Zahlung in Bundesnoten nicht annimmt; im Staat Virginia, der eine solche Bestimmung nicht kennt, werden Bundesnoten zurückgewiesen bei Bezahlung einer Schuld, die in Pennsylvania begründet worden war. Ein virginisches Gericht, das hierüber entscheiden sollte, hat den Anspruch für verwirkt erklärt[1], ich glaube zu Unrecht. Es handelt sich um eine Bestimmung, die nicht durch die Bedürfnisse des Schuldrechts, sondern durch die Bedürfnisse des Zahlungsverkehrs veranlaßt ist, und wenn die lex fori einen besondern Schutz des Zahlungsverkehrs nicht für erforderlich hält, so wird das schlechthin gelten müssen[2].

---

[1] Minor, Conflict of laws 466f.

[2] Übrigens steht die Entscheidung auch im Widerspruch mit der Regel des amerikanischen internationalen Privatrechts, daß *penal laws* nicht über ihr Gebiet hinauswirken.

Wo eine Notenbank zur Einlösung ihrer Noten verpflichtet ist, beruht auch das auf einer öffentlichrechtlichen Verbindlichkeit der Bank gegen den Staat, mag ein privatrechtlicher Anspruch des Inhabers auf Einlösung nebenhergehen oder nicht. Darum entscheidet über die Einlösung notwendig das Recht am Sitz der Bank, genauer das Recht, das am Ort derjenigen ihrer Niederlassungen gilt, welche die Noten ausgibt. Die Person des Inhabers ist dafür so unwesentlich wie etwa der zufällige Umstand, daß der Inhaber gleichzeitig Gläubiger der Bank ist[3].

Beschränkungen in der Ausgabe von Notgeld (Verbot mit Erlaubnisvorbehalt nach dem Reichsgesetz vom 17. Juli 1923) gelten für die Wertzeichen, die im Reich in Verkehr gebracht werden sollen; wenn § 6 des Gesetzes für die örtliche Zuständigkeit an den Sitz des Ausstellers anknüpft, so läßt sich das auf den Geltungsbereich der Beschränkungen selbst nicht übertragen. Ebenso entscheidet der mit Willen des Ausstellers im Reich sich vollziehende Umlauf über die Einlösungspflichten des Gesetzes.

Wenn § 14 des deutschen Münzgesetzes in Übereinstimmung mit früheren Bestimmungen gestattet, „den Umlauf fremder Münzen gänzlich zu untersagen", so sind darauf Verbote gegründet worden, solche Münzen in Zahlung zu geben und zu nehmen[4]. Daß hier für den Empfänger die Handlung im Gebiet entscheidet, ist nicht zweifelhaft. Aber auch für die Hingabe der Geldstücke wird es dabei auf die Einführung in den Verkehr ankommen müssen, bei Fernzahlungen also darauf, daß die von dem Zahlenden veranlaßte Übergabe im Inland erfolgt. Wenngleich polizeiliche Vorschriften tunlichst auf die eigene Tätigkeit der in ihrer Handlungsfreiheit zu beschränkenden Person abstellen werden, so fordert der Zweck der Maßnahme hier eine andre Begrenzung. Und das wird auch für gleichartige Vorschriften anderer Staaten (oben S. 208) zutreffen, bei denen nur der Zahlende, nicht auch der Empfänger unter Beschränkung gestellt wird. Aber auch das Verbot des deutschen Bankgesetzes[5], ausländische Banknoten, die (auch) auf Reichswährung lauten, „innerhalb des Reichsgebietes zu Zahlungen zu gebrauchen", dürfte bei einer Fernzahlung entsprechend dem Zweck des Gesetzes auf Zahlungen zu beziehen sein, die im Reich an den Empfänger gelangen.

Das Verbot geldähnlicher Zeichen[6] wird für eine Herstellung im Reichsgebiet gelten (worauf auch die fremdenrechtliche Beschränkung in § 4 der Bekanntmachung hinweist). Die Beschränkungen für Papier, das dem für Reichsbanknoten verwendeten Papier gleicht[7], umfassen

[3] Dazu oben S. 263 und überhaupt Nußbaum 142.

[4] So Bekanntmachung 16. IV. 1888 RGBl. 149.

[5] Gesetz 30. VIII. 1924 §§ 4, 40.

[6] Bekanntmachung 23. VI. 1910 RGBl. 909.

[7] Gesetz 2. I. 1911.

Herstellung, Einführung, Inverkehrsetzung innerhalb des Reichsgebiets. Der Schutz der Geldzeichen gegen Fälschung aber vollzieht sich ausschließlich auf kriminalrechtlichem Boden und wird in seinem Umfang demgemäß durch das internationale Strafrecht bestimmt.

§ 110.
Gleichstellung ausländischer Währung.

Die folgenden Erörterungen führen in andere gedankliche Zusammenhänge. Wenn im 1. Abschnitt dieses Kapitels das Verhältnis zwischen inländischer und ausländischer Währung als eine Angelegenheit des materiellen Rechts behandelt wurde, so steht hinter diesem Problem das andere, in welchem räumlichen Umfang solche materiellrechtliche Regelung ihrerseits zur Anwendung kommt. Es sind hier zunächst Bestimmungen über die Gleichstellung fremder Währungen, nach seiten ihres Inhalts oben § 93 behandelt, ins Auge zu fassen.

Die Frage, ob ausländische Währung als gleichartig der inländischen anzusehen sei, kann die Rechtsordnung nicht als solche beschäftigen. Sie liegt immer eingebettet in die Ordnung von Einrichtungen, die ihrerseits für gleichartige Dinge irgendeine Regelung treffen, und es gehört insoweit in die materiellrechtliche Ordnung jener Einrichtungen, zu bestimmen, welche Gegenstände dabei als gleichartig gelten sollen. Für das internationale Privatrecht bedeutet dies Anwendbarkeit der Gesetzgebung, die für jene Einrichtung maßgebend ist, und das gilt auch für das Verhältnis zwischen inländischer und ausländischer Währung. Darum bestimmt das Recht des Prozeßgerichts, ob es unzulässige Klagänderung ist, wenn der Anspruch erst in der einen und dann in einer andern Währung geltend gemacht wird. Ob mit einer Gegenverpflichtung aufgerechnet werden kann, entscheidet die Rechtsordnung der Schuld, die durch die Aufrechnung getilgt werden soll[1].

Völlig übereinstimmend ist die Rechtslage bei solchen Bestimmungen über Geldwert und Geldzeichen, bei denen festgestellt werden

---

[1] Mit Rücksicht auf Zweifel, die im Zusammenhang der Ausführungen oben S. 137 ff aufgeworfen worden sind, sei noch beigefügt: Es ist nicht Voraussetzung gültiger Aufrechnung, daß auch nach dem Recht der zur Aufrechnung benützten Gegenverpflichtung die Aufrechnung zulässig gewesen wäre. Dagegen bestimmt sich allerdings nach der für die Gegenverpflichtung geltenden Gesetzgebung, ob sie überhaupt zu Recht besteht, und ob sie durch die Aufrechnung auch ihrerseits erloschen ist. Wenn eine deutsche Verpflichtung durch Aufrechnung mit einer Gegenverpflichtung unter deutschem Recht getilgt worden ist, und es würde dennoch die Gegenverpflichtung geltend gemacht werden, so wäre der Satz des deutschen Rechts — als der für die G e g e n verpflichtung maßgebenden Rechtsordnung — anwendbar, daß eine zur Aufrechnung benützte Verbindlichkeit untergeht. Gleiche Lösung, wenn die Gegenverpflichtung unter dem Recht irgendeines andern Staats steht, der Aufrechnung als eine Einrichtung des materiellen Rechts überhaupt kennt, und es kann dabei keinen Unterschied ausmachen, ob der andre Staat für

muß, ob sie nur für inländische Währung gelten oder auch ausländische Währung mitumfassen (vgl. dazu oben §§ 93, 98). Aus dem Bereich der Geldschulden: Ob auch für Schulden fremder Währung das Mahnverfahren verfügbar ist, bestimmt das Recht des Prozeßgerichts. Ob bei der Geltendmachung von Verzugsschaden ein Unterschied zwischen Schulden heimischer und fremder Währung besteht, entscheidet die schuldrechtlich maßgebende Gesetzgebung[2]. Für Geldzeichen: Das Recht der belegenen Sache bestimmt, ob die Sätze über Eigentum an gestohlenen Geldzeichen auch auf Zeichen des Auslands anwendbar sein sollen; das Recht des vollstreckenden Staats, ob die Regeln über die Pfändung von Geld ebenso für fremde Devisen gelten; die nach internationalem Strafrecht zuständige Gesetzgebung[3], ob eine vorgeschriebene Einziehung auch ausländisches Geld erfaßt.

§ 111.

Bewertung in fremder Währung.

1. Gesetzliche Bestimmung und Auslegungsregeln. — 2. Beschränkungen. — 3. Beschränkungen für Geldschulden.

Gesetzliche Bestimmung und Auslegungsregeln.

1. Es ist in den §§ 94 und folgenden untersucht worden, inwieweit eine Bewertung in fremder Währung für das Recht des Inlands in Betracht kommen kann, wieweit eine Zahlung in solcher Währung möglich ist, und welche Vorschriften sonst für den Verkehr mit fremden Geldzeichen bestehen. Wiederum sind auch diese Bestimmungen nach seiten ihres Geltungsbereichs zu prüfen, zunächst diejenigen über eine Bewertung in fremder Währung. Sie sind von verschiedener Art. Zum Teil werden sie durch das Rechtsverhältnis veranlaßt, bei dem die Bewertung erforderlich wird, zu einem Teil handelt es sich um Eingriffe in die normale Abwicklung des Rechtsverhältnisses von außen her, im Dienst anderweitiger rechtlicher Interessen, und solche Verschiedenheit wirkt zurück auf den Geltungsbereich dieser Rechtssätze.

---

den umgekehrten Fall, wenn es sich um Tilgung der andern Verpflichtung handeln würde, die Aufrechnung seinerseits zuließe. Würde es sich aber um eine Gesetzgebung handeln, deren materiellem Recht die Einrichtung völlig unbekannt wäre, so müßten bei einer Inanspruchnahme der Gegenpartei die Behelfe durchgreifen, die bei Bereicherung oder bei einem venire contra factum proprium zu Gebote stehen.

[2] Daß nicht die Gesetzgebung entscheidet, die im Staat der Währung gilt, wird von der gesamten Rechtsprechung und Literatur (oben § 93 Z. 6) angenommen; dazu etwa auch Appellationsgericht Basel-Stadt 18. IV. 1916 Schweizerische Juristenzeitung 14, 42. Eine positive Zurückführung auf die schuldrechtlich maßgebende Gesetzgebung ist öfter zu vermissen.

[3] Jedoch beschränkt durch den Satz, daß eine Einziehung nur Gegenstände im Inland enteignen kann.

Die Geldschulden werden, soweit nicht giltiger Parteiwille eingreift, durch Gesetz bewertet, und es ist früher ausgeführt worden, daß — vom Standpunkt der für die Geldschuld zuständigen Rechtsordnung — solche Bewertung auf die eigene Währung geht, falls nicht nach dem Willen eben dieser Rechtsordnung irgendwelche materiellrechtlichen Zusammenhänge die Bewertung abhängig machen von einer bereits vorliegenden anderweiten Bewertung. Von der Seite der zu bewertenden Verpflichtung gesehen heißt das: über die Währung der Geldschuld entscheidet die lex causae, und nicht nur wenn das die Verpflichtung beherrschende Recht die inländische, sondern ebenso, wenn es eine ausländische Gesetzgebung ist[1]. Wurde in Österreich eine unerlaubte Handlung begangen, so bestimmt das in Österreich geltende Schuldrecht, ob unter dem Gesichtspunkt einer Wiederherstellung der Schadenersatz in der Währung geleistet werden muß, in der der Schaden eingetreten ist. Dagegen kommt es vom Standpunkt des inländischen Rechtsschutzes nur darauf an, ob nach dem internationalen Privatrecht des Inlands die fremde Rechtsordnung schuldrechtlich maßgebend ist, um daraufhin deren Vorschriften über Bewertung durchzuführen; ob jene Gesetzgebung selbst schuldrechtlich gelten und demgemäß auch die Bewertung durchführen will, ist[2] unerheblich.

Die freie Wahl der Währung wird, wo nicht besondere Verbote eingreifen, von allen Rechtsordnungen anerkannt. Anlaß zu der Frage, welche Rechtsordnung hier zuständig ist, geben insoweit nur gesetzliche Auslegungsregeln (z. B. die zum Rechtssatz erhobene Vorschrift: der Zahlungsort bestimmt die Währung), Vorschriften, die ja, wie früher ausgeführt, unter Umständen zu einer Abänderung der von den Parteien gewählten Währung führen können. Man trifft hier nicht selten die unbedenkliche Anwendung der lex fori[3]. Indessen, wenn an dieser Stelle offen bleiben mag, was bei Auslegungsvorschriften rechtens ist, die das allgemeine Verhältnis des Richters zur Rechtsordnung betreffen, hier handelt es sich regelmäßig um Vorschriften über Auslegung, die der Eigenart der auszulegenden Schuldverhältnisse entnommen sind, und es muß alsdann die Rechtsordnung, die für das Schuldverhältnis maßgebend ist, auch darüber entscheiden, ob sie solche Eingriffe in das Schuldverhältnis gutheißt. Wo freilich derlei Vorschriften nicht Rück-

[1] Zerfällt das eine Staatsgebiet in eine Mehrheit von Währungsgebieten, so entsteht die Verpflichtung in der Währung des Landesteils, dem der schulderzeugende Tatbestand angehört. Vgl. darüber oben S. 226.

[2] Anders für einen verwandten Fall Nußbaum, Zeitschrift für Ostrecht 1, 120.

[3] Vgl. etwa Zivilgericht Thonon 22. XII. 1920 Dalloz 1921 II 11; Appellhof Paris 6. V. 1923 Journal 51, 683; Kassationshof Paris 2. VIII. 1926 Dalloz hébdomadaire 417 und öfter. Richtig Diena 2, 73. Auch in dieser Unanwendbarkeit der lex fori zeigt sich die Verschiedenheit von Auslegungsregel und Kollisionsnorm.

sichten auf das Schuldverhältnis, sondern Rücksichten auf die Währung ihr Dasein verdanken, wie die Anordnung: im Zweifel Inlandswährung, da erfaßt die Regel jedes Rechtsgeschäft, das unter dem Rechtsschutz des Inlands zu würdigen ist. Für andere Staaten sind solche Bestimmungen (vgl. dazu unten Z. 3) rechtlich bedeutungslos.

Beschränkungen.

2. Einschränkungen in der freien Wahl der Währung finden sich manchmal (vgl. oben § 94 Z. 3) bei Bewertungen, bei denen es sich nicht um die Begründung einer Geldschuld handelt. Wenn in Deutschland und anderwärts Hypotheken fremder Währung regelmäßig nicht begründet werden können, so beruht das auf den Bedürfnissen des Hypothekenverkehrs, für Deutschland jedenfalls auf dem Erfordernis einer Wertbeständigkeit der Einträge in ihrem gegenseitigen Verhältnis. Mag auch der Mangel einer solchen Wertbeständigkeit bei Einträgen fremder Währung, also eine Eigentümlichkeit des Währungswesens, den Anlaß der Beschränkung bilden, so gilt sie dennoch für die Hypotheken, die an einem inländischen Grundstück bestellt werden.

Nach manchen Rechten können Aktien nur in Inlandswährung ausgestellt werden. Formal eine Vorschrift über die Verfassung der Aktiengesellschaften, beruht die Bestimmung etwa auf der Absicht, die Einhaltung aktienrechtlicher Beschränkungen leichter überwachen zu können, auf dem Wunsch, inländische Gesellschaften von den Schicksalen einer fremden Volkswirtschaft unabhängig zu machen, auf der Vorzugstellung, die der inländischen Währung eingeräumt werden will. Mischen sich hier also Rücksichten auf die Währung mit aktienrechtlichen Motiven, so wird doch niemand auf die verkehrsfeindliche Lösung verfallen, andere als Gesellschaften inländischen Sitzes einer solchen Beschränkung zu unterwerfen. Auch dann, wenn die ausländische Aktiengesellschaft im Inland eine Zweigniederlassung errichtet und ihr Gesellschaftskapital in das inländische Handelsregister einzutragen ist, entscheidet das Recht ihres Sitzes, ob die Währung, in der das Gesellschaftsvermögen begründet ist, zu Recht gewählt wurde. Die Verfassung einer Aktiengesellschaft kann normalerweise nur eine einheitliche sein[4].

Verwandte Gründe führen zuweilen dazu, die Errichtung der Bilanzen in Inlandswährung vorzuschreiben. Auch hier kann kein Zweifel sein, daß eine solche Vorschrift nicht für alle Bilanzen gilt, die mit dem Rechtsschutz des Inlands in Berührung kommen, z. B. für

---

[4] Das gilt auch für die Vorschriften der gleich zu erwähnenden Goldbilanzbestimmungen, nach denen das Grundkapital der Aktiengesellschaften und Gesellschaften mit beschränkter Haftung im Goldwert inländischer Währung oder in einer neueingeführten Inlandswährung zu bewerten ist.

solche, die nach Rechtsvorschrift hier veröffentlicht werden müssen[5]. Die für die Buchführungspflichten maßgebende Rechtsordnung entscheidet über die Währung. Das ist, wie in Bd. 2, 196f gezeigt wurde, die Gesetzgebung, die am Ort der einzelnen Zweigniederlassung gilt, und es hängt alsdann von dem sachlichen Inhalt der dort herrschenden Rechtsordnung ab, ob eine besondere Bilanz für die Zweigniederlassung gefordert wird[6]. Als nach dem Währungsverfall, der eine Reihe europäischer Staaten nach dem Krieg betroffen hatte, diese Währungen wieder aufgerichtet wurden, ist — in Deutschland, Österreich und sonst — eine Bilanzerrichtung im Goldwert inländischer Währung oder in einer neueingeführten Inlandswährung gefordert worden. Es sind ausschließlich die Schicksale der Währung gewesen, die den Anlaß zu diesen Bestimmungen gegeben haben; und doch sind sie nicht um der Währung willen erlassen worden, sondern um die wirtschaftliche Zuverlässigkeit der gewerblichen Unternehmungen klarzustellen, und es war deshalb auch der Geltungsbereich dieser Vorschriften ebenso wie derjenige sonstiger Bilanzvorschriften begrenzt[7]. Andrerseits hat die Schweiz ihren Gesellschaften, die Grundbesitz oder Beteiligungen in Ländern mit entwerteter Währung hatten oder Forderungen dorthin besaßen (als eigentümliche Form eines Moratoriums) gestattet, diese Werte zwar in Franken, aber zu einem erhöhten Wert in ihre Bilanz ein-

[5] Ausnahme: das deutsche Aufsichtsamt für Privatversicherung (Veröffentlichungen des Aufsichtsamts 1, 23 93 127 151) verlangt von den größeren Versicherungsunternehmungen des Auslands, die in Deutschland zugelassen sind, Vorlage des Rechnungsabschlusses für das inländische und für ihr Gesamtgeschäft; auch der letztere muß in Reichswährung eingereicht werden. Das beruht auf der verstärkten Überwachung, der Versicherungsunternehmungen unterstellt sind, verlangt übrigens nur eine Umrechnung der in fremder Währung erstellten Bilanz, nicht eine Aufstellung, bei der die einzelnen Bilanzposten in Reichswährung zu berechnen wären.

[6] Dazu, im einzelnen verschieden, O. Denzler, Die Filiale (1902) 386ff; Düringer-Hachenburg, Handelsgesetzbuch[2] 1, 324; Könige, Leipziger Zeitschrift 1914, 1427f; Wieland, Zeitschrift für schweizerisches Recht 43, 234; Staub, Handelsgesetzbuch[12] 1, 271; Ascarelli 251[1]. In Deutschland erfaßt die Forderung einer geordneten Buchführung von Reichs wegen auch die inländische Zweigniederlassung eines ausländischen Unternehmens, zusamt den besonderen Vorschriften, die das Reichsrecht für die Buchführung aufstellt. Da aber den Erfordernissen einer geordneten Buchführung, wie sie das Reichsrecht von der Zweigniederlassung verlangt, auch durch die Errichtung einer Bilanz bei der Hauptniederlassung genügt werden kann, bleibt für die Anwendung des § 40 HGB. auf die Zweigniederlassung solchenfalls kein Raum. Gleiche Begrenzung galt vormals im Verhältnis zwichen Mutterland und Kolonien, gilt zum Teil noch gegenüber den Gebieten deutscher Konsulargerichtsbarkeit; dazu oben S. 239[6], 244[17].

[7] Für Deutschland Beutner, Juristische Wochenschrift 1924, 1344: nur wenn die Hauptniederlassung im Reich belegen ist. Anders Bondi ebenda 1505. In Österreich, wo die inländischen Niederlassungen fremder Aktiengesellschaften und Gesellschaften mit beschränkter Haftung zur Errichtung von Spezialbilanzen ver-

zusetzen; die Bestimmung hat für Unternehmungen mit Sitz in der Schweiz gegolten[8].

Beschränkungen für Geldschulden.

3. Wo bei Geldschulden die Wahl der Währung beschränkt wird (dazu nach Seiten des materiellen Rechts oben § 96 Z. 4), handelt es sich um andere rechtliche Zusammenhänge. Hier greifen in den normalen Ablauf schuldrechtlicher Regelung Präjudizialfragen ein, so daß erst, wenn nach deren eigenem Recht Hindernisse nicht bestehen, die schuldrechtlich maßgebende Rechtsordnung zur Wirkung kommen kann. Und einer solchen Rechtslage steht auch der früher festgestellte Satz: lex causae bestimmt die Währung, nicht entgegen. Denn seine Tragweite beschränkt sich darauf, die schuldrechtlich für das Zustandekommen einer Geldschuld nötige Bewertung in einer Währung sicherzustellen. Aber auch hier gilt, daß die besondere Regelung der allgemeinen Regelung vorgeht.

So gehört es zu den Schutzbestimmungen für Auswanderer, daß nach manchen Rechten die Fahrpreise nur in Inlandswährung vereinbart werden dürfen. Es ist keine Bestimmung für den Beförderungsvertrag selbst, sondern eine mit den Mitteln des öffentlichen Rechts durchzusetzende Anforderung an den Auswanderungsunternehmer, dem Vertrag einen bestimmten Inhalt zu geben, und sie gilt demgemäß wie andere Schutzvorschriften für Auswanderer (vgl. oben § 87) bei Beförderungen, die im inländischen Betrieb des Auswanderungsunternehmers durchgeführt werden[9]. Gleichartig ist die Rechtslage, wenn unter die Lohnschutzbestimmungen des deutschen Gewerberechts die Forderung aufgenommen ist, der Lohn müsse in Reichswährung vereinbart werden. Auch hier handelt es sich um eine verwaltungsrechtliche Auflage an den Arbeitgeber, und sie gilt wie ähnliche Anforderungen (oben

pflichtet sind, ist die Anwendbarkeit des Goldbilanzgesetzes auf solche Niederlassungen von vornherein nicht zweifelhaft. Vgl. des näheren Weiß-Wellenfeld und Löwenstein, Goldbilanzengesetz 58f. Die Meinung von Nusko und Ziegler, Goldbilanzengesetz 58, daß die Bestimmung außerdem noch für diejenigen gelte, die im Inland eine gewinnbringende Beschäftigung ausüben und, ohne dazu verpflichtet zu sein, hiefür ordnungsmäßige Bücher führen wollen, wird der sachlichen Grundlage entbehren.

[8] Bundesratsbeschluß 26. XII. 1919, Sammlung[2] 35, 1031. Der Beschluß bezeichnet die betroffenen Unternehmungen gelegentlich ausdrücklich als „schweizerische Gesellschaften".

[9] Vgl. etwa Areopag Athen 1904 Journal 34, 1195: Anordnungen über Angabe der Preise sind auch für ausländische Auswanderungsunternehmer verbindlich. — Gerade auch für das deutsche Recht, das eine Bestimmung der im Text genannten Art enthält, kann es vorkommen, daß die verwaltungsrechtlichen Verpflichtungen des Unternehmers unter deutschem Recht stehen, während der Beförderungsvertrag selbst einer fremden Rechtsordnung unterstellt ist; zu letzterem oben Bd. 3 I 274[14].

§ 62) für die Arbeit, die im Gebiet geleistet wird. An die öffentlichrechtlichen Sanktionen für den Fall einer Zuwiderhandlung reiht sich hier die privatrechtliche Folge einer Zwangsumstellung des Arbeitsvertrags auf Reichswährung. Und auch die privatrechtliche Folge schließt sich entsprechend ihrem Zweck dem Geltungsbereich der verwaltungsrechtlichen Schutzbestimmungen an; selbst dann, wenn der Arbeitsvertrag als solcher (der Fall kann vorkommen) einer andern Rechtsordnung unterstellt wäre. Wenn aber eine gleichartige Frage in einem Staat auftaucht, dessen eigenes Recht Schutzbestimmungen der bezeichneten Art nicht kennt, und es handelte sich um Arbeit, die anderweits geleistet ist, so dürfte der privatrechtlichen Zwangsumwandlung gleichfalls stattzugeben sein, die der Staat des Arbeitsorts vorschreibt.

Von andrer Beschaffenheit sind Beschränkungen in der Wahl der Währung, die auf politischen Beweggründen beruhen, zumal um nach einer Gebietsveränderung oder bei einer staatlichen Neugründung die nunmehrige Staatshoheit zur Durchsetzung zu bringen. Von der privatrechtlichen Seite gesehen, werden Beschränkungen solcher Art die Neigung haben, sich schlechthin durchzusetzen. Indessen handelt es sich bei privatrechtlich wirksamen Verboten zumeist nur um ergänzende Sanktionen (Nichtigkeit, Zwangsumstellung) für währungspolizeiliche Bestimmungen, die den Gebrauch einer andern als der Inlandswährung verbieten oder doch den Gebrauch einer bestimmten Fremdwährung ausschließen. Und es ist unmöglich, währungspolizeiliche Bestimmungen, zu deren Durchsetzung vielleicht eine Strafdrohung dient, wahllos auf jeden Fall zu beziehen, der mit dem Rechtsschutz des Inlands in Berührung kommt. Zumal in solchen Fällen Verträge, deren Abschluß in der fremden Währung von der Beschränkung des Inlands nicht erfaßt wird, häufig noch einmal aufgefangen werden von einem zweiten Rechtssatz, der die Zahlung in der unerwünschten Währung verbietet. So hat auch das vielberedete polnische Gesetz vom 20. November 1919 (darüber oben S. 279ff), dessen Art. 3 für die vormals preußischen Gebietsteile Vertragsschlüsse in Reichswährung bei Strafe untersagt, nur Geltung beansprucht für Geschäfte, die in diesen Gebieten „lokalisiert“ waren[10]; wenn man eine früher erwähnte amtliche Auslegung des polnischen Finanzministers buchstäblich zu nehmen hatte, für Geschäfte, die in diesem Gebiet zu erfüllen waren[11]. Eine verwandte Bestimmung in Lettland hat hier — für eine währungspolizeiliche Vorschrift wesentlich

[10] So der Oberste Gerichtshof Warschau 17. II. 1923 Bulletin de l'Institut Intermédiaire 10, 101.

[11] Das genannte Urteil hält allerdings die Lokalisierung für gegeben bei einem Vertrag zwischen Personen mit Wohnsitz im abgetretenen Gebiet, der dort geschlossen war und sich auf ein dort belegenes Grundstück bezog, auch wenn der vereinbarte Zahlungsort außerhalb Polens lag. — Niemeyer, Zeitschrift 29, 237: das Gesetz kommt nicht in Betracht für Schuldner mit deutschem Wohnsitz.

korrekter — Beschränkungen für den Abschluß im Gebiet aufgestellt[12]; wobei unter Abschluß in derlei Fällen die Vornahme einer auf den Abschluß gerichteten Tätigkeit im Inland, nicht der juristische Abschlußort sinngemäß verstanden werden muß. Es dürfte auch die ähnliche Bestimmung des Saargebiets (gleichfalls ein Verbot unter Strafschutz) in diesem Sinn zu begrenzen sein.

Dann wieder hat man den Gebrauch fremder Währungen manchmal beschränkt, um die in ihrem Wert bedrohte Inlandswährung zu stützen. Im Anschluß an ihre Rechtsprechung über die Goldklauseln haben in den letzten Jahren die französischen Gerichte ein solches Verbot auch für den Gebrauch fremder Währungen auf privatrechtlichem Boden entwickelt, dessen Geltungsbereich zu bestimmen freilich eigentümliche Schwierigkeiten birgt. Das Verbot will nur eine Ergänzung des Goldklauselverbots sein, dieses gilt (unten § 115 Z. 2), soweit Geschäfte in französischer Währung in Frage sind, und eben das Merkmal der Inlandswährung kann hier zur Abgrenzung nicht benützt werden[13]. Es handelt sich also darum, die Begrenzung zu finden, die der Begrenzung des Hauptverbots am nächsten kommt, und das wird bei Geschäften zutreffen, für welche ohne die unzulässige Abrede die französische die gesetzliche Währung wäre[14].

Im übrigen aber werden auch solche Beschränkungen manchmal von polizeilicher Art sein und mit Strafe und begleitender Nichtigkeit Durch-

---

[12] Nach dem Gesetz vom 18. III. 1920 war der Abschluß von Rechtsgeschäften nur in inländischer Währung gestattet (Sanktion bei Zuwiderhandlung Nichtigkeit, seit einem ergänzenden Gesetz von 1921 auch Strafe) mit dem Beisatz: „diese Bestimmung bezieht sich nicht auf Rechtsgeschäfte beim ausländischen Export und Import, auf Operationen von Kreditinstitutionen mit dem Ausland, auf Geldwechseloperationen und Rechtsgeschäfte, deren Erfüllung im Ausland vorgesehen ist.“ Das ist eine Unterscheidung zwischen Binnen- und Außengeschäften, wie sie ähnlich auch anderen Rechten bekannt ist (unten § 112 Z. 2; § 115 Z. 2); eine sachliche Differenzierung, die die Geltung des Inlandsrechts voraussetzt, und man wird auch die Freilassung von Rechtsgeschäften mit ausländischem Erfüllungsort doch wohl im gleichen Sinn zu verstehen haben. In dem Gesetz vom 11. VIII. 1922 (das auf den Strafschutz verzichtet und sich mit Zwangsumstellung auf inländische Währung begnügt) wird das Verbot für die „in Lettland geschlossenen Rechtsgeschäfte“ ausgesprochen.

[13] Als weiterer Anlaß zur Unsicherheit kommt hinzu, daß die Beschränkung nur für Binnengeschäfte gelten soll, und damit die Mehrzahl der Tatbestände, bei denen sich die Richtigkeit einer Begrenzung erproben könnte, ausscheidet.

[14] Auch ein Entwurf von 1924, der nicht Gesetz geworden ist, (z. B. bei Béquignon 45) hatte ein Verbot von Verträgen in fremder Währung oder in Inlandswährung, bemessen nach dem Wert einer fremden Währung, in Aussicht genommen, und er wollte für Schulden gelten, die *en une monnaie autre que la monnaie légale* zahlbar sind. Wenn der Entwurf sein Verbot noch weiter eingeschränkt auf Verträge eines Inländers, die im Inland ihren Erfüllungsort haben, so sollte das vermutlich zur Abgrenzung der Binnengeschäfte dienen, für die allein das Verbot bestimmt war. Vgl. dazu unten a. a. O.

setzung finden. So hat man in Zeiten der Krise dem Kleinhandel zuweilen eine Preisstellung in inländischer Währung vorgeschrieben, eine gewerbepolizeiliche Anordnung an den Verkäufer, die den Betrieb im Inland erfaßt. In Deutschland sind diese Fragen vornehmlich mit Rücksicht auf Verordnungen Sowjetrußlands erörtert worden, die den Gebrauch fremder Währungen ohne Erlaubnis des Finanzkommissariats bei Strafe verboten. Soweit die Erörterung den Geltungsbereich solcher Beschränkungen betraf, hat man teils auf die schuldrechtlich maßgebende Gesetzgebung verwiesen[15], anderwärts das Recht des Abschlußorts für entscheidend erklärt[16], auch angenommen, daß die Vorschriften „fremdenrechtlich“ auf Rußland beschränkt geblieben seien[17]. In der Tat werden jene Bestimmungen vom Standpunkt Rußlands für Geschäfte gegolten haben, die in seinem Bereich mit körperlicher Tätigkeit zustandegebracht wurden. Aber freilich, für das deutsche Recht waren diese Erörterungen aus gleich zu erwähnenden Gründen gegenstandslos.

Die S. 182 erwähnten Bestimmungen, die einen Abschluß in ausländischer Währung verlangten, waren gleichfalls von wirtschaftspolizeilicher Art. Auch sie verfolgten in erster Reihe währungspolitische

---

[15] Reichsgericht 3. X. 1923 Entscheidungen 108, 241: Darlehen in Dollar, gegeben in Petersburg, rückzahlbar nach der Flucht aus Rußland am künftigen Wohnort; der Wohnort wurde Berlin, also deutsches Schuldrecht, auf grund dessen der Vertrag gültig war. Ähnlich Kammergericht 1. IV. 1926 Juristische Wochenschrift 2002. Ebenso legen Stintzing und Klein, Juristische Wochenschrift 1924, 1347 und 1503 ohne weiters internationales Schuldrecht zu grunde, und auch Frankenstein, Internationales Privatrecht 2, 128[19] knüpft hier an.

[16] Nußbaum, Geld 57ff (vgl. auch schon Juristische Wochenschrift 1924, 667) als grundsätzliche Lösung für „die“ Währungsschutzgesetze und ohne Rücksicht auf die schuldrechtlich maßgebende Rechtsordnung. Die Erstreckung auf Verträge, die durch Briefwechsel zwischen Inland und Ausland zustande kommen, ist von hier aus gleichfalls zutreffend, aber freilich nicht mit der Begründung, daß es im Einklang mit der Lokalisierung strafbarer Handlungen genügen müsse, wenn das Geschäft „zu einem wesentlichen Teil“ in Deutschland zustandegekommen ist. Es ist vollkommen unmöglich, diese strafrechtliche Erwägung in das Privatrecht zu übertragen, da für das Strafrecht eine Mehrheit von Tatorten nebeneinander bestehen kann, für das Privatrecht solches normalerweise nicht möglich ist. Doch bleibt das Ergebnis darum richtig, weil der Abschluß für die im Inland befindliche Partei verboten und nichtig ist, und diese Nichtigkeit alsdann den ganzen Vertrag ergreifen muß.

[17] Niemeyer, Zeitschrift 33, 405f und ähnlich Frankenstein 1, 578ff (freilich völlig anders als oben Anm. 15). Wenn ich von Bedenken gegen die Ausgestaltung der Meinung im einzelnen absehe, gegenüber einer schuldrechtlichen Auffassung schlägt hier das richtige Empfinden durch, daß eine solche Anordnung nicht über die Grenzen hinaus gelten wolle. Aber die Meinung bleibt auf halbem Weg stehen; es handelt sich nicht nur negativ um einen Abstrich im Geltungsbereich, sondern positiv um eine Geltung mit veränderter Anknüpfung: für Handlungen im Gebiet und nur für diese — und darnach um eine Unanwendbarkeit ausländischer Vorschriften.

Zwecke, hatten Strafe hinter sich und waren im Zweifel nach denselben Gesichtspunkten anzuwenden.

Für dritte Staaten kommen solche Bestimmungen auch insoweit, als sie durch privatrechtliche Sanktionen geschützt werden, nicht in Betracht[18]. Die fremde Währung, der sie dienen, kann als eine öffentliche Einrichtung des fremden Staats wohl Anerkennung, aber (mangels besonderer Bindung) nicht aktive Förderung beanspruchen. Und es würde eine solche Unterstützung gefordert, wenn das Inland gehalten wäre, zur Durchsetzung von Sonderinteressen eines fremden Staats in den Ablauf eines Schuldverhältnisses, das nach sonst geltendem Schuldrecht verbindlich ist, auf grund der Sondervorschriften jenes fremden Staats abändernd einzugreifen[19]. Handelt es sich aber um politische Verbote und um den Rechtsschutz in Staaten, gegen die solche Verbote als Kampfbestimmungen gerichtet sind, so würde schon die Vorbehaltklausel einer sonst veranlaßten Anwendung des fremden Rechtssatzes entgegenstehen[20].

§ 112.

Bezahlung in fremder Währung.

1. Regelmäßige Eingriffe. — 2. Eingriffe aus besonderem Rechtsgrund.

Regelmäßige Eingriffe.

1. Es ist in § 97 näher dargelegt worden, wie unter verschiedenen Gesichtspunkten die Gesetzgebungen in die Währung bestehender Schuldverhältnisse eingreifen und sie zwangsweise auf Inlandswährung

---

[18] Ausgenommen besondere Umstände, wie sie gegenüber dem Recht des Vorgängers bei Gebietsveränderungen und im vormals besetzten Gebiet nach Wiedereinsetzung der früheren Staatsgewalt bestehen. Dazu oben S. 253[30]. — In den oben Anm. 15 erwähnten Entscheidungen haben Reichsgericht und Kammergericht die Anwendung der russischen Verbote abgelehnt, weil russisches Recht nicht lex causae war (nach Lage der Umstände freilich eine höchst anfechtbare Annahme), Niemeyer und Frankenstein 1, 578, weil die Verbote ihre Geltung selbst auf russisches Gebiet beschränkt haben (anders Frankenstein 2, 128, weil die lex causae arglistig umgangen wurde). Nußbaum, Geld 59 will eine Nichtanwendung des zuständigen Auslandsrechts aus anderen Gründen als der Vorbehaltsklausel überhaupt nicht anerkennen und sieht in solcher Ablehnung den „Rückfall in eine mit dem Namen Wächters verknüpfte, heute überwundene Periode des internationalen Privatrechts". — Noch weniger kann die Außerachtlassung des fremden Verbots für das Inland einen Verstoß gegen die guten Sitten bedeuten; so zutreffend das genannte Urteil des Kammergerichts.

[19] Die grundsätzlichen Ausgangspunkte, von denen hier und im weiteren für diese Fragen ausgegangen wird, stehen nicht in völliger Übereinstimmung mit Ansichten, die früheren Teilen dieses Werks zu grunde liegen. Die Bereinigung muß dem Allgemeinen Teil vorbehalten bleiben.

[20] Oberlandesgericht Hamburg 27. V. 1922 Hanseatische Rechtszeitschrift 6, 225 zu dem polnischen Verbot: der streitige Kaufvertrag steht unter deutschem

umstellen. Die Bestimmungen dienen sehr verschiedenen Zwecken, und das kommt wiederum in ihrem Geltungsbereich zum Ausdruck.

Wo die Umwandlung von Forderungen fremder Währung im Prozeß oder bei der Vollstreckung vorgeschrieben ist, da wird eine solche Notwendigkeit eben aus den Bedürfnissen des Verfahrens hergeleitet, und es ist einleuchtend, daß sie für jedes Verfahren im Gebiet gegeben ist, mag die Forderung unter inländischem oder ausländischem Schuldrecht stehen[1] — nur muß feststehen, daß eine Vorschrift solcher Art von verfahrensrechtlicher Bedeutung ist; das englische und das Recht der Vereinigten Staaten gibt hier Anlaß zur Vorsicht[2]. Für andere Staaten aber kommen Prozeßvorschriften des Auslands nicht weiter in Betracht[3].

Für die mannigfachen Vorschriften, die dem Schuldner gestatten, eine Forderung fremder Währung mit inländischem Geld zu bezahlen, trifft man auf beträchtliche Meinungsverschiedenheiten. Nicht selten will man die Umwandlungsbefugnis einfach der schuldrechtlich maßgebenden lex causae entnehmen[4], und man versteht, in der Regel im engen Zusammenhang mit dieser Meinung, unter dem „Zahlungsort" gesetzlicher Bestimmungen, dessen Zugehörigkeit zum Inland eine Zahlung in Inlandswährung ermöglichen soll, den gesetzlichen oder vertraglichen Erfüllungsort, nicht den Ort der tatsächlichen Zahlung[5]. Und

---

Recht, und das gilt auch für die Vorschriften über seine Giltigkeit und Nichtigkeit; § 134 BGB. (Nichtigkeit eines Rechtsgeschäfts, das gegen ein gesetzliches Verbot verstößt) ist auf ausländisches Recht nicht anwendbar; das polnische Gesetz aber widerspricht so sehr jedem gesunden Rechtsempfinden, „daß es nicht erst des Hinweises auf Art. 30 bedarf (?), um seine Anwendung von der Hand zu weisen."

[1] So auch das schweizerische Bundesgericht 1. XII. 1920 Entscheidungen 46 II 403.

[2] Siehe oben § 97 Z. 3 und im besondern die S. 193 f angeführten Entscheidungen des deutsch-englischen Schiedsgerichts und des Obersten Gerichtshofs der Vereinigten Staaten (Deutsche Bank). Die beiden Urteile behandeln eine Vertragsschuld, deren Währung unter dem Gesichtspunkt eines Schadenersatzes wegen Nichterfüllung auf materiellrechtlicher Grundlage umgewandelt werden soll. Darüber freilich, ob über die Umwandlung die für den Vertrag oder die für das Delikt der Vertragsverletzung maßgebende Rechtsordnung entscheiden soll, geben die Urteile keine Auskunft.

[3] In Bezug auf Nachforderungen des Gläubigers und Abzugsrechte des Schuldners gilt auch hier entsprechend das am Schluß der Ziffer 1 bemerkte.

[4] Zitelmann, Internationales Privatrecht 2, 396; Reichel, Archiv für zivilistische Praxis 126, 321[5]; Werner bei Staudinger BGB.[9] 2, 99. Im selben Sinn werden zumeist auch die mehrfachen Äußerungen zu verstehen sein, daß bei Zahlungen im Ausland „internationales Privatrecht" entscheide. Für die lex causae ferner Diena, Diritto commerciale internazionale 2, 76; Scaduto 88[62]. Vgl. etwa auch die schwankenden und unbestimmten Begrenzungen für das französische Recht bei Mater 255 ff; Tager, Journal 51, 1080 f.

[5] So zu § 244 BGB.: Oberlandesgericht Dresden 11. X. 1917 Juristische Wochenschrift 1918, 275; Reichsgericht 25. und 29. IX. 1919 Entscheidungen 96, 262 und 270; aber auch — obwohl die gleich zu nennende Plenarentscheidung dazwischenliegt — 22. IV. 1922 Juristische Wochenschrift 1324; 20. XII. 1922 Entscheidungen 106, 99; 22. XII. 1927 Blätter für internationales Privatrecht 1928,

doch stehen einer solchen Auffassung die schwersten Bedenken entgegen[6]. Es ist früher ausgeführt worden, daß Vorschriften, die dem Schuldner eine Umwandlung der Schuldwährung gestatten, ihrem geschichtlichen Ursprung nach zunächst als eine Erleichterung für den Schuldner gedacht waren, daß sie aber eine allmähliche Umbildung erfahren haben — äußerlich sichtbar geworden in einer Beschränkung der Ersatzleistung auf die Inlandswährung — und in erster Reihe jetzt währungpolitischen Zwecken dienstbar sind. Sie nehmen insoweit Einfluß auf den Geldumlauf im Gebiet, und es folgt daraus, daß sie Anwendung finden müssen auf jede Zahlung im Gebiet, ohne Unterschied, welches die schuldrechtlich maßgebende Gesetzgebung ist, ohne Unterschied, wo der Erfüllungsort der Verpflichtung liegt. Hätte es auf den Erfüllungsort anzukommen, so müßte die Maßregel versagen, wenn im Inland Zahlung einer Schuld mit ausländischem Erfüllungsort begehrt wird. Ja man hat für solche Fälle manchmal, wo der gesetzliche Wortlaut nicht entgegen war — BGB. § 244 spricht ausdrücklich von einer Umwandlung in Reichswährung, die anderen angeführten Quellen sehen Umwandlung in „Landesmünze" vor — von der inländischen Vorschrift

131; Reichswirtschaftsgericht 19. III. 1923 Entscheidungen 2, 66; Oberlandesgericht Karlsruhe 11. XII. 1924 Badische Rechtspraxis 25, 113; auch Appellhof Colmar 16. III. 1927 Revue juridique d'Alsace-Lorraine 1927, 313. Desgleichen der Kommentar der Reichsgerichtsräte[5] (1923) 1, 354; Werner bei Staudinger a. a. O. (1927) 101; wohl auch Planck, Bürgerliches Gesetzbuch[4] (1914) 2, 60; Wolff bei Ehrenberg, Handbuch des Handelsrechts 4 I 640f (unter Ablehnung des Zusammenhangs mit der schuldrechtlich maßgebenden Rechtsordnung); Örtmann, Recht der Schuldverhältnisse[5] (1928) 37. – Zu Art. 37 der für Deutschland und die österreichischen Nachfolgestaaten geltenden Wechselordnung das vorangeführte Dresdener Urteil und dazu Bernstein mit der Angabe, das sei „gemeine Meinung". Oberster Gerichtshof Brünn 9. I. 1923 Prager Archiv 5, 489. – Zu Art. 336 II des österreichischen, § 326 des ungarischen Handelsgesetzbuchs Wahle, Rechtsprechung 4, 171; Kurie Budapest 2. VI. 1926 Journal 54, 219. – Zu Art. 84 II des schweizerischen Obligationenrechts Bundesgericht 10. VI. 1925 Entscheidungen 51 III 180; Zivilgericht Genf 13. I. 1920 Journal 47, 279; Appellationshof Bern 4. III. 1921 Schweizerische Juristenzeitung 18, 307; Kantonsgericht St. Gallen 15. VII. 1921 ebenda 19, 220. Meyer ebenda 13, 8; Müller, Zeitschrift für schweizerisches Recht 65, 173a; v. Thur, Allgemeiner Teil des Obligationenrechts 54. – Zu Art. 39 des italienischen Handelsgesetzbuchs Ascarelli 271.

[6] Vgl. für Deutschland vor allem die Plenarentscheidung des Reichsgerichts 24. I. 1921 Entscheidungen 101, 312: wie für die Zeit, so muß auch für den Ort der Umwandlung die tatsächliche Zahlung entscheiden; läge der Erfüllungsort im Ausland, so entstünde für Inlandszahlungen eine Lücke. Oberster Gerichtshof Wien 11. I. 1922 Rechtsprechung 4, 170. Bezirksgericht Zürich 21. III. 1916 Schweizerische Juristenzeitung 13, 8 (durch die Zwangsvollstreckung entsteht ein „Zahlungsort" im Inland). Der Pariser Kassationshof 23. I. 1924 Journal 52, 166 läßt die Frage (in einem Elsässer Fall) offen. Im Sinn des Textes auch schon Leonhard, Erfüllungsort und Schuldort 93, 167 (mit anfechtbarer Begründung); die überzeugenden Ausführungen von Nußbaum 215f; Ussing, Svensk Juristtidning 11, 197.

zu gunsten einer auswärtigen Landesmünze Gebrauch gemacht[7]; in Verkennung des Umstands, daß die heimische Vorschrift nach ihrem sachlichen Inhalt nur zur Förderung der Inlandswährung erlassen ist. Hinzukommt aber von jenem Standpunkt aus noch die weitere Schwierigkeit, daß es unbestrittenermaßen Fälle gibt, bei denen die schuldrechtlich maßgebende Rechtsordnung nicht durch den Erfüllungsort bestimmt wird, und man hätte unter solchen Umständen nur die Möglichkeit, entweder den gedanklichen Ausgangspunkt der Entscheidung preiszugeben oder sich über den Wortlaut der gesetzlichen Bestimmungen hinwegzusetzen[8].

Hat es somit auf die tatsächliche Zahlung im Gebiet anzukommen, so muß bei einer Zahlung unter Abwesenden der Ort entscheiden, von dem aus die Zahlung abgesendet wird[9]; es wäre sinnwidrig, wenn die Vorschrift, die eine Erleichterung für den Schuldner vorsieht, dazu führen könnte, mit Rücksicht auf den ausländischen Empfangsort den Schuldner oder seinen Beauftragten zur Beschaffung einer ortsfremden Währung zu nötigen[10]. Der Satz will, wie schon oben bemerkt, nur die inländische Währung begünstigen, und es ist darum auch nicht möglich, ihm etwa eine Kollisionsnorm zu entnehmen, nach der über die Umstellung einer Fremdwährungsschuld, die im Ausland bezahlt wird, das dort geltende Recht zu entscheiden hätte[11]. Eine aktive Förderung ausländischer Staatseinrichtungen kann nach den gegenwärtig geltenden Anschauungen nicht gefordert werden, und es könnte überdies noch sein, daß eine solche Förderung zum Schaden der heimischen Währung in

---

[7] Oberster Gerichtshof Brünn, Kantonsgericht St. Gallen, Appellhof Colmar (dieser sogar nach § 244 BGB.), Wahle, Meyer a. a. O. Praktische Bedeutung konnten solche Versuche freilich nur gewinnen, wo es sich tatsächlich dennoch um eine Zahlung im Inland handelte. In Deutschland pflegt man im Anschluß an die reichsgerichtliche Entscheidung 29. IX. 1919 für solche Fälle auf „internationales Privatrecht" zu verweisen, vermutlich in dem Sinn, daß das Recht des ausländischen Erfüllungsorts als die schuldrechtlich maßgebende Gesetzgebung zu entscheiden habe, ob eine Umwandlung der Schuldwährung statthaft sei. In diesem Sinn jedenfalls auch v. Thur a. a. O.

[8] Diesen letzteren Weg geht (ohne nähere Begründung) Reichel, Archiv a. a. O. 321 f, und er kommt von hier aus dazu, auf Forderungen unter deutschem Schuldrecht, deren Erfüllungsort im Ausland liegt, den deutschen § 244 anzuwenden, bei Forderungen unter ausländischem Schuldrecht, die den Erfüllungsort in Deutschland haben, in Anwendung der ausländischen Vorschrift eine Umwandlung in die dortige Währung zum Schaden der Reichswährung zuzulassen.

[9] Staub, Handelsgesetzbuch[12] 3, 287. Reichel, Schweizerische Juristenzeitung, will die Regel anwenden, sowohl wenn der Absendeort, als auch wenn der Empfangsort im Gebiet liegt.

[10] Nur beschränkt sich diese Regelung ihrem Zweck entsprechend auf die Übersendung von Geldzeichen, und sie gilt nicht etwa für Übersendung eines Schecks oder Erteilung des Auftrags zur Gutschrift im andern Gebiet.

[11] So (unter dem Gesichtspunkt eines Erfüllungsorts im Ausland) die oben Anm. 7 erwähnte in Deutschland übliche Auffassung, aber auch Nußbaum 216.

Betracht käme. Eben darum bleibt es sogar möglich, daß ein Gläubiger, der durch eine Umwandlung im Ausland zu Schaden gekommen ist, den Ausfall vor einem zuständigen inländischen Gericht nachfordern kann[12]. Dagegen mag allerdings die fremde Umwandlungsnorm für das Inland als Tatsache in Betracht kommen: wenn der Schuldner wegen einer Verpflichtung, deren Erfüllungsort im Ausland liegt, bei uns zur Zahlung genötigt wird, so kann er den Schaden geltend machen, den er dadurch erleidet, daß er von der Umwandlungsnorm des Erfüllungsorts nicht Gebrauch machen konnte.

Eingriffe aus besonderem Rechtsgrund.

2. Die sonstigen Gründe, die zu der Umstellung einer Schuld fremder Währung auf Inlandswährung Veranlassung geben, sind von verschiedenerlei Art. Manchmal wollen solche Bestimmungen den Schuldner schützen, den die Zahlung in hochwertiger Fremdwährung zu überlasten droht. Vorschriften dieser Art (sie dienen zum Teil auch dem Schutz eines Schuldners, der Goldzahlung versprochen hat) enthält etwa eine ungarische Verordnung vom 10. Februar 1923[13]: sie sieht die Umwandlung privatrechtlicher Schulden, die »effektiv in Gold oder in ausländischer Goldwährung (in in- oder ausländischen Goldmünzen)« zu bezahlen sind[14], in Inlandswährung zum Kurswert vor und knüpft daran die Möglichkeit richterlicher Stundung und Ermäßigung nach Billigkeit; für Staatsschulden wird der zu leistende Wert im Verordnungsweg festgesetzt. Ein rumänisches Gesetz vom 2. Juni 1923 bezieht sich auf Schulden „in ausländischer wertbeständiger Währung“ und gewährt ihnen (ergänzt durch eine Anzahl Staatsverträge) Stundung. Oder es werden Schuldnern bestimmter Art solche Vorteile zugewendet. Nach einer italienischen Verordnung vom 14. April 1918 zusamt ihren späteren Ergänzungen[15] dürfen näherbezeichnete italienische Gesellschaften, an deren Tätigkeit ein öffentliches Interesse besteht, ihre in Fremdwährung (oder in Gold) ausgestellten Schuldverschreibungen, auch wenn sie im Ausland zahlbar sind und dort umlaufen, im Inland und in Inlandswährung zu 125% der Münzparität (des Nennwerts) einlösen und verzinsen, wenn nicht der Gläubiger Stundung gegen vertraglichen Zins vorzieht. Und es gehört dahin auch ein österreichisches Gesetz vom 27. Januar 1922, das der Stadt Wien gestattet, ihre in österreichischer

[12] Außer es wäre — unrichtigerweise — die Umwandlung in den Tenor des ausländischen Urteils aufgenommen, es wäre das Inland verpflichtet, Urteile dieses Staats anzuerkennen, und es hätte sich nicht um die Abänderung einer Schuld inländischer Währung gehandelt.

[13] Bei Nußbaum, Vertraglicher Schutz 92.

[14] Wenn die Übersetzung genau ist, besteht hier eine wunderliche Lücke für hochwertige Auslandswährung, die keiner Goldklausel bedarf.

[15] Vgl. über sie oben S. 184[10]. Ebendort über auch das nachstehend besprochene österreichische Gesetz.

und fünf Auslandswährungen ausgestellten Schuldverschreibungen lediglich in österreichischen Kronen zurückzubezahlen. Hier überall handelt es sich um den Schutz des Schuldners, gleichviel, von welcher Währung ihm Gefahr droht. So entscheiden über den Geltungsbereich dieser Anordnungen die Sätze des internationalen Privatrechts, die für Stundungen gelten — die Lehre ist freilich noch nicht geschrieben — und die Bestimmungen werden (soweit sie nicht von vornherein auf bestimmte Inlandsschuldner berechnet sind) denjenigen zu gute kommen, die im Inland den Wohnort oder, wenn die Verpflichtung mit ihr zusammenhängt, eine Niederlassung haben[16]. Solche Bestimmungen sind nach Maßgabe ihrer Anknüpfung auch in anderen Staaten anwendbar. Nur wird man dort zu der Vorbehaltsklausel greifen müssen, wenn die Maßregel sich als eine unlautere Begünstigung inländischer Schuldner zu Lasten ausländischer Gläubiger erweisen sollte. So hat man aus solchem Grund jenem österreichischen Gesetz in Deutschland mit scharfen Worten die Gefolgschaft versagt; wie ich glaube, zu Unrecht[17]. In Frankreich hat man sich gegenüber den genannten italienischen Verordnungen auf einen ähnlichen Standpunkt gestellt[18]; mit der Rückwirkung allerdings, daß ein französisches Urteil dieses Inhalts alsdann in Italien auf grund der Vorbehaltsklausel von der Anerkennung ausgeschlossen bleiben soll[19]. —

---

[16] Nußbaum, Geld 200 will unbeschadet der Vorbehaltsklausel die lex causae anwenden. In dem Fall der Stadt Wien erklärt ein gleich zu nennendes Urteil des Kammergerichts das österreichische Recht für zuständig, wenn es sich bei dem Gesetz um die Aufhebung der Verpflichtungen fremder Währung handle, dagegen das Recht des in jedem der Währungsgebiete begründeten Erfüllungsorts, wenn nach der Absicht des Gesetzes die Zahlung in Kronen als Leistung an Erfüllungsstatt anzusehen sei, weil das Erfüllungsgeschäft unter dem Recht des Erfüllungsorts stehe. Indessen ist weder dieser letztere Satz als solcher zutreffend noch eine dahingehende Auslegung des Gesetzes veranlaßt.

[17] Kammergericht 2. VII. 1928 Bankarchiv 28, 27. Es ist das höhere Interesse, daß eine Körperschaft wie die Stadt Wien wirtschaftlich nicht zusammenbricht, als daß die Gläubiger, die in ruhigen Zeiten ihr Geld derart angelegt hatten, um jeden Preis den erwarteten Nutzen finden. Die Entlastung der Goldschuldner in Deutschland ist sehr viel weiter gegangen. — Bei der Korrektur kann noch auf das bestätigende Urteil des Reichsgerichts 14. XI. 1929 Entscheidungen 126, 196 verwiesen werden, das zu der Beiziehung der Vorbehaltsklausel keine Stellung nimmt, jenes österreichische Gesetz aber hinsichtlich der versprochenen Auslandswährungen für unanwendbar hält, weil sich — eine überaus bedenkliche Fiktion — die Parteien für die Fortdauer der im Ausland zahlbaren Verpflichtungen fremder Währung dem Recht des jeweiligen ausländischen Zahlungsorts unterwerfen wollten.

[18] Zivilgericht Paris 18. I. 1928 Dalloz hébdomaire 205: zwar beanspruche die italienische Verordnung Geltung auch für die im Ausland zu erfüllenden Verbindlichkeiten, aber das könne gegen „ausländische Inhaber“ nicht anerkannt werden.

[19] Ascarelli 271 [3].

In den Niederlanden, in der Schweiz darf Arbeitslohn nur in inländischer Währung bezahlt werden. Die Vorschrift will, wie die gleichartige Bestimmung, die eine Vereinbarung des Arbeitslohns in fremder Währung verbietet (oben S. 314), die im Land geleistete Arbeit schützen und wird darnach ihre Begrenzung empfangen. Aber auch für dritte Staaten bestehen keine Bedenken, eine solche Vorschrift anzuwenden, wenn es sich um Arbeit in jenen Ländern handelt. —

Weit häufiger jedoch sind Vorschriften, die mit einer Zwangsumstellung auf inländische Währung staatliche Sonderinteressen wahrnehmen wollen, den Schutz einer in ihrem Wert bedrohten Währung[20] oder auch die Durchsetzung einer Währung aus politischen Gründen. So ist in den Notzeiten der Mark, um dies als hervortretendes Beispiel zu benützen[21], bei Strafe und Nichtigkeit verboten worden, Zahlung in ausländischen Zahlungsmitteln „zu fordern, anzubieten, auszubedingen, zu leisten oder anzunehmen". Als polizeiliche Vorschrift hat die Bestimmung für den Vorgang im Gebiet gegolten[22], war anwendbar, wenn hier gefordert oder geleistet wurde, war anwendbar, wenn die Forderung, die Geldsendung aus dem Inland in ein fremdes Rechtsgebiet, aber auch, wenn sie aus dem Ausland nach Deutschland gelangte[23]. Doch empfingen diese Verbote eine nachdrückliche Einschränkung von der sachlichen Seite her, indem sie — fremdenrechtlich und darnach unter der Voraussetzung, daß die Verbote mit Rücksicht auf ihren Geltungsbereich überhaupt hätten in Betracht kommen können — auf Inlandsgeschäfte beschränkt waren[24]. In gleicher Begrenzung (und gleicher sachlicher

[20] Über eine Zwangsumstellung nicht der Währung, sondern des Umrechnungssatzes für die geschuldete Fremdwährung unten § 114.

[21] Vgl. zum folgenden oben § 97 Z. 1.

[22] Zum Teil abweichend Nußbaum und Frankenstein, vgl. dazu unten § 115 Z. 2. — Über den Geltungsbereich von Vorschriften, die mit dem Verbot, über ausländische Geldzeichen zu verfügen, mittelbar eine Zahlung in fremder Währung behindern, unten § 113 Z. 1.

[23] Für Sendungen aus dem Ausland entspricht die Rechtslage der oben S. 308 bezeichneten, während die abweichende Lösung S. 321 auf den besonderen Zweck der dort behandelten Umwandlung zurückgeht.

[24] Als Inlandsgeschäft sollten nach dem Gesetz 2. II. 1922 § 1 angesehen werden „Geschäfte zwischen Parteien, die beide ihren Wohnsitz oder Sitz im Inland haben und bei denen, soweit es sich um Warenlieferungen handelt, die Waren nicht zum Versand nach dem Ausland bestimmt sind". Erweitert in der Verordnung 8. V. 1923 § 2: „wenn beide Parteien ihren Wohnsitz, Sitz oder Aufenthalt im Inland haben oder das Geschäft im Betrieb ihrer inländischen Niederlassung oder ihres inländischen Bevollmächtigten abgeschlossen wird." Dazu zahlreiche Einzelausnahmen für Fälle mit Auslandsbeziehung (RGBl. 1922, 214 809; 1923, 119 279 748 835 1073 1120); allgemeine Beschränkung nach der Verordnung 2. XI. 1923 § 2: „ein Inlandsgeschäft liegt nicht vor, wenn beide Parteien im Inland weder Wohnsitz noch Sitz haben." Zur Auslegung etwa Reichsgericht 28. III. 1924 Entscheidungen 108, 139; Oberlandesgericht Kiel 5. XII. 1923 und 3. XII. 1924 (zeitliche

Beschränkung) galt das ergänzende Verbot, Abschluß und Leistung zu verweigern, weil die Zahlung in Mark erfolge, mit seinem Verwaltungs- und Strafzwang, galt die Vorschrift, bei Schulden fremder Währung Reichsmark in Zahlung zu nehmen[25]. Aber auch politische Verbote fremder Währung besitzen im Zweifel denselben Geltungsbereich.

Für andere Staaten kommen Zwangsumstellungen, die ein Staat zum Schutze seiner Währung oder aus außenpolitischen Gründen vornimmt, abermals nicht in Betracht[26], und so kann der Gläubiger in die Lage kommen, einen Ausfall, den er durch eine solche Umstellung im Ausland erlitten hat, vor inländischen Gerichten nachzufordern[27]. Nur mag es sein, daß derartige Vorschriften eines fremden Staats zwar nicht als Rechtssatz, aber in ihrer tatsächlichen Auswirkung für das Inland rechtliche Bedeutung erlangen: wenn nämlich der Schuldner im Inland wegen einer Verpflichtung belangt wird, deren Erfüllungsort im Ausland liegt und der Schuldner bei einer Leistung am Erfüllungsort den Vorteil der dort geltenden Umwandlung gehabt hätte. Denn wo ein Zwang, anderwärts zu leisten, privatrechtlich überhaupt statthaft ist, pflegt dem Schuldner die Geltendmachung des Schadens vorbehalten zu werden, den er durch die Leistung an einem andern als dem Erfüllungsort erleidet. Aber freilich, nur ein rechtmäßiges Interesse dieser Art wird dabei berücksichtigt werden können; also nicht beispielsweise, wenn der Schuldner die Möglichkeit gehabt hätte, den Richter am fremden Erfüllungsort zu bestechen. Eine Reichsmarkschuld mit Erfüllungsort in den an Polen abgetretenen Provinzen war gültig begründet worden, vor ihrer Erfüllung erging das polnische Gesetz, das, wie Vereinbarung, so auch Zahlung in Reichsmark verbot und polnische Mark gleichen Betrags an deren Stelle setzte[28], der Gläubiger klagt vor deutschen Gerichten auf Reichsmark: an sich konnte der Schuldner auch hier sein Interesse geltend machen, nicht mehr als am Erfüllungsort leisten zu müssen; wenn aber die oben S. 282 gemachten Ausführungen zutreffen, so lag in dem Umrechnungssatz eine bewußte Schädigung der deutschen Gläubiger und — nicht wegen der Vorbehaltsklausel, die nur bei An-

Geltung der Abgrenzung zwischen Inlands- und Auslandsgeschäft, anfechtbar) Jahrbuch des deutschen Rechts 23, 69 und 24, 102.

[25] Verwaltungsrechtlicher Zwang § 6^{IV} der Verordnung 7. XI. 1923. — Für Handlungen im Gebiet galt auch das schon S. 317 erwähnte Gebot, bei gewissen Geschäften (Preisstellung und) Zahlung in fremder Währung zu fordern.

[26] Für den Fall einer Gebietsveränderung gelten die Bemerkungen unten S. 331 auch für die hier behandelten Maßnahmen des Währungsschutzes. Bestimmungen außenpolitischer Art können bei einer Gebietsveränderung nicht erhalten bleiben.

[27] Das wäre nur etwa dann anders, wenn seine Forderung in dem fremden Staat urteilsmäßig festgestellt worden ist, und es würden Urteile jenes fremden Staats im Inland anerkannt.

[28] Über den Geltungsbereich der Bestimmung oben S. 315.

wendung einer fremden Vorschrift als Rechtssatz in Betracht kommen kann — aber wegen der tatsächlichen Grundlagen der Einwendung, aus schuldrechtlichen Gründen mußte der deutsche Richter hier von der Berücksichtigung des Ortsinteresses absehen[29].

Können aber Zwangsumstellungen eines andern Staats schon da nicht beachtet werden, wo sie selbst Geltung verlangen, so ist es noch weniger angängig, aus einer Vorschrift des inländischen Rechts, die bei Inlandszahlungen der heimischen Währung solchen Schutz verleiht, folgern zu wollen, daß bei Zahlungen im Ausland der entsprechende Schutz zu gunsten der dortigen Währung platzgreifen müsse — ein Schutz, den das Recht jenes Landes für seine Währung vielleicht gar nicht verlangt. Das schweizerische Bundesgericht hat dergleichen in der Tat einmal versucht[30]: deshalb, weil nach der (mißverständlichen) Meinung des Urteils Art. 84 I des schweizerischen Obligationenrechts zur Zahlung einer Fremdwährungsschuld in Inlandmünze verpflichte, müsse, so hat das Gericht angenommen, bei einer Zahlung in Paris französische Währung geleistet werden.

§ 113.

Geldzeichen fremder Währung und Verwandtes.

1. Der Verkehr mit ausländischen Zahlungsmitteln. Verschuldung in das Ausland. — 2. Anmeldung und Ablieferung.

Der Verkehr mit ausländischen Zahlungsmitteln. Verschuldung in das Ausland.

1. Zum Schutz einer bedrohten Währung wird der Verkehr mit ausländischen Geldzeichen und mit Forderungen, die Anspruch auf solche gewähren (mögen sie in rechtlich selbständigen Urkunden verkörpert sein oder nicht) mannigfach beschränkt; es ist davon oben S. 209 gesprochen worden. Das deutsche Recht hat Erwerb und Veräußerung von Zahlungsmitteln fremder Währung an einen Bankzwang gebunden, zum Teil auch an Einholung von Erlaubnissen geknüpft[1]. Und es hat, um durch eine Verminderung der Einfuhr mittelbar die Inlandswährung zu stützen, eine Verschuldung in das Ausland, auch wenn sie in Inlandswährung erfolgt, durch die Einführung von Genehmigungspflichten beschränkt[2]. Den Geltungsbereich dieser Vorschriften zu bestimmen, hat

[29] So im Ergebnis auch ein sehr anfechtbar begründetes Urteil des Reichsgerichts 5. XII. 1922 Juristische Wochenschrift 1924, 1357.

[30] Urteil 27. VI. 1918 Entscheidungen 44 II 213.

[1] Über Höchstpreise für ausländische Zahlungsmittel in Form ihrer Bindung an Inlandskurse unten § 114.

[2] So § 3 der Bekanntmachung vom 8. II. 1917, deren § 1 ebenso wie schon die Bekanntmachung vom 20. I. 1916 den Verkehr mit ausländischen Zahlungsmitteln regelt. Und eben nach seiten des Geltungsbereichs werden die beiden

Schwierigkeiten geboten, zumal er für verschiedene Zeitabschnitte verschieden zu umgrenzen war. Die Vorschriften der Kriegszeit, die diesen beiden Zwecken dienstbar waren, hatten zwar den Anwendungsbereich der verwaltungsrechtlichen Norm nicht näher bestimmt, aber für den ergänzenden Strafschutz (in § 10 der Bekanntmachung von 1917, wie schon nach § 6 der Bekanntmachung von 1916) beigefügt: „Wegen der Zuwiderhandlung kann ein Deutscher auch dann verfolgt werden, wenn er sie innerhalb eines inländischen Geschäftsbetriebs im Ausland begangen hat.“ Zutreffend hat schon die Rechtsprechung darauf hingewiesen[3], daß die Fassung dieser Vorschrift durch Rücksichten des internationalen Strafrechts veranlaßt sei, der Geltungsbereich der verwaltungsrechtlichen Norm selbständig bestimmt werden müsse. Besser als in verwandten Fällen ist dabei der Rechtsprechung auch die Ablösung von der schuldrechtlich maßgebenden Gesetzgebung gelungen[4]. Positiv aber wird in diesen Entscheidungen die Anwendbarkeit der Beschränkungen des Inlandsrechts davon abhängig gemacht, ob „das Geschäft sich in das deutsche Rechts- und Wirtschaftsgebiet unmittelbar auswirkt“[5]. Für währungspolizeiliche Maßnahmen eine in ihrer Unbestimmtheit äußerst ungeeignete Abgrenzung; noch unbestimmter geworden, als man in der Folge die rechtliche Einwirkung preisgab und sich mit einer Wirkung auf das deutsche Wirtschaftsgebiet begnügte[6]. Wo aber bot sich eine sachgemäßere Anknüpfung? Soweit es sich bei diesen Vorschriften um den Verkehr mit ausländischem Geld handelte, hat man[7] von einer Zwangsbewirtschaftung der Devisen gesprochen, und das hätte folgerichtig zu einer Beschränkung auf die im Inland vorhandenen Geldzeichen geführt; allein das positive Recht hat offensichtlich diese

---

Gegenstände in dieser Verordnung übereinstimmend behandelt. Dazu für Verschuldung in das Ausland in der Folge die Verordnung 9. VIII. 1923 RGBl. I 765. Für Frankreich das Gesetz 3. IV. 1918.

[3] Reichsgericht 13. II. 1922 Entscheidungen 104, 50.

[4] Reichsgericht 19. XII. 1921 Warneyer, Rechtsprechung 15, 34; 29. VI. 1923 Recht Nr. 1333; 21. VI. 1924 Juristische Wochenschrift 1516; 21. (nicht 2.) VI. 1924 Leipziger Zeitschrift 470; 16. I. 1926 Recht 581; 7. VII. 1926 ebenda 582. Mehrfach wird in diesen Entscheidungen für die Bestimmung des Geltungsbereichs auf den besondern „Zweck“ der Vorschriften abgestellt und dafür, entbehrlich wenn auch nicht unrichtig, auf Art. 30 EG.BGB. verwiesen. Einem Urteil vom 19. XII. 1923 Juristische Wochenschrift 1924, 672 ist mit seiner Berufung auf Art. 30 freilich Mißgeschick widerfahren, wenn es da (gegenüber einer von Deutschland aus übernommenen Verpflichtung) heißt, wohl stehe der Vertrag unter dänischem Recht, weil aber das dänische Recht die deutsche Bekanntmachung von 1917 „nicht achte“, würde „die Anwendung dänischen Rechts gegen den Zweck der Bekanntmachung verstoßen“.

[5] So zuerst das Urteil vom 13. II. 1922 und dann die Mehrzahl der in Anm. 4 genannten Entscheidungen.

[6] Urteile 29. VI. 1923, 21. VI. 1924 und öfter.

[7] Helfferich, Geld[6] 243.

Folgerung nicht gezogen[8]. Dasselbe gilt von einer Anwendung auf die Handlungen, die im Inland vorgenommen wurden[9]. Jedoch die entscheidende Anknüpfung war mit der Kraft positiven Rechts in der Strafdrohung zum Ausdruck gekommen: die Handlung mußte „innerhalb eines inländischen Geschäftsbetriebs" geschehen sein[10]. Lag die Voraussetzung vor, so fielen auch Auslandshandlungen und Geschäfte über im Ausland befindliche Zahlungsmittel und Geldbestände unter diese Beschränkungen; auch wenn es sich um Geschäfte der inländischen Zweigniederlassung eines ausländischen Unternehmens handelte. Und nur die — auf einer unveranlaßten Angleichung an das sonstige internationale Strafrecht beruhende — Beschränkung der Strafsanktion auf Handlungen Deutscher im Ausland führte insoweit zu einer (auf die verwaltungsrechtliche Norm bezogen) fremdenrechtlichen Beschränkung im Geltungsbereich der Vorschriften[11]. Dagegen fielen Auslandshandlungen, auch solche eines Deutschen, nicht unter die Vorschriften, wenn sie außerhalb jenes Rahmens verblieben[12]. Das galt auch für die selbständigen Geschäfte, die die ausländische Zweigniederlassung eines deutschen Unternehmens abschloß[13], und es galt insbesondere für die im Ausland ansässige Gegenpartei des von den Vorschriften gebundenen deutschen Teils[14]. Innerhalb eines ausländischen Geschäftsbetriebs

[8] Weisbart, Juristische Wochenschrift 1924, 1516 sieht in § 1 II der Verordnung von 1917 Beschränkungen für das dingliche Geschäft und wendet sie unter diesem Gesichtspunkt auf die im Inland befindlichen Zahlungsmittel an. Aber die Voraussetzung war unzutreffend.

[9] Ein Ansatz zu solcher Begrenzung in der reichsgerichtlichen Entscheidung Juristische Wochenschrift 1924, 1516. Auch bei Nußbaum ebenda 672.

[10] Das streifen auch die beiden Entscheidungen vom 21. VI. 1924. Auf Handlungen eines Privatmanns ohne Geschäftsbetrieb war die Bestimmung entsprechend anzuwenden; die einfache Verweisung auf den Wohnsitz im Inland, wie sie Weisbart aufstellt, war zu weit. — Im übrigen begegnen bei diesem Schriftsteller krause Phantasien: der Bankzwang beschränkt „die Geschäftsfähigkeit der Parteien", und diese bestimme sich nach dem internationalen Privatrecht Deutschlands bei Handlungen im Ausland nach den dort geltenden Gesetzen. Kaum größeres Gewicht hat das Urteil des Oberlandesgerichts Karlsruhe 11. XII. 1924 Badische Rechtspraxis 25, 113: der Vertrag gilt ohne Rücksicht darauf, ob er unter deutschem Schuldrecht steht, „weil es sich nicht um eine im Inland zu zahlende Geldschuld im Sinn des § 244 BGB. handelt."

[11] Dabei entschied die Staatsangehörigkeit des Täters, nicht etwa die staatliche Zugehörigkeit des Unternehmens, für das er handelte. Verwirrung bei Scharfenberger in Beiträge zur Erläuterung des deutschen Rechts 60, 602f.

[12] Bezeichnende Beispiele in den beiden Entscheidungen des Reichsgerichts vom 21. VI. 1924.

[13] Anerkannt in der Regierungsdenkschrift, Verhandlungen des Reichstags 317 Nr. 225, 81.

[14] Vgl. etwa Jessen, Bankarchiv 16, 187. Dagegen will das Urteil vom 13. II. 1922 die fremde Partei ohne weiters unter das deutsche Recht stellen; vorsichtiger die eine der Entscheidungen vom 21. VI. 1924 (J. W.).

konnten solche Handlungen sogar in Deutschland unbeschränkt vorgenommen werden.

Jene Anordnungen der Kriegszeit waren in der Folge weggefallen. Als aber die ansteigende Krise der deutschen Währung nach dem Krieg abermals zu Maßregeln solcher Art nötigte[15], hat man die Begrenzung von seiten des internationalen Strafrechts her nicht wieder aufgenommen, aber auch sonst auf eine ausdrückliche Regelung des Geltungsbereichs verzichtet. Alle diese neuen Bestimmungen waren wohl anwendbar, wenn eine derartige Handlung innerhalb des Reichs betätigt wurde[16]. Sie hat unter dieser Voraussetzung den Verkehr zwischen Inland und Ausland erfaßt, auch für Bestände im Ausland gegolten, und es war dabei auch für einen Unterschied zwischen inländischem und ausländischem Geschäftsbetrieb kein Raum mehr[17].

Die gleichartigen Bestimmungen der österreichischen Devisenordnung sind von der Rechtsprechung ebenfalls auf Handlungen im Gebiet angewendet worden[18]. Und ein französisches Gesetz vom 3. April 1918 beansprucht ausdrücklich Geltung für die Personen inländischen Aufenthalts und für Gesellschaften, auch fremde Gesellschaften, die in Frankreich eine Niederlassung haben[19].

---

[15] Soweit es sich um den Verkehr mit ausländischen Geldzeichen handelte, oben S. 209. Für Verschuldung in das Ausland die Verordnung 9. VIII. 1923 RGBl. I 765.

[16] Dementsprechend erklärte § 3 der Verordnung 8. V. 1923 den Erwerb ausländischer Geldzeichen genehmigungspflichtig, „auch soweit er auf grund eines vom Inland erteilten Auftrags im Ausland erfolgt". Und eine Verordnung vom 29. VI. 1923 ergänzt: „Als Auftraggeber gilt auch der inländische Bevollmächtigte und die inländische Niederlassung, in deren Betrieb der Auftrag erteilt wird." Im selben Sinn war wohl § 4 der erstgenannten Verordnung zu verstehen, der Geschäfte über ausländische Zahlungsmittel „im Inland und Ausland" unter Bankzwang stellte (bei Übernahme der Bestimmung in die Verordnung vom 8. XI. 1924 § 2 wurde die Wendung weggelassen). Nach Lion, Devisenvorschriften 14 hätte freilich der Bankzwang für Ankäufe „im In- und Ausland ohne Ausnahme" gegolten. Für die hier besprochene Gruppe von Vorschriften zutreffend schon Nußbaum, Geld 56.

[17] Auch das Verbot von Termingeschäften in ausländischen Zahlungsmitteln (Verordnung 3. VII. 1923) dürfte Geschäfte an ausländischen Börsen umfaßt haben, wenn der Auftrag vom Inland ausging. Dafür spricht schon die Verbindung mit der unten zu erörternden Verordnung vom 22. VI. 1923, aber auch die entsprechende Rechtslage nach dem gemeinen Recht der Börsentermingeschäfte. Denn auch sonstige Verbote solcher Geschäfte gelten nach § 61 des Börsengesetzes (die herrschende Meinung ist freilich andrer Ansicht) für Personen deutschen Wohnsitzes, wenn sie das Geschäft an einer ausländischen Börse durchführen wollen.

[18] Oberster Gerichtshof Wien 8. II. 1921 Rechtsprechung 4, 38 zu § 2 der Verordnung 18. VI. 1918 RGBl. 551. Das Gericht spricht allerdings von dem Vertragsschluß im Gebiet, und eine Kritik des Urteils ebenda will die Verordnung als unanwendbar erklären, weil der (juristische!) Ort des Abschlusses außer Landes gewesen sei; jedenfalls aber sei solchenfalls die im Ausland ansässige Gegenpartei nicht an Beschränkungen gebunden.

[19] Siehe Art. 1 und die Begriffsbestimmung in Art. 3; als „Person ausländischen

Zur Überwachung der Vorschriften über den Verkehr mit ausländischen Zahlungsmitteln ist mehrfach der Geschäftsbetrieb der Wechselstuben, der Devisenmakler unter gewerbepolizeiliche Regelung genommen worden. Es ist einleuchtend, daß für deren Anwendbarkeit die Niederlassung im Gebiet Voraussetzung war, und es mußte jede Teilniederlassung im Gebiet ausreichen, um die vorgesehene Aufsicht zu begründen[20].

Andere ergänzende Bestimmungen sind von rein strafrechtlicher Art, etwa Strafdrohungen gegen eine Spekulation auf Sinken der Inlandswährung[21] oder die weitgreifenden Tatbestände des tschechoslowakischen Währungsschutzgesetzes vom 14. Dezember 1923. Hier ist nirgends eine selbständige verwaltungsrechtliche Norm vorhanden, deren Geltungsbereich Voraussetzung für die Anwendbarkeit der Strafdrohung sein könnte; das internationale Strafrecht hatte unmittelbar ihren Geltungsbereich zu bestimmen. Der Tschechoslowakei hat das einen Währungsschutz in erweitertem Ausmaß ermöglicht[22]. Für Deutschland und Frankreich bedeutete die Verweisung auf internationales Strafrecht praktisch wiederum die Begrenzung auf Handlungen im Gebiet. Denn da Auslandsvergehen eines Inländers nach diesen Rechten regelmäßig nur strafbar sind, wenn sie auch von den Gesetzen des fremden Tatorts mit Strafe bedroht werden, mußte eine Verfolgung von Auslandshandlungen mangels solcher Voraussetzung scheitern.

Denn der Währung eines fremden Staats wird regelmäßig der besondere Wertschutz versagt; wie auch die privatrechtliche Nichtigkeit, die ein fremder Staat auf Zuwiderhandlung gegen Vorschriften der hier behandelten Art setzt, einer Anerkennung in anderen Staaten nicht fähig ist. Sehr ausnahmsweise allerdings geht positives Recht weiter. Eine deutsche Bekanntmachung vom 10. Januar 1918 RGBl. 13 hat die Verfügung über Forderungen, die einem in der Türkei ansässigen Gläubiger gegen einen Schuldner in Deutschland zustanden, an die Genehmigung der türkischen Devisenzentrale geknüpft, auf Zuwiderhandlung Strafe gesetzt und die Strafe auch hier für den Fall angedroht, daß ein Deutscher innerhalb seines inländischen Geschäftsbetriebs die Zuwiderhandlung im Ausland begangen hätte.

Aufenthalts" gilt nach Art. 3 auch die ausländische Niederlassung einer inländischen Gesellschaft. Vgl. ferner Art. 6: Verbot, in Frankreich eine Urkunde auszustellen, die dem Inhaber ein Recht auf ausländisches Vermögen gewährt. Auch den Entscheidungen bei Mater 404 f liegen (soweit der Tatbestand mitgeteilt ist) Handlungen im Inland zugrunde.

[20] Das wird insbesondere in Art. 69 des französischen Gesetzes vom 22. III. 1924 vorausgesetzt (Anzeigepflicht für Devisenhandel beim Stempelsteueramt einer jeden *„succursale ou agence"*).

[21] Verordnung 29. VI. 1923 RGBl. I 507 § 11. Französisches Gesetz 12. II. 1924 Art. 2.

[22] Vgl. etwa Gellner, Prager Archiv für Gesetzgebung 6, 10.

Bei einer Gebietsveränderung gelten die Schutzvorschriften des bisherigen Rechts jedenfalls dann weiter, wenn auch die bisherige Währung in dem abgetrennten Gebiet in Geltung verbleibt. Das ist bei der Teilung Oberschlesiens ausdrücklich anerkannt worden[23]. Auch dann, wenn die frühere Währung verselbständigt weiterbesteht, wird das bisherige Devisenrecht, auf die verselbständigte Währung bezogen, im Zweifel weiter die Geltung bewahren. Und wenn der erwerbende Staat seine eigene Währung im Gebiet einführt, wird die Einführung sich im Zweifel auf sein Devisenrecht erstrecken. Eine Nichtigkeit allerdings, die unter dem Recht des Vorgängers wirksam geworden ist, behält auch unter solchen Umständen dem Nachfolgestaat gegenüber ihre Bedeutung.

Anmeldung und Ablieferung.

2. Die Devisengesetze und die mit ihnen zusammenhängenden Vorschriften verlangen des öfteren auch eine Ablieferung von Zahlungsmitteln fremder Währung, und sie begründen eine Auskunftspflicht oder Anmeldepflicht, die Ablieferung vorzubereiten. Nur zu einem Teil, bisweilen überhaupt nicht, handelt es sich dabei um den Schutz der heimischen Währung. Im Mittelpunkt steht (von Fällen einer politischen Überwachung abgesehen) der Wunsch des Staates selbst, kaufkräftige Zahlungsmittel zu besitzen, um damit den öffentlichen Bedürfnissen zu genügen. Dementsprechend ergeben sich zwei Möglichkeiten, in ihren Besitz zu gelangen: der zunächst sich darbietende unmittelbare Zugriff auf die gewünschten Zahlungsmittel; aber auch die Auferlegung einer persönlichen Verpflichtung, sie abzuliefern, die sich an ihre Inhaber richtet.

Die ältere Schicht der deutschen Kriegsverordnungen hat von diesem zweiten Weg Gebrauch gemacht; gegenüber „natürlichen und juristischen Personen, die im Inland ihren Wohnsitz oder dauernden Aufenthalt oder Sitz haben“[24], und man ist so weit gegangen[25], dies auf Bestände zu erstrecken, die zu der ausländischen Niederlassung eines inländischen Unternehmens gehören. Die Folge einer solchen Begrenzung war, daß die Pflicht zur Anmeldung und Ablieferung auch Vermögensgegenstände im Ausland umfaßte[26]. Und es haben die ergänzen-

[23] Oberschlesienabkommen 15. V. 1922 RGBl. II 237 Art. 315 § 3. Modifikationen in Art. 311 §§ 4 und 5 und Art. 321.

[24] So die Bekanntmachung 31. VIII. 1917 RGBl. 737 Art. 1 in Ausführung von § 4 der Bekanntmachung 8. II. 1917 RGBl. 105 (Anmeldung von Zahlungsmitteln fremder Währung und von Forderungen in das Ausland). Für Wertpapiere, die eine Forderung gegen ausländische Schuldner oder Beteiligung an ausländischen Unternehmen beurkunden, die Bekanntmachungen 23. VIII. 1916 RGBl. 952 (Anmeldung) und 22. III. 1917 RGBl. 260 (Ablieferung und Veräußerungsbeschränkungen).

[25] Bekanntmachung 31. VIII. 1917 Art. 3.

[26] So ausdrücklich für Wertpapiere nach den beiden Verordnungen von 1916 und 1917 mit ihren Ausführungsbestimmungen. Wenn nach der Bekanntmachung

den Veräußerungsbeschränkungen für Wertpapiere im gleichen Rahmen auch für Handlungen im Ausland gegolten[27]. Für die Verordnungen der Nachkriegszeit[28] dürfte der Umweg über die Person des Eigentümers kaum geltendes Recht gewesen sein. Nicht nur mangelten Anhaltspunkte hiezu im Wortlaut des Gesetzes; die diktatorische Erfassung der Devisen, die schließlich angeordnet wurde, sah sich von selbst auf den kürzesten Weg des unmittelbaren Zugriffs verwiesen.

Ein Zugriff auf die im Land liegenden Werte als solche war der ersten der Kriegsverordnungen noch fern gewesen. Dagegen haben die Verordnungen über Anmeldung und Ablieferung von Wertpapieren ausdrücklich mit der doppelten Zuständigkeit gearbeitet; sie galten den im Inland befindlichen Wertpapieren ebensowohl wie jenen, die sich im Eigentum einer Person inländischen Wohnsitzes befanden. Als aus politischen Gründen nach Kriegsende eine Anmeldung der russischen Geldzeichen verlangt wurde[29], erfaßte dies nach der Forderung des Gesetzes „alle im Inland befindlichen Bestände". Und das war wohl, wie eben ausgeführt, auch die Umgrenzung der späteren Verordnungen, die für „Zahlungsmittel und Forderungen in ausländischer Währung und für ausländische Wertpapiere" Auskunft und Ablieferung forderten. Die Durchführung dieser Zwangsenteignung konnte freilich auf rechtliche Schwierigkeiten stoßen. So einfach sie sich bei Geldzeichen und bei Inhaberpapieren vollzog, bei Orderwechseln oder Namenaktien war mit dem Besitz der Urkunde nicht viel gewonnen. Forderungen in das Ausland mochten als im Inland belegen gelten, wenn der Gläubiger hier seinen Sitz hatte, aber ohne die Mitwirkung des Staats am Sitz des Drittschuldners — und sie war nicht zu erwarten — konnten sie nicht durchgesetzt werden.

§ 114.
Der Wert ausländischer Währungen.

Auch die Frage, ob für eine Bewertung inländische oder ausländische Kurse zu grunde zu legen sind (oben § 99 Z. 2), ist materiellen Rechts und hat mit dem Geltungsbereich irgendwelcher Rechtssätze

---

22. V. 1917 RGBl. 429 eine Ablieferung nur von Eigentümern deutscher Staatsangehörigkeit gefordert wurde, so war das eine fremdenrechtliche Beschränkung.

[27] Bekanntmachung 22. III. 1917 § 2 „Personen oder Firmen, die im Inland ansässig sind, dürfen Wertpapiere der bezeichneten Art, auch wenn diese sich schon im Ausland befinden, nur durch Vermittlung der Reichsbank oder eines deutschen Bankiers an eine im Ausland ansässige Person oder Firma veräußern oder verpfänden." § 8 „Wegen der Zuwiderhandlung kann ein Deutscher auch dann bestraft werden, wenn er die Tat im Ausland begangen hat." — Zuwiderhandlungen gegen die Pflicht zur Anmeldung und Ablieferung hatten ihren Tatort ohnehin stets im Inland.

[28] § 9 der Verordnung 8. V. 1923 RGBl. I 275 und Verordnung 7. IX. 1923 RGBl. I 865.

[29] Gesetz 15. III. 1919.

nichts zu tun. Und wenn bei der Anwendung ausländischer Kurse möglicherweise Vorschriften des Verwaltungsrechts jenes Staates anzuwenden sind, die ergeben, ob ein Kurs gültig festgesetzt worden ist, so handelt es sich dabei um eine Rechtslage, die der im 3. Abschnitt dieser Ausführungen für den Gebrauch einer fremden Währung entwickelten Rechtslage gleichartig ist.

Es kann aber auch ein Kurs als solcher keinen räumlichen Geltungsbereich haben. Nußbaum allerdings stellt hier für einen diktierten Kurs — der Fall, für den die Frage besonders fühlbar wird — eine grundsätzliche Regelung auf: seine Anerkennung ende an den Grenzen des Staats; für die rechtlichen Beziehungen zu Personen, die ihrer wirtschaftlichen Betätigung nach dem Ausland angehören, könne er nicht in Betracht kommen[1]. Jedoch mit der Festsetzung eines Kurses ist keinerlei Anspruch auf Geltung verbunden, so wenig wie mit der Prägung einer Münze. Erst Rechtssätze, die verpflichten, sich eines bestimmten Kurses zu bedienen, können ihrerseits einen Geltungsbereich im Raum haben. Dabei aber hat es auch in den Zeiten der Not niemals in Deutschland einen Rechtssatz gegeben, der so zustandegekommene Kurse schlechthin für verbindlich erklärt hätte[2]. Bei den Einzelvorschriften, die an sie gebunden haben, war zu unterscheiden.

Bei einigen von ihnen ist die Bindung an den Inlandskurs nur Bestandteil einer sonstigen Sonderregelung, und die Geltung, die der Vorschrift sonst zukommt, begrenzt auch die in sie aufgenommene Kursbindung. Um mit Einfachstem zu beginnen, die Regelung für wertbeständige Hypotheken, für wertbeständige Vollstreckungstitel gilt für Grundstücke, die im Reich belegen, für Amtsakte, die von Reichswegen vorgenommen sind. Daß bei Inlandsgeschäften[3] der Gläubiger einer

---

[1] Geld 62. S. 223 wird für das Umwandlungsrecht des Schuldners fremder Währung ausgeführt, ein diktierter Kurs dürfe nur berücksichtigt werden, „wenn beide Vertragsteile durch den Wohnsitz, geschäftliche Niederlassung oder ähnliche Beziehungen sich dem Gesetz unterworfen haben, auf dem die Geltung des Kurses beruht." Hier erscheint schon der Gedanke einer Unterwerfung mißverständlich. Das Umwandlungsrecht und die in ihm enthaltene Verweisung auf die Inlandskurse gilt unabhängig von dem Willen der Parteien.

[2] Nußbaum scheint mit Rücksicht auf den „Zweck der gesetzlichen Vorschriften" eine Geltung innerhalb des Staatsgebiets schlechtweg anzunehmen. Zunächst, welcher Vorschriften? Die Kursfestsetzung hat auch zur Zeit jener Eingriffe meines Wissens auf § 29 des Börsengesetzes beruht, und selbst wenn eine Sondervorschrift über die Festsetzung ergangen wäre, wäre deren Geltungsbereich der gleiche gewesen: Regelung für die Börsen des Inlands. Soweit es sich aber um die Vorschriften handelt, die für bestimmte Fälle zu dem Gebrauch der Inlandskurse verpflichten, muß dieser Zweck bei der Abgrenzung ihres Bereichs in der Tat berücksichtigt werden. Doch bedarf eine hienach begründete Verbindung mit dem „Gebiet" nunmehr erst der Feststellung, welcher Art die Verbindung mit dem Gebiet sein muß.

[3] Auslandsgeschäfte boten ein Beispiel, daß auch diktierte Kurse innerhalb Deutschlands nicht schlechthin verbindlich waren.

Forderung fremder Währung Reichsmark zum Berliner Kurs in Zahlung nehmen mußte, galt, wie für die Annahme der Mark (oben S. 325) so für die Bindung an den Kurs bei Zahlungen, die im Inland vorgenommen wurden.

Andere Vorschriften haben eine Bindung an den deutschen Kurs zum einzigen Inhalt. Wenn der Erwerb und die Veräußerung von Zahlungsmitteln fremder Währung bei Strafe und Nichtigkeit nur zum Berliner Kurs zugelassen war, so bedeutete das die Einführung von Höchstpreisen für Devisen. Anders freilich als sonst bei Vorschriften über Höchstpreise konnte die Bestimmung nach Sinn und Wortlaut nicht nur auf Devisen im Inland bezogen werden. Auf der andern Seite war es völlig ausgeschlossen, jeden Ausländer im Ausland ihr zu unterwerfen. Trotz sehr unvorsichtiger Fassung[4] war die Vorschrift als währungspolizeiliche Bestimmung für anwendbar zu erachten, wenn eine auf Erwerb oder Veräußerung gerichtete Handlung im Inland vorgenommen wurde[5]. Dagegen hat die rein privatrechtliche Bestimmung,

---

[4] Die Verordnung 22. VI. 1923 RGBl I 401 formuliert: „Gegen Reichsmark dürfen im Inland und Ausland nur Zahlungsmittel erworben oder veräußert werden..." Bei der Erneuerung 22. X. 1923 RGBl. I 991 hieß es: „Der Erwerb und die Veräußerung von Zahlungsmitteln ist im Inland und Ausland nur zulässig..." Bei Aufnahme in die Verordnung 8. XI. 1924 RGBl. I 729 sind die Worte „im Inland und Ausland" weggefallen. Man wird, um nicht zu völligem Widersinn zu gelangen, lesen müssen, als hieße es: „im Inland und Ausland befindliche Zahlungsmittel". Die Worte waren § 4 der Verordnung vom 8. V. 1923 nachgebildet, die einen Bankzwang für den Verkehr mit ausländischen Zahlungsmitteln eingeführt hatte, und sie waren auch dort — oben S. 329 — auf Handlungen im Gebiet zu begrenzen.

[5] Ein Urteil des Reichsgerichts vom 22. VI. 1926 Juristische Wochenschrift 2682, gebilligt von Dorenberg ebenda, führt aus: die Verordnung (es handelte sich um die Fassung vom 22. X. 1923) beziehe sich auch auf Bestände im Ausland, um einer Durchkreuzung der deutschen Devisenpolitik vorzubeugen, doch sei im einzelnen Fall der Nachweis ihrer Schädigung nicht erforderlich; sie beschränke sich auch nicht auf Devisen, die dem Zugriff der Reichsbank unterliegen; es komme nicht darauf an, ob die Devisen aus der inländischen Wirtschaft herrühren; und es sei fraglich, ob das Geschäft sich unmittelbar in das deutsche Rechts- und Wirtschaftsgebiet auswirken müsse — bis hieher völlig zutreffend. Wenn aber das Urteil fortfährt: Voraussetzung sei nur, daß die Devisen zum Vermögen eines Reichsangehörigen gehören, und es gelte die Verordnung alsdann für jedes im Ausland geschlossene Geschäft — so ist der Rechtsboden verlassen. Wohl galten andere Beschränkungen im Verkehr mit Devisen in einem älteren Abschnitt der Gesetzgebung kraft besonderer Anordnung in Form einer Vorschrift über internationales Strafrecht für Handlungen eines Deutschen in Inland und Ausland, aber das war, als die hier zu erörternden Vorschriften ergingen, auch für jene anderen Beschränkungen längst wieder aufgehoben, vgl. darüber oben S. 329. Eine Klausel dieser Art haben die hier besprochenen Vorschriften nicht. Und wenn es möglich wäre (was nicht möglich ist), einfach auf Grund der allgemeinen Vorschriften des internationalen Strafrechts auch den verwaltungsrechtlichen Geltungsbereich der Beschränkung zu bestimmen: ein Deutscher hätte wegen einer im Aus-

die dem Schuldner gestattete, einer nach außerdeutschem Kurs der Mark bemessenen Verpflichtung die Erfüllung zu verweigern, wenn der Gläubiger Leistung auf grund des Berliner Kurses ablehnte, ihrem Zweck entsprechend für jeden Fall gegolten, der vor den deutschen Rechtsschutz kam.

So wenig wie Kursfestsetzungen haben gesetzliche Bestimmungen, die das Wertverhältnis zweier Währungen unmittelbar oder sonst nach festen Sätzen bestimmen, von sich aus einen Geltungsbereich. Ihre Anwendbarkeit kann erst in Betracht kommen, wenn von ihnen in irgendeinem rechtlichen Zusammenhang Gebrauch gemacht wird. Diese Zusammenhänge können von sehr verschiedener Art sein. Wenn Italien (s. oben S. 322) gewissen Gesellschaften des Inlands schlechthin gestattet hat, ihre Schuldverschreibungen fremder Währung in italienischem Geld zu bezahlen, so hat das im gleichen Umfang auch für die Bestimmung gegolten, daß die Umwandlung nach der Münzparität mit einem Zuschlag von 25% erfolgen solle.

Es hat sich dabei um eine Sonderbestimmung des privaten Schuldrechts gehandelt. Häufig kommen gesetzliche Wertbestimmungen vor, wo ein Geldzeichen fremder Herkunft als exogener Bestandteil in die Inlandswährung aufgenommen wird. Anders als in bisher betrachteten Fällen schließt sich die Wertregel hier nicht Vorschriften über die Verwendung irgendeiner Währung an. Sie wird ein Teil der währungsrechtlichen Ordnung des Staats, der das fremde Zeichen aufgenommen hat, und wie Bestimmungen der Währungsverfassung stets dann zur Geltung kommen, wenn von dieser Währung Gebrauch gemacht wird, so trifft das auch für den Wert zu, mit dem jenes Geldzeichen in die Währung eingefügt worden ist. Ein Fall dieser Art hat dem britischen Oberhaus Schwierigkeiten bereitet. Argentinien hatte, wie es scheint, dem englischen Sovereign Annahmezwang zu einem festen Wertverhältnis verliehen; eine Schuld englischer Währung war in Argentinien mit dortigem Geld bezahlt worden, und es wurde streitig, ob der Umrechnung jener gesetzliche Satz oder der Kurs zugrundezulegen sei: selbst wenn der gesetzliche Satz nicht nur für den Sovereign, sondern für alle englischen Geldzeichen gegolten hätte, wäre es immer ein Satz des argentinischen Währungsrechts geblieben, und er wäre nur anwendbar gewesen, wo es sich um eine Schuld argentinischer Währung handelte[6]; allerdings auch immer dann, ohne Rücksicht auf die schuld-

land geschehenen Verletzung des Verbots nicht bestraft werden können, da eine Übertretung der deutschen Devisenvorschriften am ausländischen Tatort nicht mit Strafe bedroht war.

[6] So im Ergebnis auch — gegen die Vorinstanz — das Oberhaus in dem sehr verwickelten Fall Atlantic Shipping Co. v. Dreyfus & Co. 4. IV. 1922 Law Times Reports 127, 415 (vgl. auch das Urteil Stathatos & Co. v. Dreyfus & Co. vom gleichen Tag ebendort). Die Begründung des Lord Sumner nähert sich den Aus-

rechtlich maßgebende Rechtsordnung oder (wenn nur ohne Umwandlung in Ortswährung bezahlt wurde) auf den Ort der Zahlung.

Auch in den Vereinigten Staaten gab es bis zur jüngsten Neugestaltung des Statutenbuchs eine gesetzliche Bestimmung über den Wert englischen Geldes. Sie wollte die Münzparität feststellen für diejenigen Fälle, „in denen es erforderlich wird, den Wert der englischen Währung zu berechnen“[7]. Es hing die Anwendbarkeit der Norm also von der Geltung der Bestimmungen ab, die eine Umrechnung für erforderlich erklärten. Handelte es sich um die Bemessung von Wertzöllen auf grund einer ausländischen Warenrechnung, so schloß sich die Umrechnungsnorm an den Satz an, daß Abgaben in der Währung des fordernden Staats geleistet werden müssen[8]; wenn um Verträge in fremder Währung, an den Satz, daß Urteile nur auf Inlandswährung gegeben werden.

Schließlich bedarf auch die Frage noch der Klärung, inwieweit Vorschriften der hier besprochenen Art einer Anwendung in anderen Staaten fähig sind. Es handelt sich dabei nicht um eine etwaige Berücksichtigung ihrer Wirkungen als Tatsache, sondern um ihre Anwendung als Rechtssatz, somit insoweit, als sie in das Privatrecht übergreifen. Doch gilt auch hier, daß die Anwendung von Sonderrechtssätzen des Auslands ausgeschlossen bleibt, wenn sie die aktive Förderung eines fremden Verwaltungsinteresses bedeuten würde. Damit scheidet die Gesamtheit der oben erörterten Sätze über Kursbindungen aus, die um des Währungsschutzes willen erlassen sind. Vorschriften über Schuldnerschutz, wie sie die angeführten italienischen Verordnungen enthalten, sind, wie oben S. 323 unter dem Gesichtspunkt der Umwertung selbst ausgeführt, einer Anwendung in anderen Staaten fähig; doch mag ihnen mit Rücksicht auf eine mißbilligte Schädigung der Gläubiger die Vorbehaltsklausel entgegentreten. Wo hingegen der Umrechnungssatz die Aufnahme eines

---

führungen des Textes. Lord Buckmaster will hauptsächlich darauf abstellen, daß der Vertrag unter englischem Recht gestanden und den Erfüllungsort in England gehabt habe.

[7] s. 3565 der Revised Statutes nannte „Zahlungen des Schatzamts oder an das Schatzamt ohne Unterschied, ob im Inland oder Ausland vorgenommen“, Bemessung der Wertzölle, wenn die Warenrechnung auf Pfund gestellt ist, und Verträge, die in englischer Währung zahlbar sind. Mit dem Geltungsbereich dieser Bestimmungen hat sich schon die ältere Literatur beschäftigt. Doch liegen ihre Ausführungen im Gemenge mit den beiden anderen Fragen, ob für die Umrechnung die Münzparität überhaupt maßgebend ist, und ob, wenn der Erfüllungsort in einem andern Staat liegt, der Schuldner neben dem Wert auch für die Kosten eines Wechsels aufzukommen habe, der den Betrag nach dem Erfüllungsort überweist. So besonders Story, Conflict of laws[6] 404 ff §§ 308 ff, aber auch noch v. Bar, Theorie und Praxis, 2, 45 f.

[8] Worum es sich handelte, wenn das Gesetz Zahlungen des Schatzamts oder an das Schatzamt einbezog, ist mir in Unkenntnis seiner Vorgeschichte zweifelhaft geblieben.

fremden Geldzeichens in eine fremde Währung begleitet, da ist dieser Satz, sofern es sich nur um eben diese Währung handelt, allerwärts der Anwendung bedürftig.

Ist der Gläubiger einer Geldforderung durch einen Eingriff, der anderwärts nicht anerkannt wird, zu Schaden gekommen, so mag er den Ausfall in einem andern Staat, dessen Gerichte zuständig sind, nachfordern. Wird der Schuldner in einem andern Staat, der solche Eingriffe nicht anerkennt, zur Zahlung genötigt und er hätte im Staat des Erfüllungsorts deren Vorteil genossen, so mag er nach Maßgabe der schuldrechtlich zuständigen Rechtsordnung, und wenn die Vorbehaltsklausel nicht entgegensteht, auch in dem andern Staat Berücksichtigung des Ortsinteresses verlangen.

§ 115.

Goldwert, Goldzahlung, Goldmünzen.

1. Einleitung. — 2. Währungsschutz. — 3. Schuldnerschutz. — 4. Gold als Ware. — 5. Gebietsveränderungen. — 6. Goldzwang.

Einleitung.

1. In dem Bestreben, sich gegen die Entwertung einer künftigen Geldleistung zu sichern, wird häufig die Wertmenge, die Schuldgegenstand sein soll, abhängig gemacht von dem Wert eines andern Gegenstands, dem man die Fähigkeit der Werterhaltung in höherem Maße zutraut. Für eine solche Sonderbewertung der Geldschulden mag der Wert der Geldzeichen einer fremden Währung, der Wert des Währungsmetalls selbst, Gold oder Silber, verwendet werden. Oder um noch sicherer zu gehen, vielleicht wird als Gegenleistung das Rohmetall als reine Sachleistung bestimmt oder auch eine Geldleistung verbunden mit einer Sachleistung vereinbart, eine Wertmenge zahlbar in Gold- und Silberstücken der geschuldeten Währung oder die effektive Leistung in Geldzeichen einer geschuldeten Fremdwährung. Eben dieser Versuch aber, die allgemeinen Schicksale einer Währung von sich abzuwenden, kann zu schädlichen Rückwirkungen führen, die den Staat veranlassen, in Zeiten der Not eine solche Flucht aus der Währung zu unterbinden oder doch in ihren Folgen weniger schädlich zu gestalten, und so findet man, um es nach den Hauptfällen zu benennen, Beschränkungen in der Bewertung gegenüber der Goldwertklausel und Beschränkungen in der Zahlung gegenüber der Goldmünzklausel. Von entsprechenden Einschränkungen im Gebrauch ausländischer Währungen ist schon früher gehandelt worden.

Indessen nur von der Seite des Gläubigers gesehen bedeuten solche Goldklauseln einen einigermaßen einheitlichen Tatbestand: wenn der Staat beschränkend in ihre Wirksamkeit eingreift, so geschieht das zu sehr verschiedenen Zwecken. Und wenn im Folgenden der Geltungsbereich solcher Eingriffe bestimmt werden soll, so bedarf es zuerst einer Feststellung, welchem Zweck die einzelne Maßregel dient. Ihr Ziel ist überwiegend der Schutz der Währung. Manchmal wirkt dabei der Wunsch mit, den Schuldner vor den Schwierigkeiten zu bewahren, die das Verschwinden des Golds aus dem Verkehr mit sich bringt. Andere Bestimmungen wollen den Schuldner gegen die Überlastung schützen, die beim Fall des Papierwerts eine Leistung zum Goldwert für ihn bedeuten würde.

Vorweg aber sei noch bemerkt, daß auch das gemeine Recht zuweilen vor die Frage führen mag, ob Goldklauseln mit einer Rechtseinrichtung vereinbar sind. Ob eine Hypothek inländischer Währung, bemessen nach dem Goldwert oder nach dem Wert einer ausländischen Währung, eingetragen werden kann, ob ein Wechsel mit derartiger Klausel zulässig ist, hat offensichtlich die für die Hypothek, für den Wechsel maßgebende Rechtsordnung zu bestimmen. Im folgenden jedoch handelt es sich um die Sonderbestimmungen, die den Gebrauch der Goldklauseln beschränken.

Währungsschutz.

2. Nirgends greifen die Beschränkungen weiter als in Frankreich. Hier leitet die Rechtsprechung aus dem „Zwangskurs“ die Folgerung ab, daß die Vereinbarung einer Frankenzahlung nach dem Goldwert oder dem Wert einer fremden Währung, aber auch die Vereinbarung einer Leistung in fremder Währung, die das Verbot umgehen könnte, bei Binnengeschäften unwirksam ist. Man gründet diesen Satz einhellig auf die „öffentliche Ordnung“ und erblickt in jenen Abreden eine Diskreditierung der inländischen Währung, die den Parteien nicht freigestellt bleiben könne [1]. Daß der Gedanke des Schuldnerschutzes dabei keine Rolle spielt, zeigt sich auch darin, daß eine Goldverpflichtung, die der Schuldner nach Einführung des Zwangskurses, also in Voraussicht ihrer Folgen, auf sich genommen hat, ebenso unwirksam ist, wie eine vor der Aufhebung der Goldeinlösungspflicht vereinbarte Goldleistung.

Zu dieser Gruppe gehört ferner die griechische Gesetzgebung. Nicht nur, daß auch sie nach französischem Vorbild auf die „öffentliche Ordnung“ zurückgeführt wird; hier droht sogar dem Schuldner Strafe, der seine Verpflichtung in Gold erfüllt [2]. Dasselbe aber wird auch sonst für die mancherlei Bestimmungen gelten müssen, die lediglich die Goldmünzklauseln, nicht auch die Goldwertklauseln für unwirksam

[1] Vgl. statt aller das Rundschreiben des Justizministers von 1926 Journal 54, 236.

[2] Tenekides, Brüsseler Revue de droit international 54, 117 und Journal 49, 74.

erklären[3]. Sie wollen den Goldvorrat der öffentlichen Hand schützen, dabei wohl auch den Annahmezwang für Noten sichern, Spekulationen auf eine Entwertung des Papiergelds unterbinden[4]. Zu ihnen gehört zunächst die italienische Verordnung vom 28. Februar 1916. Sie verfolgt so wenig das Ziel, den Schuldner gegen Überlastung zu schützen, daß sie ihn verpflichtet, an Stelle der unzulässigen Zahlung in Goldmünzen deren Goldwert zu entrichten. Es gehören in diesen Zusammenhang aber auch das belgische Gesetz vom 2. August 1914, die deutsche Verordnung vom 28. September 1914 RGBl. 417, wohl auch ein rumänisches Gesetz vom 21. Dezember 1916 Art. 8 und das norwegische Gesetz vom 15. Dezember 1923[5].

Wo nun aber Bestimmungen dieser Art dem Schutz der Währung dienen, da sind sie notwendig auf den Schutz der inländischen Währung beschränkt. Das ist in Frankreich anerkannt[6], wird neuerdings für Italien angenommen[7]; es entspricht einer ständigen Rechtsprechung in Rumänien[8]. Und wenn die griechische Rechtsprechung gegenteilig entscheidet[9], so zeigt sich der Widersinn einer solchen Lösung in dem Ergebnis, daß

---

[3] Texte, soweit nicht anders angegeben, bei Nußbaum, Vertraglicher Schutz 80ff. Wie weit die griechischen Bestimmungen hier einzureihen sind, konnte bei der Unbekanntschaft mit ihrem Wortlaut nicht festgestellt werden. Eben darum können die im folgenden besprochenen Lösungen nur mit Vorbehalt auf das griechische Recht bezogen werden.

[4] Vgl. die sorgfältige Analyse des belgischen Gesetzes bei Poullet, Manuel[2] 573ff. Die amtliche Begründung der deutschen Verordnung bei Güthe-Schlegelberger, Kriegsbuch 1, 368. Über den möglicherweise mitwirkenden Gesichtspunkt eines Schuldnerschutzes wegen Unmöglichkeit der Leistung unten Z. 3.

[5] Auch die deutsche Verordnung läßt Goldwertklauseln weiterbestehen, aber freilich ist diese Rechtslage durch eine kaum verständliche Rechtsprechung umgebogen worden; es waren in Deutschland vornehmlich Goldmünzklauseln im Gebrauch, und die Rechtsprechung hat angenommen, daß ein Goldmünzversprechen die Zusage des Goldwerts nicht in sich schließe. Wie die deutsche Verordnung ersetzt auch das belgische und das rumänische Gesetz den geschuldeten Goldmünzbetrag einfach durch den Nennwert, Norwegen gibt dem Gläubiger die Wahl zwischen Nennwert und Stundung.

[6] Lyon-Caen und Renault, Droit commercial[5] 4, 703 n. 762 bis. Lalou bei Dalloz 1924 II 22. Mater 264.

[7] Ascarelli 126[1]. Anders (ohne Begründung) Sacerdoti, Rivista di diritto commerciale 14 I 313.

[8] Kassationshof Bukarest 29. IX. 1925 Zeitschrift für Ostrecht 1, 600 und dazu Schwefelberg ebenda. Zweck des Gesetzes ist nach dem Kassationshof, den Goldvorrat der Staatsbank zu schützen. Dagegen sieht Schwefelberg in dem Gesetz eine Maßregel des Schuldnerschutzes; seine weitere Begründung verwirrt sich durch eine Vermischung von Geldschuld und Noteneinlösungspflicht. Eine ältere Entscheidung, Appellhof Bukarest 12. VI. 1920 Journal 49, 105 hatte die Anwendung des rumänischen Gesetzes auf eine Schuld fremder Währung abgelehnt, weil der Erfüllungsort außer Landes belegen war.

[9] Areopag 1924 und 1925 Journal 53, 1087. Dazu Tenekides ebenda und Revue a. a. O.

eine Vereinbarung in hochwertiger Auslandswährung anerkannt wird, wenn sie ohne, aber nicht, wenn sie mit Goldklausel erfolgt. In Deutschland hat die Frage wenig Beachtung gefunden [10]. Nußbaum freilich, der in all diesen Bestimmungen Maßregeln des Schuldnerschutzes erblickt, will sie, wenn das Schuldverhältnis unter Auslandsrecht steht, (dazu gleich unten) ohne Unterschied der Währung zur Anwendung bringen [11].

Auf der andern Seite: wenn die Maßregeln dem Schutz der inländischen Währung dienen, dann müssen sie zur Geltung kommen, wo immer unter dem Rechtsschutz des Inlands eine Zahlung in inländischer Währung erfolgt. Vor allem also bei jeder Zahlung, die im Inland vorgenommen wird [12], ohne Unterschied, was für die Verpflichtung schuldrechtlich gilt, oder wo ihr Erfüllungsort ist [13].

Dieser Auffassung entspricht freilich keine feststehende Meinung in Literatur oder Rechtsprechung. Nach einer manchmal vertretenen Ansicht soll über die Anwendbarkeit der Goldklauselgesetzgebung die schuldrechtlich maßgebende Rechtsordnung entscheiden, denn es handle sich um einen Eingriff in die Substanz des Gläubigerrechts [14]. Jedoch

[10] Die Goldklauseln kamen in der Vorkriegszeit in erster Reihe — aber freilich nicht ausschließlich — im Hypothekenverkehr vor (die Begründung der Verordnung faßt den Fall sogar allein ins Auge), und für diesen handelte es sich nur um deutsche Währung.

[11] Geld, 177: die währungsrechtliche Auffassung sei schon deshalb ausgeschlossen, „weil der Gläubiger, der sich die Goldklausel ausbedingt, sich damit gerade von der Währung unabhängig machen will". Aber der Staat, der das für unzulässig erklärt, will eine solche Ablösung von der Währung doch gerade verhüten?

[12] Poullet 581. — Der Satz hätte auch zu gelten bei Zahlungen, die in inländischer Währung bei Außenstellen erfolgen, etwa bei Zollämtern jenseits der Grenze oder bei Konsulaten, wird jedoch insoweit der praktischen Bedeutung ermangeln. Wo schon Goldwertklauseln als unwirksam angesehen werden wie in Frankreich, kommt der Schutz auch dann zur Wirkung, wenn die Gerichte mit einer Geldschuld inländischer Währung befaßt werden, ohne daß es sich um Zahlung handelt. Über den Geltungsbereich des begleitenden Verbots fremder Währung oben § 111 Z. 3.

[13] Eine Selbstbeschränkung hatte hier die vormalige italienische Verordnung von 1866 vorgesehen (s. oben S. 298 [12]), die nur für Verpflichtungen galt, die ihren Erfüllungsort im Inland hatten. Die dort erwähnte Florentiner Entscheidung hat demgemäß eine Forderung italienischer Währung in Gold zugesprochen, weil ihr Erfüllungsort außer Landes lag.

[14] So vor allem Nußbaum, Geld 177ff und für die schweizerischen Goldhypotheken in Deutschland 184f. Geiler und Pfefferle, Die schweizerischen Goldhypotheken 158 (die sogar für möglich halten, daß auf die persönliche Forderung gegen den deutschen Goldmarkhypothekenschuldner das deutsche Recht vor deutschen Gerichten nicht anwendbar sei, wenn die Forderung schuldrechtlich unter Schweizer Recht stehe). Frankenstein 2, 205: es handle sich um einen Währungswechsel (dazu oben S. 290 [13]); allerdings werde das Inlandsrecht die Neigung haben, seine Verbote mit der Vorbehaltsklausel schlechtweg zur Durch-

es ist nicht der Sinn dieser Beschränkungen, die angemessenste Abwicklung schuldrechtlicher Beziehungen nach ihrer schuldrechtlichen Eigenart sicherzustellen; der Eingriff erfolgt von außen her, um Schäden abzuwehren, die für den Staat aus der normalen Abwicklung schuldrechtlicher Beziehung sich ergeben könnten, und das Ziel dieser Abwehr entscheidet über ihren Geltungsbereich. Aber auch eine Abstellung auf den Erfüllungsort[15] ist, wenn er nicht die schuldrechtlich maßgebende Gesamtrechtsordnung, sondern die für die Art und Weise der Erfüllung anzuwendende Gesetzgebung bezeichnen soll, nicht besser begründet. Der Irrtum liegt hier schon auf seiten des internationalen Privatrechts: nur etwa zur Auslegung zweifelhaften Parteiwillens wird das Recht des Erfüllungsorts manchmal nutzbar gemacht werden können; im übrigen sind es Vorschriften des Verwaltungsrechts oder zu deren Durchsetzung dienende und nach deren Geltungsbereich bemessene Bestimmungen des Privatrechts, die aus anderen als schuldrechtlichen Gründen bei Gelegenheit einer (tatsächlichen) Zahlung nach dem Recht des Zahlungsorts Anwendung beanspruchen.

Einer besonderen Behandlung bedarf hier der Geltungsbereich der französischen Verbote. Man erklärt diese Beschränkungen in Frankreich als „Polizei- und Sicherheitsgesetze“, die für alle Einwohner des Lands verbindlich sein sollen[16], verweist auf den „Zwangskurs“, der die französischen Grenzen nicht überschreiten könne[17], benützt die angebliche Regel des internationalen Privatrechts: der Zahlungsort be-

setzung zu bringen. Lex causae und Vorbehaltsklausel auch schon in dem reichsgerichtlichen Urteil 18. XII. 1920 Entscheidungen 101, 141. Rechtsbank Amsterdam 21. V. 1926 Weekblad van het recht 1926 n. 11 574 (anders aus tatsächlichen Gründen die zweite Instanz ebenda 1927 n. 11 633). Oberster Gerichtshof Wien 12. II. 1929 Rechtsprechung 11, 105. Für Frankreich unten. Neuestens sah sich der Internationale Gerichtshof im Haag in seinen beiden Urteilen vom 12. VII. 1929 vor Fragen dieser Art gestellt (Recueil des arrêts n. 20/21 S. 40ff, 120ff): für die Klauseln, die den Schuldinhalt bestimmen, sei von der schuldrechtlich maßgebenden Rechtsordnung auszugehen; aber unter dem Gesichtspunkt des Währungsrechts entscheide der Staat der Währung; welche Wirkung indessen einem Eingriff dieser letzteren Gesetzgebung in den Schuldinhalt zukomme, brauche nach den Umständen des Falls nicht entschieden werden.

[15] Tenekides, Journal 49, 75f, weil „unter den mehreren Gesetzen der öffentlichen Ordnung“ dasjenige des Erfüllungsorts das stärkste Interesse an seiner Anwendung habe. Über die italienische Verordnung von 1866 und eine ältere rumänische Entscheidung oben, für Frankreich im nachstehenden. Für den „Zahlungsort“ (ohne Unterschied der Währung) entscheiden sich die Sondervoten von Bustamante und Pessôa zu den oben angeführten Haager Urteilen; Recueil S. 53f, 130f und 71f, 148f.

[16] Lyon-Caen bei Sirey 1920 I 193. Appellhof Paris 31. XII. 1926 Journal 54, 104. Zivilgericht Paris 6. IV. 1927 Revue 1927, 258.

[17] Kassationshof 23. I. 1924 Dalloz 1924 I 41. Appellhof Paris 15. II. 1924 Journal 51, 688. Appellhof Nîmes 9. I. 1928 ebenda 55, 1201. Über die Mißverständlichkeit dieses Satzes oben § 107.

stimmt die Währung[18], stellt auch darauf ab, ob das französische Recht schuldrechtlich für den Fall maßgebend ist[19]. Das alles aber ist von einer weiteren Unsicherheit durchsetzt. Auf sehr schwankender Grundlage hat die französische Rechtsprechung einen Unterschied von Binnengeschäften und Außengeschäften aufgebaut; und nur bei den ersteren, nicht auch bei den zweiten sollen die Goldklauseln unverbindlich sein. Wie die Scheidung zwischen den beiden Gruppen zu verlaufen habe, ist gleichfalls bestritten[20]; seitdem die Unterscheidung in dem neuen Münzgesetz vom 25. Juni 1928 bestätigt wurde, muß als entscheidendes Merkmal gelten, ob das Geschäft zu einer Zahlung führt, die als *„paiement international"* anzusehen ist. Jedenfalls aber sollen die vorerwähnten Begrenzungen zum größeren Teil nicht oder nicht nur dazu dienen[21], den Geltungsbereich des französischen Goldklauselrechts gegenüber dem ausländischen Recht zu bestimmen, sondern die Grenze zwischen verbotenen Binnengeschäften und unverbotenen Außengeschäften zu ziehen. Die beiden Fragen aber sind verschieden. Bei der Abgrenzung zwischen Binnengeschäften und Außengeschäften handelt es sich um „Fremdenrecht", um eine Unterscheidung innerhalb der französischen Rechtsordnung, je nachdem der Tatbestand in näher bezeichneten Beziehungen zu Inland oder Ausland steht; um eine Unterscheidung also, die überhaupt erst rechtlichen Sinn gewinnt, wenn zuvor feststeht, daß französisches Goldklauselrecht über die Angelegenheit zu bestimmen hat[22]. Jenseits ihrer ist der Gebrauch einer Goldklausel nicht nach französischem Recht erlaubt, sondern außerhalb einer Regelung durch das französische Recht belegen. Auch für Frankreich gilt das Goldklauselrecht — zusamt seinen fremdenrechtlichen Unterscheidungen — nur zu gunsten der inländischen Währung und zu gunsten dieser schlechthin[23].

Die vorstehenden Erörterungen behandeln vom Standpunkt des Inlands gesehen den Geltungsbereich der eigenen Goldklauselgesetzgebung. Besteht aber die Möglichkeit, wo es sich um ausländische

---

[18] Z. B. Zivilgericht Paris 13. XI. 1926 Journal 54, 1096 und überhaupt Capitant, Dalloz hébdomadaire 3, 33f; auch Tenekides, Revue a. a. O. 112ff. Über die angezogene Regel oben S. 156f.

[19] Appellhof Paris 16. IV. 1926 Journal 53, 972. Perroud ebenda 50, 838f. Tenekides, Revue a. a. O. 115f.

[20] Übersicht etwa bei Perroud, Journal 55, 419; Nußbaum, Vertraglicher Schutz 15f, 20ff und öfter.

[21] Eine Trennung ist nicht möglich, weil sie den Verfassern selbst nicht vor Augen war.

[22] Gleichartige Unterscheidungen schon oben S. 324, 316[12], 181.

[23] Nur ist die Einsicht in diesen Geltungsbereich hier darum verschleiert, weil die Beschränkungen lediglich für Binnengeschäfte gelten sollen, die regelmäßig unter französischem Schuldrecht stehen, französischen Erfüllungsort haben, im Inland tatsächlich erfüllt werden und auf fremde Währung rechtmäßig nicht lauten können.

Währung handelt, die Goldklauselgesetzgebung eines fremden Staats anzuwenden[24]? Es wird zuweilen angenommen[25], anderwärts aber auch abgelehnt[26]; insbesondere hat man bei den in Südosteuropa vormals häufigen Verpflichtungen in französischer Goldmünze das französische Goldklauselrecht regelmäßig außer Acht gelassen[27]. Wo es sich um Bestimmungen handelt, die den Schutz einer fremden Währung bezwecken, wird die Möglichkeit, sie anzuwenden, in der Tat nicht gegeben sein. Zu einem Teil schon nicht nach dem eigenen Sinn solcher beschränkenden Vorschriften. Was sollte ein Verbot, in Goldmünzen zu bezahlen, wenn die außer Landes umlaufenden Münzen doch nicht der heimischen Notenbank zufließen können? Aber auch da, wo eine Beschränkung den Schutz der Währung gegen Diskreditierung bezweckt, ist das nicht anders; es wurde schon oben S. 318 ausgeführt, daß kein Staat verpflichtet ist, durch Eingriffe in den normalen Ablauf der Schuldverhältnisse öffentlichen Einrichtungen eines andern Staats aktive Förderung zu gewähren. Und man wird sich auch hier (vgl. oben S. 325) der weiteren Forderung nicht entziehen können[28], daß der Gläubiger, der im Ausland durch Anwendung der dort geltenden Beschränkungen zu Schaden gekommen ist, im Inland den Ausfall nachfordern kann. Auf der andern Seite mag der Schuldner, wenn es gelingt, ihn in einem andern Staat vor Gericht zu ziehen, in Gefahr kommen, mehr bezahlen zu müssen, als er in dem Staat der Goldklauselgesetzgebung zu leisten hätte. Wenn allerdings in diesem letzteren Staat der Erfüllungsort seiner Verpflichtung belegen ist, so wird er aus Gründen des materiellen Rechts wiederum (oben S. 325) meistens geschützt sein. Pflegen die Rechtsordnungen dem Schuldner den Abzug des Betrags vorzubehalten, um den er durch den Zwang, außerhalb des Erfüllungsorts leisten zu müssen, geschädigt wird, so kommt als ein tatsächlicher Umstand solcher Art auch die fremde Goldklauselgesetzgebung in Betracht.

---

[24] Keine Schwierigkeit besteht hier für völkerrechtliche Organe wie den Haager Gerichtshof, dem alle innerstaatlichen Rechtsordnungen gleich nahe stehen.

[25] So der britische Appellhof 31. VII. 1923 Chesterman's trust, Law Times Reports 130, 109 (allerdings unter der mißverständlichen Annahme, die versprochenen Mark seien Goldmark gewesen). Reichel, Schweizerische Juristenzeitung 1917, 213. Unter dem Gesichtspunkt der lex causae das oben erwähnte Amsterdamer Urteil, Frankenstein und besonders Nußbaum, der jedoch auf die Vorbehaltsklausel verweist gegenüber Vorschriften, die ausdrücklich oder der Sache nach auf eine Zurücksetzung der ausländischen Gläubiger ausgehen.

[26] Von Béquignon 43ff und Perroud, Journal 55, 109, weil der fremde Zwangskurs die Grenze nicht überschreitet. Ebenso der gemischte Appellhof Alexandrien 19. V. 1927 Journal 55, 765. Der türkische Kassationshof 24. VII. 1924 Journal 52, 492 hat die Verpflichtung der griechischen Filiale einer türkischen Bank nur nach türkischem Goldklauselrecht beurteilt.

[27] Kassationshof Rom 29. III. 1924 Foro italiano 1924 I 587. Vier Urteile des griechisch-bulgarischen gemischten Schiedsgerichts Recueil 5, 166; 6, 316 318 321. Anders das gemischte Zivilgericht Kairo 1921 Journal 48, 916.

[28] Ebenso Capitant, Journal 55, 564f.

Abseits der vorstehenden Erörterungen ist schließlich eines Sonderfalls zu gedenken. In Art. 84 des Friedensvertrags mit der Türkei heißt es, Vorkriegsverträge seien „in der vereinbarten Währung zu erfüllen, so wie sie Kurs hat in dem Land, das sie eingeführt hat". Das ist von der Rechtsprechung zum Teil auf die Goldklauselgesetzgebung dieses Lands mitbezogen worden, zum Teil hat man den Artikel angerufen, um sich von ihr abzulösen [29].

Schuldnerschutz.

3. In völlig andere Gedankengänge führt es, wo Eingriffe in Goldschulden erfolgen, um den Schuldner vor der Überlastung zu schützen, zu der in Ländern mit entwerteter Währung eine Zahlung in Goldstücken oder zum Goldwert führen müßte. Es sind oben S. 322 ungarische und italienische Verordnungen besprochen worden, die dem Schuldner einer Goldschuld oder auch einer Verpflichtung in Auslandswährung Stundung, unter Umständen teilweisen Erlaß gewähren. Mit Währungsschutz haben derlei Bestimmungen nichts mehr zu tun. Ihre Vorsorge — schon die Gleichstellung der Goldschulden mit solchen fremder Währung zeigt es — gilt dem Verpflichteten, und sie schützen, wie früher ausgeführt, den Schuldner, der im Inland den Wohnort oder eine geschäftliche Niederlassung hat. Bestimmungen dieser Art sind auch in anderen Staaten anwendbar; nur mag, wo in ihnen eine mißbräuchliche Hintansetzung ausländischer Interessen zu erblicken wäre, die Vorbehaltsklausel ihrer Anwendung in dem geschädigten Land entgegentreten.

Anders verhält es sich mit einer besondern Art des Schuldnerschutzes, die zuweilen die Beachtung des Gesetzgebers gefunden hat. Wird die Staatsbank von der Goldeinlösungspflicht befreit, so wird die Beschaffung von Goldmünzen dieser Währung erschwert oder ganz unmöglich. Das kann für den Schuldner einer Goldmünzverpflichtung zu Schwierigkeiten führen, und es mag bei Erlaß der unter Z. 2 genannten Gesetze, die Goldmünzklauseln für unwirksam erklären, die Absicht mitgewirkt haben, dem Schuldner die Folgen einer solchen Unmöglichkeit abzunehmen [30]. Die Schutzmaßnahme muß hier so weit reichen, als die Gefährdung reicht, der sie begegnen will. Wie aber die Auf-

---

[29] Gemischtes türkisch-italienisches Schiedsgericht 5. XI. 1927 Recueil 7, 962: ein Türke hat sein Haus in Griechenland bei einer italienischen Gesellschaft in französischen Goldfranken versichert; die Gesellschaft schuldet den Nennwert in französischem Papier. Zivilgericht Paris 23. II. 1927 Journal 55, 106 (von der zweiten Instanz ebenda 698 aus tatsächlichen Gründen aufgehoben): eine türkische Gesellschaft hat Zahlung in Goldpiastern und Goldfranken versprochen, die Goldverpflichtungen bestehen weiter. (Über das türkische Goldklauselrecht selbst Salem, Journal 52, 495 ff.)

[30] Die amtliche Begründung der deutschen Verordnung rückt diese Seite geflissentlich in den Vordergrund.

hebung der Goldeinlösung nur die inländische Währung angeht, so die Befreiung des Schuldners von der Goldleistung[31].

Dagegen kommen die allgemeinen schuldrechtlichen Grundsätze über Unmöglichkeit einer Leistung auch hier nach Maßgabe der lex causae zur Geltung. Und dasselbe gilt für die schuldrechtlichen Sonderbestimmungen über die Unmöglichkeit bei Geldsortenschulden, wie sie § 245 des deutschen Bürgerlichen Gesetzbuchs enthält[32]. —

Schließlich ist noch vergeltungsrechtlicher Bestimmungen zu gedenken, wie sie die österreichische Verordnung vom 14. Juni 1921 und § 4 der ungarischen Verordnung vom 10. Februar 1923 enthalten. Ihre Tragweite hängt offenbar von dem ausländischen Rechtssatz ab, der im Weg der Gegenseitigkeit angewendet werden soll. Handelt es sich um eine Stundung der Goldverpflichtungen, so kommt sie den in Österreich wohnenden oder niedergelassenen Schuldnern zu gute; eine Beseitigung von Goldverpflichtungen zum Zweck des Währungsschutzes gilt, wo es sich um die österreichische Währung handelt.

Gold als Ware.

4. Mehrfach ist das Bedürfnis hervorgetreten, die vorerörterten Beschränkungen durch Maßnahmen außerhalb des Bereichs der Geldschulden zu ergänzen. Insbesondere hat, ähnlich einem französischen Gesetz vom 12. Februar 1916, die deutsche Verordnung vom 23. November 1914 RGBl. 481 bei Strafe verboten, Reichsgoldmünzen ohne amtliche Genehmigung zu einem den Nennwert übersteigenden Preis zu erwerben, zu veräußern oder Geschäfte über sie zu vermitteln. Daß es sich auch hier um Währungsschutz und nur um den Schutz der heimischen Währung handelt, liegt auf der Hand. Bei dem polizeilichen Charakter der Vorschrift und angesichts der geringen Wahrscheinlichkeit, mit Einzeleingriffen auf die Bewertung der Mark im Ausland Einfluß zu nehmen, dürfte die Tragweite der Verordnung auf Handlungen im Reich beschränkt gewesen sein; jedenfalls hat schon internationales Strafrecht mit seiner Verweisung auf die Gesetze des Tatorts eine weitergehende

---

[31] Ändert die mitwirkende Rücksicht auf den Schuldnerschutz etwas an dem S. 343 aufgestellten Satz, daß Währungsschutzbestimmungen eines andern Staats nicht angewendet werden können? Der Anteil, den der Schuldnerschutz an solchen Bestimmungen hat, ist so untergeordnet, eine Unterscheidung der einzelnen Vorschriften nach der größeren oder geringeren Bewertung dieser Rücksicht so unpraktikabel, das Bedürfnis angesichts des Schutzes nach gemeinem Recht so gering, daß die Frage wohl unbedenklich verneint werden kann.

[32] Vgl. etwa Werner bei Staudinger BGB.[9] 2, 105. Die Meinung Nußbaums 84 ff, daß § 245 auf Fälle der hier besprochenen Art nicht bezogen werden dürfe, kann ich nicht teilen. Die Regelung erscheint mir sachgemäß — soweit sie nur auf Goldmünzschulden beschränkt und nicht etwa auf Goldwertschulden erstreckt wird.

Erstreckung unmöglich gemacht, da eine höhere Bewertung deutscher Goldmünzen nirgends im Ausland mit Strafe bedroht war[33].

Wenn während des Kriegs Höchstpreise für Rohgold festgesetzt wurden[34], so war dies wie bei allen Maßregeln ähnlicher Art (oben § 54) für das im Reich befindliche Gold verbindlich. Und wenn mit Recht darauf hingewiesen worden ist[35], daß dem Schutz des Nennwerts nicht bloß Maßregeln auf der Geldseite, sondern auch auf der Warenseite dienstbar sind, so haben doch solche Maßregeln, Höchstpreise, Überwachungen des Gewerbebetriebs und dergleichen, ihren eigenen vom Währungsrecht völlig abgelösten Geltungsbereich.

Die Währungskrise hat in Deutschland auch dazu geführt, Höchstwerte für die Goldmark (als Rechnungseinheit) festzusetzen[36], für die Preisstellung bei Lieferung von Ware und bei Bewirkung von Leistungen. Um den Schutz der Währung handelt es sich hier nicht mehr, der Käufer und Besteller soll vor Ausbeutung bewahrt werden; auf eine Zuwiderhandlung sind Strafe und Nichtigkeit gesetzt. Dennoch ist der Geltungsbereich ein verwandter. Als gewerbe- und berufspolizeiliche Vorschrift gilt die Bestimmung für diejenigen, die in Deutschland die gewerbliche und berufliche Niederlassung haben.

Gebietsveränderungen.

5. Besonderer Untersuchung bedarf der Fall einer Gebietsveränderung. Inwieweit Goldklauselvorschriften, die bei Geldschulden den Schutz des Schuldners gegen Überlastung bezwecken, solchenfalls weitergelten, braucht hier nicht erörtert werden. Für Goldklauselvorschriften, die dem Währungsschutz dienen, sind Unterscheidungen veranlaßt.

Handelt es sich um eine Verpflichtung, die dem Stammland des Staats angehört, der das Gebiet abgetreten hat, und auf dessen Währung lautet, so ist für den Nachfolger in der Herrschaft die Währung eines fremden Staats in Frage, die nach den früheren Ausführungen eine aktive Förderung durch Anwendung der Goldklauselgesetze dieses Staats nicht beanspruchen kann; jedenfalls dann nicht, wenn in dem abgetretenen Gebiet die Währung des Erwerbers eingeführt worden ist; zumeist aber auch nicht, wenn die Währung des abgetretenen Landesteils ihre bisherige Benennung behalten hat, denn zumeist ist sie (vgl. oben § 105) durch die Gebietsveränderung dennoch eine schlechthin selbständige Währung geworden. Nur da, wo der Nachfolger in der Herrschaft die bisherige Währung als die Währung eines andern Staats

[33] Köhler, Zeitschrift für Rechtspflege in Bayern 1915, 33 glaubte eine Strafbarkeit des Deutschen im Ausland ohne Rücksicht auf die Gesetze des Tatorts empfehlen zu sollen.

[34] Bekanntmachung 8. II. 1917 RGBl. 117.

[35] Helfferich, Geld[6] 335.

[36] Verordnung 7. XI. 1923 §§ 2, 3 RGBl. 1081.

beibehält, hat er ein eigenes Interesse daran, diese Währung in jeder Form zu schützen. Als Danzig unter Beibehaltung der reichsdeutschen Währung selbständig wurde, haben die Goldmünzbeschränkungen des deutschen Rechts in Danzig auch für Schulden des mutterländischen Gebiets weitergegolten.

Schulden, die dem Stammland des erwerbenden Staats angehören und auf dessen Währung lauten, haben in den neuerworbenen Landesteilen Anspruch auf Währungsschutz ohne Unterschied, ob in dem erworbenen Gebiet dieselbe Währung eingeführt worden ist oder nicht. Der Grund, der sonst einer Anwendung ausländischen Goldklauselrechts entgegensteht, entfällt hier.

Ihren Schwerpunkt indessen haben solche Fragen in Goldschulden, die dem abgetretenen Gebiet selbst angehören und vor der Abtretung in der Währung des früher herrschenden Staats eingegangen wurden. Ist in dem abgetretenen Gebiet die bisherige Währung, wenn auch verselbständigt, bestehen geblieben, so werden im Zweifel auch die bisherigen Bestimmungen über den Währungsschutz, auf die verselbständigte Währung bezogen, weitergelten. Anders verhält es sich, wenn der Erwerber seine eigene Währung hier eingeführt hat. Goldmünzklauselbeschränkungen des früheren Rechts können nicht mehr zum Zug kommen, weil sie sich inhaltlich auf eine andre Währung beziehen; denn mit der Einführung der neuen Währung sind auch die Altschulden des Gebiets in diese Währung übergegangen. Was an Stelle der zugesagten Goldmünzleistung tritt, hat das Schuldrecht des abgetretenen Gebiets zu bestimmen. Nicht leicht werden hienach an Stelle der Goldmünzen früherer Währung solche der nunmehrigen Währung als Schuldgegenstand treten, und wenn eine solche Umstellung nicht platzgreift, ist auch für eine Anwendung der Goldmünzklauselbestimmungen des neuen Rechts kein Raum. Eine Goldwertklausel hingegen vermag auch einen Währungswechsel zu überdauern. Beschränkungen des alten Rechts allerdings können hier nicht mehr weiterwirken, denn es sind Bestimmungen zum Schutz der Währung eines fremden Staats. Dagegen müssen solchenfalls die Beschränkungen zur Anwendung kommen, die für die eingeführte Währung die nunmehr herrschende Staatsgewalt vorgesehen hatte. Derartige Beschränkungen gelten nicht nur für die Begründung, sondern auch für den Bestand der Forderungen — es wäre unannehmbar, wenn für dieselbe Währung in deren Stammland Goldwertklauseln unwirksam wären, für die gleiche Währung aber im neuerworbenen Gebiet anerkannt werden müßten; die Diskreditierung der Währung, die eine Unterbindung der Wertklauseln verhüten soll, würde durch den Unterschied verschärft wirksam.

Fragen dieser Art sind in neuerer Zeit vornehmlich in Elsaß-Lothringen verhandelt worden, ohne hier eine befriedigende Lösung zu finden. Man hat zunächst für vormalige Markschulden des Gebiets die

Goldmünzklauselbeschränkungen des deutschen Rechts als fortgeltend angesehen[37], obwohl mit der Einführung der französischen Währung solche Markschulden zu Frankenschulden geworden sind. Im übrigen aber ging die Erörterung hauptsächlich darum, ob Goldmünzklauseln nach der Absicht der Parteien auch eine (nach deutschem Recht unverbotene) Goldwertklausel in sich schlossen[38]. Wo eine solche Wertklausel angenommen wurde, da hat man den Goldwert der deutschen Währung bis zum Zeitpunkt der Fälligkeit festgehalten, für diesen Zeitpunkt in französische Währung umgerechnet, für die letztere aber ohne weiters den Papierwert zu grunde gelegt. Solche Behandlung der französischen Währung war nach Maßgabe des französischen Goldklauselrechts zutreffend[39]; unrichtig war es dagegen, den Goldwert der Mark bis zur Fälligkeit festzuhalten, da doch diese Schulden seit 1. Dezember 1918, an dem die französische Währung eingeführt wurde, an den Schicksalen der französischen Währung teilhatten.

Auch in Griechenland sind zu diesen Fragen einige Entscheidungen ergangen[40]. —

Sehr einfach gestaltet sich schließlich die Weitergeltung eines Aufgeldverbots für Goldmünzen. Dauert die bisherige Währung als solche fort oder zwar verselbständigt, aber unter Übernahme der früheren Goldmünzen, so muß im Zweifel angenommen werden, daß auch die Schutzbestimmung weitergilt. Führt der Erwerber seine eigene Währung im

---

[37] Oberlandesgericht Colmar 17. V. 1920, Landgericht Straßburg 10. XI. 1920, Oberlandesgericht Colmar 17. I. 1923, Revue juridique d'Alsace et de Lorraine 1920, 347; 1921, 85; 1923, 255 und öfter.

[38] Ja nach den beiden angeführten Colmarer Entscheidungen und weiteren Urteilen, ebenfalls vom 17. V. 1920 und 4. III. 1924 Revue 1920, 351 und 1924, 465, nein nach dem Urteil 20. XI. 1921 Revue 1922, 97.

[39] Aber freilich keine der Entscheidungen hat dies ausgesprochen, und man bedient sich der verschiedensten Umwege, um das Ergebnis zu erreichen. Vgl. die angeführten Urteile des Landgerichts Straßburg und die Colmarer Entscheidungen von 1923 und 1924. Die abweichende Endlösung der beiden oberlandesgerichtlichen Entscheidungen von 1920 wie auch dreier Urteile des Kassationshofs vom 23. I. 1924 Dalloz 1924 I 41 und Journal 52, 166 wird auf die Erwägung gegründet, daß der französische Zwangskurs nicht gelte für Verpflichtungen, deren Erfüllungsort im Ausland liegt.

[40] Ihre Auswertung ist allerdings mangels ausreichender Angaben kaum möglich. Kassationshof Athen 1923 Journal 51, 511: in dem neuerworbenen Thracien, in dem die türkischen Gesetze fortgelten (und das türkische Recht kennt nach der Annahme des Kassationshofs keine Goldklauselbeschränkungen) ist eine Schuld in türkischen Goldpfund übernommen worden; steht in Widerspruch mit den griechischen Gesetzen über den Zwangskurs, die der öffentlichen Ordnung angehören. Zivilgericht Rodosto ebenda 508, anscheinend gleicher Tatbestand; das Gericht nimmt an, daß auch nach türkischem Recht Goldklauselbeschränkungen bestehen, dieser Rechtszustand befinde sich alsdann in Übereinstimmung mit dem, was die griechische öffentliche Ordnung fordere.

Gebiet ein, so wird die Bestimmung gegenstandslos, und es treten etwaige Vorschriften dieser Art, die im Recht des Erwerbers gelten, an deren Stelle.

Goldzwang.

6. In völlig andere Zusammenhänge führt es, wo die Gesetzgebung vor der eingetretenen Entwertung ihrer Währung kapituliert und nunmehr selbst Bewertung oder Bezahlung in Gold (Goldwert) vorschreibt. Hier handelt es sich nicht mehr darum, in der Inlandswährung eine staatliche Einrichtung zu schützen, sondern den Rechtsverhältnissen, die zu einer Bewertung oder Geldleistung Anlaß geben, die sachgemäße Regelung zu beschaffen, und es entscheidet in solchen Fällen die lex causae, bei den allerdings wenig zahlreichen Bestimmungen dieser Art, bei denen die Anwendung ausländischen Rechts in Betracht kommt, auch die ausländische lex causae.

Daß Geldleistungen des öffentlichen Rechts, die an den Staat zu entrichten sind, unter dessen Recht stehen, bedarf keiner Ausführung. Dahin gehören die häufigen Vorschriften, die eine Zahlung der Zölle, zuweilen der Paßgebühren in Gold fordern. In Deutschland[41] waren in den letzten Zeiten der Krise die gesamten Reichssteuern, Gerichtskosten, Geldstrafen in diesem Sinn in Gold zu bezahlen[42], wie auch gewisse Leistungen des Staats (so Zeugengebühren) in solcher Art erfolgten. Wenn durch Zivilurteil eine Goldschuld auferlegt werden konnte, ein Ersatz der Prozeßkosten in Gold zu leisten war, hatte das für Prozesse vor deutschen Gerichten zu gelten[43]. Auch außerhalb der Geldschulden waren Bewertungen in Gold vorgeschrieben, für Berechnung des unpfändbaren Teils bei einer Lohnforderung, anwendbar auf Pfändungen im Reich, für die Berechnung einer Aufwertungsschuld, anwendbar auf Schulden deutscher Währung, für eine Begrenzung der Haftung für Kraftfahrzeuge und Luftfahrzeuge, giltig für Schäden, die im Gebiet verursacht wurden. Der wichtigste Fall dieser Art war für Deutschland in der Forderung von Goldbilanzen und der damit zusammenhängenden Verpflichtung, Aktien und Anteile einer Gesellschaft mit beschränkter Haftung auf Gold zu stellen, gegeben. Da es sich hiebei indessen um eine Bewertung in Gold**mark** handelte, also zugleich um einen Zwang, Inlandswährung zu benützen, und in den ähnlichen Vorschriften an-

---

[41] Materialien bei Nußbaum, Geld 104 ff.

[42] Es handelte sich dabei rechtlich gesehen nicht um die Einführung einer neuen Goldmarkwährung, auch nicht als Rechnungswährung, s. schon oben S. 223[5].

[43] Nach einer Verordnung 14. XII. 1923 RGBl. I 1198 waren Rechtsanwaltsgebühren im Verfahren vor den Versicherungsbehörden (nur diese) in Gold festzusetzen. Schwerlich war das eine Bestimmung, die auf grund des Verfahrens in Deutschland zur Anwendung kam. Entsprechend der sonst maßgebenden Begrenzung (oben Bd. 2, 264 f) hatte sie für deutsche Anwälte zu gelten, inhaltlich beschränkt auf Verfahren vor deutschen Versicherungsbehörden.

derer Staaten von vornherein die Bindung an eine neue Inlandswährung in Frage kam, ist der Geltungsbereich dieser Bestimmungen schon oben S. 313 erörtert worden.

§ 116.

Schutz gegen Entwertung. Im besondern die Aufwertung.

1. Einleitung. — 2. Sonderrecht. Umrechnungsnormen. — 3. Die Aufwertung. Streitstand. — 4. Die Grundfrage. — 5. Aufwertung bei Gebietsveränderungen. — 6. Einzelheiten der Durchführung. — 7. Verteilungsverfahren.

Einleitung.

1. Wenn der Wert der Geldzeichen verglichen mit dem Wert der Wirtschaftsgüter der Entwertung verfällt, so kann die Bindung an den Nennwert zu Katastrophen führen. Dagegen freilich, daß die Kaufkraft der Note in der Hand ihres Eigentümers zerschmilzt, kann das Recht keine Abhilfe schaffen. Wo aber ein Anspruch auf künftige Geldleistung besteht und es fällt in die Zeit zwischen Begründung und Erfüllung solche Entwertung, hat eine Rechtsordnung zu entscheiden, was der Schuldner leisten muß, und vieltausendfach hat sich die Rechtsprechung dieses letzten Jahrzehnts vor die Frage gestellt gesehen, ob es gegen die schwere Unbill, zu der eine Leistung nach dem Nennwert führen kann, rechtliche Abhilfe gibt, und wie sie beschaffen sein mag. Manche Länder haben sich auch unter solchen Umständen außerstande gesehen, von der Bindung an den Nennwert abzusehen, gegenüber der Not der eigenen Währung vor allem Österreich, Länder, die sich einer gefestigten Währung erfreuten wie Großbritannien oder die Vereinigten Staaten gegenüber fremden Währungen[1]. Anderwärts hat man Abhilfe gesucht und manchmal wohl auf tumultuarischen Wegen.

Wo ein Richter auf grund allgemeiner Billigkeitserwägungen von der Bindung an den Nennwert abweicht, urteilt er (wenn nicht das geschriebene Recht selbst ihn dazu anweist) gegen geltendes Recht, und er bedürfte der staatsrechtlichen Ermächtigung, die ihm aus Gründen der Billigkeit die Ablösung von positiver Vorschrift gestattet. Wo die Ermächtigung bestünde, wäre sie schlechthin gegeben ohne Rücksicht auf die Währung, um die es sich handelt, ohne Unterschied des Schuldrechts, unter dem die Leistung steht. Doch möchte ich für keine der mir bekannten Rechtsordnungen eine solche Freiheit als gegeben annehmen[2]. Sie besteht auch nicht für die gemischten Schiedsgerichte

---

[1] Vgl. die Zeugnisse in § 107 über Anerkennung des Nennwerts, die sich gerade auf entwertete Währungen beziehen.

[2] Nach Meijers, Weekblad voor privaatrecht 1924, 155 ist der niederländische Richter für eine Forderung unter niederländischem Recht nicht an den Satz Mark = Mark gebunden, denn seine Festhaltung sei ein Unrecht des deutschen Staats, und er verweist dafür auf ein Urteil der Rechtbank Maastricht 7. X. 1920.

der Friedensverträge, die freilich in beträchtlichem Ausmaß von ihr Gebrauch gemacht haben[3]. Vielfältig versucht man bei Leistungen aus Rechtsgeschäft dem Parteiwillen eine Zusage unterzuschieben, es solle für den Fall einer Geldentwertung mehr als der Nennwert der Schuldsumme geleistet werden[4], man sieht in der Zusage einer bei Abschluß vollwertigen Währung schlankweg ein Goldwertversprechen oder auch ein Versprechen des Gleichwerts mit einer andern Währung mitenthalten[5], nimmt an, daß bei Verträgen gewisser Art wie Darlehen oder Kauf der Darlehensnehmer den Gleichwert dessen, was er empfangen habe, der Käufer den Gegenwert der Ware habe versprechen wollen[6] — in aller Regel freie Erfindungen, die mit dem Parteiwillen in schroffem Widerspruch stehen[7], und es könnte nur etwa sein, daß eine nachträgliche Änderung des rechtsgeschäftlichen Willens die seit der Erklärung eingetretene Geldentwertung in Betracht zieht; praktisch mag

— Nicht alltäglich sind die Ausführungen von Mater, Revue du droit bancaire 3, 15 ff: Es ist (in Benutzung von fünf näher behandelten Anhaltspunkten, die das französische Recht gibt) immer zugunsten des französischen Gläubigers zu entscheiden — vielleicht auch immer zugunsten eines französischen Schuldners, wenn ihm ein ausländischer Gläubiger gegenübersteht, die Ausführungen darüber sind dunkel — denn das Deutsche Reich hat die Mark hinterlistig zu Fall gebracht. Und er findet ein Urteil des Handelsgerichts Roubaix (vom 13. VI. 1923 ebenda 8, freilich aufgehoben von der zweiten Instanz), das in der Tat mit solcher Begründung die Markforderung eines Franzosen gegen einen Deutschen aufwertet. Das Nötige hiezu schon bei Nußbaum, Geld 141[3].

[3] Zu einem Teil beruhen die Entscheidungen der gemischten Schiedsgerichte, die den Schuldner zu einer Mehrleistung über den Nennwert verpflichten, auf Vorschriften der Friedensverträge (siehe unten). Zu einem Teil auf willkürlicher Analogie zu diesen Vorschriften. In erheblichem Umfang wird der Ausgleich auf Verzug gegründet. Aber auch Mehrleistungen schlechthin und ohne Angabe eines Rechtsgrunds werden auferlegt. Vgl. z. B. das deutsch-belgische Schiedsgericht 11. VI. und 18. VII. 1923 Recueil 3, 291 und 300; deutsch-griechisches Schiedsgericht 2. IV. 1925 und 23. VIII. 1926 Recueil 5, 431 und 7, 17; österreichisch-rumänisches Schiedsgericht 12. IV. und 14. V. 1927 Recueil 7, 779 und 785 usw. Dagegen hat das deutsch-englische Schiedsgericht stets am Nennwert festgehalten, und das ist auch der Ausgangspunkt der neueren Entscheidungen (unten Z. 3), die das Aufwertungsrecht der maßgebenden Gesetzgebung zugrundelegen.

[4] Kassationshof Syrien 3. IV. 1926 Journal 54, 749. Doch läßt der unzureichende Auszug Näheres nicht erkennen.

[5] Deutsch-französisches Schiedsgericht 10. V. 1922 Recueil 2, 107! Vgl. auch den Obersten Gerichtshof Warschau 13. IV. 1927 Zeitschrift für Ostrecht 2, 547.

[6] So die Rechtsprechung des Obersten Gerichtshofs Brünn bei Sedlacek, Zeitschrift für Ostrecht 2, 1215; Urteil 19. VII. 1927 Prager juristische Zeitschrift 1928, 21.

[7] Überaus lehrreich Schlegelberger, Zeitschrift für ausländisches Privatrecht 3, 872 f. — Anders verhält es sich, wo eine rechtsverbindliche Vorschrift wie § 28 der polnischen Aufwertungsverordnung fordert, es sei festzustellen, „was die Parteien vereinbart hätten, wenn sie das Sinken des Geldwerts vorausgesehen hätten“.

dergleichen bei letztwilligen Verfügungen vorkommen, wenn nach ihrer Errichtung der Erblasser den Währungssturz noch erlebt[8].

Im Bereich des objektiven Rechts findet man nicht selten Umbiegungen, einen Schutz gegen Entwertung zu erreichen, man erklärt die Verpflichtung in einer andern als der entwerteten Währung entstanden, bezieht die nachträgliche Umwandlung in die bessere Inlandswährung auf einen möglichst früh liegenden Zeitpunkt — Willkürlichkeiten, deren Anführung hier genügt. Wenn vollends, dies Ergebnis zu erreichen, den Geldzeichen der entwerteten Fremdwährung die Eigenschaft als Geld abgesprochen werden will, wenn sie des Nennwerts, des Annahmezwangs entbehren soll, so kann auch dafür auf Früheres verwiesen werden.

Manchmal sucht man Abhilfe mit den Mitteln des Schuldrechts. Zuweilen auf Grund der Besonderheit eines Schuldverhältnisses. Es ist oben S. 301 von einer Eigentümlichkeit des österreichischen Darlehensrechts gesprochen worden, nach der die Schuld des Entleihers sich nach dem „inneren Wert" des Empfangenen bestimmen soll. Besteht die Vorschrift noch zu Recht, so muß sie für Darlehen unter österreichischem Schuldrecht gelten. Die schuldrechtlich maßgebende Rechtsordnung hätte auch zu bestimmen, ob Leistungspflichten gewisser Art „Wertschulden" darstellen, bei denen die Leistung im Fall einer Geldentwertung dem Nennwert nach steigt, und es trifft das jedenfalls für die Bezeichnung solcher Geldschulden zu, bei denen (vgl. oben S. 167) aus Gründen materiellen Rechts die Währungsgefahr vom Schuldner zu tragen ist[9]. Sehr viel wichtiger indessen sind die Behelfe des allgemeinen Schuldrechts, zu denen in solchem Zusammenhang gegriffen werden mag. Wo der Schuldner die Zahlung schuldhaft verzögert, da treffen ihn die Rechtsfolgen des Verzugs, und es ist davon in zahllosen Fällen Gebrauch gemacht worden, wenn sich die geschuldete Währung nach dem Zeitpunkt der Fälligkeit verschlechtert hat. Ob Verzug vorliegt und welche Folgen er äußert, bestimmt wiederum die schuldrechtlich maßgebende Rechtsordnung[10]. Und eben dieselbe Rechtsordnung entscheidet, ob die

[8] Dazu schweizerisches Bundesgericht 26. X. 1923 Praxis des Bundesgerichts 12, 210; Oberster Gerichtshof New-York 16. IV. 1928 Juristische Wochenschrift 1929, 3526. Der Wille des Erblassers mag unter solchen Umständen auf den Nennwert, auf den Goldwert, auf Nennwert plus Aufwertung oder noch andere Begrenzung gerichtet sein. Doch können seiner Berücksichtigung, wenn nicht eine neue Verfügung erfolgt, erbrechtliche Bedenken entgegenstehen.

[9] Zivilgericht Basel-Stadt 19. XI. 1920 Schweizerische Juristenzeitung 19, 345 und dazu Fick, Aufwertung 54f: Markdarlehen unter schweizerischem Recht; beim Darlehen trage (nach welchem Recht, ist nicht gesagt) die Währungsgefahr der Empfänger, also Leistung des Goldwerts.

[10] Beispiele (die große Menge der Entscheidungen freilich unterläßt es, die Verzugsfolgen, die sie aussprechen, mit einer bestimmten Rechtsordnung in Verbindung zu bringen): Oberster Gerichtshof New-York 1920 Auslandsrecht 2, 315; Deutsch-polnisches Schiedsgericht 5. III. 1925 Recueil 5, 463; Oberster Gerichtshof Wien 20. XII. 1927 Juristische Blätter 1928, 175. Sehr wunderlich freilich derselbe

Wertbeständigkeit der geschuldeten Währung eine Voraussetzung bedeutet, bei deren Wegfall auch die Verpflichtung sich ändert, die mit solcher Voraussetzung vom Gesetz verbunden ist[11]; ob die nachträgliche Entwertung den Gläubiger zum Rücktritt berechtigt oder sogar den Schuldner zu einer Mehrleistung verpflichtet.

Sonderrecht. Umrechnungsnormen.

2. Hat es sich bei den vorerörterten Behelfen um die Nutzbarmachung von Einrichtungen gehandelt, die das allgemein geltende Recht zu Gebote stellt, so hat doch der Wunsch, den Gläubiger gegen die Entwertung seines Anspruchs zu schützen, daneben noch zu mannigfachen Sonderbestimmungen des positiven Rechts geführt, die hier nach Seiten ihres Geltungsbereichs zu untersuchen sind.

Wo Staatsverträge wie der Versailler Vertrag und die ihm gleichlaufenden anderen Friedensverträge in unmittelbar geltenden Bestimmungen einen Ausgleich für Geldentwertung vorsehen[12], da kommen solche Vorschriften vor dem Rechtsschutz der Vertragsstaaten nach den besonderen Anknüpfungen zur Anwendung, die der Staatsvertrag vorsieht. Vorkriegsschulden z. B. (die nunmehr in der Währung der Deutschland feindlichen Macht geschuldet sind) sollen gemäß Art. 296 nach dem Vorkriegswert umgerechnet werden, aber nur wenn sie, von andern Voraussetzungen abgesehen, zwischen Angehörigen der gegnerischen Mächte bestehen, die in ihrem Land den Wohnsitz haben; alsdann aber auch stets und ohne Rücksicht auf die Währung, in der sie begründet wurden, oder auf das Schuldrecht, dem sie unterworfen sind. Dagegen bedürfen Vorschriften eines Einzelstaats, die einen Entwertungsausgleich vorsehen, einer räumlichen Begrenzung für die Vorschrift selbst.

Eine Gruppe solcher Bestimmungen, wenngleich im einzelnen sehr verschieden ausgestaltet, kann als „Umrechnungsnormen“ zusammengefaßt werden[13]. Man empfindet es nach einem Währungssturz als unbillig, daß Geldschulden, die vor dem Zusammenbruch vollwertig oder doch höherwertig begründet worden waren, mit dem Nennwert des entwerteten Gelds sollten erfüllt werden können, und verpflichtet den Schuldner zu einer Mehrleistung über den Nennwert hinaus. Vielleicht vereinfacht so, daß für die Umrechnung älterer Schulden ein einheitlicher

Gerichtshof 3. IV. 1929 Rechtsprechung 11, 188: der Verzug bedeutet ein deliktisches Verhalten und steht deshalb unter den Gesetzen des Tatorts.

[11] Rechtsvergleichung bei Nußbaum, Geld 153 ff.

[12] Versailler Vertrag Art. 296 II, 296 IIId, § 14 der Anlage zu Art. 298, Art. 72. Dazu Bukofzer, Juristische Wochenschrift 1924, 656; Krüger-Herbot, Deutsche Juristenzeitung 1926, 48 ff; Grimm, ebenda 271 ff.

[13] So Nußbaum, Geld 121 f und Die Bilanz der Aufwertungstheorie (1929) 11 mit Beispielen.

Maßstab zugrundegelegt wird (Versailler Vertrag); wobei dann wieder Unterscheidungen nach der Person der Beteiligten vorkommen mögen, wie bei den oben S. 276 besprochenen Umrechnungssätzen für Elsaß-Lothringen, oder Unterscheidungen nach der Art des Rechtsverhältnisses (die oben S. 273 erwähnten Verträge Österreichs mit Rumänien, Südslawien, der Tschechoslowakei). Wenn sich die Entwertung über einen längeren Zeitraum erstreckt hat, nehmen derlei Bestimmungen aber auch Rücksicht auf die Entstehungszeit, vielleicht auch auf den Zeitpunkt der Fälligkeit der einzelnen Verpflichtung. So hat Frankreich 1797 oder Dänemark 1813 Umrechnungssätze je nach der Entstehungszeit des Schuldverhältnisses aufgestellt, unter den neueren Rechten ist ein lettisches Gesetz diesen Weg gegangen[14]. Billigkeitserwägungen haben aber auch dazu geführt, mit der Abstellung auf den Zeitpunkt der Entstehung eine Rücksicht auf den Schuldgrund zu verbinden, wie in Litauen[15] — und es ist damit der Anschluß an die unten zu behandelnden Aufwertungsrechte geschaffen, bei denen die Pflicht zu einer Mehrleistung über den Nennwert nach Maßgabe des Einzelfalls zu einer durchgebildeten Rechtseinrichtung ausgestaltet worden ist.

Umrechnungssätze dieser Art pflegen in Verbindung mit einer Befestigung der entwerteten Währung aufgestellt zu werden, und da eine solche Wertbefestigung meistens in Form einer Währungsänderung erfolgt, entsteht leicht der Eindruck, als würde es sich bei ihnen um die Währungsänderung selbst handeln. Doch ist das nur ein äußerliches Zusammentreffen. Unter den angeführten Beispielen sind das litauische Gesetz, ein Teil der französischen Verordnungen für Elsaß-Lothringen, die österreichischen Verträge der Währungsänderung nachgefolgt, zum Teil mit langem Abstand nachgefolgt; der Wertausgleich des Versailler Vertrags steht überhaupt außer Zusammenhang mit einer Währungsänderung, und es wird insbesondere unten zu betonen sein, daß das deutsche Aufwertungsrecht unabhängig von einer Währungsänderung verbindlich geworden ist. Aber auch wo der äußere Zusammenhang mit einer Währungsänderung besteht: die Währungsänderung bedeutet Währungsrecht, die Verpflichtung des Schuldners zu einer Mehrleistung begründet

[14] Gesetz 18. III. 1920 Art. 4 Auslandsrecht 1, 160 (russische Rubel sind die vormalige Landeswährung, Ostmark die deutsche Besatzungswährung, deutsche Mark exogene Bestandteile derselben): Schulden aus der Zeit vor 1918 sind in lettischer Währung nach dem Verhältnis 1 lettischer Rubel = 1½ russische Rubel, 1½ deutsche Mark oder Ostmark zu bezahlen, Schulden, die seither begründet wurden, nach dem Verhältnis 1 : 2. Wenn das Gesetz diese Vorschrift aufstellt für Schulden, „deren Erfüllung nach dem Gesetz oder laut Vertrag in Lettland vorgesehen ist", so handelt es sich dabei um das Merkmal, nach dem (oben § 105) die Währungstrennung vorgenommen wurde.

[15] Gesetz 23. VI. 1925 Art. 3 Auslandsrecht 6, 345: Schulden, die vor dem 1. IX. 1915 entstanden sind, sind nach dem Satz 1 Rubel = 1 Lit zu erfüllen, nachher entstandene Verpflichtungen zu 20% des Goldwerts der Entstehungszeit; für be-

Schuldrecht[16]. Für eine Währungsänderung bedarf es mit Notwendigkeit eines Rechtssatzes, der das Wertverhältnis zwischen der neuen und der beseitigten Währung im Zeitpunkt des Währungswechsels feststellt (Anschlußnorm), und wenn Geldzeichen der alten in solche der neuen Währung umgetauscht werden, so mag dies im Zeitpunkt des Währungswechsels bestehende Wertverhältnis als „Umwechslungsnorm" in Erscheinung treten. Aber die Währungsänderung als ein Vorgang des Verwaltungsrechts ist vollkommen zu Ende geführt, wenn der Anschluß der neuen an die alte Währung solcherart feststeht, und es bedarf auch keiner Sonderbestimmung für vorher begründete Geldschulden; sie gehen ipso jure in die neue Währung über, in eben dem Verhältnis, das die Anschlußnorm festsetzt. Der Sonderrechtssätze bedarf es erst, wenn bei dieser Gelegenheit der Gläubiger gegen die Folgen einer Entwertung der geänderten Währung geschützt werden soll; ein anderer Tatbestand, für den mit anderen Mitteln gesorgt wird. Es muß in solchem Fall der Schuldner verpflichtet werden, mehr als den Nennwert der Schuld, umgerechnet nach der Anschlußnorm in den Nennwert der neuen Währung, zu bezahlen, und das ist unzweifelhaft eine Angelegenheit des Schuldrechts.

Aber freilich, wenn nunmehr nach dem Geltungsbereich solcher Mehrleistungsvorschriften gefragt wird: sie begründen wohl schuldrechtliche Verpflichtungen, aber Verpflichtungen von besonderer Art, nicht aus den Bedürfnissen des Kaufvertrags oder Darlehens herausgewachsen, sondern aus den Schicksalen einer Währung. Man kann das internationale Privatrecht nicht mit fünf Schablonen bewältigen. Und so gilt für die Anwendung solcher Umrechnungsnormen — aus den Gründen, die unten Z. 4 näher zu entwickeln sein werden — sie sind

vorzugte Forderungen aus der Zeit vor dem Stichtag ist der Umrechnungssatz 1 Rubel = 5 Lit, bei später entstandenen Forderungen dieser Art ist der Goldwert der Entstehungszeit zu leisten.

[16] Anders ist die Rechtsnatur gewisser Vorschriften in den oben S. 250[18] genannten deutschen und österreichischen Kriegsverordnungen: Mark und Krone sind in die Ortswährung des besetzten Gebiets aufgenommen; aber über ihren Wert innerhalb derselben soll, wenn der Schuldner mit ihnen bezahlen will — nach den deutschen Verordnungen, wo es sich um die Bezahlung von Abgaben handelt, nach den österreichischen Verordnungen schlechtweg — deren Kurswert im Zeitpunkt der Fälligkeit der Schuld entscheiden. Auch hier ein Umrechnungssatz, aber nicht für die Verpflichtung des Schuldners, sondern für den Wert eines Währungsbestandteils, also eine währungsrechtliche Anordnung. Und dasselbe gilt, als eine Bestimmung über den Annahmezwang von Währungsbestandteilen, wenn die deutschen Verordnungen für Privatschulden älterer Zeit dem Gläubiger die Wahl lassen, ob er mit den Geldzeichen der Ortswährung oder mit den in sie aufgenommenen deutschen Geldzeichen befriedigt werden will. Unbeschadet ihrer rechtstechnischen Verschiedenheit in der Ausgestaltung beruhen freilich auch diese Bestimmungen auf dem gleichen Zweck wie die Vorschriften des Textes; sie wollen den Gläubiger gegen Geldentwertung schützen.

nach den Vorschriften des Staats verbindlich, dessen Währung sie veranlaßt hat.

Die Aufwertung. Streitstand.

3. Nie hat die Wirtschaftsgeschichte verbreitetere Verwüstungen von Währungen gesehen als die Zeit nach dem Weltkrieg. Nie hat eine blühende Währung so tiefen Fall getan als die deutsche Währung. Hier zuerst hat sich darum auch die Rechtsüberzeugung Bahn gebrochen, daß der Schuldner, der den Nennwert seiner Verpflichtung leistet, nicht ausreichend erfüllt hat, daß zwar währungsrechtlich nach wie vor die Währung des Schuldverhältnisses der Wertmesser für die ursprüngliche Verpflichtung bleibt, daß die Zahlungsmittel dieses Systems die Verpflichtung tilgen, daß aber mit dem ursprünglichen Maß der Leistung die Verpflichtung noch nicht getilgt werde. Herausgewachsen aus dem Auslegungsgrundsatz, daß Treu und Glauben befolgt werden müssen, hat sich hier zunächst als ungeschriebenes Recht in der Aufwertung eine selbständige Rechtseinrichtung entwickelt, die dann gesetzlich weiter ausgestaltet worden ist[17]. Eine gesetzliche Regelung der Aufwertung besitzen jetzt auch[18] Polen[19], Danzig[20], neuestens Ungarn[21] und das Saargebiet[22], Entwürfe liegen vor für Memel und Luxemburg[23]. In andern Ländern, deren Währung zusammengebrochen war, ist eine solche Rechtseinrichtung nicht zur Ausbildung gelangt, insbesondere nicht in Österreich; auch nicht in der Tschechoslowakei, in Frankreich, Belgien, Italien, deren Währung weniger schwer gelitten hatte. Mit Aufwertung befassen sich ferner einige Staatsverträge, von denen für das Folgende ein solcher zwischen Polen und der Tschechoslowakei von 1925[24] und vor allem das deutsch-polnische Abkommen von 1928[25] in Betracht kommen.

---

[17] Ausgangspunkt die Entscheidung des Reichsgerichts vom 28. XI. 1923. Alsdann Verordnung 14. II. 1924. Jetzt gilt das Gesetz 16. VII. 1925. Dazu das Anleiheablösungsgesetz vom gleichen Tag.

[18] Zur Rechtsvergleichung Harmening bei F. Schlegelberger, Rechtsvergleichendes Handwörterbuch (1929) 2, 282ff. Krohn, Zeitschrift 1928, 1ff. Über Lettland und Litauen oben S. 354.

[19] Verordnung 14. V. 1924 mit späteren Ergänzungen.

[20] Gesetz 7. IV. 1925, geändert 28. IX. 1926.

[21] Gesetzartikel 12: 1928.

[22] Verordnung 22. IV. 1929.

[23] Die Aufwertung einzelner Arten von Forderungen ist in Memel schon durch Verordnungen von 1924 und 1925 geregelt. Über die besonderen Umstände, die Luxemburg zu einer Regelung der Aufwertung veranlassen, unten Z. 5.

[24] Vertrag 23. IV. 1925 Sammlung der Gesetze des tschechoslowakischen Staats 1926, 291 (enthält nur eingestreute Bestimmungen über Aufwertung).

[25] Aufwertungsabkommen 5. VII. 1928 RGBl. 1929 II 577 (ausschließlich mit Aufwertung befaßt). Dazu die beiden Verträge vom 14. XII. 1928 (Sparkassenabkommen und Abkommen über die Pfandbriefanstalt Posen) ebendort. Die Denkschriften zu den Verträgen in Verhandlungen des Reichstags 1928 Nr. 1182.

Wenn hier dieses neue Recht nach Seiten seiner räumlichen Anwendbarkeit geprüft wird[26], so soll das zunächst vom Standpunkt der Aufwertungsstaaten aus geschehen; das Verhältnis zu dem Aufwertungsrecht fremder Staaten soll anschließend behandelt werden.

Sehr wenig Schwierigkeit hat bisher die Aufwertung dinglicher Rechte, insbesondere eine solche der Hypotheken für Rechtsprechung und Literatur geboten. Daß das Aufwertungsrecht am Ort des belasteten Grundstücks anzuwenden ist, gilt für sie als schlechthin selbstverständlich, und soweit eine Begründung überhaupt für erforderlich gehalten wird, geht sie dahin, daß dingliche Rechte nach internationalem Sachenrecht unter den Gesetzen der belegenen Sache stehen[27]. Die Frage, welches das Recht der belegenen Sache bei einer Gebietsveränderung ist, interessiert hier noch nicht. Und es ist nur etwa eine polnische Entscheidung zu erwähnen[28], nach der eine Hypothek auf polnischem Grundstück nach polnischem Recht aufzuwerten ist, auch wenn sie, unter deutscher Herrschaft in Mark begründet, nicht in polnische Währung übergegangen sein sollte.

Die wesentlichen Erörterungen indessen, die in diesem Zusammenhang geführt worden sind, beziehen sich auf die Geldschulden des Privat-

[26] Aus der Literatur des Gegenstands seien hervorgehoben Rost, Weltrecht 1924, 197ff; Nußbaum, Geld 142ff; Obermaier, Leipziger Zeitschrift 1925, 1205ff; Melchior, Juristische Wochenschrift 1926, 2345ff; O. Mügel, Das gesamte Aufwertungsrecht[5] (1927) 246ff. Seitdem eine erste Fassung der gegenwärtigen Ausführungen in der Juristischen Wochenschrift 1928, 137ff veröffentlicht wurde, sind an wesentlichen Beiträgen zu der Frage erschienen Melchior, Zeitschrift für Ostrecht 2, 501ff; Nußbaum, Bilanz 27ff; mehrere Abhandlungen von Reichel, zuletzt in Festschrift, dem 24. Anwaltstag gewidmet von hanseatischen Juristen (1929) 441ff; Schlegelberger, Zeitschrift für ausländisches Privatrecht 3, 869ff. Die umfängliche Abhandlung von Krohn, Zeitschrift 1928, 1ff ist wenig förderlich. Was Frankenstein, Internationales Privatrecht (1929) 2, 106f 214ff bringt, liegt zumeist weitab von geltendem Recht.

[27] Vgl. etwa Mügel[5] 250; L. Quassowski, Gesetz über die Aufwertung[5] (1927) 52; Harmening in Rechtsvergleichendes Handwörterbuch 2, 311; Frankenstein 2, 106. Der Satz wird auch anerkannt, wenn das Grundstück in fremdem Rechtsgebiet liegt: Obermaier 1206; Roß, Juristische Rundschau 1926, 118; F. Schlegelberger H. Harmening, Aufwertungsgesetz[5] (1927) 159 (auch schon Harmening, Juristische Wochenschrift 1925, 698); M. Nadler, Grundbuch- und Aufwertungsfragen[8] (1927) 122; unsicher Mügel[5] 250f. In der Rechtsprechung wird der Satz anerkannt vom Oberlandesgericht Dresden 16. II. 1926 Rechtsprechung in Aufwertungssachen 1, 180; Landgericht Königsberg 18. II. 1927 Juristische Wochenschrift 3019 mit Anmerkung von Henrychowski; Kammergericht 2. VI. 1927 ebenda 3015; Oberlandesgericht Karlsruhe 16. IV. 1928 Rechtsprechung in Aufwertungssachen 3, 379. Grundsätzlich (aber freilich im einzelnen Fall durch die Vorbehaltsklausel entkräftet) auch vom Reichsgericht 25. VI. 1926 Entscheidungen 114, 171. In dem Urteil vom 23. XI. 1923 Entscheidungen 107, 78 stellt das Reichsgericht wunderlicherweise auf das Recht des Erfüllungsorts ab. Eine ausdrückliche Unterstellung unter das Recht der belegenen Sache in § 2 des Danziger Gesetzes von 1926.

[28] Oberster Gerichtshof Warschau 29. XII. 1928 Zeitschrift für Ostrecht 3, 1380.

rechts[29], im besondern auf Verpflichtungen von schuldrechtlicher Art, und man begegnet in Deutschland — wo diese Erörterungen zum weit überwiegenden Teil geführt werden — zunächst mit nur wenig Ausnahmen dem Satz, daß die für das Schuldverhältnis maßgebende Rechtsordnung auch über die Aufwertung entscheidet. Ja, die Lösung wird als so selbstverständlich angesehen, daß man zuweilen glaubt, mit einer Verweisung auf „internationales Privatrecht" mögliche Zweifel in diesem Sinn bereits gelöst zu haben. Und man gelangt von da insbesondere zu einer Anwendung des Rechts, das nach einem zu vermutenden Parteiwillen gelten soll, besonders häufig zu einer Verweisung auf das Recht des Erfüllungsorts. In diesem Sinn haben in den ersten Jahren mehrere Oberlandesgerichte, hat auch das Reichsgericht einige Male entschieden[30], und in breiter Front folgt die Literatur[31]. Die Schriftsteller bringen zum Teil umfängliche Ausführungen darüber, welche Rechtsordnung nun für das Schuldverhältnis zu gelten habe. Daß das für das Schuldverhältnis geltende Recht auch für die Aufwertung gelten müsse, wird nur bei Blumenthal und Melchior ausgeführt: es handle sich um Schuldrecht und nicht um Währungsrecht. Einige weitere Erörterungen nehmen zwar gleichfalls im Schuldrecht ihren Ausgangspunkt, aber so, daß sie gleichzeitig dem Recht im Land der Währung Einfluß einräumen[32]. Aber auch eine rein währungsrechtliche Auffassung ist bisweilen vertreten worden[33]. Dann hat das Reichsgericht

[29] Geldschulden des öffentlichen Rechts sind ganz regelmäßig unter dem Recht und in der Währung des öffentlichen Verbands begründet und geben nur etwa bei einem Gebietswechsel Anlaß zu Zweifeln.

[30] Oberlandesgerichte Breslau 8. VII. 1925 Das Recht 468; Stettin 1. XII. 1925 Juristische Wochenschrift 1926, 385; Karlsruhe 3. XI. 1926 Zeitschrift des Deutschen Notarvereins 1927, 48; Berlin 2. XII. 1926 Zeitschrift für Ostrecht 2, 675; Hamburg 23. VII. 1927 Rechtsprechung in Aufwertungssachen 2, 594. Auch Landgericht Königsberg 18. II. 1927 Juristische Wochenschrift 3019. Reichsgericht 28. XI. 1923 Entscheidungen 107, 78 und 24. V. 1924, Warneyer, Rechtsprechung 16, 171. In den Urteilen des Kammergerichts 5. III. und 9. VI. 1926 Juristische Wochenschrift 1927, 2320 2321 wird die Geltung deutschen Schuldrechts zwar nicht festgestellt, aber doch wohl vorausgesetzt.

[31] So die Kommentare von Schlegelberger-Harmening[5] 159, 680; Quassowski[5] 52; Neukirch (1926) 50. Blumenthal, Ostrecht (1926) 171, auch 165 f, 172 f. Melchior a. a. O. Für die Geltung der deutsch-schweizerischen Goldhypothekenabkommen vor den Gerichten dritter Staaten Geiler-Pfefferle, Die schweizerischen Goldhypotheken in Deutschland (1924) 136. Sonst etwa noch Gerstmeyer, Juristische Wochenschrift 1924, 402; Cretschmar, Frankfurter Zeitung 6. XII. 1925; Haase, Juristische Wochenschrift 1926, 354 und 2831; Roß, Juristische Rundschau 1926, 113; Krebs, Deutsche Juristenzeitung 1926, 669; Strickstrack, Sparkasse 1926, 521; Henrychowski, Juristische Wochenschrift 1927, 3019. Hieher wohl auch Harmening ebenda 1925, 689; Unversehrt ebenda 2205; Nadler[3] 122 f.

[32] Mügel[5] 247 ff, 1208; dazu seither auch Juristische Wochenschrift 1927, 2979. Obermaier 1207 ff. Auch Ascarelli, Moneta 271[3].

[33] So Rost a. a. O. Nußbaum, Juristische Wochenschrift 1928, 327 legt

begonnen, sich bestimmter von einer solchen schuldrechtlichen Behandlung abzulösen[34], und es hat neuerdings in einer Reihe von Urteilen entschieden, daß die Aufwertung „währungsrechtlichen Charakter“ habe, demgemäß nach dem Recht im Staat der Währung zu bemessen sei[35]. Inzwischen war die Literatur zu einer schärferen Fragestellung gelangt, hatte der Schreiber dieser Zeilen, hatte Nußbaum in Fortführung früherer Aufstellungen sich für das Recht des Staats der Währung erklärt[36]. Diese Meinung hat dann wieder den Widerspruch ansehnlicher Schriftsteller erfahren; Melchior, Reichel, Schlegelberger wollen an einer Beurteilung der Aufwertung nach der schuldrechtlich maßgebenden Rechtsordnung festhalten[37]. Und das Reichsgericht — ein unerbauliches Schauspiel — hat seither je zwischen seine Entscheidungen nach Währungsrecht andere gesetzt, die die schuld-

Wert auf die Feststellung, daß seine Ausführungen von 1925, Geld 142f und Juristische Wochenschrift 1986, gleichfalls im Sinn einer solchen währungsrechtlichen Auffassung zu verstehen seien.

[34] Urteil 23. VI. 1927 Entscheidungen 118, 370: Markverpflichtung unter österreichischem Schuldrecht mit deutschem Erfüllungsort; währungsrechtlich gilt hier deutsches Währungsrecht; die Aufwertung liegt zwar „auf anderem Gebiet“, aber sie hat „in der Entwertung der deutschen Mark ihre Ursache und (?) gehört zur Frage nach dem Inhalt der Schuld“; deshalb deutsches Aufwertungsrecht. — Schon eine Entscheidung 16. XII. 1924, Juristische Wochenschrift 1925, 270 hatte den Markbetrag, den eine dänische Firma als Kaufpreis nach Deutschland schuldete, nach deutschem Recht aufgewertet, ohne das maßgebende Schuldrecht festzustellen, unter Umständen also, die zur Anwendung dänischen Schuldrechts führen konnten. In der Entscheidung 25. II. 1926 Juristische Wochenschrift 1323 hat das Reichsgericht offen gelassen, ob das schuldrechtlich maßgebende Recht für die Aufwertung verbindlich sei, ohne allerdings zu einer sicheren Fragestellung zu gelangen.

[35] Urteile 5. III. 1928 Entscheidungen 120, 277; 10. V. 1928 Juristische Wochenschrift 1790 (mit der Hilfserwägung, daß auch das maßgebende Schuldrecht zur Aufwertung führe); 5. VII. 1928 Rechtsprechung in Aufwertungssachen 3, 729 unter Hinweis auf ein weiteres Urteil gleichen Inhalts vom 22. III. 1928. Vgl. auch das Urteil 27. VI. 1928 Entscheidungen 121, 337 und die Hilfserwägung in den Entscheidungen 25. X. 1928 und 16. I. 1929 unten Anm. 38. Kammergericht 16. VIII. 1928 Rechtsprechung in Aufwertungssachen 3, 881 und 13. XII. 1928 Juristische Wochenschrift 1929, 1599; vgl. auch schon 2. II. 1928 Juristische Wochenschrift 1462.

[36] Übereinstimmend auch Pomplitz, Juristische Wochenschrift 1928, 1199. Henrychowski ebenda 1208 (abweichend von früheren Äußerungen). Rost, Zeitschrift für Ostrecht 3, 1319.

[37] Für diese Meinung auch Henrychowski, Juristische Wochenschrift 1927, 3019; Krohn 152 ff; Dölle, Zeitschrift für Ostrecht 1928, 678 f; Mezger, Juristische Wochenschrift 1928, 1447; Blumenthal ebenda 1805; Harmening im Rechtsvergleichenden Handwörterbuch 311 f; Rühland in Recht und Staat im neuen Deutschland (1929) 2, 491 f. Entsprechend Frankenstein 214 ff. Doch erfährt die Meinung bei Reichel eine eigentümliche Umbildung: nur für die eigene Währung soll Aufwertung (oder Nichtaufwertung) nach Maßgabe der Sonderbestimmungen des zuständigen Schuldrechts Platz greifen; eine Aufwertung von Schulden fremder Währung ist allerwärts nach Billigkeitsgrundsätzen möglich.

rechtlich maßgebende Rechtsordnung anwenden[38]. Anwendung der schuldrechtlich maßgebenden Gesetzgebung heißt Aufwertung nach deutschem Recht, auch wenn die aufzuwertende Schuld auf eine fremde Währung gerichtet ist: in der Tat hat das Reichsgericht diese Folgerung einmal gezogen[39]; hat auch einmal die Selbstverleugnung geübt, Markschulden unaufgewertet zu lassen, wenn dem maßgebenden Schuldrecht des Auslands eine Aufwertung nicht bekannt war[40]. Aber freilich, mehr als einmal hat die Vorbehaltsklausel aushelfen müssen, dieser Folgerung die Spitze abzubrechen[40a]. —

---

[38] Erkenntnisse vom 14. XII. 1927 Entscheidungen 119, 259; 27. I. 1928 Entscheidungen 120, 70; 22. III. 1928 Juristische Wochenschrift 1447; 6. VI. 1928 Entscheidungen 121, 203; 25. X. 1928 Juristische Wochenschrift 3108 und 16. I. 1929 ebenda 1584 (in diesen beiden Abstellung auf die Währung als Hilfserwägung); 21. II. 1929 Rechtsprechung in Aufwertungssachen 4, 367; 14. X. 1929 ebenda 993; der Sache nach auch 13. V. 1929 Juristische Wochenschrift 2585; als Hilfserwägung in dem schon genannten Urteil 10. V. 1928. Übereinstimmend das Kammergericht 21. IX. 1927 Juristische Wochenschrift 1928, 2032 und 25. IX. 1928, ebenda 1929, 446; Oberlandesgericht Jena 22. VI. 1929 Rechtsprechung in Aufwertungssachen 4, 944.

[39] Urteil 27. I. 1928 Entscheidungen 120, 70: österreichische Kronen, die (angeblich!) unter deutschem Versicherungsrecht geschuldet sind, müssen nach deutschem (allgemeinem) Aufwertungsrecht aufgewertet werden. In einer Entscheidung 3. III. 1925, Warneyer, Rechtsprechung 1925, 134 hatte das Reichsgericht die Aufwertung holländischer Währung abgelehnt, weil die Kursschwankungen des Guldens einer Entwertung der Mark nicht gleichgestellt werden können und es „somit" grundsätzlich zu verneinen sei, daß die Lehre von der Aufwertung auf Preisabreden ausländischer Währung anwendbar sei. In Urteilen vom 6. IV. 1925 Juristische Wochenschrift 1986 und 25. II. 1926 Juristische Wochenschrift 1323 hat das Reichsgericht die Aufwertung von Frankenforderungen versagt, weil die Entwertung des Frankens nicht weit genug vorgeschritten sei; weil Frankreich selbst eine Aufwertung seiner Währung nicht für erforderlich gehalten habe; weil grundsätzliche Bedenken gegen die Aufwertung fremder Währungen bestünden, wie denn in dem zweiten dieser Urteile die Verbindung der Aufwertung mit dem deutschen Schuldrecht überhaupt in Zweifel gezogen wird. Ein Urteil vom 30. V. 1929 Juristische Wochenschrift 2585 versagt einer Dollarschuld die Aufwertung, weil es sich um eine Währung handle, die dem Währungsverfall nicht ausgesetzt war. Nadler[3] 3, Schlegelberger-Harmening[5] 162, wohl auch Obermaier 1214 und Quassowski[5] 49 lehnen die Aufwertung von Fremdwährungsschulden ab, weil das Gesetz nur die Aufwertung von Schulden deutscher Währung kenne. Aber es handelt sich hier um die vom Gesetz anerkannte freie Aufwertung außerhalb des Gesetzes. Für die Aufwertung von Fremdwährungsschulden unter deutschem Schuldrecht jetzt auch Schlegelberger 875.

[40] Urteil 14. XII. 1927 Entscheidungen 119, 259 in Übereinstimmung mit dem Urteil der Vorinstanz Oberlandesgericht Dresden 28. III. 1927 Rechtsprechung in Aufwertungssachen 2, 345. Vgl. auch Obermaier 1211 und neuerdings Schlegelberger 875.

[40a] Oberlandesgericht Hamburg 23. VII. 1927 Rechtsprechung in Aufwertungssachen 2, 594. Mügel[5] 249; Quassowski[5] 615f; Neukirch 54; Melchior, Juristische Wochenschrift 1926, 2347 und Zeitschrift für Ostrecht 2, 507[30]; Krohn 156f. Entsprechend hat das Reichsgericht 25. VI. 1926 Ent-

Auch in Polen[41] begegnet neuerdings die Fragestellung, ob die Aufwertung als Gegenstand „des Valutarechts oder des internationalen Privatrechts" anzusehen sei[42]. Die ältere Rechtsprechung hatte sich auf den schuldrechtlichen Standpunkt gestellt, demgemäß auch Schulden fremder Währung nach polnischem Recht aufgewertet[43], und man findet eine solche Lösung auch in der Literatur[44].

Das Danziger Aufwertungsgesetz von 1925 hatte nach § 1 ausdrücklich Geltung beansprucht „für die im Gebiet zu erfüllenden Ansprüche". In der Fassung von 1926 hat man die Frage in Übereinstimmung mit den Aufwertungsgesetzen anderer Länder offen gelassen, doch wird auch das neue Gesetz im selben Sinn ausgelegt[45].

In Ungarn hat man die richterliche Aufwertung in vereinzelten Fällen auch Markschulden und Frankenschulden gewährt; nicht ohne daß Bedenken hiegegen laut geworden wären[46]. Das neue Gesetz beschränkt sich wie andere seinesgleichen auf Schulden inländischer Währung. Da aber (wenn ich § 1 recht verstehe) ein richterliches Aufwertungsrecht daneben nicht weiterbestehen soll, wird eine Aufwertung fremder Währungen unter solcher Voraussetzung nicht mehr möglich sein.

Und endlich die jüngste Regelung im Saargebiet. Auch sie beschränkt sich auf die Aufwertung vormaliger Markforderungen. Hier aber hat diese Nennung — trotzdem das Saargebiet neben der gesetz-

---

scheidungen 114, 171 einem Urteil des Staats der belegenen Sache, das einer Markhypothek die Aufwertung gemäß örtlichem Recht versagt hatte, die Vorbehaltsklausel entgegengestellt.

[41] Dazu Rost, Das internationale Aufwertungsrecht Polens, Zeitschrift für Ostrecht 3, 1301 ff.

[42] Oberster Gerichtshof Warschau 29. XII. 1928 Zeitschrift für Ostrecht 3, 1380. Über die Mißverständnisse, auf grund deren das Gericht glaubt, von einer Stellungnahme absehen zu können, Rost 1306 ff.

[43] Oberster Gerichtshof Warschau 23. II. 1924, erwähnt in der zweitfolgenden der Entscheidungen; 28. X. 1925 bei Rost 1309; 13. IV. 1927 Zeitschrift für Ostrecht 2, 547. Da auch die polnischen Verordnungen sich auf Schulden inländischer Währung beschränken, kam hier überall die freie richterliche Aufwertung in Betracht. Über Entscheidungen, die unter andern Gesichtspunkten eine Werterhöhung gewähren, Rost an verschiedenen Orten.

[44] In dem Kommentar zu den Aufwertungsverordnungen von Zoll und Helczynski nach Rost 1318, auch 1316 f.

[45] Reiß, Das Danziger Aufwertungsgesetz (1926) 2; derselbe, Ostrecht 2, 1076. Indessen liegt für Danzig eine besondere Rechtslage vor, da das Merkmal des Erfüllungsorts schon dazu dienen muß, die Schulden, die in Danziger Währung übergegangen sind, von solchen in reichsdeutscher Währung abzugrenzen. Ähnlich verhält es sich auch bei der Memeler Verordnung 30. IV. 1925, die gewisse Ansprüche aufwertet, wenn sie „im Memelgebiet begründet worden sind".

[46] Entscheidungen der Kurie Ostrecht 2, 1124 und bei Schuster ebenda 1060. Dem Frankenurteil wird von Schuster entgegengehalten, daß die französische Währung nicht so tief entwertet sei, um die Maßregel zu rechtfertigen; „im allgemeinen" aber könnten überhaupt nur Forderungen in Inlandswährung aufgewertet werden.

lichen nach wie vor richterliche Aufwertung kennt — ausschließende Bedeutung[47]. Landeswährung des Gebiets ist (ob zu Recht, ist hier unerheblich) die französische Währung, die aufzuwertenden vormaligen Markschulden bilden nur einen Teil der Verpflichtungen, die jetzt in französischer Währung geschuldet werden, und gerade Altschulden französischer Währung sollten offenbar einer Aufwertung nicht unterstellt werden. —

Daß Aufwertungsstaaten bereit sind, das Aufwertungsrecht anderer Rechtsgebiete anzuwenden, wenn die vorausgesetzten Anknüpfungen dafür gegeben sind, liegt nahe und ist auch in der Rechtsprechung mehrfach anerkannt worden[48]. Wie man im allgemeinen auch bereit ist, die Aufwertung zu versagen, wo es dem zuständigen Auslandsrecht unbekannt ist[49]. — Unter den Staaten, die für ihren Bereich einer Aufwertung nicht Raum geben, hat Österreich der Anwendung fremden Aufwertungsrechts, wo der zuständige Auslandsstaat sie vorsieht, keine Schwierigkeit bereitet[50]; die Abgrenzung solcher Zuständigkeit ist dabei öfter auf der Grundlage des maßgebenden Schuldrechts gesucht worden[51]. — In der Tschechoslowakei hat man neuestens einem deut-

[47] G. Wimmer, Die Aufwertungsverordnung für das Saargebiet (1929) 3.

[48] Vor allem für dingliche Rechte, vgl. oben Anm. 27. Im Bereich des Schuldrechts Breslau 8. VII. 1925. Karlsruhe 3. XI. 1926 gelangt in solchem Fall durch Rückverweisung wieder zu deutschem Recht! Damit bleibt eine Vorbehaltsklausel wegen des besondern Inhalts der zuständigen Auslandsbestimmungen vereinbar. So Reichel, Festschrift 451 ff für Gegenseitigkeitsklauseln; Reiß, Zeitschrift für Ostrecht 3, 745 gegenüber Urteilen des fremden Staats, die auf grund einer abweichenden Kollisionsnorm zu abweichenden Ergebnissen kommen.

[49] Oberlandesgericht München 18. XI. 1926 Zeitschrift für Rechtspflege in Bayern 1927, 129: keine Aufwertung einer Kronenforderung unter österreichischem Schuldrecht. Oberster Gerichtshof Warschau 11. I. 1928 bei Rost 1308: keine Aufwertung einer Schuld russischer Währung, die außerhalb Polens begründet worden ist. Daß in der Rechtsprechung solches zuweilen sogar zu Lasten einer Forderung in Inlandswährung angenommen worden ist, daß man unter diesen Umständen aber auch vielfach die Vorbehaltsklausel dem fremden Recht entgegengestellt hat, ist oben S. 360 erwähnt worden. Reichel, Zentralblatt für die juristische Praxis 47, 511[22] und Festschrift 454 will die Nichtaufwertung des zuständigen Auslandsrechts in jedem Fall ausschließen. Nußbaum, Juristische Wochenschrift 1928, 1197 und Bilanz 38 gelangt zu demselben Ergebnis mit Rücksicht auf die Geltung von Treu und Glauben.

[50] Oberster Gerichtshof Wien 24. IV. 1927 Entscheidungen 9, 396 Aufwertung einer Markforderung unter deutschem Schuldrecht; 27. III. 1929 Juristische Wochenschrift 3522, Vollstreckung eines deutschen Urteils, das Aufwertung gewährt. Entsprechend Fröhlich, Juristische Blätter 1929, 160 ff, jedoch unter Abstellung auf die Vorbehaltsklausel aus besonderen Gründen, wie Rückwirkung nach deutschem Aufwertungsrecht gegenüber einem rechtskräftigen österreichischen Urteil oder bei Gegenseitigkeitsklauseln. Ihm folgt Reichel, Zentralblatt 47, 507[13]. — Eine Diskussion in der Österreichischen Anwaltszeitung 1929 ist mir nicht erreichbar gewesen.

[51] Oberster Gerichtshof Wien 17. II. 1926 Rechtsprechung 8, 76, keine Aufwertung einer Forderung inländischer Währung, weil nicht unter ungarischem

schen Aufwertungsurteil die Vollstreckbarkeit zugesprochen[52]. Wenn dort mehrfache Entscheidungen (über sie oben S. 351 [6]) Markschulden aufwerten — sie standen vermutlich unter tschechoslowakischem Recht — weil nach der Natur des Darlehens oder des Kaufs der Schuldner den verhältnismäßigen Wert habe versprechen wollen, so sollte das wohl im Rahmen des inländischen Schuldrechts gelten, bezog sich freilich nicht auf die Aufwertung als besondere Rechtseinrichtung[53]. Wenn aber eine Verordnung vom 18. Juni 1925 (Sammlung der Gesetze 745) vorschreibt, daß die Sparkassen des Inlands Markeinlagen zum Nennwert zu liquidieren hätten — sie stehen notwendig unter inländischem Schuldrecht — so bedeutet das allerdings den Ausschluß der deutschen Aufwertungsgesetzgebung entsprechend dem inländischen Schuldrecht. Die Literatur hat die Anwendbarkeit fremden Aufwertungsrechts zuweilen von der Währung der Schuld mitabhängig gemacht, zuweilen in der Aufwertung schlechthin eine Maßregel des Währungsrechts gesehen[54].

In Frankreich begegnet man gelegentlich einer wilden Aufwertung vom Boden des Inlandsrechtes aus[55]. Doch hat man im allgemeinen Mark-

---

Schuldrecht (eine Anmerkung von Wahle ebenda billigt die Entscheidung, obwohl nach seiner Annahme der Betrag in ungarischer Währung geschuldet war); ähnlich für Forderungen fremder Währung unter inländischem Schuldrecht oder dem Schuldrecht eines dritten Staats, der Aufwertung nicht kennt, die Urteile 24. V. 1927 Zentralblatt 45, 777 und 11. IX. 1929 Rechtsprechung 11, 181. Reichel, Zentralblatt 47, 497 ff wählt für Österreich gleichfalls einen schuldrechtlichen Ausgangspunkt, will dabei aber im Sinn der oben Anm. 37 getroffenen Unterscheidungen vorgehen.

[52] Oberster Gerichtshof Brünn 22. III. 1929 Blätter für internationales Privatrecht 4, 206. In der Zeitschrift für Ostrecht 1928, 1216 schreibt Sedlacek noch, der Oberste Gerichtshof habe bisher nicht Gelegenheit gehabt, zu der deutschen Aufwertungsgesetzgebung Stellung zu nehmen. Immerhin erklärt schon das Urteil vom 11. XI. 1924 Juristische Wochenschrift 1925, 513, ob für eine Markschuld mehr als der Nennwert zu leisten sei, müsse das deutsche Recht entscheiden, weil der Vertrag unter deutschem Recht stehe. Und vielleicht besagt auch das sehr verwischte Urteil 17. II. 1925 Ostrecht 2, 459 dasselbe. In Entscheidungen vom 10. II. 1925 Ostrecht 1, 276 und vom 17. III. 1927 Zeitschrift für Ostrecht 2, 1208 hat der Gerichtshof von einer Stellungnahme abgesehen. — Das erstgenannte Urteil, das der deutschen Entscheidung Vollstreckbarkeit zuspricht, hat auch auf eine Geltendmachung der Vorbehaltsklausel verzichtet (obwohl es sich dabei um die oft angefochtene Rückwirkung des deutschen Aufwertungsrechts handelte). In diesem Sinn auch schon Harmening, Juristische Wochenschrift 1928, 1438.

[53] Dasselbe gilt gegenüber der oben angeführten Entscheidung vom 11. XI. 1924.

[54] Ersteres bei Stein, Juristische Wochenschrift 1928, 1437 f. Nach Sedlacek, Juristenzeitung für die tschechoslowakische Republik 1928, 32 bewirkt die Wahl der deutschen Währung, die bei einem Rechtsgeschäft erfolgt, Unterwerfung unter das Recht der deutschen Währung, auch unter deren Umrechnungssätze bei einer Währungsänderung und damit unter die deutsche Aufwertungsgesetzgebung, durch die „diese Relation bezüglich gewisser Verhältnisse“ geändert worden ist.

[55] Über sie oben Anm. 2. Erwähnt sei auch ein Urteil des Handelsgerichts Lyon

schulden gegenüber an dem Nennwert festgehalten; befremdenderweise auch nach Einführung des deutschen Aufwertungsrechts[56] und ohne etwa dies mit der Anwendbarkeit französischen Schuldrechts auf den Fall zu begründen. Neuestens hat das Zivilgericht Paris der Anwendung polnischen Aufwertungsrechts auf eine Schuld polnischer Währung unter polnischem Schuldrecht schlechthin den Einwand der öffentlichen Ordnung entgegenhalten[57]. — Auch in Dänemark scheint eine ähnliche Auffassung zu bestehen; wie auch ein norwegisches Urteil solcher Art bekannt geworden ist[58].

Kaum irgendwo ist das Problem schärfer gestellt worden, als vor dem britischen Appellhof in Sachen Anderson v. Equitable Assurance Society[59]. Die Vorinstanz hatte — unter anderem mit Rücksicht auf § 242 des deutschen Bürgerlichen Gesetzbuchs — aufgewertet. Der Appellhof prüft unter Beiziehung eines deutschen Sachverständigen eingehend die Tragweite des reichsgerichtlichen Urteils vom 28. November 1923, das Grundlage der neueren deutschen Rechtsbildung geworden ist: nicht Währungsrecht, sondern Schuldrecht sei sein Inhalt und deshalb, da die streitige Forderung unter englischem Recht, ein Anspruch auf Aufwertung abzuweisen[60]. In der Literatur ist seither aus dem Urteil

---

23. III. 1923 Revue du droit bancaire 3, 13, das eine Markschuld unter Berufung auf die Erfordernisse einer nicht näher lokalisierten kaufmännischen Rechtschaffenheit aufwertet.

[56] Vgl. die Entscheidungen oben S. 301[19].

[57] Vgl. die Angaben bei Witenberg, Journal 56, 593 ff mit überzeugenden Gegenausführungen. — Auch der Appellhof Paris 19. IV. 1928 Journal 55, 695 hat eine Berufung auf polnisches Aufwertungsrecht zurückgewiesen, und nicht, wie handgreiflich war, wegen des Widersinns seiner Beziehung im gegebenen Fall, sondern, weil die polnische Verordnung „nicht über die Grenzen Polens hinauswirken könne“.

[58] In dem oben S. 301[19] genannten dänischen Urteil könnte eine Rücksicht auf die Geltung dänischen Sachenrechts mitgewirkt haben. Das eben dort angeführte Urteil des Handelsgerichts Oslo gibt überhaupt keine Begründung. Wenig glückliche Äußerungen von Ramel, Juridisk Tidsskrift (1926) 12, 86 ff wollen (wenn ich sie recht verstehe) die Aufwertung im Land der fremden Währung beachten und stellen dennoch auf das Recht des Zahlungsorts ab.

[59] Urteil 12. XII. 1926 Law Times Reports 134, 557. Das Urteil der Vorinstanz Law Times 160, 412.

[60] L. J. Bankes: die Aufwertung, von der das Urteil des Reichsgerichts handelt, betrifft weder Währung noch Münzfuß, sie „reißt das Rechtsverhältnis zwischen den Parteien auf“ und setzt an Stelle des vertraglich geschuldeten Betrags einen andern, der Vernunft und gutem Glauben entspricht. L. J. Warrington: das Urteil betrifft nicht *the fiscal law which fixes what shall be the currency of the country,* die vertragliche Verpflichtung wird erweitert, und das kann nicht für Verträge unter englischem Recht gelten. Ähnlich L. J. Atkin: *it is the debt that is valorised and not the currency;* die Bindung an den Nennwert ist in Deutschland unverändert geblieben, noch jetzt gibt es dort Verpflichtungen, die zu ihrem Nennwert getilgt werden können.

gefolgert worden[61], daß auch englische Gerichte einer Aufwertung Rechnung zu tragen hätten, wenn es sich um Verträge unter ausländischem Recht und in der Währung dieses Staats handle. — In den Vereinigten Staaten hatte das Oberste Bundesgericht mehrfach zu Markforderungen Stellung zu nehmen, und es ist ihnen[62] die Aufwertung nicht bloß dann versagt geblieben, wenn es sich um Ansprüche unter amerikanischem Schuldrecht handelte (Guinness v. Hicks), sondern auch (Deutsche Bank v. Humphrey) für Verpflichtungen unter deutschem Recht. Erst die jüngste Rechtsprechung des Obersten Gerichtshofs von New-York[63] hat Markversicherungen unter deutschem Recht Aufwertung nach den deutschen Vorschriften zugesprochen.

Eine bemerkenswerte Entwicklung schließlich hat das Problem in der Schweiz genommen. Man hat dort Markschulden unter deutschem Recht nach deutschen Vorschriften aufgewertet[64], hat aber auch zu Markschulden unter schweizerischem Recht Stellung genommen. In einer ersten dieser Entscheidungen hat das Bundesgericht Aufwertung gewährt: die Partei, die eine Schuld in fremder Währung übernimmt, übernehme damit auch das Währungsrecht dieses Staats als lex contractus; da aber der Parteiwille nicht auf eine wertlose Leistung gerichtet sein könne, müsse in jener Verweisung „bei Auslegung nach Treu und Glauben (ZGB. Art. 2) auch eine Beziehung auf das in das Währungsrecht eingreifende deutsche Aufwertungsrecht gefunden werden“[65]. Ein zweites Urteil verzichtet auf eine Hereinziehung des Parteiwillens: Treu und Glauben fordern die Aufwertung[66]. Neuerdings aber greift das Bundesgericht wiederum auf die Begründung des erstgenannten Urteils zurück; auch in dem gegenwärtig zu entscheidenden Fall sei anzunehmen, daß die Parteien „sich dem deutschen Währungsrecht und dem es in seinen Wirkungen modifizierenden Aufwertungsrecht unter-

---

[61] Keith bei Dicey, Conflict of laws[4] (1927) 684.

[62] Vgl. die Entscheidungen oben S. 301[19].

[63] Großmann, Juristische Wochenschrift 1928, 1621.

[64] Bezirksgericht Zürich 18. II. 1926 Juristische Wochenschrift 2351. Jagmetti, Schweizerische Juristenzeitung 23, 119: entscheidend ist, welches Recht für den Vertrag gilt. — Auch ein unvollständig mitgeteiltes Urteil des Kantonsgerichts Neuenburg ebenda 22, 263 laßt für eine Schuld von „Franken im Wert von Mark“ Aufwertung nach deutschen Vorschriften gelten.

[65] Urteil 3. VI. 1925 Entscheidungen 51 II 303. Die Vorinstanz, Obergericht Zürich 19. XII. 1924 bei F. Fick, Die Frage der Aufwertung nach schweizerischem Recht (1925) 81, hatte Aufwertung abgelehnt, währungsrechtlich gelte in Deutschland die Mark zum Nennwert, das schweizerische als das maßgebende Schuldrecht aber kenne keine Aufwertung. Beide Aufstellungen bestreitet Fick 87 ff. — Mit den Bemerkungen, die Endemann, Juristische Wochenschrift 1926, 1770 an die Entscheidung des Bundesgerichts knüpft, ist eine Auseinandersetzung nicht veranlaßt. Gegen sie etwa auch Reinhold ebenda 2067.

[66] Urteil 17. II. 1927 Entscheidungen 53 II 76.

werfen wollten“[67]. Dabei hatte das Urteil von 1927 die Beiziehung des deutschen Aufwertungsgesetzes abgelehnt, weil seine Vorschriften nach Lage der Umstände (und das traf augenscheinlich zu) auf andern Voraussetzungen aufgebaut seien[68]. In dem Urteil von 1925 aber war den deutschen Vorschriften die Geltung als „objektives Recht“ ausdrücklich abgesprochen, nur als lex contractus seien seine Bestimmungen heranzuziehen, und auch nach der Entscheidung von 1928 handelt es sich „der Natur der Sache nach“ dabei nur um eine „analoge Anwendung“ des deutschen Rechts.

Unter den Quellen von überstaatlicher Art kommen hier vor allem die Entscheidungen der gemischten Schiedsgerichte in Betracht. Es ist schon oben S. 350 dargestellt worden, wie vielfältig diese Gerichte versucht haben, von dem Boden einer allgemeinen Billigkeit aus zu einer Aufwertung zu gelangen. Wo sie ihrer Aufgabe entsprechend in Anwendung geltenden Rechts geurteilt haben, war das Ergebnis bisher verschieden. Das deutsch-englische Schiedsgericht hat an seiner bisherigen Rechtsprechung Mark = Mark stillschweigend festgehalten, auch nachdem ein deutsches Aufwertungsrecht in Geltung getreten war[69]. Das deutsch-polnische und das deutsch-belgische Schiedsgericht haben in Urteilen von 1926 Aufwertungsrecht angewendet[70], ein neueres Urteil des deutsch-polnischen Schiedsgerichts deshalb, weil der Vertrag unter dem Recht dieses Staates stand[71].

Und endlich die oben S. 356 genannten Staatsverträge über den Gegenstand. Das Abkommen zwischen Polen und der Tschechoslowakei

---

[67] Urteil 3. VII. 1928 Entscheidungen 54 II 314. Dazu Nußbaum und Reichel, Juristische Wochenschrift 1928, 3145f 3146ff. Vgl. überhaupt Reichel, Schweizerische Juristenzeitung 48, 170ff.

[68] Kersting, Schweizerische Juristenzeitung 24, 178ff erklärt im Anschluß an das Urteil, deutsches Aufwertungsrecht komme bei einer Aufwertung in der Schweiz überhaupt nicht in Betracht.

[68] Kersting, Schweizerische Juristenzeitung 24, 178ff erklärt im Anschluß deutschem Schuldrecht, doch ist das Urteil auf die Frage nicht eingegangen.

[70] Das erstere Urteil vom 23. VII. 1926 Juristische Wochenschrift 2869 deutsches und polnisches Aufwertungsrecht auf Forderungen deutscher und polnischer Währung (doch ohne daß der Rechtsgrund bezeichnet wäre, der zu der Anwendung jeder dieser Gesetzgebungen geführt hat); das zweite Urteil vom 25. X. 1926 Recueil 6, 726, deutsches Aufwertungsrecht auf eine Markschuld, offensichtlich unter deutschem Schuldrecht. Dagegen glaubte das deutsch-rumänische Schiedsgericht 31. III. 1927 Recueil 7, 738 die Anwendung der deutschen Aufwertungsgesetzgebung auf eine Markschuld deutschen Rechts versagen zu müssen, weil ein deutscher Gläubiger, der rumänische Währung zu fordern hat, in Rumänien keine Aufwertung finden könne.

[71] Urteil 16. VII. 1927 Recueil 7, 732: die deutsche Militärverwaltung hat im besetzten Warschau Lebensmittel gegen „Mark“ gekauft; die Mark sind polnische Mark, der Vertrag steht unter polnischem Recht, weil er dort zu erfüllen war, und nicht unter dem Recht am Sitz des Schuldners; somit polnisches Aufwertungsrecht.

enthält in Art. 64 eine Einzelbestimmung, die für Hypothek und die durch sie gesicherte persönliche Forderung auf die „Regelung“ des Staats der belegenen Sache verweist. Sie geht also von sachen- und schuldrechtlichen Gesichtspunkten aus, will jedoch nur gelten, wenn auch der Gläubiger Angehöriger des Staats der belegenen Sache ist. Das deutsch-polnische Aufwertungsabkommen hat die Schwierigkeiten der Abgrenzung zu einem Teil dadurch gegenstandslos gemacht, daß es sachliche Vorschriften aufgenommen hat, die für manche Fragen eine unmittelbare Regelung enthalten. Bei seinen Grenznormen aber [72] hat es sich von einer Aufteilung der Zuständigkeiten, wie sie bei Entstehung des Aufwertungsanspruchs auf grund der Natur des Rechtsverhältnisses sich ergeben konnten, fast völlig abgelöst und im wesentlichen nach Merkmalen, die ex post sich als zweckmäßig anboten, einen Ausgleich getroffen. Nur Art. 6, der für die Aufwertung dinglicher Rechte auf die Gesetze im Staat des belasteten Grundstücks verweist, enthält eine Lösung, die auch eine grundsätzliche Regelung darstellen könnte [73]. Dagegen bestimmt Art. 7 für die persönliche Forderung, die durch Hypothek gesichert ist, es solle („ohne Rücksicht auf eine Vereinbarung über den Erfüllungsort“) das Recht der belegenen Sache entscheiden, wenn der Schuldner „zur Zeit der gerichtlichen Geltendmachung der Forderung“ in diesem Staat seinen Wohnsitz hat [74]. Sonstige persönliche Forderungen unterstehen nach Art. 8 (wiederum ohne Rücksicht auf eine Vereinbarung über den Erfüllungsort) dem Recht des Staats, in dem sich „zur Zeit der gerichtlichen Geltendmachung der Forderung“ der Wohnsitz des Schuldners befindet [75]. Für öffentliche Anleihen soll (Art. 9) mit einer leichten Verschiebung das Recht des Staats ent-

[72] Sie gelten nach Art. 5 auch für das Sparkassenabkommen.

[73] Da in Österreichisch-Polen Hypotheken in fremder Währung vorkommen, wird die Lösung durch die sachenrechtliche, nicht durch die währungsrechtliche Seite des Tatbestands bestimmt. Wenn die deutsche Denkschrift 34 von der Lösung des Vertrags als einem „allgemein anerkannten Grundsatz“ spricht, so trägt sie der eben bezeichneten Möglichkeit nicht Rechnung. — Recht der belegenen Sache auch nach Art. 1 des Abkommens über die Pfandbriefanstalt Posen.

[74] Für den Rückgriff des persönlichen Schuldners gegen den Eigentümer des belasteten Grundstücks bestimmt der zweite Absatz eine — materiellrechtliche — Höchstgrenze: keine weitergehende Haftung, als sie nach dem Recht der belegenen Sache besteht, wenn der Rückgriffsschuldner zur Zeit der gerichtlichen Geltendmachung den Wohnsitz dort, der Rückgriffsgläubiger den Wohnsitz im andern Staat hat. Welches Recht für den Rückgriff selbst gilt, bleibt offen. — Weiter gehen hier die Bestimmungen des Abkommens über die Pfandbriefanstalt Posen. Diese, eine Anstalt mit Sitz in Berlin, überträgt ihr in Polen belegenes Vermögen auf eine polnische Anstalt, und Art. 1 des Abkommens bestimmt schlechtweg, daß die auf die polnische Anstalt übergegangenen Hypotheken und persönlichen Forderungen der polnischen Aufwertungsgesetzgebung unterliegen.

[75] Damit stimmt Art. 3 des Abkommens über die Pfandbriefanstalt Posen überein: die Aufwertung der von der (deutschen) Anstalt ausgegebenen Pfandbriefe erfolgt nach den deutschen Gesetzen.

scheiden, in dem der Schuldner bei Inkrafttreten des Abkommens den Sitz hat. Im übrigen aber erklärt das Abkommen in Art. 10 selbst sein Unvermögen: soweit nicht die genannten Artikel Bestimmungen enthalten, „hat es bei den für jeden der vertragschließenden Staaten maßgebenden Regeln des internationalen Privatrechts sein Bewenden".

Die Grundfrage.

4. Ausgangspunkt aller Lösungen muß eine Stellung zu der Frage sein[76], ob das Aufwertungsrecht des Staats entscheiden soll, dessen Schuldrecht (um zunächst nur von diesem Hauptfall zu sprechen) auf die Verpflichtung Anwendung findet, oder ob das Aufwertungsrecht des Staats, auf dessen Währung die Schuld lautet[77].

Es ist insbesondere von Nußbaum vertreten worden, in dem Aufwertungsrecht sei selbst Währungsrecht gegeben; sie bedeute nichts anderes als die „Umrechnungsnorm", wie sie auch sonst bei einer Währungsänderung, den Wert von Schulden zu bestimmen, aufgestellt werde. Die Gleichstellung ist zutreffend und förderlich — aber sie führt nicht dazu, die Aufwertung zu einem Stück Währungsrecht zu machen. Schon oben Z. 2 wurde gezeigt, daß solche Umrechnungsnormen von schuldrechtlicher Art sind. Sie bestimmen unmittelbar die Menge einer Leistung. Und gerade das Beispiel Deutschlands zeigt, daß sie ohne jeden Zusammenhang mit währungsrechtlichen Bestimmungen, insbesondere mit einer Währungsänderung vorkommen können. Das deutsche Aufwertungsrecht ist noch unter der Herrschaft der alten Papierwährung zur endgültigen Anerkennung gelangt[78].

Wird somit den zahlreichen Einwendungen, es handle sich bei der Aufwertung um eine Maßregel des Schuldrechts, hier ohne weiteres zugestimmt, so erscheint es dennoch dem Verfasser als unschlüssig, daraus folgern zu wollen: also komme die Rechtsordnung zur Anwendung, die nach internationalem Privatrecht für den Vertrag maßgebend sei[79]. Alle

---

[76] Darüber, daß die Staatsangehörigkeit oder der Wohnsitz von Gläubiger oder Schuldner nicht entscheiden, besteht heute kaum mehr Meinungsverschiedenheit. Dazu Juristische Wochenschrift 1928, 145.

[77] Es ist nicht selten, daß man in diesem Sinn einer Gegenüberstellung: „Währungsrecht oder internationales Privatrecht" begegnet. So unscharf die Wendung ist, kann über ihren Sinn doch kein Zweifel sein: Aufwertungsrecht mit der Anknüpfung, die das Schuldrecht, oder mit der Anknüpfung, die das Währungsrecht zu Gebote stellt. Die Erörterungen, die Frankenstein 2, 197f dagegen richtet, bekämpfen Gespenster.

[78] Rost, Weltrecht 1924, 198 erblickt in den Vorschriften über Aufwertung Währungsrecht, weil sie die Gleichstellung des Papiergelds mit dem Metallgeld für gewisse Arten von Rechtsverhältnissen beseitigen. Für Obermaier 1212 handelt es sich bei ihnen um Überleitungsbestimmungen zu dem Münzgesetz von 1924. Vgl. auch Sedlacek oben Anm. 54.

[79] In der Tat ist das der Kern einer Anzahl neuerer Ausführungen. So Frankenstein 214ff: folgt aus dem „Wesen des Schuldrechts". Reichel, Fest-

Regeln des internationalen Privatrechts sind (soweit nicht ein positiver Rechtssatz daran hindert) Typenlösungen und geben eine abweichende Lösung nach der Sonderlage des einzelnen Tatbestands frei. Durch das ganze Rechtsgebiet verstreut finden sich Vorschriften, die, als Ergänzungen eines rechtstechnisch abweichend geregelten Rechtskomplexes, dessen räumlichen Geltungsbereich teilen. Der Nießbraucher ist nach manchen Rechten verpflichtet, dem Eigentümer Sicherheit zu leisten; eine schuldrechtliche Verpflichtung, die dennoch, wie der Nießbrauch selbst, dem Recht der belegenen Sache unterworfen ist. Welche Ersatzansprüche aus dem Amtsmißbrauch eines Konsuls erwachsen, bestimmt ohne Rücksicht auf das Recht des Tatorts der Staat, der das Amt verliehen hat. Gerade verwaltungsrechtliche Einrichtungen werden öfter durch ergänzende Zivilrechtssätze gestützt; und der Geltungsbereich, der solcher Ordnung nach internationalem Verwaltungsrecht zukommt, wird damit auch für den anschließenden Zivilrechtssatz verbindlich. Der Umfang, in dem neben der verwaltungsrechtlichen Aufsicht privatrechtliche Erwerbsbeschränkungen der toten Hand zur Wirkung kommen, die Maßgeblichkeit der Gebührenordnungen für Rechtsanwälte neben der öffentlichrechtlichen Ordnung ihres Berufs, bieten einige Beispiele aus vielen[80]. Denn der Zweck, dem die Einrichtung zu dienen hat, wirkt auf ihren Geltungsbereich nach Privatrecht und nach Verwaltungsrecht.

Eben das ist auch die Tatsachenlage bei der Aufwertung. Es ist in §§ 106 und 107 näher ausgeführt worden, daß Geldschulden, die auf eine bestimmte Währung lauten, nach Seiten der Währung dem Recht des Staats unterworfen sind, auf dessen Währung die Schuld geht. Leidet die Währung Not, so werden währungsrechtliche Maßregeln, die dieser Staat zur Behebung des Übels trifft, schlechthin verbindlich. Den gleichen Wirkungsbereich müssen aber auch Maßregeln besitzen, die demselben Zweck dienen und rechtstechnisch außerhalb der verwaltungsrechtlichen Ordnung der Währung stehen. Zu den wesentlichen Sätzen des Währungsrechts gehört heute die Bindung der Währung an einen festen Nennwert und gehört der Annahmezwang für Geldzeichen dieser Währung zu dem Nennwert der Währungseinheiten, auf die das Geldzeichen lautet. Unter den Auswirkungen der jüngsten Vergangenheit haben diese Sätze zu wirtschaftlichen Katastrophen geführt. Die Schäden, die aus ihnen erwachsen sind, zu einem Teil zu mildern, greift das Aufwertungsrecht ein. Nicht der Nennwert der Währung, aber der

schrift 445f: gibt der Schuld neuen Inhalt, „daher"... Schlegelberger, Zeitschrift 874: es fehlt jeder Grund, diese Einzelfrage anders zu behandeln als andere Fragen des Schuldrechts.

[80] Melchior, Zeitschrift für Ostrecht 2, 504f wendet gegen diese Aufstellungen ein, das Privatrecht stehe nicht immer in Abhängigkeit vom Verwaltungsrecht und belegt dies durch einige Beispiele. Wer wollte die Richtigkeit einer solchen Annahme bezweifeln?

Satz, daß Geldschulden auf den Nennwert der Währung gehen, ist in der Not der Zeiten gesprengt worden. Und doch gehören der Nennwert der Währung und die Bindung der Geldschulden an ihn unlöslich zusammen. Allerwärts sind sie gleichzeitig, sind sie auch ohne die Formulierung eines Gesetzgebers gemeinsam ins Leben getreten. Und so müssen sie auch nach Seiten ihres Wirkungsbereichs gleiche Schicksale haben.

Währung und Aufwertung gehören zusammen. Es ist die Not der eigenen Währung gewesen, die in Aufwertungsstaaten dazu geführt hat, die Folgen des Nennwertgrundsatzes zu durchbrechen, und es muß dieser Ausgleich überall platzgreifen können, wo die notleidende Inlandswährung unter dem Rechtsschutz des Inlands steht. Haben die inländischen Gerichte über ein Kaufgeschäft zu entscheiden, das sich nach ausländischem Schuldrecht beurteilt, so kommt fremdes Kaufrecht zur Anwendung, weil der fremde Staat als nächstberufen gilt, den Ausgleich zwischen den Parteien nach kaufrechtlichen Gesichtspunkten vorzunehmen. Wenn aber der Kaufpreis dabei auf Inlandswährung lautet, dann ist es das Schicksal der Währung, nicht die Abwägung kaufrechtlicher Interessen, die zu einem Eingreifen der Aufwertungsgesetze führt; sie kommen gänzlich unabhängig von der Natur des Schuldverhältnisses zur Geltung, mag es sich um einen Kauf oder einen Deliktsanspruch oder was sonst handeln[81]. Staaten, die eine gesunde Währung besitzen, haben schlechterdings keinen Anlaß, über Aufwertung Bestimmungen zu treffen. Es ist eine Annahme, die jede Rechtswirklichkeit außer Augen läßt, zu erwarten, daß ein Staat Aufwertungsvorschriften für fremde Währungen erlassen werde, wohl abgewogen je nach dem Grad der Entwertung für die deutsche oder die lettische, für die französische oder die venezolanische Währung. Wenn Länder kranker Währung auf Aufwertung verzichten — jedenfalls für Frankreich, Belgien, Italien steht solches außer Zweifel — so geschieht das meistens aus Prestigegründen, man will den Verfall nicht amtlich besiegeln: offensichtlich eine Haltung, die nur der eigenen Währung gegenüber Bedeutung haben kann. Und selbst in Staaten wie Österreich, wo ein solcher Beweggrund nicht zutrifft, läßt sich nur feststellen, daß man sich den Wirkungen des Nennwertgrundsatzes gegenüber zu einer Durchbrechung nicht entschließen kann, und auch das hat wieder auf die eigene Währung Bezug[82].

---

[81] Es ist denn auch sehr bezeichnend, wenn unter solchen Umständen mannigfach die Vorbehaltsklausel angerufen wird. Nicht weil die mangelnde Vorkehrung einer Aufwertung in dem kaufrechtlich zuständigen Staat unsittlich wäre, wird sie angerufen, sondern weil inländisches Recht nach seinem Zweck in solchem Fall selbst die Anwendung fordert. Es ist diejenige Funktion der Vorbehaltsklausel, die (Franz Kahn) den „unfertigen Teil des internationalen Privatrechts" erschließt. — Darüber, wie auch sonst das Rechtsgefühl zu der gleichen Lösung drängt, Juristische Wochenschrift 1928, 140.

[82] Daß aber Länder, die selbst eine Aufwertung nicht vorsehen, dennoch

Man frägt, warum gerade die Aufwertung nach Seiten des internationalen Privatrechts anders behandelt werden solle, als die andern oben Z. 1 genannten Hilfsmittel des Schuldrechts, die bei einer Geldentwertung in Betracht kommen mögen, Rücktritt vom Vertrag wegen Wegfall der Geschäftsgrundlage und dergleichen. Die einfache Antwort liegt in der Erwägung, daß es sich bei diesen Maßnahmen um Vorkehrungen handelt, die ihrer Art nach schuldrechtlich sind; auf den Wegfall der Geschäftsgrundlage mag man sich unter den mannigfachsten Voraussetzungen berufen, stets ist es eine Eigentümlichkeit schuldrechtlicher Bindung, daß ihre Wirksamkeit von Voraussetzungen abhängen kann. Bei der Aufwertung hingegen handelt es sich um eine Sondermaßnahme, die einzig mit der Währung zusammenhängt; nur ein Währungssturz kann sie veranlassen, und sie soll die Überwirkung währungsrechtlicher Grundsätze mildern, die ihrerseits außerhalb allen Schuldrechts ihr Dasein haben.

Nun sind allerdings gegen eine Verbindung der Aufwertung mit der Währung, auf welche die Schuld lautet, neuerdings bemerkenswerte Einwendungen von seiten des internationalen Privatrechts her erhoben worden[83]: Ausgangspunkt des deutschen Aufwertungsrechts ist § 242 BGB. „Der Schuldner ist verpflichtet, die Leistung so zu bewirken, wie Treu und Glauben mit Rücksicht auf die Verkehrssitte es erfordern". Der gleiche Gedanke liegt der gesetzlichen Regelung des Gegenstands in Deutschland zugrunde. Somit eine Maßregel des Schuldrechts. Die Qualifikation aber bestimmt sich nach inländischen Anschauungen. Und doch liegen hier Mißverständnisse. Treu und Glauben sind keine Einrichtungen des Schuldrechts, sondern Richtpunkte einer zweifelhaften Auslegung, und Richtpunkte der Auslegung, die in allen Teilen der Rechtsordnung Beachtung heischen, im Völkerrecht wie im innerstaatlichen Recht, für das Finanzrecht wie für das Privatrecht, bei Leistungen aus Familienrecht, Sachenrecht oder Schuldrecht. Die Auslegung nach Treu und Glauben war der Geburtshelfer bei Entstehung der Aufwertungslehre, aber die Aufwertung ist eine Rechtseinrichtung für sich. Wollte man wirklich dem Satz „Auslegung nach Treu und Glauben" einen Geltungsbereich im Raum anweisen, so hätte er mit Rücksicht auf seinen ethischen Einschlag für jeden Fall zu gelten, der vor den Rechtsschutz des Inlands kommt. Aber die Kollisionsnormen des internationalen Privatrechts gelten nicht für Methoden der Rechtsfindung, sondern sie gelten für Rechtseinrichtungen von sachlicher Art und gesondert je für Rechtseinrichtungen, die ihren eigenen räumlichen Schwer-

eine Kollisionsnorm haben können, die eine Anwendung fremden Aufwertungsrechts möglich macht, beruht auf grundsätzlichen Erwägungen im Bereich des internationalen Privatrechts, auf die hier nur verwiesen werden kann. Eine Anwendung desselben Gedankens oben Bd. 2, 692 f.

[83] Melchior, Zeitschrift für Ostrecht 2, 506 f.

punkt besitzen. Darum muß eine Kollisionsnorm und eine eigene Kollisionsnorm das für die „Aufwertung" maßgebende Recht bestimmen[84].

Somit, Geldschulden, die der Entwertung verfallen sind, sind nach dem Recht des Staats aufzuwerten, auf dessen Währung sie lauten. Die gleiche Lösung muß aber auch für dingliche Rechte zutreffen, im Besonderen bei Hypotheken an Grundstücken. Die Rechtslage wird hier dadurch verschleiert, daß die Hypothek regelmäßig ohnehin in der Währung des Lands begründet sein muß, dessen Recht sachenrechtlich für die Hypothek maßgebend ist. Jedoch dieser Satz gilt nicht ausnahmslos. Österreich und die Nachfolgestaaten der Monarchie lassen auch Hypotheken in fremder Währung zu; über ihre Aufwertung entscheidet gegebenenfalls fremde Ordnung[85]. Der deutsche Jurist, an die Strenge des Hypothekenrechts gewöhnt, mag von einer solchen Lösung befremdet sein. Allein Staaten, die den Eintrag von Fremdwährungshypotheken

---

[84] Unter den sonstigen Einwendungen, welche der hier vertretenen Meinung entgegengehalten werden, begegnet nicht selten der Hinweis, der Gesetzgeber, der eine Aufwertung vorschreibt, könne damit nicht für eine Abwicklung des Schuldverhältnisses in anderen Staaten Vorschriften geben (vgl. etwa den Appellhof Paris oben Anm. 57; Reichel, Juristische Wochenschrift 1928, 3146, Zeitschrift für schweizerisches Recht 1929, 175, Festschrift 446; Kersting, Schweizerische Juristenzeitung 24, 179; Frankenstein 2, 215[50]). Der Einwand beweist zu viel, da er auch für eine schuldrechtliche Regelung gelten müßte. Indessen, jede Kollisionsnorm macht eine Rechtsordnung nach dem Willen des Staats anwendbar, der die Kollisionsnorm aufstellt, nicht nach dem Willen des Staats, dessen Recht hienach angewendet werden soll. Auf der andern Seite aber wird man auch nicht mit dem schweizerischen Bundesgericht sagen, daß für Markverträge unter schweizerischem Schuldrecht die deutschen Aufwertungsvorschriften nur als lex contractus in Betracht kämen. Der Parteiwille kann die Währung bestimmen. Daß aber deutsches Aufwertungsrecht für Schulden deutscher Währung gelten soll, bestimmt nicht der Parteiwille, der die Währung gewählt hat, sondern die Kollisionsnorm, die das anzuwendende Recht dem Staat der Währung entnimmt. — Zu den Zweifeln über die wirtschaftliche Angemessenheit der hier vertretenen Lösung schon Juristische Wochenschrift 1928, 141. Auch neuere Einwendungen hiegegen (Melchior 504f, Reichel Festschrift 446) überzeugen nicht. — Kein zwingender Grund für die Annahme der hier vertretenen Lösung ist es, daß die Aufwertungsgesetze sämtlich sich auf Inlandswährung beschränken. Denn wo neben ihnen ein richterliches Aufwertungsrecht besteht, bliebe die Möglichkeit, Fremdwährungen auf Grund seiner aufzuwerten. Dagegen müßten in Rechtsgebieten, die eine ergänzende richterliche Aufwertung nicht zulassen, bei der Annahme der schuldrechtlichen Auffassung Forderungen fremder Währung, die unter inländischem Schuldrecht stehen, ins Leere fallen. — Endlich sei noch beigefügt, daß der Anwendung ausländischen Aufwertungsrechts auch die Bedenken nicht entgegenstehen, die, wie später auszuführen, die Anwendung von Währungsschutzmaßnahmen des Auslands, Goldklauselbeschränkungen und dergleichen unmöglich machen. Denn die Aufwertung dient nicht dem Schutz der Währung als einer staatlichen Einrichtung, sondern sie soll den Gläubiger schützen.

[85] Der Oberste Gerichtshof Brünn 10. II. 1925 Ostrecht 1, 276 sah sich vor eine Frage dieser Art gestellt, ist einer Stellungnahme jedoch ausgewichen, weil ein Antrag auf Aufwertung nicht gestellt gewesen sei.

grundsätzlich gestatten, haben damit auf die Wertbeständigkeit der Einträge in ihrem gegenseitigen Verhältnis verzichtet, und wenn eine Aufwertung entsprechend der eingetragenen Währung Berücksichtigung findet, so wird die mit dem Eintrag der Fremdwährung verbundene Unsicherheit nicht erhöht, sondern zurückgebildet.

Aufwertung bei Gebietsveränderungen.

5. Im Mittelpunkt der internationalrechtlichen Erörterung stehen für Deutschland die Fragen, die durch die Gebietsabtretungen brennend geworden sind, im Besonderen die Aufwertung von Darlehen, zu deren Sicherung eine Hypothek an Grundstücken des abgetretenen Gebiets bestellt ist. Daß die Hypothek selbst in solchen Fällen dem Aufwertungsrecht des neuen Herrn unterworfen sei, wird (soweit eine Begründung erfolgt, aus sachenrechtlichen Gründen) unbezweifelt hingenommen[86]. Umso stärker dagegen gehen die Meinungen hinsichtlich der persönlichen Forderung auseinander. Die Fragen haben sich in erster Reihe gegenüber Polen[87] und Danzig erhoben, Gebiete, die selbst einer gefestigten Währung ermangelten, durch die bei der Gebietsveränderung die deutsche hätte ersetzt werden können. Die erwerbenden Staaten nun haben die persönliche Forderung unter solchen Umständen zusamt der Hypothek unter ihr Aufwertungsrecht gestellt. Das ergeben §§ 5, 6 der polnischen Verordnung, welche die Forderung schlechthin an die Hypothek knüpfen, und ist in dem Danziger Gesetz von 1926 noch eigens zum Ausdruck gebracht[88]. In Deutschland hat man in weitem Ausmaß gegenteilig entschieden. Zunächst besteht hier ein positivrechtlicher Anhaltspunkt von geringer Tragweite: § 15 des Aufwertungsgesetzes und Art. 118 der Durchführungsverordnung zeigen, daß es nach Ansicht des Gesetzgebers Fälle geben *kann*, in denen die Aufwertung der Forderung nach deutschem Recht erfolgt, auch wenn das belastete Grundstück im abgetretenen Gebiet liegt[89]. Im übrigen aber verweist man wiederum auf „internationales Privatrecht", und es hat sich die Rechtsprechung nach einigen Schwankungen jetzt dahin festgelegt, daß die persönliche

[86] Die Mehrzahl der oben Anm. 27 gegebenen Nachweise bezieht sich auf Hypotheken im abgetretenen Gebiet.

[87] Die besondere Rechtslage Polnisch-Oberschlesiens bleibt hier einstweilen außer Betracht.

[88] § 2 „Auf Forderungen, für die eine Hypothek bestellt ist ... findet dieses Gesetz Anwendung, wenn das belastete Grundstück im Gebiet der Freien Stadt Danzig belegen ist". Dazu *Reiß*, Kommentar 7f und Ostrecht 2, 1076. Die Änderung des Gesetzes gegenüber der Fassung von 1925 wurde eigens vorgenommen, um eine Übernahme der abweichenden deutschen Rechtsprechung zu verhindern.

[89] Über verschiedenerlei Ausdeutung dieser Vorschriften Juristische Wochenschrift 1928, 142[21]. Im Sinn des Textes auch das Kammergericht 2. II. 1928 Juristische Wochenschrift 1462.

Forderung unter solchen Umständen schlechthin dem deutschen Aufwertungsrecht unterstellt sein soll; es werden nur Vorbehalte gemacht für den Fall, daß die Parteien sich gemeinsam dem in dem abgetretenen Gebiet neu eingeführten Recht unterwerfen wollten, oder daß sie beide „örtlich der Herrschaft des neuen Rechts unterstehen"[90]. Soweit eine Begründung für die Anwendung des deutschen Rechts gegeben wird, geht sie dahin, daß schuldrechtlich die Verpflichtung unter deutschen Gesetzen stehe, und es wird dabei insbesondere auf den Parteiwillen verwiesen. Eine solche Verweisung freilich bewegt sich im Reiche schrankenloser Fiktionen und leistet kaum mehr, als zu verdecken, daß dem Schreibenden Gründe für eine sachliche Entscheidung nicht gegenwärtig sind[91] — davon abgesehen, daß eine Bestimmung des maßgebenden Rechts durch Parteiwillen doch nur im Bereich nachgiebiger Vorschriften möglich erscheint; das Aufwertungsrecht aber ist in nicht geringem Umfang zwingendes Recht[92]. Die Einschränkung dagegen, die öfter beigefügt wird, beruht auf Anschauungen über die zeitliche Herrschaft der Gesetze[93], in der neuerdings bevorzugten Form auf der Übernahme einer reichsgerichtlichen Rechtsprechung über die Wirkung einer Währungsänderung. Über die schweren Irrtümer, die dieser Rechtspre-

---

[90] Übersicht Juristische Wochenschrift 1928, 142. Dazu seither für die Anwendung deutschen Rechts das Reichsgericht 22. III. 1928 Juristische Wochenschrift 1447; 27. VI. 1928 Entscheidungen 121, 337; 25. X. 1928 Juristische Wochenschrift 3108; 16. I. 1929 Juristische Wochenschrift 1584; 14. X. 1929 Rechtsprechung in Aufwertungssachen 4, 993. Kammergericht 2. XII. 1926 Zeitschrift für Ostrecht 2, 675; 21. IX. 1927 Juristische Wochenschrift 1928, 2032; 2. II. 1928 ebenda 1462. Oberlandesgericht Jena 22. VI. 1929 Rechtsprechung in Aufwertungssachen 4, 944. Landgericht Königsberg 18. II. 1927 Juristische Wochenschrift 3019. Henrychowski ebenda. Mezger ebenda 1928, 1447. Dölle, Zeitschrift für Ostrecht 2, 678. Krohne 150ff. — Die Vorbehalte zugunsten des späteren Rechts in den angeführten Entscheidungen des Reichsgerichts vom 27. VI. 1928 und 16. I. 1929; in den erwähnten Entscheidungen des Kammergerichts, des Oberlandesgerichts Jena, des Landgerichts Königsberg, bei Henrychowski.

[91] Was dem Parteiwillen dabei zugemutet wird, zeige ein Beispiel: der Parteiwille soll die Unterwerfung der Forderung unter deutsches Recht im Zeitpunkt ihrer Begründung ergeben, wenn bei Erhebung des Aufwertungsanspruchs, vielleicht neuerdings dorthin verlegt, der Wohnsitz im Reich ist.

[92] Beispiele zwingenden Rechts aus dem deutschen Gesetz in §§ 6, 7, 19², 20ff, 46, 55, 60, 72ff, 81 II usw.

[93] Insbesondere auf der Erwägung, daß die deutschen Vorschriften über Aufwertung erst nach der Abtretung entstanden seien. So das Oberlandesgericht Breslau 8. VII. 1925, Das Recht 468. Obermaier 1210f. Unversehrt, Juristische Wochenschrift 1925, 2205. Neukirch 53. Wohl auch Harmening, Juristische Wochenschrift 1925, 698 und Schlegelberger-Harmening⁵ 160. Dagegen betont die neuere Rechtsprechung des Reichsgerichts, daß mit der Geltung deutschen Schuldrechts dies Recht in seinem jeweiligen Bestand zur Anwendung komme, s. außer den alsbald zu besprechenden Entscheidungen die Urteile vom 22. III. 1928 (unter Zustimmung von Mezger ebendort) und vom 14. X. 1929.

chung nach Seiten einer Beachtung von Währungsänderungen zugrunde liegen, ist oben S. 274 ff gehandelt worden. Sie ist auch schuldrechtlich unhaltbar[94].

Das Schuldverhältnis ist eine Rechtsbeziehung von zeitlicher Dauer. Tritt während seines Bestehens der Ort, der ihm sein Recht vermittelt, unter fremde Herrschaft, so ist der neue Herr berufen, über seine rechtlichen Schicksale zu bestimmen; das Rechtsverhältnis in seiner Gesamtheit wird damit umgepflanzt. Das heißt nun nicht, daß ein Darlehen, das vor dem Herrschaftswechsel gewährt wurde, sein Recht ändern müßte, denn der Vertrag mit der Gesamtheit seiner im Voraus erwägbaren Auswirkungen verbleibt regelmäßig auch nach dem Willen des neuen Herrn unter der Rechtsordnung im Zeitpunkt seines Abschlusses. Doch bei der Aufwertung handelt es sich um anderes. Nicht Bedürfnisse, die dem Rechtsverhältnis des Darlehens eigentümlich wären, sondern die Besonderheiten der geschuldeten Währung nötigen zu rechtlichem Eingreifen. Ein nachträglich hinzukommender Umstand, die Entwertung der geschuldeten Währung, soll Rechtsfolgen erzeugen. Darüber hätte schon vom Standpunkt des Schuldrechts aus der neue Herr zu entscheiden.

Indessen bedarf es keiner weiteren Auseinandersetzung mit diesen Gedankengängen, denn es wird hier die Meinung vertreten, daß die Aufwertung der Währung folgt. Damit aber ist die weitere Frage gestellt, wie eine Gebietsveränderung auf die Währung vorher begründeter Rechtsverhältnisse einwirkt. Der Gegenstand ist in § 105 Z. 2 grundsätzlich erörtert worden.

Die Währung eines Schuldverhältnisses (und für sachenrechtliche Haftungen und Leistungspflichten gilt das Entsprechende) wird durch Gesetz oder durch Rechtsgeschäft bestimmt; Regelfall ist ihre Bestimmung durch Gesetz. Geldschulden entstehen mangels abweichender Bestimmung regelmäßig in der Währung des Staats, der das Rechtsverhältnis schuldrechtlich beherrscht. Bei einer Gebietsveränderung aber treten die Schuldverhältnisse des Gebiets unter die Hoheit des Nachfolgers. Mag immerhin schuldrechtlich nach dem Willen des Erwerbers die bisherige Regelung fortdauern, so setzen sich doch die staatlichen Beziehungen, die einer solchen Regelung zu eigen sind, auf den nunmehr herrschenden Staat um. Wie die Strafdrohungen gegen Hochverrat nach der Abtretung eine andere Staatsgewalt schützen, auch wenn die bisher geltenden Strafgesetze bestehen geblieben sind, so geht nach der Gebietsveränderung die Bewertung der Geldschulden auf die Währung des Staats, unter dessen rechtlicher Hoheit sich das Schuldverhältnis seither befindet; die Umformung, die das Schuldverhältnis damit

[94] Im Sinn des Folgenden zum Teil auch Frankenstein, Zeitschrift für Ostrecht 2, 676 ff und Internationales Privatrecht 2, 106 f 217 ff, aus der Rechtsprechung die beiden Urteile des Oberlandesgerichts Breslau vom 8. VII. 1925, Recht 468 und als Vorinstanz des Reichsgerichtsurteils Entscheidungen 120, 277.

erfährt, entspricht der Umformung, die im Innern eines Staats eine Währungsänderung bei den vorher entstandenen Schuldverhältnissen hervorbringt. Und so bedarf es in diesem Zusammenhang nur mehr der Ausscheidung derjenigen Rechtsverhältnisse, die dem abgetretenen Gebiet angehören und deshalb unter die Herrschaft des Erwerbers gekommen sind. Wie früher ausgeführt, vollzieht sich diese Ausscheidung nach Maßgabe des internationalen Privatrechts[95]. Also etwa bei einer Deliktsschuld auf Grund des Tatorts. Bei Vertragsschulden im Zweifel nach dem Wohnort des Verpflichteten. Doch mag eine abweichende Lokalisierung des Rechtsverhältnisses einen andern Staat zuständig machen; insbesondere wird die Hypothek, durch die das Darlehen gesichert wird, in den meisten Fällen[96] auch die persönliche Forderung dem Staat am Ort des belasteten Grundstücks unterwerfen. Vertragsmäßige Unterstellung des Schuldverhältnisses unter ein abweichendes Recht dagegen entbehrt einer Rückwirkung auf die geschuldete Währung[97]; denn in einem solchen Fall verbleibt normalerweise das Schuldverhältnis unter der objektiv herrschenden Rechtsordnung, und es werden nur deren nachgiebige Vorschriften durch rechtsgeschäftliche Feststellungen ersetzt, die ihren Inhalt aus einer andern Rechtsordnung übernehmen.

Die Währung eines Rechtsverhältnisses kann auch durch Parteiwillen bestimmt werden. Die Fälle sind freilich sehr viel seltener, als gewöhnlich angenommen wird. Denn wenn auch ziemlich jedes auf Geldzahlung gerichtete Rechtsgeschäft die geschuldete Währung nennen wird, so ist in solcher Bezeichnung (siehe oben S. 266) regelmäßig nicht eine durch besonderen rechtsgeschäftlichen Willen bestimmte Wahl der Währung, sondern deren Verwendung als gesetzliche Währung zu suchen. Nur eine Abweichung von der gesetzlichen Währung und in seltenen Fällen deren Bestätigung aus besonderem Anlaß kommen hier in Frage. Die Anleihen der deutschen Schutzgebiete gingen auf die Währung des reichsdeutschen Mutterlands; sie haben damit auch den Schutz des reichsdeutschen Aufwertungsrechts erworben[98]. Dabei mag es allerdings erforderlich werden, den rechtsgeschäftlichen Willen, der die Währung gewählt hat, des näheren zu lokalisieren und ihn mit

---

[95] Nach dem internationalen Privatrecht des Staats, dessen Rechtsschutz mit der Sache befaßt ist.

[96] Nicht, wenn es sich um den Kaufpreis für ein Grundstück handelt, der durch Hypothek auf einem andern Grundstück gesichert wird; nicht, wenn die Hypothek erst nachträglich vereinbart wurde.

[97] Doch mag in der Vereinbarung des maßgebenden S c h u l d r e c h t s mittelbar vielleicht auch eine Vereinbarung der maßgebenden W ä h r u n g gefunden werden.

[98] Vgl. über die Rechtslage dieser Anleihen Frankfurter Zeitung 12. II. und 10. V. 1930.

einem bestimmten Ort innerhalb des Währungsgebiets in Verbindung zu bringen. Wenn ein Vertrag zweier Kaufleute aus Russisch-Polen auf Mark ging mit Rücksicht auf deren Bankverbindung in Posen, so ist der Vertrag mit der Abtretung des Gebiets in polnische Währung übergegangen und dem polnischen Aufwertungsrecht unterstellt worden.

In der deutschen Rechtsprechung und der an sie anschließenden Literatur ist die Möglichkeit eines Währungswechsels, den eine Gebietsveränderung bewirken konnte, für lange unbeachtet geblieben (obwohl schon die Beschränkung des Aufwertungsgesetzes auf inländische Währung dazu veranlassen mußte). Erst in jüngster Zeit ist es darin zu einem Wandel gekommen[99].

Polen gegenüber sind diese Auseinandersetzungen jetzt zu einem erheblichen Teil durch das Aufwertungsabkommen von 1928 gegenstandslos geworden. In Polnisch-Oberschlesien, das von dem Abkommen nicht umfaßt wird, sind die Altschulden des Gebiets, wie oben S. 283 ausgeführt, auch nach Einführung der polnischen Währung überwiegend als Markschulden in Geltung verblieben, und sie stehen darum insoweit auch unter deutschem Aufwertungsrecht[100]. Auch in Danzig konnten gewisse Altschulden nach dem Willen der Freien Stadt als Schulden reichsdeutscher Währung bestehen bleiben. Das Danziger Aufwertungsgesetz hat sie freilich dennoch unter seine Regelung gezogen, für den reichsdeutschen Rechtsschutz sind sie als Schulden deutscher Währung unter deutsches Aufwertungsrecht getreten.

---

[99] Vgl. indessen schon Lührse, Juristische Wochenschrift 1926, 2831; auch Mügel[5] 246[1]. Dann, seit des Verfassers Ausführungen in der Juristischen Wochenschrift 1928, das Kammergericht 2. II. 1928 ebenda 1462; Reichsgericht 27. VI. 1928 Entscheidungen 121, 337 und 25. X. 1928 Juristische Wochenschrift 3108; Henrychowski ebenda 1208. Die sachliche Auseinandersetzung mit diesen Äußerungen oben § 105 Z. 4. Die Rechtsprechung über Oberschlesien gleich unten.

[100] Vom Standpunkt des polnischen Rechts aus bestehen hier gewisse Schwierigkeiten bei Verpflichtungen, für die an einem Grundstück des Gebiets Hypothek bestellt ist. Wenn man den Vorbehalt deutscher Währung, den das Oberschlesienabkommen vorsieht, nicht etwa auf die Hypothek mitbeziehen darf, so stößt man auf die §§ 5, 6 der polnischen Aufwertungsverordnung, nach denen die persönliche Forderung in der Aufwertung der Hypothek folgt. Indessen will diese Verordnung nach § 1 selbst nur für Schulden polnischer Währung gelten. Die hier fraglichen Schulden aber haben nach dem Staatsvertrag deutsche Währung. Anders Freund, Auslandsrecht 5, 267. Dazu auch Rost 1316 f. Seither hat sich den Ausführungen des Textes das Reichsgericht angeschlossen in Urteilen vom 5. III. 1928 Entscheidungen 120, 277; 10. V. 1928 Juristische Wochenschrift 1790; 5. VII. 1928 Rechtsprechung in Aufwertungssachen 3, 729. Ebenso das Kammergericht 16. VIII. und 13. XII. 1928 ebenda 3, 881 und 4, 73. Haase, Deutsche Juristenzeitung 1929, 1180. In den Beschlüssen 2. VI. 1927 Juristische Wochenschrift 3015 und (der Sache nach) 1. XII. 1927 Rechtsprechung in Aufwertungssachen 3, 24 hatte sich das Kammergericht darauf berufen, daß die Forderung unter deutschem Schuldrecht verblieben sei; ebenso aber auch wieder das Reichsgericht 16. I. 1929 Juristische Wochenschrift 1584.

In Nordschleswig und außerhalb der bevorrechteten Kreise für Elsaß-Lothringen hat man es versäumt, die Währung, die man nach dem Herrschaftswechsel im Inland vorfand, an die später dort eingeführten Währungen anzuschließen, und die Rechtsprechung dieser Gebiete hat daraus gefolgert, solche Verpflichtungen seien Schulden reichsdeutscher Währung verblieben. Die Annahme ist, wie früher gezeigt, falsch. Wäre sie freilich richtig, so müßten solche Schulden auch an dem deutschen Aufwertungsrecht teilhaben — was freilich von der dortigen Rechtsprechung wiederum vernachlässigt wurde. Ähnlich verhält es sich übrigens auch mit den deutschen Schutzgebieten. Hier hat die reichsdeutsche Rechtsprechung selbst die Schulden in kolonialer Markwährung als Schulden reichsdeutscher Währung angesehen, sie als solche auch nach der Abtretung behandelt, folgerichtig aber auch sie alsdann dem deutschen Aufwertungsrecht unterstellt.

Im Saargebiet, das auf Zeit der deutschen Herrschaft entzogen ist, hat die Regierungskommission 1923 die französische als die gesetzliche Währung eingeführt und für Altschulden deutscher Währung — sie müssen auch hier, wenn die Verordnung anwendbar sein soll, dem Gebiet angehören — ein eigenes Aufwertungsrecht begründet. Deutscherseits wird man (vgl. oben S. 258) diese Regelung als rechtswidrig betrachten müssen, und wenn man daraus die weitere Folgerung zu ziehen hat, daß die reichsdeutsche Währung für das Saargebiet in Geltung verblieben ist, so bedeutet das auch die Anwendung des deutschen Aufwertungsrechts[101]. Seine Verwirklichung freilich wird unter solchen Umständen häufig auf Schwierigkeiten stoßen, und man wird gegenüber Bestimmungen des Gesetzes, die sich als undurchführbar erweisen, manchmal mit einer sinngemäßen Anpassung sich begnügen müssen.

Luxemburg ist nicht Reichsgebiet gewesen, auch nicht Rechtsgebiet der deutschen Währung, aber allerdings bis zur Ablösung nach Kriegsende tatsächliches Umlaufsgebiet derselben. Der währungsrechtliche Zustand des Landes ist oben S. 225 behandelt worden. Darnach sind

[101] So in der Tat, wenn auch nicht unter währungsrechtlichen Gesichtspunkten, das Reichsgericht 24. IV. 1929 Rechtsprechung in Aufwertungssachen 4, 537. Unannehmbar ist jedenfalls die Meinung des Kammergerichts 18. XI. 1926 Rechtsprechung in Aufwertungssachen 1, 766 (ihr folgen auch Quassowski[5] 778; Mügel[5] 255; Nadler[3] 29), daß gegenwärtig ein „Schwebezustand" bestehe, bis zu dessen Beseitigung Aufwertung nicht erfolgen könne. Gegen sie der Verfasser in der Juristischen Wochenschrift, jetzt auch das Reichsgericht a. a. O. Cretschmar, Frankfurter Zeitung 22. XI. 1925 nimmt an, daß zwar das deutsche Aufwertungsgesetz im Saargebiet nicht gilt, will aber dort nach allgemeinen Vorschriften aufwerten. — Mißverständlich ist übrigens auch die Meinung von Kammergericht und Reichgericht über die örtliche Zuständigkeit, die deutsche Aufwertungsstellen gegenüber Tatbeständen des Saargebiets besitzen; was Art. 118 der Durchführungsverordnung unter „Ausland" versteht, ergibt der Zusammenhang der Vorschrift und hat durchaus nichts mit der staatsrechtlichen Stellung des Saargebiets zu tun.

die „Frankenmarkschulden" des Landes rechtlich Frankenschulden gewesen und damit der deutschen Aufwertung entzogen. Die wirklichen Schulden reichsdeutscher Währung dagegen mußten auch hier dem deutschen Aufwertungsrecht unterstellt werden[102].

Einzelheiten der Durchführung.

6. Die Aufwertung bezieht sich auf Geldleistungen und Geldhaftungen im Sinne währungsmäßigen Werts. Aber sie bezieht sich nicht auf die Lieferung von Geldzeichen als körperlichen Sachen[103]. Verpflichtungen der letztgenannten Art beruhen regelmäßig auf einem Vertrag des bürgerlichen Rechts, zumeist einem Kaufvertrag, wobei die Geldzeichen als Ware erscheinen. Nach Seiten des internationalen Privatrechts wird solchenfalls also regelmäßig das Wohnsitzrecht des Käufers darüber entscheiden, welche Zahlungspflichten ihm bei einer Minderung im Wert der gelieferten Ware obliegen.

Außerhalb des internationalen Aufwertungsrechts liegen ferner die mannigfachen Bestimmungen des Fremdenrechts, die Ausländer bei der Aufwertung zurücksetzen, gleichstellen, sogar bevorzugen, die eine Regelung von irgendwelchen räumlichen Beziehungen z. B. von einem Wohnsitz im Gebiet abhängig machen, und es mag dabei unter dem Gesichtspunkt der Gegenseitigkeit sogar zu einer Anwendung fremden Aufwertungsrechts kommen[104], das für die Anwendung inländischen Rechts als Höchstgrenze beigezogen wird[105], oder dessen Anwendung unter solchem Gesichtspunkt sogar schlechthin zur Wahl gestellt ist[106]. Erst, wo es sich darum handelt, für solche Sätze in ihrer Eigenschaft

[102] Neuestens hat Luxemburg einen eigenen Entwurf eines Aufwertungsgesetzes aufgestellt, doch ist mir außer den Angaben bei Schlegelberger 879 (der auch mitteilt, daß das Gesetz nach Maßgabe des Erfüllungsorts gelten soll) noch nichts darüber bekannt geworden.

[103] Vgl. für Tatbestände mit Auslandsbeziehung Reichsgericht 3. I. 1925 Juristische Wochenschrift 1986. Nußbaum, ebenda und Geld 202.

[104] Eine sehr eigentümliche Abstellung auf fremdes Aufwertungsrecht findet sich in Art. 34 III des deutsch-polnischen Aufwertungsabkommens, auch in Art. 20 des Sparkassenabkommens: die Anwendbarkeit des Aufwertungsrechts des andern Staats wird fremdenrechtlich zur Voraussetzung einer materiellrechtlichen Regelung gemacht.

[105] Reichsgesetz § 86 II. Polen § 43 (dazu Rost 1313 ff). Ungarn § 32. Das deutsch-polnische Abkommen Art. 4, 7 II.

[106] So § 11 des Danziger Gesetzes. Dazu die Rechtsprechung Zeitschrift für ausländisches Privatrecht 3, 896 f; Juristische Wochenschrift 1929, 2635. — Daß aber eine derartige Gegenseitigkeit sich von selbst verstehen sollte, wie das schweizerische Bundesgericht 3. VII. 1928 Entscheidungen 54 II 314 annimmt, entspricht gewiß nicht geltendem internationalem Privatrecht; vgl. Reichel, Zeitschrift für schweizerisches Recht² 48, 178 ff und Festschrift 450 ff. Auch für die gemischten Schiedsgerichte läßt sich ein solcher Satz nicht aus deren Aufgabe herleiten, entgegen der Meinung des deutsch-rumänischen Schiedsgerichts 31. III. 1927 Recueil 7, 738.

als sachliche Vorschriften selbst den Geltungsbereich zu bestimmen, treten sie in den Bereich der hier anzustellenden Untersuchung[107]. Die deutsch-schweizerischen Goldhypothekenabkommen, die Aufwertung von Markforderungen schweizerischer Gläubiger zu regeln bestimmt, müssen als ein Stück des deutschen Aufwertungsrechts auf die ihnen unterliegenden Verpflichtungen auch von Gerichten dritter Staaten angewendet werden[108].

Das deutsch-polnische Abkommen hat neue, von der bisherigen Regelung abweichende Grenznormen für die Aufwertung aufgestellt; auch in Danzig war solches in dem Gesetz von 1926 geschehen: damit erwuchs die Frage nach der zeitlichen Geltung derartiger Rechtsänderungen. Eine rein schuldrechtliche Auffassung hätte hier zu Schwierigkeiten führen müssen. Aber es war unzweifelhaft die Absicht in Danzig und bei dem deutsch-polnischen Abkommen (ist hier in § 9 des Schlußprotokolls auch eigens zum Ausdruck gekommen), eine Regelung auch für früher begründete Verpflichtungen zu schaffen — die schuldrechtliche Auffassung läßt sich in der Zeit so wenig wie im Raum durchführen[109].

Die Anknüpfungsbegriffe, welche eine Grenznorm des Landesrechts verwendet, bestimmen sich auch für die Aufwertung je nach dem Sinn, den diese Gesetzgebung mit ihnen verbindet. Wo aber die Grenznorm durch Staatsvertrag gesetzt ist, muß auch für die dabei verwendeten Anknüpfungen ein übereinstimmender Wille der Vertragsteile bestehen — wäre es auch nur, wie bei der zurückhaltenden Regelung des deutsch-polnischen Vertrags anzunehmen, daß die Grenznorm nur dann verbindlich sein soll, wenn die Anknüpfungen, die sie verwendet, nach beiden Rechten gegeben sind[110].

Gegenüber dem Geltungsbereich anderer Einrichtungen bedarf das internationale Aufwertungsrecht einer Abgrenzung zunächst beim Verzug: der Verzug steht unter seiner schuldrechtlichen Ordnung; ob aber Aufwertung nur hilfsweise gefordert werden kann, wenn ein Anspruch unter dem Gesichtspunkt des Verzugs nicht besteht, oder selbständig

---

[107] Vgl. etwa für Danzig Reiß, Kommentar 43 und Ostrecht 2, 1077.

[108] Anders Geiler-Pfefferle 136 mit schuldrechtlicher Begründung.

[109] Wenn § 9 des genannten Schlußprotokolls erledigte Angelegenheiten von der Wirkung des Vertrags ausnimmt, so bedeutet das nicht etwa eine Abweichung von der zeitlichen Geltung der neuen Normen. Aufgrund ihrer wird vielmehr materiellrechtlich die Rückwirkung des deutschen Aufwertungsrechts ausgeschlossen, wo nach diesen Normen deutsches Aufwertungsrecht anzuwenden ist.

[110] Die Denkschrift zu dem deutsch-polnischen Abkommen 34 nimmt freilich an, daß der Wohnsitzbegriff, den die Grenznormen des Abkommens verwenden, für deutsche Gerichte einfach nach deutschem Recht zu bestimmen sei. Dagegen zutreffend Frankenstein 2, 216[51]. — Unmittelbare Regelung eines Anknüpfungsbegriffs (jedoch nur für fremdenrechtliche Zwecke) in Art. 73 des Abkommens.

neben einem solchen, ist Frage des Aufwertungsrechts und nach dessen Grenznormen zu bestimmen. — Erheblichere Schwierigkeiten bereitet die Grenzziehung zwischen Aufwertungsrecht und Rechtskraft der Urteile. Das deutsche Recht kennt eine Rückwirkung der Aufwertung, die auch vor der Rechtskraft dazwischenliegender Urteile, die einer Leistung des Nennwerts tilgende Wirkung zuschreiben, nicht Halt macht. Nach ihrem Zweck (ZPO. § 328[4]) muß die Maßregel auch ausländische Urteile beiseite schieben. Wenn aber etwa ein österreichisches Urteil dieser Art über eine Markschuld vorliegt und es ist ein österreichischer Richter mit der Frage befaßt, so wird er über die Rechtskraft seiner Urteile nicht hinweg können, auch nicht über die Rechtskraft der Urteile eines dritten Staats. Die Rechtslage ist anders, als wenn dieser Richter etwa einen Fall unter österreichischem Schuldrecht zu entscheiden hätte. Unter solchen Umständen vermöchte er (oben Anm. 82) mit Rücksicht auf den Zweck der ausländischen Einrichtung deren Ordnung anzuwenden. Aber die Rechtskraft des Urteils versperrt ihm diesen Weg, der Tenor des Urteils bindet, ohne daß noch einmal auf die Urteilsgründe und damit ihnen gegenüber auf die Möglichkeit, dem Zweck der fremden Einrichtung Rechnung zu tragen, zurückgegriffen werden könnte[111].

Inhalt der Grenznorm ist im Zweifel Anwendung des Aufwertungsrechts, wie es im Staat der Währung besteht. Damit findet auch die Frage, in welcher Währung die Mehrleistung geschuldet wird, ihre naturgemäße Regelung[112]. Die Aufwertung ergreift auch ausländische Währungen, die durch Gebietsabtretung zur inländischen Währung geworden sind[113]. Sie erfaßt Geldschulden, die abweichend von der ge-

---

[111] Fröhlich, Juristische Blätter 58, 160 und Reichel, Zentralblatt für die juristische Praxis 47, 507[13] glauben, um das Ergebnis zu begründen, die Vorbehaltsklausel beiziehen zu müssen. — In § 9 des Schlußprotokolls zum deutsch-polnischen Vertrag wird das Ergebnis durch materiellrechtliche Ausschließung der deutschen Rückwirkung erreicht.

[112] Das Reichsgericht 6. IV. 1925 Juristische Wochenschrift 1986 meint, die Aufwertung sei in fremder Währung zu leisten, wenn eine Forderung fremder Währung nach deutschem Aufwertungsrecht Schutz empfange. Jedoch unter den schuldrechtlichen Gesichtspunkten, von denen das Urteil ausgeht, müßte der Ergänzungsanspruch auf Reichswährung gehen, da er doch deutschem Recht die Entstehung verdankt — ein unbrauchbares Ergebnis, das wiederum die Unrichtigkeit des Ausgangspunktes beweist.

[113] So Mügel[5] 337; Schlegelberger-Harmening[5] 162; Quassowski[5] 48 für die vormalige dänische Währung in Schleswig-Holstein — ohne des Widerspruchs zu der Ansicht gewahr zu werden, die sie für die Währung der von Deutschland an fremde Staaten abgetretenen Gebiete vertreten. Nach dem Urteil des Landgerichts Osnabrück 2. VII. 1928 Juristische Wochenschrift 3129 sind die Hypotheken holländischer Währung, die vormals in der Grafschaft Bentheim üblich waren, nicht in deutsche Währung übergegangen und damit nicht aufwertungsbedürftig geworden. Wie konnten sie dann aber hypothekenrechtlich weiterbestehen? — Wie im Text auch die Gesetze Polens und Danzigs, wobei allerdings die Fassung des Danziger Gesetzes unvorsichtig verallgemeinert.

setzlichen Währung durch Rechtsgeschäft dieser Währung unterstellt worden sind[114], gilt, wenn eine andere Währung nach dem Wert der Währung unter Aufwertung bestimmt wurde[115]. Ist eine Verpflichtung in mehreren voneinander unabhängigen Währungen eingegangen, so entscheidet über die Aufwertbarkeit einer jeden von ihnen je deren Recht[116]. Dagegen kann § 244 BGB, der Zahlung einer Fremdwährungsschuld in deutscher Währung gestattet, und seinesgleichen niemals zu einer Aufwertung nach deutschem Recht führen[117]. Geschuldet ist hier fremde Währung, und wenn von der Befugnis Gebrauch gemacht wird, sie in Reichswährung zu tilgen, so erfolgt die Umwandlung im Augenblick der Zahlung; für eine Entwertung der hienach zu zahlenden deutschen Währung bleibt zeitlich kein Raum. — Kommt aber auf grund der Währung das Aufwertungsrecht eines Staats zur Anwendung, so kann es freilich vielfach sein, daß die gesetzlichen Vorschriften nur sinngemäß, nicht buchstäblich angewendet werden können; denn sie setzen zu einem nicht geringen Teil Einrichtungen voraus, die nur im Inland bestehen und bei Tatbeständen, die dem Ausland angehören, nicht verwendbar sind[118].

Schließlich können auch öffentliche Behörden in den Gang der Aufwertung einbezogen sein, und es bedarf ihre Wirksamkeit der Festlegung gegenüber dem Ausland. Vor allem bei der Entscheidung von Streitigkeiten[119]. Entscheidung von Streitigkeiten über Aufwertung ist ihrer Art nach Sache der ordentlichen Gerichte, und auch die rechtsgestaltenden Akte, deren es bei der Aufwertung zuweilen bedarf, liegen noch im Rahmen ihrer herkömmlichen Tätigkeit. Das deutsche Recht hat diese

---

[114] Beispiele oben S. 376.

[115] „Franken nach dem Wert der Mark", vgl. das oben Anm. 64 erwähnte Neuenburger Urteil. Dagegen war bei den Luxemburger „Frankenmarkschulden" (oben S. 378) die Mark nicht Wertmesser, sondern Zahlungsmittel für Frankenschulden; Aufwertung kam für sie also nicht in Betracht.

[116] Reichsgericht 23. VI. 1927 Entscheidungen 118, 370. Dazu auch Juristische Wochenschrift 1928, 145[37]. Doch bedeutet Aufwertung nicht Schulderlaß, und es kann darum auch nicht etwa mit der Aufwertungsquote der einen dieser Währungen eine entsprechende Minderung der Verpflichtung in den andern Währungen begründet werden: Appellhof Paris 19. IV. 1928 Journal 55, 695 (wenn auch mit anfechtbarer Begründung).

[117] Oberlandesgericht Dresden 30. V. 1924 Juristische Wochenschrift 1537 entgegen einem älteren Beschluß. Über Art. 37 der Wechselordnung Juristische Wochenschrift 1928, 145.

[118] Vgl. etwa das Reichsgericht (27. I. 1928 Entscheidungen 120, 70;) 2. II. 1928 Rechtsprechung in Aufwertungssachen 3, 161; 21. II. 1929 ebenda 4, 367; 24. IV. 1929 ebenda 537. Weiteres Juristische Wochenschrift 1928, 145[41].

[119] Beachtung verdient ein Urteil des Landgerichts Dresden 25. V. 1927 Juristische Wochenschrift 3019: ein Aufwertungsstreit kann im Gerichtsstand des deutschen Erfüllungsorts anhängig gemacht werden, auch wenn andere Anknüpfungen an die deutsche Gerichtsbarkeit nicht gegeben sind; denn es handelt sich „um einen Anspruch, der auf den ursprünglichen Vertrag zurückgeht".

Angelegenheiten zum größeren Teil der freiwilligen Gerichtsbarkeit überwiesen, um durch ein vereinfachtes und beschleunigtes Verfahren der deutschen Volkswirtschaft die Wiedergewinnung des Gleichgewichts zu erleichtern. Dem entspricht, daß dies Sonderverfahren nur für eine Aufwertung unter deutschem Recht zu Gebote steht. Nicht deshalb, weil eine deutsche Behörde der freiwilligen Gerichtsbarkeit nur zur Durchführung deutschen Rechts tätig werden könnte; das Gegenteil trifft zu. Sondern darum, weil es sich um eine Begünstigung der deutschen Wirtschaft handelt[120]. Dagegen steht nichts im Wege, daß ein deutsches Prozeßgericht mit einer derartigen Aufwertung nach Danziger Recht befaßt wird (in Danzig ist die Entscheidung über Aufwertung selbst den Streitgerichten übertragen); und ebenso mit einer Aufwertung nach polnischem Recht, wiewohl Polen seinerseits die Aufwertung für die vormals preußischen und österreichischen Gebietsteile gleichfalls der freiwilligen Gerichtsbarkeit übertragen hat. Desgleichen können in Deutschland Urteile ausländischer Streitgerichte anerkannt werden, die über eine solche Aufwertung nach deutschem Recht entscheiden.

Die Aufwertung öffentlicher Anleihen hat von deutscher Seite aus zu der Einsetzung besonderer Organe im Ausland geführt, der Anleihealtbesitzstellen, die behördlichen Charakter haben und im Namen des Reichs entscheiden, sowie der Vermittlungsstellen, deren Hilfstätigkeit immerhin auch in der Erfüllung öffentlicher Aufgaben besteht[121]. Daraus aber folgt, daß sie nur mit Zustimmung des Aufenthaltsstaats errichtet werden konnten; auch dort, wo die Aufgaben der Altbesitzstellen deutschen Gesandtschaften und Konsulaten übertragen wurden, denn diese Aufgaben gehören nicht zu deren herkömmlichem, von vornherein zugelassenem Aufgabenkreis[122]. Ähnlich hat Polen gewisse Hilfstätigkeiten bei der Aufwertung von Schuldverschreibungen zunächst seinen Konsulaten im Ausland übertragen, und es bestimmt in der Folge ein deutsch-polnisches Abkommen[123], daß solche Handlungen in Deutschland die Reichsbank vornimmt, nach den polnischen Vorschriften und anerkannt von polnischer Seite.

[120] Für eine Zuständigkeit der Aufwertungsstellen, zur Durchführung fremden Rechts tätig zu werden, Landgericht Königsberg 18. II. 1927 Juristische Wochenschrift 3019 und schon Haase ebenda 1926, 354. Gegen sie das Kammergericht 2. XII. 1926 Zeitschrift für Ostrecht 2, 675; Oberlandesgericht Karlsruhe 16. IV. 1928 Rechtsprechung in Aufwertungssachen 3, 379; Nadler[3] 123. Das Reichsgericht 16. I. 1929 Juristische Wochenschrift 1584 läßt die Frage „dahingestellt".

[121] Verordnungen 8. und 29. IX. 1925 RGBl. I 335, 338 nebst 13 Bekanntmachungen bei Schlegelberger-Harmening[5] 1032ff.

[122] Ausdrückliche Anerkennung in einem deutsch-französischen Abkommen vom 16. VI. 1926 RGBl. II 347.

[123] Vom 3. X. 1925 Schlegelberger-Harmening[5] 1100. Über den vorausgehenden Rechtszustand Auslandsrecht 6, 359.

Verteilungsverfahren.

7. Die Geldentwertung hat mancherorts noch zu andern Schutzmaßnahmen geführt: zu einem Verteilungsverfahren, das eine gleichmäßige Befriedigung der Gläubiger aus dem für sie verfügbaren Vermögen ermöglicht. Die Maßregel mag sich mit einer Aufwertung verbinden, insofern die Forderungen über ihren Nennwert hinaus nach Maßgabe der Masse an der Ausschüttung teilnehmen. Mit der Bildung und gleichmäßigen Verteilung der Masse aber wird den Gläubigern ein Schutzmittel von besonderer Art zu Gebote gestellt, in seiner Einrichtung nächstverwandt dem Konkursverfahren und (im deutschen Recht) nur darin von einem solchen stärker geschieden, daß eine Zwangsenteignung des Schuldners dabei nicht stattfindet. Der internationalrechtlich wichtigste Fall dieser Art ist bei der Lebensversicherung gegeben.

Wie im internationalen Konkursrecht (dessen Lösungen hier vorausgesetzt werden müssen) ist die oberste Frage die nach der staatlichen Zuständigkeit, ein solches Verteilungsverfahren durchzuführen, und es ergibt sich dabei ein Gegenstück zu der Unterscheidung von Gesamtkonkurs und Teilkonkurs. Für Deutschland zeigt Art. 109 der Durchführungsverordnung zum Aufwertungsgesetz[124], daß „deutsche Unternehmungen", somit diejenigen, deren Hauptniederlassung sich in Deutschland befindet, einem solchen Verfahren schlechthin, auch mit ihrem ausländischen Vermögen, soweit es nicht im Ausland durch Sonderrecht festgehalten ist, unterworfen sind[125]. Für eine derartige Ausschüttung macht es — wie bei einem Konkursverfahren — keinen Unterschied, welchem Recht die teilnehmende Forderung schuldrechtlich unterworfen ist. Und es macht, derselbe Art. 109 zeigt es, für die Zuständigkeit auch keinen Unterschied, ob die Verpflichtung in deutscher oder fremder Währung besteht; nur für die Art, in der die beiderlei Arten von Verpflichtungen — innerhalb des deutschen Rechts — an der Ausschüttung teilhaben, bestehen Verschiedenheiten zwischen Markversicherungen und Versicherungen in fremder Währung. Eine solche Gesamtliquidation hat Anspruch auf Anerkennung in andern Staaten; nur daß, wenn die Voraussetzungen dafür vorliegen, die Teilliquidation, die

---

[124] Verordnung 25. XI. 1925 RGBl. I 392.

[125] Das Verfahren erfaßt auch das im Ausland befindliche Vermögen, soweit es seiner Art nach geeignet ist, in den Aufwertungsstock zu fließen; vgl. L. Berliner und E. Pfaffenberger, Die Vorschriften über Aufwertung von Versicherungsansprüchen (1926) 1, 89. Nur nehmen Art. 97 III und 103 II der Durchführungsverordnung die im Ausland bestellten Sicherheiten hievon aus. Das Verfahren erfaßt grundsätzlich auch die Auslandsgläubiger, soweit ihnen nicht eine im Ausland bestellte Sicherheit haftet. Nach Berliner-Pfaffenberger 1, 155 (hier auf den besondern Fall einer Fremdwährungsversicherung bezogen) nehmen sie auch unter solchen Umständen für den Ausfall an dem inländischen Verfahren teil.

ein anderer Staat vornimmt, für dessen Bereich den Vorrang zu beanspruchen hat. Die selbständige Verfolgung des einzelnen (nach dem Recht der Währung aufgewerteten) Anspruchs dürfte, wenn nicht der Staat der Gesamtliquidation selbst sie freigibt, auch in dritten Staaten unzulässig sein.

Grundsätzlich anders verhält es sich mit Teilliquidationen, wie sie durch Verteilung einer dort bestellten Sicherheit auch in dritten Staaten möglich werden. Dergleichen setzt Art. 115 der deutschen Durchführungsverordnung für ausländische Versicherungen, die unter deutscher Versicherungsaufsicht stehen, voraus[126], und es ist bemerkenswerterweise auch in der Schweiz ein Sondergesetz mit verwandten Maßregeln gegenüber deutschen Versicherungsgesellschaften erlassen worden[127]. Auch eine solche Teilliquidation erfolgt ohne Rücksicht auf Schuldrecht und Währung. Aber sie kann wie der Teilkonkurs nur einen internen Ausgleich für das im Inland befindliche Vermögen und gegenüber den an diesem Vermögen bevorrechteten Gläubigern erreichen und läßt deswegen ebensowohl einen Gesamtausgleich im Staat der Hauptniederlassung, wie eine Sonderverfolgung einzelner Ansprüche (wenn dies nach dem Recht im Staat der Hauptniederlassung statthaft ist) unberührt[128]. Kläger war bei der schweizerischen Niederlassung einer deutschen Gesellschaft versichert, hat in der Schweiz am Verteilungsverfahren teilgenommen und klagt in Deutschland auf den Ausfall: das Oberlandesgericht Köln weist die Klage ab, weil nach dem schweize-

[126] Über die Grenzen dieser Versicherungsaufsicht oben Band 2 § 64.

[127] Gesetz 8. IV. 1924. Beachtenswert darin auch Art. 7: Verfahren bei Versicherungen in Mark und österreichischen Kronen.

[128] Über die Frage, ob für die Markversicherungen, die eine ausländische Versicherungsgesellschaft unter deutscher Versicherungsaufsicht geschlossen hat, lediglich das deutsche Verteilungsverfahren zu Gebote stehe oder ein Anspruch auf den Ausfall gegen die Versicherungsgesellschaft erhalten geblieben sei, ist es zu einer Auseinandersetzung gekommen zwischen Hüfner, Leipziger Zeitschrift 1926, 561 ff und neuerdings 1927, 345 ff, Jagmetti, Schweizerische Juristenzeitung 23, 119 ff, Kersting ebenda 24, 178 ff, auch Schlegelberger-Harmening[5] 679. Die Feststellung von Jagmetti, daß die fremde Gesellschaft wohl mit ihrem ganzen Vermögen hafte, aber nur bis zur Höhe ihrer Schuldverpflichtung, somit aufgewertet nach deutschem Recht, ist unzweifelhaft richtig. Schwierig bleibt nur zu bestimmen, was hier deutsches Recht ist. Eine (anfechtbare) Praxis scheint den Teilausgleich, der bei ausländischen Unternehmungen in Deutschland erfolgt, einfach nach den Bestimmungen zu behandeln, die für den Hauptausgleich bei deutschen Unternehmungen vorgeschrieben sind, und von hier aus ist es allerdings folgerichtig, wenn das Reichsgericht in seinem Urteil 13. XII. 1929 Rechtsprechung in Aufwertungssachen 5, 166 jede über die Ausgleichsquote hinausgehende Forderung abweist. — Für Markversicherungen einer ausländischen Gesellschaft, die nicht unter deutscher Versicherungsaufsicht steht (und an deren Sitz kein Verteilungsverfahren vorgesehen ist), verbleibt es bei freier richterlicher Aufwertung; Reichsgericht 20. IX. 1929 Frankfurter Zeitung 16. X. 1929 und dazu das oben genannte Urteil des Reichsgerichts.

rischen Gesetz von 1924 der Versicherungsanspruch sich in einen Anspruch auf die in der Schweiz sichergestellte Deckung verwandelt habe[129]. Eine solche Umwandlung konnte ein weiteres Verfahren nur für die Schweiz ausschließen.

[129] Urteil 30. III. 1927 Blätter für internationales Privatrecht 309. Doch wird die Entscheidung von der Hilfserwägung getragen, daß auch nach deutschem Recht die Klage unzulässig wäre, weil auch nach diesem nur ein Verteilungsverfahren möglich ist.

Nachtrag.

S. 241 Zeile 29 ist hinter „Konsulate" die folgende Anmerkung ausgefallen:

[9a] Gegen exterritoriale Personen können selbstverständlich keinerlei währungsrechtliche Beschränkungen des Aufenthaltsstaats zwangsweise durchgesetzt werden. Es dürften bei ihnen aber auch die materiellrechtlichen Befreiungen über den amtlichen Geldverkehr hinausreichen. Die freie Ausübung des Amts, auf die sie Anspruch haben, fordert die sachliche Unanwendbarkeit der Beschränkungen, die für den Verkehr mit fremdem Geld aufgestellt sind, und ohne Nachprüfung der Zwecke, für die solcher Verkehr erfolgen soll. Die Frage ist in Deutschland für den Bankzwang erörtert worden, der zeitweise für den Erwerb ausländischer Zahlungsmittel vorgeschrieben war, und es hat hier der Reichswirtschaftsminister einzelne Missionen ermächtigt, ausländische Zahlungsmittel „zum dienstlichen Bedarf" bei Devisenbanken ohne Einhaltung der sonstigen Vorschriften zu erheben. Das war wohl eine unzulässige Einschränkung ihrer Bewegungsfreiheit und hat überdies die Banken vor unmögliche Aufgaben gestellt. Vgl. dazu Hartenfels, Die Exterritorialen als Kunden deutscher Banken, Bankarchiv (1923) 22, 202 ff. Nur mag es sein, daß ein Geschäft, das für den Exterritorialen erlaubt ist, dennoch nicht zustandekommen kann, weil für die Gegenseite ein selbständiges Verbot besteht. Auch als den Exterritorialen der Erwerb ausländischer Geldzeichen freistand, konnten sie unter der Geltung der deutschen Devisenvorschriften solche (wenn nicht von einem andern Exterritorialen) nur bei einer zugelassenen Bank erwerben; denn anderen Personen war deren Veräußerung untersagt.

Sachregister.

www.ingramcontent.com/pod-product-compliance
Lightning Source LLC
LaVergne TN
LVHW080744300926
849162LV00008BA/1746